Carolin Schmeding

Die Ordnung des Zugangs zum Seehafen und des Seehafenwettbewerbs nach deutschem Kartellrecht und europäischem Wettbewerbsrecht

Veröffentlichungen des Instituts für Seerecht und Seehandelsrecht der Universität Hamburg

Herausgegeben von

Rolf Herber, Rainer Lagoni und Marian Paschke

Band 20

LIT

Carolin Schmeding

Die Ordnung des Zugangs zum Seehafen und des Seehafenwettbewerbs nach deutschem Kartellrecht und europäischem Wettbewerbsrecht

LIT

∞

Gedruckt auf alterungsbeständigem Werkdruckpapier entsprechend
ANSI Z3948 DIN ISO 9706

Bibliografische Information der Deutschen Nationalbibliothek
Die Deutsche Nationalbibliothek verzeichnet diese Publikation in der Deutschen Nationalbibliografie; detaillierte bibliografische Daten sind im Internet über http://dnb.d-nb.de abrufbar.

ISBN 978-3-643-10055-9
Zugl.: Hamburg, Univ., Diss., 2008

Verlagskontakt:
Fresnostr. 2 D-48159 Münster
Tel. +49 (0) 2 51-620 32 22 Fax +49 (0) 2 51-922 60 99
e-Mail: lit@lit-verlag.de http://www.lit-verlag.de

Auslieferung:

Deutschland: LIT Verlag Fresnostr. 2, D-48159 Münster
Tel. +49 (0) 2 51-620 32 22, Fax +49 (0) 2 51-922 60 99, e-Mail: vertrieb@lit-verlag.de

Österreich: Medienlogistik Pichler-ÖBZ GmbH & Co KG
IZ-NÖ, Süd, Straße 1, Objekt 34, A-2355 Wiener Neudorf
Tel. +43 (0) 22 36-63 53 52 90, Fax +43 (0) 22 36-63 53 52 43, e-Mail: mlo@medien-logistik.at

Schweiz: B + M Buch- und Medienvertriebs AG
Hochstr. 357, CH-8200 Schaffhausen
Tel. +41 (0) 52-643 54 85, Fax +41 (0) 52-643 54 35, e-Mail: order@buch-medien.ch

Danksagung

Die vorliegende Arbeit wurde von der Juristischen Fakultät der Universität Hamburg im Jahr 2008 als Dissertation angenommen. Neuere Literatur konnte bis Januar 2008 berücksichtigt werden.

Meinem Doktorvater Prof. Dr. Dr. h.c. Marian Paschke danke ich für die spontane Bereitschaft, diese Arbeit zu betreuen und sie für die Aufnahme in diese Schriftenreihe vorzuschlagen. Prof. Dr. Dr. h.c. Jürgen Basedow danke ich für die zügige Erstellung des Zweitvotums.

Danken möchte ich auch der Kanzlei Ehlermann Rindfleisch Gadow in Hamburg für die Unterstützung bei der Veröffentlichung dieser Arbeit und Annika Richter für ihre Hilfe bei der Herstellung des Manuskriptes.

Ermöglicht haben diese Arbeit meine Eltern, die meine gesamte Ausbildung immer großzügig gefördert und mit Interesse begleitet haben.

Besonders bedanken möchte ich bei meinem Ehemann, Alexander Hogertz. Er hat diese Arbeit immer unterstützt und wurde nie müde, mit mir darüber zu diskutieren.

Gewidmet ist die Arbeit meinem Vater.

«Si la mer est considérée comme un espace de liberté, le respect des règles de concurrence implique que la gestion des ports maritimes soit soumise au régime de la liberté surveillée!»

(Robert Rézenthel in v. Hooydonk, S. 283)

Inhaltsübersicht

Inhaltsverzeichnis

Abkürzungsverzeichnis

a. A.	andere Ansicht
a. F.	alte Fassung
ABl.	Amtsblatt der Europäischen Gemeinschaften
Abs.	Absatz
AEG	Allgemeines Eisenbahngesetz
AG	Aktiengesellschaft
AöR	Archiv des öffentlichen Rechts
AöffR	Anstalt des öffentlichen Rechts
Art.	Artikel
Az.	Aktenzeichen
BAG	Bundesarbeitsgericht
BB	Betriebsberater
BGB	Bürgerliches Gesetzbuch
BGH	Bundesgerichtshof
BGHZ	Sammlung der Entscheidungen des Bundesgerichtshofes in Zivilsachen
BHO	Bundeshaushaltsordnung
BKartA	Bundeskartellamt
BT-Drs.	Bundestags-Drucksache
bzw.	beziehungsweise
DB	Der Betrieb
ders.	derselbe
DVZ	DVZ Deutsche Logistik-Zeitung
Ebd.	ebenda
E.C.L.R.	European Competition Law Review
EG/EGV	Vertrag über die Gründung der Europäischen Gemeinschaft
EIBV	Eisenbahninfrastruktur-Benutzungsverordnung
EnWG	Energiewirtschaftsgesetz
E.T.L.	European Transport Law
EU	Europäische Union

EuG	Europäisches Gericht Erster Instanz
EuGH	Europäischer Gerichtshof
EuZW	Europäische Zeitschrift für Wirtschaftsrecht
EWG	Europäische Wirtschaftsgemeinschaft
F 2d	Federal Reporter
FIW	Forschungsinstitut für Wirtschaftsverfassung und Wettbewerb (Köln)
FK	Frankfurter Kommentar
FKVO	Fusionskontrollverordnung
Fn.	Fußnote
FS	Festschrift
GedS	Gedächtnisschrift
GG	Grundgesetz
ggf.	gegebenenfalls
GHB	Gesamthafenbetriebsgesetz
GK	Gemeinschaftskommentar
GmbH	Gesellschaft mit beschränkter Haftung
GRURInt	Gewerblicher Rechtsschutz und Urheberrecht – Internationaler Teil
GWB	Gesetz gegen Wettbewerbsbeschränkungen
HafenEG	Hafenentwicklungsgesetz der Freien und Hansestadt Hamburg
HPAG	Gesetz über die Hamburg Port Authority
Hrsg.	Herausgeber
i.S.d.	im Sinn des/der
IIC	International Review of Industrial Property and Copyright Law
JZ	Juristen Zeitung
Kap.	Kapitel
KomE	Entscheidung der Kommission der europäischen Gemeinschaften
KG	Kommanditgesellschaft

KG a.A.	Kommanditgesellschaft auf Aktien
K & R	Kommunikation und Recht
LL	Leitlinien
Ls.	Leitsatz
Mio.	Million(en)
MMR	Multimedia und Recht
MüKo	Münchener Kommentar zum BGB
mwN.	mit weiteren Nachweisen
n. F.	neue Fassung
NJOZ	Neue Juristische Online Zeitschrift
NJW	Neue Juristische Wochenschrift
NZA	Neue Zeitschrift für Arbeitsrecht
OLG	Oberlandesgericht
ÖTV	Gewerkschaft öffentliche Dienste, Transport und Verkehr
p	paragraph
RdE	Recht der Energiewirtschaft
Ro/Ro	Roll-on, Roll-off
Rn.	Randnummer
Rz.	Randziffer
S.	Seite
Sec.	Section
Slg.	Sammlung der Rechtsprechung des Gerichtshof und des Gerichts Erster Instanz
TB	Tätigkeitsbericht des Bundeskartellamtes
TKG	Telekommunikationsgesetz
TranspR	Transportrecht
Tz.	Teilziffer
UNCTAD	United Nations Conference on Trade and Development
U.S.	United States Reports
VA	Verwaltungsarchiv
VO	Verordnung
VgV	Vergabeverordnung
WRP	Wissenschaft in Recht und Praxis
WuW	Wirtschaft und Wettbewerb

WuW/E	Wirtschaft und Wettbewerb Entscheidungssammlung
WW	World Wildlife Fund
z.B.	zum Beispiel
ZDS	Zentralverband deutscher Seehafenbetriebe
ZfBR	Zeitschrift für deutsches und internationales Bau- und Vergaberecht
ZfRV	Zeitschrift für Rechtsvergleichung, Internationales Privatrecht und Europarecht
Ziff.	Ziffer
ZHR	Zeitschrift für das gesamte Handelsrecht
ZVerkehrsw.	Zeitschrift für Verkehrswissenschaften
ZweR	Zeitschrift für Wettbewerbsrecht

Einleitung

Seehäfen nehmen in der Europäischen Union (EU) eine Position von nicht unerheblicher Bedeutung ein: Mehr als 1.000 Seehäfen der EU wickeln etwa 90 Prozent ihres gesamten Außenhandels und 40 Prozent des Binnenhandels ab[1]. Jedes Jahr werden durchschnittlich 3,5 Milliarden Tonnen Güter in den europäischen Seehäfen umgeschlagen und etwa 350 Millionen Passagiere abgefertigt[2]. Dabei ist die Tendenz steigend: Zwischen 1980 und 1999 wuchs beispielsweise der Containerumschlag in den europäischen Nordseehäfen um gut sieben Prozent[3] und hat seitdem kontinuierlich Steigerungsraten von über neun Prozent[4] aufgewiesen[5]. Für die nächsten Jahre werden Steigerungsraten im Containerumschlag der Nordseehäfen von rund acht Prozent jährlich erwartet[6]. Insgesamt bieten die europäischen Seehäfen etwa 350.000 Arbeitsplätze und schaffen einen Mehrwert von 20 Milliarden Euro[7].
Die wirtschaftliche Bedeutung der Seehäfen für die Europäische Gemeinschaft (EG) und damit die EU findet dabei jedoch kein Spiegelbild auf der rechtlichen Ebene. Es existiert bislang kein eigenes Regelungsregime

---

[1] Europäische Kommission, Grünbuch: Die künftige Meerespolitik der EU: Eine europäische Vision für Ozeane und Meere, KOM (2006) 275, S. 7; so auch: Mitteilung der Kommission über eine europäische Hafenpolitik, KOM (2007) 616 endg. vom 18.10.2007, Ziff. 4.1.

[2] Ebd., vgl. auch ESPO, Seehafenpolitik – Ein praxisorientierter Führer für politische Entscheidungsträger der EU, 24.11.2004.

[3] BMWi, Vernetzungspotenziale innerhalb der maritimen Wertschöpfungsketten am Schiffbau-, Seeschiffahrts- und Hafenstandort Deutschland, Endbericht 30.11.2001, S. 49.

[4] Die deutschen Seehäfen wiesen im Jahr 2004 gegenüber dem Vorjahr ein Wachstum um 13,1 % auf rd. 11 Mio. TEU oder 90 Mio. t auf, Prognos, Nachhaltigkeitsaspekte der nationalen Seehafenkonzeption, S. 6.

[5] ISL, Folgenabschätzung des Vorschlags für eine Richtlinie des Europäischen Parlaments und des Rates über Marktzugang für Hafendienste (Port Package II), September 2005, S. 4, mit Ausnahme des Jahres 2001, in welchem die niederländischen Häfen einen leichten Umsatzrückgang zu verzeichnen hatten; Prognos (Fn. Einl 4), S. 8.

[6] Bundesministerium für Verkehr, Bau und Stadtentwicklung, Privatisierungsvarianten der Deutschen Bahn AG „mit und ohne Netz“, S. 185; Prognos (Fn. Einl 4), S. 19 geht von 6,9 % für die deutschen Nordseehäfen aus.

[7] Europäische Kommission, Grünbuch: Die künftige Meerespolitik (Fn. Einl 1), S. 7.

für Seehäfen und auch die Anzahl der auf Grundlage des europäischen Primärrechts ergangenen Entscheidungen ist nicht hoch.
Die rechtliche Stellung der Seehäfen in Europa war bereits zweimal Gegenstand einer Dissertationsschrift. Bereits im Jahr 1962 hat *Jürgen Erdmenger*[8] die These aufgestellt, dass die Seehäfen keineswegs aus dem Anwendungsbereich des Vertrages heraus fielen und insbesondere auch die Regeln über den Wettbewerb auf sie Anwendung fänden. Mehr als dreißig Jahre später fand das Thema wieder stärkere Beachtung: Dem Europäischen Gerichtshof lagen in den neunziger Jahren mehrere streitige Sachverhalte vor, welche teils die Nutzung der Infrastruktur der Seehäfen, teils das Verhalten einzelner Seehafenbetriebe betrafen. In dieser Situation nahm zunächst *Hans-Jürgen Rabe*[9] eine kursorische Einordnung der Seehäfen in das Gemeinschaftsrecht vor. Wenig später befasste sich *Tonio Lechner*[10] ausführlich mit der Rolle der Seehäfen unter dem Gemeinschaftsrecht und legte dabei einen Schwerpunkt auf die wettbewerbsrechtlichen Vorschriften des EG-Vertrages.
Die Entwicklungen der letzten Jahre geben nun Anlass, eine erneute Bewertung der Thematik vorzunehmen: Die Europäische Kommission hat bereits zwei Versuche unternommen, die Seehäfen einem sekundärrechtlichen Regelungsregime zu unterstellen und ist in beiden Fällen an einem negativen Votum des Europäischen Parlaments gescheitert. Nach Rücknahme des zweiten Richtlinienvorschlags im Frühjahr des Jahres 2006 kündigte Verkehrskommissar *Jaques Barrot* jedoch an, nicht vollständig von dem Regelungsvorhaben Abstand nehmen und nach Überprüfung der Kritikpunkte am vorhergehenden Entwurf und den bestehenden Wettbewerbsbedingungen in den Seehäfen einen neuen Richtlinienentwurf vorlegen zu wollen[11]. Nach Durchführung einer Konsultation der Interessengruppen hat die Europäische Kommission nunmehr jedoch angekündigt, das geltende Recht daraufhin zu überprüfen, inwieweit es zu Erreichung einer Harmonisierung der Wettbewerbsbedingungen und einer Intensivierung des Wettbewerbs auf dem Seehafensektor fruchtbar gemacht werden

---

[8] *Erdmenger* (1962), S. 3 ff.
[9] *Rabe*, S. 1164 ff.
[10] *Lechner,* S. 1 ff.
[11] DVZ vom 07.06.2006, abrufbar unter http://www.dvz.de/index.php?id=329&tx_ttnews%5Btt_news%5D=914&tx_ttnews%5BbackPid%5D=327&cHash=c63ede03e3 (zuletzt 24.05.2007).

könnte. Im Übrigen wird vorgeschlagen, nicht bindende Auslegungsregeln zu erlassen[12].

Die durch die Richtlinienvorschläge hervorgerufene Diskussion sowie die von der Europäischen Kommission angekündigte Überprüfung des geltenden Rechts sind Beweggrund genug, die Situation in den Seehäfen aus kartellrechtlicher Perspektive erneut zu beleuchten. Die Gliederung der Arbeit folgt zunächst den unterschiedlichen Ebenen des Wettbewerbs. Da sich der hafenrelevante Wettbewerb teils lokal, teils regional, teils auch europaweit abspielt, erfolgt für jede dieser Ebenen eine Betrachtung nach nationalem wie europäischem Kartell- und Wettbewerbsrecht. Die geltende Rechtslage soll dann als Anknüpfungspunkt einer Bewertung der Regelungsvorhaben auf europäischer Ebene herangezogen werden, um die Frage nach der Erforderlichkeit eines speziell auf den europäischen Seehafensektor zugeschnittenen harmonisierten Wettbewerbsrechts zu beantworten.

[12] Europäische Kommission, Arbeitsdokument der Kommissionsdienststellen, Begleitdokument zur Mitteilung der Kommission über eine europäische Hafenpolitik – Folgenabschätzung, SEK (2007) 1339 vom 18.10.2007, Ziff. 4.1, 4.3, 4.6.

I.) Einführung

A. Der Seehafen als Anknüpfungspunkt der Betrachtung

Der Begriff „Seehafen“ ist weder im europäischen noch im nationalen Recht legaldefiniert, bezeichnet aber regelmäßig ein Gebiet mit Land- und Wasseranteilen, dessen Bauten und Anlagen in erster Linie die Aufnahme von Seeschiffen sowie deren Beladen und Löschen, die Lagerung von Gütern, die Übernahme und die Anlieferung dieser Güter durch Verkehrsmittel des Binnenverkehrs sowie das Ein- und Ausschiffen von Fahrgästen ermöglichen und wo auch andere Tätigkeiten von Unternehmen ausgeübt werden können, die mit dem Seetransport im Zusammenhang stehen – etwa Versorgung oder Reparaturen von Seeschiffen[1]. Seehäfen sind also Einrichtungen, die in erster Linie dazu dienen, Seehandelsschiffen den Umschlag ihrer Ladung und das Ein- und Ausschiffen von Passagieren zu ermöglichen[2].
Damit handelt es sich bei der vorstehenden Begriffsbestimmung um eine Definition in allein geographischer und funktionaler Hinsicht. Nicht berücksichtigt werden die eigentumsrechtlichen, organisatorischen und betrieblichen Verhältnisse der Seehäfen sowie das Zusammenwirken der vielfältigen Dienste, welches das Funktionieren des Seehafens erst ermöglicht[3]. So sehr sich die einzelnen Seehäfen in ihrer Funktion entspre-

---

[1] Vgl. *Lagoni*, S. 446; *Lechner*, S. 17; *Holocher* (2001), S. 14; ausführlich zur Begriffsbestimmung auch *Behrendt* (2001), S. 105 ff.; ähnlich für Großbritannien *Douglas/Lane/Peto*, No. 1.2; vgl. auch Ausführungen des BGH in BGHZ 93, 113, 119.
[2] *Lagoni*, EuR Beiheft 3/2002, S. 97.
[3] *Behrendt* (2001), S. 112 bietet daher eine umfassendere Definition an: „Ein Seehafen ist ein Gebiet aus Land und Wasserflächen, das im öffentlichen Interesse dazu bestimmt ist, durch ein System von geeigneter Infra- und Suprastruktur wirtschaftliche Aktivitäten in Bezug auf den Seetransport von Personen und Gütern zu ermöglichen. Seehäfen sind in der Regel Schnittstellen zwischen Verkehrsträgern und damit typische Zentren des kombinierten Verkehrs. Sie umfassen – in unterschiedlichen Organisations- und Betriebsformen – ein vielfältiges Netzwerk von privaten und öffentlichen Dienstleistungen für Schiffe, Ladung und Passagiere. Dadurch sind sie wichtige Faktoren für die wirtschaftliche Entwicklung des Standortes, der Region oder sogar darüber hinaus.“ Eine ähnliche Definition formuliert die UNCTAD: „Seaports are interfaces between several modes of transport, and thus they are centers for combined transport. Furthermore, they are multi-functional markets and industrial areas where goods are not only in transit, but they are also sorted, manufactured and distributed. As a mat-

chen, weisen sie gerade im Hinblick auf die eigentumsrechtliche wie organisatorische Struktur doch erhebliche Unterschiede auf, sodass in der Diskussion oftmals zwischen einzelnen Hafentypen differenziert werden muss. Dazu seien zunächst zwei Begriffe näher bestimmt: Hafenbetreiber ist diejenige natürliche oder juristische Person, welche für das Management der Infrastruktureinrichtung Hafen und ihrer Nutzung verantwortlich ist. Hafendienstleister sind Personen, welche hafenspezifische Dienstleistungen erbringen, für welche außerhalb des Hafens regelmäßig keine Verwendungsmöglichkeiten bestehen. Dienstleister, welche ihre Leistung nicht notwendig im Hafen erbringen müssen[4], fallen nicht unter den hier verwandten Begriff der „Hafendienstleister".

Die deutschen Seehäfen lassen sich sowohl in geographischer Hinsicht als auch nach der Art der in ihnen umgeschlagenen Ladung in zwei Gruppen einteilen: Zum einen die Häfen der so genannten „North Range", die Nordseehäfen. In diesen erfolgt insbesondere der Umschlag einer stetig wachsender Zahl von Containern. Zum anderen die Ostseehäfen, in welchen vorwiegend konventionelles Stückgut im Rahmen des Roll-on-Roll-off Verfahrens umgeschlagen wird. Eine einheitliche Organisationsstruktur, wie sie der Charakter der Seehäfen als Verkehrsknotenpunkt und Umschlagplatz nahe legen könnte, existiert nicht. Die deutschen Seehäfen weisen vielmehr sehr unterschiedliche Organisationsformen auf.

Seit den 1990er Jahren bestehen in vielen deutschen Kommunen Überlegungen, die Seehäfen aus der allgemeinen Verwaltung auszugliedern[5]. Die Bundesregierung, welche grundsätzlich nicht für die Seehäfen zuständig ist, hat das so genannte Landlord-Modell als die zu bevorzugende Organisationsform für Seehäfen identifiziert und es für die Neuorganisation der ostdeutschen Seehäfen nach der Wende im Jahr 1989 empfohlen[6]. Danach soll die gesamte Infrastruktur, d. h. Wasserwege einschließlich Hafenbecken, Uferbauwerke wie Kaianlagen und unbefestigte Flächen von der öffentlichen Hand vorgehalten werden[7]. Alle jene Struk-

---

ter of fact, seaports are multi-dimensional systems, which must be integrated within logistic chains to fulfil properly their functions. An efficient seaport requires, besides infrastructure, superstructure and equipment, adequate connections to other transport modes, a motivated management, and sufficiently qualified employees." (zitiert bei *Troujillo/Nombela*, S. 4).

[4] Dieses gilt zum Beispiel für Verpackungsunternehmen oder einige schienengebundene Logistikdienste.

[5] Zur Organisationsstruktur der deutschen Seehäfen vor dem Jahr 2001 vgl. *Holocher* (2001), S. 18.

[6] *Holocher* (2003), S. 1.

[7] Dieses entspricht dem Konzept der Infrastruktur als Staatsaufgabe. So lassen sich nach *König/Theobald* FS Blümel, S. 277 f. Staatsaufgaben in einer sozialen

turen, welche darüber hinaus für die einzelnen im Hafen ausgeübten Tätigkeiten erforderlich sind, wie Gebäude, Straßen, Bahnanlagen und Versorgungsleitungen, Umschlageinrichtungen, Schlepper, Containerbrücken oder Landfahrzeuge werden dagegen als nutzerspezifische Infra- oder Suprastruktur von den privaten Hafendienstleistern, also den im Hafen tätigen Unternehmen gestellt[8]. Neben anderen ist der Hamburger Hafen als größter deutscher Hafen nach diesem Modell organisiert[9]. Unterschiede können sich in diesem Modell hinsichtlich der Ebene der staatlichen Verwaltung ergeben, welche für die Finanzierung verantwortlich ist[10].
Eine Abweichung vom Landlord-Modell stellt das Tool-Port- oder Betreiber-Modell dar: In diesem Modell stehen neben der Infrastruktur auch die nutzerspezifischen Anlagen im Eigentum der öffentlichen Hand. Von privater Seite werden nur die Dienstleistungen selbst erbracht. Vorherrschend in den deutschen Seehäfen ist das Landlord-Modell. Eine andere Struktur weisen nur wenige kleine Seehäfen auf, in welchen sowohl Infra- als auch Suprastruktur in der Hand eines privaten Hafenunternehmens liegen[11].
Europaweit ergeben sich noch größere Unterschiede in der Hafenorganisation[12]: Es bestehen zumeist historisch gewachsene Strukturen, die teilweise tief in der kommunalen Organisation verwurzelt sind. So werden die hanseatischen Seehäfen regelmäßig nach dem Landlord-Modell betrieben. In den Seehäfen romanischer Tradition ist die Rolle des Staates –

Marktwirtschaft unter dem Gesichtspunkt der effizienten Allokation der Güter begründen. Ist die Allokation der Ressourcen grundsätzlich wettbewerbsorientiert, ist es auf der Ebene der Erstellung von Gütern und Dienstleistungen Aufgabe des Staates, die für das Funktionieren des Marktes notwendigen Institutionen bereitzustellen und erforderliche Regelungen zu erlassen (mit Verweis auf Adam Smith).

[8] Zur Unterscheidung von Infra- und Suprastruktur: Bundesministerium für Wirtschaft und Technologie, Vernetzungspotenziale, S. 45 (Fn. Einl 3); auch *Lechner*, S. 21; *Heitmann* (2003), S. 6 f.

[9] In Hamburg besteht die Besonderheit, dass die landseitigen Hafenflächen im Eigentum der FHH stehen, die zur Bundeswasserstraße Elbe gehörenden Wasserflächen allerdings im Eigentum der Bundesrepublik Deutschland, die Verwaltung obliegt jedoch nach § 45 Abs. 5 WaStrG der FHH; vgl. v.Münch/Kunig-*Hoog*, Art. 89 Rn. 10, 24.

[10] In Hamburg ist dieses die lokale Ebene, in Rotterdam über den Hafenrat die nationale Ebene.

[11] Zu diesen zählt von den deutschen Nordseehäfen Nordenham.

[12] Das erkennt auch die Europäische Kommission in ihrer Mitteilung über eine europäische Hafenpolitik (Fn. Einl 1) an, Ziff. II.4.1; ein Modell zu den unterschiedlichen Organisationsformen findet sich bei *Bauermeister*, S. 22.

zumeist der Staatsregierung – hingegen stärker ausgeprägt: Als Service Port wird diese Art der Hafenorganisation bezeichnet, in deren Rahmen alle Funktionen, d. h. Infra- und Suprastruktur sowie Dienstleistungen von der öffentlichen Hand erbracht werden[13]. In den Seehäfen mit angelsächsischer Prägung liegen sowohl die Organisation als auch der Betrieb einschließlich aller Hafendienstleistungen in einer Hand, welche privat oder öffentlich sein kann. Regelmäßig werden diese integrierten Häfen jedoch durch den privaten Sektor betrieben[14]. Es handelt sich um voll integrierte Privathäfen[15].
Der Umstand, dass in den meisten Fällen jedenfalls die allgemein zugängliche Infrastruktur im Eigentum der öffentlichen Hand liegt, lässt sich politisch wie wirtschaftlich begründen: Zum einen wird die Bereitstellung von Infrastruktur, welche allgemein zugänglich ist, ohne dass ein spezifisches Nutzungs- und damit Ausschlussrecht eines Dritten besteht, als Staatsaufgabe angesehen[16]. Zum anderen ergibt sich der Sinn der Vorhaltung durch die öffentliche Hand aber auch daraus, dass der gesamtwirtschaftliche Nutzen eines Hafens, also der Hafeninfrastruktur, den Individualnutzen übersteigt[17]. Dabei nimmt ein Hafen eine gesamtwirtschaftliche Bedeutung ein, die eine gesamtwirtschaftlich effiziente Ressourcenallokation gebietet. Diese kann aufgrund des relativ geringeren Individualnutzens aber nur ein unabhängiger Dritter gewährleisten[18]. Diese Unabhängigkeit besteht regelmäßig auf Seiten der öffentlichen Hand.
Wie oben angedeutet wurde, befinden sich die Leitungsstrukturen der durch das Landlord-Modell geprägten deutschen Seehäfen[19] im Wandel[20]: So wurde das Management der Infrastruktur des Hafens von Bremen einer privaten Gesellschaft, der bremenports GmbH & Co. KG, übertra-

---

[13] Das sogenannte „schwedische Modell“, *Bauermeister*, S. 23.
[14] Vgl. ESPO, Response to the Green Paper on Services of General Interest, 30.9.2003; *Bauermeister*, S. 23.
[15] Eine Darstellung der verschiedenen Organisationsmodelle findet sich bei *Troujillo/Nombela*, S. 11.
[16] GK-*Leo*, § 19 Rn. 2435; *Hermes*, S. 324.
[17] Vgl. *Bauermeister*, S. 27 ff.
[18] Dass es Ausnahmen von diesem Prinzip in Grobritannien gibt, wird u. a. mit der Insellage begründet: Alle britischen Seehäfen arbeiten unter diesen gleichen Voraussetzungen und sind jedenfalls im kombinierten Verkehr (anders im See-Transit) keinem Wettbewerb durch anders organisierte Seehäfen ausgesetzt, vgl. *Bauermeister*, S. 28.
[19] Dass dieses Modell auch weltweit am Weitesten verbreitet ist, zeigen auch die Erhebungen von Prognos (Fn. Einl 4), S. 98 ff.
[20] Einen Überblick über mögliche Privatisierungsformen geben *Troujillo/Nombela*, S. 16 f.

gen[21]. Diese übernahm ab Januar 2002 alle bislang von der Hafenverwaltung wahrgenommen Tätigkeiten mit Ausnahme der hoheitlichen Aufgaben, die beim Hansestadt Bremischen Hafenamt verblieben, und der neutralen Verkehrslenkung im Hafen. Die Anteile der bremenports GmbH & Co. KG liegen vollständig bei der Freien Hansestadt Bremen [22]. In den dieser formellen Privatisierung folgenden Jahren erfolgten mehrere Ausgründungen von Teilbereichen der bremenports GmbH & Co. KG als zumeist 100-prozentige Töchter der KG.
Niedersachsen hat die Leitungsstruktur seiner 15 Landeshäfen ebenfalls reformiert und deren Verwaltung mit Wirkung zum 1. Januar 2005 einer GmbH & Co. KG unterstellt[23], der Niedersachsen Ports GmbH & Co. KG. Komplementärin ist die landeseigene Niedersächsische Hafengesellschaft mbH (ehemals Seefischmarkt- und Hafenumschlag Cuxhaven GmbH)[24], alleinige Kommanditistin das Land Niedersachsen, sodass auch in diesem Fall eine rein formale Privatisierung vorliegt. Jeder einzelne Hafen soll in dieser Struktur als eigenes „*profit-centre*" agieren[25]. Die wasser- und landseitigen Hafenflächen wurden in das Vermögen der Gesellschaft überführt[26].
Hamburg hat dagegen von einer Privatisierung der Hafenverwaltung abgesehen. Die Freie und Hansestadt hat den Hafenbetrieb jedoch aus der unmittelbaren Staatsverwaltung herausgenommen und in die mittelbare Staatsverwaltung überführt, indem diese Aufgaben im Jahr 2005 in einer rechtsfähigen Anstalt des öffentlichen Rechts, der Hamburg Port Authority, gebündelt wurden[27].
Anlass dieser Ausgliederungs- oder Privatisierungstendenzen ist das Bedürfnis der Hafenverwaltungen, flexibler auf die Anforderungen an einen modernen Hafen reagieren zu können[28]. Die Eingliederung der Hafen-

---

[21] Dazu ausführlich *Holtermann*, S. 33 ff.
[22] Komplementärin ist die BremenPORTS Management + Services Beteiligungs-GmbH, deren einzige Gesellschafterin die Freie Hansestadt Bremen – Stadtgemeinde ist, Kommanditistin ist die Freie Hansestadt Bremen – Stadtgemeinde.
[23] Vgl. hierzu *Weber/Oppel*, S. 47 ff.
[24] Beteiligungen des Landes Niedersachsen, Niedersächsisches Finanzministerium, abrufbar unter:
http://www.mf.niedersachsen.de/master/C25094_N315627_L20_D0_I617.html (zuletzt 04.01.2008).
[25] Reformzeit Nr. 4, Oktober 2004.
[26] ESPO, Factual Report on the European Port Sector 2004-2005, S. 87.
[27] Vgl. § 2 HPAG.
[28] So wird neben vielen der Niedersächsische Minister für Wirtschaft, Arbeit und Verkehr *Walter Hirche* zitiert, Reformzeit Nr. 4, Oktober 2004; *Holocher* (2001),S. 22; *Holtermann*, S. 33, 36; *Reuter*, S. 42.

verwaltung in die allgemeine Landes- oder Kommunalverwaltung führte vielfach zu langwierigen Entscheidungsprozessen, die den Bedürfnissen eines Seehafens als zumeist wichtigstem Wirtschaftsfaktor einer Region nicht gerecht wurden. Diese Bedürfnisse ergeben sich aus dem Umstand, dass die Seehäfen einerseits entscheidend zur wirtschaftlichen Entwicklung einer Region beitragen und andererseits aufgrund zunehmender Vernetzung der Verkehrswege im Wettbewerb mit anderen Seehäfen und teils auch anderen Verkehrsknotenpunkten stehen. Die privatrechtliche Organisationsform befreit die kommunalen Träger der Hafenverwaltung jedoch nicht von der Bindung an das Territorial- oder Verbandsprinzips des Artikels 28 Abs. 2 GG sowie anderen kommunalwirtschaftlichen Grundsätzen, denen auch einfache Beteiligungen der öffentlichen Hand unterliegen[29].

B. Der Seehafen im Kontext des Wettbewerbs

Für den Sektor der Infrastruktureinrichtungen – zu welchen die Seehäfen zählen – sind mehrere Ebenen des Wettbewerbs zu unterscheiden[30]: Wettbewerb innerhalb eines Hafens betrifft den Wettbewerb der Anbieter verschiedener Hafendienstleistungen. Dieses ist die so genannte *„intra-port competition“*. Hafendienstleistungen sind insbesondere technisch-nautische Dienste, Dienste im Zusammenhang mit dem Ladungsumschlag und die Fahrgastdienste, deren Bezahlung grundsätzlich nicht in den allgemeinen Hafengebühren enthalten ist, welche erhoben werden, bevor ein Hafennutzer zur Nutzung zugelassen wird.
Wettbewerb zwischen den Seehäfen besteht regelmäßig dort, wo zwei oder mehr Seehäfen in einer Region liegen und sich Anlaufpositionen und Absatzgebiete nicht wesentlich unterscheiden. Dieses ist die so genannte *„inter-port competition“*. Diese spielt besonders im Rahmen der Verwirklichung des gemeinsamen Marktes auf europäischer Ebene eine Rolle: Im Zuge des Abbaus von Zoll- und anderen Barrieren zwischen den Mitgliedstaaten und der Schaffung eines gemeinschaftlichen Absatzmarktes nimmt der Wettbewerb der Seehäfen entlang der kontinentaleuropäischen Nordseeküste, der so genannten „North Range“-Häfen beträchtlich zu.
Eine dritte Ebene des Wettbewerbs ist diejenige des Wettbewerbs um den Hafen selbst als nutzbare Infrastruktureinrichtung, bzw. um einzelne Tei-

---

[29] Vgl. *Gern*, Deutsches Kommunalrecht, Rn. 57, 113, 718 ff.
[30] Vgl. zu den verschiedenen Wettbewerbsebenen auch *Theobald*, NJW 2003, 324, 325.

le davon. Dieses ist die so genannte „*competition for the field*". Akteure auf dieser Ebene sind aktuelle und potentielle Betreiber der Infrastruktur. Die Einführung eines Wettbewerbs um die Infrastruktur dient regelmäßig als Instrument zur Marktöffnung. Die „Spielregeln" dieses Wettbewerbs sollen dabei den Grundsätzen der Transparenz und Gleichbehandlung genügen, um eine Einhaltung der verfassungs- und europarechtlichen Vorgaben zu gewährleisten[31].

C. Der Seehafen als Objekt europäischer Rechtssetzung

Der Schaffung eines einheitlichen Binnenmarktes, wie sie der EG-Vertrag in Art. 14 vorsieht, soll auch die Harmonisierung der die Seehäfen betreffenden nationalen Regelungen dienen.
Zur Verwirklichung dieser Harmonisierung hat die Kommission der Europäischen Gemeinschaft in den Jahren 2001[32] und 2004[33] jeweils einen Entwurf einer Richtlinie über den Zugang zum Markt für Hafendienste vorgelegt. Als Rechtsgrundlage einer solchen Richtlinie sollte Artikel 80 Abs. 2 EG herangezogen werden. Beide Entwürfe wurden jedoch nach erheblichen Protesten der betroffenen Wirtschaft und der betroffenen Arbeitnehmer zurückgezogen. Verkehrskommissar *Jaques Barrot* hat jedoch klargestellt, nicht gänzlich von einer Regelung der Seehäfen Abstand nehmen zu wollen und eine neue Regelung angekündigt[34].

D. Privatisierung und Liberalisierung

Die nationale wie gemeinschaftsrechtliche Wettbewerbspolitik sieht sich nach umfassenden Privatisierungs- und Liberalisierungsmaßnahmen ge-

---

[31] Vgl. *Theobald*, NJW 2003, 324, 326 f.
[32] Europäische Kommission, Mitteilung an das Europäische Parlament und den Rat, Verbesserung der Dienstequalität in Seehäfen: Ein zentraler Aspekt für den europäischen Verkehr; Vorschlag für eine Richtlinie des Europäischen Parlaments und des Rates über den Marktzugang für Hafendienste, KOM (2001) 35 vom 13.02.2001.
[33] Europäische Kommission, Vorschlag für eine Richtlinie des Europäischen Parlaments und des Rates über den Marktzugang für Hafendienste, KOM (2004) 654 vom 13.10.2004.
[34] Vgl. DVZ vom 7.06.2006 (Fn. Einl 11).

rade auf den netzgebundenen Wirtschaftssektoren[35] veränderten Rahmenbedingungen gegenüber[36].
Staatliche, vertikal integrierte Unternehmen, in denen sowohl Infrastruktur als auch Betrieb gebündelt waren, sind vielfach privatisiert worden. Ihre Monopole, die früher oftmals auch als natürliche Monopole eingestuft wurden[37], werden abgebaut. Zusätzlich wurden insbesondere die bislang nach dem GWB bestehenden wettbewerblichen Ausnahmebereiche Versorgung und Verkehr für den Wettbewerb geöffnet[38].
Hinsichtlich der leitungsgebundenen Sektoren Gas und Strom erfolgte in der Regel eine unternehmerische Trennung der Bereiche Infrastruktur und Betrieb, da im Rahmen der Liberalisierung die Nutzung der Infrastruktur allen Wettbewerbern offen stehen sollte.
Politisch relevant sind diese Maßnahmen insbesondere, da es sich bei den wirtschaftlichen Aufgaben, welche die betroffenen Unternehmen erfüllen, häufig um Aufgaben der Daseinsvorsorge handelt und der Staat als Unternehmensträger Einfluss auf die Wirtschaftstätigkeit nehmen kann. Die ökonomische Dimension liegt in der Erwartung erhöhter marktwirtschaftlicher Effizienz[39].[40]
Im Rahmen von Privatisierung und Liberalisierung stellen sich im Wesentlichen zwei Probleme[41]: Auf den neu entstehenden Märkten bestehen besondere Wettbewerbsstrukturen, da die bisherigen Monopolisten in der Regel über erhebliche Marktanteile verfügen[42]. Aus diesem Grund müsste der neu geöffnete Markt zunächst reguliert werden (Re-Regulierung), damit überhaupt Wettbewerb geschaffen werden kann. Denn durch die Aufhebung des staatlichen Monopols entsteht ein Vakuum, das ein (pri-

---

[35] Z. B. Energie (Strom und Gas), Verkehr, Post und Telekommunikation.
[36] So für den gemeinschaftsrechtlichen Rahmen auch *Paulweber/Weinand*, EuZW 2001, 232.
[37] Diese Einordnung wurde aufgegeben, da auch in den bisherigen Monopolbereichen durch die Einführung von Wettbewerb wirtschaftliche Effizienz durch Kostensenkung und eine angemessene Berücksichtigung der Nachfragerinteressen erreicht werden kann. Viele dieser Bereiche stellen auch gar keinen natürlich einzelnen Markt dar, sondern vielmehr eine Mehrzahl von Märkten, die durch eine politische Entscheidung zusammengefasst wurden; *Immenga* (1999), S. 79, 86.
[38] *Paulweber/Weinand*, EuZW 2001, 232.
[39] *Immenga* (1999), S. 74.
[40] Diese Erwartung hat sich beispielsweise im Bereich der Telekommunikation bestätigt: Die Entgelte für Telefongespräche sind seit der Liberalisierung des Sektors erheblich gesunken.
[41] *Paulweber/Weinand*, EuZW 2001, 232, 233.
[42] *Immenga* (1999), S. 76; Wiedemann-*de Bronett*, § 22 Rn. 67.

vatisiertes) Unternehmen nutzen und eine neue Monopolstellung oder gemeinsam mit wenigen Wettbewerbern ein marktbeherrschendes Oligopol aufbauen könnte. So würde die Liberalisierung durch das Verhalten der ehemaligen Monopolunternehmen konterkariert.
Auch wenn Liberalisierung und Privatisierung häufig miteinander einher gehen, sind beide strikt voneinander zu trennen: Erstere betrifft die Organisationsstruktur eines Marktes, letztere diejenige eines Unternehmens.

1. Privatisierung

Verschiedene Arten der Unternehmensprivatisierung sind zu unterscheiden: Im Fall der formellen Privatisierung wird eine Tätigkeit unverändert als Staatsaufgabe definiert, allerdings bedient sich der Hoheitsträger bei ihrer Wahrnehmung Formen des Privatrechts. Insbesondere kann die Aufgabe in privater Rechtsform wahrgenommen werden (z. B. Stadtwerke GmbH). Auch die Übertragung von öffentlichen Dienstleistungen auf private Anbieter stellt eine Form der Privatisierung dar (z. B. Übertragung von Reinigungsarbeiten in öffentlichen Gebäuden). Es handelt sich um das so genannte *„contracting out"*. Dieses führt aber trotz der Wahrnehmung durch Private noch nicht zu echtem Wettbewerb, da das Ziel vorgegeben ist, kein offener Markt besteht und die privaten Anbieter die Strategie des Hoheitsträgers verfolgen müssen.
Als ein Grenzfall dieser Privatisierungsform kann die Wahrnehmung öffentlicher Aufgaben durch Private zu Monopolbedingungen auf Dauer angesehen werden, so z. B. die privatrechtlich organisierten Stromversorger, die von einer Freistellung nach § 103 GWB a. F. profitierten und so dem Wettbewerb entzogen waren[43].
Wettbewerb aber ist nach dem Konzept der Wettbewerbsfreiheit ein „Entdeckungsverfahren mit Ergebnissen, die aus der Wahrnehmung individueller Handlungsfreiheit innerhalb offener Märkte entstehen und deshalb notwendig unbekannt sind"[44]. Die Unvorhersehbarkeit der Ergebnisse ist danach wesentlich für Wettbewerb, der auch im Fall des „contracting out" regelmäßig nicht entsteht.
Materielle Privatisierung bedeutet, dass auch das Eigentum aus dem öffentlichen auf den privatrechtlichen Sektor überführt wird. Dieses kann wie bei der Deutschen Telekom AG durch Umwandlung in ein privatrechtlich organisiertes Unternehmen (ein Teil der Deutschen Bundespost

---

43 v. Weizsäcker, S. 9.
44 *Möschel*, JZ 1988, 885, 886, *Emmerich*, § 1 Rn. 29 mit Verweis auf die Begründer des Konzepts freien Wettbewerbs, Fr. A. v. Hayek und Hoppmann.

wurde zur Deutschen Telekom AG) und anschließende Veräußerung von Anteilen geschehen (Börsennotierung)[45]. Dieses kann aber auch dadurch erfolgen, dass der Staat seine Beteiligungen an von vornherein privatrechtlich organisierten Unternehmen veräußert.
Diese Privatisierungen kann neben einem fiskalpolitischen Ziel auch der „Verschlankung" der Verwaltung dienen. Ebenso kann es ihr Ziel sein, ehemaligen Teilen öffentlicher Verwaltung oder Staatsunternehmen mehr Handlungsfreiheit und Entscheidungsspielräume zu gewähren. Vorzugswürdiger Zweck einer materiellen Privatisierung sollte jedoch sein, dass der Staat sich aus Bereichen zurückzieht, in denen *„seine Präsenz mehr Schaden anrichtet als Nutzen stiftet*"[46] und sie nicht unbedingt notwendig ist.

2. Liberalisierung/Deregulierung

Eng zusammenhängend, aber nicht identisch mit der Privatisierung ist die Deregulierung. Dabei stellt sich Deregulierung als die *„Befreiung eines Wirtschaftszweiges von administrativer Lenkung oder Bevormundung*" dar[47].
Zwei Ebenen der Deregulierung können unterschieden werden: die makroökonomische Ebene, welche Steuern und Sozialabgaben, Subventionen und Währungsstabilität erfasst, sowie die mikroökonomische Ebene, welche den Abbau direkter staatlicher Eingriffe in die Vertrags- und Gewerbefreiheit auf einzelnen Märkten betrifft.
Solche Märkte, die der Deregulierung auf mikroökonomischer Ebene unterliegen bzw. in den vergangenen Jahren stark dereguliert wurden, sind neben anderen die Stromversorgung, die Verkehrswirtschaft und der gesamte Kommunikationsbereich.
Dabei wird besonders für den Bereich der Stromversorgung deutlich, dass Privatisierung und Deregulierung nicht notwendig miteinander einhergehen. Denn die Stromversorger waren in der Bundesrepublik Deutschland schon vor Beginn der Deregulierung privatrechtlich organisiert. Sie besaßen jedoch besondere bzw. ausschließliche Rechte, die durch die Freistellung von Demarkationsverträgen gesichert waren.
Besonders auf dem Sektor der Infrastruktureinrichtungen war lange Zeit fast ausschließlich die öffentliche Hand tätig. Das folgt aus den wirt-

[45] Im Fall der Deutschen Telekom AG liegt allerdings nur eine teilweise materielle Privatisierung vor, da sich die Unternehmensaktien noch zu einem erheblichen Teil in staatlicher Hand befinden.
[46] *Möschel*, JZ 1988, 885, 887.
[47] *Schröter*, S. 65.

schaftlichen Konsequenzen des Vorhaltens einer solchen Einrichtung: hoher Kapitalbedarf, hoher Kapitalkoeffizient, hohe leistungsunabhängige Kosten und andere Faktoren machen diesen Bereich für wettbewerbsorientierte private Marktteilnehmer unattraktiv.
Diese umfassende Staatstätigkeit ist jedoch nicht unbedingt notwendig. Zu trennen sind die Infrastruktur selbst und ihre Nutzung. Die Infrastruktur selbst besitzt Basischarakter[48]. Ihr kommt eine hohe soziale und wirtschaftliche Bedeutung zu, mit der Folge, dass der Staat eine eigene Verantwortung trägt und für einen ausreichenden Infrastrukturstandard zu sorgen hat[49]. Die Infrastruktur ist nach *Hermes „nicht hinreichende aber notwendige Existenzbedingung moderner Staatlichkeit*“[50].
Die Verantwortung des Staates für die Infrastruktur im Verkehrswesen leitet *Weiß* jedenfalls für den Schienen- und Straßenverkehr unmittelbar aus Artikel 11 GG her: Dieser gewähre ein Grundrecht auf Freizügigkeit. Aufgabe des Staates sei es, die notwendigen Rahmenbedingungen für eine effektive Wahrnehmung der Grundrechte zu schaffen (Gewährleistungsverantwortung) also auch für nutzbare Fortbewegungsmöglichkeiten Sorge zu tragen[51]. *Kunig* sieht in Artikel 11 GG eine *„Inspiration zur Herstellung und Bewahrung gesellschaftlicher und rechtlicher Bedingungen, die Mobilität ermöglichen*“[52].
Die Nutzung der Infrastruktur besitzt hingegen keine solche Basisfunktion und ist regelmäßig auch nicht mit so hohen leistungsunabhängigen Kosten verbunden, sodass sie für wirtschaftlich agierende Unternehmen attraktiv und Wettbewerb dort möglich ist. *Weiß* fasst zusammen, dass die Verkehrsinfrastruktur Staatsaufgabe sei, nicht aber der Verkehrsbe-

---

[48] *Dreher*, DB 1999, 832, 834; ebenso I/M-*Möschel*, § 19 Rn. 196, ähnlich Wiedemann-*Wiedemann*, § 23 Rn. 65; in diesem Zusammenhang wird auch vom „ermöglichenden Gewährleistungsstaat“ gesprochen, vgl. MünchKommEu-WettbR-*Säcker*, Einl. Rn. 74.
[49] GK-*Leo*, § 19 Rn. 2435.
[50] *Hermes*, S. 324; dieser verweist im Folgenden (S. 325) auf Hesse (Hesse, Günter: Staatsaufgaben, Baden-Baden 1979; S. 9): *„... so lässt sich die staatliche Infrastrukturverantwortung begreifen als Ausfluß der wichtigsten und – wegen ihres hohen Abstraktionsniveaus – kaum bestreitbaren Staatsaufgabe: der bewussten ‚Schaffung und Förderung von Bedingungen der Bildung einer gemeinsamen relevanten Wirklichkeit‘*“.
[51] *Weiß*, S. 239; Weiß bezieht sich dabei auf *Werner*, ZUR 1997, 12, 14, der allerdings allein den Bereich des ÖPNV analysiert und dort das Sozialstaatsgebot des Art. 20 GG als Grundlage der Mobilitätsgewährleistung als staatliche Aufgabe heranzieht.
[52] v. Münch/Kunig-*Kunig*, Art. 11 Rn. 19.

trieb[53]. Die Nutzung der Infrastruktur ist daher keine notwendige staatliche Aufgabe.
Die juristische Dimension der Deregulierung liegt in der Herstellung von Vertragsgerechtigkeit: Indem sich der Staat zurückzieht und wichtige Wirtschaftsbereiche (die nicht notwendig zur Aufgabenerfüllung der öffentlichen Verwaltung gehören) in den freien Markt überführt werden, wird die Privatautonomie gestärkt, die ihrerseits zu mehr Wettbewerb führt[54].
Denn soweit eine grundsätzlich staatliche Aufgabe durch eine privatrechtlich organisierte Unternehmung des Staates wahrgenommen wird, kommt diesem zwar das Privatrecht als solches zu gute, nicht aber die volle Privatautonomie[55]. Die Verwaltung ist – auch wenn sie in privater Rechtsform handelt – vielmehr weitgehenden öffentlich-rechtlichen Bindungen unterworfen. Durch Entflechtung der öffentlichen Monopolunternehmen wird der Bereich der Wahrnehmung staatlicher Aufgaben von dem der wettbewerbsfähigen Aufgaben getrennt. Letzterer wird regelmäßig auch materiell privatisiert[56].
Allerdings bedarf die Entstehung des Wettbewerbs nach Deregulierung in den meisten Fällen der Regulierung[57]: Da die bisherigen Monopolisten immer noch marktmächtig sind, besteht kein Gleichgewicht im Falle von Vertragsverhandlungen[58]. Dieser Missstand kann über einen gesetzlichen Zugangsanspruch ausgeglichen werden.
Zum Zwecke der Deregulierung sind die wettbewerblichen Freistellungen des § 103 GWB a. F., die die Versorgungsunternehmen mit „festen Leitungswegen" betrafen, durch sektorale Regelungen (im TKG, EnWG und nunmehr auch im AEG i. V. m. der EIBV) ersetzt worden. Diese Maßnahme diente der Wettbewerbsförderung, da die Freistellung aufgehoben und die leitungsgebundenen Sektoren für den Wettbewerb geöffnet wurden. Im Zuge dessen entstanden intermediäre Märkte, also Märkte, auf denen nicht die Dienstleistung als solche gehandelt wurde, sondern Märkte, die den Zugang zur betreffenden Infrastruktureinrichtung betrafen.

---

[53] *Weiß*, S. 241.
[54] So *Immenga* (1999), S. 74.
[55] BGHZ 91, 84, 96 = BGH NJW 1985, 197, 200 in einem Fall, in dem ein privatrechtlich organisiertes Unternehmen mit der Stadt Aachen als Mehrheitsaktionärin die (Lösch-)Wasserversorgung der Stadt Aachen zur Aufgabe hatte.
[56] So auch das Vorhaben der Bundesregierung, aus dem Konzern Deutsche Bahn AG, dessen Aktien allein die Bundesregierung hält, die 100-%ige Tochter DB Netz AG auszugliedern, vgl. dazu Bundesministerium für Verkehr, Bau und Stadtentwicklung, Privatisierungsvarianten der Deutschen Bahn AG (Fn. Einl 6).
[57] Vgl. auch *Basedow*, ZHR 170 (2006), 178, 196.
[58] Vgl. auch Darstellung bei *Basedow*, ZHR 170 (2006), 178, 180.

Dieser Zugang wird vielfach im Wege der Lizenzerteilung gewährt, ist also nicht völlig frei. Bei der Lizenzvergabe sind jedoch regelmäßig nur technische und fachliche Kriterien zu berücksichtigen, z. B. die Verfügbarkeit von Frequenzen im Mobilfunk oder die Zuverlässigkeit, Leistungsfähigkeit und Fachkunde eines Telefon- oder Postdiensteanbieters[59].

II.) Der Zugang zur Infrastruktur

Der Zugang zum Markt für Hafendienstleistungen unterscheidet sich von dem Zugang zu den meisten anderen Dienstleistungsmärkten insoweit, als eine Tätigkeit auf dem Hafendienstleistungsmarkt zunächst den Zugang zum Hafen selbst voraussetzt. Der Zugang zum Markt ist in diesem Fall mit dem Zugang zur Einrichtung unmittelbar verknüpft[60]. Insoweit besteht Ähnlichkeit zum Markt der Energieversorgung oder der Telekommunikationsdienstleistung.
Der für diese Ebene relevante Rechtsrahmen wird in der nationalen deutschen Gesetzgebung durch das GWB vorgegeben. Die europäische Dimension wird durch die Wettbewerbsbestimmungen des EG-Vertrages erfasst. Sekundärrechtlich hat der Wettbewerb innerhalb einer Infrastruktur beispielsweise mit der Richtlinie über den Zugang zu Bodenabfertigungsdiensten auf Flughäfen[61] eine Regelung erfahren. Für den Hafensektor sind eventuell auftretende Zugangsbeschränkungen durch Europäische Kommission und Europäischen Gerichtshof jedoch im Einzelfall anhand des Primärrechts abzubauen, da eine sekundärrechtliche Regelung bislang nicht existiert.

A. Zugangsverweigerung als kartellrechtliches Problem

Auf Vorschlag des Bundeskartellamtes[62] wurde im Rahmen der zum 1. Januar 1999 in Kraft getretenen sechsten Novelle des GWB mit § 19

[59] § 8 Abs. 3 TKG, § 6 Abs. 3 PostG.
[60] Vgl. auch den Fall EuGH, Slg. 2003 I-11893, 11934 Tz. 46 – *Flughafen Hannover-Langenhagen.*
[61] Richtlinie 96/67/EG vom 15.10.1996, ABl. 1996 L 272/26.
[62] Bundeskartellamt, TB 1995/96, S. 24: „Angesichts der zentralen wettbewerblichen Bedeutung, die „wesentlichen Einrichtungen" in einer zunehmenden Zahl von Wirtschaftsbereichen zukommt, wäre es zu begrüßen, wenn dem Problem der Zugangsverweigerung über die spezialgesetzlichen Regelungen hinaus durch eine branchenübergreifende Regelung im Rahmen den § 22 Abs. 4 [GWB a.F.] Rechnung getragen würde."

Abs. 4 Nr. 4 eine allgemein-gesetzliche Regulierung des Zugangs zu Netzen und anderen Infrastruktureinrichtungen geschaffen.
Dadurch sollte das deutsche Wettbewerbsrecht dem europäischen angeglichen werden und eine „*auch vom Europäischen Gerichtshof bestätigte entsprechende Praxis der Europäischen Kommission*" übernommen werden[63]. Des Weiteren sollte einer voranschreitenden Sektoralisierung des Kartellrechts durch spezialgesetzliche Normen wie denjenigen des TKG oder des AEG entgegengewirkt und zugleich ein Auffangtatbestand zur Verfügung gestellt werden für den Fall, dass die Spezialgesetze wieder aufgehoben werden[64].
Zweck der Regelung ist es in erster Linie, das Eintreten des Phänomens zu verhindern, das in der Ökonomie unter dem Begriff „*monopoly leveraging*" bekannt ist. Es soll vermieden werden, dass die Inhaberschaft an einer wesentlichen Einrichtung dazu missbraucht wird, den Wettbewerb auf vor- oder nachgelagerten Märkten zu verhindern[65]. Dabei soll die neue Regelung „*als flexible und zukunftsgerichtete Norm den Zugang zu neu entstehenden Netzstrukturen offen halten*"[66], bisher geschlossene Märkte öffnen und die „*notwendigen Voraussetzungen für nachstoßenden Wettbewerb überhaupt erst ... schaffen*"[67]. Schutzobjekt ist damit nicht

---

[63] Regierungsbegründung zum Entwurf eines Sechsten Gesetzes zur Änderung des Gesetzes gegen Wettbewerbsbeschränkungen, BT-Drs. 13/9720, S. 51.
[64] BT-Drs. 13/9720 (Fn. II.63), S. 37, wo auf die geplante künftige Aufhebung der spezifischen Regulierung im Bereich der Telekommunikation verwiesen wird; *Bunte*, S. 208; dass § 19 Abs. 4 Nr. 4 GWB dieses leisten kann, stellt auch die Monopolkommission in ihrem XIV. Hauptgutachten nicht in Frage: „Diese Vorschrift gilt als Generalklausel für alle Sektoren; sie ist z. B. auch auf den Zugang zu Häfen, Müllsammeleinrichtungen usw. anzuwenden. Im Falle einer Abschaffung der sektorspezifischen Regulierung bei Telekommunikation und Post würde sie auch an die Stelle der jetzt geltenden Ex-ante-Regulierung des Netzzugangs in diesen Bereichen treten", BT-Drs. 14/9903, S. 357, Ziff. 727. Im Jahr 2003 wurde jedoch eine weitere Zugangsregelung für den Gasmarkt unter § 6a in das EnWG 1998 aufgenommen.
[65] Stellungnahme des Bundesrates, BT-Drs. 13/9720, S. 73: „Mit dem neuen Regelbeispiel soll Wettbewerb auf den Märkten, die der wesentlichen Einrichtung vor- oder nachgelagert sind und auf denen der Inhaber der wesentlichen Einrichtung selbst tätig ist, gewährleistet werden. Im Vordergrund steht also die horizontale Dimension der Bekämpfung von Wettbewerberbehinderungen auf den vor- oder nachgelagerten Märkten, die ihre Ursache in der marktbeherrschenden Stellung des Inhabers der wesentlichen Einrichtung haben."; mit ausführlicherer Darstellung *Emmerich,* FS-Söllner, S. 281.
[66] BT-Drs. 13/9720, S. 73 (Fn. II.63).
[67] BT-Drs. 13/9720, S. 74 (Fn. II.63).

das zugangsbegehrende Unternehmen, sondern der Wettbewerb auf dem vor- oder nachgelagerten Markt[68].

Die Verpflichtung eines Unternehmens, seine Einrichtungen für die Nutzung durch Wettbewerber zu öffnen, widerspricht eigentlich dem vom BGH aufgestellten Grundsatz, dass ein Unternehmen nicht den Wettbewerb gegen sich selbst fördern muss[69]. Denn eine solche Verpflichtung könnte zu einem Rückgang der Investitionsbereitschaft der betroffenen Unternehmen führen[70]. Wettbewerbspolitisch ist die Norm des § 19 Abs. 4 Nr. 4 GWB aber dennoch zu begrüßen, da sie gerade auch dem Zugang zu solchen Einrichtungen dient, die bislang durch staatliche Monopole beherrscht waren. Aus diesem Grund wird auch angenommen, dass die Regelung des Zugangsanspruchs jeweils im Zusammenhang mit der sektorspezifischen Liberalisierungsgesetzgebung hätte getroffen werden sollen[71].

Nach dem Entwurf der Bundesregierung sollte sich die Norm auf den Zugang zu „*Netzen oder anderen für die Aufnahme von Wettbewerb wesentlichen Einrichtungen*“ beziehen[72]. Eine entsprechende, unter Artikel 82 EG gebildete Fallgruppe erlangte besondere Bedeutung im Zusammenhang mit Infrastruktureinrichtungen wie Flughäfen, Bahnhöfen und Häfen[73].

Der Bundesrat schlug in seiner Stellungnahme zum Gesetzesentwurf vor, dass sich das Regelbeispiel darauf beschränken sollte, den Zugang zu Einrichtungen zu ermöglichen, die den Charakter eines natürlichen Monopols besäßen. Mit der von ihm vorgeschlagenen und später übernommenen Formulierung „*Netze und andere Infrastruktureinrichtungen*“

---

[68] *Klimisch/Lange*, WuW 1998, 15, 21.

[69] Dieser Grundsatz gilt auch im europäischen Kontext, *Deselaers*, EuZW 1995, 563.

[70] Vgl. Wiedemann-*de Bronett*, § 22 Rn. 65.

[71] Für die europäische Ebene: Wiedemann-*de Bronett*, § 22 Rn. 65.

[72] BT-Drs. 13/9720, S. 8 (Fn. II.63); Für eine einheitliche Lösung des Zugangs zu wesentlichen Einrichtungen führt die Regierung aaO, S. 37 aus: „*Ein marktbeherrschendes Unternehmen, das eine wesentliche Einrichtung, d. h. eine Einrichtung oder Infrastruktur, ohne deren Nutzung ein Wettbewerber seinen Kunden keine Dienste anbieten kann, besitzt oder kontrolliert und selbst nutzt und seinen Wettbewerbern den Zugang zu dieser Einrichtung oder Infrastruktur verweigert oder nur unter Bedingungen, die ungünstiger sind als für seine eigenen Dienste, gewährt und damit seine Wettbewerber in eine nachteilige Wettbewerbssituation zwingt, verstößt gegen Artikel 86 [EG a.F.], sofern auch die übrigen Voraussetzungen dieser Vorschrift erfüllt sind (XXII. Bericht über die Wettbewerbspolitik 1992, Tz. 219).*“ .

[73] Grabitz/Hilf-*Deselaers* (1999), Art. 82, Rn. 348.

würden vor allem, aber nicht ausschließlich, physische Netze erfasst[74]. Durch den Bundesrat wurde im Übrigen eingefügt, dass die Zulassung nur gegen ein angemessenes Entgelt zu erfolgen habe[75].

Der Gesetzgeber ordnet die Zugangsverweigerung systematisch unter dem Missbrauch einer marktbeherrschenden Stellung ein. Dabei sind ähnlich gelagerte Fälle aus dem Bereich der Lieferverweigerung zuvor dem Bereich des Diskriminierungsverbots zugeordnet worden. Die Einordnung in die Missbrauchssystematik ist allgemein auf die ähnliche Einordnung in die Entscheidungspraxis zu Artikel 82 EG zurückgeführt worden. In diesem Zusammenhang wird kritisiert, dass die Europäische Kommission die U.S.-amerikanische Einordnung der *essential facilities*-Doktrin übernommen habe, ohne Bedacht darauf, dass das amerikanische Recht ein dem deutschen vergleichbares kartellrechtliches Diskriminierungsverbot nicht kennt[76].

1. Die essential facilities-Doktrin im U.S.-amerikanischen Recht

Die Regelung des § 19 Abs. 4 Nr. 4 GWB geht auf die *essential facilities*-Doktrin als Ausprägung des allgemeinen Monopolisierungsverbots im U.S.-amerikanischen Kartellrecht zurück[77].

Die ihr zugrunde liegende Regelungsfrage wurde zuerst in der Entscheidung des Supreme Court *United States v. Terminal Railroad Association*[78] offensichtlich: Ein Zusammenschluss von selbständigen Eisenbahngesellschaften kontrollierte alle Eisenbahnübergänge über den Mississippi nach St. Louis sowie alle daran angeschlossenen Umschlagterminals und verweigerte anderen Eisenbahngesellschaften die Nutzung dieser Einrichtungen. Gleichzeitig war die Errichtung einer weiteren Brücke technisch nicht möglich. Der Supreme Court entschied, dass diese Verweigerung eine Verletzung von Sec. 1 und 2 des Sherman Act[79] dar-

[74] BT-Drs. 13/9720, S. 73 (Fn. II.63).

[75] BT-Drs. 13/9720, S. 73 (Fn. II.63).

[76] *Oechsler*, ZHR 2000, 480, 485.

[77] I/M-*Möschel*, § 19 Rn. 179; *Schwintowski* WuW 1999, 842 847; eine umfassende Darstellung findet sich bei *Soames*, E.T.L. 1995, 747, 783 Annex I.

[78] 224 U.S. 383 (1912).

[79] Sec. 1 Sherman Act: "Every contract, combination in the form of trust or otherwise, or conspiracy, in restraint of trade or commerce among the several States, or with foreign nations, is declared to be illegal. ..."

Sec. 2 Sherman Act: "Every person who shall monopolize, or attempt to monopolize, or combine or conspire with any other person or persons, to monopostellte[80] und verpflichtete Terminal Railroad, anderen Eisenbahngesellschaften Zugang zu diskriminierungsfreien Bedingungen zu gewähren. Begründet wurde die Entscheidung insbesondere mit der „*gatekeeper*"-Position des Zusammenschlusses und der fehlenden Möglichkeit anderer Gesellschaften, weitere, gleichartige Einrichtungen zu konstruieren[81]. Anhand mehrerer Entscheidungen[82] wurde in den folgenden Jahren eine Fallgruppe entwickelt, die im Jahr 1977 in der Entscheidung *Hecht v. Pro Football, Inc.*[83] zum ersten Mal unter dem Begriff der *essential facilities*-Doktrin zusammengefasst wurde. Der mit der Entscheidung befasste District Court definierte in seinem Urteil die „*essential facility*" als eine Einrichtung, die von potentiellen Wettbewerbern vernünftiger Weise nicht dupliziert werden könne und deren Zugangsverweigerung eine starke Behinderung dieser potentiellen Wettbewerber darstelle[84]. Als konkrete Voraussetzungen des Eingreifens der Doktrin wurden schließlich in der

---

lize any part of the trade or commerce among the several States, or with foreign nations, shall be deemed guilty of a felony, and, on conviction thereof, shall be punished … "

[80] "But when, as here, the inherent conditions are such as to prohibit any other reasonable means of entering the city, the combination of every such facility under the exclusive ownership and control of less than all of the companies under compulsion to use them violates both the first and second sections of the act, in that it constitutes a contract or combination in restraint of commerce among the states, and an attempt to monopolize commerce among the states which must pass through the gateway at St. Louis."

81 "It cannot be controverted that, in ordinary circumstances, a number of independent companies might combine for the purpose of controlling or acquiring terminals for their common but exclusive use. In such cases other companies might be admitted upon terms or excluded altogether. If such terms were too onerous, there would ordinarily remain the right and power to construct their own terminals. But the situation at St. Louis is most extraordinary, and we base our conclusion in this case, in a large measure, upon that fact. The 'physical or topographical condition peculiar to the locality', which is advanced as a prime justification for a unified system of terminals, constitutes a most obvious reason why such a unified system is an obstacle, a hindrance, and a restriction upon interstate commerce, unless it is the impartial agent of all who, owing to conditions, are under such compulsion, as here exists, to use its facilities."

[82] Vgl. u.a. die Fälle *Lorain Journal v. United States* 342 U.S. 143 (1951); *Otter Tail Power Co. v. United States* 410 U.S. 366 (1973); sowie die Darstellung bei *Schwintowski*, WuW 1999, 842 ff..

[83] 570 F 2d 982 (D.C. Circuit 1977), cert. denied, 436 U.S. 956 (1978).

[84] 570 F 2d 982, 992 (D.C. Circuit 1977).

Entscheidung *MCI v. American Tel. & Tel., Co.*[85] des Court of Appeal die folgenden benannt:

- Monopol des die wesentliche Einrichtung kontrollierenden Unternehmens,
- Duplizierbarkeit der Einrichtung aus tatsächlichen oder wirtschaftlichen Gründen unvernünftig oder unmöglich,
- Verweigerung einer Geschäftsbeziehung zu fairen Konditionen und
- technische Möglichkeit und Zumutbarkeit der Mitbenutzung.

Die Doktrin ist im Einzelnen in Literatur und unterinstanzlicher Rechtsprechung umstritten. Die neuere U.S.-amerikanische Rechtsprechung tendiert zu einer restriktiven Auslegung. Klagen unter Berufung auf die *essential facilities*-Doktrin hatten nur in wenigen Fällen Aussicht auf Erfolg[86]. Der Supreme Court hat die Doktrin bislang nicht ausdrücklich anerkannt[87] und dieses zuletzt in der *Verzion/Trinko*-Entscheidung auch hervorgehoben[88]: *„This conclusion would be unchanged even if we considered to be established law the 'essential facilities' doctrine crafted by some lower courts, under which the Court of Appeals concluded respondent's allegations might state a claim. We have never recognized such a doctrine ... and we find no need either to recognize it or to repudiate it here"*[89].
Gerade für den Bereich der Infrastruktureinrichtungen[90], für den die *essential facilities*-Doktrin ursprünglich entwickelt worden war, stellte der Supreme Court fest, dass es gegen die Grundsätze des Kartellrechts verstoßen könne, einen Monopolisten zu verpflichten, seine Infrastruktureinrichtung mit anderen zu teilen und sie zur Mitbenutzung zu öffnen. Kartellrechtlich erzwungene Vertragsverhandlungen zwischen

---

[85] 708 F 2d 1081, 1132 f. (7th Cir. 1982).
[86] I/M-*Möschel*, § 19 Rn. 181.
[87] *Oechsler*, ZHR 2000, 480, 481.
[88] GRURInt 2004, 674 ff. mit Anmerkung *v. Merfeldt*.
[89] Supreme Court, Verizon Communications Inc. v. Law offices of Curtis v. Trinko, LLP; 305 F. 3d 89; 13.01.2004.
[90] Supreme Court, *Verizon Communications Inc. v. Law offices of Curtis v. Trinko, LLP*; 540 U.S. 398 (2004), 305 F. 3d 89; 13: Bei der Einrichtung handelte es sich um ein Telefonnetz. Kunden eines Telefondienstleistungsanbieters hatten gegen den Eigentümer des Telefonnetzes, welcher selbst auch Dienstleistungsanbieter war, geklagt, da dieser seiner Unterhaltungs- und Service-Verpflichtung bezüglich des Netzes nicht ausreichend nachgekommen sei und so die Qualität des Angebots seiner Wettbewerber habe mindern wollen.

Wettbewerbern könnten vielmehr das „größte Übel" des Kartellrechts erleichtern, die geheimen Absprachen[91].
Zu beachten ist in diesem Zusammenhang, dass sich der Supreme Court in seinen Ausführungen ausdrücklich gegen eine erstmalige Öffnung der Einrichtung wandte, nicht aber dagegen, neben bereits zugelassenen auch weiteren Wettbewerbern Zugang zu gewähren. Dieses ist u. a. darauf zurückzuführen, dass im ersten Fall ein wettbewerbsfeindliches Verhalten, welches Tatbestandsmerkmal der Sec. 2 Sherman Act ist, tatsächlich kaum festgestellt werden könnte.

2. Die essential facilities-Doktrin im europäischen Wettbewerbsrecht

Die *essential facilities*-Doktrin hat sich im europäischen Wettbewerbsrecht nach dem amerikanischen Vorbild *„nahezu von selbst"*[92] aus der Rechtsprechung des Europäischen Gerichtshofs zur Lieferverweigerung entwickelt.
Anders als im amerikanischen Kartellrecht existiert im europäischen Wettbewerbsrecht kein allgemeines, der Sec. 2 Sherman Act vergleichbares Monopolisierungsverbot. Während in den U.S.A. unter bestimmten Umständen bereits das Anstreben eines Monopols nach Sec. 2 Sherman Act verboten ist, jedenfalls aber dessen Erwerb und Verteidigung mit unangemessenen Mitteln (*„improper means"*), nicht aber das Ausnutzen einer Monopolstellung, stellt die Monopolisierungsabsicht bzw. das monopolisierende Verhalten[93] im europäischen Recht gar keinen Tatbestand

---

[91] Supreme Court, *Verizon Communications Inc. v. Law offices of Curtis v. Trinko, LLP*; 540 U.S. 398 (2004), 305 F. 3d 89; 13: "Firms may acquire monopoly power by establishing an infrastructure that renders them uniquely suited to serve their customers. Compelling such firms to share the source of their advantage is in some tension with the underlying purpose of antitrust law, since it may lessen the incentive for the monopolist, the rival, or both to invest in those economically beneficial facilities. Enforced sharing also requires antitrust courts to act as central planners, identifying the proper price, quantity, and other terms of dealing – a role for which they are ill-suited. Moreover, compelling negotiation between competitors may facilitate the supreme evil of antitrust: collusion. Thus, as a general matter, the Sherman Act 'does not restrict the long recognized right of [a] trader or manufacturer engaged in an entirely private business, freely to exercise his own independent discretion as to parties with whom he will deal.' " Mit Verweis auf *United States* v. *Colgate & Co.,* 250 U.S. 300, 307 (1919).
[92] *Emmerich*, FS Söllner, S. 275.
[93] *„Monopolizing conduct", Herrlinger*, S. 9.

dar[94]. Dagegen ist das Verlangen von Monopolpreisen als Ausnutzen einer starken Marktposition im europäischen Recht regelmäßig unter den Missbrauchstatbestand des Artikels 82 EG zu subsumieren. Im U.S.-amerikanischen Recht ist dieses Verhalten durchaus erlaubt[95], die so genannte „Ausbeutungs-Komponente" des Artikels 82 EG wird von Sec. 2 Sherman Act nicht erfasst[96].
So wird vertreten, dass der Bedarf für eine *essential facilities*-Doktrin gering sei: Fälle wie *MCI Communications, Corp. v. AT & T* wären auch über einen Behinderungsmissbrauch nach Artikel 82 EG bzw. § 19 Abs. 4 Nr. 1 GWB zu lösen gewesen[97].
Trotz dieses grundlegenden Unterschiedes hat die Europäische Kommission die *essential facilities*-Doktrin in ihre Entscheidungspraxis übernommen. Der Europäische Gerichtshof hingegen hat die Doktrin bislang nicht ausdrücklich angewandt, jedoch in seinen Entscheidungen *Magill*[98] und *Bronner*[99] als Fortführung seiner „Lieferverweigerung"- Rechtsprechung[100] einen ihr entsprechenden unbenannten Rechtssatz herausgebildet[101].

a) Die Judikatur des Europäischen Gerichtshofes

Fälle der Lieferverweigerung durch marktbeherrschende Unternehmen hat der EuGH als Fälle des Behinderungsmissbrauchs nach Artikel 82 Absatz 1 EG qualifiziert: Ein Unternehmen, welches aufgrund seiner herausragenden Marktposition nicht mehr von den disziplinierenden Kräften des Marktes beeinflusst wird, kann durch die Lieferverweigerung anderen Unternehmen die wirtschaftliche Existenzgrundlage entziehen[102].
Der EuGH übertrug diese Argumentation auf Sachverhalte, in denen ein Belieferungsabbruch vorlag, und stufte es als missbräuchliches Verhalten

---

[94] *Herrlinger*, S. 11.
[95] Supreme Court, *Verizon Communications Inc. v. Law offices of Curtis v. Trinko, LLP*; 305 F. 3d 89; 13: "The mere possession of monopoly power, and the concomitant charging of monopoly prices, is not only not unlawful; it is an important element of the free-market system."
[96] *Markert*, FS Mestmäcker, S. 661, 663.
[97] *Schwintowski*, WuW 1999, 842, 844, 846.
[98] EuGH, Slg. 1995 I-808 ff. – *Magill*.
[99] EuGH, Slg. 1998 I-7817 ff. – *Bronner*.
[100] Dazu *Koenig/Loetz*, EWS 2000, 377, 380; *Temple Lang*, S. 437, 445 f.
[101] Die Doktrin wird in der Literatur auch als Spezialfall des Kontrahierungszwangs mit Wettbewerbern bezeichnet, *Ong*, E.C.L.R. 2005, 26 (4), 215, 217.
[102] Vgl. nur *Herrlinger*, S. 11 f.

ein, wenn ein Unternehmen, das aufgrund seiner marktbeherrschenden Stellung in der Lage sei, die Belieferung von Produzenten mit Rohstoffen zu kontrollieren, sich so verhalte, dass es durch Abbruch von Lieferungen den Wettbewerb auf dem Markt für Derivate durch diese Produzenten beseitige[103].

Anders lag es im Fall *Télémarketing*[104], in dem ein Unternehmen erstmaligen Zugang zu einer Einrichtung begehrte: Die marktbeherrschende Betreibergesellschaft des Fernsehsenders RTL in Luxemburg ließ alle ihre Werbesendungen, inklusive des Telemarketings, durch ein eigenes Regieunternehmen durchführen und verweigerte dem Unternehmen Télémarketing den Zugang. In dem zweiten Leitsatz seines Urteils stellte der EuGH fest: *„Es stellt einen Missbrauch im Sinne von Artikel 86 EWG dar, wenn ein Unternehmen, das auf einem bestimmten Markt eine beherrschende Stellung innehat, sich oder einem zur selben Gruppe gehörenden Unternehmen ohne objektives Bedürfnis eine Hilfstätigkeit vorbehält, die von einem dritten Unternehmen im Rahmen seiner Tätigkeit auf einem benachbarten, aber getrennten Markt ausgeübt werden könnte, sodass jeglicher Wettbewerb seitens dieses Unternehmens ausgeschaltet zu werden droht."*

Im Unterschied zu den zuvor zitierten Entscheidungen ging es in diesem Fall nicht um die Belieferung mit oder Übereignung von Gütern durch das beherrschende Unternehmen des Primärmarktes, sondern vielmehr um die Inanspruchnahme von Leistungen oder Einrichtungen dieses Unternehmens durch das Unternehmen, das auf dem Sekundärmarkt tätig werden wollte. Ein weiterer Unterschied bestand darin, dass hier das beherrschende Unternehmen des Primärmarktes selbst oder durch ein verbundenes Unternehmen auch auf dem benachbarten Markt bereits als Anbieter tätig war.

Im Fall *Magill*[105] begehrte die irische Magill TV Guide Ltd. Zugang zu den Programminformationen irischer Sender, um die erste umfassende Programmzeitschrift für den irischen Markt zu veröffentlichen. Diese Informationen wurden ihr von den Sendern bzw. deren Tochtergesellschaften verweigert, sodass das Erscheinen einer umfassenden Programmzeitschrift auf dem irischen Markt verhindert wurde[106]. Der EuGH sah in

---

[103] EuGH, Slg. 1974, 223, 252 Tz. 25 – *Commercial Solvents.*

[104] EuGH, Slg. 1985, 3261 ff. – *Télémarketing.*

[105] EuGH, Slg. 1995, I-808 ff. – *Magill*, insbes. S. 824 Tz. 54-56.

[106] Vgl. KomE 89/205/EWG, ABl. (EWG) 1989 L-78/43 – *Magill TV Guide / ITP, BBC und RTE*; EuG, Slg. 1991, II-485 ff. – RTE; EuG, Slg. 1991, II-575 ff. – *ITP.*

diesem Verhalten den Missbrauch einer marktbeherrschenden Stellung nach Artikel 82 EG.
Er bestätigte die Entscheidung später: „Wie aus dieser [Magill-] Rechtsprechung hervorgeht, handelt ein Unternehmen, das über ein Recht des geistigen Eigentums verfügt und den Zugang zu Erzeugnissen oder Dienstleistungen verweigert, die für eine bestimmte Tätigkeit unerlässlich sind, bereits dann missbräuchlich, wenn drei Bedingungen kumulativ erfüllt sind: Die Weigerung muss das Auftreten eines neuen Erzeugnisses verhindern, nach dem eine potenzielle Nachfrage der Verbraucher besteht, sie darf nicht gerechtfertigt sein, und sie muss geeignet sein, jeglichen Wettbewerb auf einem abgeleiteten Markt auszuschließen“[107].
In seiner *Magill*-Entscheidung und im Rahmen ihrer Bestätigung benutzte der EuGH ausdrücklich den Begriff „Zugang“[108], der bis zu diesem Zeitpunkt allein von der Europäischen Kommission verwendet wurde, die sich in ihrer Entscheidungspraxis bereits ausdrücklich zur *essential facilities*-Doktrin bekannt hatte[109]. Damit bestätigte der Gerichtshof zumindest teilweise die faktische Einführung der Doktrin in das europäische Wettbewerbsrecht[110].
In seiner *Bronner*-Entscheidung[111], welcher ebenfalls ein erstmaliger Zugangsanspruch zugrunde lag, führte der EuGH aus, dass ein Missbrauch nur festgestellt werden könnte, wenn das Verhalten des marktbeherrschenden Unternehmens geeignet wäre, jeglichen Wettbewerb auf dem nachgelagerten bzw. benachbarten Markt auszuschließen, dieses nicht objektiv zu rechtfertigen und die Leistung des marktbeherrschenden Unternehmens insoweit unentbehrlich sei, dass kein tatsächlicher oder potentieller Ersatz für sie bestünde[112].
Ob danach die *Magill*-Rechtsprechung, auf die der EuGH hier Bezug genommen hat, auch auf andere als geistige Eigentumsrechte anzuwenden ist, hat der Gerichtshof allerdings offen gelassen. Die vom EuGH verwandte Formulierung „*Selbst wenn diese Rechtsprechung zur Ausübung eines gewerblichen Schutzrechts auf die Ausübung eines beliebigen Eigentumsrechts anwendbar wäre ...*“[113] könnte zum Ausdruck bringen,

---

[107] EuGH, Slg. 2004, I-5039, 5082 Tz. 38 – *IMS Health.*
[108] EuGH, Slg. 1995, I-808, 824, Tz. 56 – *Magill.*
[109] Vgl. KomE, ABl. (EG) 1994 L-15/8 Rz. 66 – *Sealink II.*
[110] *Deselaers*, EuZW 1995, 563; allerdings wurde die Entscheidung vielfach im Hinblick auf die Durchbrechung gewerblicher Schutzrechte kritisiert, vgl. *Bittner*, S. 211 ff. mwN.
[111] EuGH, Slg. 1998 I-7817 ff. – *Bronner.*
[112] EuGH, Slg. 1998 I-7817, 7830 Tz. 40 – *Bronner.*
[113] EuGH, Slg. 1998 I-7817, 7831 Tz. 41 – *Bronner.*

dass der Gerichtshof eine andere Prüfung im Falle der Verweigerung des Zugangs zu materiellem Eigentum anstellen würde. Durch die Anwendung allein der oben genannten Kriterien[114] in der *Bronner*-Entscheidung, scheint der EuGH für den Zugang zu materiellem Eigentum weniger strenge Voraussetzungen aufzustellen und auf das Erfordernis des neuen Produktes zu verzichten[115].[116]

Allerdings ist trotz dieses Verzichts auch für den Bereich des Zugangs zu materiellem Eigentum das Bestehen eines lediglich potentiellen oder hypothetischen Marktes zu berücksichtigen. Es ist Sinn und Zweck des Verbots eines Missbrauchs einer marktbeherrschenden Stellung, negative Einwirkungen auf den Wettbewerb bzw. dessen Ausschluss zu verhindern. Die stärkste Beeinträchtigung des Wettbewerbs ist aber das Verhindern des Entstehens neuer Märkte, wo eine entsprechende Nachfrage existiert[117].[118]

---

[114] Ausschluss des Wettbewerbs auf einem abgeleiteten Markt ohne sachliche Rechtfertigung und Unerlässlichkeit der Nutzung des Eigentums für die Tätigkeit auf dem abgeleiteten Markt.

[115] Dieses korrespondiert auch insoweit mit der zitierten Formulierung der *Bronner*-Entscheidung, als dass die Ausübung des gewerblichen Schutzrechtes nach dieser scheinbar umfassender geschützt ist als die Ausübung von Rechten an materiellem Eigentum, bzw. dass die Ausübung eines beliebigen Eigentumsrechts strengeren Regeln unterliegt. Umgekehrt bedeutet dieses, dass der Zugang zu materiellem Eigentum unter weniger hohen Voraussetzungen erreicht werden kann.

[116] Vgl. auch EuGH, Slg. 2004 I-5039, 5082 Tz. 38 f. – *IMS Health*: Die NDC Health GmbH & Co. KG wollte eine von der IMS Health GmbH & Co. KG entwickelte Bausteinstruktur für die Lieferung von Daten über den regionalen Absatz von Arzneimitteln in Deutschland, also das geistige Eigentum der IMS, verwenden. Der EuGH wiederholte die drei in *Magill* aufgestellten Bedingungen, die für ein erfolgreiches Zugangsbegehren erfüllt sein müssten: neues Erzeugnis oder neue Dienstleistung (*limit of production*-Test), keine Rechtfertigung der Verweigerung aus sachlichen Gründen; Eignung zum Ausschluss jeglichen Wettbewerbs auf dem anderen Markt (*leveraging*-Test).

[117] Diese These wird bestätigt durch die Rechtsprechung des EuGH, welcher in seiner *IMS-Health*-Entscheidung Bezug nimmt auf die gesamte frühere Rechtsprechung, also auch diejenige zu materiellem Eigentum, EuGH, Slg. 2004 I-5039, 5084 Tz. 44 – *IMS Health.*

[118] Das Kriterium der Existenz eines potentiellen Marktes entspricht dabei nicht dem Kriterium des neuen Produktes. Letzteres ist nur auf das immaterielle Eigentum anzuwenden, welches aufgrund seiner nur begrenzten Schutzdauer einen intensiveren Eigentumsschutz genießt. „Neu" ist bereits Produkt bereits dann, wenn es stark verbessert ist und nicht auf einem eigenen Markt gehandelt wird.

Der EuGH hat das Erfordernis des neuen Produktes mit gutem Grund lediglich für den Bereich der Immaterialgüterrechte aufgestellt: Die (erfolgreiche) Anwendung der Missbrauchs-Rechtsprechung auf Immaterialgüterrechte in *Magill* hat auch deshalb vielfältige Kritik erfahren, da befürchtet wurde, dass Innovationsbereitschaft und Investitionen in Wissenschaft und Forschung zurückgehen könnten, wenn Unternehmen verpflichtet würden, ihre Entwicklungen auch Wettbewerbern zur Verfügung zu stellen[119]. Durch seine eng formulierte Entscheidung in der Sache *IMS Health* hat der EuGH jedoch deutlich gemacht, dass die Verweigerung einer Lizenzerteilung mithin nur in Ausnahmefällen einen Missbrauch einer marktbeherrschenden Stellung darstellen kann, mithin nur in Ausnahmefällen eine Lizenzerteilung zu erfolgen hat[120]. Für den Bereich der Kollision von Wettbewerbsrecht und Immaterialrechtsgütern ist daher eine restriktive Anwendung des Artikels 82 EG auf Zugangsverweigerungsfälle geboten[121].
Insgesamt macht die Rechtsrechung des EuGH deutlich, dass die *essential facilities*-Lehre im europäischen Wettbewerbsrecht Ausnahmecharakter besitzt und Zugang zu materiellem wie immateriellem Eigentum nur unter engen (jedoch unterschiedlichen) Voraussetzungen gewährt wird[122].

---

[119] *Steiner/Woods/Twigg-Flesner*, S. 452; *Höppner*, GRURInt 2005, 457, 460, der auf den bereits ausbalancierten Schutz der Wettbewerber durch die grundsätzliche zeitliche Begrenzung des Schutzes kreativer Leistungen hinweist, weitere Nachw. bei *Haus*, Fn. 181 und *Thyri*, WuW 2005, 388, 394 Fn. 45-48.
[120] Dieses war auch bereits im Vorfeld der *IMS-Health*-Entscheidung des EuGH in der Literatur gefordert worden: *Casper*, ZHR 2002, 685, 696.
[121] So führt der EuGH, Slg. 2004 I-5039, 5085 Tz. 48, 49 – *IMS Health* aus: „Bei der Abwägung zwischen dem Interesse am Schutz des Rechts des geistigen Eigentums und der wirtschaftlichen Handlungsfreiheit seines Inhabers auf der einen und dem Interesse am Schutz des freien Wettbewerbs auf der anderen Seite [kann] das zuletzt genannte Interesse nur dann überwiegen [...], wenn die Verweigerung der Lizenz die Entwicklung des Marktes zum Nachteil der Verbraucher verhindert. Daher kann die Weigerung eines Unternehmens in beherrschender Stellung, Zugang zu einem durch ein Recht des geistigen Eigentums geschützten Erzeugnis zu gewähren, obwohl dieses Erzeugnis für die Tätigkeit auf einem abgeleiteten Markt unerlässlich ist, nur dann als missbräuchlich eingestuft werden, wenn sich das Unternehmen, das um die Lizenz ersucht hat, nicht im Wesentlichen darauf beschränken will, Erzeugnisse oder Dienstleistungen anzubieten, die vom Inhaber des Rechts des geistigen Eigentums bereits auf dem abgeleiteten Markt angeboten werden, sondern beabsichtigt, neue Erzeugnisse oder Dienstleistungen anzubieten, die der Inhaber nicht anbietet und für die eine potenzielle Nachfrage der Verbraucher besteht".
[122] So auch *Lampert*, NJW 1999, 2235, 2236.

b) Die Entscheidungspraxis der Europäischen Kommission

Für den Telekommunikationsmarkt hat die Europäische Kommission im Jahr 1998 die „Mitteilung über die Anwendung der Wettbewerbsregeln auf Zugangsvereinbarungen im Telekommunikationsmarkt“ erlassen[123], in der sie den Begriff der „wesentlichen Einrichtung“ definiert hat: „*Im Telekommunikationsbereich ist der Begriff* wesentliche Einrichtungen *in vielen Fällen für die Feststellung der Pflichten beherrschender Telekommunikationsbetreiber von Bedeutung. Als wesentliche Einrichtung wird eine Einrichtung oder Infrastruktur bezeichnet, die wesentlich ist, um Kunden zu erreichen und/oder Wettbewerbern die Durchführung ihrer Geschäftstätigkeit zu ermöglichen, und die mit angemessenen Mitteln nicht neu geschaffen werden kann*“[124]. Durch diese Mitteilung passte die Kommission die *essential facilities*-Doktrin für das Telekommunikationsrecht sektorspezifisch an[125].

Angewandt hat die Kommission die *essential facilities*-Doktrin zuerst in ihren drei für den vorliegenden Untersuchungsgegenstand besonders relevanten Hafen-Entscheidungen *Sealink I*[126] und *II*[127] sowie *Hafen von Rødby*[128].

Der ersten Entscheidung lag ein Begehren der B & I Line zugrunde, die vom Hafen Holyhead in Wales aus Fährdienste nach Irland anbot. Hafeneigentümerin und Betreiberin einer weiteren Fährverbindung nach Irland war die Stena-Gruppe mit ihrer Tochtergesellschaft Sealink, die der Petentin Ankunfts- und Abfahrtszeiten zuteilte, welche einen wirtschaftlichen Fährbetrieb nahezu unmöglich machten. Denn der Fährbetrieb der B & I wurde durch vorbei fahrende Sealink-Schiffe mit erheblicher Verdrängung so stark behindert, dass Be- und Entladevorgänge der B & I abgebrochen werden mussten. Als die Sealink beabsichtigte, eine weitere Fähre einzusetzen, durch welche die Be- und Entladevorgänge noch stärker behindert worden wären, rief B & I die Europäische Kommission an.

Im zweiten Sealink-Fall verweigerte die Stena-Gruppe der Unternehmung Sea Containers den Zugang zum Hafen von Holyhead insgesamt: Diese

---

[123] ABl. (EG) 1998 C-265/2.

[124] ABl. (EG) 1998 C-265/2, Rz. 68.

[125] *Lampert*, NJW 1999, 2235.

[126] KomE – *Sealink*, nicht im ABl. veröffentlicht, siehe daher CMLR (1992) 5, 255; Bulletin EG Nr. 6 Ziff. 1.3.30 (1992); das Verfahren vor dem von Sealink angerufenen Europäischen Gericht erster Instanz endete durch einen Vergleich.

[127] KomE, ABl. (EG) 1994 L-15/8 – *Sealink II*.

[128] KomE, ABl. (EG) 1994 L-55/52 – *Hafen von Rødby*.

Unternehmung wollte mit einem Hochgeschwindigkeits-Katamaran einen Schnellfährdienst nach Irland aufnehmen und die dafür erforderlichen Hafenanlagen auf eigene Kosten errichten. Dieses wurde aber unter Verweis auf mangelnde Kapazitäten und technischer Schwierigkeiten von der Stena-Gruppe zurückgewiesen.
Der dritten Hafenentscheidung lag schließlich ein Sachverhalt zugrunde, in dem nun die Stena-Gruppe als Petentin auftrat Eigentümerin des Hafens von Rødby ist die in dänischem Staatsbesitz befindliche DSB. Gemeinsam mit der Deutschen Bundesbahn betrieb die DSB die Fährverbindung nach Puttgarden („Vogelfluglinie“) und verweigerte der Stena die Mitbenutzung des Hafens. Die dänische Regierung versagte es der Stena-Gruppe außerdem, auf ihrem neben dem Hafen gelegenen Grundstück ein eigenes Hafenterminal zu errichten.
In allen drei Fällen hat die Kommission den Missbrauch einer marktbeherrschenden Stellung angenommen und festgestellt, dass „ein Unternehmen, das für die Gestellung einer wesentlichen Einrichtung, d. h. einer Einrichtung oder Infrastruktur, ohne deren Nutzung ein Wettbewerber seinen Kunden keine Dienste anbieten kann, marktbeherrschend ist und diese Einrichtung selbst nutzt und anderen Unternehmen den Zugang zu dieser Einrichtung ohne sachliche Rechtfertigung verweigert oder nur unter Bedingungen, die ungünstiger sind als für seine eigenen Dienste, gewährt, gegen Art. 86 EGV [a. F.] verstößt“[129].
Die Kommission berief sich in ihrer *Sealink II*-Entscheidung auch auf die Urteile des EuGH in den Rechtssachen *Commercial Solvents* und *Télémarketing* und stellte fest, dass der dort angewandte Grundsatz Anwendung fände, „*wenn der Wettbewerber, der Zugang zu den wesentlichen Einrichtungen begehrt, in den relevanten Markt neu eintritt*“[130]
Dieses legt nahe, dass es nach Ansicht der Kommission bereits einen Missbrauch darstellt, wenn einem Wettbewerber der Zugang zu einer wesentlichen Einrichtung verwehrt wird, ohne dass weitere Umstände wie Schädigungsabsicht oder Diskriminierung eines unabhängigen Wettbewerbers vorliegen[131]. Die schlichte Verweigerung des Zugangs ohne Hinzutreten weiterer Faktoren hat der Gerichtshof aber in seiner *Bronner*-

129 KomE, ABl. (EG) 1994 L-15/8, Rz. 66 – *Sealink II*.
130 KomE, ABl. (EG) 1994 L-15/8, Rz. 67 – *Sealink II*.
131 Schlussanträge des GA *Jacobs* in Slg. I-1998, 7794, 7809 Rz. 50 – *Bronner*, der u.a. die Verhinderung des Auftretens eines neuen Erzeugnisses, für welches ein Bedarf bestand, und den Ausschluss jeglichen Wettbewerbs auf dem abgeleiteten Markt nennt.

Entscheidung nicht als Missbrauch angesehen und dabei die Grundsätze des *Magill*-Urteils sehr restriktiv angewandt[132].
In einer einstweiligen Anordnung in der Sache *Irish Continental Group/Chambre de Commerce et de l'Industrie Morlaix (CCI Morlaix)*[133] hat die Kommission den Zugangsanspruch bejaht, ohne dass ein Eigeninteresse des marktbeherrschenden Unternehmens an der Nutzung der wesentlichen Einrichtung bestand[134]: Der Hafen von Roscoff in der Bretagne wird von der Industrie und Handelskammer Morlaix betrieben. Dieser Hafen ist der einzige in Frankreich, der die notwendigen Kapazitäten für eine Fährverbindung nach Irland aufweist. Zum Zeitpunkt der Entscheidung wurde der Fährdienst allein durch die Gesellschaft Brittany Ferries bedient. Die CCI Morlaix verweigerte Irish Continental den Zugang, ohne selbst an dem Fährbetrieb beteiligt zu sein. Die Kommission verpflichtete die CCI Morlaix im Wege einer einstweiligen Anordnung, der Irish Continental Zugang zu gewähren. Im Folgenden einigten sich die Parteien und schlossen einen 5-Jahres Vertrag über die Hafennutzung durch Irish Continental ab, die ICG zog daraufhin ihre Beschwerde zurück.
In einer aktuellen Entscheidung aus dem Bereich *essential facilities,* der *Microsoft*-Entscheidung[135], stellte die Kommission den Missbrauch einer marktbeherrschenden Stellung fest, da Microsoft als Anbieter von PC-Betriebssystemen und Software für Arbeitsgruppenserver anderen Herstellern von Serversoftware den Zugang zu Informationen über die Interoperabilität mit dem Microsoft Betriebssystem Windows verweigerte. Dabei stellte die Kommission für die Anwendung der *essential facilities*-Doktrin auf Immaterialrechtsgüter auf das Vorliegen *„außergewöhnlicher*

---

[132] EuGH, Slg. 1998 I-7791, 7830 Tz. 38 ff. – *Bronner*; Wiedemann-*Wiedemann*, § 23, Rn. 68, als weitere Faktoren nennt *Wiedemann* beispielhaft Ungleichbehandlung von Kunden, Abbruch von Lieferungen oder die Verknüpfung von Verkäufen.

[133] Einzelfall IV/35.388, nicht im ABl. veröffentlicht, siehe CMLR (1995) 5, 177; Europäische Kommission, XXV. Bericht über die Wettbewerbspolitik 1995, Teil 2, I A 1,3 (S. 128); Competition Policy Newsletter Vol. 1, Nr. 5, S. 12; abrufbar unter http://europa.eu.int/comm/competition/publications/cpn/cpnv1n05.pdf (zuletzt 04.01.2008); WuW 1995, 717.

[134] Diese Ansicht bestätigte sie in der Mitteilung der Kommission über die Anwendung der Wettbewerbsregeln auf Zugangsvereinbarungen im Telekommunikationsbereich, ABl. (EG) 1998 C 265/2 Rz. 85 ff.

[135] Entscheidung der Europäischen Kommission vom 24.03.2004, COMP/C-3/37.792 Microsoft; abrufbar unter: http://europa.eu.int/comm/competition/antitrust/cases/decisions/37792/en.pdf (zuletzt 04.01.2008).

Umstände“ ab, ohne diese anhand allgemein gültiger Kriterien zu definieren, nicht aber auf die Einführung eines neuen Produkts[136].
Die dargestellte Entscheidungspraxis zeigt, dass die Kommission die Verweigerung des Zugangs zu wesentlichen Einrichtungen nach weniger strengen Kriterien beurteilt als der EuGH. Angesichts nicht unerheblicher Beeinträchtigungen der unternehmerischen Freiheit und des Eigentums eines marktbeherrschenden Unternehmens ist eine restriktive Anwendung der Zugangs-Rechtsprechung des EuGH vorzugswürdig. Denn nur wenn ohne Zugangsgewährung tatsächlich eine erhebliche Wettbewerbsbeschränkung eintritt, kann von einem den Eingriff in die unternehmerische Freiheit rechtfertigenden Missbrauch die Rede sein.

B. Die nationale Dimension

1. § 19 Abs. 4 Nr. 4 GWB

Mit der sechsten GWB-Novelle sollte das deutsche mit dem europäischen Wettbewerbsrecht harmonisiert und das Wettbewerbsprinzip im Hinblick auf neue Anforderungen gestärkt werden. Zur Erreichung diesen Ziels wurde u. a. das Regelbeispiel des § 19 Abs. 4 Nr. 4 GWB eingefügt[137].
Diese beabsichtigte Harmonisierung des kodifizierten Rechts hat durch die Einführung des § 19 Abs. 4 Nr. 4 GWB jedoch nicht stattgefunden, da die Lehre vom Zugang zu wesentlichen Einrichtungen zwar Eingang in einige gemeinschaftliche sektorspezifische Regelungen gefunden hat[138], Bestandteil der Entscheidungspraxis der Europäischen Kommission und – wie oben gezeigt – in eingeschränkterem Maße auch des Europäischen Gerichtshofes ist, jedoch nicht ausdrücklich im europäischen Primärrecht, insbesondere in Artikel 82 EG formuliert ist.
Auch in der Ausführung der vermeintlichen Harmonisierung war der Gesetzgeber nicht konsequent: Nach der *Magill*-Rechtsprechung des Europäischen Gerichtshofes kann unter besonderen Voraussetzungen mit Er-

---

[136] So in ihren Entscheidungen in der Sache *IMS Health* und *Microsoft* (Tz. 555); *Thyri*, WuW 2005, 388, 397 konstatiert, dass die Kommission mit der Einführung dieses breiten und flexiblen Kriteriums aber wohl „den festen Boden der Judikatur“ verlässt; Microsoft hat gegen die Entscheidung Beschwerde beim Europäischen Gericht Erster Instanz eingelegt, das bereits einen Antrag auf einstweiligen Rechtsschutz negativ beschieden hat (Beschluss des Präsidenten des EuG in der Rs. T-201/04 R *Microsoft*, ABl. (EG) 2005 C-69/16.
[137] BT-Drs. 13/9720, S. 1 (Fn. II.63).
[138] Kommissionsmitteilung über die Anwendung der Wettbewerbsregeln auf Zugangsvereinbarungen im Telekommunikationsmarkt, ABl. (EG) 1998, C-265/2.

folg Zugang zu Immaterialrechtsgütern begehrt werden. Der deutsche Text des § 19 Abs. 4 Nr. 4 GWB schließt dieses durch den Begriff der „Infrastruktureinrichtung" jedoch aus.[139] und gewährt dem Immaterialgüterrecht Vorrang vor dem Wettbewerbsrecht[140]. So wird der wettbewerbliche Grundsatz, Pioniergewinne als Innovationsanreiz zu akzeptieren, nicht in Frage gestellt[141].

a) Tatbestandsmerkmale und Rechtsfolgen

In ihrer Gegenäußerung zur Stellungnahme des Bundesrates hat die Bundesregierung selbst bereits im Gesetzgebungsverfahren anerkannt, dass der Tatbestand des § 19 Abs. 4 Nr. 4 GWB in hohem Maße *„auslegungs- und ausfüllungsbedürftig"* sei[142]. Die einzelnen Tatbestandsmerkmale sollen daher im Folgenden ausführlich diskutiert werden.

(1) Unternehmen

Der Unternehmensbegriff des GWB ist ein funktionaler und nicht auf das allgemeine Verständnis einer in privater Rechtsform organisierten Unternehmung reduziert. Nach der Rechtsprechung des BGH ist eine unternehmerische Tätigkeit im Sinne des GWB *„jedwede Tätigkeit im geschäftlichen Verkehr"*[143]. Entscheidend ist das Handeln zum Austausch

---

[139] In der Gegenäußerung der Bundesregierung zur Stellungnahme des Bundesrates zum Gesetzesentwurf heißt es ausdrücklich: „Durch die Begrenzung auf Infrastruktureinrichtungen wird insbesondere deutlicher zum Ausdruck gebracht, dass der Tatbestand nicht darauf abzielt, Ansprüche auf Nutzung fremder gewerblicher Schutzrechte zu begründen."BT-Drs. 13/9720, S. 79 (Fn. II.63), auch wenn die Begründung eines Gesetzes keine bindende Wirkung entfaltet, ist sie mangels gefestigter Rechtsprechung zur Interpretation heranzuziehen.
[140] Dabei ist die *IMS Health* Rechtsprechung zu beachten. In dieser Entscheidung hat der EuGH durch die Verknüpfung des *limit of production*- und des *leveraging*-Tests die Anwendung auf Immaterialrechtsgüter stark eingeschränkt.
[141] *Ebel* (1999), § 19 GWB, Rn. 45; die Wirksamkeit dieser Maßnahme bezweifelnd und eine Anwendung der *essential facilities* Doktrin auf Immaterialrechtsgüter jedenfalls über § 19 Abs. 1GWB bejahend: *v. Bechtolsheim/Bruder*, WRP 2002, 55, 61 f.; *Schwintowski,* WuW 1999, 842, 851 stellt nicht auf die Eigenschaft als Infrastruktureinrichtung, sondern allein auf das Bestehen zweier Märkte ab, die miteinander verbunden sind.
[142] BT-Drs. 13/9720, S. 83 (Fn. II.63).
[143] BGH WuW/E BGH 442, 449 – *Gummistrümpfe*; BGH WuW/E BGH 469 ff. – *Auto-Analyzer*; übereinstimmend in der Literatur I/M-*Zimmer* § 1 Rn. 32, GK-*Leo* § 19 Rn. 196 mwN.

von Leistungen. Das Vorliegen einer Gewinnerzielungsabsicht ist dabei nicht erforderlich[144]. Für die Einordnung unter den wettbewerbsrechtlichen Unternehmensbegriff ist ein bestimmtes Maß an organisatorischer Selbständigkeit notwendig, sodass unselbständig handelnde Personen und Unternehmensteile nicht vom kartellrechtlichen Unternehmensbegriff erfasst werden. Maßgeblich für die Beurteilung der Selbständigkeit ist die Teilnahme am Markt aufgrund eigener Entschließung. Die rechtliche Organisationsform, insbesondere die Rechtsform ist lediglich von untergeordneter Bedeutung[145]. Daher kann sowohl eine natürliche Person als auch ein Träger hoheitlicher Gewalt Normadressat des Kartellrechts sein, soweit er wirtschaftlich tätig ist, also auch Rechtsgeschäfte mit Dritten abschließt[146]. Für die öffentliche Hand wird dieses im Gesetz explizit geregelt durch § 130 Abs. 1 S. 1 GWB. Nicht unter den Unternehmensbegriff fallen hingegen der private Verbrauch, abhängige Arbeit und hoheitlich vorweg bestimmtes Handeln[147].
Von § 19 Abs. 4 GWB werden als Unternehmen auch Mehrheiten von Unternehmen erfasst, also so genannte Oligopole, die eine marktbeherrschende Stellung haben[148]. Normadressat kann in einem solchen Fall jedes Mitglied des Oligopols sein. Denn die marktbeherrschende Stellung des einen Mitglieds entfällt nicht dadurch, dass die Leistung auch von einem anderen Mitglied des Oligopols erbracht werden kann[149].

(2) Eigenes Netz oder andere Infrastruktureinrichtung

Aus der Gesetzesbegründung geht hervor, dass es dem Gesetzgeber um die Eröffnung des Zugangs zu wesentlichen Einrichtungen ging. Die Begriffe „Netz“ und „Infrastruktureinrichtung“ sind erst durch den Bundesrat in den Gesetzestext eingefügt worden. Dessen eigene Stellungnahme bezieht sich jedoch auch auf wesentliche Einrichtungen. Diese wiederum definiert er als „*Netze oder Infrastruktureinrichtungen, die als strategische Engpasseinrichtungen den Charakter eines natürlichen Monopols haben*“[150].

---

144 Lange-*Hübschle*, Kap. 7 § 2 Rn. 843.
145 I/M-*Zimmer*, § 1 Rn. 41.
146 Vgl. zur Unternehmenseigenschaft eines Landkreises BGH, NJW 1998, 3778, 3779 – *Schilderpräger*; GK-*Leo*, § 19 Rn. 217 ff.; *Ebel* (1999), § 1 Rn. 17.
147 I/M-*Zimmer* § 1 Rn. 32 ff.; I/M-*Möschel* § 19 Rn. 3; *Bechtold* § 19 Rn. 2.
148 *Dreher*, DB 1999, 833, 834.
149 LG Dortmund, BB 2000, 2325.
150 BT-Drs. 13/9720, S. 73 (Fn. II.63).

Das „Netz“ wird teilweise als die physische oder virtuelle Verbindung zwischen mehreren Orten, die im Zuge der Leistungserbringung erreicht werden müssen, verstanden[151]. Es wird auch von „raumübergreifenden komplex verzweigten Transport- und Logistiksystemen für Güter, Personen oder Informationen“ gesprochen[152]. Teilweise wird der Begriff aber auch enger als Einrichtung, die den Zugang zu einem vor- oder nachgelagerten Markt öffnet, verstanden, mithin als Grundlage einer bestimmten wirtschaftlichen Aktivität[153]. Eine allgemein gültige Definition gibt es jedoch nicht. Der Wortlaut der Norm legt jedoch nahe, dass es sich bei einem Netz um eine bestimmte Form von Infrastruktureinrichtung handeln muss.

Auch der Begriff der Infrastruktureinrichtung wird in der Literatur sehr unterschiedlich verwandt, eine allgemein akzeptierte Definition existiert nicht[154]. *Dreher* bezeichnet sie als eine dienende Einrichtung mit Basisfunktion[155]. Dabei definiert *Möschel* die Infrastruktur als die Gesamtheit aller Einrichtungen, die eine entfernungsüberwindende Transport- oder rauminterpretierende Logistikfunktion besitzen[156]. Wesentlich weiter ist die Definition nach *v. Bechtolsheim/Bruder*, die als Infrastruktureinrichtungen alle materiellen und immateriellen Güter, die der Produktion und dem Absatz von Waren und Dienstleistungen dienen, bezeichnen[157]. Konsens besteht wohl über die Gewährleistungsfunktion von Infrastruktureinrichtungen, welche in ihrer Gesamtheit die Voraussetzungen für die soziale Entwicklung und Entfaltung wirtschaftlicher Aktivitäten sichern und dabei regelmäßig auf eine gleichmäßige und häufig auch flächendeckende Versorgung mit Leistungen von allgemeinem Interesse zu angemessenen Bedingungen angelegt sind[158]. Das Bundesverfassungsgericht (BVerfG) benennt in seinem Urteil vom 10. Dezember 1974[159] als Ausschnitt der örtlichen Infrastruktur u. a. die Einrichtungen der Energie- und Wasserversorgung, des Nahverkehrs sowie der Abfallbeseitigung. Bei

---

[151] *Bunte*, S. 208.

[152] *v. Weizsäcker*, WuW 1997, 572.

[153] Wiedemann-*Wiedemann*, § 23 Rn. 65; GK-*Leo*, § 19 Rn. 2428.

[154] So auch *Stober*, § 26 I; GK-*Leo*, § 19 Rn. 2432.

[155] *Dreher*, DB 1999, 832, 834; ebenso I/M-*Möschel*, § 19 Rn. 196, ähnlich Wiedemann-*Wiedemann*, § 23 Rn. 65.

[156] I/M-*Möschel*, § 19 Rn. 196; ähnlich auch *Hermes*, S. 168: „... die Gesamtheit der sächlichen, personellen und organisatorischen Vorkehrungen ..., die der Mobilität von Personen, dem Transport von Gütern und der Entfernungen überwindenden Kommunikation dienen“.

[157] *v. Bechtolsheim/Bruder*, WRP 2002, 55, 58; ähnlich *Stober*, § 26 I.

[158] *Koenig/Kühling*, DÖV 2001, 881.

[159] BVerfGE 38, 258, 270 f.

Ausdehnung der Betrachtung rücken ferner der Schifffahrts-, Straßen-, Schienen- und Luftverkehr, die Post- und Paketdienste, Telekommunikation und Rundfunk ins Bild[160].
Nach Stellungnahme des Bundesrates zu dem Regierungsentwurf der sechsten GWB-Novelle wurde die ursprüngliche Fassung der Norm von „*Netzen oder anderen für die Aufnahme von Wettbewerb wesentlichen Einrichtungen*" zu „*Netzen und anderen Infrastruktureinrichtungen*" geändert. Es geht dabei um die Zugangsgewährung zu „*strategischen Engpaßeinrichtungen, die den Charakter eines natürlichen Monopols besitzen*"[161]. Nicht unter den Begriff der Infrastruktureinrichtung fallen aber solche Anlagen, die selbst Dienstleistungen erbringen[162] bzw. Teil einer Dienstleistung sind[163].
Nicht notwendig ist, dass die Einrichtung im zivilrechtlichen Eigentum des durch die Norm adressierten Unternehmens steht. Das Wort „eigene" ist nach herrschender Ansicht funktional auszulegen, sodass auch all jene Unternehmen erfasst werden, die über eine Einrichtung die Kontrolle besitzen und rechtlich befugt sind, Dritten Zugang zu gewähren[164]. Teilweise wird auch als ausreichend angesehen, dass das Unternehmen über die Einrichtung wirtschaftlich wie über eine eigene verfügen kann[165].

(3) Unmöglichkeit des anderweitigen Tätigwerdens

Im Rahmen der U.S.-amerikanischen *essential facilities*-Doktrin wird angenommen, dass die Einrichtung im Fall ihrer Duplizierbarkeit schon nicht mehr „*essential*", also wesentlich sei[166]. Diese Überlegung liegt auch der Entstehung der Norm zugrunde[167], ihr schließt sich auch die

---

[160] *Theobald*, NJW 2003, 324.
[161] BT-Drs. 13/9720, S. 73 (Fn. II.63).
[162] *Bechtold*, § 19 Rn. 88.
[163] So gehört ein Hafen, der lediglich dazu dient, das Erz aus einer Mine zu den Produktionsanlagen befördern zu können, zum Produktionsprozess selbst und bietet keinen eigenen Hafenbenutzungsmarkt. Nur bei Vorliegen zweier verbundener Märkte kann aber das Problem des Transfers von Marktmacht entstehen (Beispiel bei *Temple Lang*, S. 437, 488).
[164] GK-*Leo*, § 19 Rn. 2332.
[165] I/M-*Möschel*, § 19 Rn. 199.
[166] *Soma/Forkner/Jumps*, S. 565, 592 f. mit Verweis auf die Entscheidung des Supreme Court in der Sache *Hecht v. Pro-Football, Inc.*, 570 F. 2d 982, 992 (D.C.Cir. 1977): "To be 'essential' a facility need not be indispensable; it is sufficient if duplication of the facility would be economically infeasible and if denial of its use inflicts a severehandicap on potential market entrants."
[167] Stellungnahme des Bundesrates, BT-Drs. 13/9720, S. 73 (Fn. II.63).

Monopolkommission für § 19 GWB an[168]. Die Unmöglichkeit anderweitigen Tätigwerdens aus tatsächlichen oder rechtlichen Gründen lässt sich daher anhand einer Prüfung der Duplizierbarkeit und Substituierbarkeit der Einrichtung messen[169], denn wenn eine Einrichtung duplizier- oder substituierbar ist, so ist eine Tätigkeit auf dem abgeleiteten Markt im Falle einer Zugangsverweigerung des Einrichtungsinhabers nicht unmöglich. *Schwintowski* hält dieses Merkmal für überflüssig und will allein auf das Phänomen des „*monopoly leveraging*", also der Hebelwirkung von einem auf den anderen Markt, als Grundlage der Doktrin im U.S.-amerikanischen Recht abstellen[170]. Dem ist jedoch entgegen zu halten, dass sowohl die Gesetzesmaterialien als auch Wortlaut und Zweck der Norm diesen Schluss kaum zulassen: Denn aus *Schwintowskis* These folgt, dass allein die Verbindung zweier Märkte in der Form, dass durch die Markbeherrschung des einen eine Hebelwirkung auf den anderen entstünde, der Tatbestand des § 19 Abs. 4 Nr. 4 GWB erfüllte. Dieses ist aber weder wettbewerbspolitisch noch durch die Einführung der Norm gewünscht. Denn § 19 Abs. 4 Nr. 4 GWB soll lediglich den Zugang zu solchen Einrichtungen gewähren, deren Benutzung notwendig ist für das Tätigwerden auf einem vor- oder nachgelagerten Markt. Auch unter Berücksichtigung einer engen Marktabgrenzung nach dem Bedarfsmarktkonzept und einem möglicherweise auf eine Einrichtung begrenzten räumlichen Markt, kann *Schwintowski* nicht zugestimmt werden. Bei Auslassung des Merkmals der fehlenden Duplizierbarkeit und damit der Unmöglichkeit des Tätigwerdens, würde der Petent, für den die Duplizierung möglich und zumutbar aber nicht rentabel ist, zugelassen werden müssen[171].

Dieses widerspräche aber nicht zuletzt auch der wettbewerbspolitischen Begründung der Norm als Mittel einer verhaltensgebundenen positiven Marktstrukturkontrolle[172].

---

[168] „Für wesentliche Einrichtungen scheidet eine Duplizierung aus wirtschaftlichen Gründen im Allgemeinen nämlich aus." XIV. Hauptgutachten der Monopolkommission, BT-Drs. 14/9903, S. 361, Ziff. 740.

[169] I/M-*Möschel* § 19 Rn. 200; insoweit ungenau BKartA WuW/E DE-V 149 – *Berliner Stromdurchleitung*, S. 9, wo auf die rechtliche Unmöglichkeit der Mitbenutzung abgestellt wird.

[170] *Schwintowski*, WuW 1999, 842, 848 f., 853.

[171] So auch *Herrlinger*, S. 89; darüber hinaus wäre eine derart breit angelegte Beeinträchtigung des grundrechtlich geschützten Eigentums möglicherweise nicht mehr verfassungsrechtlich zu rechtfertigen, worauf im Rahmen dieser Arbeit aber nicht ausführlich eingegangen werden kann.

[172] I/M-*Möschel*, § 19 Rn. 188, 200.

(4) Marktbeherrschung

Voraussetzung der Bestimmung der Marktbeherrschung ist die Definition des relevanten Marktes, auf dem das Unternehmen tätig ist[173]. Diese Bestimmung erfolgt nach herrschender Ansicht auf drei Ebenen, der sachlichen, der räumlichen und teilweise auch der zeitlichen[174].
Je enger ein Markt umgrenzt wird, desto näher liegt die Annahme einer marktbeherrschenden Stellung des betroffenen Unternehmens. Da es sich bei dem Begriff des Marktes um einen gerichtlich voll überprüfbaren unbestimmten Rechtsbegriff handelt, gilt zugunsten des betroffenen Unternehmens in Zweifelsfällen der Grundsatz „in dubio pro libertate"[175]. Auf diese Weise werden möglicherweise ungerechtfertigte Eingriffe in die Freiheitssphäre des Unternehmens vermieden.

(a) Der Primärmarkt als relevanter Markt

Relevant für die Frage der Marktbeherrschung könnten hier sowohl der Primärmarkt als auch der Sekundärmarkt sein, also zum einen der Markt der Infrastruktureinrichtung, zum Anderen der Markt der Dienstleistung, die mittels der Infrastruktureinrichtung erbracht werden können.
In der Literatur wird häufig angenommen, dass die marktbeherrschende Stellung gerade auf dem Sekundärmarkt bestehen müsse[176]. Diese Ansicht wird scheinbar gestützt durch die Stellungnahme des Bundesrates im Gesetzgebungsverfahren. Dieser führte die Formulierung *„auf dem vor- oder nachgelagerten Markt als Wettbewerber des marktbeherrschenden Unternehmens tätig zu werden"* ein. Danach steht *„Im Vordergrund [...] die horizontale Dimension der Bekämpfung von Wettbewerberbehinderungen auf den vor- oder nachgelagerten Märkten, die*

---

[173] Ganz h.M., vgl. FK-*Paschke* (2006), § 19 Rn. 68; GK-*Leo*, § 19 Rn. 239 f. mwN.
[174] Wiedemann-*Wiedemann*, § 23 Rn. 7; GK-*Leo*, § 19 Rn. 239, 241, *Bunte*, S. 188 ff., *v. Gamm*, § 22 Rn. 11 mwN.; diese Ansicht entspricht auch der Praxis des EuGH zu Art. 82 EG, vgl. L/M/R-*Bergmann*, Art. 82 Rn. 25; nach anderer Ansicht gehört die zeitliche Komponente zur sachlichen Marktabgrenzung, FK-*Paschke* (2006), § 19 Rn. 75.
[175] GK-*Leo* § 19 Rn. 246, 493.
[176] So I/M-*Möschel* § 19 Rn. 193 mwN.; GK-*Leo*, § 19 Rn. 2335; *Dreher* DB 1999, 833, 835; *v. Wallenberg* KuR 1999, 152, 155; *Emmerich* (2001), S. 203 f., anders *Emmerich,* § 27 Rn. 113; für den Bereich des TKG so auch *Immenga*, MMR 2000, 196, 199; *Klimisch/Lange* WuW 1998, 15, 23 allgemein zur kartellrechtlichen Zugangsregelung; ebenso *Markert*, FS Mestmäcker, S. 671.

ihre Ursache in der marktbeherrschenden Stellung des Inhabers der wesentlichen Einrichtung haben"[177]. Diese Formulierung stimmt weitgehend überein mit einer Formulierung in einem Arbeitspapier, das als Diskussionsgrundlage des Arbeitskreises Kartellrecht des Bundeskartellamts diente. Dabei ist zu berücksichtigen, dass es das Amt war, welches letztlich die Einführung der Norm vorschlug. In dem Arbeitspapier heißt es: „*Im Vordergrund steht also die horizontale Dimension der Bekämpfung von Wettbewerbsbehinderungen auf dem Markt, der dem Netz vor- oder nachgelagert ist und auf dem der Netzbetreiber marktbeherrschend ist*"[178].

Allein aus dem Umstand, dass es Ziel der Norm ist, horizontale Wettbewerbsbehinderungen abzubauen bzw. zu verhindern, lässt sich jedoch noch nicht folgern, dass die marktbeherrschende Stellung auch auf dem abgeleiteten Markt bestehen muss, also horizontal zur Wettbewerberstellung des Petenten. Vielmehr kann eine solche horizontale Beschränkung auch aus der marktbeherrschenden Stellung auf dem Primärmarkt folgen, solange das beherrschende Unternehmen ebenfalls auf dem abgeleiteten Markt, also als Wettbewerber tätig ist. Denn es ist gerade das, was die betroffenen wesentlichen Einrichtungen auszeichnet, dass sie *bottleneck*-Charakter besitzen. Aufgrund der Kontrolle des *bottlenecks* ergibt sich daher für das den Primärmarkt beherrschende Unternehmen automatisch eine starke Position, eine „faktische Marktmacht"[179] auf dem abgeleiteten Markt. Dieses entspricht dem Effekt des *monopoly leveraging,* das Unternehmen kontrolliert, ob, wen und wie viele Unternehmen es als Wettbewerber auf den abgeleiteten Markt lässt. Dieser Umstand kann somit auch als mittelbare horizontale Wettbewerberbehinderung gelten. Der Wortlaut der Norm ist daher für eine eindeutige Zuordnung des Merkmals der Marktbeherrschung unergiebig[180], ebenso die Gesetzesbegründung[181].

---

177 BT-Drs. 13/9720, S. 73 (Fn. II.63).

178 Das von *Klimisch/Lange* verfasste Arbeitspapier ist in gekürzter und aktualisierter Fassung abgedruckt in WuW 1998, 15.

179 So das OLG Düsseldorf, NJOZ 2004, 1324, 1328 – *Mainova.*

180 Anders jedoch *Emmerich* (2001), S. 204, der den Wortlaut als Begründung heranzieht. Danach wolle der Petent als Wettbewerber des marktbeherrschenden Unternehmens tätig werden, was impliziere, dass die beherrschende Stellung eben auf dem Markt besteht, auf dem der potentielle Wettbewerber tätig werden will.

181 Die Zielsetzung der Norm besteht in der Förderung des Wettbewerbs. Bei einem Zugangsbegehren geht es regelmäßig um eine Tätigkeit als Wettbewerber auf dem vor- oder nachgelagerten Markt. Daher wird angeführt, dass in dem Fall, in dem auf diesem Markt keine marktbeherrschende Stellung des Inhabers der

Das Bundeskartellamt[182] und der BGH[183] gehen in ihrer Entscheidungspraxis davon aus, dass allein der Primärmarkt für die beherrschende Stellung maßgeblich ist[184]. Diese Ansicht erscheint u. a. deswegen richtig, weil durch § 19 Abs. 4 Nr. 4 GWB eine Harmonisierung mit dem europäischen Recht geschaffen werden sollte[185]. Sowohl der EuGH[186] als auch die Europäische Kommission[187] wenden das Merkmal der Marktbeherrschung im Rahmen des Artikels 82 EG aber auf den Primärmarkt an. Daher fallen praktisch Inhaberschaft der nicht duplizierbaren Einrichtung und die marktbeherrschende Stellung auf dem Primärmarkt zusammen[188].

Infrastruktureinrichtung bestünde, dort bereits Wettbewerb existiere, sodass die Norm schon nach ihrem Regelungszweck nicht eingreifen könnte (so *v. Wallenberg*, KuR 1999, 152, 155, die das Sprichwort „wer zuerst kommt, mahlt zuerst" bestätigt sieht); *Bechtold* (der den Gesetzeswortlaut so versteht, dass die beherrschende Stellung auf dem Primärmarkt bestehen muss) geht sogar davon aus, dass es einer Entscheidung, welcher Markt für die beherrschende Stellung maßgeblich sein soll, nicht bedürfe. Er lässt eine beherrschende Stellung auf dem einen oder anderen Markt genügen (*Bechtold*, § 19 Rn. 90). Im Rahmen der Deregulierung netzgebundener Wirtschaftssektoren wie Bahn, Strom und Telekommunikation haben die ehemaligen staatlichen Monopolunternehmen neben der marktbeherrschenden Stellung auf dem Betreibermarkt aufgrund größerer Marktanteile ohnehin auch eine marktbeherrschende Stellung auf den potentiellen abgeleiteten Märkten, die durch die Zurverfügungstellung ihrer Infrastrukturnetze, den „wesentlichen Einrichtungen", entstehen würden (so auch Wiedemann-*de Bronett*, § 22 Rn. 67).

182 BKartA, Beschluss v. 30.08.1999 – *Bewag* (amtliche pdf-Datei), S. 8, abrufbar unter http://www.bundeskartellamt.de/wDeutsch/download/pdf/Kartell/Kartell03/B8_99_99.pdf (zuletzt 04.01.2008), insoweit nicht abgedruckt in WuW/E DE-V 149 ff.

183 BGH WuW/E DE-R 1520 ff. – *Arealnetze*, ebenso die Vorinstanz: OLG Düsseldorf WuW/E DE-R 1307 – *GETECnet*.

184 So auch FK-*Weyer* (2005), § 19 Rn. 1041.

185 BT-Drs. 13/9720, S. 1 (Fn. II.63).

186 EuGH, Slg. 1985, S. 3261 ff. 2. Ls – *Télémarketing*, EuGH, Slg. 1998 I, S. 7817 ff., Tz. 34 f. – *Bronner*.

187 KomE, ABl. (EG) 1994 L-15/8 Rz. 66 – *Sealink II*; noch weiter ging die Kommission in ihrer Entscheidung *CCI Morlaix* (Fn. II.133), in der sie von der Notwendigkeit der Wettbewerberposition auf dem abgeleiteten Markt absah.

188 *Bunte*, S. 208; vgl. auch Lange-*Hübschle*, Kap. 7 § 3 Rn. 993; kritisch hingegen I/M-*Möschel* § 19 Rn. 193 mwN.; *Dreher* DB 1999, 833, 835; *v. Wallenberg* KuR 1999, 152, 155.

Bereits vor Einführung des § 19 Abs. 4 Nr. 4 GWB hat der BGH in seiner Rechtsprechung zur Zugangsverweigerung ähnlich entschieden und den Primärmarkt für maßgeblich erachtet[189].

(b) Der Marktbegriff in § 19 Abs. 4 Nr. 4 GWB

Das Bestehen eines Marktes setzt in volkswirtschaftlicher Hinsicht ein Gegenüber von Angebot und Nachfrage bezogen auf ein bestimmtes Gut zu einer bestimmten Zeit voraus. In denjenigen Sachverhalten, auf welche der § 19 Abs. 4 Nr. 4 GWB „zugeschnitten" ist, fehlt es jedoch häufig gerade am Angebot des Gutes. Denn gerade im Fall von Infrastrukturmonopolen vertikal integrierter Unternehmen wird die Nutzung der Infrastruktur keinem anderen Marktteilnehmer angeboten. Es ist aber gerade das Anliegen des Gesetzgebers gewesen, physische Netze und andere Infrastruktureinrichtungen für die diskriminierungsfreie Nutzung durch andere Marktteilnehmer zu öffnen.
Der Wortlaut des § 19 GWB spricht für die Annahme einer marktbeherrschenden Stellung allein dann, wenn das betreffende Unternehmen selbst bereits als Anbieter oder Nachfrager auf einem Markt auftritt. Die Annahme eines „potentiellen" Marktes, wie ihn der EuGH in seiner Zugangsverweigerungs-Rechtsprechung heranzieht[190], ist dem Wortlaut des GWB fremd. § 19 Abs. 2 Nr. 2 GWB erkennt zwar einen potentiellen Wettbewerb im Rahmen der Bestimmung einer marktbeherrschenden Stellung an. Dieser Wettbewerb setzt aber bereits einen Markt voraus, befindet sich also systematisch auf einer anderen Stufe und kann daher nicht als Argument für die Zulässigkeit der Annahme eines potentiellen Marktes herangezogen werden. § 19 Abs. 2 Nr. 2 GWB zeigt jedoch, dass dem GWB die Berücksichtigung potentieller Einflüsse nicht fremd ist.
Es stellt sich also die Frage, ob nicht durch Nachfrage ein potentieller Markt begründet werden könnte, auch wenn das im Endeffekt marktöffnende Angebot fehlt, und ob dieser potentielle Markt auch „Markt" im Sinne des § 19 GWB sein kann[191]. Dieses erscheint jedenfalls für den Anwendungsbereich des § 19 Abs. 4 Nr. 4 GWB sinnvoll, da Zweck der Vorschrift die Marktöffnung ist. In den meisten möglichen Anwendungsfällen würde eine durchgreifende Anwendung der Norm aber am Fehlen eines Marktes scheitern, sie würde nur dort durchgreifen, wo bereits ein

---

[189] BGH NJW 1995, 2718, 2721 – *Gasdurchleitung*.
[190] EuGH, Slg. 2004 I-5039, 5084 Tz. 44 – *IMS-Health*.
[191] So *Herrlinger*, S. 61; GK- *Leo*, § 19 Rn. 2339; dagegen *Dreher*, DB 1999, 833, 835; *Bunte* WuW 1997, 302, 314 hält die Annahme eines Marktes für „gekünstelt".

Wettbewerber des Petenten zugelassen wäre. Damit würde aber die schwerwiegendere Marktbeeinträchtigung – der Ausschluss jeglichen Zugangs zum abgeleiteten Markt – ohne Folgen bleiben, während die schwächere Beeinträchtigung eine Missbrauchsverfügung nach sich zöge. *A maiore ad minus* muss daher die Annahme eines potentiellen Primärmarktes zur Beurteilung der Marktbeherrschung genügen[192].

Für die Annahme eines potentiellen Marktes im Rahmen des § 19 Abs. 4 Nr. 4 GWB spricht auch die Gesetzesbegründung, in der es heißt: „*Für die Anwendung des § 19 Abs. 4 Nr. 4 ist es grundsätzlich auch unerheblich, ob das im Besitz einer wesentlichen Einrichtung befindliche Unternehmen den Zugang bereits Dritten eröffnet hatte oder ob der aktuelle Petent der erste ist, welcher Zugang begehrt*“[193]. Gegen eine solche Annahme spricht jedoch, dass dem Gesetzgeber bewusst war, dass in einer solchen Situation kein aktueller Markt vorliegt, er dieses in den Spezialgesetzen[194] auch berücksichtigt hat, in § 19 GWB jedoch nicht. Dagegen spricht auch, dass durch einen über § 32 i. V. m. § 19 GWB mittelbar gewährten Zugangsanspruch, der unabhängig von einem Angebot nach außen besteht, der Zugang zu unternehmerischen Ressourcen eröffnet werden könnte[195] und dann gegen den ausdrücklichen Willen des Gesetzgebers[196] Innovationsanreize fortfallen könnten.

Da § 19 Abs. 4 Nr. 4 GWB aber als Auffangtatbestand konzipiert ist, der über kurz oder lang die sektorspezifischen Regelungen ersetzen soll[197], ohne dass dieses Auswirkungen auf die Reichweite eines Zugangsanspruchs als Kehrseite einer Missbrauchsverfügung haben soll, ist davon auszugehen, dass der Gesetzgeber nicht bewusst von einer ausdrücklichen Einbeziehung des potentiellen Marktes abgesehen hat[198]. Auch das Argument, dass der Zugang zu unternehmerischen Ressourcen eröffnet würde, greift nicht durch: Es ist Sinn und Zweck der Vorschrift, den Zugang zu solchen Ressourcen zu öffnen, die für die Entstehung von Wettbewerb unerlässlich sind[199]. Damit dieses nicht zu einer ausufernden Inanspruchnahme von Innovationsgewinnen anderer Unternehmen führt, ist

---

[192] Ähnlich argumentiert der BGH in NJW 1995, 2718, 2720 f. – *Gasdurchleitung*.

[193] BT-Drs. 13/9720, S. 51 (Fn. II.63).

[194] Vgl. § 33 TKG; § 14 AEG; §§ 20 ff. EnWG.

[195] Kritisch Wiedemann-*Wiedemann*, § 23 Rn. 67; *Klaue*, BB 1992, 1937, *Bunte*, WuW 1997, 315.

[196] Vgl. BT-Drs. 13/9720, S. 37, 73 (Fn. II.63).

[197] BT-Drs. 13/9720, S. 37 (Fn. II.63).

[198] Dieses hätte als ausdrückliche Abkehr von der sektorspezifischen Regelungspraxis wohl auch Eingang in die Gesetzesbegründung gefunden.

[199] BT-Drs. 13/9720, S. 36 (Fn. II.63).

der Anwendungsbereich der Norm auf Infrastruktureinrichtungen begrenzt, also auf Einrichtungen mit einer gewissen Gewährleistungsfunktion.
Würde im Übrigen allein der Umstand, ob bereits Zulassungen stattgefunden haben, der Beurteilung der Markteigenschaft zugrunde gelegt, hinge diese allein vom Verhalten des die Einrichtung kontrollierenden Unternehmens ab. Um dieses zu verhindern, befürwortet ein Teil der Literatur im Rahmen des Artikels 82 EG einen objektiven Ansatz. Danach soll darauf abgestellt werden, ob die Bereitstellung der Einrichtung innerhalb eines Wirtschaftszweiges übliches Gebaren ist[200].
Für die Annahme eines potentiellen Marktes streitet zuletzt der *telos* der Vorschrift als Marktöffnungsvorschrift[201]. Es muss also darauf ankommen, dass ein Unternehmen in der Lage ist, einen Markt zu öffnen, wenn eine Nachfrage besteht, ohne Rücksicht darauf, dass es an einem Angebot des marktbeherrschenden Unternehmens mangelt. Für den Bereich des dem Missbrauchsverbot verwandten Behinderungs- und Diskriminierungsverbots des § 20 GWB hat der BGH entschieden, dass es für die Feststellung eines Verstoßes gegen die Norm wegen einer Zugangsverweigerung nicht darauf ankommt, *„ob ... [ein Unternehmen] diesen Markt bereits selbst durch die Belieferung Dritter mit derartigen Teilen eröffnet hat“*[202]. Da § 20 und § 19 GWB einen engen Zusammenhang aufweisen[203], muss diese Rechtsprechung zu § 20 GWB auch auf die Interpretation des gleichen Tatbestandsmerkmals in § 19 GWB Anwendung finden. So hat auch das Bundeskartellamt für die Annahme eines Missbrauchs nach § 19 Abs. 4 Nr. 4 GWB in seiner *Puttgarden*-Entscheidung das Bestehen eines potentiellen Infrastrukturnutzungsmarktes ausreichen

---

[200] *Jacobi*, S. 53; *Emmerich* (2001), S. 222 f. mwN.; ähnlich auch BGH, NJW 1995, 2718, 2721 – *Gasdurchleitung*.
[201] Vgl. nur I/M-*Möschel*, § 19 Rn. 193.
[202] BGH GRUR 2000, 95, 96 – *Feuerwehrgeräte. Am gleichen Ort führt der BGH detaillierter aus: „Mit Blick auf die Zielsetzung des Gesetzes, im Interesse der Freiheit des Wettbewerbs die Märkte offenzuhalten, kann für die Frage der Zugänglichkeit eines Geschäftsverkehrs nicht ausschlaggebend sein, ob und in welchem Umfang ein beherrschendes Unternehmen bereit ist, andere mit seinen Produkten zu beliefern. Es muß vielmehr genügen, daß es diese überhaupt an Wiederverkäufer oder gewerbliche Verwender abgibt oder aber bei der Marktgegenseite ein Bedarf für diese Produkte besteht, dessen Befriedigung der Verkehr im Interesse einer Verbreiterung des Angebots an Wartungs- und Reparaturleistungen erwartet.“;* ähnlich aber nicht ganz so eindeutig BGH NJW 1995, 2718, 2721 – *Gasdurchleitung*.
[203] *Markert*, BB 1997, 1421, 1423 (zu §§ 22, 26 GWB a.F.); *Haus*, S. 39; *Rittner*, § 10 Rn. 12, 13, 92.

lassen, um die marktbeherrschende Stellung auf dem Primärmarkt zu bestimmen[204].

(c) Die Marktdefinition

(i) Der sachlich relevante Markt

Die Abgrenzung des sachlich relevanten Marktes orientiert sich nach herrschender Ansicht am Bedarfsmarktkonzept[205]. Diesem liegt die Frage nach der funktionalen Austauschbarkeit der jeweiligen Wirtschaftsgüter zugrunde. Es ist daher zu prüfen, welche Güter im Hinblick auf Eigenschaft und Verwendungszweck zur Deckung eines bestimmten Bedarfs auf der Marktgegenseite geeignet sind, also welche Güter diejenigen des betroffenen Unternehmens substituieren könnten. Dabei ist regelmäßig auf den Grundtyp der Ware oder Dienstleistung abzustellen, durch welchen ein Bedarf befriedigt werden kann, nicht auf Besonderheiten in Qualität oder Ausstattung. Eine derart enge Marktdefinition hätte zur Folge, dass zahlreiche Unternehmen als Monopolisten auf eng begrenzten Märkten zu qualifizieren wären. Da es im Rahmen der Marktabgrenzung auf die Befriedigung eines bestimmten Bedarfs ankommt, ist hinsichtlich der Austauschbarkeit der Waren und Leistungen jeweils auf die Sicht der Nachfrager als Marktgegenseite abzustellen. Dieses Konzept hat zur Folge, dass ein Unternehmen, welches mit Unternehmen verschiedener Wirtschaftsstufen im Geschäftsverkehr steht, auch auf verschiedenen Märkten tätig wird, da die unterschiedlichen Wirtschaftsstufe regelmäßig einen anderen Bedarf zu decken haben[206].

Ergänzend zum Bedarfsmarktkonzept wird als Indiz für die Austauschbarkeit die Theorie der Kreuz-Preis-Elastizität herangezogen. Nach dieser Theorie müssten sich die Ausweichmöglichkeiten der Nachfrager in ihrer Reaktion auf Preiserhöhungen zeigen. Soweit ausgewichen wird, ist davon auszugehen, dass die Ausweichgüter zum Bedarfsmarkt gehören[207].

Für den Sektor der Infrastrukturbetreiber ist der sachliche Markt regelmäßig eng begrenzt auf die Bereitstellung der jeweiligen Infrastruktur, es

---

[204] BKartA WuW/E DE-V 253 ff.; so auch FK-*Weyer* (2005), § 19 Rn. 1042.

[205] FK-*Paschke* (2006), § 19 Rn. 78; GK-*Leo* § 19 Rn. 248; Wiedemann-*Wiedemann*, § 23 Rn. 8; *Bunte*, S. 189; *Rittner*, § 6 Rn. 51.

[206] Vgl. FK-*Paschke* (2006), § 19 Rn. 85, 99.

[207] I/M-*Möschel*, § 19 Rn. 33, der davon ausgeht, dass der Preislage bereits im Rahmen des Bedarfsmarktskonzepts jedenfalls eine Indiz-Wirkung zukommt, ob disziplinierende Einflüsse des Wettbewerbs bestehen; GK-*Leo* § 19 Rn. 248, 259; *Bunte*, S. 189; dagegen *Ebel* (1999), § 19 Rn. 3.

handelt sich regelmäßig um einen „Einrichtungsbenutzungsmarkt“[208]. Denn die Nutzer der Infrastruktur sind regelmäßig auf diese angewiesen: Eisenbahnen benötigen das Schienennetz, Schiffe benötigen Hafenanlagen, Flugzeuge entsprechende Flughafeneinrichtungen. Als grundlegendes Erfordernis des Betriebes sind diese Infrastruktureinrichtungen regelmäßig nicht austauschbar.

(ii) Der räumlich relevante Markt

Die räumliche Abgrenzung des Marktes erfolgt nach der herrschenden Meinung ebenfalls durch die Feststellung der funktionellen Austauschbarkeit aus der Sicht der Nachfrager[209]. Ob das Bedarfsmarktkonzept tatsächlich geeignet ist, einen bestimmten räumlichen Markt abzugrenzen, erscheint jedoch zweifelhaft. Denn letztlich wird der Verhaltensspielraum eines Unternehmens auch durch Unternehmen des gleichen sachlichen Marktes eingeschränkt, die ohne weiteres ihr Vertriebsgebiet erweitern und auch im Raum des betroffenen Unternehmens tätig werden können. In der jüngeren Entscheidungspraxis des Bundeskartellamtes und auch des BGH wird daher wiederholt auf das Gebiet abgestellt, in welchem hinreichend homogene Wettbewerbsbedingungen herrschen. Dieses entspricht der Art der Marktabgrenzung, die die Europäische Kommission vornimmt.
Seit dem BGH-Beschluss in der Sache *Staubsaugerbeutelmarkt*[210] kann der räumlich relevante Markt auch über das Gebiet der Bundesrepublik Deutschland hinausgehen. Entscheidend für die Marktabgrenzung sind danach nurmehr ökonomische Kriterien. Die in seiner Rechtsprechung seit dem Beschluss in der Sache *Backofenmarkt* fest verankerte normative Begrenzung des Marktes auf den Geltungsbereich des GWB sah der BGH nicht mehr gerechtfertigt[211]. Mit Einführung der siebten GWB-Novelle ist diese Rechtsprechung, welche allein auf ökonomische Kriterien abstellt,

---

[208] Vgl. FK-*Paschke* (2006), § 19 Rn. 158; *Haus*, S. 44; BKartA, Beschluss v. 30.08.1999 – *Bewag* (amtliche pdf-Datei), S. 8, abrufbar unter http://www.bundeskartellamt.de/wDeutsch/download/pdf/Kartell/Kartell03/B8_99_99.pdf (zuletzt 04.01.2008), insoweit nicht abgedruckt in WuW/E DE-V 149 ff.; *Emmerich*, FS Söllner, S. 273, 283; abw. noch *Emmerich* (2001), S. 204.
[209] FK-*Paschke* (2006), § 19 Rn. 100; GK-*Leo*, § 19 Rn. 508; Wiedemann-*Wiedemann*, § 23 Rn. 11; *Bunte*, S. 192.
[210] BGH, GRUR 2004, 1045 ff. = BGH WuW/E DE-R 1355, 1359 – *Staubsaugerbeutelmarkt*.
[211] Kritisch zur normativen Begrenzung schon früher *Paschke*, ZHR 160 (1996), 673 ff.

insoweit Gesetz geworden, als dass § 19 Abs. 2 S. 3 GWB nunmehr klarstellt, dass der räumlich relevante Markt weiter sein kann, als der Geltungsbereich des Gesetzes. Bei der Bestimmung des relevanten Marktes ist mit der herrschenden Meinung auch in geographischer Hinsicht auf die Austauschbarkeit der Anbieter abzustellen, freilich derjenigen, die auf demselben sachlichen Markt tätig sind[212]. Relevante Kriterien für die Austauschbarkeit sind für den Nachfrager unter anderen zurückzulegende Entfernungen, Transportprobleme und -kosten sowie Handelshemmnisse. Da die Kriterien regelmäßig anhand der Bestimmung eines bestimmten Warenmarktes entwickelt wurden, sind sie für die Marktabgrenzung eines Infrastrukturnutzungsmarktes nur begrenzt tauglich.
Die Austauschbarkeit ist für den Bereich der Netze nach herrschender Ansicht regelmäßig durch die Ausdehnung des jeweils betroffenen Netzes, also auf tatsächliche Weise determiniert[213]. Dieses folgt schon aus dem Umstand, dass der Austausch von Leistungen mit einem Verbraucher regelmäßig nur über ein bestimmtes Netz erfolgen kann.
Die räumliche Marktabgrenzung für den Markt der Nutzung anderer Infrastruktureinrichtungen als Netze bereitet hingegen größere Schwierigkeiten. Grundsätzlich kann der Bedarf nach einer bestimmten Art von Infrastruktureinrichtung durch jede gleichartige Einrichtung befriedigt werden. Der räumliche Markt ist allein dann eingrenzbar, wenn sich die Nachfrage auf eine ganz bestimmte Region bzw. einen abgrenzbaren Teilmarkt beschränkt. Dieses kann aus dem Umstand folgen, dass eine Ware oder Dienstleistung, die mittels der Infrastruktur angeboten werden soll, nur regional abgesetzt werden kann, oder dass das zugangsbegehrende Unternehmen seinerseits einer besonders hohen Nachfrage für den räumliche Markt ausgesetzt ist, den er nur mittels Nutzung der betreffenden Infrastruktureinrichtung bedienen kann.
Bei der Bestimmung derjenigen Einrichtungen, welche zu einem einheitlichen Markt gehören, kommt es nicht allein auf den subjektiven Bedarf an, sondern auf eine objektivierte Nachfragesituation, darauf, ob „*der verständige Verbraucher sie als für die Deckung eines bestimmten Bedarfs geeignet in berechtigter Weise abwägend miteinander vergleicht und als gegeneinander austauschbar ansieht...* ."[214] Ein anderer Maßstab führte dazu, dass die Bestimmung des relevanten Marktes und damit der Marktmacht ganz wesentlich von der Marktgegenseite und damit den Absichten des Bewerbers abhinge. Angesichts der Einschränkungen, die das

---

212 GK-*Leo*, § 19 Rn. 511.
213 Vgl. *Lampert*, WuW 1998, 27, 31, 34.
214 KG, WuW/E OLG 995, 996 – *Handpreisauszeichner*; I/M-*Möschel* § 19 Rn. 24 mwN.

Kartellrecht gegenüber marktbeherrschenden Unternehmen trifft, muss die Bestimmung der Marktbeherrschung aber nach objektiven und nachprüfbaren Kriterien erfolgen. Allerdings können als Folge subjektiver Präferenzen Investitionen getätigt werden, welche zu einer engeren räumlichen Marktabgrenzung führen. Denn ein eventuell notwendiger Unternehmens-Umzug oder eine Veränderung der Unternehmensstrategie können zu so erheblichen Kosten führen, dass sich die Nachfrage eines Unternehmens auch aus objektiven Gründen allein auf ein begrenztes geographisches Gebiet bezieht.

(iii) Zeitlich

Eine zeitliche Begrenzung des Marktes ergibt sich nur ausnahmsweise. Dieses ist beispielsweise der Fall, wenn bestimmte Leistungsangebote befristet oder Märkte aus anderen Gründen in starker Bewegung sind[215]. Dieses ist für den Bereich der beständigen Infrastruktur jedoch nicht relevant.

(d) Die Marktmacht

Wann ein Unternehmen auf einem Markt eine beherrschende Stellung einnimmt, bestimmt sich nach § 19 Abs. 2 GWB. Danach muss es auf einem Markt entweder ganz ohne Wettbewerber oder jedenfalls keinem wesentlichen Wettbewerb ausgesetzt sein (Nr. 1) oder eine im Verhältnis zu seinen Wettbewerbern überragende Marktstellung einnehmen (Nr. 2). Beide Varianten setzten das Bestehen eines *„überragenden Verhaltensspielraums gegenüber den Wettbewerbern"* voraus[216], welcher die Marktbeherrschung reflektiert.
Keinem wesentlichem Wettbewerb ist beispielsweise ein Quasi-Monopolist ausgesetzt[217]. Entscheidend ist, dass das betreffende Unternehmen sich im Wesentlichen unabhängig vom Marktverhalten der Mitbewerber verhalten[218] und der Wettbewerb daher nicht mehr seine Steuerungsfunktion erfüllen kann. Die Tatbestandsalternative des § 19 Abs. 2 Nr. 2 GWB liegt vor, wenn ein Unternehmen *„einen überragenden (einseitigen) Verhaltensspielraum bei der Entwicklung von Marktsstrategien*

[215] *Rittner*, § 6 Rn. 53; GK-*Leo*, § 19 Rn. 556 ff.
[216] Statt vieler FK-*Paschke* (2006), § 19 Rn. 178 ff.
[217] Vgl. I/M-*Möschel*, § 19 Rn. 50 mwN. zur Entscheidungspraxis des Bundeskartellamtes.
[218] GK-*Leo*, § 19 Rn. 632 mwN.

oder auch bei Einsatz einzelner Aktionsparameter" besitzt[219], welcher sich insbesondere aus einer Gesamtschau der in dieser Normalternative genannten Kriterien ergibt: Marktanteil, Finanzkraft, Zugang zu Beschaffungs- oder Absatzmärkten, Verflechtungen mit anderen Unternehmen, rechtliche oder tatsächlich Schranken für den Marktzutritt anderer Unternehmen, der tatsächliche oder potentielle Wettbewerb durch innerhalb oder außerhalb des Geltungsbereichs des GWB ansässige Unternehmen, die Fähigkeit, sein Angebot oder seine Nachfrage auf andere Waren oder gewerbliche Leistungen umzustellen, sowie die Möglichkeit der Marktgegenseite, auf andere Unternehmen auszuweichen. § 19 Abs. 3 GWB enthält eine Vermutungsregel für das Vorliegen einer marktbeherrschenden Stellung, welche an die Größe des Marktanteils des betreffenden Unternehmens anknüpft. Der Inhaber einer Infrastruktureinrichtung, die für die Tätigkeit auf dem nachgelagerten Markt unerlässlich ist, ist auf dem Infrastrukturnutzungsmarkt regelmäßig als marktbeherrschend anzusehen. Denn es ist ja gerade relevant für die Wesentlichkeit der Einrichtung, dass keine gleichartigen Einrichtungen zur Verfügung stehen, mithin der Inhaber auch keinem Wettbewerb auf diesem Markt ausgesetzt ist.

(5)Der vor- oder nachgelagerte Markt

Der vor- oder nachgelagerte Markt oder Sekundärmarkt zeichnet sich dadurch aus, dass der Zugang zu ihm nur durch eine *bottleneck*-Einrichtung erfolgen kann. Auf diesem Markt muss der Petent tätig werden wollen, und zwar als Wettbewerber des Unternehmens, das die Infrastruktureinrichtung als *bottleneck* beherrscht[220]. Anders als in der Entscheidungspraxis der Europäischen Kommission in *Irish Continental / ICC Morlaix* und wohl auch anders als nach U.S.-amerikanischem Kartellrecht[221] ist für die Zugangsgewährung als Rechtsfolge des § 19 GWB Voraussetzung, dass der Petent als Wettbewerber des marktbeherrschenden Einrichtungsinha-

[219] I/M-*Möschel*, § 19 Rn.53 Fn. 524 mwN. zur ständigen Rechtsprechung des BGH.

[220] Anders hat auf europäischer Ebene die Europäische Kommission im Fall *CCI Morlaix* entschieden, in dem die Anspruchsgegnerin nicht selbst auf dem nachgelagerten Markt tätig war (Fn. II.133); ebenso die Kommission in ihrer Mitteilung über die Anwendung der Wettbewerbsregeln auf Zugangsvereinbarungen im Telekommunikationsbereich, ABl. 1998, C-265/2.

[221] *Sullivan*, S. 131.

bers agieren will[222]. Anderenfalls ist im deutschen Recht allein das Diskriminierungsverbot nach § 20 Abs. 1 GWB einschlägig[223].
Für den Fall, dass der Primärmarkt ein lediglich potentieller Markt ist, auf dem die nachgefragte Leistung noch nicht angeboten wird und das marktbeherrschende Unternehmen nicht selbst auf dem Sekundärmarkt tätig ist, ist auch dieser Markt ein allein potentieller, da dessen Leistungen erst nach erfolgreicher Nachfrage auf dem Primärmarkt angeboten werden können, unabhängig davon, ob auf dem Sekundärmarkt bereits eine Nachfrage besteht. Erlangt der Bewerber Zugang und bestand vorher lediglich ein potentieller Sekundärmarkt, so ist er keinem aktuellen Wettbewerb durch den Einrichtungsinhaber ausgesetzt, es sei denn, dieser nimmt zeitgleich die Tätigkeit auf dem abgeleiteten Markt auf. Dass es für die Wettbewerbssituation auf dem abgeleiteten Markt ausreichen muss, wenn der Marktbeherrscher dort ein lediglich potentieller Wettbewerber ist, ergibt sich durch die Anerkennung des potentiellen Wettbewerbs als hinreichender Art von Wettbewerb durch die Norm selbst. Entsprechendes hat auch der BGH im *Arealnetz*-Beschluss[224] festgestellt. Potentieller Wettbewerb setzt voraus, dass die Aufnahme der Tätigkeit auf dem relevanten Markt rechtlich, technisch und auch kaufmännisch möglich und sinnvoll ist[225]. Er hat zur Folge, dass sich die Marktakteure zu jeder Zeit der Möglichkeit ausgesetzt sehen, dass weitere Wettbewerber auf dem Markt aktiv werden. Dieses ist insbesondere dann der Fall, wenn die Kosten des Marktzutritts gering sind[226].

(6) Wettbewerbsposition

Der Zugang zur in Rede stehenden Infrastruktureinrichtung ist einem (potentiellen) Wettbewerber auf dem Sekundärmarkt bei Vorliegen der oben

---

[222] Aus diesem Grund sind auch die Befürchtungen *Oechlsers* in ZHR 2000, 480 ff., dass ein Unternehmen seine Infrastruktur auch ersten Anbietern auf dem Sekundärmarkt öffnen muss, nicht verständlich. Der Wortlaut der Norm setzt eindeutig eine Wettbewerbssituation voraus. Die schwächste Form einer solchen ist diejenige eines potentiellen Wettbewerbs, in welcher der Petent u. U. tatsächlich als erster auf dem abgeleiteten Markt tätig wird, eine konkurrierende Tätigkeit des Infrastrukturinhabers auf dem gleichen Markt aber in Aussicht steht.
[223] So auch Wiedemann-*Wiedemann*, § 23 Rn. 65.
[224] BGH WuW/E DE-R 1520 ff.
[225] *Bunte*, S. 73.
[226] U. a. De Langen/Pallis, S. 5.

genannten Voraussetzungen regelmäßig zu angemessenen Bedingungen[227] zu gewähren, allerdings nur gegen ein angemessenes Entgelt[228]. Für die Beurteilung der Frage, ob es sich um einen (potentiellen) Wettbewerber des Normadressaten handelt, ist eine Konzernbetrachtung zugrunde zu legen[229]. Zwar sind alle Unternehmen in einem Konzern rechtlich verselbständigt, dennoch würde eine derart formale Betrachtungsweise dem Normzweck nicht gerecht: Jedem marktbeherrschenden Unternehmen in einer *gatekeeper*-Position bliebe die Möglichkeit, die Hebelwirkung zwischen Primär- und Sekundärmarkt über ein beherrschtes Tochterunternehmen sanktionslos herzustellen. Da aber gerade diese Hebelwirkung und damit die Verlagerung der Machtstellung auf den grundsätzlich wettbewerbstauglichen Sekundärmarkt durch Einführung von § 19 Abs. 4 Nr. 4 GWB unterbunden werden soll, würde eine streng formale Betrachtung der rechtlich selbständigen Konzernunternehmen der wirtschaftlichen Wirkung und damit der Rechtswirklichkeit nicht gerecht[230].

(7) Mangelnde sachliche Rechtfertigung

(a) Allgemeine Rechtfertigungsgründe

Die Verweigerung des Zugangs zum Primärmarkt ist grundsätzlich missbräuchlich, soweit nicht ein berechtigtes Interesse des marktbeherrschenden Unternehmens entgegen steht[231].

---

[227] FK-*Weyer* (2005), § 19 Rn. 1053; *Emmerich*, § 27 Rn. 11, 14 f.

[228] Das Gesetz trifft keine Aussage hinsichtlich der Angemessenheit des Entgelts. Aus dem Sinn und Zweck der Norm ergibt sich aber, dass die Höhe des Entgelts weder so bemessen sein darf, dass sie eine Marktzutrittsbarriere darstellt, noch sodass der Eigentümer der Einrichtung seinen Wettbewerber subventionieren müsste (so auch L/B-*Schultz*, § 19 Rn. 167 ff.; GK-*Leo*, Art. 19 Rn. 2395 ff.). Daraus wurde teilweise gefolgert, dass die Übernahme nur der Grenzkosten durch den Petenten nicht ausreichend sei, sondern dieser vielmehr die Gesamtkosten mit abdecken müsse (*Klimisch/Lange*, WuW 1998, 15, 24); vgl. auch *Lutz* in FS Baur, „'Angemessenheit' von Nutzungsentgelten für Stromnetze nach § 19 Abs. 4 Nr. 4 GWB und Kosten des Netzbetriebs".

[229] So auch L/B-*Schultz*, § 19 Rn. 161.

[230] Insofern wird auch der Unterschied zum Regelungsgegenstand des § 20 Abs. 1 GWB deutlich: Danach sind nur gleichartige Unternehmen gleich zu behandeln. Ein konzernangehöriges und ein drittes Unternehmen sind aber nicht gleichartig.

[231] I/M-*Möschel*, § 19 Rn. 206 spricht von einem „Regel-Ausnahme-Verhältnis zugunsten eines Mitbenutzungszwanges".

Nach der Stellungnahme des Bundesrates kann eine Zugangsverweigerung durch sachliche oder rechtliche Gründe gerechtfertigt sein, z. B. aufgrund möglicher Störungen im Betriebsablauf der Einrichtung oder beschränkter Kapazitäten[232]. Der Einrichtungsinhaber ist aber in Aus- und Abbau vorhandener Kapazität frei, soweit dieser keine Manipulation nach sich zieht. Eine Verpflichtung zum Ausbau wird zum Teil für verfassungswidrig gehalten[233], widerspräche aber auch dem Wortlaut der Norm, der eine „*Mitbenutzung*" als Rechtsfolge vorsieht, d. h. er berechtigt den Bewerber nur zur Nutzung vorhandener Einrichtungen, die vom Inhaber bereits zum Zeitpunkt des Begehrens genutzt werden und auch weiter genutzt werden sollen. Umstritten ist jedoch, ob der Einrichtungseigentümer bei der Verteilung der Kapazitäten alle Bewerber einschließlich sich selbst nach den gleichen Kriterien berücksichtigen muss[234] oder ob er bei voller Nutzung der vorhandenen Kapazitäten durch sich selbst den Zugang verweigern darf. Sinn und Zweck der Vorschrift ist es, den abgeleiteten, an sich wettbewerbstauglichen Markt für den Wettbewerb zu öffnen und gerade nicht die Vormachtstellung eines Unternehmens auf dem Primärmarkt auch auf den Sekundärmarkt zu übertragen. Daher erscheint es richtig und notwendig, den Inhaber jedenfalls dann zur gleichmäßigen Verteilung der vorhandenen Kapazitäten zu verpflichten, wenn sonst nicht alle Bewerber befriedigt werden können[235].

Anerkannte Zugangsverweigerungsgründe sind die offensichtlich fehlende Kreditwürdigkeit des Petenten[236], seine mangelnden technischen[237] und fachlichen Voraussetzungen für die Mitbenutzung[238].

Der BGH hat zwar im Fall *Gasdurchleitung* zu § 103 Abs. 5 S. 2 Nr. 4 GWB a. F. ausgeführt, dass auch ein marktbeherrschendes Unternehmen nicht ohne weiteres verpflichtet werden könne, den Wettbewerb gegen sich selbst zu fördern, sondern es ihm freistehe, Dritten eine bestimmte Leistung gar nicht anzubieten[239]. Jedoch war der Wortlaut des § 103 Abs. 5 S. 2 Nr. 4 GWB a. F. ein anderer, dem sich nach Ansicht des BGH kein Anhaltspunkt für eine Wettbewerbsöffnung entnehmen ließ, sondern

---

232 BT-Drs. 13/9720, S. 73 (Fn. II.63).

233 *Papier* in FS Baur, S. 222.

234 Dafür: BKartA WuW/E DE-V 149 – *Berliner Stromdurchleitung*, dagegen: Maunz/Dürig-*Papier* (2002), Art. 14 Rn. 521 mwN.; *Papier* in FS Baur, S. 222.

235 So auch *Bechtold*, § 19 Rn. 95.

236 Vgl. OLG Düsseldorf, MMR 2003, 108; LG Köln MMR 2001, 834.

237 Wegen Fehlens des digitalen Zugfunks bei Schienennutzungsbegehren LG Berlin, IR 2005, 16.

238 Alle diese Gründe auch bei I/M-*Möschel*, § 19 Rn. 209.

239 BGH, WuW/E BGH 2953, 2963 mwN. – *Gasdurchleitung*, zuvor BGH WuW/E BGH 2755, 2759 – *Aktionsbeträge* mwN.

bei dem es sich allein um einen Missbrauchstatbestand handelte[240]. Im Rahmen des § 19 Abs. 4 Nr. 4 GWB kann dieser Grundsatz daher nur eingeschränkt gelten. Es ist dem Ziel der Norm als Marktöffnungsvorschrift immanent, dass der Wettbewerb gefördert wird, typische Wettbewerbswirkungen wie etwa Preisdruck können daher nicht der Rechtfertigung dienen[241]. Dem Wortlaut des § 19 Abs. 4 Nr. 4 GWB nach bedarf es gewichtiger Gründe wie der Unmöglichkeit oder Unzumutbarkeit, um eine Zugangsverweigerung zu rechtfertigen, sodass bei Vorliegen der positiv formulierten Tatbestandsmerkmale grundsätzlich von einem Missbrauch der marktbeherrschenden Stellung mit der Folge einer die Verweigerung untersagenden Missbrauchsverfügung ausgegangen werden kann und eine Rechtfertigung nur in seltenen Fällen durchgreifen wird. Die Beweislast für das Vorliegen des negativ formulierten Verweigerungsgrundes trägt der Inhaber der Einrichtung.

(b) Grundrechte des Einrichtungsinhabers

(i) Art. 14 Abs. 1 GG

Der Eigentümer wird in der freien Verfügung über seine Einrichtung beeinträchtigt, sodass die Frage aufgeworfen wird, ob es sich bei dem Erlass einer Mitbenutzungsverfügung um einen Eingriff in das Grundrecht auf Eigentum nach Artikel 14 Abs. 1 GG handelt. Vorab sei jedoch klargestellt, dass dieses Grundrecht allein das Privateigentum schützt. Öffentliche, also staatlich beherrschte Unternehmen, welche gerade auf dem Sektor der Infrastruktureinrichtungen präsent sind, können sich zum Schutz ihres Eigentums nicht auf Artikel 14 Abs. 1 GG berufen[242].
Artikel 14 Abs. 1 GG gewährleistet das Privateigentum und damit eine konkrete Bestands- und Nutzungsgarantie sowie eine garantierte Verfügungsbefugnis[243]. Wenn der Gesetzgeber zum Zwecke einer wettbewerblichen Missbrauchsaufsicht bestimmte Grundbedingungen aufstellt,

---

[240] BGH WuW/E BGH 2953, 2963 – *Gasdurchleitung*.
[241] BGH WuW/E DE-R 1520, 1527 – *Arealnetze*.
[242] BVerfG NJW 1980, 1093; BVerfG NJW 1990, 1783; Maunz/Dürig-*Papier* (2002), Art. 14 Rn. 213; im Gegensatz zum deutschen Grundgesetz wird im europäischen Gemeinschaftsrecht dann nicht zwischen dem Eigentum eines privaten und eines öffentlichen Unternehmens differenziert, wenn die öffentlichen Unternehmen wie Privatunternehmen im Wettbewerb stehen und den gleichen wettbewerbsrechtlichen Pflichten unterliegen (vgl. *Fehling*, AöR 121 (1996), 59, 90).
[243] *Papier* in FS Baur, S. 215.

die einen funktionsfähigen Wettbewerb gewährleisten sollen, so handelt er grundsätzlich im Rahmen der nach Artikel 14 Abs. 1 S. 2 GG zulässigen Inhalts- und Schrankenbestimmungen[244]. Die Verpflichtung zur Zugangsgewährung nach § 19 Abs. 4 Nr. 4 GWB als Ausdruck der Missbrauchsaufsicht ist mithin Teil der auf der Sozialpflichtigkeit des Eigentums (Artikel 14 Abs. 2 GG) beruhenden Inhaltsbestimmungen des Eigentums. Der Schutz des Eigentums korrespondiert mit dem Maß, in welchem andere Personen auf die Nutzung des Eigentums angewiesen sind: Je stärker das Eigentumsobjekt in einem sozialen Bezug oder in einer sozialen Funktion steht, umso weiter ist der Gestaltungsspielraum des Gesetzgebers[245]. Das Eigentum an wesentlichen Infrastruktureinrichtungen ist durch eine besondere soziale Funktion geprägt, weil Nichteigentümer auf die Mitbenutzung der Einrichtung angewiesen sind. So hat der BGH auch für die Frage der Gasdurchleitung entschieden, dass eine besondere Marktmacht eines Unternehmens diesem engere Schranken für die Betätigungsfreiheit setze und dieses auch gegebenenfalls eine Pflicht zum Tätigwerden für ein anderes Unternehmen einschließen könnte[246]. Voraussetzung der Verfassungsmäßigkeit einer solchen Inhalts- und Schrankenbestimmung ist jedoch deren Verhältnismäßigkeit. Zu beachten ist dabei die Rechtsprechung des BVerfG, insbesondere das Institut der „ausgleichspflichtigen Inhalts- und Schrankenbestimmung“[247]. Eine solche liegt in der Regel vor, wenn eine Inhalts- und Schrankenbestimmung an sich unverhältnismäßig wäre, diese Belastung des Eigentümers aber durch eine Ausgleichszahlung auf ein verhältnismäßiges Maß gemildert werden kann. In diesem Rahmen stellt sich insbesondere die Frage nach der Erforderlichkeit und der Angemessenheit einer Mitbenutzungsverfügung. Die Erforderlichkeit ist bei Vorliegen einer wesentlichen Infrastruktureinrichtung regelmäßig zu bejahen, da diese gerade nicht duplizierbar und die Nutzung einer solchen Einrichtung für den Wettbewerb auf dem verbundenen Markt unerlässlich ist. Angemessenheit und Zumutbarkeit hingegen betreffen regelmäßig die Höhe des für den Zugang zu entrichtenden Entgelts und die Verteilung der Kapazitäten zwischen dem Eigentümer und dem Bewerber.

---

[244] Maunz/Dürig-*Papier* (2002), Art. 14 Rn. 506.

[245] Maunz/Dürig-*Papier* (2002), Art. 14 Rn. 521.

[246] BGH WuW/E BGH 2953 ff. – *Gasdurchleitung*.

[247] Sehr ausführlich zur ausgleichspflichtigen Inhalts- und Schrankenbestimmung *Roller*, NJW 2001, 1003 ff.; v. Münch/Kunig-*Bryde*, Art. 14 Rn. 65, 100a, der ausdrücklich auch auf die Ausgleichspflicht unter Privaten Bezug nimmt.

Wie oben dargestellt, geht das Bundeskartellamt[248] davon aus, dass die Kapazitäten unter allen Nutzern der Einrichtung gleichmäßig zu verteilen sind. Dieses hätte eine Verringerung der vom Eigentümer genutzten Kapazitäten zur Folge. Aus dem Wortlaut des § 19 Abs. 4 Nr. 4 GWB ergibt sich, dass der Zugang nur gewährt werden muss, *wenn* die Mitbenutzung möglich und zumutbar ist. Daraus könnte zum einen gefolgert werden, dass der Zugang nur gewährt werden muss, *soweit* dieses möglich und zumutbar ist[249]. Dieses würde eine Vorrangstellung des Eigentümers gegenüber dem Bewerber zur Folge haben und daher in geringerem Maße das Eigentum beeinträchtigen. Dagegen kann eingewandt werden, dass nach dem Wortlaut nur das „ob" des Zugangs, nicht dessen Maß von der Möglich- und Zumutbarkeit abhängt. Zum anderen ist es Ziel der Vorschrift, den abgeleiteten, an sich wettbewerbstauglichen Markt für den Wettbewerb zu öffnen und gerade nicht die Vormachtstellung eines Unternehmens auf dem Primärmarkt auch auf den Sekundärmarkt zu übertragen. Dieses spricht für die vom Bundeskartellamt angenommene gleichmäßige Verteilung der vorhandenen Kapazitäten[250].
Eine solche Interpretation widerspricht auch nicht dem grundgesetzlich garantierten Eigentumsschutz, da auch sie sich noch im Rahmen der angemessenen Inhalts- und Schrankenbestimmungen halten kann: Je nach sozialer Funktion der wesentlichen Infrastruktureinrichtungen besteht nach beiden oben genannten Ansichten eine Verpflichtung, auch Dritten den Zugang und die Nutzung zu gewähren. Die soziale Funktion bestimmt sich nach dem Maß, in welchem andere Rechtspersonen auf die Nutzung fremden Eigentums angewiesen sind. Je stärker dieses der Fall ist, desto größer die soziale Funktion einer Einrichtung und desto größer der Gestaltungsspielraum des Gesetzgebers[251]. Eine ausgeprägte soziale Funktion kann aber nur dann in einem wirklich sozialen Sinn erfüllt werden, wenn allen Nutzungsbewerbern gleichermaßen, also unter gleichen Bedingungen Zugang gewährt wird, bis die objektive Kapazitätsgrenze erreicht ist. Soweit dieses zu Lasten des Eigentümers geht, wird dessen

---

[248] BKartA WuW/E DE-V 149 ff. – *Berliner Stromdurchleitung*.
[249] So GK-*Leo*, § 19 Rn. 2314; Maunz/Dürig-*Papier* (2002), Art. 14 Rn. 521 mwN.
[250] Auch *Bechtold*, § 19 Rn. 95 geht von einer Pflicht zur Repartierung aus, wenn nicht alle Bewerber aus der „freien" Kapazität befriedigt werden können; zum entbündelten Zugang zu Flughäfen so auch *Kunz*, ZVerkehrsw. 1999, 206, 221 f.
[251] Maunz/Dürig-*Papier* (2002), Art. 14 Rn. 521; zur Sozialpflichtigkeit auch Dreier-*Wieland*, Art. 14 Rn. 89; insbes. zu Infrastruktureinrichtungen *v. Einem*, S. 85 ff.

Verlust an Dispositionsfreiheit durch das für die Nutzung zu entrichtende Entgelt als Ausgleich abgegolten.
Das Eigentumsrecht allein stellt demnach keinen ausreichenden Verweigerungsgrund dar[252]. Dass die Schaffung oder Förderung von Wettbewerb auf dem abgeleiteten Markt für das die Einrichtung kontrollierende Unternehmen nachteilig ist und es Marktanteile verlieren wird, ist der von § 19 Abs. 4 Nr. 4 GWB erfassten Konstellation immanent[253], betrifft aber die Erwerbsaussichten des Unternehmens, welche eben gerade nicht in den Schutzbereich des Artikels 14 GG fallen.

(ii) Art. 12 Abs. 1 GG

Artikel 12 GG gewährt dem Inhaber der Einrichtung das Recht, seine unternehmerische Tätigkeit frei auszuüben und zu bestimmen, welche Waren oder Leistungen er auf einem Markt anbietet[254]. Durch die Verpflichtung, einem potentiellen Wettbewerber auf dem verbundenen Markt Zugang zum Primärmarkt zu gewähren, wird das auf letzterem marktbeherrschende Unternehmen gezwungen, den Verlust von Marktanteilen auf dem verbundenen Markt zu riskieren und so in seiner unternehmerischen Freiheit beeinflusst. Insoweit wird die Freiheit der Berufsausübung des marktbeherrschenden Unternehmens beeinträchtigt.
Auch die Berufsfreiheit unterliegt nach Artikel 12 Abs. 1 S. 2 GG bestimmten Schrankenbestimmungen. Diese wiederum müssen sich nach ganz herrschender Ansicht an die durch die Zwei-Stufen-Lehre[255] aufgestellten Grenzen halten. Danach ist zwischen Regelungen über den Berufszugang und Regelungen der Berufsausübung zu unterscheiden. Betroffen ist vorliegend die Berufsausübungsfreiheit. Einschränkungen der Berufsausübungsfreiheit müssen entsprechend der genannten Zwei-Stufen-Lehre vernünftigen Erwägungen des Allgemeinwohls genügen und dürfen den Betroffenen nicht unzumutbar belasten. Die Vereinbarkeit der Berufsausübungsregel mit der Berufsfreiheit des Betroffenen ist im Rahmen einer Verhältnismäßigkeitsprüfung festzustellen. Die Norm müsste also zur Erreichung des verfolgten Ziels geeignet und erforderlich

---

[252] FK-*Weyer* (2005), § 19 Rn. 1056 mit Verweis auf BGH WuW/E BGH 2953, 2964 – *Gasdurchleitung*; a. A. *Bunte* WuW 1997, 302, 313.
[253] So auch BGH WuW/E DE-R 1520 ff. – *Arealnetz*; insbesondere sind Marktanteile nicht grundrechtlich geschützt, da es sich um bloße Erwerbsaussichten handelt, die weder Eigentum darstellen noch zur Berufsausübung gehören.
[254] So auch BGH WuW/E BGH 2953 ff.– *Gasdurchleitung*; *Papier*, BB 1997, 1213.
[255] Statt vieler: Dreier-*Wieland*, Art. 12 Rn. 107 ff. mwN.

und für den Betroffenen zumutbar sein. Der Vorschrift des § 19 Abs. 4 Nr. 4 GWB liegen Überlegungen des Gemeinwohls zugrunde, denn sie soll Wettbewerbsbeschränkungen beseitigen, indem Infrastrukturen zur Mitbenutzung geöffnet werden. Tatsächlich dient sie der Förderung des Wettbewerbs und damit letztlich dem Verbraucher, also Allgemeininteressen[256]. Denn durch den Wettbewerb sinken im Idealfall die Preise, steigt die Qualität und erhöht sich der Innovationsanreiz auf dem Sekundärmarkt. Da auf eine andere Weise als durch eine Mitbenutzungsverfügung beschränkende Marktstrukturen regelmäßig nicht geöffnet werden können, ist sie nicht nur geeignet, sondern auch erforderlich. Da die Vorschrift im Übrigen die Zahlung eines angemessenen Entgeltes für die Mitbenutzung vorsieht, ist die Verschlechterung der Marktposition im Ergebnis als zumutbar zu bewerten. Das Entgelt ist demnach so zu kalkulieren, dass in die Berechnung sowohl der Verlust der Dispositionsfreiheit als auch die Verschlechterung der Marktposition eingestellt werden.

(8) Rechtsfolge

Als Rechtsfolge eines Verstoßes gegen § 19 Abs. 4 Nr. 4 GWB kommt neben zivilrechtlichen Ansprüchen des Wettbewerbers und der Verhängung eines Bußgelds gegen den Normadressaten insbesondere die Verfügung der Zulassung durch die Kartellbehörden in Betracht.
Vor der siebten GWB-Novelle wurde in der Literatur die Einordnung der Zugangsverweigerung unter den Missbrauchstatbestand gerade auch unter dem Aspekt der Rechtsfolgen eines Verstoßes gegen § 19 GWB kritisiert[257]. Obwohl ein Verstoß gegen § 19 wie auch gegen § 20 GWB nach dem Gesetzeswortlaut eine Untersagungsverfügung nach § 32 GWB a. F. zur Folge hatte, war im Rahmen des § 20 GWB anerkannt, dass ein Verbot in dem Fall, dass allein eine Handlungsmöglichkeit zur Beseitigung der Diskriminierung bestand, einem Gebot gleichkomme, sodass ein Verstoß gegen § 20 GWB einen (mittelbaren) Kontrahierungszwang zur Folge hatte[258]. Der BGH sprach in einem solchen Fall von einer „*Frage des sprachlichen Ausdrucks*“, ob ein Gebot oder ein Weigerungsverbot erlassen werde[259]. Für § 19 GWB sollte dieses nicht gelten. Allerdings war diese Unterscheidung den tatsächlichen Unterschieden geschuldet, welche einem Verstoß gegen § 19 bzw. § 20 GWB a. F. zugrunde lagen. Im Rahmen des § 19 GWB a. F. konnte eine Situation, in der die Untersa-

[256] Im Ergebnis so auch *Klimisch/Lange*, WuW 1998, 15, 23.
[257] *Oechsler*, ZHR 2000, 480, 484.
[258] *Oechsler*, ZHR 2000, 480, 484; I/M-*Markert*, § 20 Rn. 231.
[259] BGH WuW/E BGH 2951 – *Weigerungsverbot*.

gung eines bestimmten Tuns dem Gebot einer bestimmten Handlung gleichkam, kaum vorliegen. Wurde aber im Rahmen des später eingefügten § 19 Abs. 4 Nr. 4 GWB eine Zugangsverweigerung untersagt, konnte das marktbeherrschende Unternehmen dieser Verfügung nur nachkommen, wenn es den Zugang gewährte. Insofern lag auch in diesem Fall ein mittelbarer Kontrahierungszwang vor[260].

Nach Einführung der siebten GWB-Novelle sind die Kartellbehörden gemäß § 32 Abs. 2 GWB n F. nunmehr befugt, alle erforderlichen Maßnahmen zu ergreifen, also auch Gebotsverfügungen zu erlassen. Allerdings soll es im Rahmen des § 19 Abs. 4 Nr. 4 GWB noch immer darauf ankommen, ob nur eine einzige Handlungsmöglichkeit besteht, da es sich bei der Norm um eine reine Verbotsvorschrift handelt[261].

b) Entscheidungspraxis zu § 19 Abs. 4 Nr. 4 GWB

(1) Bundeskartellamt, Beschluss vom 30. August 1999 – Berliner Stromdurchleitung

Dem in seinen Ausführungen zu den Tatbestandsmerkmalen des § 19 Abs. 4 Nr. 4 GWB recht kurz gehaltenen Beschluss des Bundeskartellamtes[262] liegt ein Begehren der RWE Energie Aktiengesellschaft zugrunde, welche von dem regionalen Stromversorger Bewag die Durchleitung von Strom zu einem im Berliner Stadtgebiet gelegenen Unternehmen verlangte.

Die Bewag war Eigentümerin des im Stadtgebiet von Berlin belegenen Stromversorgungsnetzes und anderer Stromversorgungsanlagen und versorgte die Berliner Unternehmen und Haushalte mit Strom. Als Eigentümerin der einzigen derartigen Infrastruktur besaß sie auf dem Markt der Infrastrukturnutzung eine marktbeherrschende Stellung. Der RWE als Pe-

---

[260] Vgl. BGH WuW/E DE-R 977 ff. – *Puttgarden*; ähnlich auch I/M-*Möschel*, § 19 Rn. 243; I/M-*Emmerich*, § 32 Rn. 28 ff.; *Kühne*, RdE 2000, 1; für den faktischen Kontrahierungszwang und zu den sich daraus ergebenden Folgen für das Verwaltungsverfahren: Monopolkommission XIV. Hauptgutachten 2000/2001, S. 252, Rz. 382; BT-Drs. 14/9903; die Kommission befürwortet ein zweistufiges Verwaltungsverfahren, in dem auf erster Stufe die Pflicht zur Zugangsgewährung festgestellt wird und erst in dem Fall, dass es zu keiner Einigung zwischen den Beteiligten kommt, detaillierte Regelungen über die Art und Weise der Zugangsgewährung getroffen werden.

[261] FK-*Weyer* (2005), § 19 Rn. 1061, 1294 hebt den Verbotscharakter der Vorschrift hervor, der einer Gebotsverfügung entgegenstehe.

[262] BKartA WuW/E DE-V 149 ff. – *Berliner Stromdurchleitung*.

tentin war es aus rechtlichen Gründen nicht möglich, über das Versorgungsnetz der Bewag zu verfügen und dieses für die Belieferung ihrer Kunden zu nutzen. Ohne eine solche Nutzung war ihr die Belieferung ihrer Kunden, also eine Tätigkeit auf dem der Infrastruktur nachgelagerten Markt aber unmöglich, da kein anderes Stromversorgungsnetz im Berliner Stadtgebiet existiert. Die Bewag verweigerte jedoch den Netzzugang mit der Begründung, dass aufgrund netztechnischer Gründe Kapazitätsrestriktionen bestünden, die eine Durchleitung fremden Stroms unmöglich machten.
Diese Verweigerung wurde vom Bundeskartellamt als missbräuchlich angesehen, da die Zugangsgewährung grundsätzlich rechtlich und tatsächlich möglich sei und es der Bewag insbesondere auch nicht unter Berücksichtigung der Wertungen des Artikels 14 GG gestattet sei, vorrangig ihre eigenen Interesse zu befriedigen. Die vorhandenen Kapazitäten seien im Falle eines Engpasses vielmehr im Wege der Repartierung allen interessierten Nutzern in einem diskriminierungsfreien Verfahren gleichmäßig anteilig zur Verfügung zu stellen.

(2) Bundeskartellamt, Beschluss vom 21.Dezember 1999 – Puttgarden

Die Scandlines GmbH und ihre Schwestergesellschaft Scandlines A/S betrieben als alleinige Anbieter die Fährverbindung auf der Vogelfluglinie von Puttgarden auf Fehmarn nach Rødby auf Lolland in Dänemark. Eigentümerin des Fährhafens auf Fehmarn ist die Scandlines GmbH. Zwei weitere Unternehmen, die dänische easy-line A/S und ein schwedisch-dänisches Stena-Konsortium, wollten unabhängig voneinander ihre Fährdienste auf der Linie Puttgarden-Rødby anbieten. Die Scandlines GmbH verweigerte ihnen aber den Zugang zu und die Mitbenutzung der landseitigen Hafeninfrastruktur von Puttgarden.
Das Bundeskartellamt hat der Scandlines GmbH im Dezember 1999[263] untersagt, den beiden Petenten den Zugang zu den in ihrem Eigentum stehenden see- und landseitigen Infra- und Suprastruktureinrichtungen zu verweigern. Als Rechtsgrundlage dieser Verfügung zog das Bundeskartellamt neben Artikel 82 EG auch § 19 Abs. 4 Nr. 4 GWB heran[264].

---

[263] BKartA WuW/E DE-V 253 ff. – *Puttgarden.*

[264] Wie aus der Begründung des Regierungsentwurfes hervorgeht, wurde die Bestimmung gerade auch im Hinblick auf Seehafenanlagen in das Gesetz aufgenommen, BT-Drs. 13/9720, S. 37 (Fn. II.63).

Nach der Entscheidung des Kartellamtes war der sachlich relevante Markt derjenige der Bereitstellung von Hafeninfrastruktur zum Fährbetrieb zwischen Puttgarden und Rødby. Der räumlich relevante Markt war durch die Entscheidung der Petenten geprägt, eine Verbindung gerade zwischen Puttgarden und Rødby zu betreiben. Mögliche andere geschäftliche Strategien seien bei der Marktabgrenzung nicht zu berücksichtigen[265]. Für das Bestehen eines Marktes sei es dabei irrelevant, ob der Inhaber der Einrichtung bereits als Anbieter tätig geworden sei, den nachgelagerten Markt also bereits für Dritte geöffnet habe, entscheidend sei vielmehr eine bestehende Nachfrage, die es zu befriedigen gelte[266].

Auf diesem Primärmarkt bestand nach Auffassung des Amtes eine beherrschende Stellung: Der Bau eines zweiten Hafens in Puttgarden war teilweise aus rechtlichen Gründen unmöglich, da nicht genehmigungsfähig. Teilweise war er auch aus tatsächlichen Gründen unmöglich. Als tatsächliche Gründe gelten nach Auffassung des Bundeskartellamtes auch wirtschaftliche Gründe *„sofern sie geeignet sind, es dem Wettbewerber unzumutbar zu erschweren, die erforderliche Infrastruktur selbst zu schaffen“*[267].

Weiterhin wurde festgestellt, dass die Scandlines-Unternehmen auch auf dem nachgelagerten Markt, nämlich dem der Fährdienste zwischen Puttgarden und Rødby selbst tätig waren. Hilfsweise analysierte das Bundeskartellamt in seiner Entscheidung sehr ausführlich, ob die Scandlines auf dem nachgelagerten Markt auch eine beherrschende Stellung einnehme. Das Kartellamt selbst ging davon aus, dass es sich dabei nicht um ein Tatbestandmerkmal handele, die Beteiligten hatten aber vorgetragen, auf dem nachgelagerten Markt keine beherrschende Stellung einzunehmen, mit der Folge, dass die Voraussetzungen des § 19 Abs. 4 Nr. 4 GWB nicht vorlägen.

---

[265] Eine ähnliche Abgrenzung im Rahmen des Artikels 82 EG hat auch die Europäische Kommission in ihrer Entscheidung *Hafen von Rødby*, ABl. (EG) 1994 L-55/52 vorgenommen, auf die sich das Bundeskartellamt in Fußnote 28 ausdrücklich bezieht.

[266] BKartA WuW/E DE-V 253 ff. – *Puttgarden*; auch in der Begründung des Regierungsentwurfes heißt es, dass es keiner bestehenden Marktöffnung bedürfe, BT-Drs. 13/9720, S. 51 (Fn. II.63).

[267] BKartA WuW/E DE-V 253 ff. – *Puttgarden* mit Bezugnahme auf die *Bronner*-Entscheidung des EuGH und die Schlussanträge des GA *Jacobs* in gleicher Sache; auch in der Begründung des Regierungsentwurfes werden wirtschaftliche Gründe als Grundlage der Unzumutbarkeit genannt, BT-Drs. 13/9720, S. 51 (Fn. II.63).

Eine Rechtfertigung der Verweigerung[268] aus betriebsbedingten, speziell Kapazitätsgründen, kam nach Ansicht des Bundeskartellamtes nicht in Betracht, da insbesondere ausreichende land- und seeseitige Flächen zur Abfertigung des in Rede stehenden Verkehrs zur Verfügung standen. Auch Unzumutbarkeit für die Scandlines aus anderen Gründen wollte das Bundeskartellamt nicht annehmen. Diese *„wäre ... nur anzunehmen, wenn die Abwägung ergäbe, daß die schutzwürdigen Interessen der Beteiligten zu 1.* [Scandlines], *die durch eine Mitbenutzung nachweisbar beeinträchtigt würden, das Interesse der Beigeladenen* [die beiden Petenten] *an der Aufnahme des Fährdienstes zwischen Puttgarden und Rödby und das öffentliche Interesse an der Herstellung wettbewerblicher Verhältnisse weit überwögen."*[269]
Ziel der Norm sei es, Wettbewerb zu schaffen, sodass das Interesse der Scandlines daran, alleinige Anbieterin zu bleiben nicht das öffentliche Interesse an der Schaffung von Wettbewerb überwiegen könne. Auch die Beeinträchtigung der Freiheit der Eigentumsgestaltung führe nicht zur Unzumutbarkeit. In diesem Fall war dabei die Besonderheit zu berücksichtigen, dass der Eigentumserwerb nicht durch Tüchtigkeit stattgefunden hatte, sondern vielmehr im Wege unentgeltlicher Übertragung durch den Staat[270].
Die Entscheidung des Bundeskartellamtes war im Folgenden Gegenstand gerichtlicher Überprüfung[271], allerdings betraf diese die Bestimmtheit der vom Bundeskartellamt erlassenen Entscheidung und nicht das Vorliegen des Missbrauchs einer marktbeherrschenden Stellung. Daher soll an dieser Stelle von einer näheren Erörterung dieser Entscheidungen abgesehen werden.

(3) LG Dortmund vom 1.9.2000

Diese Entscheidung des Landgerichts Dortmund[272] zu dem Durchleitungsanspruch eines Ferngasunternehmens war die erste gerichtliche Entscheidung zu § 19 Abs. 4 Nr. 4 GWB. In seinem Urteil hat das Gericht klargestellt, dass auch jedes Mitglied eines Oligopols Normadressat sei und sich nicht mit der Begründung der Leistungsfähigkeit anderer Oligo-

---

[268] Die Rechtfertigung der Verweigerung soll laut der Begründung des Regierungsentwurfes nach den zum Behinderungsmissbrauch entwickelten Kriterien geprüft werden, BT-Drs. 13/9720, S. 51 f. (Fn. II.63).
[269] BKartA WuW/E DE-V 253 ff. – *Puttgarden.*
[270] BKartA WuW/E DE-V 253 ff. – *Puttgarden.*
[271] BGH WuW/E DE-R 977 ff. – *Puttgarden.*
[272] LG Dortmund BB 2000, 2325 ff.

pol-Mitglieder seiner Durchleitungspflicht entziehen könne. Das Gericht hat zwar alle Tatbestandsmerkmale des § 19 Abs. 4 Nr. 4 GWB als vorliegend angesehen, es hat sich jedoch nicht detailliert mit den einzelnen Merkmalen auseinandergesetzt, sodass das Urteil trotz seiner Präzedenz-Stellung für die weitere Diskussion und Anwendung der Norm nicht weiterführend ist.

(4) BGH-Entscheidung Arealnetz

Höchstrichterlich ist im Juni 2005 die Entscheidung über die Verpflichtung eines regionalen Energieversorgers und Eigentümers des städtischen Stromversorgungsnetzes ergangen, anderen Energieversorgern Zugang zum Stromversorgungsnetz zu gewähren[273]. Dieser Entscheidung lagen die Begehren zweier Stromversorger zugrunde, an das Mittelspannungsnetz angeschlossen zu werden, um so bestimmte Arealnetze bedienen zu können.

Der BGH hat auf einen Einwand des Eigentümers zunächst festgestellt, dass § 19 Abs. 4 Nr. 4 GWB nicht allein einen Anspruch auf Durchleitung gewähre, sondern einen Anspruch auf Zugang zu Netzen und anderen Infrastruktureinrichtungen, also auch zum Mittelspannungsnetz. Im Folgenden hat er das Bundeskartellamt in der Annahme bestätigt, dass die von § 19 GWB vorausgesetzte marktbeherrschende Stellung auf dem Primärmarkt bestehen muss, eine marktbeherrschende Stellung auf dem abgeleiteten Markt hingegen nicht erforderlich ist. Denn wenn das Unternehmen auf dem Primärmarkt marktbeherrschend sei, zu welchem es den Zugang verweigere, entfalte diese Verweigerung eine ungleich stärkere wettbewerbsschädliche Wirkung, als in dem Fall, dass auf dem Primärmarkt Wettbewerb herrsche, mithin auch andere Unternehmen den Zugang gewähren könnten. Insofern entspricht die Entscheidung auch den Grundsätzen, welche die Europäische Kommission und der EuGH im Rahmen der Anwendung des Artikels 82 EG zugrunde legen.

Nach der Rechtsprechung des BGH reicht es weiterhin aus, dass das marktbeherrschende Unternehmen auf dem Sekundärmarkt noch nicht tätig ist, eine solche Tätigkeit aber in Zukunft möglich ist. Es genügt daher die Stellung des Marktbeherrschers als potentieller Wettbewerber des Petenten auf dem nachgelagerten Markt. Zuletzt schränkt der BGH den von ihm selbst aufgestellten Grundsatz ein, dass kein Unternehmen verpflichtet sei, einen Wettbewerber zum eigenen Nachteil zu fördern und es ihm freistehe, eine bestimmte Leistung Dritten überhaupt nicht anzubie-

[273] BGH WuW/E DE-R 1520 ff. – *Arealnetz.*

ten[274]. Denn es sei Ziel des § 19 Abs. 4 Nr. 4 GWB, den Spielraum des Normadressaten weiter einzuschränken, wenn Wettbewerb nur dann möglich sei, falls bestehende Infrastrukturen von mehreren Wettbewerbern genutzt werden könnten. Dass dieser Wettbewerb auf dem vor- oder nachgelagerten Markt für den den Zugang kontrollierenden Normadressaten nachteilig sei, sei der dem § 19 Abs. 4 Nr. 4 GWB zugrunde liegenden Konstellation immanent[275].

c) § 19 Abs. 4 Nr. 4 GWB angewandt auf Häfen

Die Akteure in einem Seehafen sind regelmäßig der Hafenbetreiber als Inhaber der Infrastruktur und die in einem Landlord-Hafen von ihm verschiedenen Hafendienstleister, denen die im Hafen errichtete Suprastruktur gehört. Die Frage, ob es sich bei den Hafenbetrieben um Betriebe der Verkehrswirtschaft handelt, hat seit der fünften Kartellgesetznovelle im nationalen Recht keine Bedeutung mehr. Die Bereichsausnahme für die Verkehrswirtschaft nach § 99 Abs. 1 GWB wurde gestrichen[276].

(1) Unternehmen

Da in beiden Fällen Unternehmen tätig werden, kommen sowohl Betreiber als auch Dienstleister zunächst als Normadressaten des § 19 GWB in Betracht. Insbesondere steht es der Einordnung unter den Unternehmensbegriff nicht entgegen, dass in einem Landlord-Hafen regelmäßig die öffentliche Hand Eigentümerin der Infrastruktureinrichtungen ist. Ob die verantwortliche Stelle dabei aus der allgemeinen Verwaltung etwa in Form einer Anstalt des öffentlichen Rechts ausgegliedert ist und so organisatorische Selbständigkeit erlangt hat, ist ohne Bedeutung. Entscheidend ist, ob sie am Markt selbständig agiert[277]. Die wirtschaftliche Tätigkeit der Hafenbetreiber besteht im Zurverfügungstellen einer instand gehaltenen Infrastruktur gegen Entgelt, nämlich gegen Zahlung von Miet- bzw. Pachtzinsen und von Hafengebühren, welche der jeweilige Hafenbetreiber selbst festsetzt[278].

---

[274] So noch BGH WuW/E BGH 2953 ff. – *Gasdurchleitung*.
[275] BGH WuW/E DE-R 1520 ff. – *Arealnetz*.
[276] Vgl. zu den Auswirkungen auf den Luftverkehr *Ann* BB-Beilage Nr. 16, 1 zu Heft 23/1993, S. 2.
[277] Vgl. *Bechtold* § 130 Rn. 6.
[278] So auch für das Zurverfügungstellen von Flughafeninfrastruktur im europäischen Recht, das ebenfalls den funktionalen Unternehmensbegriff zugrunde legt,

(2) Infrastruktureinrichtung

Seehäfen unterfallen dem Infrastrukturbegriff des § 19 Abs. 4 Nr. 4 GWB; es handelt sich bei ihnen um materielle Infrastruktureinrichtungen[279]. Um ihre geographische Umgrenztheit hervorzuheben, wird auch von *„punktförmigen Infrastrukturen“* gesprochen[280].

Im Gegensatz zu den land- und wasserseitigen Hafenflächen oder befestigten Wasserwegen handelt es sich bei den Kränen, Schuppen und Fahrzeugen der Hafendienstleister nicht um wesentliche Infrastruktureinrichtungen. Soweit sie überhaupt unter den Begriff der Infrastruktureinrichtung gefasst werden können, sind sie regelmäßig nicht wesentlich: Wesentlichkeit setzt voraus, dass die Einrichtung nicht duplizierbar ist und der nachgelagerte Markt allein durch ihre Nutzung zu erreichen. Das setzt voraus, dass tatsächlich zwei Märkte bestehen: Ein Markt der Einrichtungsbenutzung und ein nachgelagerter der eigentlichen Dienstleistung. Die genannten Einrichtungen gehören aber regelmäßig zum Vorgang der Dienstleistung selbst, sodass kein eigener Einrichtungsbenutzungsmarkt besteht: Ein Schlepper ist Mittel der Dienstleistung Schleppen, ein Kran ist Mittel des Ladungsumschlags und ein Schuppen ist Mittel der Dienstleistung Lagerhaltung. Zugang zu Einrichtungen der Suprastruktur im Hafen ist unter dem Aspekt des Missbrauchs einer marktbeherrschenden Stellung nach § 19 Abs. 4 Nr. 4 GWB daher regelmäßig nicht zu gewähren[281].

(3) Unmöglichkeit anderweitigen Tätigwerdens

Die Wesentlichkeit der Einrichtung bestimmt sich nach ihrer Bedeutung für die angestrebte Tätigkeit und nach der Möglichkeit, eine vergleichba-

---

EuGH, Slg. 2002 I-9297, 9363 Tz. 78 – *Aéroports des Paris*, zuvor bereits EuG, Slg. 2000 II-3929, 3968 Tz. 120 f. – *Aéroports de Paris.*

[279] Hermes, S. 169: *„Alle ‚Anlagen, Ausrüstungen und Betriebsmittel in einer Gesamtwirtschaft, die zur Energieversorgung, Verkehrsbedienung, Telekommunikation und zur Konservierung der natürlichen Ressourcen und Verkehrswege dienen‘.“* (Zitat im Original, Hermes zitiert Jochimsen/Gustafsson, in Simonis (Hrsg.), Infrastruktur, Köln 1977, S. 38-53 (39).)

[280] *Hermes*, Staatliche Infrastrukturverantwortung, S. 167.

[281] Eine Entscheidung des BKartA in einem Fall, in dem eine Bremer Stauerei und die BLG Automobile um den Zugang zu bestimmten Pkw-Umschlags-Einrichtungen stritten, blieb aus, da sich die Parteien bereits im Anhörungsverfahren einigten, TB 1999/2000 BT-Drs. 14/6300, S. 153.

re zweite Einrichtung zu errichten. Für die in einem Hafen typischerweise ausgeübten Tätigkeiten ist die Infrastruktur Hafen unerlässlich. Die Möglichkeit für den Bewerber, einen eigenen Hafen zu errichten, um die gewünschte Tätigkeit auszuüben, ist regelmäßig durch tatsächliche Gegebenheiten begrenzt: An den Küsten ist aufgrund anderer Nutzung oftmals kein Platz für einen weiteren Hafen vorhanden oder aber es stehen Gründe des Umwelt- und Naturschutzes der Duplizierung eines Hafens entgegen[282].Im Übrigen wird die Errichtung eines eigenen Hafens in der Regel nicht wirtschaftlichen Grundsätzen entsprechen.
Dennoch ist die Wesentlichkeit nicht in jedem Fall gegeben. Solange für den Bewerber zumutbare Ausweichmöglichkeiten bestehen, kann er eben auch ohne die Einrichtung auf dem vor- oder nachgelagerten Markt tätig werden. Dieses Merkmal korrespondiert aufgrund der Erbringung raumgebundener Dienstleistungen im Hafen regelmäßig mit der Bestimmung der marktbeherrschenden Stellung des Hafenbetreibers.

(4) Markt der Infrastrukturbenutzung

Die Bestimmung des relevanten Marktes und damit auch der marktbeherrschenden Stellung kann im Einzelfall Probleme aufwerfen. Zu unterscheiden ist zwischen dem Markt der Infrastrukturanbieter und dem Markt der Hafendienstleister[283], wobei letzterer kein einheitlicher Markt ist, sondern sich in unterschiedliche sachliche Teilmärkte gliedert.
Da sich der relevante Markt nach dem Bedarfsmarktkonzept und daher aus der Sicht der Marktgegenseite bestimmt, ist die Stellung jeweils gegenüber den unterschiedlichen Nachfragern zu beurteilen. Nachfrager der Hafeninfrastruktur sind regelmäßig die Reeder, die mit ihren Schiffen einen Hafen anlaufen und die Anbieter von Hafendienstleistungen, die zur Erbringung ihrer Dienstleistungen auf die Nutzung der Infrastruktur angewiesen sind. Einheitlichkeit besteht in sachlicher Hinsicht, soweit es um die Zurverfügungstellung von Infrastruktur geht. Trotzdem ist der Betreiber in der Lage, gegenüber Reedern und Dienstleistern eine unterschiedliche Strategie zu verfolgen, sodass zwischen den beiden Marktbereichen differenziert werden muss.

---

[282] Vgl. BKartA WuW/E DE-V 253 ff. – *Puttgarden.*
[283] Für die Unterscheidung des Marktes der Bereitstellung von Flughafeninfrastruktur und dem der Bodenabfertigung vgl. KomE, ABl. (EG) 1998 L-72/30 Rz. 64 ff. – *Flughafen Frankfurt/Main.*

(a) Nachfrageseite der Reeder für Fähr- und Güterverkehrsdienste

In sachlicher Hinsicht sind die meisten Fährhäfen austauschbar, da sie alle ähnliche Facilitäten aufweisen, mit denen das Ein- und Ausschiffen der Passagiere sowie andere Dienste vorgenommen werden können. Die Häfen für Güterverkehr sind in infrastruktureller Hinsicht regelmäßig ebenfalls austauschbar, allerdings wird durch den Hafenbetreiber bzw. die zur Verfügung gestellte Infrastruktur die Art des Güterumschlags (z. B. Container, Massegut, Ro/Ro) in begrenztem Umfang vorgegeben. Teilweise existiert in den Häfen aber auch jede für die verschiedenen Arten des Güterumschlags notwendige Infrastruktur. Jedenfalls sind die Häfen nach Ladungskategorien untereinander austauschbar: die Containerhäfen, die Ro/Ro-Häfen usw. In sachlicher Hinsicht entscheidend können für die Auswahl eines Hafens jedoch noch andere Umstände sein, wie die Kosten des Hafenanlaufs und Terminalumschlags[284], die flexible Abfertigungsleistungen von Laden und Löschen, mögliche Serviceleistungen wie Werften und besondere Lagerkapazitäten (z. B. Kühlhäuser), ein hoher technischer Standard, der die Liegezeit im Hafen verkürzt (etwa durch EDI, Electronic Data Interchange[285]), aber selbstverständlich auch nautische Aspekte wie die Tiefe der Hafenzufahrt und des Hafenbeckens sowie Hafenverkehrs- und Liegeplatzsicherheit[286].
Die Beurteilung der räumlichen Austauschbarkeit bereitet hingegen größere Schwierigkeiten: So konnte in Zeiten weniger entwickelter Verkehrsströme regelmäßig aus der Inhaberschaft der Infrastruktur auf eine Monopolstellung des Hafenbetreibers geschlossen werden, da der relevante Markt sachlich und räumlich auf die Infrastruktur in dem betroffenen Hafen beschränkt war. Dieses folgte aus der fehlenden „geographischen Austauschbarkeit" der Seehäfen untereinander, die jeder einen

[284] Zu den Hafenkosten vgl. *Ninnemann*, S. 131 ff.

[285] Mittels dieser Technik können etwa die Staupläne der Reedereien und der Umschlagbetriebe aufeinander abgestimmt werden, aber auch andere Geschäftsprozesse zwischen den am Transport beteiligten Unternehmen beschleunigt werden; auch die Ausfuhrüberwachung im Hamburger Hafen erfolgt über diese Technik.

[286] Auswirkungen der Hafeneffizienz auf die Kosten des Seetransports analysieren *Clark/Dollar/Micco*, S. 17 ff. mit Hinweis auf langwierige Zollverfahren, Hafenarbeitskarten, unklare Haftungsregelungen und Kriminalität als Kostenfaktoren. Zu den effizientesten Seehäfen zählen demnach die Häfen von Singapur und Belgien; zur Gewichtung der Entscheidungsdeterminanten bei der Hafenwahl vgl. *Ninnemann*, S. 206.

anderen seeseitigen Anfahrtsweg erforderten und an ein anderes Hinterland angebunden waren. Ähnliches gilt in der Regel für die Bestimmung des räumlich relevanten Marktes für Fährdienste, da es den Passagieren zumeist gerade auf einen bestimmten Zielort ihrer Reise ankommt, sodass die Fährunternehmen im Rahmen einer kundenorientierten Geschäftspolitik eine entsprechende Strecke in ihr Angebot aufnehmen müssen und auf die Nutzung einer bestimmten lokalen Hafeninfrastruktur angewiesen sind. Für diese Unternehmen ist die Infrastruktur in räumlicher Hinsicht nicht austauschbar, sodass ein eigener räumlich relevanter Markt besteht[287]. Allerdings kann dieses nur soweit gelten, wie die betreffenden Fährunternehmen tatsächlich darauf angewiesen sind, einen bestimmten Hafen anzulaufen. Eine willkürlich getroffene Entscheidung, einen bestimmten Hafen anzulaufen, kann daher ein Zugangsbegehren nicht stützen[288]. Der räumlich relevante Markt erstreckt sich dann auf den Bereich, in dem die Erbringung von Fährdiensten unter vergleichbaren Bedingungen möglich ist.

Anders ist das Bedarfsverhalten im Rahmen des Güterverkehrs zu beurteilen, soweit die Häfen als Knotenpunkte der verschiedenen Güterverkehrsträger genutzt werden, also eine so genannte „Hub"-Funktion erfüllen[289]. Für die Entscheidung der Reeder im Gütertransport bzw. der sie beauftragenden Verlader ist das wesentliche Kriterium für die geographische Auswahl eines Hafens die Hinterlandanbindung. Da die landseitigen Transportkosten deutlich höher sind als die seeseitigen[290], ist die landseitige Transportstrecke möglichst kurz zu halten. Jedenfalls für das Gebiet der so genannten North Range-Häfen entlang der kontinentaleuropäischen Nordseeküste gilt, dass sich die Hinterlandanbindungen in großen Teilen überschneiden[291] und diese Entwicklung durch den Ausbau der transeuropäischen Verkehrsnetze auch weiter vorangetrieben wird. Der Reeder eines Containerfrachters kann daher in vielen Fällen von einem Hafen in einen anderen ausweichen und die dortige Infrastruktur nutzen,

---

[287] Aufgrund fehlender Austauschbarkeit hat die Europäische Kommission in ihren Entscheidungen Sealink II und Rødby jeweils die Häfen als relevanten räumlichen Markt i.S.d. Art. 82 EG angesehen; ABl. (EG) 1994 L-15/8 ff.; ABl. (EG) 1994 L-55/52 ff.

[288] Insofern ist *Bittner*, S. 99 ff. zuzustimmen, der einige Beispiele für willkürliche Entscheidungen wie für objektiv zwingende Gründe einer Zulassung nennt.

[289] So auch für den Flughafensektor und das europäische Recht EuG, Slg. 2000 II-3929, 3974 Tz. 140 ff. – *Aéroport de Paris*.

[290] Vgl. nur Prognos (Fn. Einl 4), S. 175.

[291] Vgl. *Notteboom*, "Is more competition needed?", Vortrag anlässlich der Konferenz "The second EU ports package: the good or the last try?", Antwerpen, 20.05.2005; *De Langen/Pallis*, S. 5.

ohne dass dieses erhebliche Auswirkungen darauf hat, ob und wann die beförderte Ware ihren Bestimmungsort erreicht[292]. Dass diese Ausweichmöglichkeit von den Reedern auch durchaus wahrgenommen wird, zeigt der Wettbewerb, der unter den Häfen der North Range herrscht[293]. Aufgrund dieses (potentiellen) Ausweichverhaltens, welches eine Austauschbarkeit der Häfen zeigt, geht der räumliche Markt über den einzelnen Hafen hinaus und erfasst alle diejenigen Häfen, die denselben Bedarf decken[294].[295]

(b) Nachfrageseite der Hafendienstleister

Für den Bereich des Zugangs von Hafendienstleistern liegt bislang weder eine Entscheidung der Kartellbehörden noch der Gerichte vor. Die Hafendienstleister treten dem Betreiber als Nachfrager und Nutzer der Infrastruktur gegenüber. Ihre eigene Leistung wiederum wird u. a. von den Reedern nachgefragt. Die Bestimmung der Nachfrage und der Ausweichmöglichkeiten eines Hafendienstleisters ist daher abhängig von der Nachfrage seiner eigenen Kunden.

---

[292] Vgl. BMVBW, Entwicklungstendenzen der deutschen Nordseehäfen bis zum Jahre 2015, S. 3-62.

[293] BMWi, Vernetzungspotenziale (Fn. Einl 3), S. 47; Prognos (Fn. Einl 4), S. 15.

[294] Zur Wettbewerbssituation der North Range Häfen in den einzelnen Güterkategorien Prognos (Fn. Einl 4), S. 75 ff.

[295] Die niederländischen oder belgischen Seehäfen wurden bislang im Rahmen der Marktabgrenzung nach § 19 GWB nicht erfasst, da der Geltungsbereich einer Missbrauchsverfügung als Folge eines Missbrauchs nach § 19 GWB nicht über das Bundsgebiet hinaus gehen konnte (BGH WuW/E BGH 3026, 3030 – *Backofenmarkt*). Soweit sich § 19 Abs. 2 GWB auch auf im Ausland ansässige Unternehmen bezog, waren diese nur zu berücksichtigen, soweit sie einen Einfluss auf den inländischen Markt hatten, etwa durch Exportlieferungen. Nach der neueren Rechtsprechung des BGH (BGH WuW/E DE-R 1355, 1357 – *Staubsaugerbeutelmarkt*) und Einführung der siebten GWB-Novelle ist gemäß § 19 Abs. 2 S. 3 GWB nun aber der gesamte ökonomische Markt ohne normative Grenzen zu berücksichtigen. Daher sind in die Bestimmung des relevanten Marktes auch diejenigen Häfen einzubeziehen, welche außerhalb des Geltungsbereichs des GWB liegen, aber gemeinsam einen ökonomisch relevanten Markt bilden. Im Bereich der Fusionskontrolle hatte das Bundeskartellamt eine räumliche Marktabgrenzung für den Hamburger Hafen vorzunehmen. In diesem Verfahren trugen die Parteien bereits vor, dass der räumlich relevante Markt sich auf die Hamburg-Le Havre Range erstreckte, vgl. Monopolkommission, IV. Hauptgutachten 1980/1981 Ziff. 515 ff.

Zur Erfüllung der Nachfrage ihrer eigenen Kunden sind die Anbieter technisch-nautischer wie ladungsbezogener Dienste auf eine funktionierende Infrastruktur angewiesen. Sachlich relevant ist mithin der Markt für die Nutzung von Hafeninfrastruktur. Auch in räumlicher Hinsicht bestimmt sich der relevante Markt nach der objektivierten Nachfragesituation, welcher sich die Dienstleister selbst gegenüber sehen.
Zum Vergleich für die Marktabgrenzung sei der Wohnungsmarkt herangezogen: Auch dieser erstreckt sich regelmäßig nur auf eine bestimmte Region, da der Standort aus der Sicht des Wohnungssuchenden nicht beliebig austauschbar ist. Sein Wohnungsbedarf kann nur dort gedeckt werden, wo er seinen Lebensmittelpunkt hat, regelmäßig vorgegeben durch den Ort des Arbeitsplatzes[296]. Ähnlich liegt der Fall für die Hafendienstleister als Nachfrager auf dem Infrastrukturmitbenutzungsmarkt: Der Bedarf an Infrastrukturnutzung kann nur auf dem räumlichen Markt gedeckt werden, auf dem das Unternehmen die teilweise räumlich begrenzte Nachfrage der Reeder befriedigen will. Ob sich die Betriebe auch für eine andere Unternehmensstrategie hätten entscheiden und einen anders angebundenen Hafen auswählen können, ist für die Marktabgrenzung unerheblich[297].

(i) Ladungsbezogene Dienste als Nachfrager

Auf der Markgegenseite der Umschlagbetriebe in den Häfen stehen wie auch bei den technisch-nautischen Diensten die Reeder. Für diese ist regelmäßig ausschlaggebend, zu welchen Konditionen ein Hafen angelaufen und der Umschlag dort erfolgen kann. Bezüglich der ladungsbezogenen Dienste besteht aufgrund der technischen Standardisierung jeweils ein eigener Markt des Containerumschlags, des Massegutumschlags, des Ro/Ro-Umschlags usw. Diese Umschlagsdienste sind untereinander nicht austauschbar. Regelmäßig haben die Konditionen der Umschlagtätigkeit im Gegensatz zu den technisch-nautischen Hilfsdienste erheblichen Einfluss auf die Entscheidung über die Auswahl eines bestimmten Hafens. Soweit mehrere Häfen eine vergleichbare Hinterlandanbindung besitzen, wie es bei den Häfen der so genannten North Range für die Versorgung des nord-westlichen Kontinentaleuropas der Fall ist, hängt die Auswahl des anzulaufenden Hafens von den dort gebotenen Konditionen ab, vor-

---

[296] Beispiel bei I/M-*Möschel*, § 19 Rn. 38 mwN.

[297] Vgl. BKartA WuW/E DE-V 253 ff.– *Puttgarden* zur Marktabgrenzung bei passagierbezogenen Fährdiensten, welche die Nachfrage auf einer bestimmten Fährroute bedienen wollen und daher auf einen bestimmten Hafen angewiesen sind.

wiegend den Umschlagsbedingungen[298]. Aus diesem Grund konkurriert ein Umschlagsunternehmen in den bremischen Häfen trotz der unterschiedlichen geographischen Lage mit einem Unternehmen der gleichen Branche im Hamburger Hafen. Für die Marktgegenseite sind sie daher austauschbar, sodass sich nach dem Bedarfsmarktkonzept ergibt, dass die Unternehmen nicht nur auf demselben sachlichen, sondern auch auf einem einheitlichen geographischen Markt tätig sind[299]. Diese Aussage wird gestützt durch die Entwicklung der Umschlagzahlen in den Seehäfen der North Range, die zeigen, dass diese Häfen miteinander im Wettbewerb stehen, also um die gleichen Nachfrager konkurrieren, welche ihrerseits die Häfen als untereinander grundsätzlich austauschbar betrachten[300].

Daraus folgt für die Ausweichmöglichkeiten eines Umschlagunternehmens, dass der Umzug in einen anderen Hafen, der die gleiche Hinterlandanbindung und eine ähnliche Kapazität aufweist, grundsätzlich ohne Verlust eines erheblichen Teils des Kundenstamms erfolgen könnte – vorausgesetzt die Bedingungen in diesem Hafen entsprechen im Wesentlichen denen des Ausgangshafens[301].

Zu berücksichtigen ist bei der Bestimmung des relevanten räumlichen Marktes allerdings auch, inwieweit eine Verlegung des Unternehmenssitzes bzw. eine Präsenz vor Ort erforderlich ist[302] oder eine Unternehmensstrategie umgestellt werden muss, wie hoch also die Marktzutrittsschranken[303] sind und dadurch keine gleichwertigen und zumutbaren

---

[298] So auch *Ninnemann*, S. 4 ff.; *Troujillo/Nombela*, S. 37.

[299] So auch *Heitmann* (2003), S. 4; diesem Ergebnis widerspricht die britische Regierung, indem sie hervorhebt, dass die Umschlagsdienste aufgrund ihrer fest installierten Suprastruktur nicht mobil seien; sie lässt dabei das Bedarfsmarktkonzept als Mittel der Marktdefinition außer acht („Initial Regulatory Impact Assessment: Market Access to Port Services Directive", S. 39).

[300] Vgl. *Notteboom* (Fn. II.291); dieses gilt aber auch bereits für die Häfen Hamburg, Bremen und Wilhelmshaven, da letzterer den beiden anderen nicht unerhebliche Marktanteile abnehmen konnte, vgl. BMVBW, Entwicklungstendenzen, Kap. 3 S. 75 (Fn. II.292).

[301] Ähnlich *Schwarz van Berk*, S. 143; vgl. auch zum Verhalten der Reeder KomE, ABl. (EG) 2003 L-223/1 Rz. 119 ff. – *Hutchinson/RCPM/ECT*.

[302] *Rösler*, NZG 2000, 761, 768.

[303] Diese werden für den Bereich der Schlepper und Lotsen aufgrund der geringen Kosten einer Verlegung der Schiffe teilweise als gering angesehen (so das „Initial Regulatory Impact Assessment: Market Access to Port Services Directive" der britischen Regierung, S. 38). Allerdings wird dabei außer Acht gelassen, dass diese Dienste trotz ihrer mobilen Betriebsmittel insoweit ortsgebunden sind, als dass sie ihre Dienste in dem Hafen erbringen, in dem auch der Dienstleis-

Ausweichmöglichkeiten bestehen. In diesen Fällen besteht ein objektiver Grund für die ortsgebundene Nachfrage, es handelt sich dann nicht um einen Fall willkürlicher Präferenz des sich bewerbenden Unternehmens. Die erheblichen Investitionen, welche ein Unternehmen für den Aufbau und Betrieb von festen Umschlageinrichtungen zu tätigen hat, führen dazu, dass ein Umzug in einen anderen Hafen betriebswirtschaftlich in der Regel nicht zu vertreten wäre. Aus diesem Grund beschränkt sich die Nachfrage etablierter Diensteanbieter nach Hafenflächen für die Fortführung des Betriebs auf den Hafen, in welchem der Anbieter bereits tätig ist. Insoweit ist der Nachfragemarkt räumlich begrenzter als der Angebotsmarkt der Umschlagbetriebe.

(ii) Technisch-nautische Dienste als Nachfrager

Die technisch-nautischen Dienstleister sehen sich der Nachfrage der Reeder gegenüber, welche ihre Entscheidung für einen Hafen in der Regel bereits getroffen haben. Denn die Konditionen der technisch-nautischen Dienste sind nicht gleichermaßen ausschlaggebend für diese Entscheidung wie die Konditionen der Umschlagbetriebe. Da ihre Leistung nur in einem bestimmten Hafen nachgefragt wird, fragen sie ihrerseits nur in diesem Hafen die Nutzung von Infrastruktureinrichtungen nach. Auch wenn die technisch-nautischen Dienste vorwiegend über mobile Betriebsmittel verfügen, sind sie daher allein auf einzelnen Hafenmärkten tätig. Ihre Nachfrage beschränkt sich auf diese Märkte.

(iii) Newcomer als Nachfrager

Der Bedarf von so genannten Newcomern, die noch nicht auf einem bestimmten Markt tätig sind, ist noch nicht genau bestimmt und kann vordergründig auf verschiedenen sachlichen wie räumlichen Märkten gedeckt werden. Das hätte zur Folge, dass Unternehmen, die noch nicht in einem Hafen tätig sind, vom Hafenbetreiber regelmäßig abgelehnt werden könnten mit der Begründung, dass der räumliche Markt mangels betriebsbedingter Konkretisierung recht weit zu bestimmen sei. Andererseits hat auch der Newcomer grundsätzlich das Recht zu entscheiden, in

tungserfolg eintritt und dass eine Verlegung der Präsenz weitere Kosten als die der Verlegung der Betriebsmittel nach sich zieht. Aus diesem Grund ist die Hafeninfrastruktur für den einzelnen Dienstleister nicht ohne weiteres austauschbar, es liegt kein einheitlicher räumlicher Bedarfsmarkt vor.

welchen sachlichen und räumlichen Markt er eintreten möchte[304], sodass ihm nicht entgegengehalten werden kann, dass er zumindest auf einen anderen räumlichen Markt ausweichen könnte.
Abzuwägen sind hier zum einen das Wettbewerbsleitbild offener dynamischer Märkte, das dem GWB zugrunde liegt, und die Interessen des Newcomers, auf einem bestimmten Markt tätig zu werden, zum anderen die Vertragsfreiheit des marktbeherrschenden Unternehmens. Sinn und Zweck des GWB ist die Offenhaltung von Märkten und die Sicherung funktionierenden Wettbewerbs. Überwöge das Interesse des Marktbeherrschers an seiner Vertragsfreiheit, so könnte er einen bestimmten Markt gegen (weiteren) Wettbewerb abschotten. Dem Leitbild des dynamischen Wettbewerbs entspricht es aber, dass sich ein Unternehmen aufgrund wettbewerblichen Verhaltens am Markt behauptet, nicht aufgrund einer einmal entstandenen Marktstruktur. Ein Verhalten, welches Resultat einer besonderen Marktstruktur ist, unterliegt den Verhaltensvorschriften des GWB, zu denen auch dessen § 19 zählt.
Die Zulassungsverweigerung gegenüber einem Newcomer kann daher ein missbräuchliches Verhalten im Sinne der Norm darstellen. Sie gründet allein auf der marktbeherrschenden Stellung und läuft dem Ziel des GWB zuwider, einen funktionierenden Wettbewerb zu garantieren. Aus diesem Grund ist auch bei der Bestimmung des relevanten Marktes aus der Sicht eines Newcomers auf denjenigen sachlichen und räumlichen Einzelmarkt abzustellen, auf dem das Unternehmen tätig werden will[305]. Es ist dabei unerheblich, welche Auswirkungen die Verweigerung der Zulassung auf den einzelnen Bewerber hat, ob dieser – ohne weiteres – auf einem anderen Markt tätig werden kann oder ob er in seiner Wettbewerbsfähigkeit schlechthin beeinträchtigt wurde[306]. Ebenso wenig kommt es für die räumliche Marktabgrenzung auf die Frage an, ob gleichartige Unternehmen typischerweise auf eng begrenzten oder überregionalen räumlichen Märkten tätig sind[307]. Dennoch ist hier die Unterscheidung der relevanten räumlichen Märkte von Bedeutung: Will ein Newcomer auf dem Markt für Umschlagdienstleistungen in Seehäfen tätig werden, erstreckt sich dieser Markt unabhängig von dem Tätigkeitsradius des Newcomers oder seiner zukünftigen Konkurrenten über mehrere Häfen. An dem relativierenden Ortsbezug aufgrund erheblicher Investitionen in Suprastrukturan-

---

[304] BGH WuW/E BGH 1027 ff.– *Sportartikelmesse*; WuW/E BGH 1740, 1743 – *Rote Liste*; WuW/E BGH 1879, 1883 f. – *Dispositionsrecht*.
[305] *Dittmann*, S. 114.
[306] BGH WuW/E BGH 2683, 2685 – *Zuckerrübenanlieferungsrecht*; BGH WuW/E BGH 1027 ff. – *Sportartikelmesse*; *Dittmann*, S. 110.
[307] A.A. OLG Karlsruhe WuW/E OLG 5615, 5617 – *Schilderprägebetrieb*.

lagen fehlt es hier gerade. Will er hingegen auf einem Markt für technisch-nautische Dienstleistungen tätig werden, ist der Markt zumeist auf das Gebiet eines einzelnen Hafens begrenzt. Aus dieser Abgrenzung des eigenen sachlichen Tätigkeitsmarktes folgt die räumliche Nachfragemöglichkeit des Newcomers, an welcher sich wiederum die Abgrenzung des Marktes der Infrastrukturnutzung orientiert: Will er Waren für Reedereien bzw. Verlader umschlagen, welche die Häfen der North Range anlaufen, kann er in allen diesen Häfen Flächen für eine Aufnahme seiner Tätigkeit nachfragen.

(5) Marktbeherrschende Stellung auf dem Primärmarkt

Der Beurteilung liegt aufgrund der Gegebenheiten in den deutschen Seehäfen die Annahme zugrunde, dass die Hafeninfrastruktur jeweils in einer Hand liegt und regelmäßig keine Hafenflächen oder andere Infrastruktureinrichtungen im Eigentum Dritter stehen.

(a) Angebot für Reeder

Aufgrund der erhöhten Austauschbarkeit der Güterverkehrshäfen als Knotenpunkten innerhalb der Entwicklung der transeuropäischen Netze ist die Annahme einer marktbeherrschenden Stellung der Hafenbetreiber gegenüber den Reeder im Güterseeverkehr regelmäßig abzulehnen. Da auf dem Markt der Nutzung von Hafeninfrastruktur durch ein- und auslaufenden Schiffe intensiver Wettbewerb unter allen Betreibern einer Hafenregion besteht, ist keines der hafenbetreibenden Unternehmen mit einem überragenden oder nicht kontrollierten Verhaltensspielraum gegenüber Wettbewerbern und Abnehmern ausgestattet. Letztere haben bei inadäquatem Marktverhalten vielmehr die Möglichkeit, auf andere Anbieter zurückzugreifen[308].
Anders stellt sich die Lage im Falle des Fährverkehrs dar, bei dem End- und Zielhafen der Verbindung die sachlich relevante Leistung bestimmt. In diesen Fällen fehlender Austauschbarkeit einer Hafeninfrastruktur ist ihr Eigentümer regelmäßig in einer marktbeherrschenden Position, denn er ist auf diesem Markt ohne Wettbewerber.

---

[308] *De Langen/Pallis*, S. 5 zu den Wechselwirkungen von hafeninternem und hafenübergeifendem Wettbewerb.

(b) Angebot für Hafendienstleister

Gegenüber den Umschlagsdienstleistern, welche regelmäßig auf einem hafenübergreifenden räumlichen Markt tätig sind, beurteilt sich die marktbeherrschende Stellung danach, ob der Hafenbetreiber auf dem Markt für umschlagtaugliche Infrastruktur eine beherrschenden Stellung einnimmt. Dieses wird nur in äußerst wenigen Fällen so sein, da in der Mehrzahl der europäischen Mitgliedstaaten Hafenbetreiber öffentlich-rechtlich organisiert sind und jeweils nur einen einzigen Hafen betreiben[309].
Aufgrund des Charakters der technisch-nautischen Hafendienstleistungen als ortsgebundener Leistungen und der daraus resultierenden ortsgebundenen Nachfrage nach tauglicher Infrastruktur für technisch-nautische Dienstleistungen, besteht eine marktbeherrschende Stellung des Hafenbetreibers gegenüber den die Infrastruktur nutzenden Dienstleistern.

(6) Tätigkeit auf dem Sekundärmarkt

Adressaten der Norm können nur solche Hafeninhaber bzw. -betreiber sein, die gleichzeitig auf einem der Infrastruktur Hafen vor- oder nachgelagerten Markt tätig sind, da es gerade Zweck der Norm sein soll, horizontale Wettbewerbsbeschränkungen zu verhindern.
Unter Berücksichtigung der oben dargestellten Modelle der Hafenorganisation in den deutschen Seehäfen kommt die Anwendung des § 19 Abs. 4 Nr. 4 GWB grundsätzlich nicht für diejenigen Häfen in Betracht, die nach dem so genannten Landlord-Modell organisiert sind. Denn diese Häfen zeichnen sich gerade dadurch aus, dass die Infrastruktur von der Suprastruktur getrennt wurde, der Inhaber der Infrastruktur also nur auf dem Infrastrukturmarkt tätig wird.
Ganz klar zu trennen sind die verschiedenen Hafenorganisationsmodelle jedoch nicht: So ist zum Beispiel die Freie und Hansestadt Hamburg (FHH) für die Infrastruktur des Hamburger Hafens verantwortlich. Über die Hamburger Hafen- und Lagerhaus-AG (HHLA), deren Anteile über die HHLA-Beteiligungsgesellschaft mbH und die HGV Hamburger Gesellschaft für Vermögens und Beteiligungsverwaltung mehrheitlich bei

[309] Ausnahmen bestehen in Schweden, wo formal privatisierte Hafenbetreiber teils mehrere Seehäfen betreiben oder im Vereinigten Königreich, wo der Hafenbetrieb privaten Gesellschaften obliegt.

der FHH liegen[310], ist die öffentliche Hand in Hamburg auch auf dem Gebiet Containerumschlags tätig, also als Hafendienstleister[311].
Hier stellt sich die Frage, ob es für die Beurteilung lediglich auf eine formale Betrachtungsweise ankommt, sodass der Umstand, dass es sich bei der HHLA um ein rechtlich eigenständiges Unternehmen handelt, genügt, um eine Tätigkeit der FHH auf dem Sekundärmarkt zu verneinen[312]. Oder ob es angezeigt ist, eine konzernmäßige Betrachtung anzustellen und vorliegend die FHH und HHLA als ein „Unternehmen" im Sinne der Norm zu qualifizieren[313]. Letztere Lösung verhindert, dass die Verpflichtung zur Marktöffnung durch einfache Organisationsmaßnahmen umgangen wird. Nach dem Sinn und Zweck des § 19 Abs. 4 Nr. 4 GWB ist daher bei Beurteilung der Markttätigkeit und Marktstellung eine Konzernbetrachtung zugrunde zu legen.
Weiteres Beispiel für ein solches Unternehmen sind die Hansestadt Lübeck und die ihr zu 99,8 Prozent gehörende Lübecker Hafen Gesellschaft mbH: Die Hansestadt Lübeck tritt unter der gebotenen Konzernbetrachtung als integrierter Hafenbetreiber auf, welcher Hafendienstleistungen selbst erbringt. Der für die Tätigkeit relevante Sekundärmarkt muss jedoch schon wegen des Normzwecks jedoch der gleiche räumliche und sachliche Teilmarkt sein, auf dem der Bewerber tätig werden will.
In integrierten öffentlichen oder privaten Seehäfen ist eine Tätigkeit des Betreibers auf dem sekundären Dienstleistungsmarkt hingegen unproblematisch anzunehmen.

---

[310] Vgl. zuletzt BKartA vom 14.12.2004, B 9-101/04 – *HHLA/FruitWharf*; die Tendenzen zu einer Privatisierung der HHLA haben vorerst mit der Veräußerung von Aktien im Wert von rund 30 Prozent des Grundkapitals ihren Hlhepunkt gefunden, vgl. Pressemitteilung der HHLA vom 07.11.2007, abrufbar unter http://www.hhla.de/News-Detailan9sicht.269.0.html?&no_cache=1&tx_ttnews[pS]=1167606000&tx_ttnews[pL]=31535999&tx_ttnews[tt_news]=253&tx_ttnews[backPid]=268&cHash=220bf998d4 (zuletzt 04.01.2008); die bremische Umschlagsdienstleisterin BLG steht zu 50,4% im Eigentum der Freien Hansestadt Bremen, die über bremenports die Hafenverwaltung betreibt, vgl. Prognos (Fn. Einl 4), S. 105.
[311] Siehe auch: Die Hamburger öffentlichen Unternehmen – 5. Beteiligungsbericht der Freien und Hansestadt Hamburg, Finanzbehörde vom 31.10.2004, S. 76 ff..
[312] Vgl. GK-*Leo*, § 19 Rn. 211.
[313] Vgl. L/B-*Schultz*, § 19 Rn. 161.

(7) Missbrauch

Ein integrierter Hafenbetreiber missbraucht seine marktbeherrschende Stellung auf dem Markt der Infrastrukturmitbenutzung, wenn er einem anderen Unternehmen, das auf dem Sekundärmarkt tätig werden will – also einem potentiellen Wettbewerber – den Zugang zu seiner Infrastruktur gegen Entgelt ohne objektive Rechtfertigung verweigert und es diesem anderen Unternehmen ohne Nutzung dieser Infrastruktur nicht möglich ist, auf dem Markt der Hafendienstleistungen tätig zu werden.

Die Infrastruktur „Hafen" ist als solche regelmäßig nicht duplizierbar, da es bereits aus geographisch-geologischen Gründen nicht möglich ist, einen weiteren Hafen in unmittelbarer Nähe zu bauen, oftmals werden im Übrigen rechtliche Hindernisse bestehen. Dieses ist auch aus ökonomischen Gründen grundsätzlich keine kaufmännisch vertretbare Handlungsalternative, sodass der Bewerber auf die Nutzung der vorhandenen Infrastruktur angewiesen ist. Nachdem die Marktabgrenzung für den Sektor der technisch-nautischen wie etablierten Umschlagdienste zu der Definition eines auf das Hafengebiet beschränkten Marktes geführt hat, ist davon auszugehen, dass der Bewerber ohne die Nutzung der insgesamt in den Händen des Hafenbetreibers liegenden Hafeninfrastruktur nicht auf dem Markt der Hafendienstleistungen in jenem Hafen (weiterhin) tätig sein kann. Der unbedingte Bedarf an Hafenflächen ist jedoch auf das Notwendige zu begrenzen, sodass etwa die Verweigerung des Zurverfügungstellens von Büroflächen eines Schlepperei-Unternehmens keinen Missbrauch darstellt.

Gerechtfertigt werden könnte eine Verweigerung etwa mit der Begründung mangelnder Kapazitäten. Da bei der Verteilung der Kapazitäten aber die Interessen aller Bewerber gleichwertig einzustufen sind[314], wird es an einer erfolgreichen Rechtfertigung in den meisten Fällen fehlen.

Kein Rechtfertigungsgrund ist insbesondere eine Beeinträchtigung des Eigentums des Infrastrukturinhabers, also des Hafeneigentümers. Zum einen würde der § 19 Abs. 4 Nr. 4 GWB in diesem Fall seine Daseinsberechtigung verlieren, da eine Zugangsverweigerung dann in den meisten Fällen gerechtfertigt wäre, zum anderen handelt es sich bei der Norm um eine verhältnismäßige Inhalts- und Schrankenbestimmung im Sinne des Artikels 14 Abs. 1 S. 2 GG. Die Verpflichtung, eine wesentliche Einrichtung auch Wettbewerbern zugänglich zu machen, liegt im Rahmen der Sozialpflichtigkeit des Eigentums.

[314] BKartA WuW/E DE-V 149 ff. – *Berliner Stromdurchleitung.*

(8) Rechtsfolgen

Rechtsfolge eines solchen Verstoßes gegen das Verbot des Missbrauchs einer marktbeherrschenden Stellung ist neben einer möglichen Anordnung der Zulassung durch die Kartellbehörden auch ein zivilrechtlicher Unterlassungs- und Beseitigungsanspruch des abgelehnten Bewerbers. Ein derartiger Anspruch führt im Ergebnis ebenfalls zur Zulassung.
Die Zulassung zur Infrastruktur muss aber nur gegen ein angemessenes Entgelt erfolgen, durch welches der Inhaber der Infrastruktur für die Fremd-Nutzung entschädigt wird. Ein darüber hinaus gehendes „Gestattungsentgelt" zu verlangen, ist hingegen unzulässig, da mit dem Zugang zu Infrastruktureinrichtungen nur der Zugang zu den dinglichen Anlagen gemeint ist, nicht aber der Zugang zu dem nachgelagerten Markt[315].

d) Zwischenergebnis

Zusammenfassend lässt sich daher festhalten, dass die *essential facilities*-Doktrin über § 19 Abs. 4 Nr. 4 GWB Eingang in das nationale Kartellrecht gefunden hat. Einer abschließenden Auseinandersetzung mit der Frage, ob diese Norm auch auf andere wesentliche Einrichtungen als solche mit Infrastrukturcharakter anwendbar ist, bedarf es im Rahmen dieser Arbeit nicht, da Seehäfen unstreitig unter den Begriff der Infrastruktur fallen.
Aufgrund der besonderen Organisationsstruktur der deutschen Seehäfen ist die Norm jedoch nur auf einige wenige Häfen anwendbar. § 19 Abs. 4 Nr. 4 GWB setzt voraus, dass ein Unternehmen sowohl auf einem Infrastruktur- als auch auf einem von diesem abgeleiteten Markt tätig ist. Dieses ist bei dem in deutschen Seehäfen vorherrschenden Landlord-Modell jedoch regelmäßig nicht der Fall. Eine Anwendung der Norm kommt daher vornehmlich auf integrierte Hafenbetreiber in Betracht, die selbst auch auf dem Dienstleistungsmarkt tätig sind. Ausnahmen gelten für den Fall, dass der Betreiber im Landlord-Modell über ein Tochter-Unternehmen auf dem Dienstleistungsmarkt tätig wird.
Soweit ein Hafenbetreiber selbst auch auf dem Markt der Umschlagsdienstleistungen tätig ist, wird der Anspruch eines Newcomers für diesen Bereich auf Zugang zur Infrastruktur Hafen als Folge der missbräuchlichen Zugangsverweigerung regelmäßig aber an der Marktbeherrschung des Hafenbetreibers scheitern. Denn angesichts entwickelter Verkehrs-

---

[315] Vgl. zu der vergleichbaren Situation auf Flughäfen EuGH, Slg. 2003 I-11893 – *Hannover Langenhagen*; *Neumann*, NVwZ 2004, 60 ff.

netze und sich überschneidender Absatzmärkte stehen die in sachlicher Hinsicht austauschbaren Seehäfen untereinander im Wettbewerb und sind keine einzelnen Monopolisten mehr.
Soweit der Betreiber auf dem Markt der technisch-nautischen Dienste tätig wird, kann hingegen § 19 Abs. 4 Nr. 4 GWB durchgreifen. Für diese jeweils sachlich getrennten Teilmärkte besteht keine geographische Alternative, durch die der Nachfrager-Dienstleister seinen Bedarf der Infrastrukturnutzung decken kann.

2. § 20 Abs. 1 und 2 GWB

Ein Verstoß gegen § 19 Abs. 4 Nr. 4 GWB kann zugleich einen Verstoß gegen das Behinderungs- und Diskriminierungsverbot des § 20 Abs. 1 und 2 GWB darstellen[316]. Der Differenzierung, ob ein Verhalten nach § 19 oder § 20 Abs. 1 und 2 GWB verboten ist, wird jedoch geringe praktische Bedeutung beigemessen[317]. Über die Regelung des § 20 Abs. 2 GWB werden neben marktbeherrschenden Unternehmen von dem Verbot des § 20 GWB aber auch marktstarke Unternehmen erfasst, soweit sie kleine und mittlere Unternehmen, die von ihnen abhängig sind, behindern oder diskriminieren.

a) Tatbestandsmerkmale

(1) Normadressaten

Normadressaten sind nach § 20 Abs. 1 GWB marktbeherrschende Unternehmen, legalisierte Kartelle und preisbindende Unternehmen. Dabei ist hinsichtlich des Unternehmensbegriffs auf das im Rahmen des § 19 GWB Gesagte zu verweisen. Dem GWB liegt insofern ein einheitlicher funktionaler Unternehmensbegriff zugrunde. Auch die Marktbeherrschung ist anhand der gleichen Kriterien zu ermitteln wie im Rahmen des § 19 GWB. Insbesondere gilt auch hier, dass es für das Tatbestandsmerkmal „Markt“ unerheblich ist, ob dieser erst durch die Nachfrage eines Newcomers entsteht oder bereits durch ein Angebot an andere Nachfrager eröffnet ist. Liegt ein solcher potentieller Markt vor, ergibt sich die Marktbeherrschung des Anbieters aus seiner Verweigerung der Zulassung,

---

[316] I/M-*Markert*, § 20 Rn. 164, 239.
[317] *Bechtold*, § 20 Rn. 2.

wenn ohne diese eine Teilnahme an dem nachgelagerten Markt unmöglich ist[318].

Normadressaten sind nach § 20 Abs. 2 GWB auch relativ marktstarke Unternehmen. Damit werden auch diejenigen Unternehmen in den Anwendungsbereich der Norm einbezogen, welche gegenüber ihren Lieferanten oder Nachfragern in der Lage sind, ein bestehendes Abhängigkeitsverhältnis zu ihren Gunsten auszunutzen. Dabei muss es sich bei dem abhängigen um ein kleines oder mittleres Unternehmen handeln. Für die Bestimmung, ob es sich bei einem Unternehmen um ein kleines oder mittleres handelt, ist ein Vergleich mit den anderen von der Geschäftsbeziehung betroffenen Unternehmen anzustellen. Dabei sind entgegen der Intention des Gesetzgebers neben den horizontalen auch vertikale Beziehungen in die Beurteilung einzubeziehen, jedenfalls in Fällen der unternehmensbedingten Abhängigkeit[319]. Feste Umsatzgrenzen können schon wegen der Relativität der Qualifizierung als kleines oder mittleres Unternehmen nicht herangezogen werden, sie können jedoch eine widerlegliche Vermutung begründen[320]. Neben den Umsätzen können auch die anderen in § 19 Abs. 2 Nr. 2 GWB genannten Faktoren zur Bestimmung der relativen Unternehmensgröße herangezogen werden.

Für die Bestimmung der Abhängigkeit und der bestehenden zumutbaren Ausweichmöglichkeiten ist der jeweils relevante Markt heranzuziehen. Ausreichende Ausweichmöglichkeiten bestehen, wenn das betroffene Unternehmen objektiv auf einen anderen als den marktstarken Anbieter oder Nachfrager ausweichen kann, ohne dabei typischerweise Wettbewerbsnachteile in Kauf nehmen zu müssen. Diese Möglichkeit wahrzunehmen ist dem Unternehmen nur dann nicht zumutbar, wenn dieses seine individuellen Wettbewerbsmöglichkeiten negativ beeinflussen würde[321]. Dieses kann etwa bei einem Umzug des Unternehmens in eine andere Stadt der Fall sein[322].

---

[318] *Dittmann*, S. 123.

[319] BGH WuW/E BGH 2875, 2878 – *Herstellerleasing*; BKartA WuW/E DE-V 94 – *Metro MGE Einkaufs GmbH*; FK-*Rixen* (2001), § 20 Rn. 47; I/M-*Markert*, § 20 Rn. 43; L/B-*Schultz*, § 20 Rn. 81.

[320] BKartA WuW/E DE-V 94 – *Metro MGE Einkaufs GmbH*; a.A. Bechtold, § 20 Rn. 17; L/B-*Schultz*, § 20 Rn. 82.

[321] FK-*Rixen* (2001), § 20 Rn. 61 ff.; I/M-*Markert*, § 20 Rn. 50 ff.; L/B-*Schultz*, § 20 Rn. 50 ff.

[322] OLG Düsseldorf WuW/E OLG 4596 – *Installateursverzeichnis*; OLG Frankfurt/Main WuW/E OLG 4681 – *Postalia*.

Newcomer sind von § 20 Abs. 2 GWB ebenso geschützt, wie bereits auf dem Markt etablierte Unternehmen[323]. Dieses entspricht dem Schutzzweck § 20 Abs. 1 GWB, den Marktzugang offen zu halten. § 20 Abs. 2 GWB soll den Kreis der Normadressaten des § 20 Abs. 1 GWB erweitern, nicht aber eine andere Schutzrichtung verfolgen.

(2) Gleichartigen Unternehmen üblicherweise zugänglicher Geschäftsverkehr

Der Wortlaut der Norm setzt einen bestehenden Geschäftsverkehr voraus, einen privatrechtlich geregelten Verkehr mit Waren oder gewerblichen Leistungen[324]. Dieses entspricht im Wesentlichen dem Marktbegriff des § 19 GWB. Dabei ist nicht allein auf den konkreten Geschäftsverkehr zwischen zwei Unternehmen abzustellen, sondern vielmehr auf den gesamten relevanten Markt, auf dem sich gleichartige Angebote und Nachfragen gegenüberstehen. Nur dieser kann überhaupt üblicherweise zugänglich sein. Üblich ist dabei, was sich innerhalb der in Betracht kommenden Kreise in natürlicher wirtschaftlicher Entwicklung als allgemein üblich und als angemessen empfunden herausgebildet hat[325]. Diese Bezugnahme auf den Markt und andere Marktteilnehmer ist für den Bereich der Diskriminierungen schon deswegen erforderlich, weil es sonst an einem Vergleichsobjekt fehlte.
Allerdings stellt sich hier die Frage, ob es auch als üblicherweise zugänglicher Geschäftsverkehr gilt, wenn der Normadressat das betreffende Gut bislang ausschließlich einem Unternehmen zur Verfügung gestellt hat. Wie im Fall des § 19 Abs. 4 Nr. 4 GWB ist hier die Zielsetzung des Gesetzes heranzuziehen. Durch das Diskriminierungs- und Behinderungsverbot soll der funktionierende Wettbewerb auf einem Markt gefördert und gesichert werden. Setzte die Norm tatsächlich einen mehreren Unternehmen eröffneten Geschäftsverkehr voraus, so würde der schwerwiegendste Fall der Behinderung, nämlich die totale Verhinderung von Wettbewerb, nicht erfasst. Nach dem Sinn und Zweck der Norm und dem *argumentum a maiore ad minus* ist daher auch der Geschäftsverkehr tat-

---

[323] BGH WuW/E BGH 1620, 1623 – *Revell Plastics*; BGH WuW/E BGH 1885, 1886 – *adidas*; BGH WuW/E BGH 2990, 2993 – *Importarzneimittel*; I/M-*Markert*, § 20 Rn. 58.
[324] FK-*Rixen* (2001), § 20 Rn. 117; I/M-*Markert*, § 20 Rn. 95; L/B-*Schultz*, § 20 Rn. 93.
[325] BGH WuW/E BGH 647, 651 – *Rinderbesamung*; BGH WuW/E BGH 1211, 1213 – *Kraftwagen-Leasing*; BGH WuW/E BGH 1829, 1833 – *Original-VW-Ersatzteile II*.

bestandsrelevant, der bislang nur einem Nachfrager eröffnet ist. Aus den gleichen Gründen gilt ein Geschäftsverkehr auch als üblicherweise zugänglich, wenn er aufgrund eines knappen Angebots des nachgefragten Gutes nur einer begrenzten Zahl von Nachfragern offen steht. Andernfalls könnte der Normadressat den Zugang der wenigen möglichen Nachfrager verhindern, ohne dass er der kartellrechtlichen Verhaltenskontrolle unterläge. Ob tatsächlich eine größere Nachfrage besteht als Angebot vorhanden ist, spielt dabei keine Rolle[326].
Unternehmen sind gleichartig, wenn sie im Wesentlichen die gleiche unternehmerische Tätigkeit und wirtschaftliche Funktion ausüben[327]. Voraussetzung der Gleichartigkeit ist, dass die Vergleichsunternehmen auf dem gleichen Markt tätig sind, wie das betroffene Unternehmen und dort auf der gleichen Marktstufe die gleichen Waren oder Leistungen anbieten bzw. nachfragen. Anders als bei der Marktabgrenzung kommt es an dieser Stelle nicht auf die funktionelle Austauschbarkeit an, sondern auf die echte technisch-physikalische Identität[328]. Nicht gleichartig sind Unternehmen, welche zwar die gleiche Dienstleistung oder Warenproduktion zum Gegenstand haben, von denen aber das eine Unternehmen konzernmäßig mit dem Normadressaten verbunden ist[329].

(3) Verbotenes Verhalten

Verboten sind die unbillige Behinderung sowie die ungerechtfertigte Ungleichbehandlung gleichartiger Unternehmen. Die Abgrenzung der beiden Handlungsvarianten kann nicht immer eindeutig erfolgen, vielfach verwirklicht ein Verhalten beide Varianten[330]. Daher wird zum Teil vertreten, bei der Ungleichbehandlung handele es sich um einen Spezialfall der Behinderung[331]. Diese Frage bedarf jedoch an dieser Stelle keiner Klärung, da die Einordnung als Ungleichbehandlung oder Behinderung

---

[326] KG vom 6.11.1996 WuW/E OLG 5787 ff. – *Angebot eines knappen Gutes.*
[327] BGH WuW/E BGH 1829, 1833 – *Original-VW-Ersatzteile II*; BGH WuW/E BGH 3058, 3063 – *Pay TV Durchleitung*; BGH WuW/E DE-R 134 – *Bahnhofsbuchhandel*; KG WuW/E DE-R 35, 37 – *Großbildfilmprojektoren*; FK-*Rixen* (2001), § 20 Rn. 119; I/M-*Markert*, § 20 Rn. 99.
[328] I/M-*Markert*, § 20 Rn. 124; FK-*Rixen* (2001), § 20 Rn. 147.
[329] BGH WuW/E DE-R 1003, 1004 – *kommunale Schilderpräger*; WuW/E BGH 2360, 2365 – *Freundschaftswerbung*; FK-*Rixen* (2001), § 20 Rn. 144.
[330] BGH WuW/E DE-R 201 – *Schilderpräger im Landratsamt*; ähnlich *Bechtold* § 20 Rn. 39.
[331] L/B-*Schultz*, § 20 Rn. 111; FK-*Rixen* (2001), § 20 Rn. 37.

ohne Folgen bleibt. In beiden Fällen wird eine umfassende Interessenabwägung angestellt.

(a) Behinderung

Eine Behinderung ist jedes Verhalten, das objektiv nachteilige Auswirkungen auf die Wettbewerbschancen des Betroffenen hat[332]. Die Behinderung kann sich sowohl horizontal als auch vertikal auswirken. Auch Beeinträchtigungen der Wettbewerbschancen, die lediglich mittelbare Folgen eines Verhaltens des Normadressaten sind, können als mittelbare Behinderungen verboten sein.

(b) Diskriminierung

Verboten ist die Ungleichbehandlung gleichartiger Unternehmen, nicht aber die Gleichbehandlung ungleichartiger Unternehmen. Die Gleichartigkeit bestimmt sich anhand eines formalen Gleichheitsmaßstabs. Da für die Beurteilung eines Verhaltens als Ungleichbehandlung ein Vergleichsmaßstab erforderlich ist, setzt diese Verhaltensvariante notwendig voraus, dass der Geschäftsverkehr bereits mindestens einem anderen Nachfrager eröffnet worden ist.

(c) Interessenabwägung

Die Behinderung oder Diskriminierung ist nur dann verboten, wenn sie unbillig oder sachlich nicht gerechtfertigt ist. Wann dieses der Fall ist, ist im Rahmen einer umfassenden Interessenabwägung zu ermitteln, in der die auf die Freiheit des Wettbewerbs gerichtete Zielsetzung des GWB besonders zu berücksichtigen ist[333]. In die Abwägung sind nur schutzwürdige Interessen der Beteiligten einzustellen. Interessen der Allgemeinheit und solche Interessen, die den rechtlichen Wertungen des GWB oder anderer Normen zuwider laufen, sind nicht zu berücksichtigen. Ein behin-

---

[332] BGH WuW/E BGH 1829, 1832 – *Original-VW-Ersatzteile II*; BKartA WuW/E BKartA 2543, 2550 – *Importarzneimittelboykott*; BGH WuW DE-R 201 – *Schilderpräger im Landratsamt*.

[333] BGH WuW DE-R 201, 203 – *Schilderpräger im Landratsamt*; WuW/E DE-R 357, 358 – Feuerwehrgeräte; I/M-*Markert*, § 20 Rn. 129; FK-*Rixen* (2001), § 20 Rn. 149; dieses uferlose Tatbestandsmerkmal wird anhand der von der Rechtsprechung entwickelten Fallgruppen konkretisiert; vgl. zur Analyse des Tatbestandsmerkmals *Schockenhoff*, S. 19.

derndes Verhalten, das unlauter im Sinne des § 1 UWG ist, ist daher regelmäßig auch als unbillige Behinderung im Sinne des § 20 Abs. 1 und 2 GWB anzusehen[334].
Besonders relevant können für die Abwägung zwei Interessen des Normadressaten werden: Zum einen liegt es in seinem Interesse, frei über seine Vertragspartner entscheiden zu können, zum anderen hat er ein Interesse daran, erlangte Wettbewerbsvorsprünge vor dem Zugriff von Konkurrenten zu sichern. Das erstgenannte Interesse des Marktbeherrschers kann aber dann nicht durchgreifen, wenn er durch die Vertragsabschlussverweigerung den Bewerber an der Ausübung seiner (neuen) Tätigkeit hindert und sich die Verweigerung nicht allein auf den konkret betroffenen Nachfrager bezieht, sondern generell auf jeden potentiellen Nachfrager. Dann widerspricht das Verhalten des Normadressaten in jeder Hinsicht der Zielsetzung des GWB, die Märkte offen zu halten. Denn so schottet der Normadressat den betreffenden Markt vor jedem Wettbewerb ab. Besteht ein Interesse des Normadressaten an bestimmten Qualifikationen des Bewerbers oder an dem Vorliegen anderer objektiver und zumutbarer Kriterien, so ist die Ablehnung eines individuellen Bewerbers Teil der berechtigten Ausübung der Vertragsfreiheit[335]. Ebenso wie im Rahmen des § 19 Abs. 4 Nr. 4 GWB kann der Normadressat im Übrigen den Zugang aus Kapazitätsgründen verweigern, soweit eine Repartierung nicht mehr möglich oder sinnvoll ist[336].

(4) Rechtsfolgen

Die Rechtsfolgen eines Verstoßes gegen § 20 Abs. 1 GWB entsprechen seit der sechsten GWB-Novelle aus dem Jahr 1999 denjenigen des § 19 GWB. Besondere Bedeutung haben in diesem Rahmen aber die zivilrechtlichen Rechtsfolgen, insbesondere auch eine mögliche Nichtigkeit abgeschlossener Verträge nach § 134 BGB.

---

334 OLG Düsseldorf WuW/E DE-R 1307, 1314 – *GETECnet;* BGH WuW/E BGH 2535, 2541 - *Lüsterbehangsteine.*
335 Vgl. dazu ausführlich *Dittmann* S. 130 ff.
336 Vgl. BKartA WuW/E DE-V 149, 156 – *Berliner Stromdurchleitung*; BKartA WuW/E DE-V 253, 264 – *Puttgarden.*

(5) Exkurs: Schilderpräger

Der BGH hat in einer Entscheidung aus dem Jahr 2003[337] eine Pflicht zur Ausschreibung von Gewerbeflächen angenommen, wenn diese auf einem relevanten Markt nur in begrenzter Zahl vorhanden sind und der Verfügungsgewalt einer einzigen natürlichen oder juristischen Person unterliegen.

Der Entscheidung lag der Fall eines Unternehmens zur Prägung von Kfz-Schildern zugrunde. Dieser Berufsstand hat wiederholt Eingang in die Rechtsprechung des BGH zu Wettbewerbsbeschränkungen gefunden[338]. In allen Fällen ging es darum, wer unter welchen Bedingungen eine Fläche für den Betrieb des Schilderprägegeschäftes in der Nähe der Kfz-Zulassungsstelle mieten oder pachten durfte. Die Besonderheit des letzten Falles bestand u. a. darin, dass er auf beiden Seiten private Unternehmen betraf, nämlich den Betreiber eines Einkaufszentrums, in welchem auch die Zulassungsstelle belegen war, und ein privates Prägeunternehmen. In den vorangegangenen Entscheidungen war regelmäßig der Landkreis bzw. der Stadtkreis als Eigentümer und Vermieter der Flächen rund um die Zulassungsstelle Beteiligter gewesen.

Sowohl der Kreis als auch der Einkaufszentrumsbetreiber wurden vom BGH unproblematisch als Normadressaten i. S. d. § 20 Abs. 1 GWB qualifiziert. Der Kreis könne als öffentlich-rechtliche Körperschaft insbesondere auch Unternehmen i. S. d. GWB sein, da er sich als Vermieter oder Verpächter wirtschaftlich betätigte. Die marktbeherrschende Stellung des Kreises wie des Zentrumsbetreibers folgte aus der eng vorgenommenen Marktabgrenzung durch den BGH. Danach ist der relevante Markt derjenige für die Anmietung oder den Erwerb von Räumen, die für Schilderpräger geeignet sind, insbesondere solchen Räumen nahe einer bestimmten Zulassungsstelle. Diese enge räumliche Begrenzung begründet der BGH mit dem Bedarfsmarktkonzept. Eine Kfz-Anmeldung laufe in drei Schritten ab: der eigentlichen Anmeldung mit Erhalt der Zulassungsnummer, dem Erhalt der geprägten Schilder und zuletzt der Vorlage der Schilder zur Beklebung mit den amtlichen Siegeln. Aus diesem Umstand folge, dass insbesondere in unmittelbarer Nähe der Zulassungsstelle ein Bedarf an neu-geprägten Schildern bestünde, welchen die Schilderpräge-

---

[337] BGH WuW/E DE-R 1099 – Konkurrenzschutz für Schilderpräger.

[338] BGH WuW/E DE-R 201 – Schilderpäger im Landratsamt; BGH WuW/E DE-R 1003 – kommunale Schilderpräger; BGH WuW/E DE-R 395 – Beteiligungsverbot für Schilderpräger I; juris KORE742842001 – Beteiligungsverbot für Schilderpräger II.

unternehmen befriedigen könnten[339]. In räumlicher Hinsicht sei ein Schilderpräger in unmittelbarer Nähe der Zulassungsstelle daher nicht durch einen mit einem weiter entfernt liegenden Geschäftslokal substituierbar. Dieser Standortvorteil des Schilderprägers in unmittelbarer Nähe der Zulassungsstelle schlage auf den vorgelagerten Vermietermarkt durch. Da in allen Fällen, die dem BGH zur Entscheidung vorlagen, auf dem so bestimmten räumlich relevanten Markt nur ein Anbieter tätig war, besaß dieser dort eine marktbeherrschende Stellung[340].

Der Geschäftsverkehr der Anmietung von Gewerbeflächen für Schilderpräger war gleichartigen Unternehmen auch üblicherweise zugänglich. Allein die quantitative Begrenzung der möglichen Zulassungen soll die Üblichkeit nicht ausschließen[341].

Das vom BGH zu beurteilende Verhalten war jenes des Marktbeherrschers auf dem Vermietungsmarkt, durch welches er den Schilderpräger als Nachfrager auf jenem möglicherweise unbillig behinderte. Der BGH stellte in einer seiner früheren Entscheidungen ausdrücklich klar, dass es sich nicht um eine Auswirkung auf Drittmärkte handelte, die von § 20 Abs. 1 und 2 GWB möglicherweise nicht mehr erfasst würde[342]. Die Behinderung trete vielmehr auf dem Vermietungsmarkt selbst ein. In der letzten Entscheidung heißt es: „*Nach der genannten Senatsrechtsprechung liegt ein Verstoß gegen das Verbot unbilliger Behinderung vor, wenn bei der Vermietung von für Schilderpräger geeigneten, nur in begrenzter Zahl bereitstehenden Räumen die Auswahl unter den in Frage kommenden Interessenten nicht unter angemessenen und fairen Bedingungen vorgenommen wird. Der marktbeherrschende Vermieter ist nicht nur verpflichtet, den aktuellen Bedarf auf dem Wege der Ausschreibung zu ermitteln, er darf, wenn er entsprechende Gewerbeflächen vermietet, den Marktzutritt für aktuelle und potenzielle Wettbewerber des Mieters nicht für einen längeren Zeitraum als fünf Jahre blockieren, sondern muss die Räumlichkeiten in entsprechenden Abständen neu ausschrei-*

---

[339] BGH WuW/E DE-R 201, 203 – *Schilderpräger im Landratsamt*; BGH WuW/E DE-R 1003, 1004 – *kommunale Schilderpräger*; BGH WuW/E DE-R 1099, 1100 – *Konkurrenzschutz für Schilderpräger*; OLG Düsseldorf NJW-RR 2002, 1404.

[340] Dagegen sieht *Tietjen*, S. 139 ff. eine marktbeherrschende Stellung einer öffentlich-rechtlichen Körperschaft grundsätzlich nicht als gegeben an, da sich das Nachfrageverhalten der Marktgegenseite regelmäßig wenigstens auf einen bundesweiten Markt erstrecke, auf dem keine der kommunalen Körperschaften eine beherrschende Stellung besitze.

[341] BGH WuW/E DE-R 201, 203 – *Schilderpräger im Landratsamt*; WuW/E BGH 1027, 1031 – *Sportartikelmesse II*.

[342] BGH WuW/E DE-R 201, 203 – *Schilderpräger im Landratsamt*.

ben."[343] Nur wenn im Fall einer quantitativen Begrenzung diese Voraussetzungen vorliegen, kann das Verhalten des Normadressaten im Rahmen der Interessenabwägung als nicht unbillig angesehen werden. Denn die Behinderung ist nur dann auf den geringstmöglichen Eingriff beschränkt, wenn unter Berücksichtigung des Gesetzeszwecks des freien Wettbewerbs eine Auswahl unter angemessenen und fairen Bedingungen getroffen wird[344].
Durch die Verpflichtung zur Durchführung eines Auswahlverfahrens entsteht ein Wettbewerb um den Markt, den die Anbieter bestimmter Dienstleistungen teilweise aus wirtschaftlichen, teilweise aus technischen Gründen benötigen, um ihre Tätigkeit auszuüben. Es handelt sich um einen Fall der *competition for the field.*

b) § 20 Abs. 1 und 2 GWB angewandt auf Hafenflächen

Da die Behinderung oder Diskriminierung eines Unternehmens der Marktgegenseite durch Verweigerung der Zulassung zu einer bestimmten Einrichtung einen Verstoß gegen § 20 Abs. 1 und 2 GWB darstellen kann, kommt auch § 20 Abs. 1 und 2 GWB als Rechtsgrundlage einer Zulassungsverfügung in Betracht. Anders als § 19 Abs. 4 Nr. 4 GWB setzt § 20 Abs. 1 und 2 GWB aber kein Wettbewerbsverhältnis zwischen Normadressat und Bewerber voraus, sodass die Norm grundsätzlich auch auf Betreiber von Landlord-Häfen anwendbar ist.

(1) Normadressaten

(a) § 20 Abs. 1 GWB

Alle im Hafen tätigen Unternehmen kommen als Normadressaten des Behinderungs- und Diskriminierungsverbots des § 20 Abs. 1 und 2 GWB in Betracht. Dieses gilt auch für die öffentliche Hand selbst[345]. Im Rahmen der Frage des Zugangs zu Hafeneinrichtungen sind allein die Einrichtungsinhaber relevant, bei denen es sich aufgrund der in Deutschland verbreiteten Landlord-Struktur der Seehäfen regelmäßig um die öffentliche Hand handelt. Sie stehen den Hafendienstleistern, welche Zugang zur Infrastruktur begehren, auf dem Markt der Vermietung bzw. Verpachtung

[343] BGH WuW/E DE-R 1099, 1100 – Konkurrenzschutz für Schilderpräger.
[344] Ähnlich *Bechtold*, § 20 Rn. 43.
[345] Vgl. oben I.)A.1.a)(1).

von Hafenflächen zur Nutzung der Infrastruktur Hafen gegenüber. Auf eine Tätigkeit des Hafenbetreibers selbst auf dem nachgelagerten Hafendienstleistungsmarkt kommt es im Rahmen des § 20 Abs. 1 GWB nicht an. Räumlich ist dieser Markt jedenfalls für die Nachfrage technisch-nautischer Dienstleistungen und etablierter Unternehmen begrenzt auf den jeweiligen Hafen. Dieses kann im Einzelfall jedoch anders sein, wenn mehrere Häfen aus Sicht der Bewerber als untereinander austauschbar angesehen werden oder wenn sich einzelne Hafenteile so sehr von einander unterscheiden, dass sie nicht mehr als untereinander austauschbar wahrgenommen werden.

(b) § 20 Abs. 2 GWB

In den Fällen, in denen mehrere unabhängige Hafenbetreiber die Infrastruktur Hafen besitzen und unterhalten oder mehrere Häfen gemeinsam einen räumlich relevanten Markt bilden, kann einem Hafenbetreiber statt einer marktbeherrschenden oder einer Oligopolstellung im Sinne des § 19 Abs. 2 S. 2 GWB eine relativ marktstarke Stellung zukommen. Diese setzt eine Abhängigkeit der auf dem abgeleiteten Markt tätigen Unternehmen voraus. Eine solche Abhängigkeit besteht, wenn dem Dienstleister keine ausreichenden und zumutbaren Ausweichmöglichkeiten zur Verfügung stehen. Sind in einem Hafen mehrere Betreiber tätig und stehen diese im Wettbewerb, besteht regelmäßig eine Ausweichmöglichkeit. Ob diese ausreichend ist, hängt davon ab, ob die Bedingungen des zweiten Betreibers denen des ersten entsprechen oder sogar günstiger sind. Ist der räumlich relevante Markt größer als der betreffende Hafen, ist ebenfalls regelmäßig eine Ausweichmöglichkeit gegeben. Das Ausweichen muss dem betroffenen Unternehmen jedoch auch zumutbar sein. Ergeben sich durch das Ausweichen auf den anderen Hafenbetreiber oder einen anderen Hafen signifikante individuelle Wettbewerbsnachteile gegenüber den anderen Marktteilnehmern, ist dieses zu verneinen. Solche Nachteile können insbesondere in einem Unternehmensumzug in einen anderen Hafen bestehen, soweit diese nicht bereits zu einer engeren Marktabgrenzung führen.
Zuletzt muss es sich bei dem betroffenen Hafendienstleister um ein kleines oder mittleres Unternehmen handeln. Dieses ist in erster Linie im Vergleich zu den Wettbewerbern, also in horizontaler Hinsicht zu ermitteln. Ähnlich wie bei der so genannten unternehmensbedingten Abhängigkeit eines Unternehmens, das sich so stark auf ein Unternehmen der Marktgegenseite ausgerichtet hat, dass es nur mit der Folge gewichtiger

Wettbewerbsnachteile zu einem anderen Unternehmen der Marktgegenseite wechseln kann, kann aber auch hier die vertikale Beziehung in die Beurteilung einfließen[346].

(2) Geschäftsverkehr, der gleichartigen Unternehmen üblicherweise zugänglich ist

Das hier relevante Geschäft der Hafenbetreiber ist die Vermietung oder Verpachtung von Hafenflächen. Dieser Geschäftsverkehr ist regelmäßig allen Unternehmen mit hafenbezogenen Leistungen gleichermaßen zugänglich. Im Einzelfall ist die Gleichartigkeit jedoch nach der wirtschaftlichen Funktion zu beurteilen, es ist also nach der Art der erbrachten Dienste zu differenzieren.

(3) Diskriminierung oder Behinderung

Begehren mehrere Hafendienstleister Zugang zum Hafen, indem sie ein Hafengrundstück mieten oder pachten wollen und stehen ausreichende

[346] Der BGH hat in WuW/E BGH 2875 – *Herstellerleasing*, festgestellt, dass der Schutz des § 20 Abs. 2 GWB nur denjenigen Unternehmen nicht zugute kommen sollte, die aufgrund ihrer Größe dieses Schutzes nicht bedürften (so auch die RegBegr. zur 5. GWB-Novelle BT-Drs. 11/4610, S. 10, 20 f., in der dennoch am horizontalen Vergleich festgehalten wird). Die betroffenen Kfz-Händler, die im horizontalen Vergleich keine kleinen oder mittleren Unternehmen waren, wurden im Verhältnis zu den Herstellern, an welche sie nicht nur vertraglich, sondern auch tatsächlich durch ihre gesamte Unternehmensstruktur und Ausstattung gebunden waren, als kleine und mittlere Unternehmen eingestuft(BGH WuW/E BGH 2875, 2879 – *Hersteller-Leasing*). Der Hafendienstleister ist von dem Hafenbetreiber als Vermieter der Hafenflächen insoweit abhängig, als er zur Aufnahme seiner Tätigkeit eine Hafenfläche benötigt. Eine tatsächliche Bindung liegt aber im Verhältnis zwischen einem im horizontalen Vergleich großen Hafendienstleister und einem Hafenbetreiber nicht vor. Gegenstand der Unternehmung des Dienstleisters ist regelmäßig das Erbringen der Dienstleistung an sich, ohne dass dabei ein besonderer inhaltlicher Bezug zu dem jeweiligen Hafenbetreiber bestünde. Der Geschäftsbetrieb ist im Gegensatz zu dem vom BGH entschiedenen Fall nicht auf ein bestimmtes Unternehmen ausgerichtet, insbesondere nicht den Hafenbetreiber. Im Übrigen besteht auch – anders als im Fall der Kfz-Vertragshändler – keine tatsächliche Bindung an den Hafenbetreiber durch eine vorgegebene Unternehmensstruktur. Ob ein marktstarker Hafenbetreiber im Verhältnis zu bestimmten Hafendienstleistern Normadressat des § 20 Abs. 1 und 2 ist, hängt daher davon ab, ob diese Dienstleister im horizontalen Vergleich als kleine oder mittlere Unternehmen einzustufen sind.

Flächen nicht zur Verfügung, so hat der Hafenbetreiber eine Auswahl zu treffen. Haben sich mehrere gleichartige Unternehmen um den Zugang beworben, so liegt in der Zurückweisung der erfolglosen Bewerber sowohl eine Behinderung als auch eine Diskriminierung[347].

(4) Unbilligkeit – Interessenabwägung

In die Abwägung ist auf der einen Seite das Interesse des Hafenbetreibers an einer unbelasteten Geschäftsbeziehung und an regelmäßigen Einnahmen einzustellen. Ebenso das Interesse, den Hafennutzern wie z. B. den Reedern die Inanspruchnahme bestimmter Dienstleistungen im Hafen zu ermöglichen[348]. Nur so kann die Attraktivität des Hafens gesichert werden und damit auch ein wirtschaftlicher Hafenbetrieb. Auf der anderen Seite stehen das Interesse der Bewerber an der Aufnahme der Tätigkeit im jeweiligen Hafen sowie das Bedürfnis nach Chancengleichheit im Wettbewerb. Auch ist der Zweck des GWB, die Schaffung und Gewährleistung eines freien Wettbewerbs, zu berücksichtigen, wozu auch das Interesse an der Offenhaltung der Märkte zählt[349].
Nach den Grundsätzen, welche der BGH in seinen *Schilderpräger*-Entscheidungen entwickelt hat, hat der Hafenbetreiber zur Vermeidung der Unbilligkeit bzw. zur sachlichen Rechtfertigung ein Auswahlverfahren durchzuführen und den Vertrag mit dem erfolgreichen Bewerber zu befristen. Unterlässt er die Befristung, liegt nach seiner Rechtsprechung eine objektive Behinderung vor, da die anderen Bewerber dauerhaft ausgeschlossen werden. Mit Durchführung des Auswahlverfahrens vermeidet der Vermieter, dass die Ablehnung der erfolglosen Bewerber eine *unbillige* Behinderung darstellt. Er kann unter fairen und gleichen Bedingungen einen Bewerber auswählen, der ihm die besten Konditionen bietet. Ein angemessenes Auswahlverfahren liefert daher auch den sachlichen Grund der gleichzeitig vorliegenden Ungleichbehandlung[350]. Das Auswahlverfahren dient nach der Rechtsprechung des BGH im Übrigen der Feststellung des aktuellen Bedarfs.

---

[347] BGH WuW/E DE-R 201 – Schilderpräger im Landratsamt.
[348] Vgl. zu dem Interesse des Landkreises an der Ansiedlung von Schilderprägern nahe der Zulassungsstelle BGH WuW/E DE-R 201 – *Schilderpräger im Landratsamt.*
[349] L/B-*Schultz*, § 20 Rn. 134; FK-*Rixen* (2001), § 20 Rn. 164.
[350] BGH WuW/E DE-R 201 – *Schilderpäger im Landratsamt*; KG WuW/E OLG 5787, 5792 – *Angebot eines knappen Gutes*; *Eggers/Malmendier* NJW 2003, 780, 783.

Das Verfahren richtet sich auch für öffentlich-rechtliche Normadressaten nicht originär nach dem Vergaberecht der §§ 97 ff. GWB, da es sich bei der Vermietung oder Verpachtung von Flächen nicht um einen Beschaffungsvorgang handelt[351]. Die §§ 97 ff. GWB dienen dazu, die öffentliche Hand in ihrem Ausgabeverhalten zur Sparsamkeit zu verpflichten. In den vorliegenden Fällen tritt der öffentlich-rechtliche Hafenbetreiber jedoch als Anbieter, nicht als Nachfrager auf. Gleiches gilt für den privatrechtlichen Hafenbetreiber, soweit er nach § 98 GWB, insbesondere nach § 98 Nr. 4 GWB „Auftraggeber“ im funktionellen Sinne des Vergaberechts ist. Auf andere privat-rechtliche Betreiber wäre das Kartellvergaberecht von vornherein nicht anzuwenden. Auch eine analoge Anwendung des Vergaberechts auf die Anbieterposition der öffentlichen Hand ist mangels ungewollter Regelungslücke nicht angezeigt[352]. Dem Gesetzgeber war sowohl zum Zeitpunkt der sechsten, als auch zum Zeitpunkt der siebten GWB-Novelle bekannt, dass es im Rahmen von Privatisierungen, bei welchen die öffentliche Hand ebenfalls als Anbieter auf den Markt tritt, zu Diskussionen über die Anwendbarkeit des Vergaberechts gekommen war. Er hat jedoch keine Maßnahmen ergriffen, auch derartige Sachverhalte dem Vergaberecht zu unterwerfen. Von einer planwidrigen Regelungslücke kann daher nicht ausgegangen werden[353].
Es handelt sich bei der Vermietung von Hafenflächen an Hafendienstleister durch die öffentliche Hand auch nicht deshalb um eine Beschaffung, weil die öffentliche Hand dadurch mittelbar eigene Staatsaufgaben privatisiert. Wäre dieses der Fall, handelte es sich bei objektiver Betrachtung des Gesamtvorgangs um die Vergabe einer Dienstleistungskonzession, auf welche das Vergaberecht nicht anwendbar ist und mangels unbeabsichtigter Regelungslücke auch nicht analog anwendbar wäre. Bei Hafendienstleistungen handelt es sich jedoch um rein wirtschaftliche Tätigkeiten, die regelmäßig keiner besonderen staatlichen Verantwortung bedürfen und daher nicht im Pflichtenbereich des Staates liegen, sondern originär von privaten Anbietern wahrgenommen werden können. Besonderen Sicherheitsbedürfnissen, wie sie etwa für den Bereich des Lotswesens bestehen, kann durch entsprechende Aufsichts- und Kontrollmaßnahmen Rechnung getragen werden.
Um nicht gegen das allgemeine oder wettbewerbsrechtliche Diskriminierungsverbot (Artikel 12 EG oder § 20 Abs. 1 GWB/Artikel 82 Abs. 1 EG)

---

[351] Vgl. *Eggers/Malmendier* NJW 2003, 780 ff. mwN.; *Klein* VergabeR 2005, 22.

[352] Ebs. LG Mannheim Urteil v. 11.02.2005 Az. 22 O 73/04 Kart. (unveröffentlicht); *Tietjen*, S. 146 f.

[353] Ebs. *Tietjen*, S. 147.

oder das Willkürverbot (Artikel 3 Abs. 1 GG) zu verstoßen, müssen die Grundsätze der Gleichbehandlung und Transparenz beachtet werden. Insoweit entspricht das Verfahren dann doch dem förmlichen Vergabeverfahren. Um einer präzisen Begrifflichkeit willen ist dieses Verfahren als „Bieterverfahren“ zu bezeichnen.
Für den öffentlich-rechtlichen Hafenbetreiber ergibt sich die Pflicht zur Beachtung der Grundsätze der Nicht-Diskriminierung und Transparenz sowie der Rechtsschutzmöglichkeit gegen die Entscheidung bereits unmittelbar aus dem Grundgesetz, insbesondere aus Artikel 3 Abs. 1 GG[354] sowie aus den Artikeln 12, 43 und 49 EG[355]. Immobilien im Eigentum der öffentlichen Hand besitzen – wie auch Aufträge der öffentlichen Hand – häufig eine besondere Bedeutung für den Wirtschaftsverkehr. Dieses ist insbesondere bei denjenigen Immobilien der Fall, welche eine Infrastruktureinrichtung darstellen bzw. Teil einer solchen sind und nur in begrenzter Zahl zur Verfügung stehen. Diese Bedeutung für den Wirtschaftsverkehr gebietet es, die Veräußerung oder Vermietung dem allgemeinen Willkürverbot des Art. 3 Abs. 1 GG zu unterstellen[356]. Dieses Verbot würde aber leer laufen, könnten die handelnden Personen einen freihändigen Verkauf vornehmen oder einen Mieter freihändig auswählen. Das Willkürverbot kann nur dann erfüllt werden, wenn bereits das Verfahren, welches zur Auswahl führt, ohne Willkür durchgeführt wird. Explizit unabhängig von sekundärrechtlichen Vorschriften hat auch der BGH festgestellt, dass Artikel 12, 43 und 49 EG eine Pflicht zur Transparenz einschlössen und dass das Fehlen einer Ausschreibung daher nicht mit diesen primärrechtlichen Vorschriften in Einklang stünde[357]. Vor dem Hintergrund, dass der BGH dieses ausdrücklich unabhängig von bestehendem Sekundärrecht feststellt und dass der der Geltungsbereich der Grundfreiheiten nicht auf Beschaffungsvorgänge beschränkt ist, muss

---

[354] *Eggers/Malmendier*, NJW 2003, 780, 782; *Pieroth/Schlink*, Rn. 171; *Stern*, StaatsR III § 74 IV 4 c β;. für das Vergabeverfahren unterhalb der Schwellenwerte *Dreher*, NZBau 2002, 419, 422 f.
[355] EuGH, Slg. 2000 I-10770, 10794 Tz. 60 ff. – *Teleaustria*, wo der EuGH betont, dass die Grundprinzipien des EG-Vertrages auch dann zu beachten sind, wenn das Vergaberecht auf einen Sachverhalt nicht unmittelbar Anwendung findet und EuGH vom 21.7.2005 Rs. C-231/03 Tz. 15, 17 – *Coname* = EuZW 2005, 529 ff., wo angedeutet wird, dass es für die Anwendbarkeit der Grundfreiheiten genügt, wenn die theoretische Möglichkeit der Beteiligung eines Bieters aus einem anderen Mitgliedstaat besteht; im Übrigen EuGH, Slg. 2005 I-8612 ff. Tz. 48 ff. – *Parking Brixen*; EuGH, Slg. 1999 I-8305, 8316 Tz. 31 – *Unitron Scandinavia und 3-S*; *Eggers/Malmendier*, NJW 2003, 780, 781
[356] So für Veräußerungen durch die Treuhandanstalt auch *Kiethe*, BB 1994, 7, 9.
[357] BGH WuW/E DE-R 1681, 1693 – *DB Regio/üstra*.

diese Feststellung neben den Beschaffungsvorgängen auch die Entäußerungsvorgänge betreffen, in denen der Staat Dritten gegenüber tritt.
Des Weiteren gilt für öffentlich-rechtliche Betreiber das Wirtschaftlichkeitsgebot des § 7 BHO, welches ebenfalls die Durchführung eines Bieterverfahrens gebietet. Das Wirtschaftlichkeitsgebot legt es nahe, den Bewerber auszuwählen, welcher bereit ist, den höchsten Preis zu zahlen. Ähnlich wie im Vergaberecht kann aber auch in der umgekehrten Situation nicht allein der Preis entscheidendes Auswahlkriterium sein. Wie im Vergaberecht nach der Wirtschaftlichkeit zu entscheiden ist, in welche auch langfristige Planungen und andere Kriterien einzubeziehen sind, kann und muss die öffentliche Hand auch in der Anbieterposition andere Kriterien als den Preis bei ihrer Auswahlentscheidung berücksichtigen[358]. Da aber wesentliches Entscheidungskriterium der Preis ist und dieser dem tatsächlichen Wert des Objektes entsprechen, also dessen Äquivalent darstellen soll, muss die öffentliche Hand zur Beachtung des Wirtschaftlichkeitsgebots diesen Wert vor ihrer Auswahlentscheidung ermitteln. Da der Marktwert regelmäßig durch die Feststellung der Überschneidung von Angebots- und Nachfrageelastizität ermittelt wird, bietet sich ein Verfahren an, in welchem sich die Nachfrage des einen Angebots darstellt, ein Bieterverfahren. Dieses gebietet grundsätzlich auch § 63 Abs. 3 BHO für Grundstücke[359].
Veräußert oder vermietet die öffentliche Hand Teile ihres Vermögens, hat sie überdies das Verbot unzulässiger Beihilfen nach Artikel 87 EG zu beachten, wenn das Vorhaben eine Größe hat, die zu einer Beeinträchtigung des Handels zwischen den Mitgliedstaaten führen kann. Allein dieses Verbot kann zwar noch nicht zu einer Pflicht der Durchführung eines Bieterverfahrens führen[360]. Allerdings hat die Europäischen Kommission eine Mitteilung betreffend Elemente staatlicher Beihilfe bei Verkäufen

---

[358] LG Mannheim Urteil v. 11.02.2005 Az. 22 O 73/04 Kart. (unveröffentlicht); zu berücksichtigen sind positiv insbesondere mögliche Beiträge zur Entwicklung des Wirtschaftsstandortes oder negativ mögliche Kostenverursachung durch die Nutzung.
[359] Für die Veräußerung von Grundstücken kann auch eine Wertermittlung nach der Wertermittlungsverordnung durchgeführt werden, § 64 Abs. 3 BHO. Allerdings können die Preise der Veräußerung und der Vermietung eines Grundstückes nicht unbedingt nach den selben Grundsätzen ermittelt werden (für die Vermietung spielen insbes. die Dauer des Mietverhältnisses, die Lastenverteilung sowie die mgl. Vermietung benachbarter Flächen an Konkurrenten eine Rolle; die Höhe des angemessenen Mietzinses soll daher durch den Wettbewerb im Rahmen einer öffentlichen Ausschreibung ermittelt werden, OLG Düsseldorf NJW-RR 2002, 1404.
[360] *Eggers/Malmendier*, NJW 2003, 780, 782.

von Bauten und Grundstücken durch die öffentliche Hand[361] erlassen. Nach ihrem Wortlaut ist diese ausdrücklich nicht auf die Vermietung von Grundbesitz durch die öffentliche Hand anwendbar (Einführung I. Abs. 4). Eine entsprechende Anwendung erscheint hier jedoch geboten[362]. Denn auch für die Vermietung oder Verpachtung von Grundstücken durch die öffentliche Hand ist ein hinreichend formalisiertes Verfahren erforderlich, welches den Anforderungen des Transparenzgebotes und Diskriminierungsverbotes genügt. Andernfalls liefe die öffentliche Hand auch ohne die Berücksichtigung sachfremder Kriterien Gefahr, in den Verdacht der Gewährung unzulässiger Beihilfen zu geraten, denn gerade ein den primärrechtlichen Anforderungen genügendes Bieterverfahren dient der Bestimmung eines marktangemessenen Miet- bzw. Pachtzinses[363].

(a) Ausnahmen von der Pflicht zur Durchführung eines Bieterverfahrens

(i) Angebot der öffentlichen Hand

Entsprechend der Rechtsprechung im Vergaberecht ist ein Bieterverfahren dann nicht erforderlich, wenn die Vermietung oder Veräußerung *„in-house“* erfolgt[364]. Ein solches *in-house*-Geschäft liegt nach der neueren Rechtsprechung des EuGH im Vergabeverfahren aber nur vor, wenn es sich bei dem interessierten Unternehmen um ein der Kontrolle des Auftraggebers unterliegendes Unternehmen handelt, dieses den Weisungen des Auftraggebers unterworfen ist wie eine eigene Dienststelle und es seine Tätigkeit im Wesentlichen für diesen einen Auftraggeber verrichtet. Voraussetzung für das Tatbestandsmerkmal „Kontrolle wie über eine eigene Dienststelle“ ist nach der neueren Rechtsprechung des EuGH, dass die Anteile des Bewerber-Unternehmens zu 100 Prozent bei der öffentlichen Hand liegen und es sich nicht um ein gemischtwirtschaftliches Unternehmen mit privater Minderheitsbeteiligung handelt[365].

---

[361] ABl. (EG) 1997 C-209/3.

[362] KomE, ABl. (EG) 2003 L-66/36 Rz. 30 – *Landesentwicklungsgesellschaft Thüringen* mit Verweis auf KomE, ABl. (EG) 2000 L-145/27 – *English Partnerships* und KomE, Beihilfe N 657/1999 - *Business InfrastructureDevelopment*; Heidenhain-*Heidenhain*, § 9 Rn. 8.

[363] Vgl. *Bartosch*, WuW 2001, 673, 676.

[364] Vgl. EuGH, Slg. 2005 I-8612 ff. Tz. 61 ff. – *Parking Brixen*; EuGH, Slg. 1999 I-8121 ff. Tz. 50 – *Teckal.*

[365] EuGH, Slg. 2005 I-1 ff. Tz. 49 ff. – *Stadt Halle.*

Grund für die Annahme der Vergabefreiheit eines *in-house* Geschäfts ist, dass ein Vermögenswert, der von der öffentlichen Hand auf den Markt gebracht wird, allen Marktteilnehmern unter den gleichen Voraussetzungen und mit den gleichen Chancen zustehen soll. Der Vermögenswert „Auftrag" wird in begrenzter Zahl auf den Markt gebracht, sodass nach nicht-diskriminierenden Grundsätzen eine Auswahl zu treffen ist. Liegt ein *in-house* Geschäft vor, besteht kein eigentlicher Marktbezug, wenn das erfolgreiche Bewerber-Unternehmen allein für die öffentliche Hand tätig ist, denn dann steht es nicht im Wettbewerb auf dem Markt und erlangt daher keinen Vorteil gegenüber Wettbewerbern. Es macht in diesem Fall keinen Unterschied, ob dieses Unternehmen rechtlich selbständig oder integrierter Teil der öffentlichen Verwaltung ist. Übertragen auf die umgekehrte Situation des Bieterverfahrens bedeutet dieses, dass die Durchführung eines solchen Verfahrens erlässlich ist, wenn das Bewerber-Unternehmen als von der öffentlichen Hand kontrolliertes Unternehmen nicht auf einem Markt auftritt, auf welchem es durch eine erfolgreiche Bewerbung einen Vorteil gegenüber aktuellen und potentiellen Wettbewerbern hat und Dritten gegenüber wirtschaftliche Leistungen gegen Entgelt erbringt.
Privatrechtlich organisierte Hafendienstleister, deren Gesellschaftsanteile zu 100 Prozent bei der vergebenden Stelle der öffentlichen Hand liegen, stehen im aktuellen oder jedenfalls potentiellen Wettbewerb mit anderen Hafendienstleistern der gleichen Branche. Sie konkurrieren miteinander darum, wirtschaftliche Leistungen gegenüber Dritten zu erbringen. Auch die zu 100 Prozent im Eigentum der vergebenden Stelle befindlichen, rechtlich selbständigen Hafendienstleister sind daher nicht mit einer eigenen Dienststelle der Verwaltung, welche regelmäßig verwaltungsintern tätig wird, zu vergleichen. Der Abschluss eines Pachtvertrages über eine knappe Hafenfläche ohne Durchführung eines transparenten Bieterverfahrens würde dem bevorzugten Hafendienstleister einen erheblichen Vorteil im Wettbewerb verschaffen, ohne dass ein sachlicher Grund für diese Bevorzugung besteht. Eine Ausnahme vom Bieterverfahren zu ihren Gunsten kommt daher nicht in Betracht.

(ii) Angebot Privater

Da die Grundsätze des Bieterverfahrens auch auf private Anbieter anzuwenden sind[366], stellt sich die Frage, ob konzerninterne Vermietungen oder Verpachtungen von der Pflicht zur Durchführung eines Bieterver-

[366] BGH WuW/E DE-R 1099 – Konkurrenzschutz für Schilderpräger.

fahrens ausgenommen sind. Da die Pflicht privater Unternehmen zur Durchführung eines Bieterverfahrens auf dem Diskriminierungs- und Behinderungsverbot des § 20 Abs. 1 und 2 GWB beruht, muss sich die oben genannte Frage darauf konzentrieren, wann bei einem Geschäft zwischen zwei Unternehmen der Anwendungsbereich des § 20 Abs. 1 und 2 GWB nicht eröffnet ist.
Ein nicht berücksichtigter Bewerber kann sich nur dann auf eine ungerechtfertigte Diskriminierung oder unbillige Behinderung berufen, wenn ein ihm gleichartiges Unternehmen den Zuschlag erhalten hat. Mit dem auswählenden Unternehmen konzernverbundene Unternehmen sind aber unabhängigen dritten Unternehmen nicht gleichartig[367]. Sie können daher bevorzugt werden, ohne dass es der sachlichen Rechtfertigung bedarf.
Diese Annahme entspricht weitgehend den Ausführungen des BGH in seiner Entscheidung „*kommunale Schilderpräger*"[368]. In dieser Entscheidung befand der BGH über die Unbilligkeit einer Behinderung, welche dadurch entstanden war, dass die marktbeherrschende Vermieterin Mietraum ohne Auswahlverfahren an ein eigenes Tochterunternehmen vergeben hatte und andere Unternehmen dadurch ausgeschlossen waren: *„Die Behinderung, die darin liegt, daß die Beklagte als marktbeherrschende Vermieterin von Gewerbeflächen für Schilderpräger ihr Tochterunternehmen bevorzugt hat, ist allerdings für sich genommen nicht unbillig. Denn das mit dem Normadressaten konzernmäßig verbundene Unternehmen ist im Hinblick auf die bestehende wirtschaftliche Einheit nicht als gleichartiges Unternehmen anzusehen."*[369]
Für das Bieterverfahren folgt daraus, dass ein – auch in materieller Hinsicht – privater Hafenbetreiber dann kein Bieterverfahren durchführen muss und auch unbefristete Miet- oder Pachtverträge schließen kann, wenn die Flächen durch ein konzernverbundenes Unternehmen angemietet oder gepachtet werden.

(b) Die Durchführung des Bieterverfahrens

Die Normen und Rechtsgrundsätze, welche die öffentliche Hand dazu verpflichten, auch bei der Veräußerung oder der Vermietung von Grundstücken ein förmliches Auswahlverfahren durchzuführen, legen

[367] BGH WuW/E DE-R 1003 – *Kommunale Schilderpräger*; BGH WuW/E BGH 1947, 1949 – *Stuttgarter Wochenblatt*; BGH WuW/E BGH 2360, 2365 – *Freundschaftswerbung*; I/M-*Markert* § 20 Rn. 126; *Schwintowski*, BB 1988, 1763; *ders.*, DB 1989, 1453.
[368] BGH WuW/E DE-R 1003 – Kommunale Schilderpräger.
[369] BGH WuW/E DE-R 1003 – Kommunale Schilderpräger.

mittelbar auch den Verfahrensablauf fest: Das Diskriminierungsverbot und Gleichbehandlungsgebot erfordern es, dass jedem interessierten Bewerber der gleiche Zugang zum Bewerbungsverfahren gewährt wird. Dieses setzt eine Information über die avisierte Veräußerung oder Vermietung voraus. Eine solche Information muss je nach Bedeutung und Größe des Vorhabens und damit Größe des potentiellen Interessentenkreises auch europaweit erfolgen (z. B. in europaweit regelmäßig gelesenen Publikationen der entsprechenden Fachrichtung), damit unter den potentiellen Bewerbern Chancengleichheit herrscht.
Eine Auswahlentscheidung darf nur aus sachlichem Grund getroffen werden. Um dieses zu gewährleisten, ist das gesamte Verfahren transparent zu gestalten, insbesondere sind die Kriterien der Auswahl vorher festzulegen und den Interessenten möglichst mit Informationen über ihre Gewichtung bekannt zu geben[370].

(i) Problem: Vorabinformation

In Vergabeverfahren nach dem GWB darf der Vertragsschluss erst erfolgen, wenn den unterlegenen Bewerbern ausreichend Zeit zur Wahrnehmung ihrer Rechtsschutzmöglichkeiten gegeben wurde. Zu diesem Zweck ist in § 13 VgV eine zweiwöchige Frist zur Vorabinformation vorgesehen. Ein Verstoß führt zur Nichtigkeit des zuvor geschlossenen Vertrages.
Ob § 13 VgV auch auf die Situation der Vermietung oder Verpachtung durch die öffentliche Hand anwendbar ist, erscheint jedoch sehr fraglich. Schon für *de facto*-Vergaben ist eine Analogie zu § 13 VgV umstritten, da dieser gerade an die Durchführung eines Vergabeverfahrens anknüpft, welches auch den Kreis der zu informierenden Bewerber einschränkt. Die Rechtsprechung hält § 13 VgV dann für einschlägig, soweit ein Vergabe-

---

[370] Dieses folgert der BGH für das Vergabeverfahren aus Gründen der Rechtsstaatlichkeit, zu denen auch Vorhersehbarkeit, Messbarkeit und Transparenz staatlichen Handelns gehören, BGH NJW 1998, 3644, 3646; auch aus dem Beihilfenverbot des Artikels 87 EG folgt, dass im Rahmen der Auswahlentscheidung keine sachfremden Kriterien herangezogen werden dürfen, welche dazu führen, dass nicht allein die Wirtschaftlichkeit des Gebots entscheidend ist und welche nicht den Freistellungsvoraussetzungen des Artikels 87 Abs. 3 EG entsprechen (*Bartosch*, WuW 2001, 673, 683 f.). Selbstverständlich gilt das Beihilfeverbot jedoch nur in den Fällen, in denen es um die Veräußerung eines Objekts aus staatlichen Mitteln geht, denn nur dann kann eine aus staatlichen Mitteln gewährte Begünstigung, wie sie Artikel 87 EG erfordert, überhaupt vorliegen (dazu ausführlich *Lipka*, S. 98 ff.).

verfahren im materiellen Sinn durchgeführt worden ist[371], d. h. ein Auswahlverfahren ohne Beachtung formeller Vergabevorschriften stattgefunden hat. Für *de facto*-Vergaben, bei denen nur der Kontakt zu einem einzigen Bewerber bestand, wird daher eine analoge Anwendung des § 13 VgV abgelehnt[372]. Verträge, die dem Vergaberecht unterliegen, aber aufgrund eines einzelnen Kontakts zustande gekommen sind, sollen allerdings im Falle der Feststellung ihrer Vergaberechtswidrigkeit der Kündigungsmöglichkeit nach §§ 313, 314 BGB unterliegen[373]. Auch für die Vermietung oder Verpachtung durch die öffentliche Hand kann dann keine Pflicht zur Vorabinformation bestehen, wenn der Vertragspartner nicht unter mehreren Bewerbern ermittelt wurde[374].

Der allgemeine Justizgewährungsanspruch, welcher seinen Ausdruck in Artikel 19 Abs. 4 GG gefunden hat und dessen Gedanke dem § 13 VgV zugrunde liegt[375], könnte für das hier erörterte Bieterverfahren eine Vorabinformation entsprechend § 13 VgV gebieten. Es besteht ein vergleichbarer Lebenssachverhalt: Die öffentliche Hand steht mehreren potentiellen Vertragspartnern gegenüber und unterliegt im Rahmen des Vertragsschlusses dem Gebot der sparsamen Haushaltsführung. Es stellt sich jedoch ein wesentlicher Unterschied: Die Vorabinformation ermöglicht es allen unterlegenen Bietern im Vergabeverfahren, umgehend ein Nachprüfungsverfahren nach §§ 107 ff. GWB zu beantragen, ohne dass der Vertrag geschlossen werden könnte und die Unterlegenen allein auf einen Schadensersatzanspruch verwiesen werden könnten. Einem erfolglosen Bieter im Bieterverfahren steht ein solches spezielles Verfahren nicht offen. Er könnte allein im Wege des einstweiligen Rechtsschutzes gegen den Vertragsschluss vorgehen. Dieses setzte aber einen entsprechenden Verfügungsanspruch des unterlegenen Bieters auf Unterlassung des Vertragsschlusses voraus. Ein solcher Anspruch kann u. a. aus

---

[371] BGH NZBau 2005, 290.

[372] BGH NZBau 2005, 290; zuvor bereits u. a.: KG NZBau 2005, 538; OLG Düsseldorf NZBau 2004, 113; jurisPK-VergR-*Dippel*, § 13 VgV Rn. 27; *Prieß/Gabriel*, NZBau 2006, 219, 220 m. w. N.

[373] LG München I NZBau 2006, 269; *Prieß/Gabriel*, NZBau 2006, 219, 221; kritisch: *Bitterich*, NJW 2006, 1845 ff.

[374] Allerdings sieht der Entwurf der Kommission für eine Richtlinie zur Änderung der Richtlinien 89/665/EWG und 92/13/EWG des Rates zwecks Verbesserung der Wirksamkeit der Nachprüfungsverfahren im Bereich des öffentlichen Auftragswesens, KOM (2006) 195 endg./2 vor, dass auch im Falle von *de facto*-Vergaben eine Wartefrist einzuhalten ist und eine Bekanntmachung mit angemessenem Öffentlichkeitsgrad zu erfolgen hat, andernfalls ist der abgeschlossene Vertrag unwirksam.

[375] jurisPK-VergR-*Dippel*, § 13 VgV Rn. 2.

§§ 1004, 823 Abs. 2 BGB i. V. m. Artikel 3 Abs. 1 GG oder auch Artikel 43, 49 EG als Schutzgesetzen folgen[376].
Insbesondere Artikel 3 Abs. 1 GG rückt hier ins Bild: Jeder Mitbewerber in einem Auswahlverfahren muss eine faire Chance erhalten, nach Maßgabe der wesentlichen Kriterien und des vorgesehenen Verfahrens berücksichtigt zu werden. Eine Abweichung von solchen Vorgaben kann eine Verletzung des Artikels 3 Abs. 1 GG bedeuten. Insofern verfügt jeder Mitbewerber über ein subjektives Recht, für das effektiver Rechtsschutz gewährleistet werden muss[377].
Ohne eine Vorabinformation wäre die Möglichkeit, den Vertragsabschluss durch Ersuchen um einstweiligen Rechtsschutz zu verhindern, allerdings nur theoretisch gegeben[378].
Das BVerfG hat in einer Konstellation, in der eine rechtsverletzende Handlung einen unumkehrbaren rechtlichen und faktischen Zustand geschaffen hat, eine Vorabinformation vorgeschrieben und im Anschluss daran vorbeugenden Rechtsschutz gewährt[379]. Zur Begründung hat das Gericht auf das Gebot effektiven Rechtsschutzes verwiesen, welches auch beinhalte, irreparable Entscheidungen soweit als möglich auszuschließen. Das bedeutet nach der Argumentation des BVerfG, dass jeder Bewerber vor Gericht die Möglichkeit haben müsse, die Beachtung seines Rechts durchzusetzen. Die genannten Entscheidungen[380] betrafen den Zugang zu öffentlichen Ämtern nach Artikel 33 Abs. 2 GG. Diese Norm ist eine besondere Ausprägung des Gleichheitssatzes in Artikel 3 Abs. 1 GG. Letzterer ist auch für den vorliegenden Sachverhalt der Vermietung von knappen Flächen durch die öffentliche Hand entscheidend. Eine Klage mit dem Ziel, die umstrittene Rechtsposition offen zu halten, setzt nach der Rechtsprechung des BVerfG voraus, dass zwischen Kenntnis des Unterlegenen von der Auswahlentscheidung und Besetzung der Rechtsposition eine für die Beantragung von Rechtsschutz ausreichende Zeitspanne liegt. Dieses folge aus dem Gebot des effektiven Rechtsschutzes[381]. Es ist

---

376 *Dreher*, NZBau 2002, 419, 423, 426; vgl. zum Rechtsschutz bei Vergaben unterhalb der Schwellenwerte *Heuvels* NZBau 2005, 570 ff.

377 BVerfG, Beschluss vom 13.06.2006, 1 BvR 1160/03 zum Rechtsschutz im Vergabeverfahren unterhalb der Schwellenwerte Rz. 65; v. Münch/Kunig-*Gubelt*, Art. 3 Rn. 2.

378 Vgl. BVerfG, Beschluss vom 13.06.2006, 1 BvR 1160/03 Rz. 72.

379 BVerfG NJW 1990, 501 ff.; vgl. auch BGH NJW 1995, 2344 ff.; dazu, dass aus einem Grundrecht (dort Art. 14 GG) neben der materiellen auch die Garantie auf eine „faire Verfahrensführung" folgt, welche die Möglichkeit des Rechtsschutzantrages vor Zuschlagserteilung beinhaltet: BVerfG NJW 1978, 368, 369.

380 BVerfG NJW 1990, 501 ff.; NJW 1995, 2344 ff.

381 So auch v.Mangoldt/Klein/Starck-*Huber*, Art. 19 Abs. 4 Rn. 489.

allerdings zu beachten, dass es sich bei dem möglicherweise beeinträchtigten subjektiven Recht um Artikel 3 Abs. 1 GG handelt, der in diesem Rahmen eine Auswahl durch ein objektives, transparentes Verfahren gewährleisten soll, in dem alle Bewerber die gleichen Chancen haben. Insoweit besteht ein erheblicher Unterschied zu der genannten Entscheidung des BVerfG zu Artikel 33 Abs. 2 GG. Denn Artikel 33 Abs. 2 GG schützt das persönliche Teilhabeinteresse der Bewerber. Das wirtschaftliches Interesse der Bewerber wird vorliegend aber von Artikel 3 Abs. 1 GG nicht geschützt, sondern lediglich das Interesse an einer fairen Verfahrensdurchführung. Die damit verbundene bloße Umsatz- und Gewinnchance der Bewerber kann aber auch im sekundärrechtlichen Rechtsschutz ausgeglichen werden[382]. Aus diesem Grund hat das BVerfG auch hinsichtlich des Vergabeverfahrens unterhalb der Schwellenwerte, auf welches die §§ 107 GWB ebenfalls keine Anwendung finden, entschieden, dass die Bieteransprüche auf den Sekundärrechtsschutz begrenzt werden könnten[383].

Soweit es sich bei der vermietenden Verwaltungseinheit um einen Normadressaten des § 20 Abs. 1 und 2 GWB handelt, findet diese Norm vorrangig Anwendung auf die Ungleichbehandlung[384].

Ein Verstoß gegen § 20 Abs. 1 und 2 GWB kann unter anderem einen vorbeugenden Unterlassungsanspruch nach § 33 Abs. 1 S. 2 GWB nach sich ziehen. Dieser Unterlassungsanspruch liefe zu Lasten des unterlegenen Bieters jedoch leer, würde der unterlegene Bieter von dem Vertragsschluss überrascht und aufgrund der Unangreifbarkeit des Vertrages dann allein auf einen Schadensersatzanspruch angewiesen[385]. Im formlosen Bieterverfahren ist aus Gründen des effektiven Rechtsschutzes daher eine Vorabinformation durch den marktbeherrschenden oder marktstarken Anbieter entsprechend § 13 VgV erforderlich[386].

---

[382] Vgl. BVerfG, Beschluss vom 13.06.2006, 1 BvR 1160/03 Rz. 79.

[383] Vgl. BVerfG, Beschluss vom 13.06.2006, 1 BvR 1160/03 zum Rechtsschutz im Vergabeverfahren unterhalb der Schwellenwerte.

[384] *Stern*, StaatsR III § 74 IV 5 β.

[385] Eine rein theoretische Rechtschutzmöglichkeit sieht auch das BVerfG, wenn keine Information erfolgt, vgl. BVerfG, Beschluss vom 13.6.2006, 1 BvR 1160/03 zum Rechtsschutz im Vergabeverfahren unterhalb der Schwellenwerte Rz. 72.

[386] Vgl. *Eggers/Malmendier*, NJW 2003, 780, 785; a.A. *Dietlein*, NZBau 2004, 472, 475.

(ii) Einzelne Abschluss- und Vertragsbedingungen

(a) Tariftreueerklärung

Hafendienstleister oder andere Unternehmen, die tariflich gebunden sind oder tarifgleiche Löhne zahlen, können in der Regel nicht ebenso gut wirtschaften wie Unternehmen, die geringere als die tariflichen Löhne an ihre Arbeitnehmer zahlen. Aus diesem Grund könnten die letztgenannten Unternehmen eventuell neben der Zahlung eines höheren Zinses Leistungen anbieten, die tariflich gebundene Unternehmen aus wirtschaftlichen Gründen nicht anbieten können. Nach dem Wirtschaftlichkeitsgebot müssten dann regelmäßig diese Unternehmen ausgewählt werden. Aus Gründen des Sozialschutzes schreiben landesrechtliche Regelungen für das Vergabeverfahren teilweise Regelungen zur Tariftreue vor. Ob dieses zum einen verfassungsmäßig[387] und zum anderen europarechtskonform[388] ist, kann und soll an dieser Stelle nicht erörtert werden. Feststeht, dass die Verwendung einer Tariftreueklausel in den Bieterbedingungen, alle jene Hafendienstleister ausschließen würde, deren Drängen auf den (west)europäischen Markt vielfach auch im Zusammenhang mit Einführung der Port Package-Richtlinie befürchtet wurde.
Das Diskriminierungsverbot verbietet es den marktbeherrschenden Unternehmen – also sowohl den öffentlich-rechtlichen als auch den privaten Hafenbetreibern – ohne sachlichen Grund unterschiedlich zu behandeln oder unbillig zu behindern. Abwägungsfähig im Rahmen der Interessenabwägung sind grundsätzlich und vorbehaltlich der vorgenannten spezialgesetzlichen Regelungen nur konkrete Interessen der betroffenen Parteien, nicht aber Überlegungen zum Allgemeinwohl. Für die privaten Hafenbetreiber bedeutet dieses, dass er grundsätzlich keine Kriterien zur Vermeidung von so genanntem „Sozialdumping“ in seine Auswahlbedingungen aufnehmen darf.
Interessen der Allgemeinheit, die grundsätzlich nicht abwägungsfähig sind, sind aber regelmäßig auch Interessen der öffentlichen Hand, welche ebenfalls als Hafenbetreiber auftritt. Dennoch kann auch in einem solchen Fall nicht auf die Interessen der Allgemeinheit in der Abwägung zurück gegriffen werden: Die Interessen der öffentlichen Hand als Hafenbetreiber werden nämlich nur soweit berücksichtigt, wie sie der unternehmerischen Tätigkeit im Einzelfall dienlich sind und die unter-

---

[387] Die Verfassungsmäßigkeit wurde durch das BVerfG bejaht, NJW 2007, 51.

[388] Bedenken bestehen in kartellrechtlicher Hinsicht insbesondere wegen des möglichen Beihilfe-Charakters, im Übrigen aber insbesondere wegen der Dienstleistungsfreiheit nach Art. 49 EG.

nehmerische Entscheidung daher von ihnen geprägt ist. Die Tariftreue einzelner Bewerber kann nach alledem weder für den privaten noch für den öffentlich-rechtlichen Hafenbetreiber ein anerkanntes Auswahlkriterium sein.

(b) Heimatklausel

Wie die Tariftreueklausel könnte auch eine Bestimmung in den Bieterbedingungen über die Ansässigkeit des Unternehmens in einer bestimmten Region dazu führen, die von vielen Seiten „gefürchteten“, auch EU-ausländischen Anbieter, die eventuell zu Dumping-Preisen arbeiten, von einer Tätigkeit in den deutschen Häfen auszuschließen, und diesen abzuschotten[389]. Eine derartige Klausel steht jedoch im krassen Widerspruch zu der europäischen Dienstleistungs- und Niederlassungsfreiheit. Adressat dieser Freiheiten sind grundsätzlich die Mitgliedstaaten der EU. Als „Mitgliedstaat“ gilt in diesem Zusammenhang die gesamte öffentliche Verwaltung eines Mitgliedstaates, also auch Gemeinden, Länder und Kreise. Private marktbeherrschende Unternehmen unterliegen aufgrund ihrer Marktstellung den Beschränkungen des Diskriminierungs- und Behinderungsverbotes. Diskriminierungen und Beschränkungen durch sie können nach dem GWB selbst nur dann gerechtfertigt bzw. gebilligt sein, wenn diese mit der Verfolgung eines vom GWB anerkannten Ziels einhergehen. Eine Heimatklausel dient der Förderung der regionalen Wirtschaft. Dieses Ziel entspricht jedoch nicht der Zielsetzung des GWB, einen freien, fairen und vor allem offenen Wettbewerb zu gewährleisten[390]. Diese Heimatklausel ist daher auch von privaten Hafenbetreibern nicht zu verwenden.

(c) Befristung

Ist ein Bewerber im transparenten, offenen und nicht-diskriminierenden Verfahren ausgewählt worden, kann der Miet- oder Pachtvertrag mit diesem Bewerber nach der Schilderpräger-Rechtsprechung des BGH allein befristet geschlossen werden. Da die Befristung eines der Instrumente ist, die Unbilligkeit einer Zuschlagsentscheidung zu vermeiden, ist auch über die Bemessung der Frist im Rahmen einer umfassenden Interessenabwägung zu entscheiden. Die Länge der Frist sollte zur Vermeidung der Unbilligkeit dabei auf der einen Seite dem Zugangsinteresse der unterlege-

---

[389] Darauf verweist auch *Ninnemann*, S. 37.
[390] BGH NJW 2000, 809, 811; OLG Düsseldorf NJW-RR 2002, 1404, 1405; *Immenga*, NJW 1995, 1921, 1926.

nen Bewerber, auf der anderen Seite aber auch dem Interesse des erfolgreichen Bewerbers an der Amortisierung notwendiger Investitionen Rechnung tragen. Eine pauschale Höchst-Befristung aller Mietverträge über Hafenflächen wird diesen Anforderungen gerade nicht in jedem Einzelfall gerecht.

c) Zwischenergebnis

Neben dem Zugangsanspruch als Folge des Missbrauchs einer marktbeherrschenden Stellung nach § 19 Abs. 4 Nr. 4 GWB besteht nach § 20 Abs. 1 und 2 GWB regelmäßig auch ein Anspruch darauf, dass Zulassungen zu Hafenflächen im Rahmen eines transparenten Bieterverfahrens zu fairen Bedingungen vorgenommen und nur befristet vergeben werden. Dieses gilt sowohl gegenüber öffentlich-rechtlichen als auch gegenüber privat-rechtlichen Hafenbetreibern.
Dabei erfüllt § 20 Abs. 1 und 2 eine eigenständige Funktion neben § 19 Abs. 4 Nr. 4 GWB: § 19 Abs. 4 Nr. 4 GWB dient der Eröffnung des Zugangs zu wesentlichen Einrichtungen. Dieses gilt sowohl für den erstmaligen Zugang zugunsten eines anderen Unternehmens als auch für einen Zugang neben anderen Unternehmen. Das marktbeherrschende Unternehmen kann im Rahmen des § 19 Abs. 4 Nr. 4 GWB den Zugang aber aus Gründen unzureichender Kapazität verweigern. Zugelassen wird danach nicht nach einem Auswahlverfahren, sondern nach dem Prinzip „wer zuerst kommt, mahlt zuerst“ und auf unbestimmte Zeit, jedenfalls aber nicht länger als die Einrichtung tatsächlich wesentlich ist.
Ist der Geschäftsverkehr bereits eröffnet und besteht ein Nachfrageüberhang, zwingt § 20 Abs. 1 und 2 GWB den Normadressaten zur Durchführung eines objektiven, transparenten Auswahlverfahrens und zur Befristung von Verträgen, damit die geschützten Unternehmen nicht ohne sachlichen Grund unterschiedlich behandelt oder unbillig behindert werden.

C. Der Zugang zur Infrastruktur – Die europäische Dimension

Vor dem Hintergrund eines Gemeinsamen Binnenmarktes, der Integrationsfunktion des Verkehrs und der Entwicklung der transeuropäischen Netze entfaltet die europarechtliche Einordnung der Seehäfen eine erhebliche Bedeutung. Dieses ist nicht nur für den unmittelbaren Wettbewerb der Seehäfen untereinander der Fall, sondern auch für den Wettbewerb *intra-port*.

1. Anwendbarkeit des Primärrechts

Mit den Artikeln 70 ff. EG sieht der EG-Vertrag spezielle Vorschriften für den Verkehrssektor vor. Aus diesem Umstand ist teilweise gefolgert worden, dass der Verkehrssektor allein vom Anwendungsbereich der Artikel 70 ff. EG erfasst würde, nicht aber vom Anwendungsbereich des übrigen – allgemeinen – Primärrechts. Dabei gilt die Anwendbarkeit des Verkehrstitels für den Seeverkehr nur in eingeschränktem Maße, da Artikel 80 Abs. 2 EG den Seeverkehr aus dem Anwendungsbereich der anderen Vorschriften des Verkehrstitels herausnimmt. Dieses lässt sich mit den Bedürfnissen der sechs Gründerstaaten der europäischen Gemeinschaften erklären. Denn auf dem seinerzeitigen Gemeinschaftsgebiet spielten vorrangig die Binnenverkehrsarten eine wichtige Rolle, während Luft- und Seeverkehr eine räumlich weitergehende internationale Bedeutung hatten[391]. Verkehrsgeographische Besonderheiten mögen weiterhin zu unterschiedlichen verkehrspolitischen Positionen insbesondere für die Seeschifffahrt geführt haben, die einer gemeinschaftsrechtlichen Regelung entgegenstanden.

a) Seehäfen als Teil des Seeverkehrs

Die Einordnung der Häfen in das europäische Primärrecht geht somit mit der Frage einher, ob es sich bei Seehäfen um einen Teil des Verkehrs im Sinne des Verkehrstitels handelt. In den Artikeln 70 bis 80 EG sind die Ziele des Vertrages im Rahmen einer gemeinsamen Verkehrspolitik geregelt. „Verkehr" wird in der Theorie der Verkehrswirtschaft definiert als die „*Überwindung von Raum durch Personen, Güter und Nachrichten*"[392]. In diesem Sinn entspricht der Begriff des Verkehrs auch dem in der englischen oder französischen Fassung verwandten Begriff des „*transport*"[393]. Auch der Wortlaut des Artikel 80 Abs. 1 EG knüpft an die Beförderungsleistung als Verkehr an. Seeverkehr ist demnach die Überwindung von Raum zur See.

Der Seehafen selbst ist eine feste Einrichtung, die nicht an der Überwindung von Raum i. S. d. obigen Definition teilnimmt. Ohne hafentypische

---

[391] *Basedow*, S. 160; *Erdmenger* (1962), S. 3 ff.

[392] GS-*Erdmenger*, Art. 70 Rn. 1 mwN.; *Voigt*, S. 34.

[393] Nach Ansicht *Voigts*, S. 34 besteht ein Unterschied zwischen der Benutzung des Begriffs „Transport" im deutschen und englischen Sprachgebrauch, im deutschen würde davon lediglich die Beförderung durch Verkehrsmittel im Fremdverkehr erfasst, aber nicht das Fahren im eigenen Pkw oder der Fußgängerverkehr.

land- wie seeseitige Einrichtungen könnten aber die Funktionen und Ziele des Verkehrs, wie die Befriedigung von Konsumbedürfnissen, Schaffung der Voraussetzungen für eine arbeitsteilige Wirtschaft und Wirtschaftsstruktur, Integration von Staatsverband und Gesellschaft nicht erreicht und daher auch nicht für die Vertiefung des europäischen Binnenmarktes nutzbar gemacht werden[394]. Ohne die für den Verkehr notwendigen Infrastruktureinrichtungen, welche die Mobilität innerhalb der Gemeinschaft sichern, könnten die vier Grundfreiheiten des EG-Vertrages nicht ausreichend wahrgenommen werden. Seehäfen stellen mithin im europäischen Verkehrsnetz wichtige intermodale Knotenpunkte dar, sie sind von „*ausschlaggebender Bedeutung für die Wettbewerbsfähigkeit des Binnen- und Außenhandels und die Anbindung der Inseln und entlegenen Regionen Europas*“[395] und mithin selbst Teil des Verkehrs.

b) Seehafendienstleistungen als Seeverkehrsleistungen

Innerhalb der Seehäfen wiederum werden in der Regel warenbezogene Leistungen wie Umschlagtätigkeiten und Lagerung oder transportbezogene Leistungen wie Schlepperei und Lotsendienste, die selbst jedoch keinen Transport darstellen. Dennoch erscheint die Einordnung unter den Verkehrsbegriff sachgerecht. Denn ohne die transportbezogenen Leistungen könnte der Hafen als Teil des Verkehrssystems nicht für den Seeverkehr genutzt werden. Ohne die ladungsbezogene Leistung Umschlag hingegen fielen der erste und der letzte Schritt der Transportkette fort, sie dient damit ebenfalls der Raumüberwindung von Personen und Gütern, soweit sie die Ladung unmittelbar dem Verkehrsträger zuführen. Entsprechend ist teilweise vertreten worden, dass auch die Anlagen, die dem Umschlag und der Lagerung von Gütern im Zusammenhang mit der Transportbewegung dienen, den Verkehrswegen zugeordnet werden sollen[396].

Früher war es verbreitete Auffassung, dass die unterschiedlichen im Seehafen angesiedelten Gewerbezweige, insbesondere alle Tätigkeiten der Kaiumschlagbetriebe und Stauereien als so genannte „Seehafenverkehrs-

---

[394] Dieses sind aber die Funktionen des Verkehrs, GS-*Erdmenger*, Art. 70 Rn. 4 mwN.

[395] Europäische Kommission, GD Energie und Verkehr, „Seehäfen – Tor zum Wachstum im Seeverkehr“, Brüssel 2002, abrufbar unter http://ec.europa.eu/transport/maritime/infrastructure/doc/see_ports_brochure_de.pdf (zuletzt 04.01.2008).

[396] *Voigt*, S. 37; ob auch die Lagerung ein Hilfsdienst ist bezweifelnd: *Lagoni*, EuR Beiheft 3/2002, 97, 103.

wirtschaft“ der Seeschifffahrt im Sinne des Artikels 80 Abs. 2 EG zuzurechnen seien[397]. Allerdings gründete diese Auffassung auf der Annahme, dass Artikel 80 Abs. 2 EG eine Ausnahme nicht nur von dem Verkehrstitel, sondern auch von den allgemeinen Vorschriften des Vertrages darstellte. Diese Annahme ist aber nach der im Folgenden darzustellenden Rechtsprechung des EuGH hinfällig[398].
Für eine eigenständige Zuordnung der Hafenwirtschaft unter den Begriff des Seeverkehrs sind zwei Kriterien relevant: Es muss sich um eine Verkehrsleistung handeln und diese muss zur See erbracht werden. Schon das erste Kriterium ist problematisch: „*Verkehr*“ im Sinne des Verkehrstitels des EG-Vertrages ist gleichzusetzen mit Transport.
Dementsprechend bedarf es für die Annahme einer Verkehrsleistung durch die Hafendienstleister einer Beförderungsleistung[399]. Eine solche liegt etwa dann vor, wenn Umschlagunternehmen im multimodalen Transport Güter umladen[400]. Das einfache Be- oder Entladen ist hingegen nicht als eigenständige Beförderungsleistung anzusehen, sondern bloßer Annex der Beförderung zur See[401]. Das zweite Kriterium kann im Falle der Hafendienstleistungen allerdings kaum erfüllt sein, da die Dienstleistung im Hafen und nicht zur See erbracht wird[402].
Stabenow[403] ist der Auffassung, dass die Hafendienstleistungsunternehmen mit Hilfs- und Vermittlerfunktion, die *Erdmenger* als „Nebengewerbe“ bezeichnet, nicht unter den Begriff „Seeverkehr“ fallen. Er begründet seine Auffassung damit, dass diese Dienste trotz ihrer Hilfsfunktion eigenständige gewerbliche Betriebe blieben und andere – teilweise auch den Landverkehr betreffende – Funktionen als die eines Schifffahrtsunternehmens, des klassischen Seeverkehrsunternehmens, wahrnähmen[404].

---

397 GS-*Erdmenger*, Art. 80 Rn. 11.
398 EuGH, Slg. 1974, 359, 370 Tz. 29/33 – *Französische Seeleute;* EuGH, Slg. 1986, 1425, 1466 Tz. 42 – *Ministère Public/Asjes* (« *Nouvelles frontières* »).
399 Vgl. auch GS-*Erdmenger*, Art. 70 Rn. 2 f.; auch B/H-*Merkt*, § 452 Rn. 6; auch KomE, ABl. (EG) 2000 L-268/1 Rn. 128 – *FETTCSA* sieht Umschlagsdienstleistungen nicht als Seeverkehr an, offen lassend hingegen EuG, Slg. 2003 II-913 ff. Tz. 85 – *CMA, CGM.*
400 Vgl. für die handelsrechtliche Abgrenzung zwischen See- und Landverkehr Hanseatisches OLG Hamburg, TranspR 2004, 402 f.; *Herber*, TranspR 2005, 59, 60.
401 Vgl. *Herber*, TanspR 2005, 59, 60; *Ramming*, TranspR 2004, 56, 58 f.
402 Auch *Lagoni*, S. 459 qualifiziert die Hafenschiffahrt als einen Teil des Binnenschiffsverkehrs nach Art. 80 Abs. 1 EG.
403 *Stabenow*, S. 75 f.; ebenso *Ipsen* in FS Stödter, S. 167, 204.
404 Ebenfalls gegen eine Einbeziehung der Hafendienste unter den Begriff des Seeverkehrs ist *Power*, S. 30, der seine Ansicht damit begründet, dass sich der

Stabenow ist entgegen zu halten, dass Artikel 80 Abs. 2 EG i. V. m. Artikel 80 Abs. 1 EG die gesamte Seeschifffahrt der besonderen Regelungskompetenz des Rates unterstellt und sie dem Anwendungsbereich des Verkehrstitels entzieht. Welche Tätigkeiten aber zur Seeschifffahrt gehören, lässt sich allein funktional bestimmen. Insoweit kann es auf die gewerbliche Eigenständigkeit nicht ankommen, da dieses dazu führte, dass es von der Organisation integrierter Betriebe abhinge, inwieweit sie in den Anwendungsbereich der nach Artikel 80 Abs. 2 EG ergriffenen Maßnahmen fielen. Sinn und Zweck der Regelung ist es aber gerade, die beiden sachlichen und damit funktionalen Bereiche der Seeschiff- und Luftfahrt einem jeweils einheitlichen Regelungsregime unterstellen zu können. Diesem wird nur gerecht, wer alle diejenigen Dienste in den Anwendungsbereich des Artikels 80 Abs. 2 EG einbezieht, die für die Erreichung des Zwecks bestimmter verkehrspolitischer Maßnahmen im Bereich der Seeschifffahrt notwendig sind. Daher wird das Hilfs- oder Nebengewerbe insoweit von der Ermächtigung des Rates nach Artikel 80 Abs. 2 EG erfasst, wie es zur Vervollständigung der für den eigentlichen Seeverkehr getroffenen Regelung und zur Förderung der Leistungsfähigkeit des Seeverkehrssystems notwendig ist[405]. Artikel 80 Abs. 2 EG ist daher als Ermächtigungsnorm weit auszulegen. Das Nebengewerbe allein soll jedoch nicht in den Anwendungsbereich des Verkehrstitels fallen[406]. Dieses soll insbesondere für Leistungen wie Lagerung, Depot und Einlagerung im Hafen gelten[407], welche unabhängig vom eigentlichen Seeverkehr erbracht werden können und erfasst dann auch das jeweils dafür notwendige Gerät. Umgekehrt gehören die für die Verkehrsleistung notwendigen technischen und organisatorischen Einrichtungen ebenso zum Verkehr wie die Leistung selbst[408]. Gehört eine Haupt-Leistung selbst jedoch nicht zum Verkehr, gilt dieses auch für die technischen und organisatorischen Einrichtungen soweit sie zur Erbringung dieser Leistung notwendig sind.

Seehäfen sind Knotenpunkte innerhalb der Verkehrsnetze und dienen dem Umschlag von Gütern zwischen den Land- und Seeverkehrsträgern oder auch zwischen zwei Seeverkehrsträgern. Dienstleistungen, welche erbracht werden, um ein Schiff an die Kaje zu bringen, um es dort zu be- oder entladen, dienen daher unmittelbar der Funktion des Seeverkehrs.

Verkehrstitel auf verschiedene Modi von Beförderungsleistungen beziehe, nicht aber auf die Hilfstätigkeiten.

[405] Vgl. GS-*Erdmenger*, Art. 70 Rn. 5, Art. 80 Rn. 12.

[406] *Erdmenger* (1962), S. 39 ff.; *Lechner*, S. 20 mwN.

[407] Vgl. *Lagoni,* EuR 2002 Beih. 3, S. 97, 100 f.

[408] GS-*Erdmenger*, Art. 70 Rn. 4.

Dieses betrifft allein die technisch-nautischen Dienstleistungen im Hafen. Fraglich ist jedoch, ob auch die Umschlagsbetriebe zum Seeverkehr gezählt werden können. Wenn eine der Funktionen des Seeverkehrs die Beförderung von Gütern zur See ist, dann ist der erste bzw. letzte Schritt in dieser Beförderungskette das Be- und Entladen eines Schiffes, unter Umständen gar das Lagerhalten im Vor- oder Nachlauf[409]. Aus diesem Grund sind auch die ladungsbezogenen Dienstleistungen als Seeverkehrsdienstleistungen einzuordnen, soweit sie zur Förderung der Leistungsfähigkeit des Verkehrssystems notwendig sind, das Hauptgewerbe gleichsam vervollständigen[410].

c) Anwendbarkeit des allgemeinen Primärrechts auf die Seehäfen

Welche Normen des Primärrechts auf den Seeverkehr anzuwenden sind, war lange Zeit umstritten: Zunächst ist das Verhältnis der Verkehrsvorschriften zu den allgemeinen Normen der anderen Titel nicht ausdrücklich geregelt[411], sodass streitig war, ob und inwieweit auch die anderen, allgemeinen Vorschriften des Vertrages als Rechtsgrundlage für Maßnahmen auf dem Verkehrssektor, einschließlich des Seeverkehrs, herangezogen werden könnten[412]. Der Gerichtshof hat in seiner Entscheidung in der Sache *Französische Seeleute* jedoch die Anwendbarkeit der allgemeinen Vorschriften des Vertrages festgestellt: „*Da die Grundsatzbestimmungen Geltung für den Gesamtbereich der Wirtschaft beizumessen ist, können sie nur dann außer Anwendung bleiben, wenn der Vertrag dies ausdrücklich bestimmt.*"[413] Eine solche Bestimmung sei beispielsweise mit (ex) Artikel 61 EWG getroffen worden (neu: Artikel 51 Abs. 1 EG)[414].

---

[409] Vgl. GS-*Erdmenger*, Art. 70 Rn. 5; *Ramming*, TranspR 2004, 56.
[410] Vgl. auch *Erdmenger* (1962), S. 138 ff.; GS-*Erdmenger*, Art. 70 Rn. 5 mwN.; siehe auch *Epiney* in: Dauses (12. EL 2002), L Rn. 37; *Lechner* (2001), S. 147, 149.
[411] Allein Art. 51 Abs. 1 EG verweist für den Bereich des freien Dienstleistungsverkehrs auf dem Gebiet des Verkehrs auf den Verkehrstitel.
[412] Gegen die Anwendbarkeit der allgemeinen Vorschriften wandte sich die französische Regierung in EuGH, Slg. 1974, 359, 365 – *Französische Seeleute.*
[413] EuGH, Slg. 1974, 359, 370 Tz. 17/23 – *Französische Seeleute;* bestätigt durch EuGH, Slg. 1986, 1457 ff. – *Ministère Public/Asjes* (*« Nouvelles frontières »*).
[414] EuGH, Slg. 1974, 359, 370 Tz. 27/28 – *Französische Seeleute.*

Des Weiteren war ungeklärt, ob dieses Nebeneinander der Normen auch für den Seeverkehr gelten sollten: Da Artikel 80 Abs. 2 EG den Seeverkehr aus dem Anwendungsbereich des Verkehrstitels ausklammert und dem Rat die Kompetenz für den Erlass von Regeln über diesen Sektor überträgt, ist teilweise die Ansicht vertreten worden, dass der Seeverkehr komplett aus dem Anwendungsbereich des Vertrages ausgeklammert werden sollte und Artikel 80 Abs. 2 EG lediglich eine gemeinsame Politik auf diesem Gebiet ankündige[415].
Dem ist der EuGH entgegengetreten, indem er klargestellt hat, dass über Artikel 80 Abs. 2 EG lediglich die Anwendung der speziellen Verkehrsvorschriften auf den Seeverkehr ausgeschlossen werde, solange der Rat nichts anderes bestimme, nicht aber die Anwendung der allgemeinen Vertragsvorschriften[416]. Dieses ergibt sich auch aus der Systematik des Vertrages: Denn Artikel 80 Abs. 1 EG bestimmt die auf die Verkehrsträger Eisenbahn, Straßenfahrzeug und Binnenschiff anwendbaren Vorschriften, Artikel 80 Abs. 2 EG soll lediglich den Regelungsrahmen der beiden im ersten Absatz ausgesparten Verkehrsträger Seeschiff und Luftfahrzeug aufzeigen. Dabei bezieht sich Artikel 80 Abs. 1 EG allein auf die Vorschriften des Verkehrstitels[417]. Dafür dass Artikel 80 Abs. 2 EG über diesen Rahmen hinausgehen soll, besteht kein Anhaltspunkt. Aufgrund des Regelungszusammenhangs und der Einordnung unter den selben Artikel ist daher davon auszugehen, dass schon die Systematik des Vertrages darauf hinweist, dass sich die Ausnahme des Artikels 80 Abs. 2 EG allein auf den Verkehrstitel bezieht. Im Einzelnen hat der EuGH insbesondere die Anwendbarkeit der Wettbewerbs- und Beihilfevorschriften auf den See- und Luftverkehr bestätigt[418].
Erdmenger benennt das Verhältnis der Verkehrsvorschriften einschließlich des die Seeschiff- und Luftfahrt betreffenden Artikels 80 Abs. 2 EG zu den allgemeinen Regeln des Vertrages mit Ausnahme des Artikels 51 Abs. 1 EG mit dem Begriff des „*Konkurrenzverhältnisses der Addition*“[419]: Allgemeine Regeln und Artikel 80 Abs. 2 EG stünden nicht in einem Alternativverhältnis, sondern ergänzten sich wechselseitig im Hinblick auf die Sonderbereiche Seeschifffahrt und Luftfahrt. Daraus folgte,

---

[415] So die französische Regierung in der Rs. 167/73, EuGH, Slg. 1974, 359, 366 – *Französische Seeleute.*
[416] EuGH, Slg. 1974, 359, 370 Rz. 29/33 – *Französische Seeleute;* EuGH, Slg. 1986, S. 1425, 1466 Rz. 42 – *Ministère Public/Asjes* (« *Nouvelles frontières* »).
[417] Die Norm beginnt „*Dieser Titel* ...“.
[418] EuGH, Slg. 1978, 1881 – *Kommission/Belgien*; EuGH, Slg. 1986, S. 1425, 1466 Rz. 42 – *Ministère Public/Asjes* (« *Nouvelles frontières* »).
[419] GS-*Erdmenger*, Art. 80 Rn. 21.

dass die allgemeinen Grundsätze – exklusive ausdrücklicher Ausnahmen – auch unmittelbar für den Bereich der Seeschifffahrt gälten, solange der Rat nicht von seiner Befugnis nach Artikel 80 Abs. 2 EG Gebrauch gemacht hätte. Zum Zweiten dürfte der Rat auf Grundlage des Artikels 80 Abs. 2 EG keine Vorschriften erlassen, die den Grundsatzvorschriften des Vertrages widersprächen. Drittens wären die allgemeinen Vorschriften dann anzuwenden, wenn sich mit ihrer Hilfe den Belangen der Seeschifffahrt irgend Rechnung tragen ließe. Viertens leitet *Erdmenger* aus der genannten Wechselbeziehung die Pflicht des Rates ab, von seiner Befugnis nach Artikel 80 Abs. 2 EG Gebrauch zu machen, soweit die allgemeinen Vertragsvorschriften nicht ausreichten, die Sonderbelange der Seeschifffahrt zu wahren[420].

2. Missbrauch einer marktbeherrschenden Stellung, Artikel 82 EG

Das Wettbewerbsrecht findet auf die Seehäfen bzw. deren Betreiber und die im Seehafen tätigen Dienstleister unmittelbare Anwendung[421]. Wie bereits in der Diskussion um die Verankerung der *essential facilities*-Doktrin im europäischen Recht gezeigt, hat auch die Europäische Kommission Artikel 82 EG in ihren Hafen-Entscheidungen angewandt[422].
Im EG-Vertrag ist der Missbrauch einer marktbeherrschenden Stellung durch Zugangsverweigerung zwar nicht wie im deutschen Wettbewerbsrecht als Regelbeispiel normiert und die *essential facilities*-Doktrin ist auch nicht höchstrichterlich anerkannt. Die Verweigerung der Einräumung der Nutzung einer Infrastruktureinrichtung gegen Entgelt stellt einen Sonderfall der Geschäftsverweigerung dar. Eine solche Geschäftsverweigerung ist im Rahmen der grundsätzlich geltenden Vertragsfreiheit legitim. Anderes gilt, wenn das verweigernde Unternehmen eine markt-

[420] GS-*Erdmenger*, Art. 80 Rn. 23; ebs. Grabitz/Hilf-*Boeing* (2005) Art. 80 Rn. 17.
[421] Grabitz/Hilf-*Jung* (2001), Art. 82 Rn. 12 f.; Grabitz/Hilf-*Pernice/Wernicke* (2003), Art. 86 Rn. 12 f.; für die Dienstleistungsfreiheit grundlegend EuGH, Slg. 1974, 1299, 1311 Rz. 27 – *van Binsbergen;* zur Niederlassungsfreiheit EuGH, Slg. 1974, 631, 653 Rz. 32 – *Reyners*; § 81 Abs. 3 EG ist durch die VO (EG) 1/2003 für unmittelbar anwendbar erklärt worden.
[422] KomE – *Sealink I*, nicht im ABl. veröffentlicht, siehe daher CMLR (1992) 5, 255; Bulletin EG Nr. 6 Ziff. 1.3.30 (1992); das Verfahren vor dem von Sealink angerufenen Gericht erster Instanz endete durch Vergleich; KomE, ABl. (EG) 1994 L-15/8 – *Sealink II*; KomE, ABl. (EG) 1994 L-55/52 – *Hafen von Rødby*; KomE – *CCI Morlaix* (Fn. II.133).

beherrschende Stellung im Wettbewerb einnimmt. Der EuGH hat Fälle der Geschäftsverweigerung wie die Rechtssache *Télémarketing*[423] über den Missbrauch einer marktbeherrschenden Stellung gelöst und Artikel 82 EG angewandt.
Anders als § 19 Abs. 4 Nr. 4 GWB im nationalen Recht betrifft die Rechtsprechung des EuGH zur Geschäftsverweigerung und damit auch die Anwendung des Missbrauchstatbestandes auf diese Fälle nicht nur die Verweigerung des Zugangs zu einer wesentlichen Einrichtung. In den Rechtsstreitigkeiten, welche den Entscheidungen *Magill*, *Bronner* und *IMS Health* zugrunde lagen, ging es jedoch auch jeweils um die Rechtmäßigkeit der Verweigerung des Zugangs zu bestimmten Daten oder Systemen. Der EuGH hat einen Zugangsanspruch in allen Fällen an strenge Voraussetzungen geknüpft, sodass eine dem § 19 Abs. 4 Nr. 4 GWB entsprechende Anwendung des Artikels 82 EG nur in einer eng begrenzten Zahl von Ausnahmefällen in Betracht kommt. Die Europäische Kommission hingegen hat in ihren Entscheidungen, welche den Zugang zu einem Hafen betrafen, den Artikel 82 EG jeweils im Sinne einer *essential facilities*-Doktrin angewandt. Vor diesem Hintergrund bleibt zu analysieren, ob und wie sich die Rechtsprechung des EuGH und die Entscheidungspraxis der Kommission auf Zugangsbegehren verschiedener Hafendienstleister auswirken.

a) Tatbestand

(1) Normadressaten

(a) Unternehmen

Die Norm richtet sich an Unternehmen. In Anbetracht der Organisationsstruktur eines Landlord-Hafens ist besonders interessant, ob auch öffentliche Unternehmen von dem wettbewerblichen Unternehmensbegriff des EG-Vertrages erfasst werden. Eine dem § 130 GWB vergleichbare Vorschrift existiert im europäischen Wettbewerbsrecht nicht.
Der EuGH behandelt als Unternehmen in ständiger Rechtsprechung grundsätzlich jede eine wirtschaftliche Tätigkeit ausübende Einheit unabhängig von ihrer Rechtsform, sowie von der Art ihrer Finanzierung[424] und verwendet damit ähnlich dem GWB einen funktionalen Unternehmens-

---

[423] EuGH, Slg. 1985, S. 3261 ff. – *Télémarketing*.
[424] EuGH, Slg. 1991 I-1979, 2016 Tz. 21 – *Höfner und Elser/Macroton*; *Emmerich*, in: Dauses (20. EL 2007), H I § 1 Rn. 58 mwN.

begriff[425]. Wirtschaftliche Tätigkeit ausübende Einheit bedeutet in diesem Zusammenhang eine einheitliche Organisation persönlicher, materieller und immaterieller Mittel, die dauerhaft einen bestimmten wirtschaftlichen Zweck verfolgt[426]. Dazu gehören neben anderen alle Handelsgesellschaften und Einzelkaufleute, Angehörige freier Berufe und gemeinnützige Organisationen[427]. Wesentlich ist dabei die Selbständigkeit, in der die wirtschaftliche Tätigkeit ausgeübt wird, abhängige Beschäftigung wird vom Unternehmensbegriff nicht erfasst[428]. Auf die Frage der Absicht der Gewinnerzielung kommt es nicht an[429], es soll sogar genügen, dass die natürliche oder juristische Person lediglich als Nachfrager auftritt[430].
Die Vorschriften über den Wettbewerb im europäischen Primärrecht unterscheiden hinsichtlich des Unternehmensbegriffs nicht zwischen privaten und öffentlichen Unternehmen[431]. Es soll weder die Rechtsform des Unternehmens noch die Gestaltung der Leistungsbeziehungen die Unternehmenseigenschaft ausschließen[432]. Ausgenommen ist jedoch die Wahrnehmung von Aufgaben mit ausschließlich sozialem Charakter, die auf

---

[425] MünchKommEuWettbR-*Säcker/Herrmann*, Einl. Rn. 1597 ff.

[426] EuGH, Slg. 1962, 717, 750 – *Mannesmann*; Grabitz/Hilf-*Jung* (2001), Art. 82 Rn. 24.

[427] *Emmerich*, in: Dauses (20. EL 2007), H I § 1 Rn. 61 mwN.

[428] *Schröter* (2004), S. 25 f.

[429] EuGH, Slg. 1980, 3125, 3250 Tz. 88 – *van Landewyck* zu einer Vereinigung von Unternehmen; EuGH, Slg. 1991 I-1979, 2016 f. Tz. 20 ff. – *Höfner und Elser/Macroton*, wo die Unentgeltlichkeit der Tätigkeit nicht ihre Wirtschaftlichkeit ausschloss.

[430] MünchKommEuWettbR-*Säcker/Herrmann*, Einl. Rn. 1627 ff.; *Schröter* (2004), S. 25.

[431] Daher setzt Art. 86 Abs. 2 EG, der sich auf öffentliche und privilegierte Unternehmen bezieht den gleichen Unternehmensbegriff voraus wie Art. 82 EG.

[432] *Emmerich*, in: Dauses (20. EL 2007), H I § 1 Rn. 63 mwN; daher werden auch öffentliche Körperschaften und Anstalten, staatliche Regiebetriebe sowie Staaten und deren Untergliederungen erfasst, soweit sie erwerbswirtschaftlich tätig sind; I/M-*Emmerich*, Art. 81 Abs. 1 Rn. 34 ff.; *Schröter* (2004), S. 26 f.

dem Grundsatz nationaler Solidarität beruhen[433] sowie jedes notwendig hoheitliche Handeln[434].
Danach scheint es im Interesse eines effektiven Wettbewerbs die Funktion des Unternehmensbegriffs zu sein, solches Handeln, welches notwendigerweise vom Staat vorgenommen werden muss und gegebenenfalls als hoheitliches Handeln auch mit den Mitteln des Verwaltungszwangs durchgesetzt werden kann, aus dem Anwendungsbereich der Wettbewerbsregeln herauszunehmen. Dieses bestätigt auch die Formulierung des EuGH in der Entscheidung *Höfner und Elser/Macroton*[435], in welcher der EuGH die Bundesanstalt für Arbeit als Unternehmen qualifizierte: „*Die Arbeitsvermittlung ... muss nicht notwendig von solchen Einrichtungen betrieben werden*“, gemeint sind öffentlich-rechtliche Anstalten.
Nach dem EuGH kommt es bei der Beurteilung der Unternehmenseigenschaft nicht darauf an, ob der Staat durch eine andere Einrichtung wirtschaftlich tätig wird, auf die er einen beherrschenden Einfluss ausübt, oder ob er die wirtschaftliche Tätigkeit durch eine in die Verwaltung eingegliederte Stelle ohne eigene Rechtspersönlichkeit selbst wahrnimmt[436]. Entscheidend ist, dass er eine wirtschaftliche Tätigkeit industrieller oder kommerzieller Art ausübt, die darin besteht, Güter oder Dienstleistungen auf dem Markt anzubieten[437]. Zur Bestimmung der wirtschaftlichen Tätigkeit des Staates ist jede seiner Tätigkeiten im Einzelfall zu prüfen und zu kategorisieren[438]. Unter den Unternehmensbegriff fällt er dann, soweit er erwerbswirtschaftlich tätig wird[439].

---

[433] Grabitz/Hilf-*Jung* (2001), Art. 82 Rn. 22; die Unternehmenseigenschaft der Sozialversicherung ablehnend EuGH, Slg. 1993, 637 – *Poucet*, anders für die Bundesanstalt für Arbeit EuGH, Slg. 1991 I-1979, 2016, Tz. 22 – *Höfner und Elser/Macroton*, da die Vermittlung von Arbeit keine zwingend staatliche Aufgabe, sondern eine wirtschaftliche Tätigkeit sei; auch ein Betriebsrentenfonds fällt unter den Unternehmensbegriff, da er nach dem Kapitalisierungsprinzip arbeitet und so eine wirtschaftliche Tätigkeit ausübt, EuGH, Slg. 1999 I-5751, 5887 f. Tz. 81 ff. – *Albany*.
[434] EuGH, Slg. 1994 I-43, 60 ff. – *SAT/Eurocontrol*.
[435] EuGH, Slg. 1991 I-1979, 2016 f. Tz. 22 f. – *Höfner und Elser/Macroton*.
[436] EuGH, Slg. 1987, 2599, 2621 Tz. 7 ff. – *Transparenzrichtlinie II*.
[437] KomE, ABl. (EG) 1998 L-230/10 Rz. 50 – *Alpha Flight Service/Aéroports de Paris*.
[438] EuGH, Slg. 1987, 2599, 2621 Tz. 7 – *Transparenzrichtlinie II*.
[439] *Schröter* (2004), S. 27.

(b) Marktbeherrschende Stellung

Der EuGH definiert die marktbeherrschende Stellung in ständiger Rechtsprechung als „die wirtschaftliche Machtstellung eines Unternehmens [...], die dieses in die Lage versetzt, die Aufrechterhaltung eines wirksamen Wettbewerbs auf einem relevanten Markt zu verhindern, indem sie ihm die Möglichkeit verschafft, sich seinen Wettbewerbern, seinen Abnehmern und letztlich den Verbrauchern gegenüber in einem nennenswerten Umfang unabhängig zu verhalten. Eine solche Stellung schließt [...] einen gewissen Wettbewerb nicht aus, versetzt aber die begünstigte Firma in die Lage, [...] weitgehend in ihrem Verhalten keine Rücksicht nehmen zu müssen, ohne dass ihr dies zum Schaden gereichte."[440] Die beherrschende Stellung gründet sich also auf zwei Kriterien: Die Macht, einen wirksamen Wettbewerb zu verhindern und die daraus resultierende Fähigkeit zu unabhängigem Verhalten gegenüber Wettbewerbern und Marktgegenseite. Zur Feststellung dieser Kriterien bedarf es zunächst der Abgrenzung des relevanten Marktes.

(i) Der relevante Markt

Zur Marktabgrenzung werden im Wesentlichen die gleichen Instrumente angewandt, die bereits im Rahmen der Ausführungen zu § 19 Abs. 4 Nr. 4 GWB dargestellt wurden, insbesondere das Bedarfsmarktkonzept sowie das Kriterium der Kreuz-Preis-Elastizität[441]. An dieser Stelle soll daher lediglich auf die europäischen Besonderheiten verwiesen werden.
Im Rahmen des Artikel 82 EG stellt sich anders als bei § 19 GWB nicht die Frage, ob der für die beherrschende Stellung relevante Markt der vor- oder nachgelagerte ist. Der Wortlaut der Norm kennt allein einen Markt und dieses ist der Einrichtungs-Markt[442]. Soweit es um das Begehren des Zugangs zu einem nachgelagerten Markt geht, hat der EuGH diese Fälle regelmäßig über die Lieferverweigerung gelöst und die Stellung auf dem nachgelagerten Markt nicht berührt. Die Kommission, welche die *essen-*

---

[440] EuGH, Slg. 1979, 461, 520 Tz. 38 f.– *Hoffmann-La Roche/Vitamine*; EuGH, Slg. 1980, 3775, 3793 Tz. 26 – *L'Oréal*; EuGH, Slg. 1983, 3461, 3503 Tz. 30 – *Michelin*; EuGH, Slg. 1988, 2479, 2514 Tz. 26 – *Bodson*; so ähnlich auch bereits EuGH, Slg. 1978, 207, 290 ff. Tz. 111 ff. – *United Brands*.

[441] Vgl. Europäische Kommission, Bekanntmachung über die Definition des relevanten Marktes im Sinne des Wettbewerbsrechts der Gemeinschaft, ABl. (EG) 1997 C-372/5 Ziff. 13; ausführlich dazu *Mestmäcker/Schweitzer*, § 16 Rn. 10 ff.; vgl. auch L/M/R-*Bergmann*, Art. 82 Rn. 28 ff.; *Jones/Sufrin*, S. 50 ff.

[442] Vgl. auch L/M/R-*Lübbig*, Art. 82 Rn. 206.

tial facilities-Doktrin anerkannt hat und als Fall des Artikels 82 EG behandelt, hat die beherrschende Stellung ebenfalls auf den vorgelagerten Markt bezogen[443]. Dabei lässt es der EuGH genügen, dass es sich bei dem Primärmarkt um einen potentiellen oder hypothetischen Markt handelt, aus seinem Urteil in der Rechtssache *IMS Health* geht hervor, dass der EuGH lediglich auf das Bestehen zweier unterschiedlicher Produktionsstufen abstellt, von denen die erste unerlässlich ist für die zweite[444]. Räumlich bestimmt sich der Markt danach, wo das Unternehmen seine Waren oder Dienstleistungen potentiellen Nachfragern unter gleichen Wettbewerbsbedingungen anbieten, bzw. wo es unter gleichen Wettbewerbsbedingungen als Nachfrager tätig werden kann[445].

(ii) *Wesentlicher Teil des Gemeinsamen Marktes*

Die Anwendung des Artikels 82 EG setzt voraus, dass der relevante Markt einen wesentlichen Teil des Gemeinsamen Marktes ausmacht. Mit diesem Kriterium soll ausgeschlossen werden, dass Artikel 82 EG, der dem Wettbewerb auf dem Binnenmarkt dienen soll, auf kleinen, lokalen Märkten den wenigen dort tätigen Unternehmen einen Schutz gegen Machtmissbräuche beherrschender Unternehmen verschafft. Wesentlicher Teil kann nur ein Markt sein, der relevant ist für den Wettbewerb in der Gemeinschaft[446]. Regelmäßig wird diese Mindestgröße erreicht, wenn sich ein Markt über das Gebiet eines größeren oder über mehrere Mitgliedstaaten erstreckt, jedenfalls über eine größere Region[447]. Jedoch stellt die räumliche Ausdehnung nicht das einzige Kriterium der Beurteilung der Wesentlichkeit dar, entscheidender ist das Kriterium der Wirtschaftskraft[448].

---

[443] In KomE, ABl. (EG) 1994 L-15/8, Rz. 66 – *Sealink II* hält die Kommission fest, dass „ein Unternehmen, das für die Gestellung einer wesentlichen Einrichtung, d.h. einer Einrichtung oder Infrastruktur, ohne deren Nutzung ein Wettbewerber seinen Kunden keine Dienste anbieten kann, marktbeherrschend ist und diese Einrichtung selbst nutzt und anderen Unternehmen den Zugang zu dieser Einrichtung ohne sachliche Rechtfertigung verweigert oder nur unter Bedingungen, die ungünstiger sind als für seine eigenen Dienste, gewährt, gegen Art. 86 EGV [a.F., Art. 82 (neu)] verstößt".

[444] EuGH, Slg. 2004 I-5039, 5084 Tz. 44 ff. – *IMS Health*.

[445] S/J/M-*Schröter*, Art. 82 Rn. 147 ff.; *Emmerich*, in; Dauses (20. EL 2007), H I § 1 Rn. 327; I/M-*Möschel*, Art. 82 Rn. 55 f.

[446] *Emmerich*, in: Dauses (20. EL 2007), H I § 1 Rn. 333; S/J/M-*Schröter*, Art. 82 Rn. 157.

[447] S/J/M-*Schröter*, Art. 82 Rn. 158.

[448] *Deslaers*, EuZW 1995, 563, 564.

(iii) Beherrschende Stellung

Ob ein Unternehmen in der Lage ist, wirksamen Wettbewerb auf dem relevanten Markt zu verhindern und sich seinen Wettbewerbern, seinen Abnehmern und letztlich den Verbrauchern gegenüber in einem nennenswerten Umfang unabhängig zu verhalten[449], ist im Rahmen einer Gesamtbetrachtung zu ermitteln. Der Wettbewerb auf dem Markt muss nicht notwendig total ausgeschlossen werden, das betreffende Unternehmen muss jedoch in der Lage sein, weitgehend unabhängig von seinen Wettbewerbern handeln zu können, ohne dabei Schaden zu nehmen[450]. Dem Unternehmen muss mithin ein nicht hinreichend kontrollierter Verhaltensspielraum in horizontaler wie vertikaler Hinsicht zur Verfügung stehen.

Zur Feststellung der beherrschenden Stellung können sowohl die Markt- und die Unternehmensstruktur als auch das Unternehmensverhalten herangezogen werden[451]. Marktstrukturelles Kriterium ist im Wesentlichen der Marktanteil des betroffenen Unternehmens. Ein dauerhafter Marktanteil von über 60 Prozent führt regelmäßig zu der Annahme einer marktbeherrschenden Stellung[452], ein geringer Anteil jedenfalls dann, wenn der Abstand zum nächststärkeren Wettbewerber hinreichend groß ist oder er ein Mehrfaches der Anteile der Wettbewerber darstellt (relative Marktanteile)[453]. Im Rahmen der marktstrukturellen Betrachtung wird auch der potentielle Wettbewerb auf einem Markt berücksichtigt[454].

Die unternehmensstrukturelle Untersuchung betrifft Kriterien wie die vertikale Integration des Unternehmens, technologische oder kommerzielle Vorsprünge, unternehmensbedingte Abhängigkeiten, Wirtschafts- und Finanzkraft, die Breite des Produktsortiments sowie Verflechtungen mit anderen Unternehmen[455]. Kann ein Unternehmen ohne Rücksicht auf Wettbewerber oder die Marktgegenseite auch unangemessene Preise oder

---

449 Vgl. zuerst in EuGH, Slg. 1978, 207, 286 Tz. 63/66 – *United Brands*; Grabitz/Hilf-*Jung* (2001), Art. 82 Rn. 55 mwN.

450 *Schröter* (2004), S. 108 mwN.

451 L/B-*Dirksen*, Art. 82 Rn. 37.

452 EuGH, Slg. 1979, 461, 530 Tz. 64 – *Hoffmann-La Roche/Vitamine*.

453 EuGH, Slg. 1978, 207, 289 ff. Tz. 97 ff. – *United Brands*, in diesem Fall betrug der Anteil des Marktbeherrschers ein Mehrfaches des Anteils des nächststärkeren Konkurrenten; EuGH, Slg. 1979, 461, 525 Tz. 51, 60, 63 – *Hoffmann-La Roche/Vitamine*.

454 EuGH, Slg. 1979, 461, 527 Tz. 55 – *Hoffmann-La Roche/Vitamine*.

455 Vgl. nur L/B-*Dirksen*, Art. 82 Rn. 55 mwN.

Geschäftsbedingungen festsetzen, ist ein Rückschluss vom Verhalten auf die Marktstellung möglich[456].

(2) Missbrauch durch Zugangsverweigerung

Die vier Regelbeispiele, die Artikel 82 Abs. 2 EG für den Missbrauch nennt, betreffen die Erzwingung von unangemessenen Preisen oder anderen Bedingungen (a.), die Einschränkung von Erzeugung, Absatz oder Entwicklung zum Schaden der Verbraucher (b.), die Konditionen-Diskriminierung von Handelspartnern (c.) sowie Kopplungsgeschäfte (d.). Keines dieser Beispiele lässt sich unmittelbar auf die Verweigerung des Zugangs zu wesentlichen Einrichtungen anwenden, sodass die Generalklausel des Artikels 82 Abs. 1 EG heranzuziehen ist. Bei der Anwendung des gesamten Wettbewerbsrechts des EG-Vertrages ist Artikel 3 lit. g EG zu beachten, der das Ziel postuliert, in der Gemeinschaft ein System zu errichten, das den Wettbewerb vor Verfälschungen schützt[457]. Die Generalklausel ist daher in diesem Sinn auszulegen.

(a) Zugangsverweigerung

Auch der Inhaber einer wesentlichen Einrichtung als marktbeherrschendes Unternehmen hat zwar grundsätzlich das Recht, Vorteile aus dem Betrieb seiner wesentlichen Einrichtung zu ziehen, zu behalten und nicht mit Dritten zu teilen. Dieses Recht wird jedoch in dem Moment eingeschränkt, in dem der Marktbeherrscher als Anbieter von Infrastruktur in der Lage ist, auch den nachgelagerten Dienstleistungsmarkt zu monopolisieren[458] und damit eine weitere Verschlechterung der Wettbewerbssituation zu befürchten ist. Die Möglichkeit, einen nachgelagerten Markt zu monopolisieren, besteht grundsätzlich dann, wenn es sich bei der Einrichtung um ein *bottleneck* handelt. Dann ist die Nutzung der Einrichtung unverzichtbar für das Tätigwerden auf dem anderen Markt.

---

[456] So auch S/J/M-*Schröter*, Art. 82 Rn. 118.

[457] EuGH, Slg. 1974, 223, 252 Rz. 25 – *Commercial Solvents*; Grabitz/Hilf-*v.Bogdandy* (2000), Art. 3 Rn. 14 mwN.

[458] *Temple Lang*, S. 439; siehe auch *Montag*, EuZW 1997, S. 76.

(b) Notwendigkeit der Tätigkeit auf dem nachgelagerten Markt

In der Rechtssache *CCI Morlaix*[459] wurde im Rahmen einer Eilentscheidung nicht auf eine Tätigkeit des Normadressaten auf dem abgeleiteten Markt abgehoben. Es stellt sich daher die Frage, ob insoweit ein Unterschied zwischen § 19 Abs. 4 Nr. 4 GWB und Artikel 82 EG besteht.

Der Wortlaut des Artikels 3 lit. g EG, der das Ziel des Systems unverfälschten Wettbewerbs postuliert, ist in dieser Hinsicht unergiebig, da ein Hafenanlagenbetreiber den Wettbewerb auf dem nachgelagerten Markt auch verfälschen kann, indem er lediglich einem oder wenigen Dienstleistern Zugang zu seiner Anlage gewährt, nicht aber anderen und gleichzeitig die Kapazität der Anlage nicht ausgeschöpft ist[460].

Die einzigen Urteile in diesem Zusammenhang, in denen sich der EuGH zur Wettbewerberstellung des dominanten Unternehmens äußerte, waren *Télémarketing*[461] und *IMS Health*[462]. Beide Entscheidungen betreffen Fälle, in denen das beherrschende Unternehmen sich oder einem verbundenen Unternehmen den abgeleiteten Markt vorbehalten wollte, sodass es auf die Frage, ob dieses auch notwendige Voraussetzung war, nicht ankam.

Die Ansicht der Kommission, dass es einer Wettbewerber-Stellung auf dem abgeleiteten Markt nicht bedürfe, liegt sowohl der Entscheidung im Eilverfahren *CCI Morlaix* als auch der Mitteilung der Kommission über die Anwendung der Wettbewerbsregeln auf Zugangsvereinbarungen im Telekommunikationsbereich[463] zugrunde. Folgte man dieser Ansicht, führte dieses zu einer extensiven Interpretation des Artikels 82 EG. In der Folge wäre jeder Eigentümer oder Verwalter einer wesentlichen Einrichtung verpflichtet, Bewerbern, die seine Einrichtung nutzen wollen, Zugang zu gewähren. Verweigern könnte er dieses lediglich aus objektiven Gründen, die einer Zulassung des Bewerbers entgegen stehen, z. B. Knappheit der Kapazität.

Einer derart extensiven Anwendung widerspricht jedoch, dass der EuGH Artikel 82 EG anwendet ohne die *essential facilities*-Doktrin anzuerkennen und den Ausnahmecharakter des in der *Magill*-Entscheidung[464] ge-

[459] KomE – *CCI Morlaix* (Fn. II.133).
[460] So lag der Fall in KomE – *CCI Morlaix* (Fn. II.133).
[461] EuGH, Slg. 1985, 3261 ff. – *Télémarketing*
[462] EuGH, Slg. 2004 I-5039 ff. – *IMS Health*.
[463] ABl. (EG) 1998 C-265/2 Rz. 85 ff.
[464] EuGH, Slg. 1995, I-808 ff. – *Magill*.

währten Zugangsanspruchs betont[465]. In seinen Entscheidungen in den Sachen *Magill*, *Commercial Solvents* und *Télémarketing* sah der EuGH jeweils einen Marktausschluss als gegeben an. In *IMS Health* hat der EuGH die abschließende Beurteilung hierzu dem vorlegenden Gericht überlassen. Gleichzeitig wandte er in *IMS Health* den so genannten *leveraging test* an, prüfte also den Transfer von Marktmacht auf einen verbundenen Markt. Dieser setzt voraus, dass das marktbeherrschende Unternehmen auch auf dem nachgelagerten Markt tätig ist oder sich diesen jedenfalls vorbehält[466].

Vor der *IMS Health*- Entscheidung wurde in Teilen der Literatur davon ausgegangen, dass die Präsenz auf dem abgeleiteten Markt anders als im deutschen Recht, keine notwendige Voraussetzung für den Zugangsanspruch sei[467]. Diese Ansicht kann vor dem Hintergrund der Begründung der *IMS Health* Entscheidung jedoch keine Zustimmung mehr bekommen. Denn danach handelt es sich bei Artikel 82 EG auch um eine Marktöffnungsvorschrift. Zugang soll also nur dann gewährt werden, wenn andernfalls der Wettbewerb auf einem sekundären Markt ausgeschlossen würde. Es handelt sich mithin um ein Instrument zur Marktöffnung, dass der Förderung des Wettbewerbs auf einem Markt dienen soll, der einem Netz- oder Infrastruktur-Monopol bzw. einem monopolartig strukturierten Infrastruktur-Markt nachgelagert ist. Wäre der Monopolist oder das beherrschende Unternehmen des Primärmarktes auf dem nachgelagerten Markt nicht tätig, so hätte es regelmäßig ein erhebliches Interesse daran, möglichst vielen Unternehmen gegen Entgelt die Nutzung seiner Infrastruktur zu gewähren. Dieses Interesse verschiebt sich jedoch, wenn der Inhaber der Infrastruktur selbst auf dem nachgelagerten Markt tätig wird, die Nutzer seiner Infrastruktur zu seinen Konkurrenten werden. Investieren private Unternehmen in die Erstellung einer auf dem Markt neuartigen Infrastruktur- oder anderen wesentlichen Einrichtung, so wird dieses häufig aus dem Grund erfolgen, Wettbewerbsvorteile zu erzielen, diese Einrichtung selbst zu nutzen, dadurch neue, günstigere o-

---

[465] EuGH, Slg. 1998 I-7817 ff., Tz. 41 – *Bronner*.

[466] EuGH, Slg. 2004 I-5039, 5082, Tz. 38 f. – *IMS Health*.

[467] Grabitz/Hilf-*Deselaers* (1999), Art. 82 Rn. 350; *van Hooydonk*, S. 108; dass die Präsenz des marktbeherrschenden Unternehmens auf dem abegeleiteten Markt nicht unbedingt notwendig ist, indiziert auch EuG, Slg. 1997 II- 927, 969 Tz. 131 – *Tiercé Ladbroke*; dieses entspricht auch der Mitteilung über die Anwendung der Wettbewerbsregeln auf Zugangsvereinbarungen im Telekommunikationsmarkt, ABl. (EG) 1998, C-265/2.

der bessere Dienstleistungen anbieten zu können und so Gewinne zu erzielen[468].

Im US-amerikanischen Recht, welches die *essential facilities*-Doktrin anwendet, sind Zugangsbegehren mehrfach abgelehnt worden, weil der Eigentümer der wesentlichen Einrichtung nicht auf dem nachgelagerten Markt tätig war[469] oder weil der Eigentümer nicht die einzige Einrichtung ihrer Art besaß. Letzteres wurde damit begründet, dass derjenige Einrichtungsinhaber, der kein Monopol habe, mit anderen Inhabern vergleichbarer Einrichtungen im Wettbewerb um Nutzer stehe, sodass kein Fall für das Kartellrecht vorläge[470]. Sie wurde ebenfalls abgelehnt, wenn der Eigentümer nicht auch auf dem nachgelagerten Markt über die nach Sec. 2 Sherman Act erforderliche Marktmacht, nämlich ein Monpol verfügte[471]. Das zuletzt genannte Kriterium verdeutlicht, dass es sich bei der *essential facilities*-Doktrin im amerikanischen Recht nicht nur um ein Marktöffnungsinstrument handelt, sondern um ein Mittel, das dazu dienen soll, die Ausdehnung von Monopolmacht von einem Primärmarkt auf die nachgelagerten Märkte zu verhindern.

Auch unter Berücksichtigung der strukturellen Unterschiede des US-amerikanischen und des europäischen Kartellrechts können diese Erwägungen in ihrem Kern auf das europäische Recht übertragen werden: Es geht in diesem Fall nicht um eine Monopolisierung des Primärmarktes, also das Entstehen einer marktbeherrschenden Stellung, welches im europäischen Recht nicht per se angreifbar ist. Es geht um den Transfer von Markmacht auf einen nachgelagerten Markt, der seinerseits einen Missbrauch der marktbeherrschenden Stellung auf dem Primärmarkt darstellt. Eine bestehende Monopol- oder marktbeherrschende Stellung auf dem

---

[468] *Temple Lang*, S. 437, 479 beschreibt diese Situation als einen „conflict of interest“: Zum einen wolle der Betreiber als Eigentümer möglichst große Profite aus seinem Eigentum ziehen, was die Zulassung einer Vielzahl von Kunden impliziert, zum anderen wolle er als Wettbewerber dieser Kunden die Vorteile, die er aus seiner Eigentümerstellung zieht, für sich behalten.

[469] Im Fall *Interface vs. Massachusetts Port Authority* begehrte die Fluglinie Interface vom Betreiber des Logan Airport Zugang zum Flughafen. Die Anwendung der *essential facilities*-Doktrin wurde mit der Begründung abgelehnt, dass der Betreiber nicht selbst als Wettbewerber der Petentin tätig war, 1987-1 Trade Cases P 67, 502; *Mestmäcker/Schweitzer*, § 18 Rn. 42 mwN.

[470] *Lipsky/Sidak*, 51 Stan. Law Rev. 1187, 1212.

[471] 1991-2 Trade Cases P 69, 624 – *Alaska Airlines v. United Airlines*; *Lipsky/Sidak*, 51 Stan. Law Rev. 1187, 1211 ff.

nachgelagerten Markt ist nicht erforderlich[472], wird aufgrund des Primärmarktmonopols aber in der Regel bestehen[473]. Vor diesem Hintergrund und aufgrund des Umstandes, dass die *essential facilities*-Doktrin als Sonderfall des Artikels 82 Abs. 1 EG und damit im Kartellrecht[474] verortet wird, ist auch für das europäische Recht davon auszugehen, dass es einer Wettbewerbssituation auf dem nachgelagerten Markt bedarf. Teilweise wird auch vertreten, dass das marktbeherrschende Unternehmen auch den verbundenen Markt „*fest in seinem Griff*" halten müsse[475]. Mit dieser Überlegung stimmt auch die Entscheidung des EuGH in der Sache *IMS Health* überein. Denn mit dem dort genannten *leveraging test* soll eben gerade die Ausdehnung der Marktmacht auf einen benachbarten Markt geprüft werden. Dieses setzt aber voraus, dass ein Unternehmen auf beiden Märkten tätig ist oder sich jedenfalls den nachgelagerten Markt vorbehält.

(3) Missbrauch durch Diskriminierung

Alle anderen Fälle, in denen ein Inhaber von Infrastruktur diese grundsätzlich Dritten zugänglich macht und nicht selbst auf dem nachgelagerten Markt tätig ist, könnten allenfalls solche des Verstoßes gegen das Diskriminierungsverbot sein und müssen an dessen Maßstäben gemessen werden.
Auf Diskriminierungen findet die Generalklausel des Artikels 82 Abs. 1 EG nur dann Anwendung, wenn das Regelbeispiel des Artikels 82 Abs. 2

---

[472] Die Monopolisierung des Sekundärmarktes allein ist eben gerade nicht verboten, der Missbrauch findet immer durch das den Primärmarkt beherrschende Unternehmen statt.

[473] *Mestmäcker/Schweitzer*, § 16 Rn. 36; *Soma/Forkner/Jumps*, S. 565, 600 f.; *Temple Lang*, S. 437, 478; an anderer Stelle (S. 476 f.) hält *Temple Lang* fest, dass das Prinzip der *essential facilities* nur solche Unternehmen betrifft, die auf einem Markt eine beherrschende Stellung einnehmen und auf einem verbundenen Markt Waren oder Dienstleistungen anbieten.

[474] Aus der Zielsetzung des Kartellrechts, den Wettbewerb durch Regulierung zu gewährleisten und zu fördern, folgt die Notwendigkeit der Wettbewerberstellung auf dem Markt, denn Wettbewerb ist „jede Art wirtschaftlicher Handlung ..., die darauf gerichtet ist, sich im Wirtschaftskampf auf Kosten eines Mitbewerbers einen Vorteil zu verschaffen" (so zitiert bei *Bunte*, S. 3; Bericht 1957, BT-Drs. II/3644, S. 15). Das heißt, das marktbeherrschende Unternehmen muss selbst auf einem der Märkte, hier dem nachgelagerten Markt, Wettbewerb ausgesetzt sein. Dafür spricht auch die Terminologie „competition", da dieser Begriff den Wettkampf mit anderen voraussetzt.

[475] GA *Jacobs*, Schlussanträge in Slg. 1998 I-7791, 7813 Rz. 65 – *Bronner*.

lit. c EG nicht einschlägig ist. Die Abgrenzung der beiden Normen ist insbesondere wegen der Frage umstritten, ob es für die Annahme eines Verstoßes gegen das Regelbeispiel einer aktuellen Handelsbeziehung zwischen dem marktbeherrschenden und dem diskriminierten Unternehmen bedarf[476]. Wäre dieses der Fall, fiele das Zugangsbegehren eines Newcomers nur unter Artikel 82 Abs. 1 EG, würde aber nicht vom Regelbeispiel erfasst. Da es sich bei Artikel 82 Abs. 2 lit. c EG allerdings nur um ein Regelbeispiel handelt, welches die Generalklausel des Artikels 82 Abs. 1 EG präzisiert, und nicht um einen Tatbestand, besitzt die Abgrenzung keine praktische Bedeutung für die eintretenden Rechtsfolgen.
Die Generalklausel des Artikels 82 Abs. 1 EG enthält ein über Artikel 82 Abs. 2 lit. c EG hinausgehendes Diskriminierungsverbot[477]. Von diesem wird daher auch der Fall erfasst, dass einem potentiellen Handelspartner der Abschluss eines Geschäfts und damit auch der entgeltliche Zugang zu einer wesentlichen Einrichtung verweigert wird, während dem gleichen Begehren anderer Unternehmen durch den Marktbeherrscher entsprochen wird. Voraussetzung der Anwendbarkeit eines jeden Diskriminierungsverbotes und daher auch des Verbotes nach Artikel 82 Abs. 1 EG ist die Vergleichbarkeit der zu vergleichenden Sachverhalte[478].
Dass ein Sachverhalt gleichzeitig als eine von Artikel 82 Abs. 1 EG erfasste missbräuchliche Geschäftsverweigerung und als Verstoß gegen das in der Generalklausel gleichfalls enthaltende Diskriminierungsverbot eingestuft werden kann, ist allgemein anerkannt[479]. Daher kann das „ob“ des Zugangs durchaus nach den Grundsätzen der Geschäftsverweigerung und des Diskriminierungsverbots, das „wie“ des Zugangs oder dessen Verweigerung nur nach den Grundsätzen des Diskriminierungsverbots missbräuchlich sein.

(4) Rechtfertigung

Die Verweigerung der Zulassung könnte auch im Rahmen des Artikels 82 EG wie im nationalen Kartellrecht durch das Vorliegen objektiver Gründe gerechtfertigt sein. Allerdings sieht Artikel 82 EG – anders als § 19 Abs. 4 Nr. 4 oder § 20 Abs. 1 GWB – selbst nicht ausdrücklich eine

---

[476] So L/B-*Dirksen*, Art. 82 Rn. 181; a.A. L/M/R-*Lübbig*, Art. 82 Rn. 167; unentschieden: EuGH, Slg. 1998 I-7791, 7813 Rz. 65 – *Bronner*.
[477] *Frenz* Bd. II, Rn. 1347 ff.; auch L/B-*Dirksen,* Art. 82 Rn. 178.
[478] Grabitz/Hilf-*Jung* (2001), Art. 82 Rn. 164.
[479] Grabitz/Hilf-*Jung* (2001), Art. 82 Rn. 167; Grabitz/Hilf-*Deselaers* (1999), Art. 82 Rn. 305.

Rechtfertigungsmöglichkeit vor. Eine Gesamt-Abwägung der gegebenenfalls wettbewerblichen Vor- und Nachteile hat daher im Rahmen der Prüfung des Artikel 82 EG grundsätzlich zu unterbleiben[480]. Dennoch folgt die Abwägung möglicher Rechtfertigungsgründe ähnlichen Grundsätzen wie im Rahmen des § 20 Abs. 1 GWB[481].
Allerdings ist die Frage der Missbräuchlichkeit des Verhaltens des Normadressaten aufgrund der fehlenden Rechtfertigungsmöglichkeit unter Abwägung aller Umstände zu prüfen. Dieses ergibt sich für die Geschäftsverweigerung aus dem Umstand, dass die grundsätzlich geltende Vertragsfreiheit ein wesentliches Element der Wettbewerbsfreiheit ist, der auch Artikel 82 EG letztlich zu dienen bestimmt ist. Wegen der grundsätzlich geltenden Vertragsfreiheit kann auch der Marktbeherrscher nicht verpflichtet werden, unter allen Umständen mit jedem Bewerber zu kontrahieren.
Ein Umstand, der gegen eine solche Kontrahierungspflicht spricht, ist ein objektiver Mangel an Kapazität, wirtschaftliche Leistungsunfähigkeit oder technische Unkenntnis des Bewerbers sowie eine intensive Kostensteigerung durch die Zulassung[482], nicht aber die Eigentümerstellung des Infrastrukturinhabers als solche. Zwar ist das Eigentum auch im europarechtlichen Kontext über Artikel 6 i. V. m. Artikel 295 EG geschützt und hat der EuGH ein fundamentales Recht auf Eigentum anerkannt[483], dennoch liegt in der Pflicht zur Zugangsgewährung kein Eingriff. Nach der Rechtsprechung des EuGH ist dieses Recht auf Eigentum nur im gleichen Rahmen gewährleistet wie in den mitgliedstaatlichen Verfassungen. In den Verfassungen aller Mitgliedstaaten sei aber anerkannt, dass die Ausübung des Eigentumsrechts im Interesse der Allgemeinheit und in dem danach erforderlichen Maß eingeschränkt werden könne[484]. Ein solches Allgemeininteresse stellt der funktionierende Wettbewerb dar, wie er in Artikel 3 lit. g EG postuliert wird und von welchem letztlich die Verbraucher, also die Allgemeinheit, profitieren[485].

---

480 *Frenz* Bd. II, Rn. 1413.
481 I/M-*Möschel*, Art. 82 Rn. 120.
482 Vgl. Europäische Kommission, Generaldirektion Wettbewerb: Discussion paper on the application of Article 82 of the Treaty to exclusionary abuse, Ziff. 234.
483 EuGH, Slg. 1979, 3727, 3745 Tz. 17 f. – *Hauer/Rheinland Pfalz*.
484 EuGH, Slg. 1979, 3727, 3746 Tz. 19 ff. – *Hauer/Rheinland Pfalz*; *Schnelle*, EuZW 1994, 556, 558 mwN.
485 KomE, ABl. (EG) 1998 L-72/30 Tz. 89 ff. – *Flughafen Frankfurt/Main*; *Schnelle*, EuZW 1994, 556, 559.

Auch die Befürchtung von Marktanteilsverlusten gereicht nicht dazu, die Zugangsverweigerung als wettbewerbskonformes Verhalten zu qualifizieren, denn solche Verluste gehen regelmäßig mit dem Hinzutreten eines Wettbewerbers einher. Hingegen soll die fehlende Kreditwürdigkeit des potentiellen Mitbenutzers einen zulässigen Verweigerungsgrund darstellen[486], da die Nutzung nur gegen Zahlung eines Entgelts gewährt werden muss und der Inhaber nicht das Insolvenzrisiko des ihm „aufgebürdeten" Schuldners tragen soll. Auch der Mangel an fachlicher oder technischer Kompetenz des Bewerbers soll die Missbräuchlichkeit einer Verweigerung ausschließen können, ebenso wie die Weigerung des Bewerbers, ein Entgelt zu zahlen[487].
Für die Tatbestandsvariante des Diskriminierungsverbots folgt eine Abwägungsprüfung zur Beurteilung der Missbräuchlichkeit in der Regel bereits aus der detaillierten Prüfung, ob tatsächlich Gleiches ungleich behandelt wird. Es gehört bereits zum Inhalt des Diskriminierungsverbots, dass der Marktbeherrscher einen von mehreren gleichartigen Bewerbern, die alle gleichartige Leistungen anbieten bzw. nachfragen, nicht ohne sachlichen Grund benachteiligen darf[488].
Gleichartig sind Leistungen, welche ihrer Funktion nach als austauschbar angesehen werden können und deren sonstige transaktionsrelevanten wirtschaftlichen Faktoren im Wesentlichen gleichwertig sind[489]. Die betroffenen Bewerber sind grundsätzlich dann als gleichartig anzusehen, wenn sie auf der selben Wirtschaftsstufe stehen. Allerdings können gerade im Fall von Kapazitätsengpässen etablierte Geschäftsbeziehungen und Beziehungen zu Newcomern als nicht gleichartig angesehen werden, sodass eine Bevorzugung der erstgenannten nicht zu einem Verstoß gegen das Diskriminierungsverbot führen würde[490].
Kann der Marktbeherrscher nur einen von mehreren Bewerbern zulassen, weil er nur über begrenzte Kapazitäten verfügt, ist dieser Kapazitätsengpass grundsätzlich hinreichender Rechtfertigungsgrund der Ungleichbehandlung im Rahmen des Artikels 82 Abs. 1 EG. Anders als der BGH in Bezug auf § 20 Abs. 1 und 2 GWB hat der EuGH den Artikel 82 EG in seiner Rechtsprechung bisher nicht dahingehend interpretiert, dass aus dem Diskriminierungsverbot eine Pflicht zur Ausschreibung folge. In Knappheitslagen könnte die Diskriminierung von Handelspartnern durch

486 KomE, ABl. (EG) 1992 L-96/34 Tz. 25.
487 *Deselaers*, EuZW 1995, 563, 568; *Mestmäcker/Schweitzer*, § 18 Rn. 54.
488 Grabitz/Hilf-*Jung* (2001), Art. 82 Rn. 164 f., Grabitz/Hilf-*Deselaers* (1999), Art. 82 Rn. 308.
489 Grabitz/Hilf- *Deselaers* (1999), Art. 82 Rn. 309 ff.
490 Vgl. Grabitz/Hilf- *Deselaers* (1999), Art. 82 Rn. 314.

Anwendung unterschiedlicher Bedingungen daher allein dadurch gerechtfertigt sein, dass eben nur eine begrenzte Menge zur Verteilung zur Verfügung steht. Eine Verpflichtung des marktbeherrschenden Unternehmens zur Repartierung, Rotation oder Befristung der geschlossenen Geschäftsbeziehung kann aus der bisherigen Rechtsprechung zu Artikel 82 EG grundsätzlich nicht gefolgert werden.
Vielfach wird ein Bewerber aber deswegen nicht zugelassen, weil im Einzelfall die verfügbaren Kapazitäten bereits an andere Bewerber vergeben worden sind. Es stellt sich daher wie im nationalen Recht die Frage, ob nicht bereits der Geschäftsabschluss mit den früheren Bewerbern einer besonderen Rechtfertigung bedarf, wenn die in seiner Folge fehlende Kapazität ihrerseits eine Ungleichbehandlung rechtfertigen können soll. Denn wenn das Diskriminierungsverbot den marktbeherrschenden Unternehmen die willkürliche Ungleichbehandlung gleichgelagerter Sachverhalte verbieten soll, dann ist es nur konsequent, diesen Unternehmen nicht eine Möglichkeit an die Hand zu geben, sich mit dem Argument der fehlenden Kapazität selbst einen Rechtfertigungsgrund zu schaffen. Auf diese Art und Weise könnten sonst zunächst Bewerber zugelassen werden, die aus anderen als objektiven Gründen bevorzugt werden. Rechtfertigungsgrund sollte daher allein der Umstand sein, dass objektiv und insgesamt begrenzte Kapazitäten bestehen. Wenn danach nur eine begrenzte Anzahl von Bewerbern zugelassen werden kann, so hat diese Zulassung auf eine die Willkürlichkeit ausschließende Art zu erfolgen. Ein dazu angemessenes Verfahren müsste insbesondere den Gesichtspunkten der Transparenz, der Nicht-Diskriminierung und der Objektivität genügen[491].
Für die Vergabe von Dienstleistungskonzessionen durch die öffentliche Hand, auf welche das Vergaberecht ebenso wenig Anwendung findet, wie auf die Vermietung oder Verpachtung von Grundstücken, hat der EuGH ein Verfahren angeordnet, welches den Grundsätzen der Gleichbehandlung und Transparenz entspricht[492]. Die Kommission hat sich dieser Auffassung des Gerichtshofs nunmehr mit der Veröffentlichung einer diesbezüglichen Mitteilung angeschlossen[493]. Diese Mitteilung stellt jedoch ausdrücklich nur auf „Aufträge" der öffentlichen Hand ab, ist also auf die

[491] Dieses sind auch die Grundsätze des förmlichen Vergabeverfahrens.
[492] EuGH, Slg. 2000 I-10770, 10794 Tz. 60 ff. – *Teleaustria*; EuGH, Slg. 2005 I-8612 ff. Tz. 48 ff. – *Parking Brixen*; EuGH vom 21. 7.2005 Rs. C-231/03 Tz. 15 ff. – *Coname* (= WuW/E Verg 1119 ff.); EuGH, Slg. 1999 I-8305, 8316 Tz. 31 – *Unitron Scandinavia und 3-S*; *Eggers/Malmendier* NJW 2003, 780, 781.
[493] Europäische Kommission, Mitteilung zu Auslegungsfragen in Bezug auf das Gemeinschaftsrecht, das für die Vergabe öffentlicher Aufträge gilt, die nicht oder nur teilweise unter die Vergaberichtlinien fallen, ABl. (EG) 2006 C-179/2.

Vermietung oder Verpachtung durch die öffentliche Hand nicht anwendbar. Die Mitteilung der Kommission betreffend Elemente staatlicher Beihilfe bei Verkäufen von Bauten oder Grundstücken durch die öffentliche Hand[494] sieht jedoch ein Verfahren zur Veräußerung von Grundstücken vor. Das Gebot der effektiven Durchsetzung des primärrechtlichen Verbots staatlicher Beihilfen verlangt es, dass die Möglichkeit des Vorliegens einer solchen Beihilfe durch Überprüfung der zu schließenden oder bereits geschlossenen Vereinbarung in einem adäquaten Verfahren (*ex-ante* oder *ex-post*) ausgeschlossen wird[495]. So wendet die Kommission ihre Mitteilung entsprechend auch auf die Vermietung und Verpachtung von Grundstücken an[496].

Zur Begründung einer Pflicht zur Durchführung eines transparenten, objektiven Verfahrens stellt der EuGH auf das Diskriminierungsverbot des Artikels 12 EG ab, aus dem ein allgemeines Gebot zur Gleichbehandlung folge. Gleiches gelte für die Dienst- und Niederlassungsfreiheit der Artikel 43 und 49 EG. Dabei sei das Gebot zur Gleichbehandlung von In- und EU-Ausländern nur eine spezielle Ausprägung eines allgemeinen Gleichbehandlungsgebots, dieses sei auch auf solche Fälle anwendbar, in denen eine Diskriminierung aus Gründen der Nationalität nicht in Frage stünde. Voraussetzung einer effektiven Durchsetzung des Gleichbehandlungsgebots sei die Transparenz bestimmter Auswahlentscheidungen. Artikel 82 Abs. 1 EG und Artikel 12 EG stimmen in ihrem sachlichen Inhalt insoweit überein, als beide ein Verbot der Diskriminierung aus Gründen der Staatsangehörigkeit beinhalten[497]. Insoweit sind beide Ausdruck eines allgemeinen Gleichbehandlungsgebots. Artikel 82 Abs. 1 EG verbietet allerdings nicht nur die Diskriminierung aus Gründen der Staatsangehörigkeit, sondern knüpft in erster Linie an die Gleichbehandlung aller Handelspartner des Normadressaten, aber auch an Kunden dieser Handelspartner an.

---

494 ABl. EG (1997) C-209/3 (s. Fn. II.361).

495 Aus dem Beihilfeverbot des Artikel 87 EG folgt unmittelbar, dass Miet- oder Pachtverträge über ein Grundstück der öffentlichen Hand zu den marktüblichen Bedingungen abzuschließen sind. Diese Bedingungen lassen sich am Besten in einem wettbewerblichen Verfahren ermitteln. Zwingend ist dieses jedoch nicht, da angemessene Marktbedingungen auch durch die Erstellung eines Gutachtens ermittelt werden können.

496 KomE, ABl. (EG) 2003 L-66/36 Rz. 30 – *Landesentwicklungsgesellschaft Thüringen* mit Verweis auf KomE, ABl. (EG) 2000 L-145/27 – *English Partnerships* und KomE, Beihilfe N 657/1999 - *Business InfrastructureDevelopment*; Heidenhain-*Heidenhain*, § 9 Rn. 8.

497 Einhellige Meinung; vgl. L/B-*Dirksen*, Art. 82 Rn. 139; Grabitz/Hilf-*Jung* (2001), Art. 82 Rn. 166; GS-*Schröter*, Art. 82 Rn. 223.

Wenn ein solches Gleichbehandlungsgebot besteht, sind die Normadressaten in Übertragung der Rechtsprechung des EuGH – ebenso wie die öffentliche Hand im Rahmen der Grundfreiheiten – verpflichtet, diesem Gebot dadurch Wirksamkeit zu verschaffen, dass sie ihr Verhalten gegenüber den Handelspartnern transparent gestalten. Da zu den Handelspartnern im Sinne der Norm auch die potentiellen Handelspartner zählen, gilt dieses auch für den Fall der Auswahl eines Handelspartners. Sucht ein einen wesentlichen Teil des Gemeinsamen Marktes marktbeherrschendes Unternehmen einen Handelspartner unter mehreren Bewerbern, hat es daher die Kriterien für seine Auswahl sowie deren Gewichtung im Interesse der Gleichbehandlung bekannt zu geben. Es hat mithin ein transparentes und faires Auswahlverfahren durchzuführen[498]. Eine Ungleichbehandlung ist daher auch aus Kapazitätsgründen nur nach Durchführung eines transparenten wettbewerblichen Auswahlverfahrens zu rechtfertigen. Diese Folgerung entspricht auch dem wettbewerbstheoretischen Ansatz, nach dem in jedem Fall einer Marktschließung ein Wettbewerb um den Markt entsteht, der die Durchführung eines Auswahlverfahrens erforderlich macht[499].
Wie ein solches Verfahren durchzuführen ist, ergibt sich ähnlich dem nationalen Recht weitgehend aus dem Gleichbehandlungs- und Transparenzgebot selbst. Insofern können die Ausführungen der Europäischen Kommission in ihrer Mitteilung zum Verfahren der Auftragsvergabe außerhalb des Vergaberechts herangezogen werden[500]. Auch das in der Mitteilung vorgeschlagene Verfahren basiert im Wesentlichen auf den allgemeinen EG-Vertrags-Grundsätzen der Nichtdiskriminierung, Gleichbehandlung, Transparenz und Verhältnismäßigkeit. Danach ist das Vorhaben rechtzeitig in den geeigneten Medien (z. B. Fachzeitschriften, überregionalen Zeitungen) unter einer Kurzbeschreibung bekannt zu geben, es ist allen Interessenten der gleiche Zugang zum Verfahren zu ermöglichen, Begrenzungen sind nur anhand objektiver, transparenter Kriterien möglich, der Gegenstand des Vorhabens ist frei von unmittelbaren und mittelbaren Diskriminierungen der Handelspartner zu formulieren und die Auswahl hat unparteiisch zu erfolgen.

---

[498] So auch die Kommission, welche zur Begründung allerdings nicht unmittelbar Art. 82 EG heranzieht, Europäische Kommission, Mitteilung über eine europäische Hafenpolitik (Fn. I.12), Ziffer 4.3.

[499] Vgl. *Kunz*, ZVerkehrsw. 1999, 206, 224 f.

[500] Europäische Kommission, Mitteilung zu Auslegungsfragen in Bezug auf das Gemeinschaftsrecht, das für die Vergabe öffentlicher Aufträge gilt, die nicht oder nur teilweise unter die Vergaberichtlinien fallen, ABl. (EG) 2006 C-179/2.

Der Abschluss einer unbefristeten Geschäftsbeziehung nach Abschluss eines solchen Auswahlverfahrens führte dazu, dass der relevante Markt auf Dauer für die unterlegenen und andere potentielle Wettbewerber verschlossen bliebe. Es gehört jedoch zum Normzweck des Artikel 82 EG in seiner Ausprägung des Verbots des Behinderungsmissbrauchs, die Märkte offen zu halten und bestehenden Restwettbewerb möglichst weitgehend zu erhalten[501]. Dabei unterliegen die marktbeherrschenden Unternehmen einer besonderen Verantwortung und die Rechtfertigungsgründe haben umso schwerwiegender zu sein, je weniger Restwettbewerb erhalten bleibt[502]. Die Verschließung eines Marktes für potentielle Wettbewerber ist als stärkste Form der Behinderung aber auch aus Kapazitätsgründen nur so lange gerechtfertigt, wie es für die zugelassenen Unternehmen notwendig ist, damit sich seine Investitionen amortisieren und sich berechtigte Gewinnerwartungen realisieren. Aus diesen Gründen sind Geschäftsbeziehungen, welche als Folge eines auf Artikel 82 EG gestützten Zugangsbegehrens geschlossen wurden, zu befristen.

(5) Spürbare Beeinträchtigung des Handels zwischen den Mitgliedstaaten

Nach Artikel 82 EG ist die missbräuchliche Ausnutzung einer marktbeherrschenden Stellung nur verboten, wenn sie geeignet ist, den Handel zwischen den Mitgliedstaaten spürbar zu beeinträchtigen. Diese sogenannte „Zwischenstaatlichkeitsklausel" soll nach Artikel 3 Abs. 2 VO (EG) 1/2003 der Abgrenzung des Geltungsbereichs des nationalen von dem Gemeinschaftsrecht dienen. Nach der Rechtsprechung des EuGH ist der Handel zwischen den Mitgliedstaaten beeinträchtigt, wenn eine Maßnahme *„unmittelbar oder mittelbar, tatsächlich oder der Möglichkeit nach geeignet ist, die Freiheit des Handels zwischen den Mitgliedstaaten in einer Weise zu gefährden, die der Verwirklichung der Ziele eines einheitlichen zwischenstaatlichen Marktes nachteilig sein kann."*[503] Es genügt nach der Rechtsprechung des EuGH, dass eine abstrakte Eignung der Beeinträchtigung des Handels zwischen den Mitgliedstaaten vorliegt, konkrete Auswirkungen müssen nicht festgestellt werden können[504]. Un-

---

[501] I/M-*Möschel*, Art. 82 Rn. 116, 131.
[502] I/M-*Möschel*, Art. 82 Rn. 120, 242.
[503] EuGH, Slg. 1966, 321, 389 – *Grundig/Consten*; Slg. 1997 I-4411, 4412 Ls. 2– *Ferriere Nord*; EuG, Slg. 1992 II-1995, 2016 Tz. 55 – *Publishers Association.*
[504] Die GEMA-Entscheidungen: KomE, ABl. (EG) 1971 L-134/15 ff. lit. d „Die mißbräuchliche Ausnutzung der beherrschenden Stellung durch die GEMA kann auch dazu führen, den Handel zwischen Mitgliedstaaten zu beeinträchtigen."

ter „Handel" i. S. d. Artikels 82 EG ist dabei nicht nur der Austausch von Waren als Handel im engeren Sinne zu verstehen, sondern der Wirtschaftsverkehr insgesamt[505], d. h. die Gesamtheit des Waren-, Personen-, Dienstleistungs- und Kapitalverkehrs des Gemeinsamen Marktes[506].
Auch der Begriff der Beeinträchtigung ist weit zu verstehen: Er enthält in den verschiedenen Übersetzungen nur in einigen Sprachen die auch im Deutschen vorhandene negative Konnotation, in anderen drückt er vielmehr eine neutrale Beeinflussung aus (z. B. „*affect*"). Der EuGH hat in seiner Entscheidung *Grundig/Consten*[507] eine Beeinträchtigung auch angenommen, als eine an sich positive Ausweitung des Handelsvolumens zwischen den Mitgliedstaaten vorlag, da diese auf eine Wettbewerbsbeschränkung zurückzuführen war. Insofern ist davon auszugehen, dass mit „*beeinträchtigen*" ein „*beeinflussen*" neutraler, positiver oder negativer Natur gemeint ist[508].
Eine Beeinträchtigung zwischenstaatlichen Handels kann nicht nur auf Märkten entstehen, welche sich räumlich über die Grenzen der Mitgliedstaaten hinweg erstrecken. Vielmehr können auch Verhaltensweisen auf Märkten, die allein einen Teil eines Mitgliedstaates erfassen, zur Beeinträchtigung des zwischenstaatlichen Handels geeignet sein. Die Leitlinien der Europäischen Kommission über den Begriff der Beeinträchtigung zwischenstaatlichen Handels in den Artikeln 81 und 82 des EG-Vertrags[509] sehen dazu vor, dass ein Unternehmen, das eine beherrschende Stellung auf einem Markt, der nur einen Teil eines Mitgliedstaates umfasst, dieser Teil aber einen wesentlichen Teil des Gemeinsamen Marktes darstellt, dann den zwischenstaatlichen Handel spürbar beeinträchtigt, wenn es den Zugang zu diesem Markt für Wettbewerber aus anderen Mitgliedstaaten erschwert.
Das Maß der (potentiellen) Beeinträchtigung muss die Grenze der Spürbarkeit überschreiten[510]. Dieses lässt sich anhand einer Zusammenschau aller tatsächlichen und rechtlichen Umstände beurteilen, welche die miss-

---

(Hervorhebung durch d. A.); bestätigt durch EuGH, Slg. 1971, 791; EuGH, Slg. 1979, 3173.

505 EuGH, Slg. 1981, 2021, 2032 Tz. 18 – *Züchner;* Europäische Kommission, Leitlinien über den Begriff der Beeinträchtigung des zwischenstaatlichen Handels in den Artikeln 81 und 82 des Vertrages, ABl. (EG) 2004 C-101/81 ff. Rz. 19; L/B-*Bunte*, Art. 81 Rn. 121; *Frenz* Bd. II, Rn. 649.

506 Mestmäcker/Schweitzer, § 4 Rn. 12 mwN.

507 EuGH, Slg. 1966, 322, 389 – *Grundig.*

508 GS-*Schröter*, Art. 81 Rn. 179; S/J/M-*Schröter*, Art. 82 Rn. 294.

509 ABl. (EG) 2004 C-101/81.

510 Das setzt der EuGH u.a. auch in Slg. 1978, 207, 299 Tz.198/202 – *United Brands* voraus.

bräuchliche Handlung des Marktbeherrschers begleiten[511]. Der Ausschluss eines Produktes, welches jedenfalls in einem Teil des Gemeinsamen Marktes einer Nachfrage ausgesetzt wäre, erfüllt dieses Spürbarkeitskriterium regelmäßig[512]. Ebenso muss der Ausschluss eines Unternehmens von einem Markt mit zwischenstaatlicher Bedeutung regelmäßig als spürbare Beeinträchtigung angesehen werden, wenn dieses Unternehmen den Wettbewerb auf dem betreffenden Markt gefördert hätte[513] und der Zugang zu diesem Markt nicht in regelmäßigen Abständen mittels Durchführung neuer Auswahlverfahren wieder eröffnet wird.

b) Artikel 82 EG angewandt auf Seehäfen

(1) Normadressaten

(a) Unternehmen

Neben den privaten Hafeneigentümern und den privaten Hafendienstleistern kommt als im Hafen tätiges Unternehmen auch der öffentliche Hafenbetreiber in Betracht. Dieser erbringt eine wirtschaftliche Leistung, indem er u. a. Hafenflächen zur Nutzung anbietet. Im Übrigen setzt die Lenkungsfunktion, welche dem Betreiber als Koordinations- und Zulassungsstelle zukommt, nicht notwendig hoheitliches Handeln voraus, das gegebenenfalls zwangsweise durchzusetzen wäre. Dabei ist es für die Normadressateneigenschaft unerheblich, ob der Betreiber als formal privatisierte Gesellschaft organisiert ist, als Public Private Partnership oder als Anstalt des öffentlichen Rechts. Auch die Kommune, welche den Hafen im Rahmen ihrer allgemeinen Verwaltung betreibt und Hafenflächen gegen Entgelt zur Verfügung stellt, ist insoweit als Unternehmen im Sinne des europäischen Wettbewerbsrechts zu qualifizieren[514].
Unter den Hafendienstleistern ist zu differenzieren nach solchen, die eine Leistung auf dem Markt anbieten, die von den Nachfragern freiwillig abgerufen wird, und solchen, die wie die Lotsen eine Leistung erbringen, zu

---

[511] S/J/M-*Schröter*, Art. 82 Rn. 302.
[512] *Frenz* Bd. II, Rn. 1408 ff.
[513] Das entspricht auch der Wertung der LL zur Zwischenstaatlichkeit (Fn. II.505) Ziff. 97 f.
[514] Vgl. für den Flughafensektor EuGH, Slg. 2002 I-9297, 9363 Tz. 78 – *Aéroports des Paris*; so auch Europäische Kommission, Vademecum: Community rules on State aid and the financing of the construction of seaport infrastructure, 14.01.2003, SEK (2003) 55/1, dort Fn. 5.

deren Abrufung der Nachfrager verpflichtet ist. Hinsichtlich ersterer, zu denen die Umschlagbetriebe gehören, ist die Annahme einer wirtschaftlichen Tätigkeit – hier sogar mit Gewinnerzielungsabsicht – unproblematisch und damit auch ihre Einordnung unter den Unternehmensbegriff. Die Lotsenpflicht hingegen und damit auch ganz wesentlich die Lotstätigkeit beruht auf den Vorschriften über die Sicherheit und Ordnung[515]; für die Lotsendienste werden einseitig festgesetzte Gebühren erhoben[516], sodass die Frage besteht, ob es sich tatsächlich um eine wirtschaftliche Tätigkeit handelt. Wie oben dargestellt, ist die Art der Finanzierung für das Vorliegen einer wirtschaftlichen Tätigkeit nicht entscheidend; entscheidend ist nach dem Urteil des EuGH in der Sache *Höfner und Elser/Macroton*[517] vielmehr, ob es sich um eine Tätigkeit handelt, die nicht notwendigerweise vom Staat wahrgenommen werden muss. Insoweit entsprechen sich die Rechtsprechung des EuGH und die Auslegung des Unternehmensbegriffs des GWB, von welchem hoheitlich vorwegbestimmtes Handeln nicht erfasst wird[518]. Das Lotswesen ist in den Mitgliedstaaten der Europäischen Union unterschiedlich organisiert. In Deutschland sind die Lotsen freiberuflich tätig. Das deutsche Beispiel zeigt damit, dass diese Tätigkeit nicht notwendigerweise vom Staat (auch nicht in Form der Beleihung) wahrgenommen werden muss, sondern auch von Freiberuflern wahrgenommen werden kann[519]. In der Entscheidung *Corsica Ferries/Corpo di piloti del porto di Genova*[520] hat der EuGH das Genueser Lotsenkorps als wirtschaftlich tätiges Unternehmen eingestuft.

(b) Marktbeherrschende Stellung

(i) Relevanter Markt

Der für die Marktmacht sachlich relevante (Primär-)Markt, auf dem die Hafenbetreiber tätig sind, ist derjenige der Infrastruktur. Denn das Zurverfügungstellen der Infrastruktur Hafen ist die Leistung, welche die Ha-

---

[515] Aus § 2 Seelotsengesetz ergibt sich, dass die Lotsen der Sicherheit der Schiffahrt dienen.

[516] Diese Gebühren ergeben sich aus § 45 Abs. 2 Seelotsengesetz i.V.m. der Lotstarifverordnung.

[517] EuGH, Slg. 1991 I-1979, 2016 f. Tz. 22 f. – *Höfner und Elser/Macroton.*

[518] Vgl. oben I.)A.1.a)(1).

[519] § 21 Abs. 1 Seelotsengesetz: „Der für ein Seelotsrevier bestallte Seelotse übt seine Tätigkeit als freien, nicht gewerblichen Beruf aus."

[520] EuGH, Slg. 1994 I-1783, 1824 Tz. 38 ff.– *Corsica Ferries Italia.*

fenbetreiber anbieten. Der sachlich relevante Markt der einzelnen Hafendienstleister bestimmt sich nach der Art der Dienstleistung und der für sie erforderlichen Einrichtungen. Teilweise ist die sachliche Beschaffenheit der Dienstleistungen dabei auch durch eine geographische Komponente bestimmt[521]. Dieses ist dann der Fall, wenn die Leistung einen besonderen ortsgebundenen Bezug hat. Solches könnte etwa für die Lotsendienste, welche die Kenntnis des jeweiligen Reviers zur Voraussetzung haben, gelten.

Der räumlich relevante Markt ist für den Hafenbetreiber aber auch die im Seehafen tätigen Unternehmen regelmäßig jedenfalls das gesamte Hafengebiet als punktuelle Infrastruktur[522]. Sowohl der Markt für die Nutzung der Infrastruktureinrichtungen als auch der für die Umschlagsdienste ist in der Regel jedoch größer als ein Seehafen und bezieht diejenigen Seehäfen und Umschlagsunternehmen in anderen Häfen ein, welche um die Reeder als Kunden konkurrieren. Diese Situation ist der Lage nach nationalem Recht seit der siebten GWB-Novelle und der Einführung der Maßgeblichkeit des ökonomisch relevanten Marktes vergleichbar. Da es auch bei der Bestimmung des räumlich relevanten Marktes letztlich um die Substituierbarkeit aus der Perspektive der Marktgegenseite geht, stellt sich die Frage, ob ein Reeder oder anderer Nachfrager Dienstleistungen beispielsweise im Hamburger Hafen durch solche im Rotterdamer Hafen ersetzen würde. Hinsichtlich der Umschlagsdienste ist nach dem konkreten Bedarf der Marktgegenseite zu differenzieren, insbesondere nach dem Ziel-Absatzmarkt der umzuschlagenden Güter. Ist dieser unter Nutzung der intermodalen Verkehrsnetze ebenso gut über den einen wie den anderen Hafen erreichbar, so besteht ein einheitlicher räumlicher Markt, der alle Seehäfen erfasst, die dieses Absatzgebiet unter gleichen Bedingungen erreichen. Eine engere Abgrenzung kann jedoch in solchen Fällen geboten sein, in denen die Unternehmen im Hafen nur aufgrund behördlicher Erlaubnis tätig werden können und nur jeweils ein Unternehmen zugelassen wird. In diesen Fällen rechtlicher Monopole herrschen in dem einen Hafen spürbar unterschiedliche Wettbewerbsbedingungen als in einem

[521] L/M/R-*Bergmann*, Art. 82 Rn. 83.

[522] So auch der EuGH, Slg. 1991 I-5889, 5928 Tz. 15 – *Merci*: „Markt der Organisation von Hafenarbeiten im Hafen von Genua“; EuGH, Slg. 1998 I-533, 579 Tz. 26 – *Raso*: „Markt der Durchführung von Hafenarbeiten für Containerfracht im Hafen von La Spezia“;vgl. KomE, ABl. (EG) 1994 L 55/52, 54 Rz. 7 – *Hafen von Rødby*.

anderen Hafen, sodass die beiden Häfen nicht mehr als ein einheitlicher geographischer Markt angesehen werden können[523].

Anders als der Markt für die Nutzung der Infrastruktureinrichtung oder der Markt für die Umschlagsdienste, erstreckt sich der räumlich relevante Markt der technisch-nautischen Dienste regelmäßig auf das Gebiet des Hafens, in welchem diese Dienstleister tätig sind: Diese Dienste sind in räumlicher Hinsicht zumeist inflexibel, da sie bestimmtes Gerät benötigen, das nur unter einem unverhältnismäßigen Kostenaufwand in einen anderen Hafen verlegt werden kann[524]. Des Weiteren erfüllen diese Dienste regelmäßig eine Hilfsfunktion für den wirtschaftlich bedeutsameren Umschlag. Aus der Entscheidung für einen bestimmten Hafen bzw. für ein bestimmtes Umschlagunternehmen folgt daher in den meisten Fällen ein begrenztes Angebot technisch-nautischer Leistungen. Aber auch die Nachfrage ist auf diesen Raum begrenzt. Die Entscheidung des nachfragenden Reeders, einen bestimmten Hafen anzulaufen, fällt anders als für die Umschlagunternehmen nämlich nicht wegen eines bestimmten dort tätigen technisch-nautischen Dienstleisters. Die technisch-nautischen Dienste sind aufgrund dieser ortsbezogenen Nachfrage regelmäßig nicht hafenübergreifend substituierbar. Aufgrund eines solchen Ortsbezuges ist für den Transportsektor in vielen Fällen von einer Entsprechung des sachlichen und räumlichen Marktes auszugehen[525].

(ii) Wesentlicher Teil des Gemeinsamen Marktes

Grundsätzlich ist es nicht ausgeschlossen, dass das Gebiet eines einzelnen Hafens einen wesentlichen Teil des Gemeinsamen Marktes ausmacht. Entscheidend ist dabei insbesondere die Wirtschaftskraft dieses Teils, welche die Relevanz dieses Marktes für den Gemeinsamen Markt bestimmt[526]. Aber auch die grenzüberschreitende Lage eines Marktes kann diesen zum wesentlichen Teil des Gemeinsamen Marktes machen[527]. E-

---

[523] L/M/R-*Bergmann*, Art. 82 Rn. 83, 98; zur Marktabgrenzung im Fall rechtlicher Monopole auch EuG, Slg. 1997 II- 1695, 1714 Tz. 58 – *Deutsche Bahn.*

[524] Eine Ausnahme bildet der „Auftakt" zum Hamburger Schlepperkrieg, als ein Schiff der Arnold Peters Shipping Agency mit Schleppern der Kieler Verkehrs AG in den Hamburger Hafen einlaufen wollte.

[525] Dieses folgt auch bereits aus der „geographischen Komponente" der sachlichen Beschaffenheit; *Jones/Sufrin*, S. 327.

[526] Vgl. EuGH, Slg.1991 I-5889 ff. Tz. 15 – *Merci;* EuGH, Slg. 1994 I-1783 ff. Tz. 41 – *Corsica Ferries Italia; Emmerich*, in: Dauses (20. EL 2007), H I § 1 Rn. 334; S/J/M-*Schröter*, Art. 82 Rn. 158 f.

[527] EuGH, Slg. 1978, 207, 284 f. Tz. 45/56 – *United Brands.*

benso können einzelne Häfen und Flughäfen allein jeweils einen wesentlichen Teil des Gemeinsamen Marktes darstellen, sofern sie die Basis für wichtige Leistungstransfers im Gemeinsamen Markt sind und daher eine zentrale Austauschverbindung innerhalb des Gemeinsamen Marktes darstellen[528].
Aus diesem Grund sind jedenfalls diejenigen Häfen als wesentliche Teile des Gemeinsamen Marktes zu qualifizieren, die innerhalb der Gemeinschaft einen besonders hohen Anteil am Wirtschaftsaufkommen haben. Die hier relevante Größe des wesentlichen Teils des Gemeinsamen Marktes ist für den Seehafen-Sektor bislang nicht in Zahlen ausgedrückt worden. Möglicherweise können jedoch die Zahlen herangezogen werden, welche das Europäische Parlament und der Rat der Entscheidung 1692/96/EG[529] zugrunde gelegt haben.
In dieser Entscheidung haben das Parlament und der Rat die Seehäfen in drei Kategorien eingeteilt: Häfen der Kategorie A sind solche von internationaler Bedeutung, Häfen der Kategorie B besitzen gemeinschaftsweite Bedeutung und Häfen der Kategorie C haben allein regionale Bedeutung. In Zahlen ausgedrückt sind die Häfen wie folgt kategorisiert:

- Kategorie A: ein Frachtaufkommen von 1,5 Millionen Tonnen und ein Passagieraufkommen von 200.000 jährlich;
- Kategorie B: Jahresumschlag von mindestens 0,5 Millionen Tonnen und ein Passagieraufkommen von mindestens 100.000 jährlich;
- Kategorie C: Häfen, die diese Zahlen nicht erreichen, aber sonst Gebiete auf Inseln oder in Randlage mit den zentralen Regionen der Gemeinschaft verbinden.

Aus den Karten, die der Entscheidung 1346/2001/EG in Anhang I Abschnitt 5 beigefügt sind, ergibt sich, dass auch eine Vielzahl kleinerer europäischer Seehäfen in die Kategorie A fällt. Alle diese Häfen als wesentlichen Teil des Gemeinsamen Marktes zu qualifizieren, könnte jedoch zu weit führen: Auch wenn sogar den Häfen der Kategorie B eine gemeinschaftsweite Bedeutung beigemessen wird, betrifft dieses eine Bedeutung

---

[528] Vgl. EuGH, Slg. 1994 I-1783, 1824 Tz. 41 – *Corsica Ferries I* für die Lotsendienste im Hafen von Genua; Slg. 1998 I-535, 579 Tz. 26 – *Raso* für den Containerfrachtverkehr in La Spezia.
[529] Artikel 12 Abs. 2 der Entscheidung Nr. 1692/96/EG des Europäischen Parlaments und des Rates vom 23. Juli 1996 über gemeinschaftliche Leitlinien für den Aufbau eines transeuropäischen Verkehrsnetzes (ABl. (EG) 1996 L-228/1), geändert durch die Entscheidung Nr. 1346/2001/EG (ABl. (EG) 2001 L-185/1).

für den Verkehr innerhalb der Gemeinschaft, nicht aber für den Gemeinsamen Markt insgesamt. Die Bedeutung für den Gemeinsamen Markt insgesamt muss sich hingegen nach mehreren verschiedenen Parametern bemessen, da nicht nur ein einzelner Sektor von der Wertung betroffen ist.

Wesentlicher Teil des Gemeinsamen Marktes ist ein Gebiet dann, wenn es für die Verwirklichung der Ziele der EG von hinreichender Bedeutung ist[530]. Als Parameter kommen insbesondere in Betracht: die Wirtschaftskraft gemessen an Produktion und Verbrauch sowie Gewohnheiten und wirtschaftliche Möglichkeiten von Anbietern und Nachfragern[531]. Die Wirtschaftskraft eines Seehafens ist zunächst messbar in umgeschlagenen Gütern. Eine wesentliche Rolle spielt aber auch die Hinterlandanbindung, denn der Güterumschlag im Seehafen erfolgt zu einem erheblichen Teil vom Schiff auf einen Binnenverkehrsträger, der die Güter an ihren Bestimmungsort transportiert. Je weniger wirtschaftliche Möglichkeiten für Abnehmer oder auch Absender im Hinterland dabei bestehen, auf einen anderen Verkehrsträger oder einen anderen Hafen auszuweichen, desto bedeutender wird der einzelne Hafen im Verhältnis zum Gemeinsamen Markt. Insgesamt sind die Anforderungen, welche der EuGH und auch die Kommission in ihren Entscheidungen an die Qualifizierung als wesentlicher Teil des Gemeinsamen Marktes stellen, niedrig[532]:

Der EuGH hatte in fünf Fällen darüber zu entscheiden, ob es sich bei einem Seehafen um einen wesentlichen Teil des Gemeinsamen Marktes handelte. Der EuGH legte in allen diesen Entscheidungen ein Kriterium zugrunde: Den Anteil des jeweiligen Hafens am über den Seeweg abgewickelten Verkehrsvolumen des betreffenden Mitgliedstaates. Die Häfen von Genua[533] und La Spezia[534] wurden jeweils als wesentlicher Teil des Gemeinsamen Marktes für den Containerumschlag und technisch-nautische Hafendienste eingestuft, hinsichtlich des dänischen Hafens von Gedser überließ der EuGH die Entscheidung dem vorlegenden Gericht[535].

---

530 L/M/R-*Bergmann/Lübbig*, Art. 82 Rn. 142.

531 EuGH, Slg. 1975, 1663, 1995 Tz. 371/372 – *Suiker Unie u. a.*

532 L/M/R-*Bergmann/Lübbig*, Art. 82 Rn. 142; L/B-*Dirksen*, Art. 82 Rn. 70.

533 EuGH, Slg. 1991 I-5889, 5928 Tz. 15 – *Merci*; EuGH, Slg. 1994 I-1783, 1825 Tz. 41 – *Cosica Ferries Italia*; EuGH, Slg. 1998 I-3981, 3994 Tz. 38 – *Corsica Ferries France.*

534 EuGH, Slg. 1998 I-533, 579 Tz. 26 – *Raso*; EuGH, Slg. 1998 I-3981, 3994 Tz. 38 – *Corsica Ferries France.*

535 EuGH, Slg. 1997 I-4449, 4465 Tz. 37 – *GT-Link.*

Die Europäische Kommission hat neben dem Genueser Hafen auch die italienischen Häfen von Tarent, Venedig, Livorno, Neapel und Ravenna als wesentliche Teile des Gemeinsamen Marktes angesehen[536].
Das EuG hat in einer Entscheidung zu den Pariser Flughäfen Orly und Paris-Charles de Gaulle deren gemeinsame Qualifikation als wesentlicher Teil des Gemeinsamen Marktes an das Verkehrsvolumen dieser Flughäfen geknüpft und an deren daraus resultierender Bedeutung im Flughafennetz[537].
Entsprechend ihrer Entscheidung zu den italienischen Seehäfen hat die Kommission den Frankfurter Flughafen als wesentlichen Teil des Gemeinsamen Marktes qualifiziert, da er der größte Flughafen Deutschlands mit dem größten Verkehrsaufkommen sei[538]. Sie hat dabei einzig den Anteil am gesamten Fluggüterverkehr, also auch nur am Umschlag von Flugfracht zugrunde gelegt, nicht den Anteil an der gesamten Ein- und Ausfuhr[539].
Ziel der Gemeinschaft ist es, einen integrierten Binnenmarkt zu schaffen, Artikel 14 EG. Der Erreichung dieses Ziels dient insbesondere auch der Ausbau des transeuropäischen Verkehrsnetzes, Artikel 154 EG. Der Seehafen ist wiederum Teil dieses Verkehrssystems, welches zur Integration von Staatsverband und Gesellschaft beiträgt. Er dient daher ebenfalls der Vertiefung des europäischen Binnenmarktes[540]. Seehäfen, in denen ein bestimmtes Maß an Güterumschlag und Passagierverkehr stattfindet, stellen im europäischen Verkehrsnetz wichtige intermodale Knotenpunkte dar, sie sind von „*ausschlaggebender Bedeutung für die Wettbewerbsfähigkeit des Binnen- und Außenhandels und die Anbindung der Inseln und entlegenen Regionen Europas*“[541]. Diese Eigenschaft der Seehäfen ver-

---

[536] Vgl. KomE, ABl. (EG) 1997 L-301/17, Rz. 18 – *italienisches Hafenarbeitsgesetz.*
[537] EuG, Slg. 2000 II-3929, 3977 Tz. 152 – *Aéroports de Paris.*
[538] KomE, ABl. (EG) 1998 L-72/30 Rz. 57 f. – *Flughafen Frankfurt/Main.*
[539] KomE, ABl. (EG) 1998 L-72/30 Rz. 2 – *Flughafen Frankfurt/Main*; ebenso KomE, ABl. (EG) 1998 L-230/10 Rz. 80 – *Aéroports de Paris*; der Flughafen Brüssel wurde von der Kommission als wesentlicher Teil des Gemeinsamen Marktes angesehen, weil er von der Kommission im Rahmen des transeuropäischen Verkehrsnetzes als Flughafen von gemeinschaftsweiter Bedeutung eingestuft wurde, KomE, ABl. (EG) 1995 L-216/8 Rz. 10 – *Rabattsystem am Flughafen Brüssel.*
[540] Vgl. Europäische Kommission, Grünbuch über Seehäfen und Seehafenverkehrsinfrastruktur, KOM (97) 678 Ziff. 16 ff.; zu den Funktionen des Verkehrs GS-*Erdmenger*, Art. 70 Rn. 4 mwN.
[541] Europäische Kommission, GD Energie und Verkehr, „Seehäfen – Tor zum Wachstum im Seeverkehr“, Brüssel 2002 (Fn. II.395).

leiht ihnen eine hinreichende Bedeutung für die Verwirklichung des integrierten Binnenmarktes.
Wenn ein Gemeinschaftsorgan in einer Entscheidung Seehäfen mit einem bestimmten Fracht- oder Passagiervolumen als Häfen von internationaler oder gemeinschaftsweiter Verkehrsbedeutung einstuft, kann dieses entgegen der Entscheidung der Kommission hinsichtlich des Brüsseler Flughafens[542] aufgrund der Eindimensionalität dieser letztgenannten Entscheidung nicht allein ausschlaggebend für die Qualifikation eines Seehafens als wesentlicher Teil des Gemeinsamen Marktes sein. Denn wenn ein Hafen im Rahmen des Verkehrsnetzes eine erhebliche Bedeutung hat, hat er diese unter Umständen noch nicht für den Handel im Gemeinsamen Markt. Die Bedeutung eines Hafens kann daher nicht allein aus den absoluten Zahlen gefolgert werden, maßgeblich ist nach der Rechtsprechung des EuGH die Relevanz des in diesen Zahlen ausgedrückten Handelsvolumens für den betroffenen Mitgliedstaat. So kann ein Hafen, der nach der genannten Entscheidung eine gemeinschaftsweite Bedeutung besitzt für den gesamten Umschlag eines Mitgliedstaates von über den Seeweg transportierten Gütern eine untergeordnete Rolle spielen: Der Wert von 0,5 Mio. Tonnen liegt weit unter dem zum Beispiel im Hamburger Hafen erfolgten Umsatz von über 100 Mio. Tonnen jährlich. Die Bedeutung eines Hafens für die Bundesrepublik Deutschland ist nicht erheblich, wenn dieser einen Umsatz von einem Zwanzigstel des größten deutschen Hafens hat. Hingegen kann der Wert von 0,5 Mio. Tonnen in einem Mitgliedstaat Bedeutung erlangen, in welchem auch der größte Hafen nicht mehr als fünfmal so viel Umschlag hat. Die absoluten Zahlen können also dann Aufschluss über die Bedeutung des Seehafens für den betreffenden Mitgliedstaat und damit auch den Gemeinsamen Markt geben, wenn sie in Relation gesetzt werden zu der gesamten über den Seeweg abgewickelten Ein- und Ausfuhr bzw. dem gesamten Passagier-Seeverkehr eines Mitgliedstaates[543]. Eine Bedeutung für den Gemeinsamen Markt besitzt ein Seehafen darüber hinaus dann, wenn seine Benutzer keine andere

---

[542] KomE, ABl. (EG) 1995 L-216/8 Rz. 10 – *Rabattsystem am Flughafen Brüssel.*

[543] So hat der Hamburger Hafen eine erhebliche Bedeutung für die Ein- und Ausfuhr der Bundesrepublik Deutschland, weil er mit Abstand der größte der deutschen Seehäfen ist und sogar 8,6 % des gesamten deutschen Außenhandels über den Hamburger Hafen abgewickelt werden (Handelskammer Hamburg, Hamburg – Europäische Verkehrsdrehscheibe, 2003, S. 2). Ebenso sind die Bremischen Häfen als zweitwichtigster Seehafenstandort der Bundesrepublik von erheblicher Bedeutung für den von hier über den Seeweg abgewickelten Gütertransport.

Wahl haben, als diesen Hafen in Anspruch zu nehmen[544], aber auch dann, wenn es sich um den wichtigsten Seehafen für eine bestimmte Ladungskategorie handelt[545].

(iii) Beherrschende Stellung

Eine beherrschende Stellung kam in den drei Kommissionsentscheidungen zum Zugang zu Häfen den jeweiligen Hafenbetreibern, also *Sealink* bzw. den dänischen Staatsbahnen zu. Diese beherrschende Stellung wird in den europäischen Seehäfen, die von einem monopolistischen Unternehmen betrieben werden[546] immer dann vorliegen, wenn der Hafen selbst der räumlich relevante Markt ist, also nicht im Wesentlichen eine „Hub"-Funktion erfüllt. Will ein Unternehmen im Containerumschlag an der nordwesteuropäischen Küste tätig werden und bedarf einer Betriebsfläche, besteht eine marktbeherrschende Stellung eines einzelnen Hafenbetreibers regelmäßig nicht, da Flächen für die Wahrnehmung von Umschlagtätigkeit auf dem relevanten Umschlagsmarkt über mehrere Häfen verteilt sind und von mehreren Betreibern angeboten werden. Handelt es sich bei dem Bewerber um ein Unternehmen, welches technisch-nautische Dienste erbringen will, ist die Normadressateneigenschaft des Hafenbetreibers hingegen in der Regel anzunehmen, da der Nachfragemarkt dieser Unternehmen räumlich auf den Seehafen begrenzt ist.

(2) Missbrauch durch Zugangsverweigerung

Die Europäische Kommission hat in den Entscheidungen *Sealink I* und *II* sowie in der Entscheidung *Hafen von Rødby* jeweils den Missbrauch einer marktbeherrschenden Stellung durch den Hafenbetreiber angenommen. In *Hafen von Rødby* fasst sie zusammen: „*Daher kann ein Unternehmen, das eine wichtige Hafenanlage besitzt oder verwaltet, mit er es eine Dienstleistung im Seeverkehr gewährleistet, ohne Verstoß gegen Ar-*

---

[544] Vgl. Schlussanträge GA *van Gerven* in Slg. 1991 I-5889, 5913 – *Merci*, vom Gerichtshof in Kurzfassung übernommen: EuGH, Slg. 1991 I-5889, 5928 Tz. 15 – *Merci*.

[545] Vgl. Schlussanträge GA *Fennelly* in Slg. 1998 I-533, 558 – *Raso*, vom Gerichtshof in Kurzfassung übernommen: EuGH, Slg. 1998 I-533, 579 Tz. 26 – *Raso*.

[546] Für den Bereich der infrastrukturell in vielen Bereichen vergleichbaren Flughäfen besteht in den U.S.A. die Tendenz, Terminals nicht nur durch die Flughafenbetreiber, sondern auch durch Luftverkehrsgesellschaften oder Dritte betreiben zu lassen; *Fichert*, S. 245.

tikel 86 [82 (neu)] *den Zugang zu dieser Anlage einem Reeder nicht ohne objektive Rechtfertigung verweigern, der auf derselben Seeverbindung tätig werden will.*“[547] In allen diesen Entscheidungen war der Hafenbetreiber als Monopolist der Infrastruktur gleichzeitig auf dem verbundenen Markt der Fährlinie tätig, die diesen Hafen als Ausgangs- bzw. Zielhafen nutzte. Für den Betrieb der gleichen bzw. einer vergleichbaren Fährlinie war die Nutzung des gleichen Hafens zwingend, da keine ebenso guten Ausweichmöglichkeiten bestanden.
Charakteristisch für den Landlord-Hafen ist es, dass der Hafenbetreiber regelmäßig „nur“ Inhaber der Infrastruktur ist, nicht aber selbst Hafendienstleister. In einem solchen Fall fehlt es an der Tätigkeit auf dem nachgelagerten Markt, sodass ein Zugangsanspruch nach der *IMS Health*-Rechtsprechung des EuGH nach Artikel 82 EG nicht gewährt werden könnte, wohl aber aus anderen Gründen. Allerdings erscheint auch im Rahmen der Anwendung des Artikels 82 EG eine Konzernbetrachtung geboten, sodass eine Tätigkeit des Hafenbetreibers auf dem Sekundärmarkt auch dann anzunehmen ist, wenn er dort über eine rechtlich selbständige Tochtergesellschaft tätig wird.

(3) Missbrauch durch Diskriminierung

In einem idealen Landlord-Hafen wird der Hafenbetreiber die Infrastruktur zum Zwecke der Funktionsfähigkeit des Seehafens wenigstens einem fremden Hafendienstleister zur Verfügung gestellt haben. Das hat zur Folge, dass er aufgrund des Diskriminierungsverbots bei verbleibender Kapazität regelmäßig auch andere vergleichbare Dienstleister zulassen muss, um einen Missbrauch seiner marktbeherrschenden Stellung zu vermeiden. Der Grundsatz „gleiche Bedingungen bei gleichartiger Leistung“ würde in diesem Fall bedeuten, dass jeder Dienstleister gegen das gleiche Entgelt gleichermaßen zugelassen wird. Für den Hafenbetreiber als *landlord* stellen die Dienstleister alle gleichermaßen Mieter bzw. Pächter dar. Auf die Art der Dienstleistung kommt es bei der Zulassung allenfalls im Rahmen der Rechtfertigung einer Verweigerung aus objektiven Gründen an: Der Hafenbetreiber hat als *landlord* regelmäßig ein Interesse an einem reibungslos funktionierenden Hafen und wird daher für eine ausreichende Versorgung des Hafengebiets mit allen erforderlichen Dienstleistungen Sorge tragen. Da das reibungslose Funktionieren des Hafens mit seinen positiven wirtschaftlichen Folgen für die Region ein Allgemeininteresse darstellt, welches das Interesse des einzelnen potentiellen

---

[547] KomE, ABl. (EG) 1994 L-55/52, 55 Rz. 12 – *Hafen von Rødby.*

Dienstleisters überwiegt, würde eine Rechtfertigung aus objektiven Gründen regelmäßig Erfolg haben.

(4) Rechtfertigung

Zu beachten hat der Hafenbetreiber bei der Zulassung von Dienstleistern zu einer begrenzten Anzahl von Flächen allerdings, dass er eine nicht willkürliche Auswahl zu treffen hat. In der Regel kann er dieses nur im Rahmen eines transparenten, objektiven Auswahlverfahrens tun, welches dem Gleichbehandlungsgrundsatz genügt. Dieses Ergebnis entspricht auch dem Wettbewerbsgedanken, welcher dem Gemeinsamen Markt zugrunde liegt: Ist der Wettbewerb auf einem nachgelagerten Markt nicht oder nur eingeschränkt möglich, weil ein *bottleneck* existiert, das viele potentielle Wettbewerber vom Markt fern hält, findet ein Wettbewerb um den Zugang zu diesem Markt statt.

(5) Spürbare Beeinträchtigung des zwischenstaatlichen Handels

Erfüllt ein Seehafen das Kriterium des wesentlichen Teils des Gemeinsamen Marktes, kann der Handel zwischen Mitgliedstaaten auch durch ein lediglich hafeninternes Verhalten i. S. d. Artikels 82 EG spürbar beeinträchtigt werden[548]. Eine solche spürbare Beeinträchtigung liegt u. a. dann vor, wenn ein Bewerber ohne Durchführung eines Auswahlverfahrens als technisch-nautischer Dienstleister nicht zugelassen wird. Diesem Bewerber wird die Teilnahme auf einem wesentlichen Teil des Gemeinsamen Marktes ohne sachlichen Grund verweigert.

c) Rechtsfolge

Die Rechtsfolge eines Verstoßes gegen Artikel 82 EG ist primärrechtlich nicht geregelt. Allerdings enthält Artikel 83 EG eine Ermächtigung zum Erlass von Verordnungen und Richtlinien zur effektiven Durchsetzung der Artikel 81 und 82 EG. Die auf dieser Grundlage erlassene Verordnung 1/2003[549] erteilt der Kommission in Artikel 7 die Befugnis, die be-

[548] LL zur Zwischenstaatlichkeit (Fn. II.505), Ziff. 97 f.; so auch bereits EuG, Slg. 1996 II-1201, 1267 Tz. 203 – *Compagnie maritime belge transports u.a./Kommission.*

[549] VO (EG) 1/2003 des Rates zur Durchführung der in den Artikeln 81 und 82 des Vertrags niedergelegten Wettbewerbsregeln, ABl. (EG) 2003 L-1/1.

teiligten Unternehmen durch Entscheidung zu verpflichten, die festgestellte Zuwiderhandlung abzustellen. Sie kann ihnen hierzu alle erforderlichen Abhilfemaßnahmen verhaltensorientierter oder struktureller Art vorschreiben, die gegenüber der festgestellten Zuwiderhandlung verhältnismäßig und für eine wirksame Abstellung der Zuwiderhandlung erforderlich sind. Mithin kann sie auch die Zulassung zur wesentlichen Einrichtung anordnen.

D. Zwischenergebnis: Konkurrenz der Zulassung nach deutschem und gemeinschaftsrechtlichem Kartell- und Wettbewerbsrecht

Der marktbeherrschende Eigentümer von Hafenflächen hat anderen Unternehmen nach § 19 Abs. 4 Nr. 4 GWB und nach Artikel 82 EG nur dann Zugang zu seiner Infrastruktur zu gewähren, wenn er selbst auf dem gleichen Markt wie diese Unternehmen agiert und mit ihnen im Wettbewerb steht. Dabei ist der Beurteilung der Tätigkeit auf dem sekundären Markt eine konzernmäßige Betrachtung zugrunde zu legen.
Fraglich ist dabei, welche der beiden genannten Normen vorrangig zur Anwendung kommt. Grundsätzlich greift der Vorrang des Gemeinschaftsrechts ein, wenn der Sachverhalt einen zwischenstaatlichen Bezug aufweist, indem er geeignet ist, den zwischenstaatlichen Handel zu beeinträchtigen. Der zwischenstaatliche Bezug ist immer dann gegeben, wenn mit einem Seehafen ein wesentlicher Teil des Gemeinsamen Marktes betroffen ist, also ein für den Seegüterverkehr eines Mitgliedstaates bedeutender Seehafen.
Der Vorrang des EG-Wettbewerbsrechts bei Bestehen einer zwischenstaatlichen Relevanz wird auch von Artikel 3 Abs. 2 S. 1 VO 1/2003 postuliert. Artikel 3 Abs. 2 S. 2 VO 1/2003 sieht jedoch eine Ausnahme von diesem Grundsatz vor. Danach können die Mitgliedstaaten auf einseitige Maßnahmen des Normadressaten strengeres nationales Recht anwenden. Diese Ausnahme gilt auch für solche Sachverhalte, welche tatbestandlich bereits unter Artikel 82 EG fallen, für die das nationale Recht aber spezielle Regelungen vorsieht[550]. Artikel 3 Abs. 2 S. 2 VO (EG) 1/2003 gilt somit auch für über Artikel 82 EG hinausgehende Anforderungen an das Verhalten marktbeherrschender Unternehmen[551].
Einseitigkeit besteht bei fehlender – auch konkludenter – Zustimmung des Unternehmens, welches sich der Maßnahme des Normadressaten ge-

---

550 Schnelle/Bartosch/Hübner, S. 40 f.

551 Grabitz/Hilf-*Dalheimer* (2005), nach Art. 83, Art. 3 Rn. 16.

genüber sieht[552]. Die Weigerung, *essential facilities* zur Verfügung zu stellen, ist nach einhelliger Auffassung in der Literatur regelmäßig ein einseitiges Verhalten, sodass § 19 Abs. 4 Nr. 4 GWB von dieser Ausnahmeregelung erfasst wird[553]. Zusätzlich trifft diese Norm detaillierte Regelungen über den Zugang, begrenzt die Zahlung eines Entgelts auf das Angemessene und postuliert die Darlegungs- und Beweislast des Normadressaten hinsichtlich seiner Rechtfertigung. Die detaillierte Regelung ist damit eine strengere Regelung im Sinne der VO (EG) 1/2003[554]. Daher ist auf den Zugang zu Infrastruktureinrichtungen im Geltungsbereich des GWB trotz des grundsätzlich geltenden Vorrangs des Gemeinschaftsrecht § 19 Abs. 4 Nr. 4 GWB anzuwenden.
Will der Eigentümer der Hafenflächen diese vermieten oder verpachten, hat er zu beachten, dass er im Falle größerer Nachfrage als Angebot in Anwendung des § 20 Abs. 1 GWB ein transparentes Auswahlverfahren unter den Bewerbern durchzuführen hat. Gleiches muss in konsequenter Weiterführung der EuGH-Rechtsprechung zur Anwendung des Vergaberechts auf die Vergabe von Dienstleistungskonzessionen auch dann gelten, wenn Artikel 82 EG zur Anwendung kommt.
Sollte, abweichend von dem zuvor Gesagten, aus Artikel 82 EG keine Ausschreibungspflicht für die Verteilung von Hafenflächen folgen, folgt diese trotz möglicherweise bestehender zwischenstaatlicher Relevanz jedoch aus § 20 Abs. 1 GWB: Auch § 20 GWB betrifft einseitige Handlungen[555]. Der achte Erwägungsgrund der VO 1/2003 soll nach einer Auffassung in der Literatur im Übrigen dafür sprechen, dass § 20 GWB insgesamt von der Verdrängungswirkung des Vorrangs des Gemeinschaftsrecht ausgenommen sei[556]; denn dieser Erwägungsgrund lasse die Ahndung missbräuchlichen Verhaltens zu, ohne dass die Voraussetzungen des Artikels 82 EG erfüllt sein müssten. Ob dieser These gefolgt werden kann, kann an dieser Stelle dahinstehen, da auch die Merkmale der Einseitigkeit und der größeren „Strenge“ vorliegen.
Die Verweigerung eines Geschäftsabschlusses oder auch nur des faktischen Zugangs erfolgt regelmäßig gerade gegen den Willen des Gegen-

[552] Schnelle/Bartosch/Hübner, S. 39.
[553] Schwarze/Weitbrecht, § 3 Rn. 34.
[554] So auch Begründung zum Regierungsentwurf der 7. GWB-Novelle, BT-Drs. 15/3640, S. 29 f.
[555] *Lampert/Niejahr/Kübler/Weidenbach*, Art. 3 Rn. 104; *Schnelle/Bartosch/Hübner*, S. 37 ff.; für die Ausnahme von § 19 Abs. 4 Nr. 4 GWB und § 20 GWB ausdrücklich die Begründung zum Regierungsentwurf der 7. GWB-Novelle, BT-Drs. 15/3640, S. 29 f.
[556] So *Weitbrecht*, EuZW 2003, 69, 72.

übers, sodass jeweils von einer einseitigen Maßnahme auszugehen ist. Daraus folgt, dass die Ausnahmeregelung des Artikels 3 Abs. 2 S. 2 VO 1/2003 eingreift und § 20 Abs. 1 GWB trotz zwischenstaatlicher Relevanz anwendbar bleibt, soweit § 20 Abs. 1 GWB strengeres Recht darstellt.

§ 20 Abs. 1 GWB selbst geht tatbestandlich nicht über den Anwendungsbereich der Generalklausel des Artikels 82 EG hinaus. Die „Rechtfertigungsebene" stellt sich jedoch unterschiedlich dar: Missbräuchlich im Sinne des Artikels 82 Abs. 1 EG ist ein Verhalten des marktbeherrschenden Unternehmens, welches sich wettbewerbsbehindernd auf den Markt auswirkt. Dazu gehört auch die Verweigerung der Aufnahme von Geschäftsbeziehungen ohne sachlichen Grund. Insoweit entsprechen sich die nationale und die europäische Norm. Rechtfertigend wirkt nach europäischem Recht aber nach der bislang ergangenen Rechtsprechung des EuGH bereits ein Mangel an Kapazität, während im Rahmen des § 20 Abs. 1 GWB nach der Rechtsprechung des BGH die Durchführung eines Auswahlverfahrens und die anschließende Befristung der geschlossenen Verträge erforderlich ist. Insoweit ist die Norm des § 20 Abs. 1 GWB in ihrer Anwendung strenger als Artikel 82 Abs. 1 EG. Daraus folgt, dass auch § 20 Abs. 1 GWB Anwendung auf den Zugang zu Infrastruktureinrichtungen in deutschen Seehäfen findet.

III.) Der Zugang zum Dienstleistungsmarkt

Besteht ein Anspruch auf Zugang zu den notwendigen Infrastruktureinrichtungen, ist damit noch nicht gleichzeitig auch die Befugnis verbunden, auf dem nachgelagerten Markt in beliebiger Weise tätig zu werden. Inwiefern in den europäischen Seehäfen zusätzliche Zulassungsvoraussetzungen für die Aufnahme der jeweiligen Dienstleistungs-Tätigkeit bestehen, ist höchst unterschiedlich[1]. Administrative Begrenzungen hinsichtlich der Anzahl der in einem Hafen tätigen Dienstleister einer Branche existieren jedoch nur selten[2]. In den deutschen Seehäfen ist die Aufnahme der Tätigkeit als Hafendienstleister neben dem Zugang zur Infrastruktur davon abhängig, dass der betreffende Dienstleister die für seine Tätigkeit notwendigen Erlaubnisse besitzt. Dieses betrifft neben den relevanten Schiffspatenten, Führerscheinen etc. auch berufsspezifische Regelungen, die beispielsweise an die Kenntnis des jeweiligen Hafenreviers oder die Erfüllung bestimmter Sicherheitsstandards anknüpfen[3].
Der dem Infrastrukturmarkt nachgelagerte Dienstleistungsmarkt unterliegt neben diesen spezifischen auch zahlreichen allgemeinen Zugangsregeln aus dem europäischen und nationalen Recht, welche die Aufnahme einer Tätigkeit im Hafen erschweren können. Von den insgesamt vier Grundfreiheiten des EG-Vertrages, Warenverkehr, Personenfreizügigkeit, Dienstleistung und Kapital, rücken insbesondere die Niederlassungsfreiheit (Artikel 43 EG) als Teil der Personenfreizügigkeit und die Dienstleistungsfreiheit (Artikel 49 EG) ins Bild. Beiden gemeinsam ist, dass sie die Verrichtung einer Dienstleistung in einem anderen als dem Herkunfts-Mitgliedstaat betreffen. Trotz ihrer umfassenden Garantie im Rahmen des europäischen Primärrechts unterliegen diese Grundfreiheiten jedoch im Einzelfall Beschränkungen aus sachlichem Grund.
Der EuGH hat die Frage einer Verletzung der Dienstleistungs- oder Niederlassungsfreiheit in zwei Rechtssachen, welche die Ausführung von Hafendienstleistungen betrafen, nicht berührt. Weder in der Sache *Merci convenzionali porto die Genova* noch in der Sache *Raso* ging er darauf ein, sondern hat eine Vertragsverletzung bereits aus anderen Gründen angenommen.

---

[1] Vgl. ESPO, Factual Report (Fn. I.26), danach sind allenfalls einige technisch-nautische Dienste in den unterschiedlichen Häfen genehmigungspflichtig.
[2] Vgl. ebd.
[3] So sieht § 19a des hamburgischen Hafenverkehrs- und Schiffahrtsgesetzes eine Genehmigungspflicht für Hafenschlepper vor.

A. Primärrechtliche Dienstleistungs- und Niederlassungsfreiheit

Dienstleistungs- und Niederlassungsfreiheit zählen zu den personenbezogenen Grundfreiheiten des europäischen Primärrechts und berechtigen natürliche Personen, welche die Staatsangehörigkeit eines Mitgliedstaates besitzen. Beide betreffen jedoch nur Personen, die selbständig erwerbstätig sind. Artikel 48, 55 EG erstrecken den Anwendungsbereich der Niederlassungs- und Dienstleistungsfreiheit zusätzlich auf mitgliedstaatliche erwerbswirtschaftliche Gesellschaften.
Die grundsätzlich unmittelbar wirkenden Grundfreiheiten[4] verbieten Diskriminierungen und Beschränkungen allein durch die Mitgliedstaaten und damit auch durch von diesen beherrschte Einrichtungen[5]. Teilweise entfalten sie jedoch auch unmittelbare Drittwirkung[6]. Dieses ist für die Dienstleistungsfreiheit anerkannt[7] und soll unter besonderen Umständen, insbesondere im Fall von kollektiven Regelungen, die den staatlichen Regelungen ähnliche Wirkung entfalten[8], auch für Beschränkungsverbote der anderen Personenfreiheiten und für die Waren- und Kapitalverkehrsfreiheit gelten[9].
Von den Funktionen der Grundfreiheiten sind diejenigen der Gleichheits- und Freiheitsrechte die bedeutendsten. Daneben können die Grundfreiheiten aber auch Rechte auf Teilhabe sowie Verfahrensrechte enthalten.
Soweit den Grundfreiheiten Gleichheitsrechte entnommen werden können, bedeutet dieses im Umkehrschluss Diskriminierungsverbote, die auf den jeweils betroffenen Bereich konkretisiert sind. Die Grundfreiheiten gehören systematisch zu dem Teil des Vertrages, der die Verwirklichung

---

[4] EuGH, Slg. 1974, 631 Tz. 24 ff. – *Reyners*; EuGH, Slg. 1974, 1299, 1311 Tz. 24 ff. – *van Binsbergen*; GS-*Müller-Graff*, Art. 28 Rn. 316; GS-*Tiedje/Troberg*, Art. 49 Rn. 123; GS-*Tiedje/Troberg*, Art. 43 Rn. 120 (allerdings hat der EuGH aufgrund der Besonderheiten der betroffenen Materie in der Rechtssache *Middleburgh* (EuGH, Slg. 1990 I-4655 ff.) angenommen, dass der Art. 43 EG für eine unmittelbare Anwendbarkeit zu unbestimmt sei; das Urteil ist mittlerweile überholt); GS-*Kiemel*, Art. 56 Rn. 35 f.; Ehlers-*Ehlers*, § 7 Rn. 7; ein Überblick bei *Mestmäcker/Schweitzer*, § 2 Rn. 30-38.

[5] Grabitz/Hilf-*Randelzhofer/Forsthoff* (2001) vor Art. 39-55 Rn. 65, 73 f.

[6] Vgl. *Lengauer*, ZfRV 2001, 57 ff.

[7] Ehlers-*Ehlers*, § 7 Rn. 45.

[8] Vgl. EuGH, Slg. 1974, 1405, 1419 Tz. 16/19 – *Walrave*; EuGH, Slg. 2002 I-1577, 1694 Tz. 120 – *Wouters*; EuGH, Slg. 2000 I-4139, 4172 f. Tz. 31 f. – *Angonese*; *Frenz* Bd. I, Rn. 1868; *Geiger*, Art. 43 Rn. 9; Grabitz/Hilf-*Randelzhofer/Forsthoff* (2001), vor Art. 39-55 Rn. 73 f.

[9] Grabitz/Hilf-*Randelzhofer/Forsthoff* (2001) vor Art. 39-55 Rn. 65, 73 f.

des Gemeinsamen Marktes zum Gegenstand hat. Der Schaffung des Gemeinsamen Marktes stünde es jedoch entgegen, wenn mitgliedstaatliche Regelungen über den Marktzugang mittelbar (versteckt) oder unmittelbar (offen) an die Staatsangehörigkeit anknüpften. Rechtsfolge eines Verstoßes gegen ein spezielles Diskriminierungsverbot ist ein Anspruch auf Gleichstellung bzw. ein Unterlassungsanspruch[10]. Da die Grundfreiheiten der Schaffung des Gemeinsamen Marktes dienen, erfassen sie allein Sachverhalte mit einem grenzüberschreitenden Bezug, rein innerstaatliche Diskriminierungen werden nicht erfasst[11].
Die Grundfreiheiten richten sich neben den Diskriminierungen auch gegen Beschränkungen, welche sich negativ auf den Gemeinsamen Markt auswirken[12]. Der Begriff der Beschränkung ist grundsätzlich weit zu verstehen und weist daher zahlreiche Überschneidungen zu den Diskriminierungen auf. Erfasst werden von dem Verbot Regelungen, die den Zugang zum Markt eines anderen als des Herkunfts-Mitgliedstaates beschränken und dadurch die Herstellung von Marktfreiheit und Marktgleichheit gefährden. Nach *Randelzhofer/Forsthoff* gelten die Grundfreiheiten daher als Beschränkungsverbote, wenn dieses erforderlich ist, *„um die freie Zirkulation von Produkten und Personen innerhalb der Gemeinschaft zu ermöglichen und hierdurch nicht zu sehr die Marktneutralität berührt oder in die Zuständigkeiten des Gemeinschaftsgesetzgebers eingegriffen wird.“*[13]

1. Abgrenzung

Artikel 50 Abs. 1 EG definiert die Dienstleistungen als „Leistungen, die in der Regel gegen Entgelt erbracht werden, soweit sie nicht den Vorschriften über den freien Waren- und Kapitalverkehr und über die Freizügigkeit der Personen unterliegen“. Artikel 50 Abs. 3 EG konkretisiert die Freiheit der Dienstleistungserbringung auf die vorübergehende Ausübung.
Die Niederlassungsfreiheit des Artikels 43 EG betrifft hingegen die tatsächliche Ausübung einer selbständigen wirtschaftlichen Tätigkeit mittels einer festen Einrichtung in einem anderen Mitgliedstaat auf unbestimmte

---

[10] Ehlers-*Ehlers*, § 7 Rn. 23.
[11] EuGH Slg. 1988 I-2029, 2039 Tz. 12 – *Bekaert*; EuGH, Slg. 1987 I-4879, 4896 Tz. 12 – *Gauchard*; EuGH, Slg. 1990 I-3537, 3549 Tz. 11 – *Nino*; EuGH, Slg. 1995 I-4353, 4377 Tz. 24 – *Gervais u.a.*; *Frenz* Bd. I, Rn. 2134.
[12] Ehlers-*Ehlers*, § 7 Rn. 24 ff.
[13] Grabitz/Hilf-*Randelzhofer/Forsthoff* (2001), vor Art. 39-55 Rn. 100.

Zeit[14]. Die Gründung einer Niederlassung ist also auf Dauer angelegt. Sie muss dem Angehörigen eines anderen Mitgliedstaates die Möglichkeit geben, in stabiler und kontinuierlicher Weise am Wirtschaftsleben des Niederlassungsstaates teilzunehmen und daraus Nutzen zu ziehen[15]. Regelmäßig kann das Errichten fester Infrastruktureinrichtungen für eine kontinuierliche Teilnahme am Wirtschaftsverkehr eines Mitgliedstaates sprechen. Für den Bereich der Hafendienstleistungen folgt daraus, dass solche Dienstleister, welche mit schwerem Gerät wie Kränen etc. in einem anderen Mitgliedstaat ihre Leistung erbringen, grundsätzlich der Niederlassungsfreiheit unterfallen. Das Kriterium des Errichtens von Infrastrukturen ist hier insoweit sinnvoll, als die damit verbundenen Investitionen eine „Marktaustrittsschwelle" schaffen, welche eine kontinuierlich Teilnahme am lokalen Wirtschaftsverkehr und Integration impliziert.
Maßgeblich für die Abgrenzung der beiden Freiheiten ist somit der vorübergehende Charakter der Dienstleistungserbringung[16]. Dabei ist nach dem EuGH aber nicht nur die Dauer der Leistung zu berücksichtigen, sondern auch ihre Häufigkeit, regelmäßige Wiederkehr oder Kontinuität[17].

2. Dienstleistungsfreiheit

Die Anwendbarkeit der Dienstleistungsfreiheit auf Hafendienstleister könnte ausgeschlossen sein, da Artikel 51 EG Dienstleistungen auf dem Verkehrssektor ausdrücklich allein dem Verkehrstitel unterstellt.

---

[14] *Oppermann*, § 26 Rn. 1; GS-*Troberg/Tiedje*, Art. 43 Rn. 1 f.
[15] EuGH, Slg. 1995 I-4165, 4195, Tz. 25 – *Gebhard*; EuGH, Slg. 1997 I-3395, 3432, Tz. 24 – *Sodemare u.a.*
[16] EuGH, Slg. 2003 I-1659, 1683 Tz. 21 ff. – *Kommission/Italien*; *Lottes*, EuZW 2004, 112 113; der vorübergehende Charakter schließt nicht die Möglichkeit aus, sich im Aufnahmemitgliedstaat mit einer bestimmten Infrastruktur auszustatten, soweit diese für die Erbringung der Leistung erforderlich ist. Als Beispiele der Infrastruktur werden in diesem Zusammenhang Büro, Praxis und Kanzlei angeführt. Andererseits ist auf eine auch auf mehrere Jahre ausgelegte Erbringung einer Dienstleistung ohne Infrastruktur im Gaststaat nicht notwendig die Niederlassungsfreiheit anzuwenden; vgl. EuGH, Slg. 2003 I-1659, 1683 Tz. 22 f. – *Kommission/Italien*; EuGH, Slg. 2003 I-14847, 14882 Tz. 28 – *Schnitzer*; EuGH, Slg. 1995 I-4165, 4195, Tz. 27 – *Gebhard.*

a) Anwendungsbereich

Obwohl Artikel 51 Abs. 1 EG für den freien Dienstleistungsverkehr auf dem Gebiet des Verkehrs auf den Verkehrstitel verweist, sollen nach dem EuGH[18] die Prinzipien der Artikel 49 und 50 EG grundsätzlich auch im Verkehrsbereich gelten[19]. Eine unmittelbare Anwendbarkeit schloss er jedoch ausdrücklich und wiederholt aus[20]. Die Anwendung der Grundsätze der Dienstleistungsfreiheit muss vielmehr durch die Verwirklichung einer gemeinschaftlichen Verkehrspolitik erreicht werden. Damit verpflichtet der Titel über die Dienstleistungsfreiheit den Gemeinschaftsgesetzgeber nicht nur auf die Durchführung einer gemeinsamen Verkehrspolitik, sondern gibt auch inhaltlich den Maßstab für die Ausgestaltung dieser Politik vor[21]. Artikel 51 Abs. 1 EG stellt damit keine Ausnahmevorschrift von der Dienstleistungsfreiheit dar, sondern allein einen Verweis auf eine besondere Ausgestaltung der Dienstleistungsfreiheit auf dem weniger harmonisierten Verkehrssektor.
Soll das Ziel des diskriminierungsfreien Dienstleistungsverkehrs für den Verkehrssektor grundsätzlich über Artikel 70 und 71 EG erreicht werden, so gilt eine Ausnahme davon für den See- und Luftverkehr, Artikel 80 Abs. 2 EG. Auf diese Verkehrsträger bezieht sich die Vorschrift des Artikels 51 EG nämlich auch[22]. Die unbeschränkte Dienstleistungsfreiheit auf dem Gebiet des Seeverkehrs soll durch die VO (EWG) Nr. 4055/86[23] für den grenzüberschreitenden Verkehr und die VO (EWG) 3577/92[24] für die Seekabotage verwirklicht werden[25]. Eine ausdrückliche Bestimmung zu den Hafendiensten findet sich allerdings in keiner der beiden Verordnungen.
Soweit *Randelzhofer/Forsthoff* sich auf Entscheidungen des EuGH berufen[26] und die Lotsen- und Festmacherdienste unter die Verkehrsvorschrif-

---

[18] EuGH, Slg.1985, 1513 – *Untätigkeitsurteil Parlament/Rat;* EuGH, Slg. 1991 I-5253, 5282 Tz. 7 – *Pinaud Wieger.*
[19] *Ipsen* in FS Stödter, S. 167, 194.
[20] EuGH, Slg.1985, 1513, 1599 Tz. 63 – *Untätigkeitsurteil Parlament/Rat*; Grabitz/Hilf-*Randelzhofer/Forsthoff* (2001), Art. 51 Rn. 1 mwN.
[21] Grabitz/Hilf-*Randelzhofer/Forsthoff* (2001), Art. 51 Rn. 1 f.
[22] Grabitz/Hilf-*Randelzhofer/Forsthoff* (2001), Art. 51 Rn. 3.
[23] ABl. (EWG) 1986 L-378/1.
[24] ABl. (EG) 1992 L-364/7.
[25] EuGH, Slg. 1989 I 4441, 4456 Tz. 11 ff. – Corsica Ferries France/Direction Générale des Douanes.
[26] EuGH, Slg. 1994 I-1783, 1819 ff. – *Corsica Ferries Italia*; EuGH, Slg. 1998 I-3949, 3999 ff. – *Corsica Ferries France*, aus den Ausführungen unter Tz. 59

ten und damit unter Artikel 51 EG einordnen[27], ist ihnen zu widersprechen: In beiden genannten Fällen war nicht die Dienstleistungsfreiheit der Lotsen bzw. der Festmacher betroffen, sondern vielmehr die Dienstleistungsfreiheit der Reeder, die diese Dienste in Anspruch nehmen wollten. Unstreitig handelt es sich bei den hier diskutierten Hafendiensten um solche Dienstleistungen, welche zum Verkehrs-Hilfs- bzw. Nebengewerbe zählen. Diese fallen aber nur in den Anwendungsbereich des Verkehrstitels, soweit sie der Förderung des Verkehrs dienen.
Es stellt sich somit die Frage, ob die Anwendung der Dienstleistungsfreiheit auf das Hilfs- oder Nebengewerbe dieses in seiner Verkehrsfunktion betrifft. Inhalt der Dienstleistungsfreiheit ist es, jedem Angehörigen eines Mitgliedstaates die Freiheit zu gewähren, seine Dienstleistung überall in der Gemeinschaft, also auch in einem anderen als seinem Niederlassungs-Mitgliedstaat, zu erbringen. Artikel 51 EG sieht eine Ausnahme von dieser Freiheit für den Verkehrssektor vor, da auf diesem Sektor zunächst eine gemeinsame Politik entwickelt werden sollte, in deren Zusammenhang auch die Beschränkungen von Transportleistungen abgebaut werden sollten[28]. Dabei geht es darum, hoheitliche Interventionen, soweit sie zur Gestaltung des Verkehrsinfrastruktur und zur Ordnung auf dem Verkehrsmarkt notwendig sind, zuzulassen, aber so zu vereinheitlichen, dass sie den Erfordernissen der Wirtschaftsgemeinschaft entsprechen[29]. Einem solchen Bereich staatlicher Intervention sind die Hafendienste jedoch nicht zuzuordnen. Auf ihrem Gebiet hat seit Beginn der 1990er Jahre auch in den Mittelmeerstaaten vielmehr eine Privatisierungs- und Liberalisierungswelle eingesetzt, welche die Funktion der Dienste nicht in Frage gestellt hat. Ob in einem Hafen neben den ansässigen Anbietern auch ein Angehöriger eines anderen Mitgliedstaates eine Hafendienstleistung anbietet, hat dabei keinerlei Einfluss auf das Angebot und das Funktionieren der eigentlichen Beförderungsleistungen.
Bei den Hafendiensten als Hilfsgewerbe handelt es sich zwar um transportbezogene Leistungen, das „ob" der Ausübung dieser Leistungen betrifft jedoch nicht den eigentlichen Verkehr als zum Teil mitgliedstaatlich reservierten Bereich. Daher fallen die Hafendienste auch nicht unter Artikel 51 EG[30]. Im Jahr 1982 hatte der Rat eine – mittlerweile nicht mehr

---

könnte vielmehr geschlossen werden, dass es sich bei Festmacherdiensten gerade nicht um Seeverkehr handelt.

[27] Grabitz/Hilf-*Randelzhofer/Forsthoff* (2001) Art. 51 Rn. 3.

[28] Vgl. nur GS-*Troberg/Tiedje*, Art. 51 Rn. 1.

[29] *Erdmenger* (1981), S. 28 f.

[30] So im Ergebnis auch GA *Fennelly* in EuGH, Slg. 1998 I-533, 572 – *Raso*. Dieser Rechtssache lag ein Sachverhalt zugrunde, nach dem ein italienisches Um-

geltende – Richtlinie erlassen zur Förderung der tatsächlichen Ausübung von Dienstleistungs- und Niederlassungsfreiheit für bestimmte Hilfsgewerbetreibende des Verkehrs, der Reisevermittler und der Lagerhalter[31]. Diese Richtlinie wurde auf die Artikel 49, 57 und 66 EWG-Vertrag gestützt, die „Vorgänger-Vorschriften" der aktuellen Artikel 40, 47 und 55 EG, nicht auf den ehemaligen Artikel 61 Abs. 1 EWG-Vertrag (aktuell Artikel 51 Abs. 1 EG). Auch der Rat hat mithin das Hilfsgewerbe des Verkehrs nicht dem aktuellen Artikel 51 Abs. 1 EG zugeordnet.

b) Verbotsinhalt

(1) Diskriminierungsverbot

Artikel 49, 50 EG verbieten es den Mitgliedstaaten und Gemeinschaftsorganen als Adressaten der Grundfreiheiten, den Dienstleister aus Gründen der Staatsangehörigkeit zu diskriminieren. Er ist vielmehr den Inländern des Dienstleistungsstaates gleich zu behandeln[32]. Andere Differenzierungsgründe als solche, welche wie die Staatsangehörigkeit und gegebenenfalls auch Wohnsitz und Sprache unmittelbar an die Grenzüberschreitung anknüpfen[33] sind im Rahmen der Dienstleistungsfreiheit unbedenklich[34]. Offene bzw. unmittelbare Diskriminierungen lie-

---

schlagunternehmen sich der Dienstleistungen verschiedener Hafenunternehmen als Subunternehmen bediente. Dieses Verhalten sollte nach Auffassung der italienischen Staatsanwaltschaft gegen Artikel 1 und 2 des Gesetzes Nr. 1369 vom 23.10.1960 verstoßen haben, da die Versorgung des Arbeitsmarktes in Italien einem obligatorischen Stellenvermittlungssystem unterlag, von dem nach dem Urteil in der Sache *Merci* allein für die Inanspruchnahme von Personal der ehemaligen Hafenbetriebsgesellschaften eine Ausnahme bestand. Die Inanspruchnahme anderer (Sub-) Unternehmen war nicht vorgesehen und unterfiel damit dem strafbewehrten Verbot des Gesetzes Nr. 1369 vom 23.10.1960. Der EuGH stellte in seinem Urteil fest, dass die Norm, nach welcher die ehemaligen Hafenbetriebsgesellschaften ein Monopol der Arbeitsvermittlung in Häfen besaßen, wobei sie gleichzeitig selbst die Durchführung von Hafendienstleistungen vornahmen, mit den Artikeln 86 und 90 EG (alt) unvereinbar sei. Auf die Frage, ob die Umschlagunternehmen sich auf die Dienstleistungsfreiheit nach (ex) Artikel 59 EG berufen könnten, wie es GA *Fennelly* vertreten hatte, ging der EuGH nicht ein.

[31] Richtlinie des Rates 82/470/EWG, ABl. (EG) 1982 L-231/1.

[32] St. Rspr., EuGH, Slg. 1974, 1299, 1308 Tz. 6 ff. – *van Binsbergen*; EuGH, Slg. 1994 I-923, 940 Tz. 9 – *Kommission/Spanien*.

[33] Vgl. nur EuGH, Slg. 1975, 1547, 1555 Tz. 8 ff. – *Coenen*; *Lackhoff*, S. 215.

[34] *Ehlers*, Jura 2001, 482, 484; *Frenz* Bd. I, Rn. 2599.

gen vor, wenn bereits die Ausübung der Dienstleistung von der Staatsangehörigkeit des Dienstleisters abhängig ist. Versteckte bzw. mittelbare Diskriminierungen bestehen, wenn die Ausübung der Dienstleistung oder bestimmte Vergünstigungen an Kriterien geknüpft werden, die regelmäßig nur Inländer erfüllen können, sodass sie zu dem gleichen Ergebnis wie eine offene Diskriminierung führen[35]. Eine mittelbare Diskriminierung eines Dienstleisters stellte der EuGH in der Rechtsache *Corsica Ferries Italia* fest: Schiffe, die unter italienischer Flagge fuhren, hatten im Hafen von Genua geringere Lotsenentgelte zu entrichten als Schiffe aus anderen Mitgliedstaaten[36].

(2) Beschränkungsverbot

Wird es einem Angehörigen eines Mitgliedstaates, der in diesem Staat rechtmäßig Dienstleistungen erbringt, verwehrt, diese Leistungen auch in einem anderen Mitgliedstaat zu erbringen, besteht eine Beschränkung der Dienstleistungsfreiheit nach Artikel 49, 50 EG[37]. Im Rahmen des Beschränkungsverbotes kommt es nicht darauf an, ob Angehörige anderer Mitgliedstaaten im Verhältnis zu den Angehörigen des betreffenden Mitgliedstaates unterschiedlich behandelt werden. *„Nach ständiger Rechtsprechung verlangt Art. 59 EG-Vertrag* [Artikel 49 EG n. F.] *nicht nur die Beseitigung jeder Diskriminierung des in einem anderen Mitgliedstaat ansässigen Dienstleistenden aufgrund seiner Staatsangehörigkeit, sondern auch die Aufhebung aller Beschränkungen – selbst wenn sie unterschiedslos für inländische Dienstleistende wie für solche aus anderen Mitgliedstaaten gelten –, sofern sie geeignet sind, die Tätigkeiten des Dienstleistenden, der in einem anderen Mitgliedstaat ansässig ist und dort rechtmäßig entsprechende Dienstleistungen erbringt, zu unterbinden, zu behindern oder weniger attraktiv zu machen.*“[38] Insbesondere darf die Erbringung einer Dienstleistung durch einen EU-Ausländer nicht von den gleichen Kriterien abhängig gemacht werden, wie sie für die Gründung einer Niederlassung gelten. Dieses würde die praktische Wirksam-

---

[35] *Frenz* Bd. I, Rn. 2598 mwN.

[36] EuGH, Slg. 1994 I-1783, 1819 Tz. 17 ff. – *Corsica Ferries Italia.*

[37] EuGH, Slg. 1991 I-4221, 4243 Tz. 12 – *Säger/Dennemeyer*; EuGH, Slg. 1999 I-8453, 8513 Tz. 33 – *Arblade/Leloup.*

[38] St. Rspr., vgl. EuGH, Slg. 1991 I-4221, 4243 Tz. 12 – *Säger/Dennemeyer*; ebenso EuGH Slg. 1994 I-3803, 3823 Tz. 14 – *Vander Elst*; EuGH, Slg. 1998 I-3949, 4000 Tz. 56 ff. – *Corsica Ferries France*; EuGH, Slg. 1996 I-1905, 1920 Tz. 10 – *Guiot*; EuGH, Slg. 2003 I-1659, 1684 Tz. 26 – *Kommission/Italien*; EuGH, Slg. 2004 I-6613, 6629 Tz. 31 – *Bacardi Frankreich.*

keit der Dienstleistungsfreiheit unterlaufen[39]. Beispielsfall einer unterschiedslosen Beschränkung ist ein durch den Mitgliedstaat eingeräumtes Dienstleistungsmonopol, welches gegenüber potentiellen Konkurrenten eine Marktzugangsbeschränkung darstellt[40].

3. Niederlassungsfreiheit

Wie die Dienstleistungsfreiheit enthält auch die Niederlassungsfreiheit ein Diskriminierungs- und ein Beschränkungsverbot. Inhaltlich erfasst sie das Recht zur Aufnahme und Ausübung einer selbständigen Erwerbstätigkeit sowie zur Gründung und Leitung von Unternehmen, von Agenturen, Zweigniederlassungen und Tochtergesellschaften durch Angehörige eines Mitgliedstaates, die in einem anderen Mitgliedstaat ansässig sind. Die Gründung und Leitung eines Unternehmens umfasst alle diejenigen Tätigkeiten, welche mit der Errichtung, Unterhaltung und Abwicklung eines Unternehmens verbunden sind. Das schließt auch den Unternehmenskauf ein[41]. Artikel 43 EG schützt die primäre wie sekundäre Niederlassungsfreiheit, also die Neuaufnahme eines Geschäftsbetriebes sowie die Einrichtung einer Nebenstelle in Form einer Zweigniederlassung o. ä. Die als primäre oder sekundäre Niederlassung entstandenen Unternehmen sind selbst wiederum Begünstigte der Niederlassungsfreiheit[42].
Wie sich aus dem Wortlaut des Artikels 50 EG bereits ergibt und im Urteil in der Rechtssache *Gebhard* vom EuGH festgehalten wurde, ist die Dienstleistungsfreiheit subsidiär zur Niederlassungsfreiheit[43]. Dienstleister, welche Leistungen von einem festen Standort im Gast-Mitgliedstaat innerhalb dieses Staates erbringen, sind von der spezielleren Niederlassungsfreiheit geschützt. Gegenüber der Kapitalverkehrsfreiheit besteht hingegen kein Rangverhältnis, beide Grundfreiheiten stehen gleichberechtigt nebeneinander[44]. Im Fall einer erheblichen Investition oder einer Betriebsübernahme sind sowohl die Kapitalverkehrsfreiheit als auch die Niederlassungsfreiheit betroffen, soweit es dem Investierenden

---

[39] EuGH, Slg. 2001 I-7831, 7899 Tz. 29 – *Finalarte*; Slg. 1991 I-4221, 4243 Tz. 13 – *Säger/Dennemeyer*.
[40] Vgl. EuGH, Slg. 1991 I-4069, 4093 f. Tz. 16 f. – *Kommission/Niederlande*; *Frenz* Bd. I, Rn. 2624, 2634.
[41] *Frenz* Bd. I, Rn. 1929.
[42] *Schnichels*, S. 40.
[43] EuGH, Slg. 1995 I-4165, 4194 Tz. 22 – *Gebhard*.
[44] *Frenz* Bd. I, Rn. 1860.

um mehr als eine rein passive Geldgeberschaft geht[45]. Daraus folgt, dass Hindernisse der Kapitalverkehrsfreiheit im Einzelfall unzulässige Beschränkungen der Niederlassungsfreiheit darstellen können.

a) Anwendungsbereich

Tätigkeiten, die in einem Mitgliedstaat dauernd oder zeitweise mit der Ausübung öffentlicher Gewalt verbunden sind, werden durch Artikel 45 Abs. 1 EG aus dem Anwendungsbereich der Niederlassungsfreiheit ausgenommen, mit der Folge, dass die betreffenden Tätigkeiten schon gar nicht in den Tatbestand der Niederlassungsfreiheit fallen, es also im Falle einer Diskriminierung oder Beschränkung auch keiner Rechtfertigung bedarf. Von den Hafendienstleistungen sind güter- oder passagierbezogene Dienstleistungen eindeutig nicht mit der Ausübung öffentlicher Gewalt verbunden. Technisch-nautische Dienste, die u. a. zur Wahrung der öffentlichen Sicherheit und Ordnung beitragen, könnten hingegen unter die Ausnahmevorschrift fallen. Insbesondere für die Lotstätigkeit kommt eine Anwendung des Artikels 45 Abs. 1 EG in Betracht.
Von Artikel 45 Abs. 1 EG werden nur solche Tätigkeiten erfasst, deren Ausübung einer besonderen staatsbürgerlichen Loyalität bedarf[46]. Eine allgemein gültige Definition der Ausübung von öffentlicher Gewalt im Sinne des Artikels 45 Abs. 1 EG hat der EuGH bislang nicht gegeben. Er hat ihr Vorliegen vielmehr anhand des Einzelfalls beurteilt. Mit der ganz herrschenden Meinung in der Literatur ist aber davon auszugehen, dass eine Tätigkeit die Ausübung öffentlicher Gewalt umfasst, wenn sie dem Ausübenden öffentlich-rechtliche Sonder- oder Vorrechte bzw. Zwangsbefugnisse gegenüber dem Bürger verleiht[47]. Umgekehrt ist Artikel 45 Abs. 1 EG aber nicht schon dann abzulehnen, wenn solche Rechte nicht bestehen[48]. Entscheidend ist, ob die Tätigkeit für den Betroffenen besondere Befugnisse mit sich bringt[49]. Abzulehnen sei die Ausübung hoheitlicher Gewalt, wenn lediglich Hilfsfunktionen[50] oder Jedermann-Rechte wahrgenommen würden oder nur eine Treueverpflichtung gegen-

---

[45] GS-*Troberg/Tiedje*, Art. 43 Rn. 26; *Lackhoff*, S. 46; vgl. dazu auch schon *Everling*, BB 1958, 857, 861.
[46] *Geiger*, Art. 45 Rn. 3.
[47] *Henssler/Kilian*, EuR 2005, 192, 197 f. mit umfassender Darstellung der Rechtsprechung.
[48] Vgl. zu Art. 45 EG auch EuGH, Slg. 1974, 631, 653 ff. – *Reyners*.
[49] *Henssler/Kilian*, EuR 2005, 192, 207 f.
[50] Vgl. EuGH, Slg. 1991 I-5863, 5883 Tz. 6 ff. – *Kommission/Griechenland*.

über dem Staat bestünde bzw. dieser lediglich Disziplinarinstanz sei[51]. Auch eine zeitlich unbedeutende Ausübung hoheitlicher Gewalt kann die Niederlassungsfreiheit nicht ausschließen, da der EuGH in diesen Fällen kein berechtigtes Interesse der Mitgliedstaaten anerkennt, die betreffende Tätigkeit seinen Staatsangehörigen vorzubehalten[52].
Deutsche Lotsen üben ihre Tätigkeit zwar zur Sicherheit des Wasserstraßenverkehrs und auch im Sinne des Umweltschutzes aus, sie besitzen jedoch keine hoheitlichen Lots-Befugnisse. Vielmehr sind sie Beratungslotsen, die dem Kapitän eines Schiffes im Lotsrevier berufsmäßig als orts- und schifffahrtskundige Berater assistieren[53]. Polizeiliche und damit hoheitliche Befugnisse hat in diesem Gebiet das zuständige Wasser- und Schifffahrtsamt. Eine Ausnahme der Lotsentätigkeit vom Anwendungsbereich der Niederlassungsfreiheit kommt daher nicht in Betracht.

b) Verbotsinhalt

(1) Diskriminierungsverbot

Das in Artikel 43 EG enthaltene Diskriminierungsverbot spiegelt das Gebot der Inländergleichbehandlung wieder, welches sich bereits aus dem allgemeinen Diskriminierungsverbot des Artikels 12 Abs. 1 EG ergibt. Wie im Rahmen der Dienstleistungsfreiheit wird auch an dieser Stelle zwischen unmittelbaren und mittelbaren[54] Diskriminierungen unterschieden.

(2) Beschränkungsverbot

Ob Artikel 43 EG neben dem Diskriminierungsverbot auch ein Beschränkungsverbot enthält, war lange Zeit umstritten, ist mittlerweile aber in gefestigter Rechtsprechung anerkannt[55]. Ergeben sich Behinderungen aus

---

[51] EuGH, Slg. 2001 I-4363, 4385 Tz. 18 ff. – *Kommission/Italien.*
[52] Zu den hoheitlichen Befugnissen von Kapitänen vgl. EuGH, Slg. 2003 I-10391 ff. Tz. 37 ff. - *Colegio de Oficiales de la Marina Mercante Española.*
[53] § 1 Seelotsengesetz; § 1 hamburgisches Hafenlotsgesetz; § 1 bremische Lotsenverordnung; vgl. auch BGH VersR 1968, 940 f.
[54] EuGH, Slg. 1993 I-4017, 4043 Tz. 14 – *Commerzbank.*
[55] EuGH, Slg. 2002 I-8923, 8950 Tz. 26 – *Payroll Data Services*; EuGH, Slg. 1999 I-1459, 1492 Tz. 22 – *Centros*; EuGH, Slg. 1999 I-2835, 2860 Tz. 17 ff. – *Pfeiffer*; vgl. auch EuGH, Slg. 2001 I-837, 866 Tz. 26 – *MacQuen*; EuGH, Slg.

anderen Vorschriften als solchen, die nach der Staatsangehörigkeit differenzieren, unterfallen diese regelmäßig dem in Artikel 43 EG enthaltenen Beschränkungsverbot. Dieses Verbot entspricht inhaltlich demjenigen im Rahmen der Dienstleistungsfreiheit und erfasst alle nationalen Maßnahmen, „*die die Ausübung der durch den Vertrag garantierten grundlegenden Freiheiten behindern oder weniger attraktiv machen können.*“[56] Soweit die Niederlassungsfreiheit ein Beschränkungsverbot enthält, sind staatliche Monopole sowie Vorschriften über die Voraussetzungen für das Ergreifen bestimmter Tätigkeiten an ihr zu messen. Zu diesen Voraussetzungen können Bedürfnisregelungen, das Verbot einer mehrfachen Niederlassung, ein Wohnsitzerfordernis, bestimmte Genehmigungs- oder Zulassungsbestimmungen sowie Vorschriften über die notwendigen Qualifikationen für eine bestimmte Tätigkeit. Auch Beschränkungen des Heimat- bzw. Wegzugstaates werden vom Beschränkungsverbot erfasst[57]. Zu den beschränkenden Vorschriften gehören auch Registrierungspflichten[58] oder die Pflicht, eine Gesellschaft nur in nationaler Rechtsform des Gast-Mitgliedstaates zu betreiben.

4. Rechtfertigungsgründe

Unmittelbare Diskriminierungen als Beeinträchtigungen der Dienstleistungs- wie der Niederlassungsfreiheit unterliegen einem speziellen, engen Rechtfertigungsspielraum. Sie können nach Artikel 55 i. V. m. Artikel 46 EG nur aus den dort genannten Gründen der öffentlichen Ordnung, Sicherheit oder Gesundheit gerechtfertigt werden[59].
Mittelbare Diskriminierungen und Beschränkungen können hingegen auch durch den ungeschriebenen Rechtfertigungsgrund der zwingenden Gründe des Allgemeininteresses gerechtfertigt werden[60]. Die beschränkende Regelung muss in einem solchen Fall diskriminierungsfrei angewandt werden, einem zwingenden Allgemeininteresse zu dienen geeignet

---

1997 I-2471, 2500 Tz. 24 – *Futura*; *Everling* in GS Knobbe-Keuk, S. 607 ff.; GS-*Tiedje/Troberg*, Art. 43 Rn. 87 mwN.

[56] EuGH, Slg. 2002 I-8923, 8950 Tz. 26 – *Payroll Data Services*; EuGH, Slg. 1993 I-1663, 1697 Tz. 32 – *Kraus.*

[57] Grabitz/Hilf-*Randelzhofer/Forsthoff* (2001), Art. 43 Rn. 104.

[58] EuGH, Slg. 2002 I-8923 – *Payroll Data Services.*

[59] GS-*Tiedje/Troberg*, Art. 49 Rn. 40; *Frenz* Bd. I, Rn. 2601 mwN.

[60] St. Rspr.; EuGH, Slg. 1995 I-1141, 1179 Tz. 44 – *Alpine Investment BV*; EuGH, Slg. 2003 I-1659, 1685 Tz. 28 – *Kommission/Italien*; EuGH, Slg. 2004 I-6613, 6630 Tz. 32 – *Bacardi Frankreich*; *Everling* in GS Knobbe-Keuk, S. 607, 621 f.

und unter Berücksichtigung der Bedeutung der Dienstleistungsfreiheit verhältnismäßig sein[61]; im Übrigen ist es Sache der Mitgliedstaaten, zu entscheiden, auf welchem Niveau sie die betroffenen Allgemeininteressen schützen wollen[62]. Diesen Kriterien können nach einer Auflistung des EuGH in der Rechtssache *Collective Anteenvoorziening*[63] insbesondere Regelungen zum Schutz des Dienstleistungsempfängers oder Verbrauchers entsprechen. Des Weiteren kommen zur Rechtfertigung u. a. der Schutz der Arbeitnehmer[64] in Betracht, der Umweltschutz[65], die Sicherheit des Straßenverkehrs[66] und der Hafengewässer[67] sowie alle anderen Gründe der öffentlichen Sicherheit, Ordnung und Gesundheit[68]. Die Einräumung eines beschränkenden Dienstleistungsmonopols kann überdies nach Artikel 86 Abs. 2 EG gerechtfertigt sein[69].
Der unterschiedliche Rechtfertigungsspielraum der unmittelbaren Diskriminierungen einerseits und der mittelbaren Diskriminierungen und Beschränkungen andererseits ist eine Folge des durch den EuGH erweiterten Anwendungsbereichs der Artikel 49, 50 EG auf Beschränkungen und versteckte Diskriminierungen. Wenn bereits jede Beschränkung auf der Tatbestandsebene gegen die Dienstleistungsfreiheit verstößt, wahrt ein Absenken der Rechtfertigungsschwelle für diese Fälle die verhältnismäßige Anwendung der Norm. Ein Grund, von den geschriebenen Rechtfertigungsgründen offener Diskriminierungen abzuweichen, besteht dagegen nicht.

---

[61] EuGH Slg. 1991 I-4221, 4244 Tz. 15 – *Säger/Dennemeyer*; EuGH, Slg. 1994 I-3803, 3824 Tz. 16 – *Vander Elst*; vgl. auch EuGH, Slg. 1974, 1299, 1309 Tz. 14/16 – *van Binsbergen*; EuGH, Slg. 1995 I-4165, 4197 Tz. 37 – *Gebhard*; EuGH, Slg. 2002 I-6515, 6553 Tz. 39 – *Gräbner*; EuGH, Slg. 2004 I-6613, 6630 Tz. 33 – *Bacardi Frankreich*.
[62] Vgl. EuGH, Slg. 1981, 3305, 3325 Tz. 19 – *Webb*; EuGH, Slg. 2002 I-6515, 6555 Tz. 48 – *Gräbner*.
[63] EuGH, Slg. 1991 I-4007, 4041 Tz. 14 – *Collective Antennevoorziening Gouda* mwN.
[64] EuGH, Slg. 2001 I-7831, 7899 Tz. 33 – *Finalarte*; EuGH, Slg. 1999 I-8453, 8514 Tz. 36 – *Arblade/Leloup*.
[65] EuGH, Slg. 2002 I-3193 ff. Tz. 68 – *Cura Anlagen*.
[66] EuGH, Slg. 1994 I-4837, 4858 Tz. 19 ff. – *Van Schaik*.
[67] EuGH, Slg. 1998 I-3949, 4001 Tz. 60 – *Corsica Ferries France*.
[68] GS-*Tiedje/Troberg*, Art. 49 Rn. 72.
[69] Grabitz/Hilf – *Randelzhofer/Forsthoff* (2001), Art. 49 Rn. 105 f.

5. Zwischenergebnis

Die Aufnahme und Erbringung von Hafendienstleistungen in einem anderen europäischen Mitgliedstaat unterliegt je nach ihrer Dauerhaftigkeit der Dienstleistungs- oder der Niederlassungsfreiheit. Ist die Errichtung schweren Geräts vor Ort und damit regelmäßig eine Investition erheblichen Ausmaßes erforderlich, ist grundsätzlich von einer Niederlassung des Dienstleisters auszugehen.
Ausnahmen von den Verboten der Niederlassungsfreiheit für Dienstleistungen, welche mit der Ausübung hoheitlicher Gewalt verbunden sind, kommen für den Kanon klassischer Hafendienstleistungen – in der deutschen Ausprägung – nicht in Betracht. Jede Diskriminierung oder andere Beschränkung dieser Freiheiten, die geeignet ist, eine in anderen Mitgliedstaaten rechtmäßig ausgeübte Dienstleistung zu unterbinden oder zu behindern, bedarf daher der Rechtfertigung.

B. Dienstleistungs- und Niederlassungsfreiheit im Sekundärrecht

Das Sekundärrecht dient regelmäßig dazu, mitgliedstaatliches Recht zu harmonisieren und gleichzeitig die Ziele des EG-Vertrages auf mitgliedstaatlicher Ebene zu verwirklichen[70]. Für die Niederlassungs- und die Dienstleistungsfreiheit folgt die Rechtssetzungsbefugnis der Gemeinschaft aus den Artikeln 44 und 52 EG. Bestehende Besitzstände in einigen Mitgliedstaaten können es dabei erforderlich machen, Beschränkungen der Grundfreiheiten bereits durch Rechtsakte der Gemeinschaft selbst hinzunehmen[71]. Für den Bereich der Dienstleistungs- und Niederlassungsfreiheit betrifft dieses insbesondere arbeits- und sozialrechtliche Bestimmungen der Mitgliedstaaten.
Von den die genannten Freiheiten betreffenden sekundärrechtlichen Regelungen seien insbesondere drei herausgestellt: Die Richtlinie über die Entsendung von Arbeitnehmern im Rahmen der Erbringung von Dienstleistungen, Richtlinie über den Betriebsübergang und die Dienstleistungsrichtlinie.

---

[70] Art. 44, 52 EG.
[71] So auch *Oppermann* § 26 Rn. 16; *Frenz* Bd. I, Rn. 459 ff., 1818 ff.

1. Arbeitnehmerentsenderichtlinie

a) Anwendungsbereich

Teil des Sekundärrechts zur Verwirklichung der Dienstleistungsfreiheit ist die Richtlinie über die Entsendung von Arbeitnehmern im Rahmen der Erbringung von Dienstleistungen (Entsende-Richtlinie)[72], die vorwiegend, aber keineswegs allein für die Bauwirtschaft Geltung entfalten soll[73]. Sie dient der Koordinierung der Gesetze der Mitgliedstaaten, „*um einen Kern zwingender Bestimmungen über ein Mindestmaß an Schutz festzulegen, das im Gastland von Arbeitgebern zu gewährleisten ist, die Arbeitnehmer für eine zeitlich begrenzte Arbeitsleistung in das Hoheitsgebiet eines Mitgliedstaates entsenden, in dem eine Dienstleistung zu erbringen ist.*“[74] Diese Richtlinie ist nach ihrem Artikel 1 Abs. 3 auf drei verschiedene Situationen anwendbar:

- Ein Arbeitnehmer wird im Namen und unter Leitung seines Unternehmens in einen anderen Mitgliedstaat entsandt, um dort eine Dienstleistung zu erbringen, über die sein Arbeitgeber und der Dienstleistungsempfänger einen Vertrag geschlossen haben, wobei das Arbeitsverhältnis fortbesteht;
- ein Arbeitnehmer wird in eine Niederlassung oder ein Unternehmen der selben Unternehmensgruppe in einem anderen Mitgliedstaat entsandt, bleibt aber Arbeitnehmer des entsendenden Unternehmens;
- ein Arbeitnehmer wird in ein Unternehmen in einem anderen Mitgliedstaat entsandt, wobei das Arbeitsverhältnis mit dem entsendenden Unternehmen bestehen bleibt; dieses gilt auch für Leiharbeitsunternehmen.

Allen diesen Varianten ist gemeinsam, dass der betroffene Arbeitnehmer in rechtlicher Hinsicht nicht unmittelbar auf den Arbeitsmarkt des Mitgliedstaates drängt, in dem er die Dienstleistung für seinen Arbeitgeber

---

[72] Richtlinie 96/71/EG, ABl. (EG) 1997 L-18/1.
[73] So aber wohl *Lagoni*, EuR Beiheft 3/2002, S. 97, 101 dort Fn. 21; das ursprünglich nur für die Bauwirtschaft geltende Arbeitnehmerentsendegesetz der Bundesrepublik Deutschland musste in Umsetzung der Entsenderichtlinie geändert werden und ist seit 1998 mit § 7 AEntsG auf alle Arten von Dienst- und Werkleistungen anwendbar.
[74] Erwägungsgrund 13 der Richtlinie 96/71/EG, ABl. (EG) 1997 L 18/1.

erbringen soll und dass diese Tätigkeit zeitlich begrenzt ist. Es handelt sich um das Erbringen einer Dienstleistung durch den Arbeitgeber mittels des entsandten Arbeitnehmers. Daher ist auf diese Fälle allein die Dienstleistungsfreiheit, nicht aber die Arbeitnehmerfreizügigkeit anzuwenden[75]. Hafendienstleistungen machen häufig den Gebrauch schweren Geräts oder eines registrierten Schiffes[76] erforderlich. Beide Fälle sind daher Gegenstand der Niederlassungsfreiheit, sodass bereits die „Versetzung" auf Zeit eines in einem international tätigen Hafenumschlagsunternehmen beschäftigten Arbeitnehmers an einen Standort in einem anderen Mitgliedstaat der Entsenderichtlinie in Anwendung der zweiten Variante unterfällt. Gleiches gilt für das Besatzungsmitglied eines Schleppers, das von seinem europaweit tätigen Rotterdamer Arbeitgeber von einem Schlepper unter niederländischer Flagge im Rotterdamer Hafen auf Zeit auf einen Schlepper unter deutscher Flagge im Hamburger Hafen versetzt wird. Wird das Besatzungsmitglied nicht auf einen deutschen Schlepper versetzt, sondern auf einen Schlepper, der auch im Hamburger Hafen unter niederländischer Flagge fährt, stellt sich die Frage, ob es sich ebenfalls um eine Niederlassung in einem anderen Land handelt. Dabei kommt es nicht darauf an, ob eine rechtlich verselbständigte Einheit im Ausland gebildet wurde, sondern allein darauf, dass das Unternehmen in einem anderen Mitgliedstaat eine auf Dauer angelegte Tätigkeit mittels einer festen Einrichtung ausübt. Vorliegend besteht nicht *per se* eine Niederlassung des Unternehmens im betroffenen Seehafen, da das Schiff im Heimatstaat des Unternehmens registriert ist. In einem solchen Fall kommt es für die Abgrenzung, ob die Dienstleistungs- oder die Niederlassungsfreiheit betroffen ist, daher darauf an, ob das Unternehmen in dem betroffenen Seehafen andere feste Einrichtungen aufgebaut hat bzw. nutzt.

b) Diskriminierung oder Beschränkung

Die Entsende-Richtlinie verpflichtet die Mitgliedstaaten dazu, Regelungen zu erlassen, nach denen Arbeitnehmer, welche in das EU-Ausland entsandt werden, von den arbeitsrechtlichen Mindeststandards des Gastlandes profitieren[77]. Auf diese Weise werden jedoch die entsendenden

[75] Ausführliche Darstellung hinsichtlich der Grundfreiheiten und der Entsendung von Arbeitnehmern bei *Görres*, S. 58 ff.

[76] Die Registrierung eines Schiffes fällt unter die Niederlassungsfreiheit, EuGH, Slg. 1997 I-6725, 6744 Tz. 18 – *Kommission/Griechenland.*

[77] Die Entsendung in einen Mitgliedstaat mit niedrigeren Sozialstandards ist nicht unmittelbar von der Richtlinie betroffen, da in einem solchen Fall die Min-

Arbeitgeber in ihrer Freiheit beschränkt, überall in Europa unterschieds- und beschränkungslos Dienstleistungen erbringen zu können.
Die Pflicht, die arbeitsrechtlichen Mindeststandards einzuhalten, ist geeignet, „die Tätigkeiten des Dienstleistenden, der in einem anderen Mitgliedstaat ansässig ist und dort rechtmäßig entsprechende Dienstleistungen erbringt, zu unterbinden, zu behindern oder weniger attraktiv zu machen.“[78] Denn regelmäßig unterliegt ein Arbeitgeber allein den arbeitsrechtlichen Bestimmungen des Staates, in welchem er seinen Betrieb hat. Entsprechend kalkuliert er auch seine Kosten und Preise. Zusätzliche und strengere Bestimmungen für die Tätigkeit in einem anderen Mitgliedstaat erhöhen die Kosten, sodass im Regelfall auch die Preise erhöht werden müssen. Dieses kann aber im Ergebnis dazu führen, dass die für die Kunden regelmäßig attraktiven günstigen Preise eines Anbieters aus einem Mitgliedstaat mit geringeren und daher günstigeren arbeitsrechtlichen Anforderungen steigen. Dieses wiederum kann dazu führen, dass die Inanspruchnahme des Dienstleisters durch die Kunden sinkt. Sinkt die Zahl der umgesetzten Leistungen, wird aber auch die Dienstleistung im EU-Ausland weniger attraktiv.

c) Rechtfertigung

Die Beschränkung durch die Entsende-Richtlinie soll jedoch aus zwingenden Gründen des Allgemeinwohls gerechtfertigt sein[79], da sie neben der Förderung des Dienstleistungsverkehrs und der Verhinderung von Wettbewerbsverzerrungen auch dem Schutz der Arbeitnehmer diene[80]. Denn nur durch die gemeinschaftliche Regelung eines harten Kerns an Mindeststandards könne ein transnationaler fairer Wettbewerb auf dem Dienstleistungsmarkt gewährleistet werden. Auch der EuGH hat die Entsenderichtlinie und die sie umsetzenden mitgliedstaatlichen Gesetze im

deststandards des Gastlandes bereits durch Einhaltung der Standards des Herkunftsstaates erfüllt werden.

[78] Vgl. die st. Rspr. zum Beschränkungsverbot in Art. 49, 50 EG: EuGH Slg. 1991 I-4221, 4243 Tz. 12 *Säger/Dennemeyer*; ebenso EuGH Slg. 1994 I-3803, 3823 Tz. 14 – *Vander Elst*; Slg. 1998 I-3949, 4000 Tz. 56 ff. – *Corsica Ferries France*; Slg. 1996 I-1905, 1920 Tz. 10 – *Guiot*; Slg. 2003 I-1659, 1684 Tz. 26 – *Kommission/Italien*; Slg. 2004 I-6613, 6629 Tz. 31 – *Bacardi Frankreich.*

[79] Vgl. zur Entsendeproblematik: Calliess/Ruffert-*Krebber*, Art. 136 Rn. 13 mwN.; *Krebber*, S. 150 ff.

[80] Erwägungsgrund 5, 13 ff. der Richtlinie 96/71/EG v. 16.12.1996, ABl. (EG) 1997 L 18/1.

Hinblick auf ihre grundsätzliche Vereinbarkeit mit der Dienstleistungsfreiheit nicht beanstandet[81].

2. Betriebsübergangsrichtlinie: Personal des übernommenen Betriebes ist weiter zu beschäftigen

a) Anwendungsbereich

Die Richtlinie über den Betriebsübergang[82] sieht vor, dass derjenige, der einen Betrieb durch Rechtsgeschäft übernimmt, das dort beschäftigte Personal auch weiterhin zu beschäftigen hat. Diese Regelung kann eine Beschränkung der Niederlassungsfreiheit darstellen: Denn die Übernahme eines Betriebes durch eine Person, die ihren Sitz in einem anderen Mitgliedstaat hat, ist ein Vorgang darstellen, der nicht nur Gegenstand der Kapitalverkehrsfreiheit, sondern auch der Niederlassungsfreiheit sein kann. Dieses ist insbesondere dann der Fall, soweit es dem Investierenden um mehr als eine rein passive Geldgeberschaft geht und er die Kontrolle über das Unternehmen erlangt[83].
Nach Artikel 1 Abs. 1 lit. b der Betriebsübergangsrichtlinie „gilt als Übergang im Sinne dieser Richtlinie der Übergang einer ihre Identität bewahrenden wirtschaftlichen Einheit im Sinne einer organisierten Zusammenfassung von Ressourcen zur Verfolgung einer wirtschaftlichen Haupt- oder Nebentätigkeit". Ob danach ein Betriebsübergang vorliegt, beurteilt der EuGH anhand von sieben Kriterien. Ohne Rücksicht auf eine Rangfolge zieht der EuGH zur Beurteilung heran die Art des Unternehmens, den eventuellen Übergang von Betriebsmitteln, den Wert der immateriellen Aktiva im Zeitpunkt des Übergangs, die Übernahme der Hauptbelegschaft, den etwaigen Übergang des Kundenstamms, den Grad der Ähnlichkeit der vor und nach dem Übergang verrichteten Tätigkeit sowie die Dauer einer eventuellen Unterbrechung dieser Tätigkeit[84].

---

[81] Vgl. EuGH, Slg. 1999 I-8453 – *Arblade/Leloup*; Slg. 2001 I-2189, 2220 Tz. 18 ff. – *Mazzoleni und ISA*.
[82] Richtlinie 2001/23/EG, ABl. (EG) 2001 L-82/16.
[83] *Lackhoff*, S. 46; GS-*Troberg/Tiedje*, Art. 43 Rn. 26 ff.; vgl. dazu auch schon *Everling*, BB 1958, 857, 861.
[84] Vgl. nur EuGH v. 15.12.2005 verb. Rs. C-232, 233/04 Tz. 33 – *Güney-Görres u.a.* = ZIP 2006, 95.

b) Diskriminierung oder Beschränkung

Durch die Richtlinie wird der die Übernahme planende EU-Ausländer zwar nicht an der Betriebsübernahme gehindert. Indem er aber nicht allein das Personal seiner Wahl, sondern jedenfalls auch das Personal des früheren Betriebsinhabers beschäftigen muss, wird eine solche Art von Niederlassung für ihn möglicherweise weniger attraktiv. Denn gerade für den Personalbereich wird ihm eine Effizienzsteigerung auf diese Weise weitgehend verwehrt.

c) Rechtfertigung

Die Vorschriften der Richtlinie bewirken im Falle des Übergangs eines Betriebes, dass die Ansprüche der Arbeitnehmer auf Beschäftigung gewahrt werden und auch die kollektivvertraglich begründeten Rechte und Pflichten des bisherigen Betriebsinhabers auf den Erwerber übergehen[85]. Die Regelung der Betriebsübergangsrichtlinie dient damit dem Schutz der Arbeitnehmer. Sie ist aufgrund der vorgenannten Regelungen geeignet, diesen Schutz herzustellen und geht auch nicht über das Maß des Erforderlichen hinaus, denn eine ebenso gut geeignete weniger beschränkende Regelung ist nicht ersichtlich. Die beschränkende Wirkung der Betriebsübergangsrichtlinie auf die Niederlassungsfreiheit ist insoweit als verhältnismäßig und damit gerechtfertigt anzusehen.

3. Dienstleistungsrichtlinie

Die Europäische Kommission hat am 13. Januar 2004 den Entwurf einer Richtlinie über Dienstleistungen im Binnenmarkt verabschiedet[86]. Dieser Entwurf der Richtlinie sah in Artikel 16 vor, demjenigen Angehörigen eines Mitgliedstaates, der vorübergehend Dienstleistungen in einem anderen Mitgliedstaat erbringen will, allein den dienstleistungsbezogenen Regelungen seines Herkunftsstaates zu unterwerfen (Herkunftslandprinzip). Die Richtlinie über die Entsendung von Arbeitnehmern sollte unberührt bleiben.

Nach der ersten Lesung des Entwurfes im Europäischen Parlament verabschiedete dieses am 16. Februar 2006 zahlreiche Änderungsvorschläge. U. a. wurde das Herkunftslandsprinzip gestrichen. Der Mitgliedstaat, in dem die Dienstleistung erbracht wird, darf nach dem derzeit vorliegenden

---

[85] Kernvorschrift der Richtlinie 2001/23/EG ist ihr Artikel 3.

[86] Dokument KOM 2004/2.

Entwurf nunmehr aus Gründen der öffentlichen Sicherheit, der öffentlichen Ordnung, der öffentlichen Gesundheit oder des Umweltschutzes EU-ausländische Dienstleister an den innerstaatlichen Regelungen messen, soweit diese den Grundsätzen der Diskriminierungsfreiheit, Erforderlichkeit und Verhältnismäßigkeit genügen[87]. Allerdings bleibt für den Bereich der Hafendienstleistungen festzuhalten, dass diese nach Artikel 2 Abs. 2 lit. ca des geänderten Vorschlags der Kommission und des Gemeinsamen Standpunktes des Rates vom Anwendungsbereich der Dienstleistungsrichtlinie ausdrücklich ausgenommen sind.

C. Einschränkungen der Freiheiten durch nationales Recht: Das GHB-Gesetz

Die beiden ersten zuvor genannten Richtlinien haben ihre Umsetzung durch nationale Gesetze gefunden[88] und stellen insoweit ebenfalls eine gerechtfertigte Beschränkung der Dienst- bzw. Niederlassungsfreiheit dar. Weitergehende Regelungen des nationalen Rechts bedürfen hingegen einer gesonderten Überprüfung im Hinblick auf ihre Vereinbarkeit mit den Grundfreiheiten des Vertrages.

Unter den hafenspezifischen Vorschriften ist insbesondere das Gesamthafenbetriebsgesetz (GHB-G) im Hinblick auf seine Vereinbarkeit mit den Grundfreiheiten in Frage zu stellen: Es handelt sich bei diesem „Gesetz über Schaffung eines besonderen Arbeitgebers für Hafenarbeiter" um ein Regelwerk, welches der Schaffung ständiger Arbeitsverhältnisse im Hafen und damit dem Schutz der Arbeitnehmer dient. Hafendienstleistungen können – ebenso wie die Verkehrsleistung selbst – nicht auf Vorrat produziert werden, sie sind nicht speicherfähig, Produktion und Absatz fallen zeitlich zusammen. Da es gleichzeitig durch das Einlaufen von Schiffen mit möglichst kurzer Liegedauer im Hafen für die einzelnen Unternehmen zu großen Nachfragespitzen kommen kann, ohne dass diese Nachfrage kontinuierlich anhielte (Nachfrageempfindlichkeit), müssen ständig Arbeitskräfte bereitgehalten werden, welche den Bedarf an Arbeitskräften im Fall von Nachfragespitzen decken können. Diese Funktion hatten zuvor die unständigen Hafenarbeiter erfüllt. Da diese allerdings in keinem festen Anstellungsverhältnis standen und daher nicht von den gleichen sozialen Leistungen profitieren konnten wie diejenigen Hafenarbeiter in

---

[87] Europäische Kommission, Geänderter Vorschlag für eine Richtlinie über Dienstleistungen im Binnenmarkt, KOM 2006(160) endg.

[88] In der Bundesrepublik Deutschland handelt es sich um das Arbeitnehmerentsendegesetz sowie um § 613a BGB.

festem Anstellungsverhältnis, wurde mit dem GHB-G die Möglichkeit geschaffen, mit dem Gesamthafenbetrieb einen ständigen Arbeitgeber für bislang unständige Hafenarbeiter zu bilden.
Die Gesamthafenbetriebe sind ausgestattet mit einer Regelungsautonomie für den Bereich der Hafenarbeit[89]. U. a.. können sie daher die Betriebe eines Hafens verpflichten, allein registriertes Personal zu beschäftigen. Diese Regelung war Gegenstand eines Rechtsstreits, der dem BAG zur Entscheidung vorlag[90]: Der Lübecker Gesamthafenbetrieb verlangte von einer Reederei, die vornehmlich Schiffe im Ro/Ro-Verkehr zwischen Lübeck-Travemünde und Trelleborg einsetzte, ausschließlich Personal mit einer Hafenarbeitskarte zum Laschen und Entlaschen der Schwerlasttrailer einzusetzen, solange das Schiff im Lübecker Hafen liege. Die Reederei ließ diese Arbeiten durch die Schiffsbesatzung selbst verrichten.
Einen Anspruch auf ausschließliche Beschäftigung von entsprechend registriertem Personal räumte auf den ersten Blick das Gesamthafenbetriebsgesetz in Verbindung mit der Vereinbarung über die Errichtung des Gesamthafenbetriebs Lübeck ein. In § 1 Abs. 1 GHB-G heißt es: „*Durch schriftliche Vereinbarung von zuständigen Arbeitgeberverbänden und Gewerkschaften oder von einzelnen Arbeitgebern und Gewerkschaften kann von den Betrieben eines Hafens, in denen Hafenarbeit geleistet wird, zur Schaffung stetiger Arbeitsverhältnisse für Hafenarbeiter ein besonderer Arbeitgeber (Gesamthafenbetrieb) gebildet werden. Eine erwerbswirtschaftliche Tätigkeit des Gesamthafenbetriebes ist ausgeschlossen.*“ Nach § 2 GHB-G ist vorgesehen, dass der so gebildete Gesamthafenbetrieb seine Aufgaben, Organe und Geschäftsführung selbst bestimmt. Diese Normsetzungsbefugnis kann jedoch nur soweit gehen, wie es ihre Ermächtigungsgrundlage inhaltlich vorsieht. Die Normen haben sich also an der *Schaffung stetiger Arbeitsverhältnisse für Hafenarbeiter* zu orientieren. In der dazu von dem Verein Lübecker Seehafenbetriebe e.V. und der Gewerkschaft ÖTV geschlossenen Vereinbarung heißt es unter § 2 Abs. 1: „ ... *insbesondere ist er* [der Gesamthafenbetrieb] *berechtigt, die Zulassung von Arbeitern zur Hafenarbeit zu beschränken und die Ausübung von Hafenarbeit von dem Besitz einer Hafenarbeitskarte abhängig zu machen* ...“. Eine solche Beschränkung ist durch die Verwaltungsordnung des Lübischen Gesamthafenbetriebs begründet worden. Das BAG hat allerdings ausgeführt, dass die beklagte Reederei nicht in den Anwendungsbereich des Gesamthafenbetriebsgesetzes falle, da sie als Reederei keinen „Betrieb eines Hafens“ darstelle, dieser aber vom Gesetz vorausgesetzt würde.

89 Vgl. § 2 GHB-G.
90 BAG Urteil v. 6.12.1995, NZA 1996, 721 ff.

Die Ausgangslage im Lübecker Fall ist derjenigen in dem der *Merci*-Entscheidung[91] zugrunde liegenden Sachverhalt ähnlich, jedoch nicht ohne weiteres mit diesem vergleichbar. Denn das GHB-G dient seiner Zwecksetzung nach der Sicherung von Arbeitsplätzen oder wie es bei *Martens* heißt, der „Schaffung ständiger Arbeitsplätze durch Bündelung unständigen Arbeitsbedarfs"[92]. Es bezieht sich demnach nur auf diejenigen Arbeitnehmer, die ohne die Existenz des Gesamthafenbetriebs als Aushilfskräfte in den Hafeneinzelbetrieben tätig würden. Dieser arbeitsrechtliche und sozialpolitische Hintergrund des GHB-G kommt auch darin zum Ausdruck, dass der Anwendungsbereich des GHB-G auf Hafenbetriebe begrenzt ist und mit der Schaffung eines „besonderen Arbeitgebers" auf die Beschäftigungsverhältnisse im Hafen zielt. Die Normsetzungsbefugnis (zum Erlass untergesetzlicher Normen) der Gesamthafenbetriebe selbst ist durch die Ermächtigungsgrundlage inhaltlich begrenzt.
Die italienische Regelung des Artikels 110 Codice della Navigazione, welche Gegenstand der *Merci*-Entscheidung war, hingegen besaß den Rang eines Gesetzes und knüpfte allgemein an Hafenarbeiten an, die nur von registrierten italienischen Arbeitnehmern der Hafenbetriebsgesellschaften verrichtet werden durften. Diese Regelung hielt der EuGH für unvereinbar mit dem Diskriminierungsverbot der Dienstleistungsfreiheit, zur Vereinbarkeit mit der Niederlassungsfreiheit äußerte er sich nicht[93].
Inwieweit das GHB-G mit dem europäischen Recht vereinbar ist, ist bislang noch nicht Gegenstand einer Entscheidung gewesen. Das Tätigwerden eines Hafendienstleisters mit eigenem Gerät in einem Hafen eines anderen Mitgliedstaates und damit sowohl die Ausübung ladungsbezogener Dienste als auch die Ausübung nautischer Dienste fällt regelmäßig unter den Begriff der Aufnahme und Ausübung einer selbständigen Tätigkeit und damit unter den primärrechtlichen Begriff der Niederlassung. Auf derart „ortsansässige" Betriebe fände auch das GHB-G mit seiner Allgemeinverbindlichkeitsklausel Anwendung und mithin auch die untergesetzlichen Normen, welche u. a. das Erfordernis einer Hafenarbeitskarte vorsehen können.
Obwohl die normsetzenden GHB nicht selbst „Mitgliedstaaten" sind, sind sie doch Adressaten der Niederlassungsfreiheit: Die Vereinbarung über die Bildung des Gesamthafenbetriebes wird nach § 1 Abs. 1 GHB-G von den Tarifvertragsparteien geschlossen. Der so gebildete GHB ist befugt,

---

[91] EuGH, Slg. 1991 I-5889 ff. – *Merci.*
[92] *Martens*, NZA 2000, 449, 451; ausführlich zu den Kompetenzen der Gesamthafenbetriebe *Martens* in: GS W. Martens, S. 637-661.
[93] EuGH, Slg. 1991 I-5889 ff. Tz. 12 f. – *Merci*

kollektive Regelungen für alle Betriebe eines Hafens zu erlassen. Der Gesamthafenbetrieb besitzt damit die Autonomie, die Arbeitsverhältnisse im Hafen durch Rechtsnorm unmittelbar und zwingend zu gestalten[94].
Für den Geltungsbereich der Dienstleistungsfreiheit hat der EuGH entschieden, dass auch Private Verpflichtete sein können, wenn es sich bei ihnen um Verbände oder andere privatwirtschaftliche Institutionen handelte, soweit sie eine staatlichen Einrichtungen vergleichbare Position einnehmen und kollektive Regelungen erlassen[95]. Die Argumentation des EuGH ist übertragbar: Die Beseitigung der Hindernisse für die Freizügigkeit wäre gefährdet, wenn nicht auch andere Stellen mit Rechtssetzungsautonomie als die Stellen der öffentlichen Verwaltung durch die betreffende Grundfreiheit verpflichtet würden. Dieses muss umso mehr vor dem Hintergrund gelten, dass gleichartige Regelungen in einigen Mitgliedstaaten durch den Staat, in anderen Mitgliedstaaten durch andere Stellen mit Rechtsetzungsautonomie geschaffen werden[96].
Eine Beschränkung der Niederlassungsfreiheit durch Regelungen des GHB wäre oftmals jedoch gerechtfertigt, da insbesondere der Schutz von Arbeitnehmern ein zur Rechtfertigung von Beschränkungen anerkanntes Interesse der Allgemeinheit ist[97]. Eben diesem Schutz der Arbeitnehmer dienen auch das GHB-G, die Möglichkeit der Allgemeinverbindlichkeit und die auf Grundlage des GHB-G erlassenen Regelungen der einzelnen GHB, denn sie bezwecken die Schaffung stetiger Arbeitsverhältnisse. Damit sind sie geeignet, Arbeitnehmer in der Weise zu schützen, dass auch den ansonsten unständigen Hafenarbeitern die selben sozialen Leistungen zu Gute kommen sollen, wie dieses für ständig angestellte Arbeitnehmer im Hafen der Fall ist. Das Maß des Erforderlichen wird dabei nicht überschritten.

D. Zwischenergebnis

Der Zugang zum Seehafendienstleistungsmarkt unterliegt auf der Ebene der Grundfreiheiten keinen besonderen Beschränkungen. Es existieren

---

[94] Vgl. *Martens*, NZA 2000, 449, 450; *Martens* in: GS W. Martens, S. 637, 639 f.
[95] Vgl. EuGH, Slg. 1974, 1405, 1419 Tz. 16/19 – *Walrave*; EuGH, Slg. 2002 I-1577, 1694 Tz. 120 – *Wouters*; EuGH, Slg. 2000 I-4139, 4172 f. Tz. 31 f. – *Angonese*; *Frenz* Bd. I, Rn. 1868; *Geiger*, Art. 43 Rn. 9; Grabitz/Hilf-*Randelzhofer/Forsthoff* (2001), vor Art. 39-55 Rn. 73 f.; entsprechend hat der EuGH auch zur Arbeitnehmerfreizügigkeit entschieden: EuGH, Slg. 1995 I-4921, 5065 Tz. 82 ff. – *Bosman*.
[96] Vgl. EuGH, Slg. 1995 I-4921, 5065 Tz. 82 ff. – *Bosman*.
[97] Vgl. EuGH, Slg. 1991 I-4007 Tz. 14 – *Collective Antennevoorziening Gouda*.

keine besonderen hafenspezifischen Umstände, die eine besondere Beschränkungsregelung rechtfertigen könnten. Dienstleistungs- und Niederlassungsfreiheit der Hafendienstleister unterliegen vielmehr sekundärrechtlichen wie nationalen Beschränkungen aus allgemeinen Gründen. Zu den die Beschränkungen rechtfertigenden Gründen zählen zwingende Gründe des Allgemeininteresses und daher auch der Schutz der Arbeitnehmer. Diesem ist auch das deutsche GHB-G zu dienen bestimmt, sodass eine mögliche Beschränkung der Niederlassungsfreiheit gerechtfertigt wäre, wenn sie sich im Rahmen des Verhältnismäßigen hielte.

E. Kongruenz der Rechtfertigungsgründe des Kartell- und Wettbewerbsrechts mit den Rechtfertigungsgründen der Grundfreiheiten

Verweigert ein öffentlich-rechtlicher Hafenbetreiber einem Bewerber den Zugang zum Dienstleistungsmarkt in einem Seehafen, kann dieses gleichzeitig eine Verweigerung des Zugangs zur Infrastruktur Seehafen als auch zum Dienstleistungsmarkt selbst darstellen. Es sind also sowohl das Wettbewerbs- und Kartellrecht als auch die Grundfreiheiten betroffen. Dabei stellt sich die Frage, ob sich die anerkannten Rechtfertigungsgründe einer Verweigerung in beiden Fällen decken bzw. wie sich die voneinander trennbaren Verweigerungen zueinander verhalten.

Zu beachten ist dabei zunächst die Schutzrichtung des § 19 Abs. 4 Nr. 4 GWB: Dieser soll der Marktöffnung dienen. Eine solche Marktöffnung ist aber nur dann notwendig und überhaupt zielführend, wenn der Markttätigkeit an sich sonst kein rechtliches oder tatsächliches Hindernis im Weg steht. § 19 Abs. 4 Nr. 4 GWB setzt daher voraus, dass eine Markttätigkeit des Bewerbers allein von dem Zugang zur Infrastruktur abhängt. Wenn daher gerechtfertigte Gründe bestehen, die Dienstleistung oder Niederlassung durch einen Bewerber zu untersagen, fehlt es diesem Bewerber in der Folge an den Voraussetzungen, welche eine Verweigerung des Zugangs zur Infrastruktur missbräuchlich erscheinen ließen. Wenn umgekehrt keine Bedenken gegen die Dienstleistung oder Niederlassung eines Bewerbers bestehen, der öffentlich-rechtliche Hafenbetreiber den Zugang aber aus Kapazitätsgründen oder wegen mangelnder technischer Fähigkeiten verweigert, stellt sich die Frage, ob die kartellrechtlich zulässige Verweigerung eine ungerechtfertigte Beschränkung der Grundfreiheiten darstellen kann oder eine Kongruenz der anerkannten Verweigerungsgründe besteht. Beschränkungen der Grundfreiheiten müssen zu ihrer Rechtfertigung Allgemeininteressen dienen[98]. Dieses ist bei einer Verweigerung des Zugangs aus Kapazitätsgründen ohne Weiteres der Fall, da eine übermäßige Auslastung der Infrastruktureinrichtung regelmäßig auch die Sicherheit verschiedener in dieser Einrichtung ablaufender Prozesse gefährdet und darüber hinaus regelmäßig unwirtschaftlich wäre, was wiederum zu Qualitätsminderung und Preissteigerung führen kann. Gleiches gilt für den Fall mangelnder technischer Kenntnisse für die Verwendung der betreffenden Einrichtung, soweit diese überhaupt eine Beschränkung darstellen. Die Sicherheit der Produktions- bzw. Dienstleistungsprozesse, die Verkehrssicherheit im Hafen sowie das bestmögliche Preis/Leistungsverhältnis stehen aber im Interesse einer Allgemeinheit, die von einem funktionierenden Seehafen profitiert. Verweigert der Hafenbetreiber den Zugang wegen fehlender Kreditwürdigkeit des Bewerbers, stellt dieses nur dann eine Beschränkung dar, wenn der Bewerber im eigenen Land kein Entgelt hätte zahlen müssen, seine Kreditwürdigkeit mithin kein Zulassungskriterium gewesen wäre. In einem solchen Fall ist vordergründig nur ein einzelnes Interesse, das des Hafenbetreibers, betroffen. Bei einem Seehafen handelt es sich jedoch um eine investitionsintensive Infrastruktureinrichtung, deren Funktionieren im Interesse der Allgemeinheit liegt. Eine solche Funktionstüchtigkeit setzt aber eine hinreichende Finanzierung voraus, welche u. a. durch die Erhebung von Entgelten bei den unmittelbaren Nutzern mit Exklusiv-Rechten erfolgt. Andernfalls hätte der Hafenbetreiber für die Gesamtheit der Infrastruktur-Kosten aufzukommen. Da hinter dem öffentlich-rechtlichen Hafenbetreiber der Staat und damit die Allgemeinheit steht, decken sich die Interessen der Allgemeinheit insoweit mit denen des einzelnen Hafenbetreibers.

Grundsätzlich ist wohl der funktionierende Wettbewerb als ein im Rahmen der Verhältnismäßigkeitsprüfung anzuerkennendes Kriterium zu qualifizieren. Gleichzeitig liefern auch die Wettbewerbsregeln den Rahmen für die marktwirtschaftliche Verfassung der Europäischen Union. Dieses führt zu einer wechselseitigen Berücksichtigung von wettbewerbsrechtlichen Erwägungen bei den Grundfreiheiten und der grundfreiheitlichen Dogmatik bei den Wettbewerbsregeln[99]. Die Gründe, welche eine kartellrechtliche Verweigerung des Zugangs zur Infrastruktur Seehafen rechtfertigen, sind somit mit den Gründen, welche die Beschränkung der Dienstleistungsfreiheit oder Niederlassungsfreiheit rechtfertigen, weitgehend kongruent. Insofern ist eine Verweigerung des öffentlich-

[98] Zu den Allgemeininteressen könnte angesichts der Wertung des Art. 16 EG u. a. auch der funktionierende Wettbewerb zählen.
[99] MünchKommEuWettbR-*Säcker*, Einl Rn. 279.

rechtlichen Hafenbetreibers in der Regel sowohl kartellrechtlich als auch im Rahmen der Grundfreiheiten gerechtfertigt.

IV.) „Intra-port competition" – der hafeninterne Wettbewerb

Nach dem Wettbewerb, Zugang zu einem Hafen zu erlangen, soll nunmehr der Wettbewerb innerhalb eines Hafens, der Wettbewerb der Hafenbetriebe untereinander, Gegenstand der Untersuchung sein.
Dabei bleibt zu beachten, dass diese Wettbewerbsebene stark von dem Organisationsmodell eines Hafens abhängig ist. So ist in einem Landlord-Hafen und auch in einem Toolport grundsätzlich Wettbewerb möglich, in einem Service-Port oder in dem Hafen eines integrierten Betreibers hingegen kaum[1].
Zur rechtlichen Bewertung dieser *intra-port competition* spielen wiederum sowohl die Normen des Gemeinschaftsrechts als auch jene des mitgliedstaatlichen Rechts eine Rolle. Insbesondere die Instrumente der Marktverhaltenskontrolle durch die Europäische Kommission bzw. das Bundeskartellamt sind hier von Bedeutung.
Eine Sonderrolle nimmt im Gemeinschaftsrecht der Einfluss der Mitgliedstaaten auf privilegierte Unternehmen oder solche Unternehmen, welche Dienstleistungen von allgemeinem wirtschaftlichen Interesse erbringen, ein. Ein Verstoß gegen die Wettbewerbsregeln kann hier im Einzelfall gerechtfertigt sein. Obwohl die dieses regelnde Vorschrift des Artikels 86 EG auf alle wettbewerbsrechtlich relevanten Tatbestände anwendbar ist, soll er nur im Rahmen des hafeninternen Wettbewerbs erörtert werden. Denn Dienstleistungen von allgemeinem wirtschaftlichen Interesse sind insbesondere Gegenstand des hafeninternen Wettbewerbs.
Im Gegensatz dazu sind die Beihilfevorschriften der Artikel 87 ff. EG Gegenstand eines späteren Kapitels. Finanzielle staatliche Unterstützung oder andere staatliche Begünstigung wird auf dem Hafensektor weniger an einzelne ausgewählte Unternehmen gewährt, als an eine Hafenregion oder eine bestimmte Branche. Beihilfen betreffen daher vornehmlich den Wettbewerb der Häfen untereinander und werden an entsprechender Stelle erörtert.

A. Missbrauch einer marktbeherrschenden Stellung durch Seehafenbetriebe

Der Missbrauch einer marktbeherrschenden Stellung kann auf dem Hafensektor nicht nur in der zuvor geschilderten Form der Zugangsverwei-

[1] Zu den Modellen siehe oben I.)A.; vgl. im Übrigen *Ninnemann*, S. 34.

gerung durch einen Hafenbetreiber relevant werden, sondern auch im Rahmen des Marktverhaltens der Seehafenbetriebe selbst. Darstellungshalber seien zunächst zwei Beispiele genannt.
Den Missbrauch einer marktbeherrschenden Stellung betraf der Fall *Merci Convenzionali Porto di Genova*[2]. Den Hafenunternehmen waren nach dem italienischen Schifffahrtsgesetz exklusive Rechte zuerkannt, sie besaßen also ein Monopol auf ihrem jeweiligen Markt. Der EuGH sah die Unternehmen durch diese Regelung veranlasst, nicht verlangte Dienstleistungen oder unangemessene Preise in Rechnung zu stellen (Verstoß gegen Artikel 82 lit. a EG), sich nicht der modernsten verfügbaren Technik zu bedienen und so die technische Entwicklung zu behindern (Verstoß gegen Artikel 82 lit. b EG) oder aber bestimmten Nutzern Preisnachlässe zu gewähren, welche durch Aufschläge bei anderen Nutzern kompensiert werden sollten (Verstoß gegen Artikel 82 lit. c EG).
Das Bundeskartellamt sollte in einem den Hafen von Bremerhaven betreffenden Fall entscheiden, ob es einen Missbrauch einer marktbeherrschenden Stellung nach § 19 Abs. 4 Nr. 4 GWB darstellte, dass die BLG Automobile Logistics den Stauereibetrieben den Zugang zum Automobilterminal verweigerte. Die Stauereibetriebe wollten auf dem Gelände selbst Umschlagsleistungen erbringen. Soweit die Betriebe dazu auch das Gerät der BLG Automobile Logistics verwenden wollten, hätte es sich um eine Frage des Zugangs zur Suprastruktur gehandelt. Das Bundeskartellamt stellte das Verfahren ein, da die BLG Automobile Logistics Zusagen gemacht hatte, welche eine Behinderung der Stauereibetriebe nach Auffassung des Bundeskartellamtes ausschlossen[3].
Der für die Beherrschung durch ein Umschlagunternehmen relevante Markt wird dabei in der Regel im Detail abgegrenzt: So umfasst der Markt des Güterumschlags in Seehäfen alle landseitigen Leistungen in Seehäfen, die mit der Be- und Entladung und der Zwischenlagerung von Gütern im Zusammenhang stehen. Angesichts unterschiedlicher Ladungskategorien und unterschiedlicher für diese Kategorien zu verwendender Technik kann weiter differenziert werden in gesonderte Märkte für unterschiedliche Arten von Gütern. Dabei wird üblicherweise unterschieden nach Stückgütern, flüssigen Gütern und trockenen Massengütern. Trockene Massengüter sind Erze, Holz, Stahl, Bleche oder Röhren, die nach Gewicht berechnet werden. Die Berechnung der flüssigen Güter erfolgt dementsprechend nach Volumen. Der Umschlag von Stückgütern erfolgt entweder in Containern oder in sonstigen Ladeeinheiten lose verpackt (Paletten, break-bulk), „konventionelle Stückgüter“. Aufgrund die-

[2] EuGH, Slg.1991 I-5589 ff. – *Merci*.
[3] BKartA, TB 1999/2000, BT-Drs. 14/6300, S. 153.

ser Unterschiede hält es das Bundeskartellamt für erforderlich, für die verschiedenen Güterarten auch in der rechtlichen Beurteilung getrennte Märkte anzunehmen[4].
Im Weiteren soll unter Bezugnahme auf die bereits erfolgte Darstellung der Tatbestände sowohl des § 19 GWB als auch des Artikels 82 EG an dieser Stelle auf bestimmte Fallgruppen verwiesen werden, welche angesichts der fortschreitenden Integration von Transportketten im Seehafen voraussichtlich Bedeutung erlangen werden. Dabei rücken insbesondere zwei Verhaltensweisen ins Bild, die zu einer Behinderung anderer Unternehmen führen können: Es handelt sich um Koppelungspraktiken nach § 19 Abs. 4 Nr. 1 GWB bzw. Artikel 82 S. 2 lit. d EG und Quersubventionierungen zwischen unterschiedlichen Märkten.

1. Koppelungspraktiken

Erstere können in Form von Zwangskombinationstarifen auftreten, wenn etwa ein marktbeherrschender Terminal-Betreiber, der auch auf einem der Märkte technisch-nautischer Dienstleistungen tätig ist, seine Leistungen nur im Paket anbietet, obwohl sie auf zwei getrennten Märkten selbständig nachgefragt werden. In einer solchen Situation kann der Terminal-Betreiber versuchen, sich die beherrschende Stellung auf dem einen Markt auch für die Geschäfte auf dem anderen Markt zu nutze zu machen. In dem Fall träte der so genannter *leverage*-Effekt auf. Bestehen daher auf dem nicht beherrschten technisch-nautischen Markt günstigere Angebote von Wettbewerbern, verlangt der marktbeherrschende Terminal-Betreiber aber in dem angebotenen Paket einen höheren Preis für diese Einzelleistung, stellt die Koppelung einen Behinderungsmissbrauch nach § 19 Abs. 4 Nr. 1 GWB dar[5]. Denn durch sie werden die Kunden, also die Reeder, verpflichtet, eine bestimmte Leistung ebenfalls vom Terminal-Betreiber abzunehmen und so der Wettbewerb auf dem jeweiligen technisch-nautischen Markt spürbar beeinträchtigt. Die anderen dort tätigen Unternehmen sehen sich einer geringeren Anzahl von Nachfragern gegenüber. Dieses ist aber auch bereits dann der Fall, wenn der Terminal-Betreiber die technisch-nautische Leistung nicht zu teureren Preisen im Paket anbietet, sondern sich lediglich auf die Koppelung beschränkt. Denn wenn er als marktbeherrschender Terminal-Betreiber einen erheblichen Anteil der ein- und auslaufenden Schiffe abfertigt, führt eine Koppelung dazu, dass eben dieser erhebliche Anteil an Schiffen als

---

[4] Vgl. nur BKartA vom 14.12.2004, B 9 – 101/04 Ziff. 21 – *HHLA/FruitWharf*.
[5] Vgl. L/M/R-*Götting*, § 19 Rn. 71; I/M-*Möschel*, § 19 Rn. 133.

Nachfrager dem Markt für die betreffende technisch-nautische Leistung entzogen wird[6]. Im Falle eines marktbeherrschenden Terminal-Betreibers hat dieses jedenfalls dann auch spürbaren Einfluss auf die Märkte der technisch-nautischen Dienstleistungen, wenn der Güterverkehr dieser Ladungsart einen wesentlichen Teil des Seeverkehraufkommens im Hafen ausmacht. Eine sachliche Rechtfertigung derartiger Koppelungspraktiken kommt nur ausnahmsweise in Betracht. Mögliche Rationalisierungseffekte und daraus resultierende Verbilligungen der „Paketlösung" allein können jedenfalls nicht zur Rechtfertigung herangezogen werden[7].
Auch nach Gemeinschaftsrecht ist eine entsprechende Koppelung verboten. Denn nach Artikel 82 S. 2 lit. d EG liegt insbesondere dann ein Missbrauch vor, wenn der Marktbeherrscher den Abschluss von Verträgen an die Bedingung knüpft, dass die Vertragspartner zusätzliche Leistungen annehmen, die sachlich nicht in Beziehung zum Vertragsgegenstand stehen. An einem sachlichen Zusammenhang fehlt es nach der Rechtsprechung und der Entscheidungspraxis der Kommission dann, wenn keine technische oder wirtschaftliche Untrennbarkeit oder Notwendigkeit für eine Verknüpfung bestehen[8]. Dieses ist auch im Falle von technisch-nautischen Leistungen und ihrer Koppelung an die Umschlagstätigkeit der Fall. Denn Vertragsgegenstand soll zunächst allein die Umschlagsleistung sein. Die technisch-nautischen Leistungen stehen zu dieser in der Regel zwar in einem zeitlichen Zusammenhang, eine sachliche Verknüpfung in Form eines wirtschaftlichen oder technischen Zusammenhangs – wie sie Artikel 82 S. 2 lit. d EG verlangt – besteht aber gerade nicht.

2. Quersubventionierung

Besonders relevant für Unternehmen, die auf verschiedenen Märkten tätig, aber nicht auf allen marktbeherrschend sind, ist die Möglichkeit der Quersubventionierung zwischen den einzelnen Tätigkeitsbereichen. So können die hohen Kosten auf dem nicht beherrschten Markt durch Einkünfte auf dem beherrschten ausgeglichen werden[9]. Dabei kommt es nicht darauf an, ob eine mögliche Wettbewerbsbeschränkung auf dem

---

[6] Vgl. auch BGH WuW/E DE-R 1206 – *Strom und Telefon I*; BGH WuW/E DE-R 1283 – *Der Oberhammer.*
[7] Vgl. I/M-*Möschel*, § 19 Rn. 133 f.
[8] EuGH, Slg. 1996 I-5951, 6010 Tz. 36 f. – *Tetra Pak/Kommission*, bestätigend EuG, Slg. 1994 II-764 Tz. 134 ff. – *Tetra Pak/Kommission* und KomE, ABl. (EG) 1992 L-72/1 – *Tetra Pak II.*
[9] OLG Frankfurt WuW/E DE-R 1589, 1590 – *Fernsehzeitschrift.*

beherrschten Markt auftritt, die Wirkungen eines Missbrauchs können vielmehr auch auf einem anderen als dem beherrschten Markt eintreten (so genannte Drittmarktbehinderung)[10]. Eine Quersubventionierung kann dann zu Wettbewerbsverzerrungen führen, wenn dadurch die Preise des Marktbeherrschers auf diesem Markt sinken, die anderen Anbieter auf diesem nicht beherrschten Markt jedoch wirtschaftlich nicht in der Lage sind, ihre Leistungen zu den gleichen Preisen anzubieten. Diese Gefahr besteht, wenn ein marktbeherrschender Terminal-Betreiber beispielsweise auf dem Markt der Festmacherdienste tätig wird und dort ständig zu bedeutend niedrigeren Preisen arbeiten kann als seine Wettbewerber. Die Quersubventionierung selbst stellt allerdings keinen Missbrauch einer marktbeherrschenden Stellung dar. Es gibt keine Rechtsgrundlage dafür, dass ein Unternehmen seine auf einem beherrschten Markt erzielten Einkünfte nicht auch auf einem anderen Markt einsetzen sollte, soweit es sich wettbewerbskonformer Mittel bedient[11]. Diese Grenze der Wettbewerbskonformität ist aber dort überschritten, wo es zu Angeboten zu Kampfpreisen kommt und das marktbeherrschende Unternehmen in einen nach § 19 Abs. 4 Nr. 1 GWB verbotenen Verdrängungswettbewerb eintritt[12].

Auch das Gemeinschaftsrecht bietet keinen Anhaltspunkt dafür, Quersubventionierungen zwischen verschiedenen Unternehmensbereichen als missbräuchliches Verhalten zu verbieten. Zwar ist auch hier die Drittmarktbehinderung vom Anwendungsbereich des Artikels 82 EG erfasst[13], aber eine Quersubventionierung allein soll noch keine Behinderung darstellen. Nicht nur die Einkünfte auf einem beherrschten, sondern sogar die Einkünfte auf einem durch rechtliches Monopol vorbehaltenen Markt sollen nach der Rechtsprechung des EuG auf einem anderen, dem Wettbewerb geöffneten Markt eingesetzt werden können[14]. Denn Artikel 82 EG knüpft gerade nicht daran an, warum ein Unternehmen eine marktbeherrschende Stellung besitzt. Die Norm ist vielmehr sowohl auf Monopolisten als auch auf Marktbeherrscher anzuwenden und verbietet ihnen gleichermaßen missbräuchliche Praktiken. Solche missbräuchlichen Praktiken können aber nur dann festgestellt werden, wenn Wettbewerber behindert oder Vertragspartner ausgebeutet werden. Für ein Verbot von Quersubventionierungen zwischen verschiedenen Unternehmens-

---

[10] OLG Celle WuW/E DE-R 1592 f. – *Einkauf Aktuell*; a.A. OLG Frankfurt WuW/E DE-R 1589, 1590 – *Fernsehzeitschrift.*

[11] OLG Celle WuW/E DE-R 1592, 1594 – *Einkauf Aktuell.*

[12] BKartA v. 18.02.2002, B 9-144/01, S. 14 ff. – *Lufthansa.*

[13] L/B-*Dirksen*, Art. 82 Rn. 85 mwN.

[14] EuG, Slg. 2002 II-1915, 1935 Tz. 61 – *UPS/Kommission.*

bereichen nach Artikel 82 EG wäre es daher beispielsweise erforderlich, dass die Leistungen auf dem nicht beherrschten Markt zu Kampfpreisen angeboten würden oder sonst eine Behinderung eintritt.

B. Das Kartellverbot

Die Eigenschaft eines Seehafens als wesentlicher Infrastruktureinrichtung erfordert es, dass seine Funktionsfähigkeit immer, an jedem Tag im Jahr und zu jeder Tageszeit, gewährleistet ist. Werden die in diesem Rahmen notwendigen Dienstleistungen von verschiedenen privat-wirtschaftlichen Unternehmen angeboten, kann ein gewisses Maß der Abstimmung unter diesen unentbehrlich sein. Andererseits verbieten § 1 GWB und Artikel 81 EG wettbewerbsbeschränkende Vereinbarungen und abgestimmte Verhaltensweisen verschiedener Unternehmen.
Im Folgenden sollen die Voraussetzungen des gemeinschaftsrechtlichen und deutschen Kartellverbots aufgezeigt und verschiedene Verhaltensweisen von Hafenunternehmen in diesen Kontext eingeordnet werden. Dabei steht das gemeinschaftsrechtliche Kartellverbot im Vordergrund, da die Ausnahmeregelung des Artikels 3 Abs. 2 S. 2 VO (EG) 1/2003 für mehrseitige Absprachen und ähnliche Verhaltensweisen nicht gilt. Für eine isolierte Anwendung des nationalen Kartellverbots nach § 1 GWB bleibt demnach nur Raum, wenn kein zwischenstaatlicher Bezug der Vereinbarung, des Beschlusses oder der abgestimmten Verhaltensweise besteht, mithin ein Seehafen betroffen ist, der keinen wesentlichen Teil des Gemeinsamen Marktes darstellt.

1. Tatbestand des Artikels 81 Abs. 1 EG

Artikel 81 Abs. 1 EG bestimmt, dass „alle Vereinbarungen zwischen Unternehmen, Beschlüsse von Unternehmensvereinigungen und aufeinander abgestimmte Verhaltensweisen, welche den Handel zwischen den Mitgliedstaaten zu beeinträchtigen geeignet sind und eine Verhinderung, Einschränkung oder Verfälschung des Wettbewerb innerhalb des Gemeinsamen Marktes bezwecken oder bewirken“ mit dem Gemeinsamen Markt unvereinbar und verboten sind. Dazu nennt die Vorschrift fünf Regelbeispiele: die Festsetzung der An- und Verkaufspreise oder sonstiger Bedingungen, die Einschränkung oder Kontrolle der Erzeugung, des Absatzes, der technischen Entwicklung oder der Investitionen, die Aufteilung der Märkte und Versorgungsquellen, die Diskriminierung von Handelspartnern sowie Kopplungsgeschäfte.

a) Normadressaten

Regelungsadressaten sind wie im Fall des Artikels 82 EG Unternehmen, aber auch Unternehmensvereinigungen. Der Unternehmensbegriff des europäischen Wettbewerbsrechts ist einheitlich, daher gelten die Ausführungen zu Artikel 82 EG insoweit auch für Artikel 81 EG. Unternehmensvereinigungen werden aber nur dann erfasst, wenn ihre Mitglieder in ihrer wirtschaftlichen Betätigung von der Unternehmensvereinigung betroffen sind[15]. Die Unternehmensvereinigung selbst muss jedoch keine wirtschaftliche Tätigkeit ausüben.

b) Verbotenes Verhalten

Verbotene Verhaltensweisen sind Vereinbarungen, Beschlüsse und abgestimmte Verhaltensweisen selbständige Unternehmen[16]. Gemeinsam ist allen diesen Verhaltensweisen, dass mit ihnen die willentliche Beseitigung des für den funktionierenden Wettbewerb unabdingbaren Postulats der Selbständigkeit einhergeht[17]. Eine präzise Abgrenzung der drei Tatbestandsmerkmale untereinander ist bislang nicht gelungen[18].
Vereinbarungen werden von allen beteiligten Unternehmen durch den Austausch wechselseitiger, sich spiegelbildlich entsprechender Willenserklärungen getroffen[19], deren wirtschaftliche oder tatsächliche Bindung genügt[20]. Ausreichend ist es daher, dass sich ein gemeinsamer Wille zur Wettbewerbsbeschränkung nach außen manifestiert. Dabei ist es jedoch nicht erforderlich, dass die Beteiligten sich tatsächlich der Vereinbarung entsprechend verhalten[21].
Beschlüsse können von einigen Mitgliedern einer Unternehmensvereinigung nach dem Mehrheitsprinzip mit Geltung für alle gefasst werden, basieren jedoch regelmäßig auf einem Gesamtrechtsakt wie der Satzung der

---

[15] *Bunte*, S. 36.
[16] Das Kriterium der Selbständigkeit führt zu einem Privileg konzernangehöriger Unternehmen, vgl. MünchKommEuWettbR-*Paschke*, Art. 81 EG Rn. 21 ff.
[17] MünchKommEuWettbR-*Paschke*, Art. 81 EG Rn. 6.
[18] MünchKommEuWettbR-*Paschke*, Art. 81 EG Rn. 8.
[19] *Mestmäcker/Schweitzer*, § 9 Rn. 3; GS-*Schröter*, Art. 81 Rn. 55.
[20] Grundsätzlich ist der Begriff der Vereinbarung im Rahmen des europäischen Kartellrechts weiter auszulegen als im Vertragsrecht, *Ritter/Braun/Rawlinson*, S. 82; dieses entspricht dem Interesse an der effektiven Wirksamkeit des Vertrages, der die Schaffung eines Systems unverfälschten Wettbewerbs vorsieht.
[21] MünchKommEuWettbR-*Paschke*, Art. 81 EG Rn. 11.

Vereinigung oder einem Gesellschaftsvertrag und sind grundsätzlich bindend[22].

Als Tathandlung genügt auch eine einfache Verhaltensabstimmung der Unternehmen untereinander. Sofern sie ein entsprechendes Verhalten nach sich zieht, ist dieses als abgestimmtes Verhalten verboten. Es handelt sich insoweit um einen Auffangtatbestand[23]. Ein den Wettbewerb beeinträchtigendes Verhalten allein, ohne Abstimmung, das trotzdem parallel verläuft, erfüllt den Tatbestand nicht, das Vorliegen der Tätigkeits- (Abstimmung) wie der Erfolgskomponente (beeinträchtigendes Verhalten) ist unbedingt erforderlich. Da die Abstimmung nicht rechtlich verbindlich sein muss[24], werden auch *„gentlemen's agreements“* und *„Frühstückskartelle“* von dem Verbot erfasst[25]. Aber auch allein der Austausch individualisierter oder individualisierbarer Informationen zwischen Unternehmen, der zur Berechenbarkeit des Verhaltens eines anderen Unternehmens führt, kann für die Annahme einer verbotenen Koordinierung ausreichen[26].

Erfasst werden von der Norm neben den horizontalen auch vertikale Absprachen von Unternehmen, die nicht miteinander im Wettbewerb stehen[27], wohl aber innerhalb der gleichen Liefer- bzw. Produktionskette.

c) Wirkung auf den Wettbewerb

Voraussetzung eines Verbotes des unternehmerischen Verhaltens ist seine Eignung zur spürbaren Beeinträchtigung des Handels zwischen den Mitgliedstaaten und das Bezwecken oder Bewirken einer Verhinderung, Einschränkung oder Verfälschung des Wettbewerbs innerhalb des Gemein-

---

[22] GS-*Schröter*, Art. 81 Rn. 64; dabei kommt es nach *Mestmäcker/Schweitzer*, § 9 Rn. 10 nicht darauf an, dass die Beschlüsse formell rechtmäßig gefasst wurden oder nur eine „faktische Verbindlichkeit“ besteht, indem sich alle Mitglieder an den fehlerhaften Beschluss halten, denn das Regelungsziel sei wie bei der Vereinbarung die Verhinderung bzw. Sanktionierung bestimmter Einwirkungen auf das Verhalten der beteiligten Unternehmen; a.A. *Bunte*, S. 56 ff., der die „faktische Verbindlichkeit“ als einen Fall der abgestimmten Verhaltensweise ansieht.

[23] GS-*Schröter*, Art. 81 Rn. 68.

[24] EuGH, Slg. 1990 I-45 Ls. 2– *Sandoz*; Slg. 1980, 3125 Tz. 86 – *van Landewyck/Kommission*; Langen/Bunte-*Bunte*, Art. 81 Rn. 20; *Frenz* Bd. II, Rn. 399; MünchKommEuWettbR-*Paschke,* Art. 81 EG Rn. 15.

[25] Dagegen *Lettl*, Rn. 55.

[26] *Frenz* Bd. II, Rn. 463 ff.; MünchKommEuWettbR-*Paschke,* Art. 81 EG Rn. 67.

[27] EuGH, Slg. 1966, 281, 302 f. – *LTM/MBU*; EuGH, Slg. 1966, 321, 387 – *Grundig/Consten*; *Ritter/Braun/Rawlinson*, S. 96; GS-*Schröter*, Art. 81 Rn. 74.

samen Marktes. Der Begriff des Wettbewerbs erfasst sowohl den Angebots- als auch den Nachfragewettbewerb[28]. Die Beurteilung der Wettbewerbsbeschränkung ergibt sich aus einem Vergleich der Marktsituation mit und ohne das betreffende Verhalten[29]. Dieser Maßstab bietet sich auch deswegen an, weil zwischen dem Verhalten und der wettbewerbsstörenden Wirkung ein Kausalverhältnis bestehen muss[30]. Geschützt wird auch im Rahmen des Artikels 81 EG der aktuelle wie potentielle Wettbewerb auf einem Markt[31].
Erreicht wird die Verhinderung, Beschränkung oder Verfälschung von Wettbewerb durch die Beschränkung der wettbewerblichen und wirtschaftlichen Handlungsfreiheit einzelner Unternehmen, welche sich erwartungsgemäß negativ auf Preise, Produkte, Innovation oder die Vielzahl und Qualität der Waren und Dienstleistungen auswirkt[32]. Typische Fälle von Wettbewerbsbeschränkungen sind Preisabsprachen, Demarkationsabreden oder bestimmte Absatzbeschränkungen unter Wettbewerbern.
Ungeschriebenes Tatbestandsmerkmal[33] des Artikel 81 Abs. 1 EG ist ein bestimmtes Ausmaß des negativen Einflusses auf den Wettbewerb, seine „Spürbarkeit". Auf diesem Wege sollen Bagatellfälle aus dem Anwendungsbereich des Kartellverbots herausgehalten werden. Die „Spürbarkeit" ist anhand quantitativer Kriterien zu bestimmen. So stellt die auch Kommission in ihrer Bagatellbekanntmachung[34] wesentlich – aber nicht allein – auf die Marktanteile der handelnden Unternehmen ab[35]. Verein-

---

[28] So für das nationale Kartellrecht bereits KG vom 26.2.1986 WuW/E OLG 3737, 3741 – *Selex-Tania*.
[29] EuGH, Slg. 1966, 281, 303 f. – *LTM/MBU; Mestmäcker/Schweitzer*, § 10 Rn. 11 ff.
[30] Mestmäcker/Schweitzer, § 10 Rn. 11.
[31] Mestmäcker/Schweitzer, § 10 Rn. 47.
[32] Mestmäcker/Schweitzer, § 10 Rn. 25.
[33] Vgl. nur GS-*Schröter*, Art. 81 Rn. 193 mwN.
[34] Bekanntmachung der Kommission über Vereinbarungen von geringer Bedeutung, die den Wettbewerb gemäß Artikel 81 Abs. 1 des Vertrages über die Gründung der Europäischen Gemeinschaft nicht spürbar beeinträchtigten (de minimis), ABl. (EG) 2001 C-368/13.
[35] Der Marktanteil soll nach der Kommission wie nach der Rechtsprechung zwar nicht allein ausschlaggebend für die Beurteilung der Spürbarkeit sein, diese soll aber bei Marktanteilen von unter 1 % regelmäßig nicht vorliegen. In Zweifelsfällen ist die Kommission verpflichtet, den relevanten Markt und die Marktanteile der betroffenen Unternehmen zu ermitteln; EuG, Slg.1998 II-3141, 3183 f. Tz 100-105 – *European Night Services*; vgl. auch *Mestmäcker/Schweitzer*, § 10 Rn. 83.

barungen zwischen Wettbewerbern gelten der Europäischen Kommission dann als nicht spürbar, wenn der gemeinsame Marktanteil der beteiligten Unternehmen auf jedem betroffenen Markt 10 Prozent nicht überschreitet. Vereinbarungen zwischen Unternehmen, die keine Wettbewerber sind, gelten dann als nicht spürbar, wenn die zusammengerechneten Marktanteile 15 Prozent nicht überschreiten[36]. Der EuGH hingegen setzt die negative Spürbarkeitsgrenze bereits bei einem Marktanteil von fünf Prozent an[37]. Die negative Spürbarkeitsgrenze gilt nicht für so genannte „Kernbeschränkungen" oder „Hardcore-Kartelle": Dieses sind u. a. Vereinbarungen, welche die Festsetzung von Preisen, die Aufteilung von Märkten und die Beschränkung des Absatzes bezwecken[38].

Umstritten ist, ob im Rahmen der Beurteilung der Wettbewerbsstörung auch die positiven Auswirkungen der Beeinflussung berücksichtigt werden dürfen und eine Art „Gesamtsaldierung" der Auswirkungen des Verhaltens zulässig ist. Der EuGH wendet eine solche Gesamtwürdigung an, setzt ihr aber dort Grenzen, wo eine Vereinbarung die absolute Abschottung eines Marktes betrifft, auch wenn durch die gleiche Vereinbarung auf einem anderen Markt mehr Wettbewerb geschaffen wird[39]. Gegen eine solche Gesamtsaldierung spricht aber schon die Struktur der Vorschrift des Artikels 81 EG, der eine Freistellung und damit eine Ausnahme vom Verbot nur unter den in Artikel 81 Abs. 3 EG genannten Voraussetzungen zulassen will. Den Begriff der Wettbewerbsbeschränkung im Ver-

---

[36] de minimis-Bekanntmachung der Kommission (Fn. IV.34), ABl. (EG) 2001 C-368/13 Ziff. 7.

[37] EuGH, Slg. 1978, 131 Tz. 9 ff. – *Miller International Schallplatten*; EuGH, Slg. 1983, 3151 Tz. 58 – *AEG*; das EuG orientiert sich in seiner Rechtsprechung an der Bekanntmachung der Kommission: EuG, Slg. 1995 II- 1533, 1572 Tz. 97 f. – *Langnese-Iglo*.

[38] de minimis-Bekanntmachung der Kommission (Fn. IV.34), ABl. (EG) 2001 C-368/13 Ziff. 11; regelmäßig nicht spürbar sind Vereinbarungen zwischen kleinen und mittleren Unternehmen (KMU). Den Begriff der KMU definiert die Europäische Kommission als Unternehmen mit weniger als 250 Beschäftigten und einem Jahresumsatz von höchstens 50 Mio. Euro bzw. einer Bilanzsumme von höchstens 43 Mio. Euro. Kein KMU ist ein Unternehmen, welches die genannten Kriterien erfüllt jedoch dann, wenn es zu wenigstens 25 % im Besitz eines anderen Unternehmens ist, das nicht als KMU einzustufen ist, Empfehlung der Kommission zur Definition der kleinen und mittleren Unternehmen, ABl. (EG) 2003 L-124/36.

[39] EuGH, Slg. 1966, 281, 302 f. – *LTM/MBU*; EuGH, EuGH, Slg. 1966, 321, 387 – *Grundig/Consten;* umfassende Darstellung bei *Caspar*, S. 85-170; gegen eine Saldierung wohl auch Europäische Kommission, Leitlinien zur Anwendung von Artikel 81 Absatz 3 EG-Vertrag, ABl. (EG) 2004 C-101/97 Ziff. 32 f.

botstatbestand demnach dann bereits im Wege einer Gesamtsaldierung der Vor- und Nachteile des beschränkenden Verhaltens zu füllen, liefe auf eine Umgehung der begrenzten Freistellungsmöglichkeiten nach Artikel 81 Abs. 3 EG hinaus[40].

d) Bewirken oder Bezwecken der Beeinträchtigung

Das Bewirken oder Bezwecken einer spürbaren Wettbewerbsbeschränkung ist anhand objektiver Kriterien festzustellen. Hinsichtlich des Bezweckens ist die objektiv feststellbare Tendenz der Abrede zu prüfen[41], dazu werden die Vereinbarung in ihrem rechtlichen und wirtschaftlichen Kontext sowie das Verhalten der Parteien untersucht. Das Erreichen des Zwecks ist für die Annahme eines eine Wettbewerbsstörung bezweckenden Verhaltens nicht notwendig[42]. Der EuGH geht insbesondere von einem wettbewerbsbeschränkenden Zweck aus, wenn horizontale Kartelle zur Festsetzung von Verkaufspreisen von Waren oder Dienstleistungen oder vertikale Kartelle, die Parallelhandel in der Gemeinschaft verhindern, gebildet werden[43]. Das Bewirken ergibt sich grundsätzlich aus den tatsächlichen aktuellen Umständen, ein vorheriges Bezwecken der Wirkung ist nicht erforderlich[44], das Vorliegen eines adäquaten Kausalzusammenhangs hingegen schon. Es genügt allerdings die hinreichende Wahrscheinlichkeit der wettbewerbsbeschränkenden Wirkung in naher Zukunft[45].

e) Zwischenstaatlichkeitsklausel

Artikel 81 Abs. 1 EG ist nur dann anwendbar, wenn das Verhalten der Unternehmen geeignet ist, den Handel zwischen den Mitgliedstaaten zu beeinträchtigen. In diesem Fall kommen das Gemeinschaftsrecht und das nationale Recht parallel zur Anwendung[46]. Andernfalls ist allein das nati-

---

[40] Ähnlich *Mestmäcker/Schweitzer*, § 13 Rn. 34 f.; im Ergebnis auch *Frenz* Bd. II, Rn. 594.
[41] KomE, ABl. (EWG) 1990 L-21/71, 76 Ziff. 45 – *Bayo-n-ox*; *Lettl*, Rn. 131.
[42] Europäische Kommission, LL zu Art. 81 Abs. 3 EG (Fn. IV.39), ABl. (EG) 2004 C-101/97 Ziff. 20; *Ritter/Braun/Rawlinson*, S. 93.
[43] Vgl. *Mestmäcker/Schweitzer*, § 10 Rn. 62 mwN.
[44] Vgl. *Frenz* Bd. II, Rn. 604; *Ritter/Braun/Rawlinson*, S. 94.
[45] Europäische Kommission, LL zu Art. 81 Abs. 3 EG (Fn. IV.39), ABl. (EG) 2004 C-101/97 Ziff. 24; *Mestmäcker/Schweitzer*, § 10 Rn. 64; GS-*Schröter*, Art. 81 Rn. 128.
[46] Vgl. Art. 3 Abs. 2 VO (EG) 1/2003.

onale Recht und damit der in seinem Regelungsgehalt identische § 1 GWB einschlägig. Nach der Rechtsprechung des EuGH ist der Handel zwischen Mitgliedstaaten beeinträchtigt, wenn eine Maßnahme „*unmittelbar oder mittelbar, tatsächlich oder der Möglichkeit nach geeignet ist, die Freiheit des Handels zwischen den Mitgliedstaaten in einer Weise zu gefährden, die der Verwirklichung der Ziele eines einheitlichen zwischenstaatlichen Marktes nachteilig sein kann.*“[47]

Unter Handel i. S. d. Artikels 81 Abs. 1 EG ist nicht nur der Austausch von Waren als Handel im engeren Sinne zu verstehen, sondern der Wirtschaftsverkehr insgesamt[48]. In der Praxis kann von einer den Handel zwischen den Mitgliedstaaten beeinträchtigenden Vereinbarung oder sonstiger Verhaltensweise ausgegangen werden, wenn sich die Wettbewerbsbeschränkungen über die Grenzen eines Mitgliedstaates hinaus auswirken[49]. Dieses ist etwa dann der Fall, wenn ein nationaler Markt komplett abgeschottet wird, weil sich das Kartell auf das gesamte Gebiet eines Mitgliedstaates bezieht[50], kann aber auch schon dann vorliegen, wenn nur ein Teil eines Mitgliedstaates von der Vereinbarung betroffen ist[51].

Ebenso wie die Wettbewerbsbeschränkung selbst muss auch die Beeinträchtigung des zwischenstaatlichen Handels spürbar sein. Die Spürbarkeitsgrenzen hat die Kommission in ihren Leitlinien zur Beeinträchtigung des zwischenstaatlichen Handels bei einem gemeinsamen Marktanteil von fünf Prozent und einem Jahresumsatz mit der betroffenen Ware von 40 Mio. Euro angesetzt[52].

---

[47] EuGH, Slg. 1966, 321, 389 – *Grundig/Consten*; EuGH, Slg. 1997 I-4411 Ls. 2 – *Ferriere Nord*; EuG, Slg. 1992 II-1995, 2016 Tz. 55 – *Publishers Association*.

[48] EuGH, Slg. 1981, 2021, 2032 Tz. 18 – *Züchner;* Europäische Kommission, LL zur Zwischenstaatlichkeit (Fn. II.505), ABl. (EG) 2004 C-101/81 ff. Ziff. 19; L/B-*Bunte*, Art. 81 Rn. 121; *Frenz* Bd. II, Rn. 649.

[49] *Bunte*, S. 346, 370.

[50] EuGH, Slg. 1975, 1491, 1515 Tz. 25/27 – *Papiers peints de Belgique*; *Frenz* Bd. II, Rn. 644 mwN.

[51] EuGH, Slg. 2001 I-8089, 8153 Tz. 48 – *Ambulanz Glöckner*; Europäische Kommission, LL zur Zwischenstaatlichkeit (Fn. II.505), ABl. (EG) 2004 C-101/81 ff. Ziff. 21 f.

[52] EuGH, Slg. 2001 I-8089, 8153 Tz. 48 – *Ambulanz Glöckner*; Europäische Kommission, LL zur Zwischenstaatlichkeit (Fn. II.505), ABl. (EG) 2004 C-101/81 ff. Ziff. 52.

2. Freistellungsmöglichkeiten

Seit Inkrafttreten der Kartellverfahrensverordnung Nr. 1/2003 zum 1. Mai 2004 sind nach Artikel 81 Abs. 3 EG verbotene Verhaltensweisen von diesem Verbot im Wege der Legalausnahme freigestellt, wenn die folgenden Bedingungen kumulativ erfüllt sind:

- Die Vereinbarung muss zu Effizienzgewinnen führen, indem sie zur Verbesserung der Warenerzeugung bzw. -verteilung oder aber zur Förderung des technischen Fortschritts beiträgt;
- die Verbraucher müssen in einem angemessenen Umfang an diesem Gewinn beteiligt werden;
- die Beschränkungen gehen nicht über das Maß des zur Erreichung der Effizienzgewinne Erforderlichen hinaus;
- die beteiligten Unternehmen erhalten nicht die Möglichkeit, den Wettbewerb für einen wesentlichen Teil der betreffenden Waren auszuschalten.

Bestimmte Kategorien von Vereinbarungen können auch durch eine Gruppenfreistellungsverordnung freigestellt werden. Diese Verordnung entbindet die beteiligten Unternehmen von der Pflicht, den Nachweis der oben genannten Voraussetzungen zu erbringen[53].
Es gilt im Übrigen das Prinzip der Legalausnahme, d. h. es ist eine Selbsteinschätzung der beteiligten Unternehmen erforderlich, ob es sich bei der Vereinbarung um ein verbotenes Kartell handelt. Eine Anmeldung von Kartellen mit anschließend möglicher Freistellung durch die Kartellbehörden ist danach nicht mehr zulässig[54]. Irrtümer im Rahmen der

---

[53] Gruppenfreistellungsverordnungen bestehen für den Versicherungssektor (VO (EG) 358/2003, ABl. (EG) 2003 L-53/8); Kraftfahrzeugsektor (VO (EG) 1400/2002, ABl. (EG) 2002 L-203/30); horizontale Spezialisierungsvereinbarungen (VO (EG) 2658/2000, ABl. (EG) 2000 L-304/3); horizontale Vereinbarungen über Forschung und Entwicklung (VO (EG) 2659/2000, ABl. (EG) 2000 L-304/7); horizontale Vereinbarungen über Technologietransfer (VO (EG) 772/2004, ABl. (EG) 2004 L-123/11); vertikale Vereinbarungen und aufeinander abgestimmte Verhaltensweisen (VO (EG) 2790/1999, ABl. (EG) 1999 L-336/21).

[54] § 32c GWB sieht zwar vor, dass die Kartellbehörden entscheiden können, dass kein Anlass für das Einschreiten gegen ein bestimmtes Verhalten besteht, die Unternehmen haben grundsätzlich aber keinen Anspruch auf eine solche Entscheidung.

Selbsteinschätzung gehen zu Lasten der beteiligten Unternehmen, die sich an einem verbotenen Kartell beteiligt haben.

3. Tatbestand des Kartellverbots nach § 1 GWB und Freistellung nach § 3 GWB

Das nationale Kartellrecht kennt darüber hinaus mit § 3 GWB noch einen weiteren Freistellungstatbestand für so genannte Mittelstandskartelle.
Nach § 22 Abs. 2 S. 1 GWB dürfen Vereinbarungen, welche nach Artikel 81 EG nicht verboten oder freigestellt sind, nicht nach nationalem Kartellrecht verboten werden. Bei der Freistellung handelt es sich jedoch um den umgekehrten Fall, dass möglicherweise ein Verbot nach gemeinschaftsrechtlichem, aber eine Freistellung nach nationalem Kartellrecht besteht. Hier greift jedoch die Klarstellung des § 22 Abs. 2 S. 2 GWB ein, der darauf hinweist, dass im Übrigen der allgemeine Vorrang des Gemeinschaftsrechts gilt. Soweit daher das Gemeinschaftsrecht wegen eines zwischenstaatlichen Bezugs des Mittelstandskartells Anwendung findet, kann die Freistellung des § 3 GWB nicht durchgreifen. Bei Mittelstandskartellen wird es jedoch häufig an der nach der *de-minimis* Bekanntmachung der Europäischen Kommission[55] erforderlichen spürbaren Beeinträchtigung des Wettbewerbs auf dem Gemeinsamen Markt oder einem Teil desselben fehlen, so dass § 3 GWB zur Anwendung kommen kann.
§ 3 GWB begünstigt allein horizontale Kartelle, die der Wettbewerbsfähigkeit kleiner und mittlerer Unternehmen dienen. Daraus folgt zwar nicht, dass Kartellbeteiligte nur kleine und mittlere Unternehmen sein dürfen, diesen muss aber die positive Wirkung des Kartells unmittelbar zugute kommen.
Der Begriff der kleinen und mittleren Unternehmen i. S. d. GWB kann nicht anhand absoluter Größenkriterien ausgefüllt werden. Vielmehr ist er im Einzelfall anhand der relativen Marktsituation zu bestimmen. Wann ein Unternehmen klein oder von mittlerer Größe ist, kann ausschließlich im Verhältnis zu den Wettbewerbern auf dem gleichen sachlichen Markt festgestellt werden[56]. Ein Unternehmen von mittlerer Größe soll danach eines sein, das weniger als 50 Prozent des Umsatzes des umsatzstärksten Unternehmens auf dem jeweiligen Markt aufweist. Klein ist danach ein

---

[55] de minimis-Bekanntmachung der Kommission (Fn. IV.34), ABl. (EG) 2001 C-368/13.
[56] L/M/R-*Nordemann*, § 3 Rn. 11; L/B-*Schneider*, § 3 Rn. 44.

Unternehmen mit einem Umsatz in Höhe von weniger als 10 Prozent des Umsatzes des umsatzstärksten Unternehmens[57].
Das freizustellende Kartell muss der Rationalisierung wirtschaftlicher Vorgänge dienen. Unter Rationalisierung wird dabei allgemein die Verbesserung des Verhältnisses von Aufwand und Ertrag verstanden[58]. Kernbeschränkungen kennt das GWB nicht, daher können im Einzelfall sogar Preisabsprachen freigestellt werden – soweit nicht die relevanten Anteilsschwellen überschritten werden und auf den allgemeinen Freistellungstatbestand des § 2 GWB zurückgegriffen werden muss[59].
Der Anwendungsbereich des § 3 GWB ist seit der siebten GWB-Novelle recht eng: Zum einen bedarf es zum Eingreifen des Verbots nach § 1 GWB einer spürbaren Beeinträchtigung des Wettbewerbs, zum anderen greift § 3 GWB nur soweit ein, wie der Wettbewerb nicht wesentlich beeinträchtigt ist. Das Bundeskartellamt sieht in seiner Verwaltungspraxis die Grenze für die wesentliche Beeinträchtigung von Wettbewerb bei einem gemeinsamen Marktanteil von 10 – 15 Prozent[60]. Insofern besteht eine Parallele zur *de-minimis* Bekanntmachung der Europäischen Kommission[61].

4. Anwendung des Kartellverbots auf Seehafenbetriebe

Zunächst stellt sich die Frage, ob auf kartellrechtlich relevante Vereinbarungen und abgestimmte Verhaltensweisen das nationale oder auch das gemeinschaftsrechtliche Kartellverbot Anwendung findet. Entscheidend für die Antwort ist es, ob derartige Absprachen innerhalb eines Seehafens geeignet sind, den zwischenstaatlichen Handel zu beeinträchtigen. Sollte dieses der Fall sein, fände allein Artikel 81 EG Anwendung und könnten die einzelnen Betriebe keinesfalls von der Freistellung von Mittelstandskartellen nach § 3 GWB profitieren.
Im Rahmen der Prüfung des Missbrauchs einer marktbeherrschenden Stellung wurde die Eignung zur Beeinträchtigung des zwischenstaatlichen Handels eng mit der Frage der marktbeherrschenden Stellung auf einem wesentlichen Teil des Gemeinsamen Marktes verknüpft. Wurde der Zugang zu diesem Markt erschwert, auf dem das betreffende Unternehmen eine marktbeherrschende Stellung hatte, war in der Regel von der

[57] So L/M/R-*Nordemann*, § 3 Rn. 15.
[58] Vgl. nur L/M/R-*Nordemann*, § 3 Rn. 36 mwN.
[59] *Rißmann*, WuW 2006, 881, 886.
[60] BKartA Merkblatt über Kooperationsmöglichkeiten, S. 11.
[61] Vgl. auch Begründung RegE 7. GWB-Novelle, BT Drs. 15/3640, S. 28.

Eignung zur Beeinträchtigung des zwischenstaatlichen Handels auszugehen[62]. Eben diese Regelung ist auf den Anwendungsbereich des Kartellverbots zu übertragen: Betrifft das Kartell nur einen Teil eines Mitgliedstaates, nämlich nur einen einzelnen Hafen, macht dieser Teil aber einen wesentlichen Teil des Gemeinsamen Marktes aus, so soll das Kartell geeignet sein, eine spürbare Beeinträchtigung des Handels zwischen den Mitgliedstaaten zu bewirken[63]. Mithin findet Artikel 81 EG in allen Seehäfen Anwendung, welche für den Im- und Export ihres Landes von erheblicher Bedeutung sind[64].

a) Beispiele für hafeninterne Kartelle

(1) Preisabsprachen

Beispiel verbotener Preisabsprachen waren neben der jährlich veröffentlichten Preisliste für Hafendienstleistungen des französischen Schiffsmaklerverbandes oder den Preisempfehlungen für die Klarierung von Seeschiffen[65] der so genannte „Hamburger Schlepperkrieg“[66]. Die Hamburger Schleppreedereien trafen traditionell bestimmte Preisabsprachen untereinander. 1992 hatte ein Reeder für das Verbringen eines Tankers in den Hamburger Hafen einen günstigeren Kieler Schlepper engagiert, wogegen die Arbeitsgemeinschaft der Hamburger Schleppreedereien protestierte und drohte, ihre Hilfe beim Eindocken zu verweigern. 1996 wurde wiederum gegen den heftigen Protest der Hamburger Schlepper eine Schleppreederei aus Rotterdam mit vier Schleppern und zu etwa 25 Prozent günstigeren Preisen im Hamburger Hafen tätig und brach so das Preiskartell der Schleppreedereien im Hamburger Hafen[67].
Zum Zeitpunkt des „Schlepperkrieges“ existierte mit § 99 Abs. 2 GWB a. F. allerdings noch eine Bereichsausnahme vom Kartellverbot für Preisempfehlungen von Vereinigungen von Unternehmen, die den Güterum-

---

[62] Europäische Kommission, LL zur Zwischenstaatlichkeit (Fn. II.505), ABl. (EG) 2004 C-101/81 ff. Ziff. 97.
[63] Europäische Kommission, LL zur Zwischenstaatlichkeit (Fn. II.505), ABl. (EG) 2004 C-101/81 ff. Ziff. 92.
[64] Vgl. I.)A.1.a)(1)(ii).
[65] Die französische Preisliste wurde von der Cour d'Appel mit Urteil vom 3.03.1993 als verbotene Preisabsprache eingestuft; *Rabe*, S. 1164.
[66] Umfassende Darstellung bei *Grobecker*.
[67] Die Inanspruchnahme der „neuen“ Schlepper war so groß, dass die vormaligen Kartellanten eine größere Anzahl von Seeleuten in den Vorruhestand entlassen mussten, *Lagoni,* EuR 2002 Beih. 3, S. 97, 100 f.

schlag, die Güterbeförderung, die Güterlagerung und die damit verbundenen Nebenleistungen in deutschen Seehäfen zum Gegenstand hatten. Dementsprechend konnten unverbindliche Preisempfehlungen von Unternehmensverbänden durch das Bundeskartellamt geprüft und genehmigt werden. Vor dem Hintergrund, dass ein Seehafen aber auch allein einen wesentlichen Teil des Gemeinsamen Marktes darstellen konnte und durch entsprechende Preisempfehlungen der Wettbewerb zwischen den Mitgliedstaaten der damaligen EG beschränkt wurde, dürfte die Bereichsausnahme regelmäßig vom Vorrang des Gemeinschaftsrechts verdrängt worden sein.
Ähnliche Preisabsprachen wie bei den Schleppern sind in nahezu allen Sparten der Hafendienstleistungen üblich. Die Mittelstandsvereinigung der im Unternehmensverband Hafen Hamburg e. V. zusammengeschlossenen Kaiumschlagsunternehmen hat für ihre Mitglieder einen gemeinsamen Kaitarif herausgegeben. Bei diesem handelt es sich um eine Preisabstimmung in Form eines Beschlusses einer Unternehmensvereinigung. Diese Abstimmung entfaltet insofern eine Wirkung auf den Wettbewerb, als die fünf beteiligten Unternehmen an die Tarifierung gebunden sind und keine individuellen Preise mit ihren Kunden aushandeln können. Das Kartellverbot ist daher einschlägig. Der relevante Markt, auf dem diese Unternehmen tätig sind, ist derjenige des Kaiumschlags. Dieser Markt erstreckt sich regelmäßig über das Gebiet eines Seehafens hinaus, sodass im vorliegenden Fall alle *North Range*-Häfen dazu gehören und der zwischenstaatliche Handel beeinträchtigt sine könnte. Selbst wenn sich der Markt jedoch auf das Gebiet des Hamburger Hafens als wichtigstem deutschem Seehafen beschränken sollte, besteht ein zwischenstaatlicher Bezug, da es sich bei dem Hamburger Hafen um einen wesentlichen Teil des Gemeinsamen Marktes handelt. Eine Freistellung nach § 3 GWB kommt daher nicht in Betracht. Allerdings könnte es zur Durchsetzung des Verbots an der Spürbarkeit der Wettbewerbsbeschränkung fehlen, wenn die beteiligten Unternehmen einen gemeinsamen Marktanteil von weniger als 10 Prozent halten.

(2) Marktaufteilung

Sind in einem Hafen mehrere Dienstleister auf dem gleichen sachlich relevanten Markt tätig, liegt es nahe, dass diese untereinander Absprachen in der Weise tätigen, dass sie das Hafengebiet in räumlicher Hinsicht untereinander aufteilen. Eine solche Aufteilung kommt insbesondere für die technisch-nautischen Dienste in Betracht. Denn im Gegensatz zu den Umschlagsdiensten sind sie mobil und können grundsätzlich überall im Hafengebiet ihre Leistung anbieten. Profitieren könnten von derartigen Absprachen speziell Festmacherdienste, aber auch Schlepper, soweit das

Gebiet nach dem Zielort des Schleppvorgangs aufgeteilt wird. Marktaufteilungen kommen aber auch in anderer als räumlicher Hinsicht in Betracht, etwa in Bezug auf bestimmte Kundengruppen[68].
Gebietsaufteilungen stellen regelmäßig wettbewerbsbeschränkende Vereinbarungen i. S. d. Artikels 81 Abs. 1 EG dar, da auf diese Weise bestimmte räumliche Teilmärkte innerhalb eines wesentlichen Teils des Gemeinsamen Marktes abgeschottet und dem Wettbewerb entzogen werden[69]. So sieht Artikel 81 Abs. 1 lit. c EG ausdrücklich vor, dass insbesondere auch die Aufteilung von Märkten mit dem Gemeinsamen Markt unvereinbar sei.

(3) Arbeitsgemeinschaften[70]

Bringt ein einzelnes Unternehmen nicht das wirtschaftliche Potenzial auf, eine Leistung allein zu erbringen, bietet es sich an, diese Leistung gemeinsam mit anderen Unternehmen zu erbringen. Denn durch Koordinierung und Bündelung ihrer Kräfte sind diese Unternehmen gemeinschaftlich in der Lage, die geforderte Leistung zu erbringen. In der seehafenwirtschaftlichen Praxis können solche Absprachen insbesondere dort auftreten, wo die Unternehmen einer Branche einen flächendeckenden Service rund um die Uhr anbieten wollen, dieses aber das wirtschaftliche Potenzial jedes einzelnen von ihnen überschreitet. Neben den Preisabsprachen war auch diese Dienstbereitschaft Gegenstand der Arbeitsgemeinschaft der Hamburger Schleppreedereien[71].
Der BGH hat für derartige Arbeitsgemeinschaften angenommen, dass diese immer dann nicht vom Kartellverbot erfasst werden, wenn die Gemeinschaften keine Beeinträchtigung des Wettbewerbs darstellen, sondern durch die Bündelung von Potenzial den Wettbewerb fördern, etwa indem sie den beteiligten Unternehmen erst den Marktzutritt ermöglichen[72]. Dieses ist etwa dann der Fall, wenn einem einzelnen Unternehmen die betreffende Tätigkeit auf dem Markt wirtschaftlich unmöglich

---

[68] EuG, Slg. 2005 II-3033 ff. Tz. 70 ff. – *Brasserie nationale*; GS-*Winterstein*, nach Art. 81-Fallgruppen Rn. 19.
[69] Europäische Kommission, Leitlinien zur Anwendbarkeit von Artikel 81 EG-Vertrag auf Vereinbarungen über horizontale Zusammenarbeit, ABl. (EG) 2001 C-3/2 Ziff. 25; vgl. folgende Pressemeldungen der Kommission zum Gasmarkt: IP/04/1310; IP/05/195; IP/05/710.
[70] Ausführlich zu Arbeitsgemeinschaften und Kartellverbot: *Koenig/Kühling/Müller*, WuW 2005, 126 ff.
[71] Vgl. *Lagoni,* EuR 2002 Beih. 3, S. 97, 100 f.
[72] BGH WuW/E DE-R 876 ff. – Jugend- und Frauennachtfahrten.

ist, weil etwa ein erhöhter Kapazitätsbedarf besteht oder aus Zeitgründen eine einheitliche Koordinierung aller Anbieter erforderlich ist[73]. Die Dauer der Vereinbarung spielt angesichts der Entscheidungspraxis des BGH zum nationalen Kartellrecht keine Rolle für die Anwendbarkeit des § 1 GWB, entscheidend ist vielmehr die andauernde Unfähigkeit der einzelnen Unternehmen, die betreffende Leistung ohne die Arbeitsgemeinschaft zu erbringen.

Auch die Europäische Kommission geht in ihren Leitlinien zur Anwendbarkeit von Artikel 81 EG auf Vereinbarungen über horizontale Zusammenarbeit davon aus, dass solche Vereinbarungen nicht unter das Verbot des Artikels 81 Abs. 1 EG fallen, die eine Zusammenarbeit von Wettbewerbern betreffen, wenn diese die von den Vereinbarungen erfassten Tätigkeiten nicht eigenständig ausführen könnten[74]. Denn in diesen Fällen hat die Vereinbarung keine Abschottungseffekte zur Folge. Diese Überlegung lag auch der Erteilung eines Negativattestes in der Sache *Eurotunnel* zugrunde. Die beteiligten Unternehmen bildeten eine Arbeitsgemeinschaft für die Durchführung der Bauarbeiten am Tunnel unter dem Ärmelkanal, die allein durchzuführen keines der Unternehmen im Stande war. Die Kommission sah keinen Grund zur Annahme eines wettbewerbsbeschränkenden Zwecks oder einer –beschränkenden Wirkung[75].

Besteht eine gesetzliche Pflicht zum Angebot der Leistungen, die Gegenstand der Arbeitsgemeinschafts-Vereinbarung sind – etwa des Vorhaltens eines Not- oder Nachtdienstes –, obliegt es den beteiligten Unternehmen, den gesetzlich vorgegebenen Rahmen kartellrechtmäßig auszufüllen[76].

(4) Exkurs: Bietergemeinschaften

Eine besondere Form der Arbeitsgemeinschaft ist die Bietergemeinschaft im Vergabeverfahren[77]. Auch wenn das Vergaberecht hinsichtlich der *intra port-competition* der klassischen Hafendienstleister keine Rolle spielt, kommt ein ähnlich strukturiertes Verfahren bei der Verteilung von Hafenflächen durch öffentliche wie private Hafeneigentümer zur Anwendung. Dementsprechend besteht auch im Wettbewerb um den Erhalt bestimmter Hafenflächen zur Pacht die Möglichkeit, Bietergemeinschaften

---

[73] BGH WuW/E DE-R 876, 878 f. – *Jugend- und Frauennachtfahrten.*

[74] Europäische Kommission, LL horizontale Zusammenarbeit, ABl. (EG) 2001 C-3/2 Ziff. 24 (Fn. IV.69).

[75] KomE, ABl. (EWG) 1988 L-311/36 – *Eurotunnel.*

[76] Vgl. *Frenz* Bd. II, Rn. 695.

[77] Dazu ausführlich *J. Wiedemann*, ZfBR 2003, 240 ff.

zu bilden. Diese verstoßen dann nicht gegen das Kartellverbot, wenn sie die Zusammenarbeit von Wettbewerbern betreffen, die einzeln nicht sinnvoll an dem Wettbewerb um die Hafenflächen hätten teilnehmen können[78]. Im Falle des erfolgreichen Gebots und Vertragsabschlusses mit dem Eigentümer der Hafenflächen können die an der Bietergemeinschaft beteiligten Unternehmen die betreffende Fläche gemeinsam nutzen. Über die ursprüngliche Bietergemeinschaft hinausgehende Koordinierungsabsprachen bedürften jedoch einer erneuten kartellrechtlichen Beurteilung.

(5) Wettbewerbsverbot

Für den vor der siebten GWB-Novelle geltenden § 1 GWB hat das OLG Naumburg[79] entschieden, dass wettbewerbsbeschränkende Abreden in Austauschverträgen dann zulässig sind, wenn für die vereinbarte Beschränkung bei wertender Betrachtungsweise ein anzuerkennendes Interesse besteht und sie ihrem inhaltlichen Umfang nach angemessen sind. Bei dieser Beurteilung soll der Gesichtspunkt der Vertragsgerechtigkeit im Vordergrund stehen.

Im konkreten Fall sah es das Gericht als anerkennenswertes Interesse an, wenn ein Händler von Agrarprodukten sich davor schützen will, dass sein Vertragspartner, ein Betreiber und Verpächter von Hafen- und Umschlagsanlagen, der in Ausführung des Vertrages zwangsläufig mit den Kunden des Händlers in Berührung kommt, in Konkurrenz zu diesem tritt. Denn der kartellrechtsneutrale Zweck des Pacht- und Umschlagvertrages zwischen den Parteien würde erheblich gestört, wenn der Verpächter und Betreiber in Konkurrenz zu seinem Vertragspartner, dem Händler, treten würde[80].

Auch nach europäischem Kartellrecht sind solche Nebenabreden von kartellrechtsneutralen Hauptvereinbarungen *per se* legal, wenn sie für die Umsetzung der Hauptvereinbarung erforderlich sind und zu dieser in einem angemessenen Verhältnis stehen[81].

---

[78] Vgl. *Jansen*, WuW 2005, 502, 503 zum Vergabeverfahren.

[79] OLG Naumburg, WuW/E DE-R 1426 ff. – *Düngemittellagerung*.

[80] OLG Naumburg, WuW/E DE-R 1426, 1427 – *Düngemittellagerung*.

[81] Europäische Kommission, LL zu Art. 81 Abs. 3 EG (Fn. IV.39), ABl. (EG) 2004 C-101/97 Ziff. 31; L/M/R-*Amato/Gonzalez Diaz*, Art. 81 Abs. 1 Rn. 140 f.; L/B-*Bunte*, Art. 81 Rn. 141 ff.

(6) Absprachen innerhalb von Transportketten

Angesichts der Bedeutung des intermodalen Verkehrsnetzes und der Stellung der Häfen als Knotenpunkte in diesem Netz erlangen Vereinbarungen zwischen Unternehmen, welche mit dem Umschlag im Hafen befasst sind, selbst aber keinen Weitertransport anbieten, mit anderen Anbietern von Transportleistungen über bestimmte Kontingente oder gar Ausschließlichkeitsbindungen eine stetig wachsende Bedeutung[82]. Dieses kommt insbesondere für die Kombination von Lagerleistungen und Weitertransport in Betracht, da beide Leistungen von dem gleichen Nachfrager abgefragt werden. Hingegen ist Nachfrager der unmittelbaren Umschlagtätigkeit am Terminal in der Regel der Reeder, Nachfrager von Lagerung und Weitertransport aber regelmäßig der von einem Handelsunternehmen beauftragte Verlader.
Bei einer derartigen Vereinbarung handelt es sich um eine Vereinbarung zwischen Unternehmen, die auf unterschiedlichen Stufen der Vertriebskette tätig sind[83]. Es handelt sich jedoch nicht um eine vertikale Vereinbarung, weil die Vereinbarung nicht die Lieferung bzw. den Bezug von Waren zwischen den Beteiligten betrifft. Ohne das Vorliegen einer Kombinations-Absprache träten beide Anbieter dem nachfragenden Verlader vielmehr unabhängig von einander gegenüber.
Derartige Kombinations-Absprachen treffen Unternehmen, die jeweils Leistungen bei dem Transport eines Gutes erbringen, allerdings auf benachbarten Märkten. Solche diagonalen Vereinbarungen fallen regelmäßig nicht in den Anwendungsbereich von Artikel 81 Abs. 1 EG. Der Wertung der Kommission für horizontale Vereinbarungen entsprechend gilt eine Ausnahme für den Fall, dass es zu Abschottungsproblemen gegenüber Dritten kommt, etwa weil Unternehmen mit erheblicher Marktmacht an der Vereinbarung beteiligt sind[84]. Erhebliche Marktmacht ist dabei nicht gleichzusetzen mit einer beherrschenden Stellung, sondern kann auch bereits unterhalb dieser Schwelle vorliegen.

[82] Vgl. BMVBW, Entwicklungstendenzen, Kap. 7 S. 266 (Fn. II.292); BKartA, TB 2001/2002, BT-Drs. 15/1226, S. 188.
[83] Vgl. Europäische Kommission, Leitlinien für vertikale Beschränkungen, ABl. (EG) 2000 C-291/1 Ziff. 23 f.
[84] Vgl. Europäische Kommission, LL horizontale Zusammenarbeit(Fn. IV.69), ABl. (EG) 2001 C-3/2 Ziff. 24.

5. Zwischenergebnis zum Kartellverbot

Im Regelfall dürfte der vorrangige Artikel 81 EG auf Kartellverstöße in den Seehäfen der *North Range* Anwendung finden und § 1 GWB dahinter zurückstehen. Denn durch die Eigenschaft der auf mitgliedstaatlicher Ebene wichtigen Seehäfen als wesentlichen Teilen des Gemeinsamen Marktes ist ein Verhalten, welches den hafeninternen Wettbewerb beschränkt, geeignet, den zwischenstaatlichen Handel zu beeinträchtigen. Obwohl der Hafensektor traditionsgeprägt ist und angesichts der begrenzten Anzahl von Akteuren in einem Seehafen ein hohes Maß an persönlichen Bekanntschaften besteht, fehlt es dort weitgehend an kartellbehördlichen Entscheidungen zu Artikel 81 EG oder § 1 GWB. Insbesondere Preisabsprachen sind ein wettbewerbsbeschränkendes Instrument, welches immer wieder auf derart begrenzten Märkten und auch auf dem Seehafensektor anzutreffen ist. Im Einzelfall kann es allerdings an der verbotsrelevanten Spürbarkeit der Wettbewerbsbeschränkung fehlen.

C. Die Seehafenbetriebe in der Fusionskontrolle

Der Unternehmenszusammenschluss ist wohl die intensivste Art der Zusammenarbeit zweier Unternehmen. Unternehmenszusammenschlüsse dienen in der Regel der Aktivierung von Synergieeffekten und der Realisierung bestimmter Einsparpotentiale. Sie entsprechen damit grundsätzlich dem legitimen wettbewerblichen Bedürfnis, einen Vorsprung vor der Konkurrenz zu erlangen. Gleichzeitig führen Zusammenschlüsse aber auch dazu, die Konkurrenz auf einem Markt zu verringern. Denn anders als im Falle des Wachstums eines Unternehmens aus sich heraus werden bei einem Zusammenschluss keine neuen Kapazitäten geschaffen, es erfolgt vielmehr eine neue Zuordnung vorhandener Kapazitäten. Daher sind Zusammenschlüssen dort Grenzen zu setzen, wo sie dazu führen, dass auf einem Markt kein wesentlicher Wettbewerb mehr besteht, bzw. wo das aus dem Zusammenschluss hervorgegangene Unternehmen einen im Wettbewerb nicht hinreichend kontrollierten Verhaltensspielraum erlangt. Zusammenschlüsse können für Seehafenbetriebe insbesondere in den folgenden Situationen von Interesse sein:

- Der Zugang zum Dienstleistungsmarkt in einem Hafen ist nur durch einen Zusammenschluss zu erlangen, da dort keine freien Kapazitäten bestehen und die Marktzutrittsschranken relativ hoch sind.

- Im Rahmen der wachsenden Bedeutung integrierter Transportketten können Zusammenschlüsse von Dienstleistern verschiedener Branchen zu Kostenvorteilen führen.
- Durch den Zusammenschluss mit anderen Unternehmen der gleichen Branche in einem anderen Hafen können Kostenvorteile aufgrund einer effizienteren Organisation insbesondere im Bereich des *Short Sea Shipping* entstehen.
- Soweit die Unternehmen für den Zugang zur Infrastruktur an einem Auswahlverfahren teilnehmen müssen, kann ein Zusammenschluss mit anderen Bewerbern oder Unternehmen aus anderen Häfen dazu führen, dass ein besseres Gebot abgegeben werden kann und damit bessere Chancen auf den Zuschlag bestehen.
- Anstelle einer Fusion von mehreren existenten Unternehmen können die genannten Kostenvorteile sowie die Vorteile in einem eventuell stattfindenden Auswahlverfahren auch durch die Gründung eines Gemeinschaftsunternehmens erlangt werden.

Die genannten Konstellationen sollen im Folgenden in den Kontext der europäischen und der deutschen Zusammenschlusskontrolle eingeordnet werden.

1. Die europäische Fusionskontrolle, VO (EG) 139/2004

Der EG-Vertrag trifft keine Regelungen zur Kontrolle von Unternehmenszusammenschlüssen (Fusionskontrolle). Die Fusionskontrolle ist vielmehr sekundärrechtlich in der VO (EG) 139/2004, der Fusionskontrollverordnung (FKVO) geregelt. Grundlage der FKVO sind die Artikel 83 und 308 EG.

a) Die gemeinschaftsweite Bedeutung

Der Anwendungsbereich der FKVO ist auf solche Zusammenschlüsse beschränkt, die eine gemeinschaftsweite Bedeutung entfalten. Die Annahme dieser Bedeutung erfolgt auf der Grundlage fester Schwellenwerte, die in Artikel 1 Abs. 2 und 3 FKVO genannt sind.
Nach Artikel 1 Abs. 2 FKVO hat ein Zusammenschluss gemeinschaftsweite Bedeutung, wenn die beteiligten Unternehmen weltweit einen Gesamtumsatz von mehr als fünf Milliarden Euro haben und dabei zwei der beteiligten Unternehmen einen gemeinschaftsweiten Umsatz von jeweils mindestens 250 Millionen Euro haben.

Nach Artikel 1 Abs. 3 FKVO besteht aber auch dann eine gemeinschaftsweite Bedeutung des Zusammenschlusses, wenn der weltweite Gesamtumsatz der Beteiligten zusammen mehr als 2,5 Milliarden Euro beträgt, der gemeinschaftsweite Gesamtumsatz von mindestens zwei beteiligten Unternehmen jeweils 100 Millionen Euro übersteigt und der Gesamtumsatz aller Beteiligten in drei Mitgliedstaaten 100 Millionen Euro übersteigt, wobei in jedem dieser Staaten der Gesamtumsatz von mindestens zwei beteiligten Unternehmen jeweils mehr als 25 Millionen Euro betragen muss.
Keiner der Zusammenschlüsse hat aber dann gemeinschaftsweite Bedeutung, wenn die beteiligten Unternehmen jeweils mehr als zwei Drittel ihres gemeinschaftsweiten Gesamtumsatzes in ein und demselben Mitgliedstaat erzielen. Bei der Berechnung des Umsatzes im Rahmen der Prüfung des Erreichens der Schwellenwerte sind nach Artikel 5 FKVO alle Umsätze des normalen geschäftlichen Tätigkeitsbereichs der Unternehmen zusammenzurechnen, abzüglich Erlösschmälerungen, Mehrwert- und anderen umsatzbezogenen Steuern. Dabei sind nach Maßgabe des Artikels 5 Abs. 4 FKVO auch die Umsätze der mit den beteiligten Unternehmen verbundenen Unternehmen zu berücksichtigen[85].

b) Der Begriff des Zusammenschlusses

Artikel 3 FKVO unterscheidet zwischen verschiedenen Arten von Zusammenschlüssen: Der Fusion von zwei oder mehr bislang von einander unabhängigen Unternehmen (Artikel 3 Abs. 1 lit. a), dem Kontrollerwerb (Artikel 3 Abs. 1 lit. b) und der Gründung eines Gemeinschaftsunternehmens (Artikel 3 Abs. 4).

(1) Die Fusion

Eine Fusion nach Artikel 3 Abs. 1 lit. a FKVO liegt vor, wenn zwei bislang von einander unabhängige Unternehmen entweder aufeinander oder zu einem neuen Unternehmen verschmelzen, sodass wenigstens eines der vormals unabhängigen Unternehmen keine eigene Rechtspersönlichkeit mehr bildet. Aber auch eine faktische Verschmelzung in der Form, dass lediglich eine wirtschaftliche aber keine rechtliche Einheit entsteht, kann eine Fusion i. S. d. FKVO darstellen, wenn diese auf Dauer angelegt ist

---

[85] Vgl. auch Europäische Kommission, Mitteilung über die Berechnung des Umsatzes im Sinne der Verordnung Nr. 4064/1989 des Rates über die Kontrolle von Unternehmenszusammenschlüssen, ABl. (EG) 1998 C-66/25.

und die Aktivitäten unter einer einheitlichen Leitung stehen (z. B. ein Gleichordnungskonzern)[86]. Von einander unabhängig können auch zwei Unternehmen sein, die beide im Eigentum der öffentlichen Hand stehen, soweit sie jeweils über unabhängige Entscheidungsbefugnisse verfügen[87].

(2) Der Kontrollerwerb

Nach Artikel 3 Abs. 2 FKVO ist unter Kontrolle die Möglichkeit zu verstehen, einen bestimmenden Einfluss auf die Tätigkeit eines anderen Unternehmens (so genanntes „target"-Unternehmen) auszuüben. Geht die Kontrolle über ein Unternehmen in die Hände einer anderen juristischen oder natürlichen Person über, kann ein Zusammenschluss vorliegen. Da es Sinn und Zweck der Fusionskontrolle ist, eine durch Zusammenschlüsse entstehende erhebliche Marktkonzentration zu unterbinden, ist es im Hinblick auf natürliche wie juristische Personen relevant, dass diese bereits die Kontrolle über ein anderes Unternehmen besitzen, sodass es zu einer Verbindung zwischen diesen beiden Unternehmen kommen kann.
Artikel 3 Abs. 2 FKVO macht den Kontrollerwerb nicht davon abhängig, dass der Erwerber das Unternehmen tatsächlich aufgrund von Eigentums- oder Nutzungsrechten bzw. Gesellschafterabsprachen kontrolliert, sondern lässt die Möglichkeit, einen bestimmenden Einfluss auszuüben, genügen. Diese Möglichkeit kann auch das Resultat langfristiger Betriebsführungs- oder Beherrschungsverträge[88] sein, die zu einer wirtschaftlichen Abhängigkeit führen[89]. Dabei ist es nicht notwendig, dass dieser Kontrollerwerb von den beteiligten Unternehmen beabsichtigt war, es genügt die tatsächliche Möglichkeit der Ausübung der Kontrolle, ohne dass von dieser Möglichkeit Gebrauch gemacht werden müsste[90].
Der Erwerb der alleinigen Kontrolle setzt nicht eine Übernahme aller Anteile oder Stimmrechte voraus, es genügt vielmehr der Erwerb der Mehrheit oder einer „qualifizierten Minderheit" aller Anteile oder Stimmrech-

---

[86] Vgl. Mitteilung der Kommission über den Begriff des Zusammenschlusses der Verordnung (EWG) Nr. 4064/89 des Rates über die Kontrolle von Unternehmenszusammenschlüssen, ABl. (EG) 1998 C-66/5 Ziff. 6 f.
[87] Vgl. Erwägungsgrund 22 der FKVO.
[88] Vgl. L/B-*Baron*, Art. 3 FKVO Rn. 27 f.
[89] Vgl. Zusammenschluss-Mitteilung der Kommission (Fn. IV.86), ABl. (EG) 1998 C-66/5 Ziff. 9.
[90] Zusammenschluss-Mitteilung der Kommission (Fn. IV.86), ABl. (EG) 1998 C-66/5 Ziff. 9 mit Verweis auf KomE IV/M.157 vom 5.10.1992 – *Air France/Sabena* (dort Ziff. 9 ff.).

te[91]. Gemeinsame Kontrolle erwerben Unternehmen, wenn jedes für sich in der Lage ist, wichtige Entscheidung, die das Wirtschaftsverhalten des *target*-Unternehmens betreffen, zu blockieren. In diesen Fällen ist dann ein Einvernehmen der beteiligten Unternehmen erforderlich[92].

(3) Die Gründung eines Gemeinschaftsunternehmens

Gemeinschaftsunternehmen sind Unternehmen, die von zwei oder mehreren anderen Unternehmen gemeinsam kontrolliert werden[93]. Bei der Gründung eines Gemeinschaftsunternehmens handelt es sich um einen einzigen Zusammenschluss der Mutterunternehmen mit dem Gemeinschaftsunternehmen[94]. Erlangt das Gemeinschaftsunternehmen einen Grad an Unabhängigkeit von seinen Mutterunternehmen insoweit, als dass es alle Funktionen einer eigenen wirtschaftlichen Einheit erfüllt, handelt es sich um ein vollfunktionales Gemeinschaftsunternehmen mit Relevanz für die europäische Fusionskontrolle. Denn insoweit ändert sich auch die Struktur der beteiligten Mutterunternehmen[95]. Das Gemeinschaftsunternehmen von fusionskontrollrechtlicher Relevanz muss dazu auf Dauer angelegt sein und bedarf eines eigenen Managements, ausreichender finanzieller und personeller Ressourcen sowie ausreichende materielle und immaterielle Vermögenswerte, die ihm eine eigene „Lebensfähigkeit“ ermöglichen. Nicht ausreichend ist, dass das Gemeinschaftsunternehmen lediglich Hilfsdienste für die Geschäftstätigkeit der Mutterunternehmen erbringt.
Die Gründung eines Gemeinschaftsunternehmens bildet gleichsam eine Schnittstelle zwischen der Anwendung des Kartellverbots nach Artikel 81 EG und der Fusionskontrolle: In einem solchen Unternehmen können die Mutterunternehmen bestimmte Aktivitäten koordinieren, der Vorgang kann sowohl konzentrativen als auch kooperativen Charakter besitzen. Daher sieht Artikel 2 Abs. 4 und 5 FKVO vor, dass Gemeinschaftsunternehmen mit kooperativer Wirkung auch einer Prüfung nach den Kri-

---

[91] Vgl. Zusammenschluss-Mitteilung der Kommission (Fn. IV.86), ABl. (EG) 1998 C-66/5 Ziff. 13 ff.

[92] Vgl. Zusammenschluss-Mitteilung der Kommission (Fn. IV.86), ABl. (EG) 1998 C-66/5 Ziff. 19.

[93] Mitteilung der Kommission über den Begriff des Vollfunktionsgemeinschaftsunternehmens nach der Verordnung (EWG) Nr. 4064/89 über die Zusammenschlusskontrolle, ABl. (EG) 1998 C-66/1 Ziff. 3, 19.

[94] L/B-*Baron*, Art. 3 FKVO Rn. 23.

[95] Vgl. Kommissionsmitteilung zu Vollfunktionsgemeinschaftsunternehmens (Fn. IV.93), ABl. (EG) 1998 C-66/1 Ziff. 11.

terien des Artikel 81 Abs. 1 und 3 EG unterzogen werden müssen. Die kooperative Wirkung setzt voraus, dass die Mutterunternehmen aktuell oder wenigstens potentiell auf dem gleichen Markt tätig, also Wettbewerber sind[96]. Bei allen anderen Gemeinschaftsunternehmen verbleibt es bei der Prüfung anhand der Grundsätze der Zusammenschlusskontrolle nach Artikel 2 Abs. 2 FKVO. Relevanter Markt für eine mögliche Wettbewerbsbeschränkung ist dann der Markt, auf dem das Gemeinschaftsunternehmen tätig ist oder tätig werden soll[97].

c) Die „erhebliche Behinderung wirksamen Wettbewerbs"

Bei der Beurteilung der Vereinbarkeit des Zusammenschlusses mit dem Gemeinsamen Markt berücksichtigt die Kommission nach Artikel 2 Abs. 1 S. 2 FKVO unter der Zielsetzung, wirksamen Wettbewerb im Gemeinsam Markt aufrechtzuerhalten, verschiedene Marktstrukturkriterien wie die Marktstellung der beteiligten Unternehmen, die Wettbewerbssituation, Marktzugangsmöglichkeiten und Marktzutrittsschranken sowie die Interessen der Verbraucher. Zugrunde zu legen ist dabei der jeweils relevante sachliche und räumliche Markt, auf dem das zusammen geschlossene Unternehmen tätig werden soll. Die Abgrenzung dieses Marktes erfolgt nach den im Rahmen der Erörterung des Marktmachtmissbrauchs dargestellten Kriterien. Seit Inkrafttreten der VO (EG) 139/2004 wird die Behinderung des wirksamen Wettbewerbs aber nicht mehr allein anhand struktureller Marktveränderungen gemessen. Das Entstehen oder Verstärken einer marktbeherrschenden Stellung wird nurmehr als Regelbeispiel einer Behinderung genannt, das entscheidende Gewicht wird jedoch den wettbewerbswidrigen Wirkungen in den relevanten Märkten beigemessen[98]. Dennoch hat das Merkmal der beherrschenden Stellung dadurch kaum an Bedeutung verloren:
Bei der Beurteilung der Behinderung liegt trotz des Wirkungs-Ansatzes der FKVO ein Augenmerk auf der Begründung oder Verstärkung einer marktbeherrschenden Stellung. Haben die an einem horizontalen Zusammenschluss beteiligten Unternehmen einen Marktanteil von weniger als 25 Prozent, gilt eine Vermutung, dass der Zusammenschluss nicht ge-

---

[96] Zur Unterscheidung zwischen konzentrativen und kooperativen Gemeinschaftsunternehmen in der deutschen Fusionskontrolle auch BGH WuW/E DE-R 711, 716 – *Ost-Fleisch.*
[97] Vgl. *Polley/Grave*, WuW 2003, 1010, 1018.
[98] *Satzky*, WuW 2006, 870, 874.

eignet ist, wirksamen Wettbewerb zu behindern[99]. Umgekehrt weist ein Marktanteil von 50 Prozent oder mehr auf das Vorliegen einer marktbeherrschenden Stellung hin[100]. Dabei muss die beherrschende Stellung nicht notwendig zugunsten eines der beteiligten Unternehmen begründet werden, es ist vielmehr ausreichend, dass ein Dritter eine solche Position erlangt[101].
Im Einzelnen wird die Marktbeherrschung daran gemessen, ob ein nicht hinreichend kontrollierter Verhaltensspielraum des Unternehmens sowohl in horizontaler als auch in vertikaler Hinsicht besteht[102]. Dieses ist dann der Fall, wenn *„die wirtschaftliche Machtstellung eines Unternehmens [...] dieses in die Lage versetzt, die Aufrechterhaltung eines wirksamen Wettbewerbs auf einem relevanten Markt zu verhindern, indem sie ihm die Möglichkeit verschafft, sich seinen Wettbewerbern, seinen Abnehmern und letztlich den Verbrauchern gegenüber in einem nennenswerten Umfang unabhängig zu verhalten. Eine solche Stellung schließt [...] einen gewissen Wettbewerb nicht aus, versetzt aber die begünstigte Firma in die Lage, die Bedingungen, unter denen sich dieser Wettbewerb entwickeln kann, zu bestimmen oder wenigstens merklich zu beeinflussen, jedenfalls aber weitgehend in ihrem Verhalten keine Rücksicht nehmen zu müssen, ohne dass ihr dies zum Schaden gereichte.“*[103]

---

[99] Erwägungsgrund 32 FKVO; Europäische Kommission, Leitlinien zur Bewertung horizontaler Zusammenschlüsse gemäß der Ratsverordnung über die Kontrolle von Unternehmenszusammenschlüssen, ABl. (EG) 2004 C-31/5 Ziff. 18.
[100] LL der Kommission zu horizontalen Zusammenschlüssen (Fn. IV.99), ABl. (EG) 2004 C-31/5 Ziff. 17.
[101] Vgl. KomE IV/M.1383 vom 29.9.1999 Ziff. 225 ff. – *Exxon/Mobile*.
[102] *Bach*, WuW 1993, 805, 807; vgl. Ausführungen zu Art. 82.
[103] EuGH, Slg. 1979, 461, 520 Tz. 38 f.– *Hoffmann-La Roche/Vitamine*; EuGH, Slg. 1980, 3775, 3793 Tz. 26 – *L'Oréal*; EuGH, Slg. 1983, 3461, 3503 Tz. 30 – *Michelin*; EuGH, Slg. 1988, 2479, 2514 Tz. 26 – *Bodson*; so ähnlich auch bereits EuGH, Slg. 1978, 207, 290 ff. Tz. 111 ff. – *United Brands*; die Wettbewerbsbehinderung kann auch Resultat des Entstehens einer oligopolistischen Marktbeherrschung sein. Dieses gilt unabhängig davon, ob zwischen den Oligopolmitgliedern zusätzlich besondere Koordinierungsmaßnahmen getroffen werden oder ob sich das für die oligopolistische Marktbeherrschung relevante gleichförmige Verhalten allein aufgrund der gleichartigen Interessenlage der Oligopolisten ergibt. Insofern besteht ein Unterschied zur kollektiven Marktbeherrschung i. S. d. Artikels 82 EG, der eine hinreichend enge wirtschaftliche Bindung der Oligopolisten aneinander fordert. Indes werden auch Fälle der kollektiven Marktbeherrschung als erhebliche Behinderung des Wettbewerbs erfasst.Vgl. EuGH, Slg. 1998 I-1375 – *Kali+Salz/MDK/Treuhand und Frankreich u. a./Kommission*; EuG, Slg. 2002 II-2585, 2613 f. Tz. 62 f. – *Airtours* zu Art. 2 FKVO in der Fassung der VO (EG) 4064/89; EuG, Slg. 1999 II-753, 838 Tz. 276 – *Gencor*; L/B-

Ein Zusammenschluss kann vertikal, horizontal oder konglomerat erfolgen. Horizontale Zusammenschlüsse finden auf der selben Marktstufe statt und führen zu einer Addition der Marktanteile aller Beteiligten. Vertikale Zusammenschlüsse führen schon ihrer Natur nach nicht zur Addition von Marktanteilen. Sie haben aber dann einen kritischen Einfluss auf die Wettbewerbssituation auf einem Markt, wenn die betroffenen Märkte in einer *bottleneck*-Beziehung zueinander stehen oder mehrere dominante Marktstellungen durch den Zusammenschluss miteinander verknüpft werden[104].

Konglomerate Zusammenschlüsse sind solche, die weder horizontal noch vertikal sind, aber in der Regel verwandte Produktmärkte betreffen[105]. Diese Art von Zusammenschlüssen entfaltet grundsätzlich keine unmittelbar wettbewerbsbeschränkende Wirkung[106], kann aber u. a. zu so genannten Portfolioeffekten führen. Diese treten auf, wenn ein Unternehmen Produkte anbietet, welche Teil eines einheitlichen Sortiments mit einheitlicher Marke sind und durch den Zusammenschluss weitere Produkte dieses Sortiments in die Produktpalette aufgenommen werden, ohne dass auf diesen Märkten eine beherrschende Stellung entstünde[107]. Die Kommission geht in diesen Fällen davon aus, dass die Marktmacht aufgrund eines bestimmten Sortiments von Produkten größer ist als die Summe der Marktanteile auf jedem einzelnen Produktmarkt[108].

Baron, Art. 2 FKVO Rn. 193; L/M/R-*Bergmann*, Art. 82, Rn. 121; *Frenz* Bd. II, Rn. 1770 ff.;.

[104] L/B-*Baron*, Art. 2 FKVO Rn. 205.

[105] Vgl. zu konglomeraten Zusammenschlüssen L/M/R-*Riesenkampff/Lehr*, Art. 2 FKVO Rn. 117 ff.; *Frenz* Bd. II Rn. 1799 ff.; zum deutschen Recht: *Satzky*, WuW 2006, 870 ff.; BKartA, Arbeitskreis Kartellrecht: Diskussionspapier: Konglomerate Zusammenschlüsse in der Fusionskontrolle.

[106] EuG, Rs. T-210/01, Urteil v. 14.12.2005 Tz. 65 – *General Electric* = WuW/E EU-R 977 ff.

[107] EuG, Slg. 2003 II-1279, 1396 Tz. 343 – *BaByliss*.

[108] KomE IV/M.938, ABl. (EG) 1998 L-288/24 Rz. 38 ff. – Guiness/Grand Metropolitan: „Der Inhaber eines ganzen Sortiments [...] ist in mehrfacher Hinsicht im Vorteil. Seine Position gegenüber den Abnehmern ist stärker, da er ganze Sortimente liefern kann und seine Waren vermutlich einen größeren Anteil am Geschäftsvolumen ausmachen; er ist flexibler in der Gestaltung seiner Preise, Sonderangebote und Rabatte; er verfügt über mehr Möglichkeiten für Kopplungsgeschäfte; und er kann Größen- und Diversifikationsvorteile bei Absatz und Marketing erzielen. Schließlich erzielt er mit einer impliziten (oder expliziten) Drohung mit Nichtbelieferung größere Wirkung"; vgl. auch KomE COMP/M.2220 Rz. 412 f. – General Electric/Honeywell; L/M/R-Riesenkampff/Lehr, Art. 2 FKVO Rn. 117.

Aus dem Umstand, dass benachbarte Märkte von dem Zusammenschluss betroffen sind, kann sich auch eine Hebelwirkung (*leverage*) von dem einen auf den anderen Markt ergeben. Die Gefahr einer solchen Hebelwirkung besteht, wenn ein den einen Markt beherrschendes Unternehmen durch den Zusammenschluss auf dem anderen Markt tätig wird, um auch dort eine beherrschende Stellung zu erlangen[109]. Allerdings setzt das Entstehen einer Hebelwirkung voraus, dass die betroffenen Märkte ähnlich eng verknüpft sind wie im Fall des Vorliegens einer einheitlichen Produktpalette des Unternehmens oder wie wenn die Produkte dem gleichen Industriezweig zuzurechnen und in technischer Hinsicht substituierbar sind[110]. Ähnlich können sich auch so genannte *spill over* Effekte auf die Marktstellung eines Unternehmens auswirken. Dieses ist etwa der Fall, wenn Unternehmen auf sachlich getrennten Märkten tätig sind, dennoch aber auf die gleiche Technologie zurückgreifen. Dort bestehen verstärkte Möglichkeiten zum Technologietransfer[111].

Aus Erwägungsgrund 29 der FKVO ergibt sich, dass im Rahmen der Prüfung der Behinderung des Wettbewerbs auch eventuell entstehende wirtschaftliche Vorteile des Zusammenschlusses zu berücksichtigen sind. Daher kann im Einzelfall trotz des Entstehens einer marktbeherrschenden Stellung ein Zusammenschluss mit dem Gemeinsamen Markt vereinbar sein, wenn durch ihn hinreichende Effizienzvorteile entstehen, die dazu führen, dass der Wettbewerb auf dem relevanten Markt im Ergebnis nicht erheblich behindert ist.

Bei der Beurteilung, ob ein Zusammenschluss negative Wirkungen auf den Wettbewerb entfalten wird und daher zu untersagen ist, lässt es das EuG – anders als das deutsche Bundeskartellamt und zunächst auch die Europäische Kommission – nicht genügen, dass die zusammengeschlossenen Unternehmen gemeinsam die Möglichkeit besitzen, derart behindernde Praktiken anzuwenden. Nach der Rechtsprechung des EuG muss eine gewisse Wahrscheinlichkeit für die Anwendung dieser Praktiken sprechen, zum Beispiel aufgrund des Bestehens ökonomischer Anreize[112]. Erst dann geht das EuG von einer tatsächlichen Marktstrukturverschlechterung aus. Im Fall der horizontalen Zusammenschlüsse erübrigt sich eine

---

[109] KomE COMP/M.2416 Rz. 342, 359 ff. – *Tetra Laval/Sidel*, durch EuG, Slg. 2002 II-4381, 4515 – *Tetra Laval/Kommission* für nichtig erklärt, da Analyse der Effekte nicht hinreichend kritisch.

[110] EuG, Slg. 2002 II-4381, 4458 Tz. 192 ff. – *Tetra Laval/Kommission.*

[111] Vgl. KomE, ABl. (EG) 1997 L-336/16 Rz. 83 ff. – *Boeing/McDonell Douglas.*

[112] EuG, Rs. T-210/01, Urteil v. 14.12.2005 Tz. 328 ff. – *General Electric* = WuW/E EU-R 977 ff.; *Satzky*, WuW 2006, 870, 876 f.

solche Wahrscheinlichkeitsprüfung in der Regel, da dort die Marktstrukturverschlechterung unmittelbar durch den Zusammenschluss und die damit einhergehende Addition der Marktanteile erfolgt.

d) Anwendung auf Seehafenbetriebe

Die Schwellenwerte nach Artikel 1 Abs. 2 und 3 FKVO, welche für das Vorliegen eines Zusammenschlusses von gemeinschaftsweiter Bedeutung maßgeblich sind, werden im Bereich der Umschlagsunternehmen, aber auch der Passagierschifffahrt, welche die Passagierterminals regelmäßig selbst betreibt, in der Regel nur erreicht werden, wenn mehr als zwei dieser Unternehmen oder ein *global player* an einem Zusammenschluss beteiligt sind[113]. Im Jahr 2005 blieben beispielsweise die beiden größten deutschen Umschlagsunternehmen, die Hamburger HHLA und EUROKAI mit ihren Umsätzen deutlich unterhalb der Schwellenwerte nach Artikel 1 Abs. 3 FKVO[114]. Des Weiteren muss berücksichtigt werden, dass dann keine gemeinschaftsweite Bedeutung eines Zusammenschlusses besteht, wenn die beteiligten Unternehmen zwei Drittel ihres Umsatzes in ein und demselben Mitgliedstaat erwirtschaften[115].
Ein hafeninterner Zusammenschluss wird regelmäßig in horizontaler Richtung oder aber konglomerat mit anderen Hafendienstleistern erfolgen. Ein Zusammenschluss innerhalb einer Transportkette würde zur Entstehung eines so genannten *Multi Modal Transport Operator* (MTO) führen. Entsteht ein solches Unternehmen aus mehreren Einzelunternehmen, die selbst Transportleistungen mit eigenen Mitteln erbringen, handelt es sich um einen *Carrier-MTO*. Ein solcher Zusammenschluss kann sowohl konglomerat als auch vertikal erfolgen. Konglomerat wäre etwa ein Zusammenschluss zwischen einem Umschlagunternehmen und einem Un-

[113] Auch *Montangie* weist darauf hin, dass die Schwellenwerte der FKVO bei hafenspezifischen Zusammenschlüssen zumeist nicht erreicht werden, *Montangie*, S. 244; Beispiel der Beteiligung eines *global players* ist der Zusammenschluss HapagLloyd/HHLA, bei dessen Prüfung die Marktposition des die Hapag Lloyd kontrollierenden Mutterkonzerns zu berücksichtigen war, vgl. KomE, M.2422 vom 22.8.2001 – *Hapag Lloyd/HHLA/HHLA,* ABl. (EG) 2001 C-272/13.
[114] Vgl. Jahresbericht der HHLA aus dem Jahr 2005, S. 2; Jahresbericht des EuroKaiI-Konzerns 2005, S. 2; so fiel auch ein Zusammenschluss, an dem nur EuroKai und die Bremer Lagerhaus Gesellschaft beteiligt waren, in den Zuständigkeitsbereich des Bundeskartellamtes und nicht der Europäischen Kommission.
[115] Dieses galt jedoch nicht für die HHLA in KomE, M.2422 vom 22.8.2001 – *Hapag Lloyd/HHLA/HHLA,* ABl. (EG) 2001 C-272/13 Rz. 6.

ternehmen, welches Hinterlandtransport auf der Schiene betreibt. Vertikal wäre ein Zusammenschluss von Reedereien und Terminalbetreibern, da die Reedereien Leistungen der Terminalbetreiber nachfragen.
In der Regel führen die Zusammenschlüsse zu einer erheblichen Behinderung des Wettbewerbs auf dem Gemeinsamen Markt führen, wenn der Zusammenschluss zu einer beherrschenden Stellung führt. Die Kriterien der Marktabgrenzung entsprechen weitgehend denjenigen, die auch im Rahmen des Artikels 82 EG angewandt werden. Interessant ist dabei die Abgrenzung des räumlich relevanten Marktes. Auch dieser wird aus der Sicht der Marktgegenseite bestimmt: Besonders relevant für die Entscheidung der Reeder, einen bestimmten Hafen anzulaufen, sind die Umschlagsdienste, da diese diejenige Arbeit verrichten, die absolut wesentlich ist für den weiteren Transport einer Ware und in der Regel der größte Kostenfaktor für die Hafen-Entscheidung der Reeder darstellt[116]. Der räumliche Markt für diese Umschlagsdienste erstreckt sich daher auf den gesamten Bereich, in welchem die Reeder einen anderen Hafen für die gleiche Leistung anlaufen würden, beispielsweise die gesamte North Range (Hamburg-Le Havre) oder jedenfalls der Bereich Hamburg-Amsterdam[117]. Die Europäische Kommission lässt diese Frage in ihren Entscheidungen zumeist offen und nimmt eine genaue Marktdefinition nicht vor[118].

---

[116] Vgl. zu dieser Frage auch die Darstellung des Parteivorbringens in verschiedenen Entscheidungen der niederländischen Kartellbehörde bei *Montagnie*, S. 237 ff.; es handelt sich um die Entscheidungen 56 vom 10.2.1998 – *HIM Furness/Hoogewerff de Rijke*, 1321 vom 25.5.1999 – *Beheersmaatschappij L.H. de Rijke Beheer B.V./Hoogewerff de Rijke Seaport B.V.*, 2065 vom 26.9.2000 – *Verbrugge Terminals/NV Haven van Vlissingen.*

[117] KomE, M.831 vom 19.12.1996 Ziff. 37 – *P&O/Nedlloyd* und KomE, M.1674 vom 27.9.1999 Ziff. 10 – *Maersk/ECT* machen die Abgrenzung u. a. davon abhängig, welche Schiffslinien von den Reedereien unterhalten werden, lassen im Ergebnis aber ebenso wie KomE, M.3576 vom 22.12.2004 Ziff. 17 ff. – *ECT/PONL/Euromax* und KomE, M.2422 vom 22.8.2001 – *Hapag Lloyd/HHLA/HHLA,* ABl. (EG) 2001 C-272/13 offen, wie weit sich der räumliche Markt erstreckt.

[118] KomE, M.831 vom 19.12.1996 Ziff. 37 – *P&O/Nedlloyd*; KomE, M. 1674 vom 27.9.1999 Ziff. 10 – *Maersk/ECT*; KomE, M.3576 vom 22.12.2004 Ziff. 17 ff. – *ECT/PONL/Euromax*; KomE, M.2422 vom 22.8.2001 – *Hapag Lloyd/HHLA/HHLA,* ABl. (EG) 2001 C-272/13*;* in einem die Zulässigkeit von Beihilfen betreffenden Fall stellt die Kommission fest, dass französische Stauereibetriebe im Wettbewerb mit anderen Stauereibetrieben desselben Hafens und anderer Handelshäfen in Frankreich oder anderen Mitgliedstaaten stünden, KomE, ABl. (EG) 2000 L-155/52 Rz. 15 – *französischer Hafensektor*; ebs. KomE, ABl. (EG) 2001 L-312/5 Rz. 53 – *italienischer Hafensektor.*

Anders stellt sich die Marktabgrenzung für die technisch-nautischen Dienste dar. Ihr räumlich relevanter Markt ist auf das Gebiet eines einzelnen Hafens beschränkt[119]. Ausnahmsweise kann der Markt sich auf das Gebiet mehrerer Häfen erstrecken, wenn diese so dicht beieinander liegen, dass keine erheblichen Zusatzkosten entstehen, wenn beispielsweise ein Schlepper aus einem anderen als dem angelaufenen Hafen dort tätig wird. In einem solchen Fall stehen die Schlepper verschiedener Häfen im Wettbewerb zueinander.

Die erhebliche Behinderung des Wettbewerbs kann insbesondere aus der Entstehung oder Verstärkung einer marktbeherrschenden Stellung folgen. Entsteht diese auf einem lokalen Hafenmarkt, besitzt der Hafen aber eine große Bedeutung für den Seeverkehr des betroffenen Mitgliedstaates und stellt damit einen wesentlichen Teil des Gemeinsamen Marktes dar, ist eine Beschränkung des Wettbewerbs regelmäßig anzunehmen. Das gleiche gilt, wenn die beherrschende Stellung gar auf einem hafenübergreifenden Markt entsteht. Allerdings ist die Entstehung einer marktbeherrschenden Stellung weder notwendige noch hinreichende Voraussetzung für eine Untersagung des Zusammenschlusses: Denn auch wenn eine solche Stellung entstünde oder verstärkt würde, könnten die beteiligten Unternehmen darlegen, dass eine Behinderung des Wettbewerbs durch eine ihren Verhaltensspielraum einschränkende Macht der Marktgegenseite verhindert würde: Insbesondere könnte die Marktmacht der Reeder als Marktgegenseite der Umschlagunternehmen aufgrund ihrer Marktkonzentration erheblich sein. Das Gewicht einer solchen Marktmacht in Bezug auf den Verhaltensspielraum des zusammengeschlossenen Unternehmens könnte in der Praxis jedoch eingeschränkt werden, da ein Wechsel des Umschlagunternehmens, also ein Wechsel des Terminals und damit häufig auch des Hafens in der Regel nicht spontan und teils nur unter Schwierigkeiten durchführbar ist[120]. Im Übrigen bedeutet ein solcher Wechsel angesichts des wachsenden Marktes im Containermarkt nicht notwendig einen signifikanten Verlust für den Terminalbetreiber, da die frei werdenden Kapazitäten schnell wieder gefüllt werden[121].

---

[119] Vgl. die Darstellung der Entscheidung der niederländischen Kartellbehörde vom 24.3.1999 in der Sache 1244 – *AVR-RCM* bei *Motangie*, S. 241 f.

[120] Diese Schwierigkeiten haben Einfluss auf das Gewicht der Marktmacht der Reeder gegenüber den Umschlagunternehmen. Sie verhindern jedoch nicht einen Wechsel des Terminals oder des Hafens durch den Reeder und beeinflussen somit nicht das Bestehen eines auch hafenübergreifenden jedenfalls potenziellen Wettbewerbs der Umschlagsunternehmen.

[121] Vgl. KomE, COMP/JV.55 – *Hutchinson/RCPM/ECT*, ABl. (EG) 2003 L-223/1 Rz. 119 ff.

Im Fall konglomerater Zusammenschlüsse kann die erhebliche Behinderung aus dem Umstand folgen, dass ein beherrschendes Unternehmen seine Marktstellung mit einer Erweiterung der Produktpalette auch auf den benachbarten Markt ausbauen will und so auf diesem erhebliche Behinderungen des Wettbewerbs auftreten. So könnte sich ein marktbeherrschendes oder marktstarkes Umschlagunternehmen mit einem Betreiber von Schienenverbindungen zusammenschließen. Das hätte regelmäßig zur Folge, dass alle Verbindungen, die sich an den Umschlag anschließen, vom konzerneigenen Transporteur auf der Schiene weiter transportiert werden. Alle anderen Transporteure im Schienennetz hätten dann kaum eine Möglichkeit mehr, diese Verbindungen für die Kunden des Umschlagunternehmens zu bedienen.

Für die oben beispielhaft aufgeführten Anwendungsfälle ergibt sich daher folgendes:

Der Zugang zum Dienstleistungsmarkt in einem Hafen ist nur durch einen Zusammenschluss zu erlangen: In einem solchen Fall ist zu differenzieren, ob sich der relevante Markt – wie im Falle der meisten technisch-nautischen Dienstleistungen – räumlich auf das jeweilige Hafengebiet beschränkt. In so einem Fall führt der Zusammenschluss regelmäßig nicht zu einer erheblichen Behinderung wirksamen Wettbewerbs, da keine Verschlechterung der Marktstruktur eintritt. Gleiches gilt für den Fall, dass ein sachlich und räumlich marktfremdes Unternehmen die Tätigkeit auf einem Hafendienstleistungsmarkt aufnehmen will. Geht der Markt hingegen über das Gebiet eines Hafens hinaus und umfasst auch den Markt, in dem das andere Unternehmen bereits tätig ist, kommt es je nach absoluten und relativen Marktanteilen der Beteiligten zu einer Strukturverschlechterung. Diese könnte eine Untersagung nach sich ziehen.

Zusammenschlüsse von Dienstleistern mit unterschiedlichen Tätigkeiten: Es handelt sich um vertikale oder konglomerate Zusammenschlüsse, die in Ausnahmefällen aufgrund möglicher Hebelwirkungen und Portfolioeffekte zu einer Verschlechterung der Marktstruktur führen können und in einem solchen Fall zu untersagen wären. Ihrem Inhalt nach sind diese Zusammenschlüsse angesichts der wachsenden Bedeutung des intermodalen Verkehrs von großer praktischer Bedeutung[122]. Häufiges Produkt dieser Art von Zusammenschlüssen sind die so genannten *dedicated terminals*, den beteiligten Reedern vorbehaltene Umschlageinrichtungen. Diese bie-

---

[122] Vgl. BKartA, TB 2001/2002 BT-Drs. 15/1226, S. 188 und TB 2003/2004 BT-Drs. 15/5790, S. 152.

ten neben Loyalitäts-Vorteilen die Möglichkeit einer größeren Fahrplan-Disponibilität, regelmäßig kürzere Abfertigungszeiten und den Vorteil einer besseren Abstimmung auf die Besonderheiten der jeweiligen Reeder-Flotte und vermeiden es, dass sich ein Hafennutzer der Marktmacht eines Hafendienstleisters aussetzen muss[123].

Eine Entscheidung dazu betrifft die Gründung eines Gemeinschaftsunternehmens: Die Hapag Lloyd sollte an der HHLA-CTA, einer 100-prozentigen Tochtergesellschaft der HHLA, einen Anteil von 25,1 Prozent erwerben. Sachlich betroffen waren die Märkte für die Container-Linienschifffahrt und den Containerumschlag. Die Abgrenzung des räumlich relevanten Marktes ließ die Kommission im Ergebnis offen, da bereits im Bereich der Hamburg-Amsterdam-Range keine beherrschende Stellung entstünde und daher erst recht nicht im Bereich der gesamten North Range[124]. Dabei stellte die Kommission allein auf das Kriterium der Marktanteilsaddition ab, nicht hingegen darauf, welche möglicherweise wettbewerbsbeschränkenden Effekte durch die Kombination von Verkehrsdienstleistung mit Umschlagsdienstleistung entstehen könnten. Diese Frage wird in der Entscheidung überhaupt nicht erörtert.

Weitere Beispiele für Zusammenschlüsse zwischen Terminalbetreibern und Reedereien finden sich in Bremen und Rotterdam: In Bremerhaven ist mit dem North-Sea-Terminal im Jahr 1999 ein Containerterminal in Betrieb gegangen, welches ein paritätisches Gemeinschaftsunternehmen der Eurogate und des Reedereiunternehmens Maersk Sealand (Maersk) ist. Dieses Terminal ist kein zugunsten von Maersk vorbehaltenes, also *dedicated terminal*, sondern steht allen potentiellen Kunden gleichermaßen offen. Als *dedicated terminal* betrieben Maersk und das Umschlagsunternehmen European Combined Terminals B.V. (ECT) seit dem Jahr 2000 gemeinsam das Maersk Delta Terminal im Hafen von Rotterdam. Maersk hielt an der Betreibergesellschaft dieses Terminals zwei, ECT ein Drittel der Anteile[125]. Im Zuge der Übernahme der Kontrolle über ECT durch Hutchinson Ports Netherlands B.V. (Hutchinson) und Rotterdam Container Participatie Maatschappij B.V. (RCPM), eine Tochter der Rotterdam Municipal Port Management (RMPM), musste ECT seinen Anteil

[123] Vgl. *De Langen/Pallis*, S. 7 ; *Ninnemann*, S. 29, 33 ff.

[124] KomE, M.2422 vom 22.8.2001 – *Hapag Lloyd/HHLA/HHLA*, ABl. (EG) 2001 C-272/13.

[125] Vgl. Europäische Kommission, COMP/JV.55 – *Hutchinson/RCPM/ECT*, ABl. (EG) 2003 L-223/1 Ziff. 69.

an dem Terminal veräußern[126]. Maersk hält nunmehr 100 Prozent aller Anteile.
Auch das EuroMax Terminal in Rotterdam, welches als paritätisches Gemeinschaftsunternehmen der Royal P&O Nedlloyd B.V.[127] und der ECT Participations B.V. gegründet wurde, soll als *dedicated terminal* operieren[128]. Die Kommission hat den durch die Gründung des Gemeinschaftsunternehmens erfolgenden Zusammenschluss freigegeben, da einerseits auf dem größtmöglich abgegrenzten räumlichen Markt keine beherrschende Stellung entstünde. Andererseits würde der Wettbewerb auch nicht durch den Umstand beschränkt, dass es sich bei EuroMax um ein *dedicated terminal* handeln sollte, da EuroMax voraussichtlich lediglich ein Zehntel des gesamten Umschlages im Hafen von Rotterdam betreiben würde.
Weitere Zusammenschlüsse entlang der Transportkette sind etwa die Gründungen von gemeinschaftlichen Schienenverkehrsunternehmen. Diese Vorhaben spiegeln wider, dass die Bewältigung des stark wachsenden Containerverkehrs ein effektives und wirtschaftlich effizientes Zusammenwirken der Umschlagsunternehmen mit Operateuren des Straßen- Schienen- und Schiffsverkehrs erfordert[129]. So bestehen seitens der HHLA Kooperationen, um den Hinterlandtransport nach Osteuropa, insbesondere nach Polen (Gemeinschaftsunternehmen Polzug), Tschechien, in die Slowakei (Beteiligung an der Metrans AG) und nach Ungarn (Hansa-Hungary-Container-Express, HHCE) sicherzustellen. Diese Verkehre konnten seit dem Beginn der jeweiligen Kooperation deutlich gesteigert werden. Auch Eurogate bietet mit BoxXpress ein Containerzugsystem an. Das Gemeinschaftsunternehmen betreibt Eurogate zusammen mit European Rail Shuttle B.V., Rotterdam, und der NetLog Netzwerk Logistik GmbH, Bad Honnef. Auch die über BoxXpress abgewickelten Verkehre in den süddeutschen Raum verzeichnen hohe Wachstumsraten[130].

<u>Zusammenschluss mit anderen Unternehmen der gleichen Branche in einem anderen Hafen:</u> Konzentrationen treten insbesondere bei den Um-

---

[126] Europäische Kommission, COMP/JV.55 – *Hutchinson/RCPM/ECT*, ABl. (EG) 2003 L-223/1 Ziff. 132.
[127] P&O Nedlloyd gehört nunmehr zur Maersk Gruppe, die Europäische Kommission gab den Zusammenschluss im Jahr 2005 frei, KomE M.3829 vom 29.7.2005, seit Februar 2006 ist P&O Nedlloyd völlig integriert.
[128] Vgl. KomE vom 23.12.2004, COMP/M.3576 – *PONL/ECT/EuroMax*.
[129] Vgl. Prognos (Fn. Einl 4), S. 135.
[130] Vgl. BMWi, Vernetzungspotenziale (Fn. Einl .3), S. 55; TB 2001/2002 BT-Drs. 15/1226, S. 184; Prognos (Fn. Einl 4), S. 137, 151.

schlagbetrieben auf: So besitzen die vier führenden Terminalbetreiber[131] zusammen einen Anteil am Weltmarkt von etwa 30 Prozent, in Mittel- und Westeuropa soll dieser Anteil gar 45 Prozent betragen[132]. Auch hier stellt sich die Frage nach der Ausdehnung des relevanten Marktes. Erstreckt sich der Markt nur auf das Gebiet des einen Hafens, führt der Zusammenschluss nicht zu einer Anteilsaddition. Die Marktstärke des zusammengeschlossenen Unternehmens kann sich aber bereits durch die diesem zur Verfügung stehenden Ressourcen und mögliche Effizienzvorteile durch die Tätigkeit auf räumlich verschiedenen, aber sachlich identischen Märkten verändern[133]: Insbesondere Organisations- und Technologievorteile kommen hier in Betracht. Diese Situation ist dem *spill over* vergleichbar. Allerdings dürften auch solche wirtschaftlich schwierig zu beurteilenden Sachverhalte einer kritischen gerichtlichen Überprüfung unterliegen, ohne dass der Kommission ein Ermessensspielraum eingeräumt wird[134]. Der Zusammenschluss könnte außerdem zu der Beseitigung potentiellen Wettbewerbs führen. Diese hat aber nur dann eine marktstrukturverändernde Wirkung, wenn durch ihn ein tatsächlich erheblicher Wettbewerbsdruck entfallen würde[135]. Dieses setzte aber voraus, dass das andere Unternehmen zuvor bereit und in der Lage war, auf dem betroffenen Markt tätig zu werden und dem Zusammenschlusspartner Konkurrenz zu machen.

Dass die Marktabgrenzung im Rahmen der Zusammenschlusskontrolle eine entscheidende Rolle und mit praktischen Schwierigkeiten verbundene Rolle spielt, ist hinlänglich bekannt. Dieses verdeutlichen zwei Entscheidungen der niederländischen Kartellbehörde, auf die hier hingewiesen werden soll: In den Entscheidungen *HIM Furness/Hoogewerff de Rijke* und *Verbrugge Terminals/NV Haven van Vlissingen* der niederländischen Kartellbehörde hat diese ausdrücklich offen gelassen, ob Container- und Ro/Ro-Umschlag einen einheitlichen Umschlagsmarkt darstellen oder aber für jede dieser Umschlagsvarianten ein eigener sachlicher

---

[131] Dabei handelt es sich um Hutchinson Port Holding, Port Authority Singapore Corp., APM Terminals und P&O Ports.

[132] *Ninnemann*, S. 48.

[133] Für die sachlich identische Tätigkeit auf verschiedenen räumlichen Märkten: KomE COMP/M.1853 vom 7.2.2001, ABl. (EG) 2002 L-59/1 Ziff. 5, 85 ff. – *EdF/EnBW*, danach soll die Präsenz auf anderen als dem beherrschten Markt zu einer Verstärkung der beherrschenden Stellung führen; für sachlich verschiedene aber räumlich identische Märkte: KomE COMP/M.1795 vom 12.4.2000, Ziff. 37f. – *Vodafone Airtouch/Mannesmann*.

[134] Vgl. EuG, Slg. 2002 II-4381, 4442 Tz. 142 ff.– *Tetra Laval/Kommission*.

[135] Vgl. EuG, Slg. 2002 II-4381, 4508 Tz. 324 – *Tetra Laval/Kommission*.

Markt zu definieren ist[136]. Ebenso ließ die Behörde offen, ob der räumliche Markt größer als der betroffene Hafen von Rotterdam war und sich auf die gesamte North Range erstreckte, weil schon die engere Marktabgrenzung keinen Anlass gab, den Zusammenschluss zu untersagen[137].

2. Die nationale Zusammenschlusskontrolle, §§ 35 ff. GWB

a) Tatbestand

(1) Die Schwellenwerte, der Bagatellmarkt

Die Schwellenwerte der nationalen Zusammenschlusskontrolle liegen bedeutend niedriger als diejenigen der europäischen. § 35 Abs. 1 GWB setzt die Schwelle für das Aufgreifen eines Zusammenschlusses bei einem gemeinsamen weltweiten Umsatz der beteiligten Unternehmen von 500 Millionen Euro an, wobei eines der beteiligten Unternehmen einen Umsatz im Inland von mehr als 25 Millionen erwirtschaften muss.

Die Zusammenschlusskontrolle des GWB findet allerdings dann keine Anwendung, wenn eines der beteiligten Unternehmen, das kein abhängiges Unternehmen im Sinne des Aktiengesetzes ist, einen weltweiten Umsatz von weniger als 10 Millionen Euro erwirtschaftet hat, § 35 Abs. 2 S. 1 Nr. 1 GWB. Diese *de minimis*-Schwelle soll es zum einen den kleinen und mittleren Unternehmen ermöglichen, die in ihrem Unternehmen vorhandenen Vermögenswerte ohne Beschränkung zu verwerten[138], zum anderen soll durch die Ausnahme von wettbewerblich nicht problematischen Fällen eine Entlastung des Bundeskartellamtes und der Unternehmen erreicht werden[139].

Ebenso wenig finden die §§ 35 ff. GWB Anwendung, wenn von dem Zusammenschluss lediglich ein so genannter Bagatellmarkt betroffen ist: Ein Markt, auf dem mindestens fünf Jahre vor dem Zusammenschluss Waren oder Dienstleistungen angeboten werden und auf dem im letzten Kalenderjahr weniger als 15 Millionen Euro umgesetzt wurden, § 35 Abs. 2 S. 1 Nr. 2 GWB. Auch im Rahmen dieser Bagatellmarktklausel ist nicht mehr auf einen normativ auf das Bundesgebiet beschränkten Markt

---

[136] Vgl. Darstellung der Entscheidung bei *Montangie*, S. 237, 240.

[137] Vgl. *Montangie*, S. 238 ff.

[138] I/M- *Mestmäcker/Veelken*, § 35 Rn. 16.

[139] Regierungsbegründung 1998 BT-Drs. 13/9720, S. 42, 56; I/M- *Mestmäcker/Veelken*, § 35 Rn. 18.

abzustellen, sondern der gesamte relevante ökonomische Markt zugrunde zu legen[140]. Der potentielle Anwendungsbereich der Norm ist daher seit der Rechtsprechung in der Sache *Staubsaugerbeutelmarkt*[141] und der siebten GWB-Novelle nicht unerheblich geschrumpft.

(2) Der Begriff des Zusammenschlusses

Der Zusammenschluss ist in § 37 Abs. 1 GWB legaldefiniert. Danach liegt ein Zusammenschluss in vier Fällen vor: Wenn ein Unternehmen das Vermögen eines anderen Unternehmens mindestens zu einem wesentlichen Teil erwirbt, wenn ein Unternehmen die alleinige oder gemeinsame mittelbare oder unmittelbare Kontrolle über ein anderes Unternehmen erwirbt, wenn ein Unternehmen 50 oder 25 Prozent der Anteile oder Stimmrechte erwirbt oder jede sonstige Verbindung von Unternehmen, durch welche ein Unternehmen mittelbar oder unmittelbar einen wettbewerblich erheblichen Einfluss auf ein anderes Unternehmen ausüben kann. Dieses ist etwa bei dem Erwerb einer gesellschaftsrechtlichen Sperrminorität der Fall. Insoweit die beiden letzt genannten Zusammenschlusstatbestände betroffen sind, geht das nationale Recht über das Gemeinschaftsrecht hinaus. Nach § 37 Abs. 2 GWB ist des Weiteren nicht nur der erste Erwerb des Vermögens, der Kontrolle, der Anteile oder Stimmrechte oder die Entstehung jeder sonstigen Verbindung für das Vorliegen eines Zusammenschlusses entscheidend, es genügt vielmehr jede wesentliche Verstärkung einer solchen Unternehmensverbindung.
Anders als das Gemeinschaftsrecht erfasst die nationale Zusammenschlusskontrolle auch die Gründung eines teilfunktionalen Gemeinschaftsunternehmens. Ein Zusammenschluss in Form eines Gemeinschaftsunternehmens kann durch den Erwerb der gemeinsamen Kontrolle oder auch durch einen gemeinsamen Anteilserwerb nach § 37 Abs. 1 Nr. 3 GWB erfolgen. Neben dem Zusammenschluss zwischen den Mutterunternehmen einer- und dem Gemeinschaftsunternehmen andererseits gelten dann – anders als im Gemeinschaftsrecht – auch die Mutterunternehmen auf dem Markt des Gemeinschaftsunternehmens als zusammengeschlossen. Es liegt allerdings nur ein einziger Zusammenschluss zwischen allen Mutterunternehmen und dem Gemeinschaftsunternehmen vor[142]. Eine der Zusammenschlusskontrolle immanente Prüfung der Verhaltenskoordinierung am Maßstab des Kartellverbots erfolgt im Rahmen

[140] BKartA vom 13.3.2006 B4-29530-FA-240/05 – *Meyn/Systemate*; L/B-*Ruppelt*, § 35 Rn. 24; a.A. L/M/R-*Bauer*, § 35 Rn. 13, 16.
[141] BGH WuW/E DE-R 1355, 1359 – *Staubsaugerbeutelmarkt.*
[142] I/M-*Mestmäcker/Veelken*, § 37 Rn. 74.

der nationalen Zusammenschlusskontrolle nicht. Es ist vielmehr eine echte Doppelkontrolle vorzunehmen, also der Zusammenschluss und das koordinierende Verhalten getrennt von einander zu prüfen[143]. Dieses Verfahren birgt seit Einführung des Systems der Legalausnahme gegenüber dem gemeinschaftsrechtlichen Verfahren den Nachteil, dass das Gemeinschaftsunternehmen trotz Freigabeentscheidung durch das Bundeskartellamt jederzeit einer Prüfung anhand der Artikel 81 Abs. 1 EG und § 1 GWB unterzogen werden kann.

(3) Die Entstehung oder Verstärkung einer marktbeherrschenden Stellung

Im Unterschied zur gemeinschaftsrechtlichen Zusammenschlusskontrolle sind nach nationalem Recht nur Zusammenschlüsse zu untersagen, die nach § 36 GWB eine Entstehung oder Verstärkung einer marktbeherrschenden Stellung erwarten lassen, nicht jede wesentliche Behinderung effektiven Wettbewerbs. Die Änderung im Gemeinschaftsrecht mit Einführung der neuen FKVO 139/2004 hat keine Entsprechung im deutschen Gesetzgebungsverfahren zur siebten GWB-Novelle gefunden.
Für die Entstehung einer marktbeherrschenden Stellung ist maßgeblich, ob die wettbewerbliche Kontrolle des Verhaltensspielraums der betroffenen Unternehmen beseitigt wird. Für die Verstärkung ist es maßgeblich, ob dieser unkontrollierte Verhaltensspielraum weiter ausgedehnt werden kann[144]. Zweck ist es, den Restwettbewerb zu schützen. Da die Frage, ob eine marktbeherrschende Stellung durch den Zusammenschluss zu erwarten ist, nur anhand einer Prognose der Marktstrukturentwicklung beantwortet werden kann, können zur Beurteilung nicht die identischen Kriterien wie im Rahmen des § 19 GWB herangezogen werden. Alle jene Kriterien, welche an das Markt<u>verhalten</u> eines Unternehmens anknüpfen, haben bei der Beurteilung der Marktbeherrschung im Rahmen der Zusammenschlusskontrolle außer Betracht zu bleiben[145], soweit der Fortbestand derartigen Verhaltens nicht aufgrund der Marktstruktur gesichert ist[146]. Die Kriterien der Marktdefinition sind hingegen die selben[147].

---

143 BGH WuW/E BGH 2169 – *Mischwerke*; WuW/E DE-R 711, 713 – *Ost-Fleisch*.
144 L/M/R-*Kahlenberg*, § 36 Rn. 19.
145 BGH WuW/E BGH 1685, 1691 – *Elbe-Wochenblatt*; BGH WuW/E BGH 1749, 1754 – *Klöckner/Becorit*; BGH WuW/E BGH 2150, 2155 – *Edelstahlbestecke*; I/M-*Mestmäcker/Veelken*, § 36 Rn. 123; L/B-*Ruppelt*, § 36 Rn. 12.
146 L/B-*Ruppelt*, § 36 Rn. 20.
147 FK-*Paschke* (2006) § 19 Rn. 55 f.

(4) Keine Verbesserung der Wettbewerbsbedingungen (Abwägungsklausel)

Nach § 36 Abs. 1 Hs. 2 GWB ist ein Zusammenschluss, durch den eine marktbeherrschende Stellung entsteht oder verstärkt wird, nur dann zu untersagen, wenn die beteiligten Unternehmen nicht nachweisen können, dass durch den Zusammenschluss auch Verbesserungen der Wettbewerbsbedingungen eintreten und dass diese Verbesserungen die Nachteile der Marktbeherrschung überwiegen. Die Verbesserungen müssten kausal durch den Zusammenschluss entstehen und die Marktstruktur selbst betreffen.
Dabei ist es nicht erforderlich, dass die Vorteile auf dem gleichen Markt eintreten, auf dem auch die beherrschende Stellung besteht[148]. Treten die Vorteile auf dem gleichen Markt auf, können sie auch bereits bei der Beurteilung einer Verschlechterung der Marktstruktur berücksichtigt werden[149], daher ist der eigentliche Anwendungsbereich der Abwägungsklausel im Hinblick auf Verbesserungen auf anderen Märkten zu sehen.

b) Anwendung und Zwischenergebnis

Inwiefern die Bagatellmarktklausel des § 35 Abs. 2 S. 1 Nr. 2 GWB auf Zusammenschlüsse technisch-nautischer Dienstleister Anwendung finden kann, hängt von der wirtschaftlichen Größe des betreffenden Seehafen-Marktes ab. Diese Größe festzustellen, begegnet angesichts der Vielzahl kleiner, nicht zur Veröffentlichung ihrer Geschäftszahlen verpflichteter Unternehmen auf dem technisch-nautischen Dienstleistungssektor in der Praxis nicht unerheblichen Schwierigkeiten.
Für die Anwendung der Regelungen über die nationale Zusammenschlusskontrolle kommen die gleichen Sachverhalte in Betracht, wie sie bereits für den Anwendungsbereich der gemeinschaftsrechtlichen Zusammenschlusskontrolle geschildert wurden. Von einer Wiederholung soll an dieser Stelle abgesehen werden.
Hinzu kommt jedoch die Anwendung der §§ 35 ff. GWB auf die Gründung eines teilfunktionalen Gemeinschaftsunternehmens, welches auch bloße Hilfstätigkeiten für die Muttergesellschaften vornehmen kann[150]. Auf derlei Zusammenschlüsse ist das nationale Recht auch dann anwend-

---

[148] L/M/R-*Kahlenberg*, § 36 Rn. 178.
[149] L/B-*Ruppelt*, § 36 Rn. 35, 50.
[150] L/B-*Ruppelt*, § 36 Rn. 43.

bar, wenn die Schwellenwerte der FKVO erreicht und ein zwischenstaatlicher Bezug hergestellt sein sollte, denn die Zusammenschlusskontrolle des Gemeinschaftsrechts findet hier sachlich keine Anwendung. Neben den §§ 35 ff. GWB greift dann allerdings gegebenenfalls das Kartellverbot des Artikels 81 Abs. 1 EG ein.

Das nationale Recht fingiert mit § 37 Abs. 1 Nr. S. 4 GWB zusätzlich zum Zusammenschluss zwischen dem Gemeinschaftsunternehmen einerseits und den Mutterunternehmen andererseits einen Zusammenschluss nur der Mutterunternehmen auf dem Markt des Gemeinschaftsunternehmens. Das bedeutet, dass nicht nur die Stellung des Gemeinschaftsunternehmens für die Frage der Freigabe relevant ist, sondern daneben aufgrund ihres Gruppeneffektes auch die kombinierte Stellung der Mutterunternehmen auf dem gleichen Markt[151]. Berücksichtigung finden dabei wegen § 37 Abs. 1 Nr. 3 S. 1 GWB alle Mutterunternehmen, die eine Beteiligung von 25 Prozent oder mehr an dem Gemeinschaftsunternehmen erwerben. Daraus folgt, dass die Gründung eines Gemeinschaftsunternehmens nach nationalem Recht weitaus einfacher zu untersagen ist, als nach europäischem Recht.

Das Bundeskartellamt hatte bislang nur über wenige Fälle der Zusammenschlusskontrolle auf dem Hafensektor zu entscheiden. Es erlaubte etwa der HHLA den Zusammenschluss mit CELLPAP Terminal Hamburg Umschlags- und Transport GmbH, obwohl die HHLA auf diese Weise einen erheblichen Marktanteil im Bereich der Lagerung von Papier, Pappe und Zellstoff erlangte, weil der Hamburger Hafen und damit auch die HHLA in erheblichem Wettbewerb zu anderen Häfen und den dort tätigen Anbietern stünde. Mit dem gleichen Argument wurde auch der Zusammenschluss der HHLA mit der Gerd Buss-Gruppe erlaubt, durch welchen die HHLA das Container-Terminal Tollerort erlangte. Denn obwohl damit auf dem Markt des Containerumschlags in Hamburg nur noch die HHLA und die EuroKai KG a.A. verblieben, seien diese erheblichem Wettbewerb von Anbietern in anderen deutschen, niederländischen und belgischen Nordseehäfen ausgesetzt[152].

Eine sehr frühe Entscheidung des Bundeskartellamtes, welche ebenfalls die HHLA betraf, befasste sich insbesondere mit der Abgrenzung des räumlich relevanten Marktes[153]. Zwei auf dem Markt für Containerumschlag aktiven Unternehmen HHLA und UNIKAI schlossen sich zusammen. Durch den Zusammenschluss erhielt die HHLA einen Marktanteil von 64,6 Prozent auf dem Markt für Containerumschlag im Hamburger

---

[151] I/M-*Mestmäcker/Veelken*, § 37 Rn. 67.

[152] Vgl. BKartA, TB 1995/1996, BT-Drs. 13/7900 S. 136.

[153] Vgl. Monopolkommission, IV. Hauptgutachten 1980/1981 Ziff. 515 ff.

Hafen. Das Bundeskartellamt konnte in diesem Fall jedoch nicht mit hinreichender Sicherheit feststellen, dass der relevante Markt tatsächlich auf das Gebiet des Hamburger Hafens beschränkt war. Bei Zugrundelegen der Hamburg-Le Havre Range als räumlich relevantem Markt hätte der Marktanteil nur fünf Prozent betragen. Daher gab es den Zusammenschluss frei.

Explizit von einem hafenübergreifenden Markt ging das Bundeskartellamt im Rahmen der Freigabe von zwei Zusammenschlüssen aus jüngerer Zeit aus: De eine betraf den Zusammenschluss von EuroKai und der Bremer Lagerhaus Gesellschaft BLG. Durch diesen Zusammenschluss wurden die Container-Aktivitäten der BLG in das Gemeinschaftsunternehmen Eurogate überführt. Da BLG und EuroKai über einen gemeinsamen Anteil auf dem North Range-weiten Markt von lediglich 20 Prozent verfügten, gab das Bundeskartellamt den Zusammenschluss frei[154].

Eurogate wiederum gründete mit Terminal Investment Ltd., St. Peter Port Guernsey, welche weltweit Beteiligungen an Umschlagsunternehmen hält, gemeinsam die MSC Gate Bremerhaven GmbH. Diese sollte in den Bereichen Spedition und Hafenumschlag tätig werden. Das Bundeskartellamt identifizierte den Markt für Hafenumschlag als von dem Zusammenschluss sachlich betroffenen Markt und benannte explizit die North Range als räumlich relevanten Markt. Da auf diesem räumlichen Markt aber intensiver Wettbewerb bestehe, sei der Zusammenschluss nicht zu untersagen[155].

Ein weiterer Fall betrifft den multimodalen Verkehr, den Zusammenschluss der in den bremischen Häfen tätigen BLG Logistics Group mit der im Landverkehr tätigen Harms GmbH & Co. KG Automobile Logistics. Die BLG Automobile Logistics erwarb an Harms Automobile Logistics 50 Prozent der Anteile, beide Unternehmen blieben jedoch unter ihrer eigenen Firma im Markt tätig. Das Bundeskartellamt gab den Zusammenschluss frei, da sachlich verschiedene Märkte betroffen waren, sodass eine Marktanteilsaddition auf einem relevanten Markt nicht in Betracht kam. Zu Hebelwirkungen und anderen konglomeraten Effekten hat das Bundeskartellamt in dem veröffentlichten Teil der Entscheidung nicht Stellung genommen[156].

Anders als das EuG geht das BKartA in Anwendung der §§ 35 ff. GWB allerdings davon aus, dass ein vertikaler oder konglomerater Zusammenschluss bereits dann zu untersagen ist, wenn die zusammengeschlossenen Unternehmen eine Möglichkeit zur Ausübung wettbewerbsbeschränken-

[154] Vgl. BKartA, TB 1999/2000, BT-Drs. 14/6300, S. 153.
[155] BKartA, TB 2003/2004, BT-Drs. 15/5790 S. 152.
[156] BKartA, TB 2001/2002, BT-Drs. 15/1226 S. 188.

der Praktiken erhielten. Auf die Wahrscheinlichkeit der Ausübung solcher Praktiken kommt es auch nach der jüngeren Entscheidungspraxis des Amtes nicht an, eine Wirkungsanalyse nach europäischem Vorbild unterbleibt[157].

3. Zwischenergebnis

Es konnte gezeigt werden, dass Zusammenschlüsse auf dem Seehafensektor in verstärktem Maß dazu genutzt werden, verschiedene Glieder der Transportkette in einem Unternehmen zu vereinigen. Eine wettbewerbsbeschränkende Wirkung dieser Zusammenschlüsse haben bislang weder die Europäische Kommission noch das Bundeskartellamt angenommen. Wie das Beispiel BLG und EuroKai zeigt, kann ein Zusammenschluss aber auch dazu genutzt werden, die eigenen Aktivitäten auf einen anderen Seehafen auszudehnen und mit den dort vorhandenen zu bündeln. Auf diese Weise funktioniert ein Zusammenschluss als Instrument zur Öffnung des Zugangs zum Hafendienstleistungsmarkt[158].

D. Einflussnahme der Mitgliedstaaten auf den hafeninternen Wettbewerb: Art. 86 EG

1. Tatbestand des Artikels 86 Abs. 1 EG

Nach Artikel 295 EG bleibt die Eigentumsordnung der Mitgliedstaaten durch den EG-Vertrag unberührt. Daher steht es den Mitgliedstaaten nach dem EG-Vertrag grundsätzlich frei, selbst oder durch staatseigene Betriebe wirtschaftlich tätig zu werden oder ausschließliche Rechte und Konzessionen auf private Unternehmen zu übertragen. Machen die Mitgliedstaaten von der Möglichkeit zur wirtschaftlichen Betätigung Gebrauch, sind sie jedoch an die Regeln über den Wettbewerb gebunden. Artikel 3 lit. g EG postuliert das Ziel, ein System unverfälschten Wettbewerbs zu schaffen. Um diesem Ziel durchweg gerecht zu werden, müssen die Mitgliedstaaten auch soweit sie mittelbar wirtschaftlich tätig werden den grundsätzlich unternehmensbezogenen Regeln über den Wettbewerb un-

---

[157] Vgl. BKartA WuW/E DE-V 1163 ff. – *Springer/ProSiebenSat.1*, .das Amt hält die Einführung bestimmter Instrumente der *cross-promotion* für „naheliegend“ ohne eine detaillierte Wahrscheinlichkeitsprüfung nach dem Vorbild des EuG durchzuführen.

[158] Prognos (Fn. Einl 4), S. 149 sieht dieses als ein Beispiel für das Phänomen der sich vermindernden Standortgebundenheit der Terminalbetreiber.

terworfen werden. Artikel 86 Abs. 1 EG „ ... *untersagt es den Mitgliedstaaten, öffentliche Unternehmen und Unternehmen, denen sie besondere oder ausschließliche Rechte gewähren, durch Rechtssetzungsakte oder Verwaltungsmaßnahmen in eine Lage zu versetzen, in die sich diese Unternehmen durch selbständige Verhaltensweisen nicht ohne Verstoß gegen Artikel 86* [Artikel 82 neu] *versetzen könnten.*“[159] Insofern konkretisiert Artikel 86 Abs. 1 EG den Artikel 10 EG, der die Mitgliedstaaten auf die Ziele des Vertrages verpflichtet und hindert diese daran, sich durch mittelbare wirtschaftliche Betätigung ihrer Pflichten als Hoheitsträger zu entziehen[160].

a) Öffentliche und privilegierte Unternehmen

Auch im Rahmen des Artikels 86 Abs. 1 EG gilt der funktionale Unternehmensbegriff, der sowohl private wie auch öffentliche Unternehmen erfasst und die öffentliche Verwaltung selbst, soweit sie eine wirtschaftliche Tätigkeit ausübt[161].

(1) Öffentliche Unternehmen

Die Besonderheit der öffentlichen Unternehmen im Vergleich zu anderen Unternehmen ist der beherrschende Einfluss, den der Staat auf die Unternehmensleitung und deren Wirtschaftsplanung ausüben kann[162]. Dieses Kriterium entspricht der Definition des Begriffs der öffentlichen Unternehmen in Artikel 2 der Transparenzrichtlinie[163]. Danach ist ein öffentliches Unternehmen *„jedes Unternehmen, auf das die öffentliche Hand*

---

[159] EuGH, Slg. I 1991, 5941, 5980 Tz. 20 – *GB-Inno-BM.*

[160] Grabitz/Hilf-*Pernice/Wernicke* (2003), Art. 86 Rn. 7 f.; L/B-*Stadler* Art. 86 Rn. 14.

[161] So wurde auch die Bundesanstalt für Arbeit als Unternehmen eingestuft, EuGH, Slg. 1991 I-1979, 2016, Tz. 21 – *Höfner und Elser/Macroton;* EuGH, Slg. 1987, 2599, 2621 Tz. 8 ff. – *Transparenzrichtlinie II*; L/B-*Stadler* Art. 86 Rn. 17.

[162] *Mestmäcker/Schweitzer*, § 33 Rn. 40; *Ritter/Braun/Rawlinson*, S. 760 f.; vgl. auch Grabitz/Hilf-*Pernice/Wernicke* (2003), Art. 86 Rn. 22, entgegen deren Ansicht nicht auf die gänzlich fehlende Autonomie des betroffenen Unternehmens ankommen, da auch öffentliche Unternehmen autonom handeln können, ohne dass zugleich die Verantwortung des Staates begründet wird; so auch GS-*Hochbaum/Klotz*, Art. 86 Rn. 13.

[163] RL 80/723/EWG, ABl. (EWG) 1980 L-195/35, zuletzt geändert durch RL 2005/81/EG, ABl. (EG) 2005 L-312/47.

aufgrund Eigentums, finanzieller Beteiligung, Satzung oder sonstiger Bestimmungen, die die Tätigkeit des Unternehmens regeln, unmittelbar oder mittelbar einen beherrschenden Einfluss ausüben kann". Nach Absatz 2 „*wird vermutet, dass ein beherrschender Einfluss ausgeübt wird, wenn die öffentliche Hand unmittelbar oder mittelbar:*

a. die Mehrheit des gezeichneten Kapitals des Unternehmens besitzt oder
b. über die Mehrheit der mit den Anteilen des Unternehmens verbundenen Stimmrechte verfügt oder
c. mehr als die Hälfte der Mitglieder des Verwaltungs-, Leitungs- oder Aufsichtsorgans des Unternehmens bestellen kann."

In seinem ersten Urteil zur Transparenzrichtlinie hat der EuGH zwar festgestellt, dass die Richtlinie nicht einen Begriff des EG-Vertrages definieren und damit letztlich den Regelungsrahmen des EG-Vertrages bestimmen kann. Er hat aber auch festgehalten, dass die Aufnahme des Artikels 86 EG in den Vertrag gerade durch den Einfluss motiviert war, den die öffentliche Hand auf die kaufmännischen Entscheidungen öffentlicher Unternehmen ausüben kann. Dieser Einfluss kann nach dem EuGH Folge einer finanziellen Beteiligung oder von Bestimmungen sein, welche die Unternehmensführung regeln. Insofern bleibt die Definition der Transparenzrichtlinie innerhalb des Rahmens, den der Regelungszweck des Artikels 86 EG vorgibt[164]. Daraus folgt, dass jedenfalls die von der Definition der Transparenzrichtlinie erfassten Unternehmen als öffentliche Unternehmen i. S. d. Artikels 86 Abs. 1 EG einzustufen sind[165].

(2)Privilegierte Unternehmen

Zu den privilegierten Unternehmen zählen solche, denen der Staat ausschließliche oder besondere Rechte verliehen hat. Die Verleihung ausschließlicher Rechte hat den Ausschluss jeglicher Wettbewerber auf einem sachlichen und räumlichen Markt zur Folge, mithin die Entstehung eines Monopols aufgrund von Rechts- oder Verwaltungsvorschriften[166]. Dabei ist allerdings zu berücksichtigen, dass auch die Gewährung eines ausschließlichen Rechts nicht *per se* eine relevante marktbeherrschende

---

[164] EuGH, Slg. 1982, 2545, 2579 Tz. 25 f. – *Transparenzrichtlinie I.*
[165] Vgl. dazu auch L/B-*Stadler* Art. 86 Rn. 19.
[166] Art. 2 Abs. 1 lit. f Transparenzrichtlinie (Fn. IV.163).

Stellung nach Artikel 82 EG begründet, da die Auswirkungen auf einen wesentlichen Teil des Gemeinsamen Marktes nicht berücksichtigt sind.
Die Verleihung besonderer Rechte begrenzt die Ausübung einer bestimmten Tätigkeit in einem bestimmten Gebiet auf einen bestimmten Unternehmenskreis und schafft somit ein Oligopol.
Der EuGH hat eine einheitliche Definition der ausschließlichen und besonderen Rechte durch die erste Telekommunikationsendgeräte-Richtlinie für nichtig erklärt[167]. In der aktuellen Fassung der Transparenzrichtlinie[168] sind die beiden Begriffe daher getrennt definiert. Für die ausschließlichen Rechte gilt danach das oben Gesagte, hinsichtlich der besonderen Rechte differenziert die Richtlinie: Besondere Rechte sind danach *„Rechte, die ein Mitgliedstaat durch Rechts- oder Verwaltungsvorschriften einer begrenzten Zahl von Unternehmen in einem bestimmten Gebiet gewährt, wenn der Staat*

a. die Zahl dieser Unternehmen auf zwei oder mehrere Unternehmen begrenzt, ohne sich dabei an objektive, angemessene und nichtdiskriminierende Kriterien zu halten, um eine Leistung zu erbringen oder eine Tätigkeit zu betreiben, oder
b. mehrere Unternehmen nach anderen als solchen Kriterien bestimmt, um eine Leistung zu erbringen oder eine Tätigkeit zu betreiben, oder
c. einem oder mehreren Unternehmen nach anderen als solchen Kriterien, durch Rechts- oder Verwaltungsvorschriften besondere Vorteile einräumt, die die Fähigkeit anderer Unternehmen, die gleiche Tätigkeit in demselben Gebiet unter wesentlich gleichen Bedingungen zu leisten, wesentlich beeinträchtigen.“[169]

Obwohl auch an dieser Stelle darauf hinzuweisen ist, dass die Richtlinie nicht einen Begriff des EG-Vertrages verbindlich definieren kann, ist diese Definition mangels richterlicher Präzisierung zumindest als Auslegungshilfe zugrunde zu legen[170]. Ein Fall der Verleihung ausschließlicher Rechte war der Vorbehalt der Organisation und Durchführung von Hafenarbeiten zugunsten der Unternehmen Merci und Compagna im Hafen von Genua[171]. Der EuGH selbst unterscheidet in seiner jüngeren Recht-

---

[167] EuGH, Slg. 1991 I-1223, 1267 Tz. 31 ff. – *Telekommunikationsendgeräte.*
[168] Vgl. oben Fn. IV.163.
[169] Artikel 2 Abs. 1 lit g Transparenzrichtlinie (Fn. IV.163).
[170] Vgl. L/B-*Stadler* Art. 86 Rn. 25.
[171] EuGH, Slg. 1991 I-5889 ff. – *Merci.*

sprechung nicht mehr zwischen den Begriffen der ausschließlichen und der besonderen Rechte, sondern verwendet einen einheitlichen Privilegierungs-Begriff[172].

b) Maßnahme

Der Begriff der Maßnahme ist im Interesse der praktischen Wirksamkeit des Vertrages weit auszulegen. Erfasst werden sowohl die rechtliche wie auch die tatsächliche Einflussnahme auf Unternehmen i. S. d. Artikels 86 Abs. 1 EG[173]. Dazu gehören Rechtssetzungsakte und förmliches wie rein tatsächliches Verwaltungshandeln. Mitgliedstaaten verstoßen gegen EG-Recht, wenn sie öffentliche oder privilegierte Unternehmen veranlassen, gegen an sich staatsbezogene oder unternehmensbezogene Normen des Gemeinschaftsrechts zu verstoßen[174]. Die Mitgliedstaaten sollen auf diese Weise an der Umgehung ihrer hoheitlichen Pflichten gehindert werden.
Da das europäische Wettbewerbsrecht die Monopolisierung eines Marktes an sich nicht verbietet, sondern erst den Missbrauch der marktbeherrschenden Stellung, ist es konsequent, dass sich die Maßnahme des Staates an ein bereits privilegiertes Unternehmen richten muss, die Gewährung dieser Rechte selbst grundsätzlich aber nicht von Artikel 86 Abs. 1 EG erfasst wird[175]. In Einzelfällen kann jedoch bereits die einfache Ausübung des ausschließlichen Rechts zu einem Missbrauch der durch die Gewährung des Rechts entstandenen marktbeherrschenden Stellung führen, sodass der Mitgliedstaat entgegen dem oben genannten Grundsatz schon durch die Gewährung allein gegen das Verbot des Artikels 86 Abs. 1 EG verstößt. So lag der Fall in der Rechtssache *Höfner und Elser/Macroton*: Die Bundesanstalt für Arbeit besaß das ausschließliche Recht auf dem

---

[172] EuGH, Slg. 2001 I-8089, 8146 Tz. 24 – *Ambulanz Glöckner*.

[173] EuGH, Slg. 1991 I 5937, 5980 Tz. 20 – *GB-Inno-BM*; Grabitz/Hilf-*Pernice/Wernicke* (2003), Art. 86 Rn. 45 mwN.

[174] Beispiele für Verstöße gegen staatsbezogene Normen: EuGH, Slg. 1991 I-5889, 5929 Tz. 13, 19 – *Merci* (Art. 28, 29); EuGH, Slg. 1988, 3611, 3625 – *Kommission/Griechenland* (Art. 12); EuGH, Slg. 1977, 595, 612 Tz. 21 – *Steinike u. Weinling* (Art. 87 ff.).

[175] Dieses hat der EuGH in seinem Urteil in der Rechtssache *Sacchi* bestätigt, Slg. 1974, 409, 430 Tz. 14; danach sind die Mitgliedstaaten befugt, aus Gründen nichtwirtschaftlicher Art, die im öffentlichen Interesse liegen, Unternehmen durch Verleihung ausschließlicher Rechte dem Wettbewerb zu entziehen (der Begriff „nichtwirtschaftlicher Art“ fehlt wohl aufgrund redaktionellen Versehens im deutschen Text der Sammlung), dieses soll auch bei Vorliegen wirtschaftlicher Gründe gelten, EuGH, Slg. 1994 I 5077, 5104 Tz. 18; EuGH, Slg. 1991 I 1979, 2018 Tz. 29 – *Höfner und Elser/Macroton*.

Markt der Vermittlung für Führungskräfte, den sie selbst aber nicht versorgen konnte. Wettbewerber wurden so von einem Markt ausgeschlossen, auf dem die Bundesanstalt selbst nicht tätig war, sodass die Nachfrage nicht bedient werden konnte und ein Missbrauch nach Artikel 82 Abs. 2 lit. b EG vorlag[176].

Ein Verstoß gegen Artikel 86 Abs. 1 EG i. V. m. Artikel 82 EG durch einen Mitgliedstaat kann in diesem Zusammenhang auch bereits dann vorliegen, wenn durch die Gewährung ausschließlicher Rechte eine Lage geschaffen wird, in der das betreffende Unternehmen einen Missbrauch begehen kann[177]. Im Hafen von Genua führte die Monopolstellung der Hafenbetriebsgesellschaften dazu, dass u. a. die Bezahlung nicht erbrachter Dienstleistungen und unverhältnismäßiger Preise gefordert wurden[178]. Denn durch die Verleihung ausschließlicher Rechte übernimmt der Staat die Verantwortung für deren ordnungsgemäße Ausübung. Eine Verletzung dieser Aufsichtspflicht stellt somit einen Missbrauch nach Artikel 86 Abs. 1 EG i. V. m. Artikel 82 EG dar[179].

Da die Tätigkeit der staatseigenen bzw. öffentlichen und privilegierten Unternehmen aufgrund des Artikels 86 Abs. 1 EG im Hinblick auf die Einwirkungsmöglichkeiten der Mitgliedstaaten sowohl an den staatsbezogenen als auch an den unternehmensbezogenen Vorschriften zu messen ist, ist die Attraktivität des Betriebes öffentlicher Unternehmen für die Mitgliedstaaten stark gesunken. Hinzu kommt, dass Ausnahmen von diesen Wettbewerbsregeln nur unter den engen Voraussetzungen des Artikels 86 Abs. 2 EG erteilt werden können. Dieser Umstand hat die materiellen Privatisierungs- und Liberalisierungsmaßnahmen in den Mitgliedstaaten erheblich befördert[180].

2. Ausnahmen zugunsten von Unternehmen nach Artikel 86 Abs. 2 EG[181]

Nach ganz herrschender Meinung ist der Ausnahmetatbestand des Artikels 86 Abs. 2 EG trotz seiner systematischen Stellung vor den Beihilfe-

---

[176] EuGH, Slg. 1991 I 1979, 2018 Tz. 30 ff. – *Höfner und Elser/Macroton;* L/B-*Stadler* Art. 86 Rn. 30 mwN.

[177] EuGH, Slg. 1991 I-5889, 5928 Tz. 17 – *Merci;* EuGH, Slg. I 1991, 5941, 5980 Tz. 20 – *GB-Inno-BM;* EuGH, Slg. 1998 I-533, 580 Tz. 29 f. – *Raso.*

[178] EuGH, Slg. 1991 I-5889, 5928 Tz. 19 – *Merci.*

[179] *Mestmäcker/Schweitzer*, § 33 Rn. 87 f. mwN.

[180] Vgl. *Paulweber/Weinand*, EuZW 2001, 232, 233; *Ritter/Braun/Rawlinson*, S. 167.

[181] Umfassend dazu *Ehricke*, EuZW 1998, 741 ff.

Vorschriften und den unterschiedlichen Normadressaten der Artikel 81, 82 und 86 Abs. 2 einerseits und des Artikels 87 EG andererseits auf das gesamte primärrechtliche Wettbewerbsrecht anwendbar[182]. Der EuGH folgert dieses aus dem systematischen Zusammenhang des Artikels 86 Abs. 2 EG mit dem Absatz 1, dessen Normadressaten die Mitgliedstaaten sind[183]. Denn diesen seien Maßnahmen in Bezug auf privilegierte Unternehmen – und damit auch Beihilfen – dann nicht verboten, wenn diese zur Ausführung der dem Unternehmen obliegenden Dienstleistungen im allgemein wirtschaftlichen Interesse erforderlich seien. Preisabsprachen und ähnliche Vereinbarungen sowie missbräuchliche Verhaltensweisen nach Artikel 82 EG und nicht genehmigte Beihilfen müssen daher geduldet werden, soweit sie Unternehmen begünstigen, die mit Dienstleistungen im allgemeinen wirtschaftlichen Interesse betraut sind und eine Anwendung der Wettbewerbsvorschriften zur Folge hätte, dass sie an der Wahrnehmung dieser Aufgaben rechtlich oder tatsächlich gehindert würden[184]. Strukturell handelt es sich um ein Verbot mit Legalausnahme[185], das sachgebietsübergreifend Anwendung findet[186].

a) Dienstleistung von allgemein wirtschaftlichem Interesse

Der Begriff der Dienstleistung in Artikel 86 Abs. 2 EG ist weiter zu verstehen als im Rahmen des Artikels 50 EG. Er erfasst auch die Herstellung und Verteilung anderer Güter[187]. Welche Dienstleistungen als solche von allgemeinem wirtschaftlichem Interesse einzustufen sind, obliegt schon aufgrund des Grundsatzes der Subsidiarität zunächst den einzelnen Mit-

---

[182] Im Entwurf des Vertrages über eine Verfassung für Europa haben jedoch die Bemühungen Deutschlands und Frankreichs zur Einschränkung des Anwendungsbereichs des Art. 86 Abs. 2 EG Niederschlag gefunden; dazu ausführlich *Mestmäcker/Schweitzer*, § 31 Rn. 41, 53.

[183] Ständige Rspr., beispielhaft EuGH, Slg. 2001 I-4109, 4161 Tz. 52 – *TNT Traco*.

[184] *Schwarze*, EuZW 2001, 334, 336.

[185] EuGH, Slg. 1989, 803, 853 Tz. 54 ff. – *Ahmed Saeed*; GS-*Hochbaum/Klotz*, Art. 86 Rn. 53.

[186] *Koenig/Kühling*, ZHR 2002, 656, 658.

[187] *Emmerich*, in: Dauses (20. EL 2007),H II, Rn. 148; GS-*Hochbaum/Klotz*, Art. 86 Rn. 58; *Mestmäcker/Schweitzer*, § 34 Rn. 17;.Grabitz/Hilf-*Pernice/Wernicke* (2003) Art. 86 Rn. 32.

gliedstaaten, welche ihr Allgemeininteresse zu definieren haben[188]. Allerdings handelt es sich bei dem Begriff „allgemeines wirtschaftliches Interesse“ um einen europaweit geltenden Rechtsbegriff, sodass die Kriterien, anhand derer er zu definieren ist, im Interesse einer einheitlichen Rechtsentwicklung einheitliche Geltung haben müssen[189]. Die Mitgliedstaaten unterliegen insoweit daher einer objektiven Fehlerkontrolle[190].

Die Europäische Kommission hat in ihrer Mitteilung zu den Leistungen der Daseinsvorsorge[191] klargestellt, dass der Begriff der Dienstleistungen von allgemeinem wirtschaftlichem Interesse solche marktbezogenen Tätigkeiten bezeichnet, die im Interesse der Allgemeinheit erbracht und daher von den Mitgliedstaaten mit besonderen Gemeinwohlverpflichtungen verbunden werden. Davon zu unterscheiden sind die Leistungen der Daseinsvorsorge. Diese umfassen auch nichtmarktbezogene Tätigkeiten, die karitativen, sozialen oder kulturellen Zwecken dienen. Diese fallen mangels Marktbezogenheit aber schon gar nicht unter den Unternehmensbegriff und unterliegen daher nicht dem Wettbewerbsrecht des EG-Vertrages[192].

Auf nichtwirtschaftliche Aufgaben, die *per se* dem Staat vorbehalten sind, finden die Wettbewerbsregeln keine Anwendung und daher auch Artikel 86 Abs. 2 EG nicht[193]. So hat der EuGH in der Rechtssache *SAT/Eurocontrol*[194] die Luftraumüberwachung mit Zwangsbefugnissen und in der Rechtssache *Diego Calì*[195] die Bekämpfung der Umweltverschmutzung in einem Seehafen als Tätigkeiten ohne wirtschaftlichen Charakter eingestuft.

Im Interesse der Allgemeinheit liegen solche Tätigkeiten, die nicht – wie die Mehrheit der normalen unternehmerischen Tätigkeiten – allein Privatinteressen dienen, sondern von denen vielmehr die Allgemeinheit profitieren soll. Dieses setzt voraus, dass eine allgemeine Nachfrage der Verbraucher für die betreffende Dienstleistung besteht. Deutlich wird das Handeln im allgemeinen wirtschaftlichen Interesse in den Fällen, in de-

---

[188] Zum Begriff der Dienstleistungen von allgemeinem wirtschaftlichem Interesse ausführlich *Dohms*, S. 41 f., 58 ff.; *Linder*, S. 87 ff; L/B-*Stadler*, Art. 86 Rn. 48.

[189] Mestmäcker/Schweitzer, § 34 Rn. 18.

[190] Europäische Kommission, Mitteilung vom 20.09.2000, Leistungen der Daseinsvorsorge in Europa, KOM (2000) 580 endg., ABl. (EG) 2001 C-17/4, Ziff. 22.

[191] Mitteilung der Kommission zur Daseinsvorsorge (Fn. IV.190), Anhang II.

[192] Mitteilung der Kommission zur Daseinsvorsorge (Fn. IV.190), Ziff. 28.

[193] Mitteilung der Kommission zur Daseinsvorsorge (Fn. IV.190), Ziff. 28.

[194] EuGH, Slg. 1994 I-43, insbes. Tz. 24, 30 – *SAT/Eurocontrol.*

[195] EuGH, Slg. 1997 I-1547 Tz. 22 ff. – *Diego Calì.*

nen dieses Interesse nicht im Einklang mit den individuellen wirtschaftlichen Interessen des handelnden Unternehmens steht. Diese besonderen Gemeinwohlverpflichtungen sind regelmäßig begründet durch Ziele wie die Versorgungssicherheit, den Umweltschutz, wirtschaftliche und soziale Solidarität, Raumordnung und Verbraucherinteressen (letztere sind regelmäßig mit einem Interesse an einem guten Preis-Leistungsverhältnis gleichzusetzen[196]). Solche Gemeinwohlverpflichtungen etwa im Bereich der Versorgungssicherheit können darin bestehen, dass einem Unternehmen des ÖPNV die Bedienung einer wenig frequentierten Strecke in einer bestimmten Häufigkeit auferlegt wird, um auch abgelegenere Gebiete an das Verkehrsnetz anzubinden; dass ein Unternehmen zur flächendeckenden Versorgung mit Elektrizität zu einheitlichen Preisen verpflichtet wird, unabhängig von den Kosten, die die Versorgung einzelner Abnehmer verursacht[197]; dass der Inhaber des Postmonopols im gesamten Versorgungsgebiet zu einheitlichen Preisen und in einheitlicher Qualität die Versorgung ständig sicherstellen muss[198]. Auch Sanitätsorganisationen, die den Notfalltransport von kranken oder verletzten Personen flächendeckend und zu jeder Zeit bei gleicher Qualität zu einheitlichen Benutzungsentgelten sicherstellen, hat der EuGH als Dienste von allgemein wirtschaftlichem Interesse eingestuft[199].

b) Betrauung

Die Betrauung mit der besonderen Aufgabe erfolgt durch die Verwaltung der Mitgliedstaaten. Der Versorgungsauftrag muss dabei *„klar definiert"* sein, *„sich klar aus den nationalen Rechtsvorschriften und/oder … Genehmigungen ergeben"*[200] und durch Hoheitsakt oder infolge eines Hoheitsaktes durch Vertrag oder durch Konzession erteilt werden[201]. Das Merkmal der Betrauung schränkt den ansonsten weit gefassten Anwendungsbereich des Artikels 86 Abs. 2 EG stark ein, da es einen formalen Akt erforderlich macht. Es stellt so das Gegenstück zu dem weit zu inter-

[196] Vgl. Mitteilung der Kommission zu den Leistungen der Daseinsvorsorge in Europa, ABl. (EG) 1996 C-281/ 3 Ziff. 7 sowie die Aktualisierung in ABl. (EG) 2001 C-17/4 Ziff. 10.
[197] EuGH, Slg. 1994 I-1477, 1521 Tz. 48 – *Almelo.*
[198] EuGH, Slg. 1993 I-2533, 2568 Tz. 15 – *Corbeau.*
[199] EuGH, Slg. 2001 I-8089, 8155 Tz. 35 – *Ambulanz Glöckner.*
[200] EuGH, Slg. 2003 I-7747 Tz. 89 – *Altmark Trans.*
[201] Mitteilung der Kommission zur Daseinsvorsorge (Fn. IV.190), Ziff. 22; EuGH, Slg. 1994 I-1477, 1521 Tz. 47 – *Almelo*; EuGH, Slg. 1997 I-5815, 5836 Tz. 66 – *Kommission/Frankreich.*

pretierenden Begriff der Dienstleistungen von allgemeinem wirtschaftlichem Interesse dar. Im Falle der Begrenzung der Anbieterzahl erfolgt die Wahl des zu betrauenden Unternehmens in einem wettbewerblichen Auswahlverfahren[202].

c) Verhinderung der übertragenen Aufgabe

Zweites einschränkendes Merkmal und Voraussetzung der Ausnahmebestimmung ist die Verhinderung der Dienstleistung im allgemeinen wirtschaftlichen Interesse durch die Anwendung des europäischen Wettbewerbsrechts. Diese Verhinderung kann in rechtlicher wie tatsächlicher Hinsicht erfolgen. Artikel 86 Abs. 2 EG gewährt eine Ausnahme von der Anwendung des Gemeinschaftsrechts. Ausnahmen von der Geltung des Vertrages sind nach ständiger Rechtsprechung grundsätzlich eng auszulegen[203].

Dennoch hat der EuGH teilweise anstelle der Verhinderung bereits eine Gefährdung der Wahrnehmung der besonderen Aufgaben für die Anwendung der Ausnahme nach Artikel 86 Abs. 2 EG genügen lassen und prüft die Annehmbarkeit der wirtschaftlichen Bedingungen der Durchführung der Dienstleistung[204].

Hochbaum/Klotz[205] ist insoweit zuzustimmen, dass es dieser Lockerung des Verhinderungsmaßstabs gar nicht bedarf, da eben aufgrund der Definition der Dienstleistung durch die Mitgliedstaaten und der daran anknüpfenden umfassenden ökonomischen Abwägung im Rahmen der Verhinderungs-Prüfung ausreichend Kriterien zu Gebote stehen, die eine Aufweichung des Wortlauts der Norm überflüssig machen. Dabei ist zu beachten, dass es nicht auf die Möglichkeit der Aufgabenerfüllung durch ein bestimmtes Unternehmen ankommt, sondern auf die objektive Mög-

---

[202] Mitteilung der Kommission zur Daseinsvorsorge (Fn. IV.190), Ziff. 17; *Keppenne*, S. 268.

[203] GS-*Hochbaum/Klotz*, Art. 86 Rn. 53; *Mestmäcker/Schweitzer* § 34 Rn. 26 mwN.

[204] EuGH, Slg. 1993 I-2533, 2568 Tz. 16 – *Corbeau;* EuGH, Slg. 1997 I-5815 Tz 59 – *Kommission/Frankreich*; EuGH, Slg. 1999 I-5751, 5893 Tz 107 – *Albany*; EuGH, Slg. 2000 I-825 Tz 49 – *Post;* EuGH, Slg. 2001 I-4109, 4161 Tz 54 – *TNT Traco*; kritisch dazu: *Koenig/Kühling*, ZHR 2002, 656, 678; vgl. zur Darstellung der Kritik auch *Scharpf*, EuR 2005, 605, 620 ff.

[205] GS-*Hochbaum/Klotz*, Art. 86 Rn. 75.

lichkeit, dass irgendein Unternehmen diese gemeinwohlorientierten Dienste ausführen kann[206].

d) Zwischenstaatlichkeit

Auch Artikel 86 Abs. 2 EG hat als Tatbestandsmerkmal die Beeinträchtigung des Handels zwischen den Mitgliedstaaten. Allerdings ist dieses Merkmal anders zu verstehen als im Kontext der Artikel 81 und 82 EG. Es schränkt die bei Vorliegen der Verhinderung zu gewährende Ausnahme von den Wettbewerbsbestimmungen wieder ein: Die Entwicklung des Handelsverkehrs darf durch die Ausnahme nicht entgegen den Interessen der Gemeinschaft beeinträchtigt werden. Mithin kann die Ausnahme nur soweit gehen, wie unbedingt erforderlich, sie muss also verhältnismäßig sein. Die Kommission formuliert in ihrer Mitteilung aus dem Jahr 2000: *„ ... dass die Mittel, die zur Erfüllung des Versorgungsauftrags eingesetzt werden, keine unnötigen Handelshemmnisse erzeugen dürfen. Konkret ist sicherzustellen, dass Einschränkungen des Wettbewerbs oder der Binnenmarktfreiheiten nicht über das tatsächlich zur Erfüllung des Auftrags erforderliche Maß hinausgehen“*[207].

Durch die Einführung des Artikels 16 EG ist die Bedeutung der Verwirklichung der Dienste im gemeinwirtschaftlichen Interesse betont worden[208]. Im Zusammenhang mit Artikel 86 Abs. 2 EG wird angenommen, dass dieses zur Folge habe, dass sich das Regel-Ausnahme-Verhältnis zu Gunsten gemeinwohlorientierter Dienstleistungen verschoben habe und ein Ausgleich zwischen den Gemeinschafts-„Prinzipien“[209] Funktionsfähigkeit des Wettbewerbs und Einheit des Gemeinsamen Marktes einerseits und Funktionstüchtigkeit gemeinwohlorientierter Dienste andererseits im Wege der „praktischen Konkordanz“ zu finden sei[210]. Diese Interpretation stellt wie die „Gefährdungs-Rechtsprechung“ des EuGH

---

[206] Sehr kritisch zu den Lockerungstendenzen in der Rechtsprechung des EuGH *Koenig/Kühling*, ZHR 2002, 656, 677 ff.

[207] Mitteilung der Kommission zur Daseinsvorsorge (Fn. IV.190), Ziff. 23.

[208] *Burgi,* VA 2002, 255, 265 erkennt in der Rechtsprechung des EuGH eine „leichte Tendenz zugunsten der ‚Dienste von allgemeinem wirtschaftlichem Interesse' ... , die sich äußert in der Anerkennung eines gewissen Definitionsspielraums“.

[209] *Schwarze*, EuZW 2001, 334, 336, 339; ähnlich *Scharpf*, EuR 2005, 605, 621 f.

[210] *Schwarze*, EuZW 2001, 334, 336, 339; von der Gleichrangigkeit dieser beiden Belange gehen auch *Pernice/Wernicke* aus in Grabitz/Hilf (2003), Art. 86 Rn. 3; dagegen: *Burgi*, VA 2002, 255, 266.

eine Aufweichung des Ausnahmetatbestandes des Artikel 86 Abs. 2 EG dar, indem die Differenz zwischen der Bedeutung des Wettbewerbsprinzips und der Bedeutung der gemeinwohlorientierten Dienstleistungen verringert wird. Ihr ist aber schon aufgrund des Wortlauts des Artikels 16 EG („*Unbeschadet der Artikel 73, 86 und 87 ...*") zu widersprechen: Die Norm soll gerade keine Auswirkungen auf das in Artikel 86 Abs. 2 EG verankerte Regel-Ausnahme-Prinzip haben und die gemeinwohlorientierten Dienstleistungen als dem Wettbewerb gleichwertiges Vertragsprinzip verankern[211]. Dennoch ist im Rahmen der vorzunehmenden Abwägung auf die durch Artikel 16 EG betonte Bedeutung der Dienstleistungen von allgemeinem wirtschaftlichem Interesse einzugehen und ein Ausgleich zwischen den Gemeinschaftsprinzipien Wettbewerb und Gemeinsamer Markt einerseits sowie dem Gemeinschaftsinteresse Einheit des Gemeinsamen Marktes und Funktionstüchtigkeit gemeinwohlorientierter Dienste zu finden. Durch die Einführung des Artikels 16 EG wird so die Begründung einer Ausnahme im Ergebnis erleichtert.

3. Die Bedeutung des Artikel 86 EG für Seehäfen

a) Artikel 86 Abs. 1 EG

Im Rahmen des unmittelbar angewandten Artikels 82 EG wird jeweils die Stellung eines sich eventuell missbräuchlich verhaltenden einzelnen Unternehmens (Einzelmarktbeherrschung) oder einer begrenzten Unternehmensgruppe (Beherrschung im Oligopol) geprüft. Im Rahmen des Artikel 86 Abs. 1 EG hingegen wird die Stellung der von einer staatlichen Maßnahme betroffenen Unternehmen, also passiven Unternehmen geprüft. Anders als im Falle der Verhaltenskontrolle von Unternehmen bestimmt sich der Kreis der in diese Analyse einbezogenen Unternehmen nicht durch die Unternehmen selbst, sondern durch die Reichweite der staatlichen Maßnahme. Wird eine Maßnahme hinsichtlich einer Mehrzahl von Unternehmen vorgenommen, so stellt sich die Frage, ob die Stellung der Unternehmen in ihrer Gesamtheit oder jeweils einzeln maßgeblich für die Beurteilung nach Artikel 86 Abs. 1 EG i. V. m. Artikel 82 EG ist. Diese Frage ist immer dann relevant, wenn ein Staat Maßnahmen ergreift, welche alle Seehäfen betreffen, also auch diejenigen, die für sich genommen keinen wesentlichen Teil des Gemeinsamen Marktes darstellen.

---

[211] So auch *Koenig*, EuZW 2001, 481; *Ritter/Braun/Rawlinson*, S. 767 f.

Für den letztgenannten Fall geht die Kommission davon aus, dass alle Häfen Italiens mit innergemeinschaftlichem Transitverkehr gemeinsam einen wesentlichen Teil des Gemeinsamen Marktes darstellen[212]. Zur Begründung bezieht sich die Kommission auf eine Entscheidung des EuGH, welche den Missbrauch einer marktbeherrschenden Stellung durch eine Station für Rinderbesamung zum Gegenstand hatte[213]. Darin stellte der EuGH fest, dass den Stationen für Rinderbesamung in Frankreich durch nationale Vorschriften ausschließliche Rechte eingeräumt worden seien. *„Diese nationalen Vorschriften schaffen dadurch, daß sie zugunsten dieser Unternehmen Monopole nebeneinanderstellen, die territorial begrenzt sind, in ihrer Gesamtheit aber das ganze Hoheitsgebiet eines Mitgliedstaates erfassen, eine beherrschende Stellung im Sinne von Artikel 86 EWG-Vertrag auf einem wesentlichen Teil des Gemeinsamen Marktes.*“[214] Wenn die Kommission diese Rechtsprechung ohne weiteres auf ihre Entscheidung überträgt, verkennt sie, dass die einzelnen Territorien in ihrer Gesamtheit das gesamte Hoheitsgebiet eines Mitgliedstaates erfassten. Das Hoheitsgebiet eines Mitgliedstaates in der Größe von Frankreich stellt jedoch nach ständiger Rechtsprechung einen wesentlichen Teil des Gemeinsamen Marktes dar[215]. Auf diesem Gebiet hat der EuGH eine kollektiv beherrschende Stellung aller Stationen angenommen[216]. In dem von der Kommission zu entscheidenden Fall hingegen waren Monopole in italienischen Häfen betroffen, welche in ihrer Gesamtheit gerade nicht das gesamte Hoheitsgebiet eines Mitgliedstaates abdeckten. Allerdings betraf die Regelung alle im innergemeinschaftlichen Transit aktiven Seehäfen Italiens, sodass der gesamte sachlich relevante Markt in einem Mitgliedstaat erfasst war. Da es bei der Bestimmung des wesentlichen Teils eines Gemeinsamen Marktes nicht nur auf die räumliche Ausdehnung eines Marktes, sondern insbesondere auf dessen Wirtschaftskraft ankommt, wird in diesem speziellen Fall tatsächlich ein wesentlicher Teil des Gemeinsamen Marktes betroffen sein. Denn die betroffenen Seehäfen sind gemeinsam für möglicherweise die gesamten jedenfalls aber für nahezu die gesamten Ein- und Ausfuhren Italiens auf dem Seeweg verantwortlich.

---

[212] KomE, ABl. (EG) 1997 L-301/17, Rz. 20 – *italienisches Hafenarbeitsgesetz*; deutlich zurückhaltender jedoch für Flughäfen in KomE, ABl. (EG) 1999 L-69/31 Rz. 21 – *Portugiesische Flughäfen*.

[213] EuGH, Slg. 1994 I-5077 – Centre d'Insémination de la Crespelle.

[214] EuGH, Slg. 1994 I-5077, 5104 Tz. 17 – *Centre d'Insémination de la Crespelle*.

[215] Vgl. Grabitz/Hilf-*Jung* (2001) Art. 82 Rn. 52.

[216] So ähnlich auch bereits in EuGH, Slg. 1994 I-1477, 1519 Tz. 41 f. – *Almelo*.

b) Artikel 86 Abs. 2 EG

(1) Ausnahmen zugunsten der Hafenbetreiber

Hinsichtlich der Betreiber eines Landlord-Hafens, die die Infrastruktur zur Verfügung stellen und diese instand halten, ist nicht *per se* von der Ausübung einer Dienstleistung von allgemeinem wirtschaftlichem Interesse auszugehen. Der EuGH hat in der Rechtssache *Enirisorse* wiederholt, dass der Betrieb eines Verkehrshafens nicht ohne weiteres die Erfüllung gemeinwirtschaftlicher Aufgaben umfasst[217]. Nach dem zugrunde liegenden Sachverhalt waren die betroffenen wirtschaftlich tätigen öffentlichen Einrichtungen damit betraut , die technischen Einrichtungen für das Ver- und Entladen, die Lagerflächen und alle anderen im Eigentum des Staates stehenden und für den Warenverkehr bestimmten unbeweglichen und beweglichen Güter zu verwalten, zu warten und zu verbessern. Der Gerichtshof konnte daraus nicht ersehen, dass diese Einrichtungen mit einer gemeinwirtschaftlichen Aufgabe betraut worden wären[218]. Auch in seiner Entscheidung *GT-Link* hatte der EuGH bereits festgehalten, dass nicht der Betrieb jedes Verkehrshafens eine Dienstleistung von allgemeinem wirtschaftlichen Interesse darstelle und insbesondere auch die im Hafen erbrachten Dienstleistungen nicht notwendig unter diesen Begriff fielen[219]. Sowohl der Gerichtshof als auch *GA Jacobs* ließen die Beurteilung im konkreten Fall jedoch offen, da jedenfalls die zu erbringende Dienstleistung nicht durch die Anwendung der Wettbewerbsvorschriften verhindert wurde[220].

Mit der Entscheidung in der Rechtssache *Enirisorse* hat der EuGH seiner früheren Rechtsprechung in der Sache *Port de Mertert* zum Teil widersprochen: In diesem Rechtsstreit hatte er ein Unternehmen, welches mit der Anlage, dem Betrieb und der Verwaltung des wichtigsten luxemburgischen Moselhafens betraut war, ohne die Erörterung weiterer Umstände

---

[217] EuGH, Slg. 2003 I-14243, 14300 Tz. 33 – *Enirisorse;* zuvor EuGH, Slg. 1997 I-4449, 4469 Tz. 54 – *GT-Link.*

[218] EuGH, Slg. 2003 I-14243, 14301 Tz. 34 – *Enirisorse*; eine andere Ansicht vertritt *v. Einem,* S. 128 im Hinblick auf den Flughafenbetreiber, der seiner Meinung nach eine Dienstleistung im allgemeinen wirtschaftlichen Interesse erbringt, da der Betrieb eines Flughafens zur Grundversorgung zähle.

[219] EuGH, Slg. 1997 I-4449, 4469 Tz. 52 – *GT-Link.*

[220] EuGH, Slg. 1997 I-4449, 4469 Tz. 54 – *GT-Link;* Schlussanträge des GA *Jacobs*, Slg. 1991, 4452, 4085, 4127 f. – *GT-Link.*

als ein Unternehmen im Sinne des Artikels 86 Abs. 2 EG angesehen[221]. Der EuGH war damit den Schlussanträgen des *GA Dutheillet de Lamothe* gefolgt, der für die Beurteilung einer Hafenbetriebsgesellschaft als Dienst von allgemein wirtschaftlichem Interesse allein die Frage stellte, ob der zu betreibende Hafen öffentlich und der allgemeinen Wirtschaftstätigkeit zu dienen bestimmt sei[222].

Dass es sich bei dem Betrieb eines Hafens und dem Vorhalten der Infrastruktur um eine wirtschaftliche Tätigkeit handelt, kann kaum bezweifelt werden. Das allgemein wirtschaftliche Interesse an dieser Tätigkeit könnte darin zu sehen sein, dass der Betreiber die Funktionsfähigkeit eines Hafens und damit eines wichtigen Knotenpunktes im Verkehrssystem gewährleistet und so zu einem möglichst reibungslosen Ablauf des Handels zwischen den Mitgliedstaaten beiträgt. Dieses wiederum kommt im Ergebnis der Allgemeinheit zugute, da der Kreis der verfügbaren Produkte erweitert wird und unter Umständen Produkte zu günstigeren Bedingungen angeboten werden können. Eine unmittelbare Nachfrage der Allgemeinheit nach den Leistungen des Hafenbetreibers gibt es jedoch nicht. Diese besteht allerdings auch nicht für Leistungen zum Schutz der Umwelt oder der allgemeinen Sicherheit. Eben diese Leistungen kommen der Allgemeinheit aber dennoch unmittelbar zugute, während die positiven Wirkungen der Leistungen des Hafenbetreibers nur von jedem einzelnen Mitglied der Allgemeinheit abgerufen werden können und dann auch nur dieses Mitglied von den positiven Wirkungen betroffen ist. Mithin dient der Betrieb eines Hafens regelmäßig einer großen Zahl privater Einzelinteressen, nicht aber dem Interesse der Allgemeinheit. Etwas anderes muss jedoch dann gelten, wenn der funktionstüchtige Hafen notwendig ist für die wesentliche Versorgung der Allgemeinheit. Der letztgenannten Gedanke scheint im Ansatz auch der Argumentation des *GA Dutheillet de Lamothe* zugrunde zu liegen, wenn er darauf abstellt, ob der zu betreibende Hafen der allgemeinen Wirtschaftstätigkeit zu dienen bestimmt sei[223].

Jedenfalls aber könnten die Betreiber über Artikel 86 Abs. 2 EG nicht von ihrer – nach der hier vertretenen Auffassung aus Artikel 82 Abs. 1 EG resultierenden – Pflicht zur Durchführung eines transparenten, nicht diskriminierenden Auswahlverfahrens befreit werden, weil diese Befreiung für die Durchführung der Vermietung oder Verpach-

---

[221] EuGH, Slg. 1971, 723 – *Hafen von Mertert.*

[222] Schlussanträge des GA *Dutheillet de Lamothe*, Slg. 1771, 723, 732 ff. (739) – *Hafen von Mertert.*

[223] Schlussanträge des GA *Dutheillet de Lamothe*, Slg. 1771, 723, 732 ff. (739) – *Hafen von Mertert.*

tung nicht notwendig wäre: Die Anwendung des Artikels 82 EG verhindert die Ausübung der Tätigkeit als Hafenbetreiber weder rechtlich noch tatsächlich.

(2) Ausnahmen zugunsten der Hafendienstleister

Bei den im Hafen erbrachten Diensten handelt es sich regelmäßig um Dienstleistungen im Sinne des Artikels 50 EG, sodass es auf die Frage, ob der Dienstleistungsbegriff im Rahmen des Artikels 86 Abs. 2 EG weiter auszulegen ist als im Rahmen des Artikels 50 EG, nicht ankommt[224]. In seinem Urteil *Merci Convenzionali Porto di Genova* hat der EuGH festgehalten, dass es sich im konkreten Fall bei einem Hafenunternehmen, das die Organisation der Hafenarbeiten für Rechnung Dritter zur Aufgabe hatte, und bei einer Hafenbetriebsgesellschaft, zu deren Aufgaben das Be-, Ent- und Umladen, die Lagerung sowie allgemein der Umschlag von Waren oder anderen Gütern im Hafen gehörten, nicht um Unternehmen handele, die eine Dienstleistung im allgemeinen wirtschaftlichen Interesse erbrächten[225]. Eben dieses hat auch die Europäische Kommission in Bezug auf Stauereiunternehmen als Teil der Frachtumschlagsbetriebe klargestellt[226].
GA Cosmas sah die Überwachung der Hafenanlagen zur Verhütung von Umweltverschmutzungen als Dienstleistung von jedenfalls allgemeinem Interesse an[227]. Der EuGH ist darauf in seiner Entscheidung nicht eingegangen und hat bereits den wirtschaftlichen Charakter dieser Tätigkeit verneint, da die Verhütung von Umweltverschmutzungen durch Überwachung von Anlagen eine öffentliche Aufgabe sei. Aus diesem Grund war bereits das Tatbestandsmerkmal des Unternehmens nicht erfüllt und die Wettbewerbsregeln des EG-Vertrages waren nicht anwendbar[228].

---

[224] EuGH und Kommission haben zugunsten des weiteren, über Art. 50 EG hinausgehenden Begriffs entschieden und auch die Stromerzeugung und Benzinproduktion unter den Dienstleistungs-Begriff gefasst. Dabei wird weniger auf den Begriff der Dienstleistung als den des „service public“ abgestellt; *Scholz/Langer*, S. 158; G/S-*Hochbaum/Klotz*, Art. 86 Rn. 58. *Mestmäcker/Schweitzer*, § 34 Rn. 17.
[225] EuGH, Slg. 1991 I-5889, 5931 Tz. 27 – *Merci*.
[226] KomE, ABl. (EG) 2000 L-155/52 Rz. 17 – *französischer Hafensektor*.
[227] Schlussanträge des GA *Cosmas*, Slg. 1997 I-1547, 1549, 1577 Ziff. 97 – *Diego Calì*.
[228] EuGH, Slg. 1997 I-1547 Tz. 23 – *Diego Calì*.

In seinem Urteil in der Rechtssache *Corsica Ferries*[229] ist der EuGH wohl aufgrund der Vorlagefrage nicht auf die gemeinwirtschaftliche Bedeutung der Lotsenleistung eingegangen. Auch die Kommission hat diese Frage in einer späteren Entscheidung zum Genueser Lotsenkorps offen gelassen und lediglich festgestellt, dass die Erbringung der Lotsendienste und die Wahrnehmung der den Lotsen übertragenen Aufgaben der Kontrolle und Wahrung der Sicherheit des Verkehrs im Hafen und des Schutzes des Meeresbodens durch die Anwendung der Wettbewerbsregeln nicht verhindert würden[230]. In seinem Urteil in der Sache *Corsica Ferries France*[231] hat der EuGH jedoch die Festmacherdienste als Dienstleistung im allgemeinen wirtschaftlichen Interesse qualifiziert. Dieses begründet er damit, dass die Festmacher verpflichtet seien, „ ... *jederzeit für alle Hafenbenutzer einen allgemeinen Festmacherdienst bereitzustellen, und zwar aus Gründen der Sicherheit in den Hafengewässern. Jedenfalls durfte es die Italienische Republik aus Gründen der öffentlichen Sicherheit für erforderlich halten, örtlichen Festmachergruppen das ausschließliche Recht einzuräumen, den allgemeinen Festmacherdienst sicherzustellen.*“[232] Mit dem zweiten Satz macht der Gerichtshof deutlich, dass ihm keine umfängliche Kontrolle zusteht, ob bestimmte Dienste im allgemeinen wirtschaftlichen Interesse sind, denn die Bestimmung dessen, was im allgemeinen wirtschaftlichen Interesse liegt, steht allein den Mitgliedstaaten zu. An anderer Stelle in diesem Urteil führt der EuGH die Merkmale eines öffentlichen Versorgungsdienstes auf: Allgemeinheit, Beständigkeit, Erfüllung von im öffentlichen Interesse liegenden Erfordernissen, Regelung und Aufsicht durch die Verwaltung[233]. Diese Merkmale scheint der EuGH im Rahmen seiner objektiven Fehlerkontrolle zugrunde zu legen.

In Anbetracht der Ähnlichkeit anderer technisch-nautischer Dienste in Bezug auf ihre Hilfsfunktion zur Navigation eines Schiffes werden in der Literatur teilweise auch Lotsen- und Schleppdienste als Dienstleistungen von allgemeinem wirtschaftlichem Interesse eingeordnet[234]. Die deutsche Monopolkommission ordnet Hafendienste sogar generell als Dienstleis-

---

[229] EuGH, Slg. 1994 I-1783 – *Corsica Ferries Italia.*
[230] KomE, ABl. (EG) 1997 L-301/27 Rz. 23 – *Lotsentarife im Hafen von Genua.*
[231] EuGH, Slg. 1998 I-3981 – *Corsica Ferries France.*
[232] EuGH, Slg. 1998 I-3981, 3996 Tz. 45 – *Corsica Ferries France.*
[233] EuGH, Slg. 1998 I-3981, 4001 Tz. 60 – *Corsica Ferries France.*
[234] *Carbone/Munari* (2003), S. 187, 192; *Lechner* (2001), S. 153; *Rabe* (2001), S. 100.

tungen von allgemeinem wirtschaftlichen Interesse ein[235]. Zur Begründung wird im Rahmen der weitgehend parallel laufenden Diskussion für den Bereich der Bodenabfertigungsdienste auf Flughäfen u. a. das Argument angeführt, dass nicht nur der Flughafenbetreiber selbst eine Dienstleistung von allgemeinem wirtschaftlichem Interesse erbringe, sondern auch die einzelnen Bodenabfertigungsdienstleister[236]. Dieses folge aus dem Umstand, dass die Flughäfen ohne diese Dienste nicht betrieben werden könnten, sodass die Dienste als Annex der Bereitstellung des Flughafens ebenfalls als Dienstleistungen von allgemeinem wirtschaftlichen Interesse qualifiziert werden müssten. Gegen diese Annahme spricht jedoch, dass es einer Abgrenzung bedarf, welche Leistungen unmittelbar dem Allgemeininteresse dienen und welche Leistungen in erster Linie Privatinteressen und dabei lediglich mittelbar auch Allgemeininteressen dienen. Insoweit wird verkannt, dass eine Dienstleistung von allgemeinem wirtschaftlichem Interesse ihrerseits einen Markt für weitere Dienstleistungen eröffnen kann, auf welchem der Wettbewerb allein durch Privatinteressen geprägt ist. Selbst wenn der Betrieb eines Seehafens überhaupt als Dienstleistung von allgemeinem wirtschaftlichen Interesse qualifiziert werden könnte, bestünde keine Notwendigkeit, alle Dienstleistungen, die diesem Betrieb dienen, ebenfalls als Dienstleistungen von allgemeinem wirtschaftlichem Interesse einzuordnen.
Nach anderer Ansicht knüpfen die Annahme einer Dienstleistung im allgemeinen wirtschaftlichen Interesse an drei Kriterien[237]:

- Die Verpflichtung zur Dienstleistung rund um die Uhr an 365 Tagen im Jahr,
- das diskriminierungsfreie Angebot gegenüber jedermann,
- das Vorhalten eines Notfall-Dienstes

Die Europäische Kommission betont in ihrem Grünbuch über Seehäfen, dass ein Reihe von technisch-nautischen Dienste aufgrund ihrer Bedeutung für die Hafensicherheit und den Umweltschutz gemeinwirtschaftliche Verpflichtungen enthielten[238]. Diese Gleichsetzung aller technisch-nautischen Dienste erscheint allerdings nur insoweit gerechtfertigt, als eine mitgliedstaatliche Verpflichtung besteht, diese in Anspruch zu nehmen. Denn dann sind die Dienstleister ihrerseits verpflichtet, ihre Dienste

[235] Monopolkommission, XIV. Hauptgutachten 2000/2001, BT-Drs. 14/9903 Ziff. 96.
[236] *v. Einem*, S. 129.
[237] *Carbone/Munari* (1996), S. 77.
[238] Europäische Kommission, Grünbuch über Seehäfen (Fn. II.540), Ziff. 38.

jederzeit zur Verfügung zu stellen, ohne Rücksicht auf die Rentabilität dieser Maßnahme. Dieses entspricht dem Versorgungsgedanken, welchen der EuGH seinen Überlegungen zu Dienstleistungen im allgemeinen wirtschaftlichen Interesse zugrunde legt. Diesen Diensten ist gemein, dass sie eine für den sicheren Verkehr in den Hafengewässern notwendige Leistung darstellen und daher ein bestimmtes Maß an Koordination zwischen den einzelnen Unternehmen erfordern.

Die Europäische Kommission ging in einer Entscheidung betreffend niederländische Hafenschlepper davon aus, dass die Hafenschlepperei keine Dienstleistung von allgemeinem wirtschaftlichen Interesse sei[239]. Lotsendienste werden hingegen regelmäßig eine Dienstleistung von allgemeinem wirtschaftlichen Interesse darstellen, da sie der Sicherheit und dem Umweltschutz in den Hafengewässern dienen. Aus diesem Grund ist die Inanspruchnahme eines Lotsen in aller Regel auch verpflichtend[240].

Ungeachtet der Eigenschaft der Dienstleistungen als von allgemein wirtschaftlichem Interesse fehlt es indes vielfach an dem erforderlichen Betrauungsakt, sodass die Ausnahme des Artikels 86 Abs. 2 EG regelmäßig nicht eingreift. Denn die Betrauung erfordert mindestens eine Konzession, welche auch eine gesetzliche Verpflichtung des Konzessionärs enthalten kann. Nicht ausreichend hingegen ist es, dass die Verwaltung eine Erlaubnis für die Aufnahme einer Tätigkeit erteilt und diese unter ihrer Aufsicht steht[241].

Soweit es an einem Betrauungsakt fehlt, die Unternehmen aber aufgrund gesetzlicher Verpflichtung etwa gehalten sind, einen Notdienst vorzuhalten, unterliegt eine entsprechende unternehmensübergreifende Absprache aber auch ohne Anwendung des Art. 86 Abs. 2 EG dann keinen kartellrechtlichen Beschränkungen, wenn die an anderer Stelle erörterten Grundsätze zur Arbeitsgemeinschaft eingreifen.

4. Zwischenergebnis

Die Möglichkeiten der Mitgliedstaaten, wettbewerbsbeschränkende Maßnahmen in den Seehäfen, etwa durch Gewährung besonderer oder ausschließlicher Rechte, zu ergreifen und dabei von der Ausnahmevorschrift des Art. 86 Abs. 2 EG zu profitieren ist gering. Bei einer Vielzahl der Leistungen handelt es sich bereits nicht um Dienstleistungen von allgemeinem wirtschaftlichen Interesse. Jedenfalls wird aber die Erbringung

---

[239] KomE, ABl. (EG) 2002 L-314/97 Rz. 88 – *niederländische Schlepper.*

[240] Z. B. §§ 3 und 4 Hamburger Hafenlotsordnung.

[241] EuGH, Slg. 1983, 483, 504 – *GVL*; vgl. L/B-*Stadler*, Art. 86 Rn. 54; für einen weiteren Begriff der Betrauung: *Lechner*, S. 103 f.

dieser Dienstleistungen nicht durch eine Anwendung der Wettbewerbsvorschriften des EG-Vertrages tatsächlich oder rechtlich be- oder verhindert.

E. Zwischenergebnis zum hafeninternen Wettbewerb

Die vorstehenden Ausführungen zum Kartellverbot, zur Fusionskontrolle und zum Einfluss der Mitgliedstaaten auf die Hafenwirtschaft zeigen, dass in allen Bereichen des Wettbewerbsrechts, also sowohl im Rahmen der Verhaltens- als auch der Marktstrukturkontrolle hinsichtlich der Umschlagunternehmen ein hafenübergreifender Markt wie etwa der Markt der North Range zugrunde gelegt werden muss. Dieses folgt aus der wirtschaftlichen Bedeutung der Umschlagtätigkeit, welche einen entscheidenden Einfluss auf die Hafenwahl eines Reeders besitzt.
Hingegen ist im Rahmen der Kontrolle von technisch-nautischen Betrieben regelmäßig der einzelne Hafen als räumlich relevanter Markt zugrunde zu legen. Ausnahmen können bestehen, wenn Häfen derart eng benachbart sind, dass ein Unternehmen des einen Hafens ohne erhebliche Zusatzkosten auch in dem anderen Hafen tätig werden kann.
Dabei stellt ein einzelner Hafen immer dann einen wesentlichen Teil des Gemeinsamen Marktes dar, wenn er eine erhebliche Bedeutung für den Im- und Export eines Mitgliedstaates auf dem Seeweg besitzt. Diese Bedeutung bemisst sich relativ im Verhältnis zum bedeutendsten Hafen des Mitgliedstaates. Daraus folgt, dass das Gemeinschaftsrecht in den Seehäfen, welche eine besondere Bedeutung für den Im- und Export eines Mitgliedstaates auf dem Seeweg besitzen, Anwendung findet.
Im hafeninternen Wettbewerb spielen horizontale Absprachen und Zusammenschlüsse nur eine sehr eingeschränkte Rolle. Angesichts der fortschreitenden Entwicklung des multimodalen Transports, des steigenden Kostendrucks und der multimodalen Transportfähigkeit von Standard-Containern betreffen Kooperationen in der Regel vielmehr Unternehmen, die auf verschiedenen Stufen der Transportkette bzw. auf benachbarten Märkten tätig sind.
Zuletzt konnte gezeigt werden, dass der Spielraum der Mitgliedstaaten, wettbewerbsbeschränkende Maßnahmen in den Seehäfen zu ergreifen, gering ist, da es sich bei dem Gros der Leistungen nicht um Dienstleistungen von allgemeinem wirtschaftlichen Interesse handelt, diese aber jedenfalls nicht durch eine Anwendung der Wettbewerbsvorschriften des EG-Vertrages tatsächlich oder rechtlich behindert würden.

V.) „Inter-port Competition“

Im Verlauf dieser Arbeit sind bereits zwei verschiedene Wettbewerbsebenen diskutiert worden: Zunächst wurde der Wettbewerb um den Zugang zu einem Hafen als Basis des Dienstleistungsmarktes (*competition for the field*) analysiert, dann der Wettbewerb der Dienstleister innerhalb eines Hafens (*intra-port competition*). Es bleibt die dritte Wettbewerbsebene zu betrachten, der Wettbewerb der Seehäfen untereinander (*inter-port competition).* Wettbewerbsteilnehmer auf dieser Ebene sind die Seehäfen in ihrer Gesamtheit als bedienter Infrastruktureinrichtung. Wettbewerbsvor- oder Nachteile eines Seehafens betreffen aber sowohl den jeweiligen Hafenbetreiber als auch die dort angesiedelten Dienstleister.

Je stärker das transeuropäische Verkehrsnetz ausgebaut ist, desto mehr gewinnt diese letzte Ebene an Bedeutung. Denn mit diesem Ausbau geht eine verstärkte Erreichbarkeit nahezu aller Regionen Europas einher. Daraus folgt, dass auch das jeweilige Hinterland eines Hafens nicht mehr nahezu notwendig allein an diesen einen Hafen angebunden ist, sondern sich das Hinterland mehrerer europäischer Seehäfen durchaus stark überschneidet. Daher kann mittlerweile sogar die Rede davon sein, dass der Hamburger Hafen hinsichtlich seines Hinterlandverkehrs in einem Wettbewerbsverhältnis zu verschiedenen Mittelmeerhäfen steht[1]. Neben dem Hinterlandverkehr geht von den Seehäfen aber auch Transitverkehr aus, d. h. der Umschlag von Schiff zu Schiff, wobei dort wiederum zwischen dem Umschlag von einem Hochseeschiff auf ein anderes Hochseeschiff zum weiteren Fern-Transport (Relay-Verkehr) und dem Umschlag von einem Hochseeschiff auf ein Küstenmotorschiff zur Verteilung der Güter auf nahe gelegene Regionen (Feeder-Verkehr) unterschieden werden muss[2].

Auch die Europäische Kommission geht davon aus, dass die Seehäfen untereinander im Wettbewerb stehen[3]. Für den Seetransitverkehr hat die Kommission den geographischen Markt mit den Seehäfen Nordeuropas

---

[1] Vgl. Europäische Kommission, Vademecum on State Aid (Fn. II.514), S. 9; so auch *Kraemer*, S. 41; *Sichelschmidt*, S.12; eine Erhöhung solchen Wettbewerbsdrucks konstatiert auch die Europäische Kommission in KomE, ABl. (EG) 2001 L-233/1 Rz. 41 – *Hutchinson/RCPM/ECT*; Prognos (Fn.), S. 31.

[2] Vgl. KomE, ABl. (EG) 2001 L-233/1 Rz. 26 – *Hutchinson/RCPM/ECT*.

[3] Siehe nur Europäische Kommission, Grünbuch über Seehäfen (Fn. II.540), Ziff. 3, 14.

gleichgesetzt[4]. Auch für den Hinterlandverkehr besteht ein Wettbewerbsverhältnis innerhalb verschiedener Gruppen von Seehäfen in Europa, wobei mit der fortschreitenden Integration und dem zunehmenden Ausbau der Verkehrsnetze die Bedeutung eines Hafens für ein bestimmtes und begrenztes Hinterland sinkt und immer mehr Seehäfen in den Wettbewerb zueinander treten[5].
Ausdruck des intensiven hafenübergreifenden Wettbewerbs sind u. a. die Umstrukturierungen der deutschen Hafenverwaltungen: Diese zumeist formellen Privatisierungsvorhaben sind nicht (nur) auf leere öffentliche Kassen zurückzuführen, sondern auch Folge eines intensiven Wettbewerbsdrucks. Seehäfen werden als „Anknüpfungspunkte" des sich immer stärker entwickelnden Seeverkehrs zu einem Wettbewerbsfaktor der Seeverkehrsunternehmen. Sie müssen diesen Unternehmen daher möglichst optimale Bedingungen bieten. Dazu gehört die Bündelung von Betreiber-Kompetenzen an einer Stelle, mithin eine effiziente, „schlanke" Organisationsstruktur der Hafenverwaltung ebenso wie eine größtmögliche Kundenorientierung und Flexibilität sowie eine möglichst weitgehend Unabhängigkeit von haushaltsrechtlichen Zwängen[6].
Mit dem Wettbewerb der Seehäfen untereinander geht der Wettbewerb der Seehafenbetriebe in verschiedenen Seehäfen einher. So stehen jedenfalls die Betriebe für Containerumschlag in den Häfen von Rotterdam, Hamburg, Antwerpen und Bremen miteinander im Wettbewerb[7]. Dieses folgt aus dem bereits erörterten Umstand, dass sich die Wahl eines Reeders, welchen Seehafen er anlaufen wird, und die Wahl des Umschlagsbetriebes regelmäßig bedingen. Denn der Umschlag ist zumeist die wesentliche Leistung, welche der Reeder in Anspruch nehmen will und zugleich die kostenintensivste. Geringere Umschlagskosten oder auch die Geschwindigkeit des Umschlags können daher die Auswahl eines bestimmten Seehafen entscheidend beeinflussen (Prinzip der Opportunitätskosten)[8].

---

[4] KomE, ABl. (EG) 2001 L-233/1 Rz. 47 – *Hutchinson/RCPM/ECT*; dieses Ergebnis wird geteilt von einer Studie des BMWi, Vernetzungspotneziale (Fn. Einl 3), S.47.
[5] So auch die Prognose der Europäischen Kommission im Grünbuch über Seehäfen (Fn. II.540), Ziff. 14.
[6] Vgl. Troujillo/Nombela, S. 21; Wallrabenstein, S. 103 f.
[7] Vgl. Bundesministerium für Verkehr, Entwicklungstendenzen der deutschen Nordseehäfen bis zum Jahr 2015 – Zusammenfassung, S. 6 f.
[8] Vgl. *Ninnemann*, S. 4 ff.; dabei darf allerdings nicht außer acht gelassen werden, dass auch andere – nicht notwendig wettbewerbliche – Umstände in diese Entscheidung einfließen können. Dieses gilt insbesondere für mögliche Beteiligungen, welche Reedereien an einzelnen Containerterminals halten.

Auch im Rahmen des Wettbewerbs zwischen den Seehäfen finden die Instrumente des europäischen Wettbewerbsrechts Anwendung. Entscheidend für den Wettbewerb zwischen den Seehäfen der Europäischen Union ist jedoch vor allem das unterschiedliche Ausmaß der finanziellen Unterstützung durch die Mitgliedstaaten.

A. Das Kartellverbot gegenüber den Seehäfen

Die Möglichkeit zur Bildung von nach Artikel 81 Abs. 1 EG verbotenen Kartellen im hafenübergreifenden Wettbewerb besteht nur für solche Unternehmen, welche auch tatsächlich auf dem gleichen räumlichen hafenübergreifenden Markt tätig sind. Da dieses für den Bereich der technisch-nautischen Dienstleistungen regelmäßig nicht der Fall ist, können solche Kartelle nur von Umschlagsunternehmen oder aber auch von den Seehafenbetreibern selbst gebildet werden.
Motivation, Kartellabsprachen zu treffen oder gar strategische Allianzen zu schmieden, ist vielfach eine Veränderung der wirtschaftlichen Rahmenbedingungen und des damit einhergehenden erhöhten Wettbewerbsdrucks[9]. Die Märkte wachsen im Zeitalter der Globalisierung stärker zusammen, durch die voranschreitende Integration der Verkehrssysteme treten mehr Hafenbetreiber und Umschlagunternehmen in den Wettbewerb zueinander. Der dadurch entstehende erhöhte Wettbewerbsdruck erfordert ein stetig steigendes Maß an Innovationsaufwendungen, da sich die Investitionen in neue Produkte in immer kürzer werdenden Zeiträumen amortisieren müssen. Gleichzeitig ermöglicht die Bildung von Allianzen eine Kostenersparnis, indem bestimmte Fixkosten nur einmal entstehen und gemeinsam getragen werden und bestehende Kapazitäten besser genutzt werden.

1. Hafenübergreifende Kartelle der Umschlagunternehmen

Bei dem Markt für Containerumschlag in Seehäfen handelt es sich um einen stetig wachsenden Markt. Dabei steigt zum einen das umgeschlagene Gütervolumen, zum anderen wächst mit dem Ausbau des transeuropäischen Verkehrsnetzes das Hinterland eines jeden Hafens, sodass sich die Belieferungsgebiete der einzelnen Seehäfen zunehmend überschneiden. Auf diesem Markt gilt es für jedes einzelne Umschlagunternehmen,

---

[9] Vgl. *Schäfer-Kunz*, S. 127 ff.

seinen Marktanteil zu sichern und möglichst auszubauen. Mittel dazu sind u. a. Vereinbarungen mit konkurrierenden Unternehmen[10].
Vereinbarungen und abgestimmte Verhaltensweisen der Umschlagbetriebe in horizontaler Richtung können sich dabei insbesondere auf die angewandte Technik, auf den Hinterlandverkehr oder auf die Preise beziehen. Absprachen über Preise oder die Aufteilung des gemeinsamen Hinterlandes stellen Wettbewerbsbeschränkungen dar, welche regelmäßig keinen Verbrauchernutzen aufweisen und daher auch nicht freistellungsfähig sind.
Viel eher werden von den Betrieben jedoch Allianzen geschmiedet, welche ihre Stellung im Wettbewerb verbessern sollen, indem sie zu einer konglomeraten Integration führen. Diese Allianzen betreffen regelmäßig einzelne hafeninterne Märkte. Soweit jedoch eine vertikale Vereinbarung zwischen Terminalbetreibern und Reedern geschlossen wird, betrifft diese sowohl den hafeninternen als auch den hafenübergreifenden Wettbewerb. Entsprechend den Regelungen der Gruppenfreistellungsverordnung für vertikale Vereinbarungen[11] zu Alleinbezugsverpflichtungen dürften Ausschließlichkeitsbindungen zwischen Terminalbetreibern und Reedern regelmäßig dann wettbewerbsbeschränkende Wirkung haben, wenn der Reeder 30 Prozent Marktanteil besitzt[12] und sich verpflichtet, Waren für die Belieferung eines bestimmten Hinterlandes nur über ein bestimmtes Containerterminal umschlagen zu lassen und der Terminalbetreiber sich verpflichtet, ausschließlich Schiffe dieses Reeders zu bedienen. Denn in einem solchen Fall werden andere Terminalbetreiber mit Anschluss an das selbe Hinterland von einem erheblichen Teil des Marktes, nämlich von 30 Prozent aller zur See transportierten und umzuschlagenden Güter für dieses Hinterland ausgeschlossen. In der Praxis erfolgen entsprechende Bindungen jedoch weniger über Absprachen als über Beteiligungen der Reeder an den betreffenden Terminals, welche lediglich den Maßstäben der Fusionskontrolle unterliegen.

---

[10] Dieses erkennt auch der ZDS, bestreitet aber, dass es dadurch zu signifikanten Wettbewerbsbeschränkungen kommt: „Eine Arbeitsteilung zwischen den Häfen, die anders erfolgt als durch den Willen der Kunden und des Marktes, ist für uns jedoch ausgeschlossen … Mit Zusammenarbeit ist daher weder eine Steuerung des Marktgeschehens durch Arbeitsteilung noch eine Ausschaltung des Wettbewerbs in Kernbereichen gemeint. Wir halten Hafenkooperation als Ergänzung des Wettbewerbs daher grundsätzlich für notwendig. Konstituierendes Merkmal der deutschen und europäischen Seehafenwirtschaft ist aber der Wettbewerb und soll es auch bleiben.“ ZDS, 10.5.2004.
[11] VO (EG) 2790/1999, ABl. (EG) 1999 L-336/21.
[12] Vgl. Art. 3 VO (EG) 2790/1999, ABl. (EG) 1999 L-336/21.

2. Hafenübergreifende Kartelle der Hafenbetreiber

Die Hafenbetreiber sind auf einem Markt tätig, auf welchem sie ihre Infrastruktureinrichtung zur Verfügung stellen. Dieses geschieht zum einen gegenüber den verschiedenen Dienstleistern, zum anderen gegenüber den Reedern, welche die Häfen nutzen. Diese haben den Hafenbetreibern bestimmte „Gebühren“ für die Nutzung des Hafenbeckens zu entrichten. Eine horizontale Absprache der Hafenbetreiber, die zur Angleichung der von den Hafenbetreibern erhobenen Entgelte, also der Hafentarife führte, verstieße als Preisabsprache gegen das Kartellverbot. Eine Freistellung wäre grundsätzlich nicht möglich, da das Eintreten von Effizienzgewinnen durch eine entsprechende Absprache unwahrscheinlich erscheint[13].

B. Die Seehäfen als Adressaten der Fusionskontrolle und hafenübergreifende Betriebsfusionen

Ebenso wie die Bildung strategischer Allianzen in Form von Absprachen und Vereinbarungen zwischen Unternehmen sind auch Zusammenschlussvorhaben häufig davon motiviert, auf einem stetig globaler werdenden Markt die eigene Position zu sichern oder auszubauen.
Wenn Märkte derart „in Bewegung“ kommen und der Wettbewerbsdruck sich erhöht, wird insbesondere durch äußeres Wachstum versucht, die Marktposition auszubauen bzw. langfristig zu sichern. Die Auswahl der im Folgenden dargestellten Zusammenschlüsse zeigt, dass keineswegs nur kleine und mittlere Unternehmen derartige Allianzen eingehen, um auf einem Markt bestehen zu können. Vielmehr neigen auch gerade die größeren Unternehmen dazu, ihre bestehenden Machtpositionen auszubauen und sich dadurch in einem immer wetttbewerbsintensiver werdenden Markt kontinuierlich ein gewisses Niveau an Marktmacht zu erhalten. In der Folge entfällt die zunächst erhöhte Wettbewerbsintensität.
Die praktische Erfahrung liefert zahlreiche Beispiele für Zusammenschlüsse zwischen Umschlagunternehmen verschiedener Seehäfen und Zusammenschlüsse zwischen Umschlagunternehmen und Reedereien.

---

[13] Horizontale Kooperationen der Hafenbetreiber in Form von Marktaufteilungen können jedoch positive Effekte für die Umwelt und damit die Allgemeinheit bewirken und wären daher freistellungsfähig: U. a. könnten die deutschen Seehafenbetreiber sich auf den Bau eines einzigen Tiefseewasserhafens einigen, welchen Containerschiffe ab einem Tiefgang von mehr als 13,5m anlaufen, anstatt neben dem Bau des JadeWeserPorts auch die Weser sowie die Elbe zu vertiefen, vgl. WWF, Forderungen zur Seehafenpolitik 2006; WWF, Ausbau- und Unterhaltungskosten für die deutschen Seehäfen, S. 10 f.

Dieser Umstand untermauert die These der Existenz eines intensiven Wettbewerbs zwischen den Seehäfen. Dieser Wettbewerb erfordert ein inneres oder äußeres Wachstum der Marktteilnehmer, um auf dem Markt erfolgreich agieren zu können.
Im Jahr 2001 wollten Hutchinson und die RCPM, die gemeinsame Kontrolle über ECT übernehmen[14]. Hutchinson gehört zum Konzern Hutchinson Whampoa, Hong Kong, welcher einer der weltweit führenden Betreiber von Containerterminals in Seehäfen ist. In Europa kontrolliert eine zu Hutchinson Whampoa gehörige Gesellschaft die Containerterminals in den britischen Seehäfen Felixstowe und Thamesport[15]. RCPM und Hutchinson gründeten mit ECT Beheer B.V. (ECT Beheer) eine neue Holdinggesellschaft, die 100 Prozent des Aktienkapitals von ECT erwarb. Hutchinson und RCPM waren mit jeweils 35 Prozent an ECT Beheer beteiligt[16]. Durch diesen Zusammenschluss entstand nach Auffassung der Kommission eine beherrschende Stellung auf dem Markt für Seetransitumschlag in Nordwesteuropa. Aufgrund von Verpflichtungszusagen durch ECT, seine Beteiligung an einem anderen Containerterminal an einen unabhängigen Dritten zu veräußern und der Zusage von RCPM, Grundstücke und Anlagen im Hafenerweiterungsbereich in einem offenen, nicht diskriminierenden Verfahren zu vergeben, hat die Kommission den Zusammenschluss dennoch für mit dem Gemeinsamen Markt vereinbar erklärt. Mit diesem Vorhaben konnte der Hutchinson Whampoa-Konzern seine Aktivitäten auf dem europäischen Seehafensektor entgegen anders lautender Vorhersagen[17] weiter ausbauen.
Zusammenschlüsse, welche den hafenübergreifenden Wettbewerb ebenfalls beeinflussen, aber nicht zwischen zwei Containerterminal-Betreibern

[14] Europäische Kommission, COMP/JV.55 – *Hutchinson/RCPM/ECT*, ABl. (EG) 2003 L-223/1.

[15] Ein ähnliches Vorhaben war bereits im März 1999 bei der Kommission angemeldet worden. Damals war die gemeinsame Übernahme von ECT durch Hutchison Port Holdings Ltd (HPH) und RMPM, welcher auch die Verwaltung und Vermietung von Hafenflächen obliegt, mittels einer eigens zu diesem Zweck geschaffenen Holdinggesellschaft geplant, sodass die Parteien die gemeinsame Kontrolle über ECT erlangt hätten. Im Juli 1999 gaben HPH und RMPM dieses Vorhaben aber wegen von der Europäischen Kommission geäußerten Bedenken auf; vgl. Europäische Kommission, XXIX. WB 1999 Ziff. 167.

[16] Außerdem waren ABN als Finanzinvestor mit 28 % und eine Treuhandgesellschaft der Beschäftigten (Star) mit den verbleibenden 2 % beteiligt.

[17] In einer Studie für das BMWi aus dem November 2001 stellten ISL, Roland Berger und PWC fest, dass ein weiterer Ausbau der Aktivitäten von Hutchinson in Europa wettbewerbsrechtlich kaum zulässig sein dürfte; Vernetzungspotenziale (Fn. Einl 3), S. 50.

erfolgen, sind Zusammenschlüsse zwischen Reedern und Terminalbetreibern. Durch einen derartigen Zusammenschluss entsteht in der Regel ein *dedicated terminal*[18]. Ein solcher Zusammenschluss greift in den hafenübergreifenden Wettbewerb ein, da diesem das Volumen der am Zusammenschluss beteiligten Reederei gleichsam entzogen wird. Gleichzeitig werden aber eventuell Kapazitäten an anderen Terminals durch den Zusammenschluss frei und Reeder, welche bislang das nunmehr reservierte Terminal angelaufen haben, werden auf andere Terminals ausweichen. Dabei können durch die erforderliche Umstellung von Fahrplänen und Routen jedoch erhebliche Kosten und damit Wettbewerbsnachteile entstehen.

Auf nationaler Ebene gründeten die HHLA und die Lübecker Spedition Combisped ein Joint Venture, um gemeinsam das erste Container-Terminal des Lübecker Hafens zu bauen und zu betreiben. Die HHLA ist auf dem Markt für Containerumschlag in Hamburg aktiv, die Combisped betrieb eine Landbrücke zwischen Hamburg und Lübeck. Obwohl die HHLA so die Stellung des Hamburger Hafens als führendem Hafen für Container-Transporte nach Skandinavien und Ost-Europa ausbaute und so auch ihre eigene Stellung als wichtigster Umschlagsdienstleister in diesem Hafen stärkte, gab das Bundeskartellamt den Zusammenschluss frei[19].

In einem anderen Fall hat das Bundeskartellamt einen Zusammenschluss auf dem Hafensektor freigegeben, obwohl die Schwelle für eine Vermutung des Entstehens einer marktbeherrschenden Stellung nach § 19 Abs. 3 GWB überschritten war: Die belgische Fruit Wharf N.V., eine Tochterge-

---

[18] Das Containerterminal im neuen Jade-Weser-Port soll zwar auch unter Reedereibeteiligung betrieben werden, jedoch allen Nutzern des Hafens offenstehen. An diesem Betreiberunternehmen halten Eurogate 70 % und die Maersk-Gruppe über die Tochter APM Terminals International 30 % der Anteile. Allerdings wird eine Kapazität von 49 % allein zugunsten der Reederei MaerskLine reserviert (JWPrePort 1/2006; *Beukert*, Handelsblatt vom 1.6.2006). Eurogate und Maersk betreiben bereits mit dem North Sea Terminal Bremerhaven ein gemeinsames Terminal als paritätisches Gemeinschaftsunternehmen. Dieses Terminal ist ebenfalls offen für alle potentiellen Nutzer (vgl. KomE, COMP/JV.55 – *Hutchinson/RCPM/ECT*, ABl. (EG) 2003 L-223/1 Rz. 70). Im Rotterdamer Hafen hält ECT 50 % der Anteile am Euromax Terminal. Die weiteren 50 % hält die Royal P&O Nedlloyd, ein zum Zeitpunkt des Zusammenschlusses von P&O weitgehend unabhängiges Unternehmen, da P&O keine Kontrolle über PONL ausüben konnte (KomE, M.3576 – *PONL/ECT/Euromax*). Durch den Zusammenschluss von PONL und Maersk halten nun sowohl Maersk als auch Hutchinson Anteile an Euromax. Das Euromax Terminal soll Ende des Jahres 2007 in Betrieb gehen.

[19] BKartA, TB 1997/1998, BT-Drs. 14/1139 S. 145.

sellschaft der SeaInvest-Gruppe, einer Holdinggesellschaft, zu welcher zahlreiche Umschlagunternehmen zählen, erwarb 49 Prozent der Anteile an der HHLA Frucht- und Kühl-Zentrum GmbH[20]. Durch diesen Zusammenschluss bestand die Gefahr, dass auf dem Markt für Fruchtumschlagsleistungen in den Seehäfen der North Range mit über 35 Prozent Marktanteil eine marktbeherrschende Stellung entstünde und damit eine Beschränkung des Wettbewerbs eintreten könnte. Dennoch gab das Bundeskartellamt den Zusammenschluss frei. Zur Begründung führte es an, dass diese Position einerseits durch eine starke Stellung der Unternehmen der Marktgegenseite, andererseits durch intensiven Wettbewerb im Bereich der North Range relativiert würde. Bemerkenswert an dieser Entscheidung aus dem Jahr 2004 ist, dass das Bundeskartellamt für die Bestimmung der Marktstellung nicht einen normativ auf das Gebiet der Bundesrepublik Deutschland begrenzten Markt, sondern den tatsächlichen ökonomischen Markt zugrunde gelegt hat. Diese Praxis ist erst im Jahr 2005 mit der siebten GWB-Novelle Gesetz geworden.
Eine ähnliche Marktabgrenzung hatte das Bundeskartellamt im Falle der bereits im Rahmen des hafeninternen Wettebewerbs angesprochenen Gründung der Eurogate als paritätisches Gemeinschaftsunternehmen der BLG und der Hamburger EuroKai[21].
EuroKai seinerseits baute seine Stellung auf dem europäischen Seehafensektor weiter aus und erwarb 66 Prozent der Anteile an der italienischen Contiship Italia Gruppe. Über Eurogate hält EuroKai weitere 16,7 Prozent der Anteile an der Contiship Italia Gruppe. Diese betrieb im Jahr 2005 Containerterminals in Gioia Tauro, La Spezia, Livorno, Cagliari, Ravenna und Salerno[22].

C. Hafenfinanzierung

Wesentlichen Anteil an der Wettbewerbsstellung eines Hafens hat seine Finanzierung. Diese ist in den verschiedenen Seehäfen unterschiedlich ausgestaltet und hängt eng mit der Organisationsstruktur der Häfen zusammen. Die Finanzierung der Infrastruktur kann dabei insbesondere durch öffentliche Mittel sowie durch nutzerbezogene Gebühren erfolgen.

---

[20] BKartA vom 14.12.2004, B 9 – 101/04 – *HHLA/FruitWharf*.
[21] Vgl. oben IV.)C.2.b).
[22] DVZ v. 14.6.2005.

1. Beihilfen

Nach Artikel 87 EG sind Leistungen aus staatlichen Mitteln, die ein bestimmtes Unternehmen oder einen ganzen Produktionszweig begünstigen[23], grundsätzlich verboten, wenn diese den Wettbewerb verfälschen oder zu verfälschen drohen und den Handel zwischen den Mitgliedstaaten beeinträchtigen. Ausnahmen von diesem Verbot können in den von Artikel 87 Abs. 2 EG vorgesehenen Fallgruppen oder aufgrund des Ermessenstatbestandes in Artikel 87 Abs. 3 EG gewährt werden.
Die Kontrolle der Beihilfen betrifft also die Finanzierung der Seehäfen aus staatlichen Mitteln. Dabei ist zu berücksichtigen, dass aus den zumeist historisch gewachsenen unterschiedlichen Organisationsstrukturen der europäischen Seehäfen auch ein Mangel an Vergleichbarkeit hinsichtlich der Finanzströme zwischen der öffentlichen Hand und privaten Unternehmen folgt. Hinzu kommt, dass in den Seehäfen unterschiedliche Kostenrechnungssysteme angewandt werden[24], welche nicht alle gleichermaßen gut geeignet sind, derartige Finanzströme sichtbar zu machen. Vor dem Hintergrund der wettbewerbsverzerrenden Wirkung von Beihilfen ist eine effektive Beihilfekontrolle von unüberschätzbarer Wichtigkeit für einen offenen und fairen Wettbewerb zwischen den europäischen Seehäfen.

a) Tatbestand des Artikels 87 Abs. 1 EG

(1) Normadressaten

Artikel 87 EG wendet sich im Unterschied zu den kartellrechtlichen Vorschriften nicht an einzelne Unternehmen, sondern an die Mitgliedstaaten. Insofern sind diese Mitgliedstaaten Adressaten einer wettbewerbsrechtlichen Norm des Gemeinschaftsrechts.

(2) Begünstigung

Der Beihilfebegriff selbst ist nicht klar definiert[25], er umfasst aber Begünstigungen, die unmittelbar oder mittelbar aus staatlichen Mitteln ge-

---

[23] Vgl. EuGH, Slg. 1964, 1253, 1272 – *Costa*: „gleich welcher Art".
[24] Europäische Kommission, Mitteilung zur Verbesserung der Dienstequalität in Seehäfen (Fn. I.32), S. 7.
[25] Vgl. nur Grabitz/Hilf-*v. Wallenberg* (2004), Art. 87 Rn. 8.

währt werden[26]. Eine Begünstigung stellt den Empfang einer Leistung dar, ohne dass für diese eine angemessene, marktübliche Gegenleistung erbracht würde. Dabei kann die Leistung sowohl in einer Zufuhr von Geld oder anderen Werten bestehen, als auch in der Minderung von Belastungen, denen der Begünstigte ausgesetzt ist[27]. Entscheidend ist allein eine wirtschaftliche Verbesserung auf Seiten des Empfängers, mithin die positive Wirkung, auf eine entsprechende Intention des Leistenden kommt es nicht an[28].
Der Umstand, dass bilanziell eine wirtschaftliche Verbesserung bei dem betroffenen Unternehmen oder Produktionszweig eintreten muss, setzt voraus, dass keine gleichwertige Gegenleistung[29] an den Mitgliedstaat erbracht wurde. Dieses ist offensichtlich der Fall bei der kostenlosen Überlassung[30] aber auch dann, wenn die Gegenleistung nicht marktüblich ist. Die marktübliche Gegenleistung wird durch den so genannten *market economy investor*-Test ermittelt[31]. Dieser Test stellt die Frage, ob ein hypothetischer privater Vergleichsinvestor, der seine Entscheidungen anhand von marktwirtschaftlichen Kriterien trifft, unter den gleichen Bedingungen die betreffende Investition getätigt hätte. Ist ein Marktpreis für eine bestimmt Leistung nicht zu bestimmen, so kann die marktübliche und damit angemessene Gegenleistung im Wege eines objektiven, transparenten Bieterverfahrens oder durch Erstellung eines objektiven Wertgutachtens ermittelt werden [32]. Dieses ergibt sich für den Grundstücksverkauf aus der Grundstücksmitteilung der Kommission[33]. Diese bereits an anderer Stelle angesprochene Mitteilung[34] ist zwar ihrem Wortlaut nach ausdrücklich nicht auf Vermietungen anzuwenden[35], wurde in der Praxis durch die Kommission selbst aber durchaus analog auf die Ver-

[26] Vgl. nur EuGH, Slg. 2001 I- 9067, 9107 Tz. 16 – *Ferring*.
[27] EuGH, Slg. 2001 I- 9067, 9107 Tz. 15 – *Ferring*; EuGH, Slg. 1994 I-877, 907 Tz. 13 – *Banco Exterior de España*; EuGH, Slg. 1999 I-3913, 3933 Tz. 19 – *DMT*; *König/Kühling/Ritter* Rn. 68.
[28] Vgl. nur EuGH Slg. 2003 I-13769 Tz. 34 – *GEMO*; *Keppenne*, S. 253 f., 261.
[29] EuGH, Slg. 2003 I-7747, 7839 Tz. 87 – *Altmark Trans*; EuGH, Slg. 2001 I-9067, 9110 Tz. 27 – *Ferring*; EuGH, Slg. 1985, 531 Tz. 3, 18 – *ADBHU*; *König/Kühling/Ritter* Rn. 71.
[30] *Modlich*, S. 257.
[31] König/Kühling/Ritter Rn. 73.
[32] König/Kühling/Ritter Rn. 73, 91 ff.
[33] Grundstücksmitteilung (Fn. II.361).
[34] Vgl. oben I.)A.1.a)(4).
[35] So sieht es Absatz 4 der Einführung zur Grundstücksmitteilung (Fn. II.361) vor.

mietung und Verpachtung von Grundstücken angewandt[36]. Auch eine kostendeckende Gegenleistung ist dabei nicht notwendig gleichwertig im Sinne der Norm, da es nicht auf die Ausgaben des Staates, sondern auf die wettbewerbsverzerrende Wirkung dieser Mittel ankommt[37]. An einer Begünstigung fehlt es erst dann, wenn eine marktübliche Gegenleistung erfolgt, welche die bilanziellen Vorteile des Begünstigten ausgleicht. Ein angemessener Miet- oder Pachtzins muss dabei regelmäßig auch langfristig die Unterhaltung der überlassenen beweglichen oder unbeweglichen Sachen abdecken, wenn diese im Vertrag nicht dem Mieter oder Pächter übertragen wurde. Wird eine den dargestellten Grundsätzen entsprechende Wertermittlung nicht durchgeführt, ist das Vorhaben als Beihilfe notifizierungspflichtig[38].
Schwierigkeiten wirft die Frage auf, ob auch solche Mittel als unzulässige Beihilfe zu qualifizieren sind, welche die öffentliche Hand einem Unternehmen für die Wahrnehmung von Verpflichtungen zahlt, die selbst nicht rentabel sind. Soweit diese Mittel lediglich die anfallenden Mehrkosten ausgleichen, kann die Übernahme gemeinwirtschaftlicher Verpflichtungen nach der Rechtsprechung des EuGH in der Sache *Altmark Trans* eine angemessene Gegenleistung darstellen, sodass keine Begünstigung vorliegt und das Beihilfeverbot schon tatbestandlich nicht eingreift. Dazu müssen die folgenden vier Voraussetzungen erfüllt sein: Das Unternehmen muss (i) mit gemeinwirtschaftlichen Aufgaben betraut sein, (ii) die Parameter, anhand derer der Ausgleich berechnet wird, sind vorher objektiv und transparent aufzustellen, (iii) der Ausgleich darf nicht über das Maß des Erforderlichen hinausgehen und (iv) die Auswahl des zu betrauenden Unternehmens erfolgt in einem Verfahren zur Vergabe öffentlicher Aufträge oder auf der Grundlage einer Analyse der Kosten, die ein durchschnittliches, gut geführtes Unternehmen bei der Erfüllung der Verpflichtung hätte[39]. Sind alle diese Voraussetzungen erfüllt, liegt mangels Begünstigung bereits tatbestandlich keine Beihilfe vor. Das letztgenannte Merkmal findet sich auch in der Mitteilung der Kommission über Leis-

---

[36] KomE, ABl. (EG) 2003 L-66/36 Rz. 30 – *Landesentwicklungsgesellschaft Thüringen* mit Verweis auf KomE, ABl. (EG) L-145/27 – *English Partnerships* und KomE, Beihilfe N 657/1999 – *Business Infrastructure Development*; Heidenhain-*Heidenhain*, § 9 Rn. 8.
[37] Vgl. Europäische Kommission, Vademecum on State aid (Fn. II.514), S. 30.
[38] Vgl. Grundstücksmitteilung (Fn. II.361), Ziff. 3.
[39] EuGH, Slg. 2003 I-7747, 7839 Tz. 87 ff. – *Altmark Trans*, bestätigt durch EuGH, Slg. 2003 I-14243, 14230 Tz. 31 ff. – *Enirisorse.*

tungen der Daseinsvorsorge[40]. Darin geht die Kommission davon aus, dass eine Beihilfe, welche an ein im Rahmen eines Auswahlverfahrens ermitteltes Unternehmen fließe, im Rahmen des Erforderlichen liege und daher nach Artikel 86 Abs. 2 EG gerechtfertigt sein könne. Dieses entspricht auch der noch vom EuG vertretenen so genannten Rechtfertigungslösung, von welcher sich der EuGH durch die Anwendung der Tatbestandslösung in *Altmark Trans* deutlich abgewandt hat. Diese EuGH-Rechtsprechung hat nunmehr ihren Niederschlag gefunden in dem von der Kommission aufgestellten Gemeinschaftsrahmen für staatliche Beihilfen, die als Ausgleich für die Erbringung öffentlicher Dienstleistungen gewährt werden[41]. Im Unterschied zu den *Altmark Trans*-Kriterien sieht der Gemeinschaftsrahmen jedoch die Durchführung eines Auswahlverfahrens nicht vor, sondern stellt hinsichtlich des Umfangs der Mittel allein auf die Erforderlichkeit der Zahlung ab.

Grundsätzlich ist das Zurverfügungstellen von Infrastrukturen nicht beihilferelevant, wenn diese Infrastrukturen regelmäßig jedermann offen stehen[42]. Anders ist hingegen der Fall zu beurteilen, in dem die Infrastruktur Züge einer Sonderunterstützung trägt und auch potentiell nicht an jedermann gerichtet ist[43]. In diesen Fällen erhält der Begünstigte von der öffentlichen Hand das Recht, andere potentielle Nutzer von der Nutzung der Infrastruktur auszuschließen. Dieses ist sowohl bei einem Verkauf als auch bei der Vermietung oder Verpachtung von Infrastruktureinrichtungen der Fall. Die Einräumung dieses Rechts ist dann beihilferelevant, wenn sie nicht gegen eine angemessene Gegenleistung und nicht unter Durchführung eines allgemein offenen und fairen Auswahlverfahrens erfolgt ist[44]. Die Einräumung stellt dann auch in Knappheitssituationen kei-

---

[40] Europäische Kommission, Mitteilung über Leistungen der Daseinsvorsorge ABl. (EG) 2001 C-17/4 Ziff. 26.

[41] Europäische Kommission, Gemeinschaftsrahmen für staatliche Beihilfen, die als Ausgleich für die Erbringung öffentlicher Dienstleistungen gewährt werden, ABl. (EG) 2005 C-297/4.

[42] *Epiney/Gruber*, S. 140; *Modlich*, S. 243; im Fall eines hohen Grades der Nutzendiffusion unter gleichzeitiger Nichtanwendbarkeit des Ausschlussprinzips ist es auch unter ökonomischen Gesichtspunkten angezeigt, die Infrastrukturbereitstellung von Seiten des Staates vorzunehmen, vgl. *Frerich/Müller*, Bd. I, S. 358 ff.

[43] *Modlich*, S. 243, 251 f.; in einem solchen Fall ist das Ausschlussprinzip anwendbar und gleichzeitig der Kreis der Nutznießer klein, es besteht also ein geringer Grad der Nutzendiffusion, sodass ökonomisch die Finanzierung der Infrastruktur durch Private angezeigt ist, vgl. *Frerich/Müller*, Bd. I, S. 358 ff.

[44] Vgl. Europäische Kommission, Vademecum on State aid (Fn. II.514), S. 10, 30.

ne Beihilfe dar, selbst wenn dadurch ein Vorteil gegenüber Wettbewerbern erlangt wird. Denn die Knappheit des überlassenen Gutes schlägt sich zum einen in seinem Marktpreis nieder, welcher zur Berechnung der angemessenen Gegenleistung herangezogen wird, sodass bilanziell kein Vorteil auf Seiten des zunächst als begünstigt erscheinenden Unternehmens verbleibt. Zum anderen wird der Begünstigte in einem Verfahren ausgewählt, das allen Interessenten gleichermaßen offen steht, und in welchem alle Beteiligten die gleichen Chancen besitzen.

(3)Bestimmtes Unternehmen oder Produktionszweig

Die Begünstigung muss sich an ein bestimmtes Unternehmen oder einen bestimmten Produktionszweig richten. Auch im Rahmen des Artikels 87 EG gilt der funktionale Unternehmensbegriff des europäischen Wettbewerbsrechts. Mit einem Produktionszweig ist hingegen die Gesamtheit an Unternehmen einer Branche gemeint, wobei sich der Begriff nicht auf das produzierende Gewerbe beschränkt, sondern auch Dienstleistungs- und Handelsunternehmen erfasst[45].
Sowohl das Unternehmen als auch der Produktionszweig müssen „bestimmt“, d. h. von den anderen Unternehmen und Produktionszweigen abzugrenzen sein. Dieses Merkmal drückt aus, dass sich die Beihilfe von allgemeinen wirtschaftlichen Maßnahmen zu Lasten des Staatshaushaltes unterscheidet. Es bedarf zur Annahme einer Beihilfe einer selektiven Auswahl unter allen Unternehmen oder Produktionszweigen. Diese liegt vor, wenn eine Einzelbeihilfe an ein einzelnes Unternehmen gewährt wird, schwieriger ist diese Abgrenzung im Fall von Beihilferegelungen. Auch hier kommt es jedoch auf die Abweichung von den allgemein zur Anwendung kommenden Regeln an[46].

(4) Staatlich oder aus staatlichen Mitteln gewährt

Zur Erfüllung des Beihilfetatbestandes muss die Begünstigung aus staatlichen Mitteln gewährt werden. Dieses ist offensichtlich der Fall, wenn die öffentliche Hand selbst unmittelbar eine Leistung an den Begünstigten erbringt, aber auch dann, wenn die Begünstigung durch eine vom Staat benannte oder errichtete öffentliche oder private Einrichtung erfolgt

---

[45] Grabitz/Hilf-*v. Wallenberg* (2004), Art. 87 Rn. 44.
[46] Vgl. König/Kühling/Ritter Rn. 174.

und diese ihrerseits belastet wird[47]. Jedenfalls aber muss die Begünstigung nach der neueren Rechtsprechung des EuGH durch eine zumindest mittelbare Übertragung staatlicher Mittel erfolgen, letztlich also zu Lasten eines öffentlichen Haushalts gehen[48]. Allein die Tatsache, dass eine Begünstigung auf staatliches Handeln zurückzuführen ist, aber die Lasten allein durch Private getragen werden, genügt zur Annahme der staatlichen Beihilfe nicht[49].

(5) Mindestens drohende Wettbewerbsverfälschung

Der Begriff der Wettbewerbsverfälschung ist grundsätzlich weit zu verstehen[50]. Auch hier ist zunächst die Abgrenzung eines für den betroffenen Wettbewerb relevanten Marktes erforderlich[51]. Aufgrund des Wortlauts des Artikels 87 EG sind dabei sowohl aktuelle als auch berechenbare zukünftige Marktverhältnisse in die Beurteilung einzubeziehen. Insofern ähnelt die Abgrenzung im Rahmen der Beihilfenaufsicht derjenigen im Rahmen der Fusionskontrolle. Relevantes Kriterium zur Abgrenzung ist wie im Rahmen der Verhaltens- und der Strukturkontrolle die Substituierbarkeit der Güter, es gilt das Bedarfsmarktkonzept. Auf die Frage, ob der abgegrenzte relevante Markt einen wesentlichen Teil des Gemeinsamen Marktes darstellt, kommt es nicht an[52].

Ist der Kreis der aktuellen und potentiellen Wettbewerber eingegrenzt, sind in die Beurteilung auch solche Wettbewerbsverfälschungen einzubeziehen, welche lediglich bevorstehen. Anders als im Rahmen des Artikels 81 Abs. 1 EG ist die gesonderte Feststellung der Spürbarkeit der Wettbewerbsverzerrung nicht notwendig. Vielmehr genügt das Vorliegen einer solchen Verzerrung. Die Beurteilung der Wettbewerbsverzerrung steht im Ermessen der Kommission. Diese hat das ihr in diesem Zusam-

[47] Vgl. nur EuGH, Slg. 1998 I-2629, 2641 Tz. 13 – *Viscido*; EuGH, Slg. 1993 I-887, 933 Tz. 19 ff. – *Sloman Neptun/Ziesemer*; Grabitz/Hilf-*v. Wallenberg* (2004), Art. 87 Rn. 35.

[48] EuGH, Slg. 2001 I-2099, 2180 Tz. 54 ff. – *Preussen Elektra*; *Kassow*, S. 100 ff., 177; *Soltész*, EuZW 1998, 747, 751.

[49] So aber zuvor noch: EuGH, Slg. 1993 I-6185, 6220 Tz. 17 – *Kirshammer-Hack/Nurhan Sidal*.

[50] Grabitz/Hilf-*v. Wallenberg* (2004), Art. 87 Rn. 52.

[51] Die Kommission lässt eine Präzisierung des relevanten Marktes in der Regel offen, wenn sich bereits aus anderen Umständen ergibt, dass die Unterstützung nicht zu einer Wettbewerbsverfälschung führen wird, so auch *Koenig*, ZHR-Beiheft 69, S. 9, 20.

[52] *Koenig*, ZHR-Beiheft 69, S. 9, 21.

menhang zustehende Ermessen durch den Erlass einer Verordnung über die Anwendung der Artikel 87 und 88 EG auf *de minimis*-Beihilfen[53] konkretisiert[54], welche u. a. auf den Verkehrssektor jedoch keine Anwendung findet.

(6) Beeinträchtigung zwischenstaatlichen Handels

Zur Beurteilung der Beeinträchtigung zwischenstaatlichen Handels durch die Begünstigung sind keine Schwellen oder Prozentsätze definiert, unterhalb derer davon ausgegangen werden könnte, dass eine Beeinträchtigung des Handels zwischen den Mitgliedstaaten ausgeschlossen ist. Weder der Umfang der Begünstigung selbst noch die Größe des begünstigten Unternehmens schließen eine solche Beeinträchtigung von vornherein aus[55]. Auch ein Zuschuss zugunsten eines Unternehmens, das ausschließlich örtliche und regionale Verkehrsdienste erbringt, kann daher geeignet sein, den zwischenstaatlichen Handel zu beeinträchtigen[56].
Der zwischenstaatliche Handel ist in jedem Fall beeinträchtigt, wenn der relevante Markt die mitgliedstaatlichen Grenzen überschreitet, also zumindest potentieller Wettbewerb aus dem Ausland besteht, da dann die Wettbewerbsverfälschung bereits grenzüberschreitend auftritt. Besteht hingegen ein rein lokaler Markt ohne potentiellen Wettbewerb aus dem Ausland, so fehlt es regelmäßig an der Zwischenstaatlichkeit und die Beihilfe ist nicht verbotsrelevant[57]. Für den Fall der Veräußerung oder Vermietung von Grundstücken, welcher regelmäßig nur eine lokale Bedeutung besitzt, hat die Kommission jedoch eine zumindest drohende Verfälschung des Wettbewerbs angenommen, wenn die auf dem Grund-

---

[53] Europäische Kommission, Verordnung über die Anwendung der Artikel 87 und 88 EG auf *de minimis*-Beihilfen, VO (EG) 69/2001, ABl. (EG) 2001 L-10/30.
[54] EuGH, Slg. 2002 I-8031, 8086 Tz. 52 – *Spanien/Kommission.*
[55] EuGH, Slg. 2003 I-7747, 7837 Tz. 81 – *Altmark Trans*; EuGH, Slg. 2003 I-14243, 14299 Tz. 28 – *Enirisorse.*
[56] EuGH, Slg. 2003 I-7747, 7836 Tz. 77 – *Altmark Trans.*
[57] KomE Beihilfe C 81/97, XXIX. WB Kommission 1999, Ziff. 242 – *Venedig und Chioggia*; KomE, ABl. (EG) 2001 L-212/34 Rz. 29 – *Beihilfen für Nutzfahrzeuge*; Beihilfe N 258/00 – *Freizeitbad Dorsten*, abrufbar unter http://ec.europa.eu/community_law/state_aids/comp-2000/n258-00.pdf (zuletzt 04.01.2008).

stück ausgeübte Tätigkeit grenzüberschreitenden Charakter hatte[58]. Dem ist zuzustimmen, da eine vergünstigte Vermietung die Fixkosten des betroffenen Unternehmens senkt und sich damit auch auf den Markt der ausgeübten Tätigkeit auswirken kann.

b) Ausnahme nach Artikel 87 Abs. 2 EG

Artikel 87 Abs. 2 EG sieht drei Fallgruppen von staatlichen Beihilfen eine Legalausnahme vom Verbot des Artikels 87 Abs. 1 EG zu: Beihilfen sozialer Art an einzelne Verbraucher, Beihilfen bei außergewöhnlichen Ereignissen und Naturkatastrophen und Beihilfen zum Ausgleich der durch die Teilung Deutschlands verursachten wirtschaftlichen Nachteile[59].

c) Ausnahme nach Artikel 73 EG

Eine Ausnahme vom Verbot staatlicher Beihilfen könnte im Übrigen aus Artikel 73 EG folgen, welcher solche Beihilfen als mit dem Vertrag vereinbar ansieht, die den Erfordernissen der Koordinierung des Verkehrs oder der Abgeltung bestimmter mit dem Begriff des öffentlichen Dienstes zusammenhängender Leistungen entsprechen. Artikel 73 EG entfaltet jedoch gemäß einem Umkehrschluss zu Artikel 80 Abs. 1 EG keine Wirkung für die Verkehrsbereiche Seeschifffahrt und Luftfahrt. Diese beiden Bereiche unterliegen allein den allgemeinen Wettbewerbsvorschriften des EG-Vertrages[60].

---

[58] KomE, ABl. (EG) 1992 L-263/15, 22 – *Daimler-Benz*; KomE, ABl. (EG) 1996 L-283/43, 49 – *Fort Malakoff*; KomE, ABl. (EG) 1998 L-171/36, VI unter B.3. – *Delfzijl*.

[59] Die beiden erstgenannten sind für die Frage der Zulässigkeit einer Beihilfe im Hafensektor ohne Bedeutung. Die so genannte Deutschland-Klausel könnte allenfalls die Häfen an der Küste Mecklenburg-Vorpommerns betreffen. Sie ist aber auch deswegen von geringer Bedeutung für weitere Beihilfen, weil es des Nachweises eines engen Kausalitätsverhältnisses zwischen der deutsch-deutschen Teilung und den bestehenden wirtschaftlichen Nachteilen bedürfte. Diese Kausalität wird sich angesichts des Zeitraumes, der seit der Wiedervereinigung vergangen ist, nur in wenigen Fällen noch nachweisen lassen.

[60] Vgl. EuGH, Slg. 1974, 359, 370 Rz. 17/23 – *Französische Seeleute;* bestätigt durch EuGH Slg. 1986, 1457 ff. – *Asjes*.

d) Ausnahme nach Artikel 87 Abs. 3 EG

Auch Artikel 87 Abs. 3 EG sieht für bestimmte Gruppen von Beihilfen eine Ausnahme vom Verbot des Artikel 87 Abs. 1 EG vor. Allerdings enthält Artikel 87 Abs. 3 EG im Gegensatz zu Artikel 87 Abs. 2 EG keine Legalausnahme sondern eine Ermessensnorm. Danach können mit dem Gemeinsamen Markt vereinbar sein Beihilfen zur Förderung von Gebieten mit außergewöhnlich niedriger Lebenshaltung oder erheblicher Unterbeschäftigung (Artikel 87 Abs. 3 lit. a EG), Beihilfen zur Förderung wichtiger Vorhaben von gemeinsamem europäischem Interesse oder zur Behebung einer beträchtlichen Störung im Wirtschaftsleben eines Mitgliedstaates (Artikel 87 Abs. 3 lit. b EG), Beihilfen zur Förderung gewisser Wirtschaftszweige oder –gebiete (Artikel 87 Abs. 3 lit. c EG), Beihilfen zur Förderung der Kultur (Artikel 87 Abs. 3 lit. d EG) und solche Arten von Beihilfen, die der Rat auf Vorschlag der Kommission bestimmt (Artikel 87 Abs. 3 lit. e EG).
An dieser Stelle soll dabei nur auf diejenigen möglichen Ausnahmen eingegangen werden, welche im Rahmen der Gewährung von Beihilfen speziell auf dem Hafensektor relevant werden könnten. Nicht dazu zählen die Beihilfen zur Förderung von Gebieten mit außergewöhnlich niedriger Lebenshaltung oder erheblicher Unterbeschäftigung (Artikel 87 Abs. 3 lit. a EG). Denn bei dieser Art von Beihilfen handelt es sich um regionale Förderungsmaßnahmen mit einem geographisch determinierten Förderungsziel, welche ein erhebliches Abweichen der Lebenshaltung und Beschäftigung im Verhältnis zum Gemeinschaftsdurchschnitt voraussetzen[61], was angesichts des Wachstums der Seehäfen[62] für viele von ihnen kaum der Fall sein dürfte[63]. Erfüllen ein Seehafen und seine Umgebung jedoch die Voraussetzungen dieses Ausnahmetatbestandes und verfügen über ein Pro-Kopf-Bruttoinlandsprodukt von höchstens 75 Prozent des Gemeinschaftsdurchschnitts[64], sind Investitionen in diesen Hafen durch-

---

[61] Vgl. Europäische Kommission, Leitlinien für staatliche Beihilfen mit regionaler Zielsetzung, ABl. (EG) 1998 C-74/9 Ziff. 3.5.

[62] Die deutschen Seehäfen steigerten ihren Güterumschlag im Jahr 2005 um 4,8 % (ZDS, Vortrag 28.06.2006), das durchschnittliche Wachstum der europäischen Seehäfen liegt entsprechend bei ca. 4 % (ESPO, Seehafenpolitik, 24.11.2004).

[63] Für die Küstenländer der Bundesrepublik Deutschland vor 1990: KomE, ABl. (EG) 1987 L-40/17, 19; aber gerade nach der Ost-Erweiterung im Jahr 2004 dürfte das wirtschaftliche Niveau jedenfalls der North Range Anrainer im Durchschnitt über dem Gemeinschaftsniveau liegen, sodass Regionalförderungsmaßnahmen nach Artikel 87 Abs. 3 lit. a EG nicht anzunehmen sind.

[64] Europäische Kommission, LL für Regionalbeihilfen (Fn. V.61), Ziff. 3.5.

aus geeignet, eine positive wirtschaftliche Entwicklung auch in dieser Umgebung hervorzurufen[65].
Ebenso wenig werden die Ausnahmen für Beihilfen zur Behebung einer beträchtlichen Störung im Wirtschaftsleben eines Mitgliedstaates (Artikel 87 Abs. 3 lit. b Var. 2 EG) und zur Förderung der Kultur (Artikel 87 Abs. 3 lit. d EG) für den Hafensektor dauerhafte Relevanz entfalten[66].
In den Mittelpunkt rücken daher die Ausnahmetatbestände für Beihilfen zur Förderung wichtiger Vorhaben von gemeinsamem europäischem Interesse (Artikel 87 Abs. 3 lit. b Var. 1 EG) und zur Förderung gewisser Wirtschaftszweige oder –gebiete (Artikel 87 Abs. 3 lit. c EG).

(1) Insbesondere: Beihilfen zur Förderung wichtiger Vorhaben von gemeinsamem europäischem Interesse

Wichtige Vorhaben von gemeinsamen europäischem Interesse sind in erster Linie solche Vorhaben, die geeignet sind, unmittelbar die Verwirklichung der in Artikel 2 EG genannten Ziele der Gemeinschaft zu fördern[67]. Wichtig sind aber auch solche Vorhaben, welche auf Programme der Gemeinschaft zurückgehen oder an denen die Gemeinschaft maßgeblich mitwirkt[68]. Im hafenwirtschaftlichen Kontext spielt dabei die Verwirklichung des Binnenmarktes die wichtigste Rolle. Diese soll voran getrieben werden durch den Ausbau der transeuropäischen Netze, Artikel 154, 158 Abs. 2 EG. In diesen Netzen wiederum nehmen die Seehäfen die Funktion wichtiger Knotenpunkte ein[69]. Dieses gilt jedenfalls für diejenigen Seehäfen, welche in die von der Kommission vorgegebenen Kategorien eingeordnet werden können. Dabei handelt es sich um

---

[65] So auch *Lechner*, S. 82.
[66] Zu der Annahme einer Störung des Wirtschaftslebens genügt es nicht, wenn allein ein einzelner Wirtschaftssektor oder eine Region betroffen ist, die Vorschrift ist insoweit eng auszulegen (Grabitz/Hilf-*v. Wallenberg* (2004), Art. 87 Rn. 123) Genau aus diesem Grund ist ihre praktische Relevanz für Beihilfen auf dem Hafensektor auch gering: Denn obwohl die Hafenwirtschaft in der Regel einen erheblichen Einfluss auf die wirtschaftliche Entwicklung des Umlandes hat, handelt es sich im Falle des Eintritts eines solchen Einflusses in der Regel zunächst um Auswirkungen einer sektoralen Störung, welche auch durch Maßnahmen zu beseitigen sind, die an eben diese Störung anknüpfen..
[67] S/J/M-*Mederer*, Art. 87 Rn. 187; *Mestmäcker/Schweitzer*, § 44 Rn. 11.
[68] Mestmäcker/Schweitzer, § 44 Rn. 11.
[69] Vgl. Entscheidung des Europäischen Parlamentes und des Rates über Gemeinschaftsleitlinien für den Aufbau eines transeuropäischen Verkehrsnetzes, ABl. (EG) 1996 L-228/1, geänd. ABl. (EG) 2001 L-185/1.

Seehäfen mit einem Mindestgüterumschlag von 0.5 Millionen Tonnen oder einem Passagieraufkommen von mindestens 100.000 im Jahr sowie um Seehäfen in äußerster Randlage, welche eine Verbindung zu den zentralen Regionen der Gemeinschaft herstellen[70]. Der Ausbau und die Förderung dieser Seehäfen ist mithin Bestandteil des Ausbaus eines transeuropäischen Verkehrsnetzes. Eine Beihilfe zugunsten der Hafenwirtschaft kann daher ohne weiteres der Förderung wichtiger gemeinschaftlicher Vorhaben dienen.

Dieses Vorhaben ist aber nur dann von gemeinsamem europäischem Interesse, wenn es zumindest im Interesse mehrerer Mitgliedstaaten liegt. Das Interesse aller Mitgliedstaaten ist nicht erforderlich[71], das Vorhaben soll nach der Auffassung der Kommission aber Teil eines grenzüberschreitenden Programms bzw. einer grenzüberschreitenden Maßnahme sein[72]. Eben dieses ist bei einer Maßnahme, welche dem Ausbau des transeuropäischen Verkehrsnetzes dient, aber naturgemäß immer der Fall.

(2) Insbesondere: Beihilfen zur Förderung gewisser Wirtschaftszweige oder -gebiete

Beihilfen zur Förderung gewisser Wirtschaftszweige oder –gebiete können nur mit dem Gemeinsamen Markt vereinbar sein, wenn sie die Handelsbedingungen nicht in einer Weise verändern, die dem gemeinsamen Interesse zuwiderläuft. Zur Bestimmung dieses Tatbestandsmerkmals führt die Kommission eine Abwägung der positiven und negativen Effekte der Beihilfe durch[73].

Zur Konkretisierung[74] ihres Ermessens hat die Kommission Leitlinien, Gemeinschaftsrahmen und Mitteilungen für verschiedene Arten von Beihilfen erlassen, welche den Tatbestand des Artikels 87 Abs. 3 lit. c EG erfüllen sollen. Diese betreffen im Hinblick auf die so genannten horizontalen Beihilfen mit allgemeiner Zielsetzung die Rettung und Umstruktu-

[70] Vgl. Gemeinschaftsleitlinien (Fn. V.69), Art. 12.

[71] S/J/M-*Mederer*, Art. 87 Rn. 188 mwN.

[72] Heidenhain-*Jestaedt*, § 16 Rn. 4; S/J/M-*Mederer*, Art. 87 Rn. 188.

[73] Vgl. Grabitz/Hilf-*v. Wallenberg* (2004), Art. 87 Rn. 124; S/J/M-*Mederer*, Art. 87 Rn. 196.

[74] Vgl. *Mestmäcker/Schweitzer*, § 44 Rn. 19.

rierung von Unternehmen in Schwierigkeiten[75], Forschungs- und Entwicklungsbeihilfen[76] und Umweltschutzbeihilfen[77].
Neben den Mitteilungen, Leitlinien und Gemeinschaftsrahmen hat die Kommission aufgrund der Ermächtigungsverordnung des Rates[78] für bestimmte Kategorien von Beihilfen auch Gruppenfreistellungsverordnungen erlassen. Beihilfen, die in den Anwendungsbereich einer Gruppenfreistellungsverordnung fallen, gelten als mit dem Gemeinsamen Markt vereinbar und müssen nicht notifiziert werden. Beispiele für solche Verordnungen sind etwa die Verordnungen über die Anwendung der Artikel 87 und 88 EG auf staatliche Beihilfen an kleine und mittlere Unternehmen[79], auf Ausbildungsbeihilfen[80] oder auf Beschäftigungsbeihilfen[81].

(a) Wirtschaftsgebiet

Im Unterschied zu den Beihilfen zur Förderung von Gebieten mit außergewöhnlich niedriger Lebenshaltung oder erheblicher Unterbeschäftigung bezieht sich die Beihilfe zur Förderung eines bestimmten Wirtschaftsgebiets auf solche Gebiete, die im Vergleich zur durchschnittlichen wirtschaftlichen Situation ihres Mitgliedstaates benachteiligt sind[82].
Regionalbeihilfen nach Artikel 87 Abs. 3 lit. c Var. 1 EG dürfen in der Regel nicht nur einzelne Sektoren betreffen, sondern müssen in der begünstigten Region sektorenübergreifend wirken[83]. Die Beihilfen sollen

---

[75] Europäische Kommission, Leitlinien der Gemeinschaft für staatliche Beihilfen zur Rettung und Umstrukturierung von Unternehmen in Schwierigkeiten, ABl. (EG) 2004 C-244/2.
[76] Europäische Kommission, Gemeinschaftsrahmen für staatliche Forschungs- und Entwicklungsbeihilfen, ABl. (EG) 1996 C-45/5, geändert durch ABl. (EG) 1998 C-48/2, verlängert durch ABl.(EG) 2002 C-111/3.
[77] Europäische Kommission, Gemeinschaftsrahmen für staatliche Umweltschutzbeihilfen, ABl. (EG) 2001 C-37/3.
[78] Rat, Verordnung über die Anwendung der Artikel 92 und 93 des Vertrags zur Gründung der Europäischen Gemeinschaft auf bestimmte Gruppen horizontaler Beihilfen, VO (EG) 994/98, ABl. (EG) 1998 L-142/1.
[79] VO (EG) 70/2001, ABl. (EG) 2001 L-10/33, geändert durch VO (EG) 364/2004, ABl. (EG) 2004 L-63/22.
[80] VO (EG) 68/2001, ABl. (EG) 2001 L-10/20, geändert durch ABl. (EG) 2004 L-63/20.
[81] VO (EG) 2204/2002, ABl. (EG) 2002 L-337/3.
[82] EuGH, Slg. 1987, 4013, 1042 Tz. 19 – *Deutschland/Kommission;* bestätigt in EuGH, Slg. 1997 I-135, 154 Tz. 15 – *Spanien Kommission*; Europäische Kommission, LL für Regionalbeihilfen (Fn. V.61), Ziff. 3.6.
[83] Europäische Kommission, LL für Regionalbeihilfen (Fn. V.61), Ziff. 2.

dabei geeignet sein, einen nicht unerheblichen Beitrag zur längerfristigen Entwicklung eines benachteiligten Gebiets zu leisten. Dem genügen Investitionsbeihilfen, welche entweder zu produktiven Investitionen oder aber zur investitionsgebundenen Schaffung neuer Arbeitsplätze führen sollen. Diesem Ziel genügen hingegen nicht Betriebsbeihilfen, welche daher grundsätzlich verboten sind[84].
Welche Gebiete als förderungswürdig einzustufen sind, beurteilt sich nach der Nomenklatur der statistischen Gebietseinheiten, auf deren Grundlage die Mitgliedstaaten zeitlich begrenzt geltende Fördergebietskarten erstellen[85]. Für Regionalbeihilfen, welche sich auf Großinvestitionen mit beihilfefähigen Kosten[86] beziehen, gilt zusätzlich der Multisektorale Regionalbeihilferahmen für große Investitionsvorhaben[87]. Dieser reduziert den Beihilfesatz soweit die beihilfefähigen Kosten die Marke von 50 Millionen Euro übersteigen. Für den Bereich des Verkehrs existieren zusätzlich zu den Leitlinien für Regionalbeihilfen auch sektorspezifische Leitlinien, welche grundsätzlich restriktiver sind[88].

(b) Wirtschaftszweig

Sektorale Beihilfen stellen Ausnahmen zu dem Grundsatz der intersektoralen Neutralität dar, wie er für die Regional- und die Horizontalbeihilfen gilt. Aus diesem Grund steht die Kommission dieser Art von Beihilfen ablehnend gegenüber[89]. Insgesamt machen die sektoralen Beihilfen nur einen geringen Anteil am gesamten Beihilfeaufkommen der Gemeinschaft aus[90].
Aus dem Wortlaut der Norm ergibt sich, dass eine sektorale Beihilfe zulässig ist, wenn sie zunächst der Förderung der Entwicklung eines Wirtschaftszweiges dient. Eine Sicherung des *status quo* ist kein zulässiges

---

[84] Vgl. Heidenhain-*Jestaedt*, § 15 Rn. 12 ff.
[85] Vgl. dazu ausführlich Heidenhain-*Jestaedt*, § 15 Rn. 18 ff.
[86] Welche Kosten beihilfefähig sind, ergibt sich aus Europäische Kommission, LL für Regionalbeihilfen (Fn. V.61), Ziff. 4.5 ff.
[87] ABl. (EG) 2002 C-70/8, geändert in ABl. (EG) 2003 C-263/3.
[88] Vgl. auch Heidenhain-*Jestaedt*, § 15 Rn. 11.
[89] Vgl. Erwägungsgrund 9 des Entwurfes einer Verordnung über die Anwendung der Artikel 87 und 88 EG-Vertrag auf regionale Investitionsbeihilfen der Mitgliedstaaten, abrufbar unter:
http://ec.europa.eu/comm/competition/state_aid/overview/rber2_de.pdf (zuletzt 04.01.2008).
[90] Vgl. *Mestmäcker/Schweitzer*, § 44 Rn. 40, danach waren es im Jahr 1999 nur acht Prozent.

Beihilfeziel. Darüber hinaus muss die Beihilfe ihrer Höhe und ihrer Dauer nach verhältnismäßig sein und darf nicht dazu führen, dass ähnliche Schwierigkeiten auf dem gleichen Wirtschaftssektor in einem anderen Mitgliedstaat entstehen[91]. Sektorale Beihilfen werden u. a. zur Öffnung von ehemals monopolistisch organisierten Märkten eingesetzt[92]. Die Kommission hat u. a. für den Sektor Seeverkehr Leitlinien für die Gewährung staatlicher Beihilfen erlassen[93].

e) Ausnahmen nach Artikel 86 Abs. 2 EG

Die Vorschrift des Artikels 86 Abs. 2 EG ist bereits erörtert und auf ihre Bedeutung im Rahmen der Beihilfekontrolle hingewiesen worden. In diesem Kontext hat gerade das Merkmal der Verhinderung der Erfüllung einer Aufgabe im allgemeinen wirtschaftlichen Interesse in den letzten Jahren an Bedeutung gewonnen: Die zuvor dargestellte Rechtsprechung des EuGH[94], welche staatliche Leistungen, die als Ausgleich für die Erbringung gemeinwirtschaftlicher Leistungen gezahlt werden, bereits aus dem Tatbestand des Verbots staatlicher Beihilfen herausnimmt, führt zu einer vermeintlichen Komplikation im Anwendungsbereich des Artikels 86 Abs. 2 EG. Geht eine solche Ausgleichszahlung über das Maß des notwendigen Ausgleichs hinaus, stellt sie insoweit eine Beihilfe dar. Eine solche könnte im Rahmen des Artikels 86 Abs. 2 EG gerechtfertigt sein. Allerdings wird eine über das Maß des Erforderlichen hinausgehende Ausgleichszahlung regelmäßig nicht notwendig zur Erfüllung einer Aufgabe im allgemeinen wirtschaftlichen Interesse sein. Aus diesem Grund wäre eine Überkompensation regelmäßig als nicht nach Artikel 86 Abs. 2 EG zu rechtfertigende Beihilfe zu bewerten.
Die Europäische Kommission hat jedoch in mehreren Entscheidungen eine Rechtfertigung nach Artikel 86 Abs. 2 EG für durchaus möglich gehalten, obwohl sie das Eingreifen der Kriterien nach der *Altmark Trans*-Rechtsprechung des EuGH verneint hatte[95]. Dieses könnte darauf hindeuten, dass die Kommission die gleichen Kriterien an verschiedenen

[91] Heidenhain-*Schmidt-Kötters*, § 18 Rn. 2.
[92] Vgl. KomE, ABl. (EG) 2003 L-77/21 Rz. 97 ff. – *Steuerbefreiungen in Italien.*
[93] ABl. (EG) 2004 C-13/3, sie ersetzen die Leitlinien aus dem Jahr 1997, ABl. (EG) 1997 C-205/5.
[94] Vgl. EuGH, Slg. 2003 I-7747 – *Altmark Trans*; EuGH, Slg. 2003 I-14243 Tz. 28 – *Enirisorse.*
[95] KomE, ABl. (EG) 2004 L-119/1 Rz. 98 ff. – *RAI*; KomE, ABl. (EG) 2005 L-142/1 Rz. 157 ff. – *RTP*; ABl. (EG) 2003 C-271/47 – *BBC Digital Curriculum.*

Stellen mit zweierlei Maß misst[96]. Allerdings muss darauf hingewiesen werden, dass alle genannten Kommissions-Entscheidungen im Rundfunkbereich und auf Grundlage der Rundfunkmitteilung[97] der Kommission ergangen sind. Da der Rundfunk im Gemeinschaftsrecht teilweise eine Sonderrolle einnimmt, sollte diese sektorspezifische Entscheidungspraxis der Kommission nicht verallgemeinert werden[98]. Dafür spricht auch, dass die Kommission die Kriterien der *Altmark Trans*-Entscheidung weitgehend übernommen und in einem Gemeinschaftsrahmen festgehalten hat, von dessen Anwendungsbereich der Rundfunk im Sinne der Rundfunkmitteilung explizit ausgeschlossen ist[99]. Dementsprechend ist tatsächlich davon auszugehen, dass Beihilfen, welche die *Altmark Trans*- bzw. die Kriterien des Gemeinschaftsrahmens nicht erfüllen, nicht anhand der gleichen Kriterien im Rahmen des Artikels 86 Abs. 2 EG für zulässig erklärt werden können.

Artikel 86 Abs. 2 EG wird damit jedoch nicht überflüssig, sondern behält seine Bedeutung für die Fälle, in welchen kein vorheriges Auswahlverfahren, also kein vorhergehender Effizienztest durchgeführt wurde. Liegen in einem solchen Fall nur die ersten drei Kriterien der *Altmark Trans*-Entscheidung vor, kommt eine Qualifizierung als Ausgleichszahlung nicht in Betracht, sodass tatbestandlich eine Beihilfe vorliegt. Im Rahmen des Artikel 86 Abs. 2 EG bleibt nun der Raum, die Unterstützung *ex pos*t auf ihre Effizienz zu überprüfen[100].

Die Europäische Kommission hat über die Anwendung des Artikels 86 Abs. 2 EG auf Beihilfen eine Entscheidung erlassen, in welcher sie bestimmt, „*unter welchen Voraussetzungen staatliche Beihilfen, die bestimmten mit der Erbringung von Dienstleistungen von allgemeinem wirtschaftlichem Interesse betrauten Unternehmen als Ausgleich gewährt werden, als mit dem Gemeinsamen Markt vereinbar angesehen und demzufolge von der in Artikel 88 Absatz 3 EG-Vertrag verankerten Notifizierungspflicht freigestellt werden können*“[101]. In dieser Entscheidung wird

---

[96] Vgl. *Bartosch*, EuZW 2004, 295, 300.

[97] Europäische Kommission, Mitteilung der Kommission über die Anwendung der Vorschriften über staatliche Beihilfen auf den öffentlich-rechtlichen Rundfunk, ABl. (EG) 2001 C-320/5.

[98] So auch *Bauer*, EuZW 2006, 7, 10.

[99] Europäische Kommission, Gemeinschaftsrahmen für öffentliche Dienstleistungen (Fn. V.41), Ziff. 3.

[100] So *Bauer*, EuZW 2006, 7, 10 f.

[101] KomE über die Anwendung von Artikel 86 Absatz 2 EG-Vertrag auf staatliche Beihilfen, die bestimmten mit der Erbringung von Dienstleistungen von allgemeinem wirtschaftlichem Interesse betrauten Unternehmen als Ausgleich gewährt werden, ABl. (EG) 2005 L-312/67, Art. 1.

festgestellt, dass ein Ausgleich, der mehr als nur die dem Unternehmen entstandenen Kosten abdeckt, für die Erbringung der Dienstleistung von allgemeinem wirtschaftlichem Interesse nicht erforderlich sei und daher eine unvereinbare staatliche Beihilfe darstelle, die zurückgezahlt werden müsse. Ein Ausgleich, der für die Bereitstellung einer Dienstleistung von allgemeinem wirtschaftlichem Interesse gewährt werde, von dem Unternehmen aber dazu verwendet werde, um sich auf einem anderen Markt zu betätigen, sei ebenfalls für das Funktionieren einer Dienstleistung von allgemeinem wirtschaftlichem Interesse nicht erforderlich und stelle daher eine unvereinbare und somit rückzahlbare staatliche Beihilfe dar[102]. Daneben legt die Kommission für verschiedene Sektoren, auf welchen Dienstleistungen von allgemeinem wirtschaftlichem Interesse erbracht werden, bestimmte Obergrenzen fest, unterhalb derer sie davon ausgeht, dass eine Zahlung an die Unternehmen dieses Sektors, welche lediglich einen Ausgleich für die Gemeinwohlverpflichtung darstellt, die Entwicklung des Handelsverkehrs nicht in einem Ausmaß beeinträchtigt, das dem Interesse der Gemeinschaft zuwider läuft. Die Kommission sieht die Beihilfe dann als nach Artikel 86 Abs. 2 EG mit dem Gemeinsamen Markt vereinbar an[103] und befreit die betroffenen Unternehmen nach Artikel 3 der Entscheidung von der Notifizierungspflicht nach Artikel 88 Abs. 3 EG.

f) Anwendung des Artikels 87 EG auf Seehafenbetriebe und Betreiber von Seehäfen

Die Anwendung der Beihilfevorschriften auf den Seehafensektor war lange Zeit bloße Theorie. Auf der einen Seite hielten die Mitgliedstaaten zumeist die Notifizierungspflichten des Artikels 2 der VO (EG) 659/1999[104] bzw. ihrer Vorgängerverordnung nicht ein, auf der anderen Seite wandte die Kommission die ihr zu Gebote stehenden Mittel zur Durchsetzung der Vorschriften nicht konsequent an[105]. In den letzten Jahren hat die Zahl der Entscheidungen betreffend staatliche Beihilfen zugunsten von Seehafenbetreibern oder Seehafenbetrieben jedoch zuge-

---

[102] KomE über die Anwendung von Art. 86 Abs. 2 EG auf staatliche Beihilfen (Fn. V.101), Erwägungsgrund 12.

[103] KomE über die Anwendung von Art. 86 Abs. 2 EG auf staatliche Beihilfen (Fn. V.101), Erwägungsgrund 14.

[104] ABl. (EG) 1999 L-83/1.

[105] Vgl. ausführliche Darstellung bei *Lechner*, S. 55 f., ebenso *Keppenne*, S. 252; vgl. auch ISL, Public Financing and Charging Practices of Seaports in the EU, S. 1 f.

nommen. Wegen der hohen volks- und regionalwirtschaftlichen Bedeutung der Häfen hat die öffentliche Hand regelmäßig ein großes Interesse an dem Erhalt und der Stärkung der Wettbewerbsposition „ihrer“ Seehäfen, sodass sie über die Finanzierung deren Wettbewerbsposition mitbestimmen[106].

(1) Selektive Begünstigung

Für die Frage, ob durch eine Anlangeninvestition des Staates eine Begünstigung eines bestimmten Unternehmens oder Produktionszweiges entsteht, ist eine Abgrenzung zwischen Anlagen der allgemein zugänglichen Infrastruktur im Hafen, anderer Infrastruktur und Anlagen der Suprastruktur durchzuführen[107].
Relevant auf der Ebene der *inter port-competition* sind insbesondere solche Mittel, die zum Ausbau oder Neubau der Hafeninfrastruktur gewährt werden. Denn gerade die Infrastruktur prägt den Wettbewerb zwischen den Häfen, indem sie Berücksichtigung findet bei der Entscheidung der Reedereien, welchen Hafen ihre Schiffe anlaufen. Aber auch solche Mittel, welche einzelnen Seehafenbetrieben zur Verfügung gestellt werden, können Einfluss auf die *inter port-competition* besitzen und aus diesem Grund unter das Beihilfeverbot fallen.
Im Fall von Beihilfen zum Zweck der Investition in Hafeninfrastrukturanlagen kommen als Begünstigte sowohl die Nutzer der Infrastruktur in Betracht als auch eventuell die Hafenverwaltung, welche für die Hafeninfrastruktur verantwortlich ist[108].

(a) Auf- und Ausbau von allgemein zugänglichen Infrastrukturanlagen

Eine Investition bzw. eine Förderung von Investitionen in Anlagen allgemein zugänglicher Infrastruktur stellen im Regelfall keine selektive

---

[106] Vgl. Prognos (Fn. Einl 4), S. 98; ISL, Public Financing and Charging Practices of Seaports in the EU, S. 7.
[107] Europäische Kommission, Grünbuch über Seehäfen (Fn. II.540), Ziff. 42; Europäische Kommission, Mitteilung zur Verbesserung der Dienstequalität in Seehäfen (Fn. Einl 32), S. 12.
[108] Vgl. KomE vom 20.10.2004, Staatliche Beihilfe N 520/2003, Rz. 33 f. – *flämische Hafeninfrastruktur*; KomE vom 16.10.2002 Staatliche Beihilfe N 438/2002 – *belgische Hafenverwaltungen*.

Begünstigung dar[109]. In einigen Mitgliedstaaten gehört die Finanzierung und Unterhaltung öffentlicher Infrastrukturanlagen zu den Staatsaufgaben[110]. Dabei spielt es keine Rolle, ob diese Aufgabe durch die allgemeine Stadt-, Regional- oder Staatsverwaltung oder aber durch eine ausgegliederte Hafenverwaltung wahrgenommen werden soll. Im Fall der Finanzierung von öffentlich zugänglichen Infrastrukturanlagen fehlt es an der Selektivität der Maßnahme. Die Finanzierung der Verkehrsinfrastruktur, die unmittelbar vom Staat ohne Einschaltung eines Unternehmens betrieben wird und uneingeschränkt der gesamten Öffentlichkeit zugänglich ist, fällt daher grundsätzlich nicht unter den Begriff der Beihilfe im Sinne von Artikel 87 Abs. 1 EG[111]. Zu den allgemein zugänglichen Infrastrukturanlagen im Hafen zählen alle öffentlich zugänglichen Verkehrswege, samt der dazugehörigen Befestigungen, Wellenbrecher, Fahrrinnen, Schleusen, Tonnen, Zeichen, andere Navigationshilfen etc., also neben dem eigentlichen Hafenbecken auch öffentlich zugängliche Kanäle und Landverkehrswege[112]. Zu den allgemein zugänglichen Infrastrukturanlagen gehören dabei auch Anlagen, deren Betrieb einem privaten Betreiber zu übertragen ist, welcher im Rahmen eines offenen Auswahlverfahrens ermittelt wird[113]. Dass diese Anlagen regelmäßig nur von einem begrenzten Nutzerkreis in Anspruch genommen werden, hat keinen Einfluss auf ihre allgemeine Zugänglichkeit, da sie tatsächlich der Allgemeinheit zur potentiellen Nutzung offen stehen, keine selektive Entscheidung getrof-

---

[109] Vgl. nur Europäische Kommission, Grünbuch über Seehäfen (Fn. II.540), Ziff. 42; betont werden muss dabei das Kriterium der Zugänglichkeit, nicht des tatsächlichen Zugangs, vgl. aber *Bauermeister*, S. 20, der nur zwischen allgmeiner und nutzerspezifischer Infrastruktur unterscheidet.

[110] Vgl. zur staatlichen Infrastrukturverantwortung *Hermes*, S. 324; *Fehling*, AöR 121 (1996), 59, 75 ff.; in diesem Zusammenhang wird auch vom „ermöglichenden Gewährleistungsstaat" gesprochen, vgl. MünchKommEuWettbR-*Säcker*, Einl. Rn. 74.

[111] KomE, ABl. (EG) 2001 C- 27/37 – *Bergbahn Bozen.*

[112] Dabei kommt es nicht darauf an, ob eine Anlage faktisch nur einer begrenzten Nutzergruppe zur Verfügung steht, sondern darauf, ob sie objektiv zugänglich ist oder ob einzelnen Nutzern Ausschließungsrechte zustehen. Daher muss auch eine Elbvertiefung auf eine Wassertiefe von 14,5 m oder mehr als Entwicklung allgemeiner Infrastruktur angesehen werden, obwohl nur eine kleine Gruppe der Gesellschaft von der Vertiefung profitiert.

[113] Vgl. Europäische Kommission, Grünbuch über Seehäfen (Fn. II.540), Ziff. 42.

fen wurde und der Nutzen der Infrastruktur mittelbar der Allgemeinheit zugute kommt[114].

Neben den im Hafen tätigen Unternehmen kommt auch die Hafenverwaltung als Unternehmen und damit als Begünstigter in Betracht[115]: Sie wird durch die Vermietung oder Verpachtung von Infrastruktureinrichtungen wirtschaftlich tätig[116] und stellt insoweit nach dem funktionalen Verständnis des Unternehmensbegriffs ein Unternehmen im Sinne des Artikel 87 Abs. 1 EG dar[117]. Daher sind Zahlungen an die als Vermieter wirtschaftlich tätige Hafenverwaltung zum Zwecke des Aufbaus bestimmter projektbezogener Infrastruktureinrichtungen, welche allein einem (möglicherweise noch nicht bestimmten) Nutzer gegen Entgelt zugute kommen werden, als staatliche Beihilfe zugunsten der Hafenverwaltung zu qualifizieren[118]. Denn in einem solchen Fall erspart sich die Hafenverwaltung eigene Investitionen in beispielsweise ein Grundstück oder den Grund des diesem vorgelagerten Liegeplatzes, bevor sie dieses vermietet. Über die ersparten eigenen Aufwendungen, aber die dennoch anfallenden Mieteinnahmen, welche in Folge der Investition höher angesetzt werden können, profitiert die Hafenverwaltung von der projektgebundenen Unterstützung. Da in einem solchen Fall die wirtschaftliche Tätigkeit der Hafenverwaltung betroffen ist, ist eine solche Unterstützung als staatliche Beihilfe zu bewerten[119].

Entscheidend für die Frage, ob eine staatliche Unterstützung zugunsten einer Stelle der öffentlichen Verwaltung als Beihilfe qualifiziert werden kann, ist, ob es sich bei dieser Aufgabe um eine wirtschaftliche Tätigkeit

---

[114] Vgl. *Modlich*, S. 248 f.; ISL, Public Financing and Charging Practices in Seaports of the EU, S. 8 f.; die Ansicht von *Bauermeister*, S. 20, dass es sich aufgrund der tatsächlichen Beschränkung des Nutzerkreises auf See- bzw. Hafenverkehrsunternehmen auch bei dem Hafenbecken um eine nutzerspezifische und keine allgemeine Infrastruktureinrichtung handele ist daher abzulehnen.

[115] Vgl. EuGH, Slg. 1997 I-1547 Tz. 17 – *Diego Calì*; KomE vom 21.12.2005, Staatliche Beihilfe N 503/2005 – *Great Yarmouth Harbour*; Europäische Kommission, Vademecum on State aid (Fn. II.514), S. 13 f.

[116] EuGH, Slg. 2002 I-9297, 9363 Tz. 78 – *Aéroports des Paris.*

[117] EuGH, Slg. 2002 I-9297, 9363 Tz. 74 ff. – *Aéroports des Paris*; KomE vom 20.10.2004, Staatliche Beihilfe N 520/2003, Rz. 34 – *flämische Hafeninfrastruktur.*

[118] Die Qualifizierung als Beihilfe zugunsten eines bestimmten Dienstleistungsunternehmens hängt von der Durchführung eines offenen, allgemein zugänglichen Auswahlverfahrens für den Betrieb ab.

[119] Vgl. KomE vom 20.10.2004, Staatliche Beihilfe N 520/2003 Rz. 48 ff. – *flämische Hafeninfrastruktur.*

des jeweils zuständigen Teils staatlicher Verwaltung handelt[120]. Daher ist zu differenzieren zwischen der Wahrnehmung originär staatlicher Infrastrukturaufgaben und der Ausübung einer wirtschaftlichen Infrastrukturmaßnahme durch die öffentliche Verwaltung. Auch im Falle der Unterstützung originär staatlicher Aufgaben gilt es jedoch sicherzustellen, dass die entsprechenden Mittel allein die angefallenen Kosten decken und nicht für einen anderen, einen wirtschaftlichen Tätigkeitsbereich des Zahlungsempfängers verwandt werden[121].

(b) Auf- und Ausbau von benutzerspezifischen Infrastrukturanlagen

Nutzer einer Infrastrukturanlage sind nur dann als Begünstigte zu qualifizieren, wenn die Infrastruktur nicht unterschiedslos allen zur Verfügung steht, sondern das Merkmal der Selektivität insoweit erfüllt ist, dass die betreffende Infrastruktur nach den speziellen Bedürfnissen eines bestimmten Nutzers konstruiert wird[122]. Dieses gilt etwa für eine benutzerspezifische Erschließung von Hafenflächen, die Unterhaltung und den Ausbau von Terminals sowie Maßnahmen, eine bestimmte Fläche bebauungsfertig zu machen[123]. Wird für diese kein angemessenes Entgelt – etwa in Form eines erhöhten Mietzinses – entrichtet, liegt eine selektive Begünstigung im Sinne des Beihilfeverbotes vor. Der angemessene und damit marktübliche Mietzins sollte im Rahmen eines Auswahlverfahrens ermittelt werden[124]. Gerade im Rahmen der Qualifizierung staatlicher Unterstützung benutzerspezifischer Infrastruktur als Beihilfe kommt dabei der zuvor genannte *market economy investor-test* zum Tragen[125]. Hätte auch ein privater Investor die betreffende Investition zu den gleichen Be-

---

[120] KomE vom 20.10.2004, Staatliche Beihilfe N 520/2003 Rz. 37 ff. – *flämische Hafeninfrastruktur*; keine wirtschaftliche Tätigkeit stellten die infrastrukturellen Maßnahmen in KomE vom 16.10.2002, Staatliche Beihilfe N 438/2002 Rz. 12 – *belgische Hafenverwaltungen* dar.

[121] Vgl. KomE vom 20.10.2004, Staatliche Beihilfe N 520/2003 Rz. 39, 45 – *flämische Hafeninfrastruktur*; soweit ein öffentliches Unternehmen die Infrastrukturaufgaben im Hafen wahrnimmt und dafür Zuschüsse der öffentlichen Hand erhält, greift die Transparenzrichtlinie (Fn. IV.163) ein.

[122] KomE vom 20.10.2004, Staatliche Beihilfe N 520/2003 Rz. 33 – *flämische Hafeninfrastruktur;* vgl. auch *Modlich*, S. 243, 251 f.

[123] Europäische Kommission, Vademecum on State aid (Fn. II.514), S. 16.

[124] Europäische Kommission, Mitteilung zur Verbesserung der Dienstequalität in Seehäfen (Fn. I.32), S. 12 mit ausdrücklichem Verweis auf die Grundstücksmitteilung (Fn. II.361) der Kommission.

[125] Vgl. Europäische Kommission, Vademecum on State aid (Fn. II.514), S. 23 f.

dingungen getätigt, liegt eine selektive Begünstigung regelmäßig nicht vor.
Beispiel einer Beihilfe für benutzerspezifische Infrastruktur sind die Lotseneinrichtungen im Hamburger Hafen: Nach § 2 Abs. 1 hamburgisches Hafenlotsgesetz hält die Freie und Hansestadt Hamburg die Lotseinrichtungen vor, stellt diese also zur Verfügung. Dadurch werden die Lotsen im Hamburger Hafen selektiv begünstigt.
Die Abgrenzung von allgemein zugänglicher und benutzerspezifischer Infrastruktur kann nicht generalisierend für jede Art von Anlage erfolgen: Docks und Kaimauern können sowohl allgemein zugänglich und nutzbar sein, als auch im Einzelfall nur einer geringen Zahl von Benutzern zugute kommen. Eine definitive Abgrenzung kann daher nur im Einzelfall getroffen werden.

(c) Auf- und Ausbau von Suprastrukturanlagen

Die Suprastruktur eines Hafens dient unmittelbar der Erbringung einer bestimmten Dienstleistung und wird regelmäßig nur durch einen bestimmten Dienstleister genutzt. Es handelt sich dabei um bestimmte Anlagen auf dem vom jeweiligen Dienstleister benutzten Gelände wie Hafenschuppen, Brücken, Kräne und andere auch bewegliche Güter. Da derartige Anlagen nicht allgemein zugänglich sind, sondern von ihrer Nutzung regelmäßig nur ein einziges Unternehmen profitiert, ist eine Förderung dieser Anlagen aus staatlichen Mitteln als Beihilfe zu bewerten.

(d) Förderung des Betriebes

Neben dem Ausbau oder der Unterhaltung von Anlagen aus staatlichen Mitteln kommt auch eine Subventionierung bestimmter Tätigkeiten im Hafen in Betracht. Da es sich dabei in der Regel um die selektive Begünstigung eines Unternehmens handelt, fällt die Maßnahme in den Anwendungsbereich des Artikels 87 Abs. 1 EG. Dabei ist allerdings die Förderung von Dienstleistungen im allgemeinen wirtschaftlichen Interesse Gegenstand des Regelungsbereichs des Artikels 86 Abs. 2 EG und ist an anderer Stelle bereits erörtert worden. Ist eine bestimmte Dienstleistung jedoch nicht wirtschaftlicher Natur, sondern steht allein im öffentlichen Interesse, handelt die ausführende Stelle insoweit nicht wirtschaftlich und daher funktional nicht als Unternehmen. Die Förderung einer solchen

Leistung unterfällt daher nicht dem Beihilfeverbot, bei dem Empfänger handelt es sich nicht um ein Unternehmen im funktionalen Sinn[126].
Im Hafen können aber auch unternehmerische Investitionen im allgemeinen öffentlichen Interesse, etwa zugunsten der Verkehrssicherheit oder des Umweltschutzes relevant werden. Solche Investitionen können wiederum zur Förderung bestimmter Anlagen oder auch zur Förderung bestimmter Dienste vorgenommen werden. Empfängt ein Unternehmen Subventionen zu den genannten Zwecken, darf deren positive Wirkung nicht über die Investitionskosten des Unternehmens hinausgehen.

(e) Begünstigung durch Anstaltslast und Gewährträgerhaftung

Anstalten des öffentlichen Rechts (AöffR) sind gegenüber privatrechtlichen Unternehmen insoweit privilegiert, als sie teilweise sowohl Gewährträgerhaftung als auch Anstaltslast des Staates für sich in Anspruch nehmen können. Die Gewährträgerhaftung hat zum Inhalt, dass der Gewährträger, hier also eine staatliche Stelle, Dritten für die Verbindlichkeiten der AöffR einsteht, soweit deren Vermögen zur Befriedigung nicht ausreicht. Die Anstaltslast hingegen begründet keinen eigenen Anspruch Dritter, sondern betrifft lediglich das Innenverhältnis von staatlicher Stelle und AöffR. Es handelt sich um eine Verpflichtung, die wirtschaftliche Basis der AöffR und ihre Funktionsfähigkeit zur Erfüllung ihrer Aufgaben zu erhalten. Während die Anstaltslast aus einem allgemeinen Rechtssatz resultiert und jede AöffR *qua* ihrer Rechtsform betrifft, wird die Gewährträgerhaftung durch Gesetz oder Verordnung eingeräumt. Die Europäische Kommission sah in einer Entscheidung, welche die deutschen Sparkassen und Landesbanken betraf, in den beiden Rechtsinstituten eine staatliche Beihilfe, da sie die Kreditwürdigkeit der öffentlichen Banken beeinflussten[127]. Aus diesem Grund könnten auch Betreiber, welche in der Rechtsform einer AöffR organisiert sind, als Empfänger einer staatlichen Beihilfe angesehen werden, wenn sie durch

---

[126] Vgl. EuGH, Slg. 1997 I-1547 Tz. 23 – *Diego Calì*.
[127] KomE vom 8.5.2001, Staatliche Beihilfe E 10/2000 – *Anstaltslast und Gewährträgerhaftung*; vgl. auch Heidenhain-*Montag/Leibenath*, § 7 Rn. 61, 70; hinsichtlich der öffentlichen Banken und Sparkassen in Deutschland verständigten sich die Kommission und die Bundesregierung am 17.7.2001 und 27.3.2002 darauf, dass die Gewährträgerhaftung abgeschafft würde und statt der Anstaltslast zwischen staatlicher Stelle und AöffR normale marktwirtschaftliche Eigentümerbeziehungen etabliert werden sollten.

Anstaltslast und evtl. Gewährträgerhaftung am Markt anders agieren können und insbesondere auch günstigere Kredite erhalten[128].[129].
Im Zuge der Umstrukturierung der Hafenverwaltung wird der Hamburger Hafen nunmehr von einer Anstalt des öffentlichen Rechts verwaltet, der Hamburg Port Authority (HPA). Diese wurde durch Gesetz vom 29. Juni 2005 errichtet[130]. Dieses Gesetz sieht keine Gewährträgerhaftung der Freien und Hansestadt Hamburg vor und schließt auch deren Anstaltslast aus: Nach § 2 Abs. 6 des Gesetzes ist die HPA insolvenzfähig, die wirtschaftliche Basis muss damit nicht für die Dauer des Bestandes der AöffR von deren Träger erhalten werden. Die HPA ist als Unternehmen mithin weder durch Gewährträgerhaftung noch Anstaltslast begünstigt und daher insoweit keine Empfängerin staatlicher Beihilfen[131].

(2) Staatliche Mittel

Aus staatlichen Mitteln gewährt wurde auch eine Zahlung an die im Hafen von Cagliari tätige Azienda, einer wirtschaftlich tätigen öffentlichen Einrichtung, welche mit der Instandhaltung und Verwaltung der technischen Einrichtungen und Lagerhäuser im Hafen betraut war. Daneben

---

[128] Vgl. zu möglichen ähnlichen Wirkungen von staatlichen Bürgschaften: Europäische Kommission, Mitteilung über die Anwendung der Artikel 87 und 88 EG-Vertrag auf staatliche Beihilfen in Form von Haftungsverpflichtungen und Bürgschaften, ABl. (EG) 2000 C-71/14.

[129] Die Begünstigungswirkung von Gewährträgerhaftung und Anstaltslast wird mit dem Argument bestritten, dass auch ein privater Investor mit seinem Vermögen unbeschränkt haften würde, wenn er dadurch seinem Unternehmen günstigere Kredite beschaffen und so die Rendite erhöhen könnte (Heidenhain-*Montag/Leibenath*, § 7 Rn. 78) Dieses scheint jedoch nicht verallgemeinerungsfähig, da teilweise eine beschränkte Haftung gerade auch aus wirtschaftlichen Gründen gewünscht ist und diese unabhängig davon bleibt, ob sich einzelne Gesellschafter für ihre Gesellschaft zusätzlich verbürgen. Des Weiteren wird vertreten, dass gar keine Begünstigung vorliege, da es sich bei Gewährträgerhaftung und Anstaltslast um Ausgleichsmaßnahmen handele für die öffentlich-rechtlichen Pflichten, welchen die AöffR unterliege (*Quardt*, EuZW 2002, 424, 426 f.). Dieses mag für die Sparkassen mit ihren sozialen Verpflichtungen teilweise der Fall sein, trifft aber nicht auf jede AöffR zu und ist daher nicht verallgemeinerungsfähig. Grundsätzlich ist daher festzuhalten, dass Gewährträgerhaftung und Anstaltslast dazu geeignet sind, eine Begünstigung aus staatlichen Mitteln darzustellen.

[130] HmbGVBl. 2005, S. 256.

[131] Die Anstaltslast besteht hingegen aus verfassungsrechtlichen Grünen für den Bereich der hoheitlichen Tätigkeit der HPA, vgl. *Lagoni*, S. 451 mwN.

konnte die Azienda jedoch auch auf dem kommerziellen Hafendienstleistungsmarkt tätig werden. Die Finanzierung der Aziende in den italienischen Häfen erfolgte durch die Einziehung einer Hafenabgabe für alle auf dem Seeweg beförderten Waren. Die so vereinnahmten Mittel flossen zunächst dem Staatshaushalt zu, standen aber in einem Umfang von zwei Dritteln den Aziende zur Erfüllung ihrer Aufgaben zu. Der EuGH stellte dazu sehr knapp fest, dass es sich um eine Leistung aus staatlichen Mitteln handelte, da die Leistung aus dem Staatshaushalt erfolgt sei[132].

(3) Beeinträchtigung des zwischenstaatlichen Handels

Entstehen durch die staatliche Unterstützung Verzerrungen im Wettbewerb, stellt sich die Frage, ob sich derartige Verzerrungen auch auf den Handel zwischen den Mitgliedstaaten auswirken. Entscheidend ist, an welche Art von Unternehmen die staatliche Unterstützung geleistet wurde.

In Bezug auf Umschlagunternehmen ist das Kriterium der Zwischenstaatlichkeit regelmäßig erfüllt, da diese Unternehmen im Wettbewerb mit gleichartigen Unternehmen in anderen Gemeinschaftshäfen stehen[133].

Gleiches gilt auch für den Hafenbetreiber, dessen Angebot mit den Angeboten anderer Hafenbetreiber des gleichen Einzugsgebiets bzw. des gleichen Hinterlandes konkurriert[134].

Die technisch-nautischen Dienste sind regelmäßig auf lokalen, auf das Gebiet eines Hafens beschränkten Märkten tätig und stehen auf dem Dienstleistungsmarkt auch nicht mit Unternehmen in anderen Häfen der Gemeinschaft im Wettbewerb. Anders als im Rahmen der Artikel 81 und 82 EG kann hier nicht von dem Verhalten auf einem wesentlichen Teil des Gemeinsamen Marktes auf die Beeinträchtigung des zwischenstaatlichen Handels geschlossen werden. Denn anders als im Rahmen der genannten Artikel geht es bei der Frage der wettbewerbsverzerrenden Beihilfe nicht um Marktverschließungs- oder Abschottungseffekte. Dennoch können Beihilfen zugunsten technisch-nautischer Dienstleister auch trotz fehlenden potentiellen Wettbewerbs aus dem Ausland[135] aber den Handel zwischen den Mitgliedstaaten in zweierlei Hinsicht beeinträchtigen:

In seinem Urteil in der Sache *Merci* hat der EuGH festgestellt, dass auch die aus höheren Umschlagskosten resultierende Erhöhung der Warenprei-

---

[132] EuGH, Slg. 2003 I-14243, 14299 Tz. 26 – *Enirisorse.*

[133] KomE, ABl. (EG) 2000 L-155/52 Ziff. 15 – *französischer Hafensektor.*

[134] Vgl. Europäische Kommission XXIX. WB 1999, Ziff. 242 – *Marina die Stabia.*

[135] Vgl. Europäische Kommission XXIX. WB 1999, Ziff. 242 – *Venedig.*

se geeignet sei, den Handel zwischen den Mitgliedstaaten zu beeinträchtigen[136]. Wenn aber eine derartige mittelbare Beeinträchtigung ausreichend ist für die Annahme der Beeinträchtigung des zwischenstaatlichen Handels, dann muss dieses generell für alle Hafendienste gelten. Können im Einzelfall aufgrund von staatlichen Beihilfen die Kosten für technisch-nautische Dienstleistungen gegenüber den gleichen Dienstleistungen in anderen Häfen so weit reduziert werden, dass dieses Auswirkungen auf die Marktpreise transportierter Waren hat und werden diese Waren auf einem Markt mit Waren gehandelt, welche über diese anderen Häfen transportiert wurden, so können die Beihilfen zu Verzerrungen des Wettbewerbs führen. Das geschilderte Szenario wird jedoch kaum praxisrelevant werden, da der Einfluss der Kosten für einzelne technisch-nautische Dienstleistungen auf den Marktpreis transportierter Ware regelmäßig nicht erheblich genug ist, um eine solche Verzerrung hervorzurufen.
Des Weiteren kann die finanzielle Unterstützung eines Unternehmens, welches allein auf einem lokalen Markt tätig ist, dann zu einer Beeinträchtigung des Handels zwischen den Mitgliedstaaten führen, wenn diese Tätigkeit auf eine begrenzte Zulassung zurückgeht. In einem solchen Fall besteht nicht allein ein Wettbewerb auf dem Markt der erbrachten Leistung, es besteht bereits ein Wettbewerb um diesen Markt (*competition for the field*). Ist der letztgenannte Wettbewerb offen für Bewerber aus verschiedenen Mitgliedstaaten, kommt eine Beeinträchtigung des zwischenstaatlichen Handels deswegen in Betracht, weil die begünstigten Unternehmen möglicherweise in die Lage versetzt werden, im Rahmen einer Konzessionsvergabe oder auch im Rahmen des Wettbewerbs um die Anmietung eines Hafengrundstücks bessere Konditionen zu bieten als ihre Wettbewerber aus anderen Mitgliedstaaten[137].

g) Ausnahme nach Artikel 73 EG

Artikel 73 EG wird einschränkend konkretisiert[138] durch die VO (EWG)

---

[136] EuGH, Slg.1991 I-5589, 5930 Tz. 22 – *Merci*; dieser Annahme schloss sich auch die Europäische Kommission in KomE, ABl. (EG) 2001 L-312/5 Ziff. 54 – *italienischer Hafensektor* an.

[137] Vgl. KomE, ABl. (EG) 2003 L-77/21 Rz. 66 ff. – *Steuerbefreiungen in Italien*.

[138] Mittlerweile gibt es Bestrebungen, die Ausgestaltung des Artikel 73 EG zu reformieren: Europäische Kommission, Geänderter Vorschlag für eine Verordnung des Europäischen Parlaments und des Rates über Maßnahmen der Mitgliedstaaten im Zusammenhang mit Anforderungen des öffentlichen Dienstes und der Vergabe öffentlicher Dienstleistungsaufträge für den Personenverkehr

1107/70[139] und die VO (EWG) 1191/69[140]. Eine solche Einschränkung des Primärrechts durch sekundärrechtliche Normen erscheint zwar dogmatisch bedenklich, ist aber begründet in der Historie der Norm. Die abschließende Wirkung der sekundärrechtlich geregelten Tatbestände wurde letztlich auch von der Rechtsprechung anerkannt[141]. Artikel 73 EG kann aber nur dann zur Anwendung kommen, wenn bestimmte Leistungen im Hafen zum Landverkehr zählen. Entscheidend ist an dieser Stelle daher, ob es sich um Land- bzw. Binnen- oder Seeverkehr handelt.
GA *Fennelly* ging in seinen Schlussanträgen in der Rechtssache *Raso*[142] davon aus, dass zwischen den Dienstleistungen der Hafenumschlagsunternehmen einerseits und den eigentlichen Seeverkehrsleistungen unterschieden werden müsse. Ein Umschlagsunternehmen werde nicht vom Anwendungsbereich des Artikel 71 EG (ex Artikel 61 EWG) erfasst und könnte sich daher auf die Dienstleistungsfreiheit im Rahmen von (ex) Artikel 59 EG berufen[143]. Der EuGH ist auf diesen Teil der Vorlagefrage nicht eingegangen. Es kann in diesem Rahmen jedoch auf die an anderer Stelle bereits erfolgten Erörterungen zurückgegriffen werden, dass auch das Verkehrsnebengewerbe – also Umschlagdienste und technisch-nautische Dienste – zum Verkehrsgewerbe zählt, soweit es zur Erbringung der Verkehrsleistung notwendig ist. Insoweit sind auch die ladungsbezogenen Dienste in einem Seehafen noch dem Seeverkehr zuzurechnen.
So hat auch die Europäische Kommission Artikel 73 EG nicht auf die finanzielle Förderung von Seehafen-Umschlageinrichtungen aus staatlichen Mitteln angewandt. Sie hat vielmehr ausdrücklich erklärt, dass die richtige Norm für die Frage der Vereinbarkeit von staatlichen Beihilfen zur Förderung von Seehafen-Umschlageinrichtungen mit dem Gemein-

---

auf der Schiene, der Straße und auf Binnenschiffswegen, ABl. (EG) 2002 C-151/E 146.

139 VO (EWG) 1107/70 über Beihilfen im Eisenbahn-, Straßen- und Binnenschiffsverkehr, ABl. (EG) 1970 L-130/1.

140 VO (EWG) 1191/69 über das Vorgehen der Mitgliedstaaten bei mit dem Begriff des öffentlichen Dienstes verbundenen Verpflichtungen auf dem Gebiete des Eisenbahn-, Straßen- und Binnenschiffsverkehrs, ABl. (EG) 1969 L-156/1.

141 EuGH, Slg. 2003 I-7747 Tz. 107 f.– *Altmark Trans*; EuG, Slg. 2004 II-917, 955 Tz. 100 ff. – *Danske Busvognmænd/Kommission.*

142 EuGH, Slg. 1998 I-533, 572 – *Raso.*

143 Schlussanträge des GA *Fennelly* in Slg. 1998 I-533, 549 Ziff. 31 f. – *Raso*; in diesem Zusammenhang müsste als Folge des Urteils EuGH, Slg. 1995 I-3955 in der Sache *Svensson und Gustavsson* das Gleiche gelten, wenn die Dienstleistung gegenüber dem in einem Drittstaat Ansässigen erbracht wird.

samen Markt Artikel 87 Abs. 3 lit. c EG sei[144]. Die Kommission wendet Artikel 73 EG auf Beihilfen im Seehafensektor nicht an, soweit maritime Infrastrukturen oder Anlagen zum Be- oder Entladen von Seeschiffen betroffen sind, jedoch dann, wenn andere Anlagen der multimodalen Transportkette im Seehafen gefördert werden[145]. Diese Abgrenzung entspricht derjenigen im deutschen Handelsrecht insoweit, als dass auch dort der Vorgang des Be- und Entladens als Annex der Beförderungsleistung zu See dem Seeverkehr zugerechnet wird, das Umladen am Terminal jedoch dem Landverkehr[146].

h) Ausnahme nach Artikel 87 Abs. 3 EG

Für die Frage der Vereinbarkeit von Beihilfen auf dem Hafensektor mit dem Gemeinsamen Markt kommt insbesondere Artikel 87 Abs. 3 lit. c EG in Betracht[147].
Für die Unterstützung einzelner Hafenbetriebe rückt dabei insbesondere eine Freistellung unter dem Gesichtspunkt der Mittelstandsförderung ins Blickfeld. Die Europäische Kommission hat mit Ermächtigung des Rates eine Verordnung über die Anwendung der Artikel 87 und 88 EG auf kleine und mittlere Unternehmen erlassen[148]. Nach dieser Verordnung fallen Investitions- und Beratungsbeihilfen nicht unter die Notifizierungspflicht, wenn sie unabhängige Unternehmen begünstigen, welche weniger als 250 Personen beschäftigen und einen Jahresumsatz von höchstens 50 Millionen Euro oder eine Jahresbilanzsumme von höchstens 43 Millionen Euro haben und die Intensität der Beihilfe ein bestimmtes Maß nicht überschreitet.

---

[144] KomE vom 20.12.2001, Staatliche Beihilfe N 649/2001 – *Freight Facilities Grant*; ebenso bereits Europäische Kommission, Weißbuch: Faire Preise für die Infrastrukturbenutzung, KOM (1998) 466, S. 37.

[145] vgl. auch KomE vom 4.10.2000, Staatliche Beihilfe N 577/1999 – *Umschlageinrichtungen Rotterdam*, dort wendet die Kommission Artikel 73 EG an, betont aber, dass es sich bei den unterstützen Umschlageinrichtungen um solche zum Umschlag vom Lager auf Binnenverkehrsträger handelte, nicht aber um „*maritime Infrastruktur oder Umschlaganlagen*".

[146] Vgl. Hanseatisches OLG Hamburg, TranspR 2004, 402 f.; *Herber*, TranspR 2005, 59, 60; den Umladevorgang nicht als eigenständigen Landverkehr einordnend *Ramming*, TranspR 2004, 56, 58.

[147] Vgl. auch: Europäische Kommission, Grünbuch über Seehäfen (Fn. II.540), Ziff. 42.

[148] Kommissionsmitteilung zu Beihilfen für KMU (Fn. IV.79), galt bis 31.12.2006.

(1) Regionale Förderung

In der deutschen Fördergebietskarte für die Jahre 2007-20013 ist die Region Hamburg und damit auch der Hamburger Hafen nicht als förderungswürdig ausgewiesen[149]. Im Gegensatz dazu können jedoch die Regionen an der niedersächsischen Nordseeküste und Bremerhaven sowie an der Ostsee die Häfen Mecklenburg-Vorpommerns und Schleswig-Holsteins von Regionalbeihilfen im Sinne des Artikel 87 Abs. 3 lit. c EG profitieren. Die Karte macht deutlich, dass Häfen, obwohl sie häufig „Wirtschaftsmotor" ihrer Region sind, oftmals selbst in strukturschwachen und damit auf mitgliedstaatlicher Ebene förderwürdigen Regionen liegen[150].

Aus dem Umstand, dass ein Hafen regelmäßig Zentrum der regionalen sozioökonomischen Entwicklung[151] in einer Region ist, lässt sich ableiten, dass eine hohe Wahrscheinlichkeit besteht, dass Beihilfen in diesem Bereich zu einem Multiplikatoreffekt führen und damit zu positiven Entwicklungen zugunsten des gesamten näheren Hinterlandes (welches durchaus größer sein mag als die förderwürdige Region). Allerdings ist der Anwendungsbereich des Artikel 87 Abs. 3 lit. c Var. 1 EG in Verbindung mit den Leitlinien für staatliche Beihilfen mit regionaler Zielsetzung auf Hafenregionen eingeschränkt: Schlepper, Schiffe des Lotsenversatzdienstes, aber auch fahrbare Kräne usw. kommen für eine Förderung im Rahmen der Leitlinien zu Regionalbeihilfen kaum in Betracht. Denn diese sind nicht beihilfefähig, soweit sie bewegliche Aktiva des Verkehrssektors darstellen[152]. Die Zuordnung zum Verkehrssektor ergibt sich aber aus dem Umstand, dass es sich um für die Erbringung der Verkehrsleistung notwendige technische und organisatorische Einrichtungen handelt,

---

[149] Ebenso für den Zeitraum 2004-2007; vgl. dazu ausführlich Heidenhain-*Jestaedt*, § 15 Rn. 18 ff.; die Karte ist u.a. abrufbar unter: http://www.eiz-niedersachsen.de/uploads/media/GRW-Foerdergebiete-2007-2013.pdf (zuletzt 04.01.2008).

[150] Dieses ist jedoch nicht immer der Fall, vgl. KomE, ABl. (EG) 2000 L-155/52 Ziff. 18 – *französischer Hafensektor*.

[151] Kommission, 20.10.2004, Staatliche Beihilfe N 520/2003, Rz. 31 – *flämische Hafeninfrastruktur*.

[152] Europäische Kommission, LL für Regionalbeihilfen (Fn. V.61), Ziff. 4.5 (dort Fn. 23); ebenso Artikel 4 Abs. 8 des Entwurfes einer Verordnung über die Anwendung der Artikel 87 und 88 EG-Vertrag auf regionale Investitionsbeihilfen der Mitgliedstaaten (Fn. V.89); vgl. auch KomE, ABl. (EG) 2000 L-155/52 Rz. 18 – *französischer Hafensektor*.

welche ebenso zum Verkehr gehören wie die Leistung selbst[153]. Einer Förderung nach diesen Leitlinien zugänglich sind jedoch Grundstücke, Gebäude und feste Anlagen.

(2) Sektorale Förderung

Nach den Leitlinien der Kommission für staatliche Beihilfen im Seeverkehr[154] können bestimmte Maßnahmen der Mitgliedstaaten zugunsten des Seeverkehrs von dem Verbot staatlicher Beihilfen ausgenommen werden. Problematisch kann jedoch die Bestimmung des Anwendungsbereichs der Leitlinien über Beihilfen im Seeverkehr insbesondere im Hafen sein.
Nach Auffassung der Kommission betreffen Beihilfen zugunsten von Seehafenbetrieben nicht den Seeverkehr im Sinne der von ihr erlassenen Leitlinien[155]. Beihilfen, welche die Finanzierung von Seehafenbetrieben betreffen, behandelt die Kommission daher unmittelbar auf der Grundlage von Artikel 87 bis 89 EG[156]. Als Argument für dieses Vorgehen wurde ein Gleichklang mit den beiden Verordnungen VO (EWG) Nr. 4055/86[157] für den grenzüberschreitenden Seeverkehr und VO (EWG) 3577/92[158] für die Seekabotage herangezogen[159]. Der Anwendungsbereich dieser Verordnungen erstreckte sich im Gegensatz zur VO (EWG) 1017/68 für den Luftverkehrssektor nicht auf das mit der Seeschifffahrt verbundene Hilfs- oder Nebengewerbe[160].
Anders fällt die Beurteilung der Kommission nur im Einzelfall in Bezug auf Beihilfen für Investitionen in die Infrastrukturanlagen aus: Soweit diese Investitionen für den Fortbestand eines Hafens entscheidend sind

---

[153] GS-*Erdmenger*, Art. 70 Rn. 4.
[154] ABl. (EG) 2004 C-13/3.
[155] Gegen eine Anwendung der seeverkehrsspezifischen Vorschriften auf Hafenschlepper: KomE, ABl. (EG) 2002 L-314/97 Ziff. 70 (Fn. 18), 79 – *niederländische Schlepper.*
[156] Neunter Bericht über Staatliche Beihilfen in der Europäischen Union vom 18.7.2001, KOM (2001) 403 endg. Ziff. 157; allerdings entschied die Kommission, dass eine Beihilfe zugunsten eines Unternehmens, dass sowohl Hafenbetreiber als auch Hafenbetrieb war und dem die Unterstützung zum Ausbau von Frachtumschlagsanlagen gewährt wurde, nicht unter die Ausnahme des Artikels 73 EG fiele, da es sich um eine Beihilfe zugunsten des Seeverkehrs handelte, welcher ohne den Ausbau zurück ginge, KomE, ABl. (EG) 2003 L-111/50, Ziff. 36 – *AdHoc Beihilfe CLYDEBoyd.*
[157] ABl. (EWG) 1986 L-378/1.
[158] ABl. (EG)1992 L-364/7.
[159] Heidenhain-*Schmidt-Kötters*, § 18 Rn. 74.
[160] Vgl. *Dolfen*, S. 78.

und ohne sie der Seeverkehr selbst auf einer bestimmten Route daher möglicherweise zum Erliegen käme. Eine Beihilfe für bestimmte Infrastrukturmaßnahmen im Hafen kann nach Auffassung der Kommission in seinem solchen Fall eine Beihilfe im Seeverkehr darstellen[161], also eine Beihilfe, welche unmittelbar das Hauptgewerbe betrifft. Da Seehäfen als Infrastruktureinrichtungen notwendige Voraussetzung eines funktionierenden Seeverkehrs sind, ist der Kommission insoweit zuzustimmen. In allen denjenigen Seehäfen, die nach dem Landlord-Modell organisiert sind, liegt im Fall von Investitionen in allgemeine Infrastruktureinrichtungen allerdings regelmäßig schon gar keine Beihilfe vor[162].
Ein der vorgenannten Kommissionsentscheidung entsprechender Ansatz liegt auch dem für die Jahre 2005 bis 2009 herausgegebenen „Aktionsplan staatliche Beihilfen" der Kommission zugrunde[163]. Danach sind die Mitgliedstaaten aufgefordert, in größerem Maße in Verkehrsnetze und die Schaffung neuer Infrastrukturen zu investieren[164]. Dieses schließt auch die Schaffung terminalbezogener Infrastrukturen ein, welche nicht allgemein zugänglich sind. Da die Mitgliedstaaten ihre Aktivitäten auf dem Verkehrssektor verstärkt im Rahmen von Public Private Partnerships wahrnähmen, stellt die Kommission Leitlinien über die Anwendbarkeit des Beihilferechts auf derartige Modelle in Aussicht[165].
Die im Jahr 2004 neu gefassten Leitlinien für staatliche Beihilfen im Seeverkehr unterscheiden im Gegensatz zu den Leitlinien aus 1997 zwischen den maritimen Industrien, zu welchen die Hafendienste zählen, einerseits und dem mit diesen untrennbar verbundenen Seeverkehr andererseits. Dabei erkennt die Kommission die Wechselwirkungen, welche im Falle von Investitionen zwischen beiden Bereichen entstehen, an, schließt aber dennoch die Hafendienste durch ihre Differenzierung aus dem Anwendungsbereich der Leitlinien aus[166].
Im Ergebnis ist der Ausklammerung der Hafendienste aus dem Begriff des Seeverkehrs – unabhängig von der Notwendigkeit des Nebengewerbes – für den Anwendungsbereich der Leitlinien zuzustimmen. Eine ge-

---

[161] Vgl. KomE, ABl. (EG) 2003 L-111/50, Ziff. 36 – *AdHoc Beihilfe CLYDE-Boyd.*
[162] Im der Kommissionsentscheidung zugrunde liegenen Sachverhalt war jedoch ein britischer privater Hafenbetreiber betroffen.
[163] Europäische Kommission, Aktionsplan staatliche Beihilfen, Weniger und besser ausgerichtete staatliche Beihilfen – Roadmap zur Reform des Beihilferechts 2005-2009, Brüssel, 7.6.2005, KOM (2005) 107 endg.
[164] Aktionsplan staatliche Beihilfen (Fn. V.163), Ziff. 47.
[165] Aktionsplan staatliche Beihilfen (Fn. V.163), Ziff. 47.
[166] ABl. (EG) 2004 C-13/3 Ziff. 1c (dort Fn. 3), für Schlepper auch Ziff. 3.1.

nerelle Ausklammerung aus dem Begriff des Seeverkehrs kann daraus jedoch nicht gefolgert werden. Ziel der Leitlinien ist es, die Gemeinschaftsflotte gegenüber den Drittlandflaggen zu stärken[167]. An der Verwirklichung dieses Ziels ist jedoch die Hafenwirtschaft nicht beteiligt, betroffen sind vielmehr die unmittelbare Gütertransport- und – zum Teil – Passagierschifffahrt. Eine Einbeziehung der Hafenwirtschaft in den Anwendungsbereich der Leitlinien stünde mithin nicht im Einklang mit dem verfolgten Zweck. Die finanzielle Unterstützung von Seehafenbetrieben, welche sich positiv auf den Seeverkehr selbst auswirkt und damit auch eine Förderung des Seeverkehrs darstellt, ist daher allein an den primärrechtlichen Maßstäben zu messen.

(3) Vereinbarkeit nach Artikel 86 Abs. 2 EG

Soweit in einem Hafen gemeinwirtschaftliche Leistungen erbracht werden, sind die *Altmark Trans*-Kriterien des EuGH vorrangig anzuwenden[168]. Greifen diese Kriterien nicht ein, bleibt es bei der Anwendung von Artikel 86 Abs. 2 EG.
In ihrer Entscheidung über die Anwendung des Artikels 86 Abs. 2 EG auf staatliche Beihilfen setzt die Kommission auch für den Seehafensektor bestimmte Obergrenzen fest, unterhalb derer sie davon ausgeht, „*dass die Entwicklung des Handelsverkehrs dadurch nicht in einem Ausmaß beeinträchtigt wird, das dem Interesse der Gemeinschaft zuwiderläuft*"[169]. Nach Artikel 2 Abs. 1 lit. d ist die Entscheidung anwendbar auf Seeverkehrshäfen, bei denen das jährliche Fahrgastaufkommen in den zwei Rechnungsjahren vor Übertragung der Dienstleistung von allgemeinem wirtschaftlichem Interesse im Schnitt die Zahl von 300.000 nicht überstieg. Eine Obergrenze für den Frachtumschlag hat die Kommission hingegen nicht festgesetzt, sodass die Entscheidung für einen bedeutenden Teil der Seehäfen keine Wirkung entfaltet. Seehäfen allerdings, welche staatliche Mittel erhalten, die lediglich dem Ausgleich von Kosten dienen, die durch Gemeinwohlverpflichtungen entstanden sind, und welche ihrer Größe nach ein Fahrgastaufkommen von 300.000 jährlich nicht ü-

---

[167] Vgl. ABl. (EG) 2004 C-13/3 Ziff. 2.2, sie ersetzen die Leitlinien aus dem Jahr 1997, ABl. (EG) 1997 C-205/5, welchen bereits das gleiche Ziel zugrunde lag.
[168] Vgl. dazu oben I.)A.1.a)(2).
[169] Europäische Kommission, Entscheidung vom 28.11.2005 über die Anwendung von Artikel 86 Absatz 2 EG-Vertrag auf staatliche Beihilfen, die bestimmten mit der Erbringung von Dienstleistungen von allgemeinem wirtschaftlichem Interesse betrauten Unternehmen als Ausgleich gewährt werden, ABl. (EG) L-312/67, Erwägungsgrund 14.

berschreiten, sind von der Notifizierungspflicht nach Artikel 88 Abs. 3 EG freigestellt.

i) Beispielhafte Entscheidungen der Kommission

Die Entscheidungen der Kommission über die Vereinbarkeit mit dem Gemeinsamen Markt von staatlichen Beihilfen auf dem Hafensektor lassen sich in Entscheidungen über Beihilfen zur Finanzierung von Hafeninfrastruktur[170] und Entscheidungen über Beihilfen zugunsten von Seehafenbetrieben unterteilen.

Ein Beispiel für die Verzerrungen im *intra-port* Wettbewerb der Seehafenbetriebe stellt ein Fall dar, welcher niederländische Schleppreedereien im Hamburger Hafen betrifft[171]: Nach dem niederländischen Gesetz zur Verminderung der Lohnsteuer und Sozialabgaben müssen Lohnsteuer und Sozialabgaben der Arbeitnehmer auf im niederländischen Schiffsregister eingetragenen Schiffen nicht an den Staat bzw. die Sozialkasse abgeführt werden, wenn sie 40 Prozent des Bruttolohnes nicht überschreiten. Die Abgaben gelten aber dennoch als abgeführt, sodass dem einzelnen Arbeitnehmer kein Nachteil entsteht. Dieser als Beihilfe zu qualifizierende Kostenvorteil versetzte niederländische Schleppreedereien, die mit als Seeschiffen registrierten Schleppern im Hamburger Hafen tätig waren, in die Lage, ihre Leistungen zu erheblich niedrigeren Preisen anzubieten, als die ortsansässigen Schleppreedereien dieses konnten. Da diese im Wettbewerb zueinander standen, wurde der Handel zwischen den Mitgliedstaaten durch die niederländische Regelung beeinträchtigt[172].

Dem niederländischen Recht vergleichbare Regelungen zum Lohnsteuer- und Sozialabgabeneinbehalt sieht auch das deutsche Seeschifffahrtsanpassungsgesetz[173] vor, welches jedoch nicht auf Assistenzschlepper im Hafen Anwendung findet. Dieses entspricht dem Umstand, dass die Leit-

---

[170] Vgl. Europäische Kommission, XXXI. Bericht über die Wettbewerbspolitik 2001, Ziff. 441.

[171] KomE, ABl. (EG) 2002 L-314/97 – *niederländische Schlepper*.

[172] KomE, ABl. (EG) 2002 L-314/97 Rz.. 61 – *niederländische Schlepper*; ebs. zuvor bereits zu Sozialbeitragsermäßigungen und -befreiungen für Unternehmen auf dem italienischen Hafensektor KomE, ABl. (EG) 2001 L-312/5 Rz. 62, wobei die Entscheidung aufgrund besonderer Umstände des Einzelfalls im Ergebnis anders ausfällt.

[173] Gesetz zur Anpassung der technischen und steuerlichen Bedingungen in der Seeschiffahrt an den internationalen Standard vom 12.12.1998, BGBl. 1998 I, S. 4023.

linien der Gemeinschaft für staatliche Beihilfen im Seeverkehr nicht auf Binnenwasserstraßen oder Häfen Anwendung finden.
Obwohl Ausnahmen vom Verbot der Gewährung staatlicher Beihilfen für Hafenbetriebe insbesondere nach Artikel 87 Abs. 3 lit. c Var. 2 EG als sektorale Beihilfen in Betracht kommen, war dieses zugunsten der niederländischen Hafenschlepper nicht der Fall. Nach Auffassung der Kommission handelte es sich bei den festgestellten Beihilfen um Betriebsbeihilfen für Schleppdienste in Häfen der Gemeinschaft, welche die Handelsbedingungen in einer Weise verändern könnten, die dem gemeinsamen Interesse zuwiderliefe[174]. Auch Artikel 86 Abs. 2 EG sollte keine Anwendung finden, da es sich bei der Schlepperei nicht um eine Dienstleistung von allgemeinem wirtschaftlichen Interesse handelte[175].
Hingegen hat die Kommission Beihilfen im Rahmen der Umstrukturierung des französischen Hafensektors für mit dem Gemeinsamen Markt vereinbar gehalten. Die französische Regierung hatte eine Steuererleichterung für die Übertragung und Erneuerung bestehender Hafenausrüstung (schwere Kräne etc., also Suprastruktur) zur Modernisierung und Rationalisierung des Frachtumschlags vorgesehen. Diese war nach Auffassung der Kommission als sektorale Beihilfe im Interesse der Gemeinschaft zu qualifizieren, da sie der gemeinschaftlichen Seehafenpolitik entspreche, welche die Privatisierung kommerzieller Hafendienste vorsah[176]. Die erforderlichen Investitionen wären auf dem freien Markt jedoch nur schwer zu erreichen, sodass über die Steuererleichterung ein gewisser Investitionsanreiz geschaffen werden müsste. Die Verhältnismäßigkeit der Regelung ergab sich aus ihrer begrenzten Anwendungsdauer und einem begrenzten Höchstbetrag. Anders beurteilte die Kommission jedoch Beihilfen für den Erwerb neuer Ausrüstung zur Erweiterung der Kapazitäten der Häfen von Le Havre und Dunkerque. Diese Häfen hätten zwar geringere Zuwachsraten als die konkurrierenden Nordseehäfen, eine Veränderung der Angebots- und Nachfragesituation könne staatliche Unterstützung jedoch nicht rechtfertigen, vielmehr würde eine staatliche Inter-

---

[174] KomE, ABl. (EG) 2002 L-314/97 Rz. 87 – *niederländische Schlepper*; im Unterschied zum Fall der flämischen Häfen betraf diese Beihilfe nicht die Infrastruktur als solche, welche jedenfalls potentiell allen Hafennutzern zur Verfügung steht und daher die Leistungsfähigkeit des Hafens insgesamt steigert, sondern allein niederländische Schleppreedereien, deren eigene Leistungsfähigkeit gegenüber anderen Schleppreederein durch die Beihilfe gesteigert wurde.
[175] KomE, ABl. (EG) 2002 L-314/97 Rz. 88 – *niederländische Schlepper.*
[176] KomE, ABl. (EG) 2000 L-155/52 Rz. 21 – *französischer Hafensektor.*

vention den Konkurrenzkampf der Seehafenbetriebe stören und den Wettbewerb verzerren[177].

Keine Beihilfe stellt nach den Grundsätzen der Kommission die Finanzierung des Jade-Weser-Ports in Wilhelmshaven dar[178]: Das Land Niedersachsen und die Freie Hansestadt Bremen beteiligen sich an der Finanzierung des Baus dieses Hafens, insbesondere der terminalnahen Infrastruktur mit einer Investition von knapp 90 Millionen Euro[179]. Betreiber dieser Suprastruktur wird die Eurogate, also mithin ein bestimmtes Unternehmen. Allerdings wurde Eurogate im Rahmen eines Ausschreibungsverfahrens als Betreiber ermittelt, sodass ein Wettbewerb um die Betreiberkonzession stattgefunden hat und demnach das Ausschlussprinzip, welches mit der selektiven Konzessionsvergabe einher geht, nicht von Beginn an Geltung beanspruchen konnte. Die mit staatlichen Mitteln finanzierten Anlagen können aufgrund der Konzessionsvergabe in einem allgemein zugänglichen Vergabeverfahren als allgemein zugänglich gelten[180]. Eine selektive Begünstigung der Eurogate liegt daher nicht vor.

j) Exkurs: Die Transparenz-Richtlinie

Ein Instrument zur Beihilfekontrolle durch die Europäische Kommission ist die so genannte Transparenzrichtlinie[181]. Die Transparenz der finanziellen Beziehungen ist unverzichtbare Voraussetzung für eine wirksame und faire Anwendung der Beihilfevorschriften. Der Anwendungsbereich dieser Richtlinie beschränkt sich auf öffentliche und solche Unternehmen, die mit Dienstleistungen von allgemeinem wirtschaftlichem Interesse betraut sind, mit dem Ziel, Quersubventionen zwischen öffentlich-rechtlichen und wettbewerblichen Tätigkeitsbereichen dieser Unternehmen aufdecken zu können. Dementsprechend schreibt die Richtlinie sowohl die Transparenz der finanziellen Beziehungen zwischen öffentlicher Hand und betroffenen Unternehmen als auch eine getrennte Buchführung innerhalb der Unternehmen für die verschiedenen Tätigkeitsbereiche vor.

---

[177] KomE, ABl. (EG) 2000 L-155/52 Rz. 29 f. – *französischer Hafensektor*.

[178] Zum Bau und zur Finanzierung des Jade-Weser-Ports sind Informationen im Internet verfügbar unter http://www.jadeweserport.de (zuletzt 04.01.2008).

[179] Der Investitionsbedarf für Basis- und terminalnahe Infrastruktur wird mit insgesamt 600 Mio. Euro veranschlagt, JWPrePort 1/2006, S. 4.

[180] Europäische Kommission, Grünbuch über Seehäfen (Fn. II.540), Ziff. 42 (dort Fn. 30).

[181] S. Fn. IV.163.

Regelungsgegenstand ist dabei zunächst die finanzielle Beziehung des Staates bzw. des allgemeinen Haushalts zu einer bestimmten Stelle staatlicher Verwaltung, welche im Sinne des funktionalen Unternehmensbegriffs als Unternehmen im Sinne der Richtlinie zu qualifizieren ist. Die Notwendigkeit der Transparenz der finanziellen Beziehung zwischen der öffentlichen Hand und den öffentlichen Unternehmen in privatrechtlicher Rechtsform folgt aus einer Doppelrolle, welche der Staat in dieser Situation einnimmt: Einerseits ist er in der gesellschaftsrechtlichen Position, über die Geschicke des Unternehmens zu bestimmen, nimmt also die Position eines Unternehmers ein, andererseits ist er Träger der hoheitlichen Gewalt und als solcher dem Gemeinwohl verpflichtet. Diese Doppelrolle erfordert es, insbesondere den Ausgleich von Betriebsverlusten, Kapitaleinlagen oder Kapitalausstattungen, nicht rückzahlbare Zuschüsse oder Darlehen zu Vorzugsbedingungen, die Gewährung von finanziellen Vergünstigungen durch Verzicht auf Gewinne oder Nichteinziehung von Schuldforderungen, den Verzicht auf eine normale Verzinsung der eingesetzten öffentlichen Mittel und den Ausgleich von durch die öffentliche Hand auferlegten Belastungen offen zu legen[182]. Denn eben solche versteckte staatliche Intervention würde die Position der öffentlichen Unternehmen ohne entsprechende Eigenleistung stärken und damit dem Prinzip des freien und offenen Wettbewerbs widersprechen. Ausgenommen von der Transparenzpflicht sind allerdings solche öffentlichen Unternehmen, welche in den beiden der Mittelzuführung vorangegangenen Rechnungsjahren einen Jahresnettoumsatz von weniger als 40 Millionen Euro gehabt haben[183]. Diese Ausnahme ist in der Richtlinie und den diese umsetzenden Gesetzen vorgesehen, da die potentiellen Wirkungen auf den Wettbewerb als gering angesehen werden[184].

Von der Transparenzpflicht ebenfalls betroffen sind Unternehmen, welche mit besonderen oder ausschließlichen Rechten im Sinne des Artikels 86 Abs. 2 EG ausgestattet oder mit einer Dienstleistung von allgemeinem wirtschaftlichem Interesse betraut sind und dafür staatliche Beihilfen erhalten. Diese Unternehmen sind nach Artikel 2 Abs. 1 lit. d der Richtlinie zur getrennten Buchführung verpflichtet. Das bedeutet im Umkehrschluss, dass diese Unternehmen in mindestens zwei verschiedenen Geschäftsbereichen tätig sein müssen, da nur dann überhaupt ein Anlass zur Führung getrennter Bücher bestehen kann. Zuletzt darf das Unternehmen nicht von dem Anwendungsbereich der Richt-

---

[182] Vgl. Artikel 3 Transparenzrichtlinie (Fn. IV.163).

[183] Artikel 4 Abs. 1 lit. d Transparenzrichtlinie (Fn. IV.163).

[184] Erwägungsgrund 10 der Richtlinie 2000/52/EG vom 26.7.2000, ABl. (EG) 2000 L-193/75.

linie ausgenommen sein. Ausgenommen sind Unternehmen, deren Dienstleistungen nicht geeignet sind, den Handel zwischen den Mitgliedstaaten merklich zu beeinträchtigen, Unternehmen mit einem Jahresumsatz von weniger als 40 Millionen Euro in den zwei vorangegangenen Rechnungsjahren, Unternehmen nach Artikel 86 Abs. 2 EG und Unternehmen, die Beihilfen im Rahmen eines Auswahlverfahrens erhalten haben[185]. Aus diesen Anforderungen, welche die Richtlinie für den Anwendungsbereich der Pflicht zur getrennten Buchführung aufstellt, ergibt sich, dass auch private Unternehmen von dieser Pflicht betroffen sein können.

Die Transparenzpflicht für diese Unternehmen umfasst die Führung getrennter interner Konten, die den verschiedenen Geschäftsbereichen entsprechen, die korrekte Zuordnung und Zuweisung aller Kosten und Erlöse auf der Grundlage einheitlich angewandter und objektiv gerechtfertigter Kostenrechnungsgrundsätze sowie die eindeutige Bestimmung der Kostenrechnungsgrundsätze, welche der getrennten Buchführung zugrunde liegen[186].

Unzulässige Quersubventionierungen, wie sie die getrennte Buchführung sichtbar machen soll, liegen vor, wenn Einnahmen auf einem öffentlichrechtlich geschützten Markt bzw. staatliche finanzielle Unterstützung für die Tätigkeit auf einem solchen Markt von dem betroffenen Unternehmen auf einem anderen Markt eingesetzt werden, auf welchem es mit anderen Unternehmen im Wettbewerb steht. Eine solche „Umleitung" von Mitteln, welche nur aufgrund staatlicher Intervention vereinnahmt wurden, ist unzulässig, da sie zu Wettbewerbsverzerrungen führt. Gegen die umgekehrte Zuführung wettbewerblich erworbener Mittel in den geschützten Bereich ist nichts einzuwenden, denn auf dem Zielmarkt besteht kein Wettbewerb, der verzerrt werden könnte.

Für den Hafensektor hat die Transparenzrichtlinie in dreifacher Hinsicht Bedeutung: Zunächst werden von ihrem Anwendungsbereich alle jene Hafenbetreiber erfasst, welche der öffentlichen Hand angehören. Dabei ist unerheblich, ob es sich um integrierte Bestandteile der Verwaltung oder um ausgegliederte und rechtlich eigenständige Stellen handelt, denn auch im Rahmen der Transparenzrichtlinie als Instrument zur Effektivierung der Beihilfekontrolle findet der funktionale Unternehmensbegriff Anwendung. Obwohl die Privatisierungstendenz erheblich ist, sind in einigen europäischen Seehäfen auch öffentliche Dienstleistungsunternehmen im Sinne der Transparenzrichtlinie tätig. Danach ist ein öffentliches Unternehmen jedes Unternehmen, auf das die öffentliche Hand unmittel-

---

[185] Artikel 4 Abs. 2 Transparenzrichtlinie (Fn. IV.163).

[186] Vgl. Artikel 3a Transparenzrichtlinie (Fn. IV.163).

bar oder mittelbar einen beherrschenden Einfluss ausüben kann, wobei nicht erheblich ist, worauf dieser Einfluss beruht. Es wird jedoch vermutet, dass ein beherrschender Einfluss ausgeübt wird, wenn die öffentliche Hand unmittelbar oder mittelbar die Mehrheit des gezeichneten Kapitals des Unternehmens besitzt, über die Mehrheit der mit den Anteilen des Unternehmens verbundenen Stimmrechte verfügt oder mehr als die Hälfte der Mitglieder des Verwaltungs-, Leitungs- oder Aufsichtsorgans des Unternehmens bestellen kann[187].

Vor diesem Hintergrund sind beispielsweise die Hamburger HHLA aber auch die Lübische LHG öffentliche Unternehmen, weil die Mehrheit ihres gezeichneten Kapitals von der öffentlichen Hand gehalten wird. Öffentliche Unternehmen sind des Weiteren die Anstalten und Körperschaften des öffentlichen Rechts[188], welche im Hafen wirtschaftlich tätig werden. Dazu gehören u. a. die Hafenlotsenbrüderschaften.

In den europäischen Seehäfen sind jedoch vielfach Unternehmen tätig, welche nicht nur privatrechtlich organisiert sind, sondern auch materiell als privat zu qualifizieren sind. Diese Unternehmen sind nur dann von der Transparenzrichtlinie betroffen, wenn sie Dienstleistungen im allgemeinen wirtschaftlichen Interesse erbringen. Der Anwendungsbereich der Transparenzrichtlinie auf private Unternehmen im Hafen ist damit gering, denn die wenigsten Hafendienstleistungen können als solche im allgemeinen wirtschaftlichen Interesse qualifiziert werden. Hinzu kommt, dass die Unternehmen, welche derartige Dienstleistungen im Hafen erbringen, Unternehmen der technisch-nautischen Branchen sind und häufig nicht in zwei aufeinander folgenden Jahren einen Jahresnettoumsatz von 40 Millionen Euro erreichen werden[189].

Nach der Rechtsprechung des EuGH in der Sache *Altmark Trans*[190] warf die Bestimmung des Anwendungsbereiches der Pflicht zur getrennten Buchführung Probleme auf: Nach der Richtlinie waren neben anderen solche Unternehmen zur getrennten Buchführung verpflichtet, welche mit Dienstleistungen von allgemeinem wirtschaftlichen Interesse betraut sind und für diese Dienstleistungen „staatliche Beihilfen“ erhalten[191]. Indem der EuGH sich mit seiner Entscheidung *Altmark Trans* ausdrücklich für die so genannte Tatbestandslösung entschieden hat und bereits das tatbestandliche Vorliegen einer Beihilfe verneint, wenn es sich bei der staat-

[187] Art. 2 Richtlinie 2000/52/EG vom 26.7.2000, ABl. (EG) 2000 L-193/75.
[188] Vgl. § 8 hamburgisches Hafenlotsgesetz für die Hafenlotsenbrüderschaft.
[189] Vgl. Europäische Kommission, Mitteilung zur Verbesserung der Dienstequalität in Seehäfen (Fn. I.32), S. 9.
[190] EuGH, Slg. 2003 I-7747 – *Altmark Trans.*
[191] Art. 2 Abs. 1 lit. d Transparenzrichtlinie (Fn. IV.163).

lichen Leistung allein um eine erforderliche Ausgleichszahlung für die Wahrnehmung gemeinwirtschaftlicher Aufgaben handelt, wurde der Anwendungsbereich der Transparenzrichtlinie erheblich eingeschränkt. Diese Einschränkung widerspricht jedoch der Zielsetzung der Richtlinie: Die Gefahr von Quersubventionierungen besteht auch dann, wenn es sich lediglich um eine Ausgleichszahlung handelt. Quersubventionierungen möglichst zu unterbinden ist aber gerade eines der mit der Richtlinie verfolgten Ziele. Im Übrigen ist es gerade zur Ermittlung der Erforderlichkeit einer Ausgleichszahlung in Abgrenzung zur Beihilfe notwendig, zwischen den Einnahmen und Ausgaben in den verschiedenen Geschäftsbereichen eines Unternehmens unterscheiden zu können. Aus diesem Grund wurde die Transparenzrichtlinie in der Weise geändert, dass es im Rahmen des Artikels 2 Abs. 1 lit. d der Richtlinie nicht mehr auf den Erhalt von staatlichen Beihilfen, sondern auf den Erhalt einer „*Vergütung in unterschiedlicher Form in Bezug auf diese Dienstleistung*“ ankommt[192]. Hinsichtlich dieser Formulierung ist kritisiert worden, dass nicht deutlich würde, dass die Vergütung aus staatlichen Mitteln gewährt werden müsste, dieses aber nach der bestehenden Fassung der Richtlinie erforderlich sei[193]. Eine entsprechende Änderung des Normtextes erscheint zwar aus Gründen der Klarheit wünschenswert, notwendig ist sie jedoch nicht: Die getrennte Buchführung wird im Rahmen der Beihilfekontrolle der Kommission relevant. Ob neben solchen Unternehmen, welche tatsächlich staatliche Mittel empfangen, auch Unternehmen, welche andere Vergütungen zur Erbringung gemeinwirtschaftlicher Leistungen empfangen, zur getrennten Buchführung verpflichtet sind, ist jedenfalls für die Prüfung, ob eine staatliche Zahlung auf einen wettbewerblichen Tätigkeitsbereich „umgeleitet“ wurde, nicht relevant.

2. Hafengebühren

Erklärtes Ziel der Kommission ist es, einen einheitlichen Rahmen für Hafengebühren zu schaffen und diesem das Prinzip der Kostenanlastung bei den Hafennutzern zugrunde zu legen[194].

Eine Kontrolle der Vereinbarkeit finanzieller staatlicher Unterstützung mit dem Gemeinsamen Markt unter dem Gesichtspunkt der Beihilfenkontrolle ist allein nicht ausreichend für die Bekämpfung von Wettbewerbs-

---

[192] Art. 1 RL 2005/81/EG, ABl. (EG) 2005 L-312/47.

[193] Vgl. zu dieser Kritik der deutschen Bundesregierung *Neukirchen*, EuR 2005, 112, 123.

[194] Europäische Kommission, Grünbuch über Seehäfen (Fn. II.540), Ziff. 53 ff; Weißbuch Infrastrukturbenutzung (Fn. V.144), S. 34.

verzerrungen im Rahmen der Seehafen-Finanzierung, insbesondere der Infrastrukturinvestitionen. Denn eine solche Kontrolle bezieht sich nur auf selektiv einzelnen Unternehmen gewährte Begünstigungen, die Finanzierung der allgemein zugänglichen Infrastruktur wird hingegen nicht erfasst. Gerade diese Finanzierung erfolgt in einer Vielzahl der europäischen Seehäfen aber unmittelbar durch die öffentliche Hand, während in anderen Seehäfen die privatrechtlichen Hafenbetreiber auch Infrastrukturmaßnahmen finanzieren[195]. So werden Maßnahmen hinsichtlich der allgemein zugänglichen Infrastruktur wie etwa die Ausbaggerung der Häfen in Hamburg und Bremen in der Bundesrepublik Deutschland mit staatlichen Mitteln finanziert[196]. In den britischen Häfen von Southampton, Liverpool und Felixstowe hingegen sind solche Maßnahmen durch den Hafenbetreiber vorzunehmen, welcher dafür Bankkredite in Anspruch nehmen muss und somit zusätzlichen Belastungen ausgesetzt ist[197]. Die fehlende Transparenz bei geleisteter staatlicher Unterstützung bewirkt dabei einen zweifelhaften Preiskampf in dieser besonderen Wettbewerbssituation, denn letztlich ist das Hafengeschäft in Deutschland und anderen vom Landlord-Modell geprägten Ländern mit Steuergeldern subventioniert[198]. Vor diesem Hintergrund erscheint auch erklärlich, warum die Preisentwicklung in den vergangenen Jahren unterdurchschnittlich angewachsen ist. Als Argument wurde mehrfach angeführt, dass eine bewusste „Niedrighaltung" öffentlichen Abgaben aus wettbewerbspolitischer Sicht sinnvoll sei[199].

Auch die Finanzierung durch die öffentliche Hand folgt ihrerseits unterschiedlichen Grundsätzen. Diese Unterschiede wirken sich auch auf die Gebührenerhebungssysteme aus[200], welche nur zum Teil – teils als Folge

---

[195] Auf die Auswirkungen auf den Grad der Kostendeckung in den verschiedenen Hafenmodellen weist Prognos (Fn. Einl 4), S. 101 hin. In den Hamburger Hafen sollen 2005-2009 insg. 746 Mio. Euro aus städtischen Mitteln investiert werden. Im Rahmen des Länderfinanzausgleichs stellt die Bundesregierung für Infrastrukturinvestitionen jährlich weitere 20,96 Mio. EUR zur Verfügung, Prognos (Fn. Einl 4), S. 104.

[196] Das Volumen der Investition für diese Ausbaggerung lag bei ca. 160 Millionen Euro.

[197] Vgl. ISL, Public Financing and Charging Practices of the Seaports in the EU, S. 157 ff., 163 ff., 169 ff.; schriftliche Anfrage 3478/97 von Anne McIntosh an die Kommission, ABl. (EG) 1997 C-158/124.

[198] Prognos (Fn. Einl 4), S. 109.

[199] Prognos (Fn. Einl 4), S. 110.

[200] Europäische Kommission, Weißbuch Infrastrukturbenutzung (Fn. V.144), Anhang II, S. 58.

ihrer Organisationsstruktur[201] – das Ziel der Kostendeckung verfolgen[202]. Daher können erhebliche Wettbewerbsverzerrungen eintreten: So kann ein Hafen vollkommen unabhängig von der eigenen Leistung durch staatliche Unterstützung in die Lage versetzt werden, hochwertigere Infrastruktur anzubieten und dennoch niedrigere Gebühren als andere Häfen zu verlangen[203]. Dieses wirkt sich auch auf die Umschlagentgelte[204] aus und kann zu einer „Zuwanderung" des Verkehrs aus anderen Häfen führen[205].

Im Rahmen eines Systems der Kostenanlastung bei den Hafennutzern sollen die wirtschaftliche Effizienz, die faire Behandlung der entwickelten und weniger entwickelten Häfen sowie Maßnahmen zur Wahrung des wirtschaftlichen und sozialen Zusammenhalts berücksichtigt werden[206]. Im Grundsatz sollen die Hafengebühren jedoch die sozialen Grenzkosten decken (Internalisierung externer Kosten)[207]. Von diesem Konzept weicht die Gebührenerhebung jedenfalls in den meisten Landlord-Häfen allerdings erheblich ab. So sieht das Gesetz über die Errichtung der Hamburg Port Authority[208] in § 12 Abs. 2 i. V. m. § 14 Nr. 1 hamburgisches Hafenverkehrsgesetz[209] vor, dass die Gebühren im Hamburger Hafen so zu bemessen seien, dass das Gesamtaufkommen der Gebühren im Hafen in einem „*angemessenen Verhältnis zu den staatlichen Aufwendungen steht*".

---

201 Prognos (Fn. Einl 4), S. 101.

202 Kostendeckunggrade in deutschen Seehäfen: Hamburg 30-40%, Bremen 35%, Niedersachsen rund 30%, der Kostendeckungsgrad der Schiene liegt bei 55%, Prognos (Fn. Einl 4), S. 112 f.

203 Es ist sogar von einer bewussten „Niedrighaltung" öffentlicher Abgaben aus wettbewerbspolitischer Sicht die Rede, Prognos (Fn. Einl 4), S. 110.

204 „Realistisch betrachtet muss man … sagen, dass in Deutschland das Hafengeschäft mit Steuergeldern subventioniert wird." Prognos (Fn. Einl 4), S. 109.

205 Beispiel in Europäische Kommission, Weißbuch Infrastrukturbenutzung (Fn. V.144), S. 9.

206 Europäische Kommission, Grünbuch über Seehäfen (Fn. II.540), Anhang III.

207 Europäische Kommission, Grünbuch über Seehäfen (Fn. II.540), Anhang III; ein Gebührensystem, in welchem die langfristigen Grenzkosten gedeckt werden, befürworten *Troujillo/Nombela*, S. 57 f.

208 Vom 29.6.2005 HmbGVBl. S. 256.

209 Vom 3.7.1979 HmbGVBl. S. 177, geänd. 19.1.1981 HmbGVBl. S. 9, geänd. 10.12.1996 HmbGVBl. S. 307.

Eine erste Bestandsaufnahme hat die Kommission im Jahr 2001 vorgelegt[210]. Diese entbehrt allerdings erheblicher Aussagekraft, da die erhobenen Daten möglicherweise unvollständig sind[211] und keine brauchbare Aussage über die verschiedenen Systeme der Gebührenerhebung getroffen wird. Einen Zusammenhang zwischen der Organisationsstruktur und dem Schwerpunkt der Entgelterhebung in einem Hafen meint die Kommission jedoch ziehen zu können[212]. Danach fließen den kommerziell organisierten integrierten Hafenbetreibern die Entgelte im Wesentlichen aus den kommerziellen Diensten zu, den nach dem Landlord-Prinzip agierenden Hafenbetreibern hingegen vornehmlich aus Vermietung von Flächen sowie Schiffs- und Frachtgebühren. Vor dem Hintergrund, dass die kommerziellen integrierten Hafenbetreiber darauf angewiesen sind, kostendeckende Entgelte für ihre Leistungen einzunehmen, liegt der Schluss nahe, dass diese Entgelte am Belastbarsten gegenüber den Kunden sind, was jedoch dem enormen Kostendruck, welchem die Umschlagbetriebe unterliegen widerspräche. Allerdings darf bei der Auswertung der erhobenen Daten nicht außer Acht gelassen werden, dass in einem solchen Hafen im Regelfall keine Einnahmen von Seiten anderer Hafendienstleister wie Mieten oder bestimmte Nutzungsentgelte anfallen, da regelmäßig der integrierte Betreiber selbst Anbieter aller Leistungen ist. Der proportionale Anteil der Einnahmen aus kommerziellen Dienstleistungen erhöht sich damit unweigerlich[213].

---

[210] Europäische Kommission, Arbeitsdokument der Kommissionsdienststellen über die Formen der öffentlichen Finanzierung und Gebührenerhebung im Hafensektor der Gemeinschaft, SEK (2001) 234 vom 14.2.2001.

[211] So Europäische Kommission, Arbeitsdokument zur Finanzierung und Gebührenerhebung im Hafensektor (Fn. V.210), S. 8.

[212] Europäische Kommission, Arbeitsdokument zur Finanzierung und Gebührenerhebung im Hafensektor (Fn. V.210), S. 16.

[213] Durch Umsetzung ihres Konzepts der Internalisierung externer Kosten rechnet die Kommission mit erheblichen Vorteilen für das Gemeinwesen. Ohne einen nennenswerten Einfluss auf das Bruttoinlandsprodukt zu erwarten, geht sie von positiven Effekten insbesondere für den Bereich des Umweltschutzes aus (so auch der WWF, Forderungen zur Seehafenpolitik 2006). Eine effizientere Nutzung des Verkehrssystems habe auch zur Folge, dass Unfallkosten sowie Ausgaben für die Instandhaltung der Infrastruktur sänken (Europäische Kommission, Weißbuch Infrastrukturbenutzung (Fn. V.144), S. 41).

D. Wettbewerbsverzerrungen durch finanzielle Wirkungen außerhalb der Artikel 87 ff. EG

Wettbewerbsverzerrungen können auch dann eintreten, wenn die öffentliche Hand bestimmte Maßnahmen aus staatlichen Mitteln finanziert, ohne dass diese tatbestandlich überhaupt eine hafenbezogene Förderung darstellen.

Wettbewerbsverzerrungen entstehen auch durch unterschiedlich hohe Steuern oder andere öffentliche Abgaben. So lag die Mineralölsteuer, welche in den deutschen Häfen erhoben wurde, bis Mitte des Jahres 2006 bei 47 cent/liter, wobei in den Niederlanden nur 2,1 cent/liter erhoben wurden[214]. Am 1. August 2006 ist in der Bundesrepublik Deutschland ein neues Energiesteuergesetz[215] in Kraft getreten, wonach Hafenanlagen zu den begünstigten Anlagen zählen (§ 3a) und daher nur noch eine deutlich geringere Steuer in Höhe von rund 6,1 cent/liter anfällt. Dennoch liegen die Steuern in den Niederlanden weit unter denen in Deutschland.

Eine ähnliche Verzerrung besteht mittlerweile auch im Hinterlandverkehr, so bei den Trassenentgelten pro Kilometer und der Lkw-Maut[216]. Da der Hinterlandverkehr einen nicht nur unerheblichen Einfluss auf die Kosten des Gesamttransports hat, können sich diese Kosten auch in der Entscheidung für oder gegen einen Hafen niederschlagen. Daher kann ein Hafenstandort als begünstigt angesehen werden, wenn ihm im Vergleich zu seinen Wettbewerbern günstigere Tarife des staatlichen Eisenbahnunternehmens zuteil werden[217], ohne dass eine tatbestandliche Beihilfe vorliegt.

Das EuG[218] hatte über einen Fall zu entscheiden, in dem das niederländische Transportunternehmen NS Cargo eine Beihilfe der niederländischen Regierung zur Förderung des kombinierten Güterverkehrs auf der Strecke Rotterdam-Prag erhalten hatte. Die Kommission hatte keine Einwände gegen diese Beihilfe erhoben. Die HHLA, der Zentralverband der Deutschen Seehafenbetriebe e.V. und der Unternehmensverband Hamburger Hafen e.V. klagten gegen diese Entscheidung der Kommission mit der Begründung, dass eigentlich nicht NS Cargo, sondern der Umschlagbe-

---

[214] Vgl. ZDS, Vortrag v. 28.06.2006.

[215] BGBl. 2006 I, S. 1534, Nr. 33 vom 19.7.2006.

[216] Vgl. ZDS, Vortrag v. 28.06.2006.

[217] Vgl. KomE, ABl. (EG) 1994 L-104/34 Rz. 162 ff., in der die unterschiedlichen Tarife der Deutschen Bundesbahn für Container-Transporte ab Hamburg und ab Rotterdam als diskriminierend und daher missbräuchlich eingestuft wurden.

[218] EuG Slg. 2001 II-1037 – *HHLA u.a./Kommission.*

trieb ECT in Rotterdam von dieser Förderung begünstigt sei und die HHLA dadurch einen Umsatzrückgang im Geschäft mit Gütern nach Prag zu verzeichnen habe. Das EuG hat die Klage als unzulässig abgewiesen: Die HHLA sei nicht klagebefugt, da sie von der Kommissionsentscheidung nicht hinreichend betroffen im Sinne des Artikels 93 Abs. 2 EG sei. Insbesondere sei sie kein direkter Wettbewerber der unmittelbar begünstigten NS Cargo und durch die Beihilfe nicht in ersichtlicher Weise beeinträchtigt. Dennoch führt eine verbesserte oder kostengünstigere Hinterlandanbindung aufgrund ihrer Bedeutung für die Hafenplatzwahl der Reeder in der Regel zu einem Vorteil auch der Dienstleister im hafenübergreifenden Wettbewerb.

Eine weitere mögliche Verzerrung im Wettbewerb der Seehäfen untereinander könnte durch die Inbetriebnahme der Betuweroute eintreten: Die Eisenbahntrasse von Rotterdam nach Emmerich stellt eine stark verbesserte Anbindung des Hafens von Rotterdam an einen wesentlichen Teil seines Hinterlandes dar. Die Trasse, auf welcher nur Güterverkehr stattfinden soll, besitzt eine Kapazität von 150 Güterzügen am Tag. Finanziert wird der Bau der Trasse durch die Europäische Union sowie verschiedene Mitgliedstaaten und die Schweiz[219]. Betreiben soll die Strecke ein privates Unternehmen. Der Ausbau der Betuweroute ist eines der Projekte, welches im Rahmen der Verwirklichung transeuropäischer Netze als prioritär eingestuft wurde[220]. Dieser Ausbau auf der Verkehrsebene soll langfristig zur Verwirklichung des Binnenmarktes und damit zur Schaffung eines fairen und freien Wettbewerbs beitragen. Kurzfristig werden die Wettbewerbsbedingungen jedoch verzerrt, da durch öffentliche Finanzierung eine Infrastruktur geschaffen wird, von welcher *de facto* im Wesentlichen ein bestimmter Hafen, nämlich der von Rotterdam, und die dort ansässigen Umschlagunternehmen profitieren. Allerdings sollen die Trassenentgelte gegenüber den aktuellen Gebühren um ca. 250 Prozent höher ausfallen. Aufgrund der verbauten Technik müssen die Operateure außerdem ihr Transaktionsmaterial entsprechend umrüsten oder neues Material beschaffen[221]. Kostengründe könnten daher den vermeintlichen Vorteil des Rotterdamer Hafens relativieren.

Alle die genannten Sachverhalte zeigen, dass die Finanzierung von Vorhaben aus staatlichen Mitteln auch dann zu einer Wettbewerbsverzerrung zwischen den Seehäfen führen kann, wenn tatbestandlich keine Beihilfe vorliegt oder die Beihilfe von der Kommission als vereinbar mit dem

---

[219] Zu diesen Angaben siehe im Internet unter http://www.railway-technology.com/projects/betuweroute (zuletzt 04.01.2008).

[220] KomE 884/2004, Anhang III, ABl. (EG) 2004 L-167/1.

[221] Dazu Prognos (Fn. Einl 4), S. 131.

Gemeinsamen Markt angesehen wird. Soweit in dieser finanziellen Begünstigung nicht gleichzeitig der Missbrauch einer marktbeherrschenden Stellung zu sehen ist, weil die Begünstigung über eine wirtschaftlich tätige marktbeherrschende Stelle der öffentlichen Verwaltung gewährt wurde, stehen keine primärrechtlichen Instrumente zur Verfügung, diesen Verzerrungen zu begegnen.

E. Zwischenergebnis zur inter-port Competition

Dieses Kapitel hat gezeigt, dass keineswegs nur innerhalb der einzelnen Seehäfen, sondern auch zwischen verschiedenen Seehäfen wettbewerbsrelevante Beziehungen bestehen. Die Anwendung des Kartellverbotes spielt in diesem Zusammenhang jedoch eine geringe Rolle, von Relevanz sind vielmehr die Bildung von hafenübergreifenden Zusammenschlüssen und insbesondere die finanzielle Unterstützung einzelner Vorhaben von staatlicher Seite.

Die zunehmende Tendenz von Zusammenschlüssen innerhalb von Transportketten macht dabei deutlich, dass die einzelnen Seehäfen nicht isoliert betrachtet werden dürfen, sondern auch ihre Interdependenzen mit anderen Seehäfen zu berücksichtigen sind.

Eine besondere Bedeutung kommt der Beihilfeaufsicht im Rahmen des hafenübergreifenden Wettbewerbs zu. Im Interesse einer Regional- und Strukturförderung stellen die Mitgliedstaaten bzw. ihre einzelnen Regionen finanzielle Mittel oder andere Vergünstigungen zur Verfügung, um die Effizienz und damit letztlich die Wettbewerbsstellung des dort belegenen Seehafens zu fördern.

Wesentliches Element der Verwirklichung des Binnenmarktes ist es, das System eines offenen und fairen Wettbewerbs zu gewährleisten, mitgliedstaatliche Einzelinteressen sind daher insoweit den Interessen der Gemeinschaft unterzuordnen. Aus diesem Grund erscheint eine effizientere Beihilfekontrolle auch für den Seehafensektor erstrebenswert. Voraussetzung dazu ist allerdings eine transparentere Gestaltung der finanziellen Beziehungen zwischen öffentlicher Hand und Hafenwirtschaft. Hierzu ist vor allem eine genaue Abgrenzung der Hafenwirtschaft vom See- und vor allem vom Hinterlandverkehr notwendig sowie die Definition der einzelnen Finanzierungsbereiche Infrastruktur, Suprastruktur und Hafendienstleistungen.

Mit der Etablierung einer effizienteren Beihilfekontrolle einher geht für die Seehäfen eine teilweise Abkehr von dem bislang vielfach vorzufindenden System des nicht kostendeckenden Betriebes der Seehäfen[222]. Denn die Herstellung gleicher Wettbewerbsbedingungen macht einen einheitlichen gemeinschaftlichen Ansatz erforderlich, inwiefern die Seehäfen Objekte finanzieller Unterstützung sein dürfen. Diesem Ansatz beabsichtigt die Kommission das Prinzip der Kostenanlastung bei den Hafennutzern zugrunde zu legen und die sozialen Grenzkosten durch die Einnahme von Hafengebühren zu decken[223].

[222] Dieses betrifft weniger die integrierten Seehäfen, welche zumeist durch ein privates Unternehmen betrieben werden, welches notgedrungen kostendeckend wirtschaften muss.
[223] Europäische Kommission, Grünbuch über Seehäfen (Fn. 540), Ziff. 53 ff.

VI.) Zwischenergebnis zum Seehafenwettbewerb

Die Untersuchung der wettbewerbsrechtlichen Einordnung der Seehäfen hat ergeben, dass drei verschiedene Wettbewerbsebenen zu berücksichtigen sind. Die These, dass neben dem hafeninternen Wettbewerb auch ein Wettbewerb um den Zugang zum Hafen als Nutzer oder Dienstleister und ein hafenübergreifender Wettbewerb bestehen, konnte bestätigt werden. Die Instrumente, welche auf nationaler wie gemeinschaftsrechtlicher Ebene zur Verfügung stehen, um dauerhaft einen fairen Wettbewerb zu gewährleisten, genügen allerdings nur zum Teil.

Was den Zugang zum Hafen als Infrastruktureinrichtung betrifft, enthält das nationale Recht in der Ausprägung, welche es durch die höchstrichterliche Rechtsprechung gefunden hat, mit der Pflicht zur Durchführung eines Auswahlverfahrens und zur Befristung der in der Folge abgeschlossenen Verträge ein hinreichendes Instrument, Wettbewerb zu gewährleisten. Nach der hier vertretenen Auffassung ist Artikel 82 Abs. 1 EG in gleicher Weise anzuwenden, eine entsprechende oder relevante gegenteilige Rechtsprechung des EuGH zu dieser Frage existiert jedoch bislang nicht.

Der Zugang zum Hafen als Ort der Erbringung von Dienstleistungen unterliegt in den einzelnen Mitgliedstaaten unterschiedlichen nationalen Regeln. Dabei werden teilweise bestimmte fachliche Voraussetzungen für eine Marktzulassung gefordert[1]. Das Gemeinschaftsrecht garantiert sowohl Dienstleistungs- als auch Niederlassungsfreiheit, sodass derartige Voraussetzungen nur dann Bestand haben können, wenn sie diskriminierungsfrei angewandt werden, einem zwingenden Allgemeininteresse zu dienen geeignet sind und nicht über das Maß des dazu Erforderlichen hinausgehen. Der Zugang zum Markt der Hafendienstleistungen kann auf der dienstleistungs- bzw. niederlassungsrechtlichen Ebene auf diese Art und Weise gewährleistet werden.

Instrumente, den hafeninternen Wettbewerb zu erhalten, stehen mit der Marktverhaltens- und der Marktstrukturkontrolle zur Verfügung. Entscheidend ist in diesem Bereich insbesondere die Abgrenzung des relevanten Marktes und für die Anwendung des Gemeinschaftsrecht die Bewertung als wesentlicher Teil des Gemeinsamen Marktes. Da der Betrieb eines Hafens als Betrieb einer Infrastruktureinrichtung in erheblicher

[1] Im Hamburger Hafen unterliegen zum Beispiel die Schlepp- und Lotsdienste einer behördlichenErlaubnis- bzw. Zulassungspflicht, § 19a hamburgisches Hafenverkehrsgesetz, § 1 hamburgisches Hafenlotsgesetz.

Weise staatlicher Einflussnahme unterliegt, existieren allerdings einige Bereiche, auf welche die gemeinschaftsrechtlichen Wettbewerbsregeln keine Anwendung finden. Angesichts der engen Definition von Dienstleistungen im allgemeinen wirtschaftlichen Interesse ist dieser Ausnahmebereich jedoch nicht groß.
Die eben gleichen wettbewerbsrechtlichen Instrumente wie für den hafeninternen Wettbewerb stehen auch für die Gewährleistung des hafenübergreifenden Wettbewerbs zu Verfügung. Wesentliche Bedeutung erlangt hier allerdings ein Aspekt, welcher den Zugang zum Hafen und den hafeninternen Wettbewerb kaum betrifft: Die in Art, Höhe und Wirkungsbereich höchst unterschiedlich ausgeprägte mitgliedstaatliche Unterstützung der Seehäfen als Infrastruktur, der Seehafendienstleister als Unternehmen oder auch der Beteiligten im Hinterlandverkehr kann zu erheblichen Verzerrungen des Wettbewerbs zwischen den Seehäfen führen.
Die zuvor dargestellten Zusammenschlüsse und Aktivitäten bzw. Beteiligungen der verschiedenen Terminalbetreiber in einer Mehrzahl von europäischen Seehäfen sowie die vielfältigen Beteiligungen von Reedern in den einzelnen Seehäfen zeigen, dass die beiden Ebenen des hafeninternen und hafenübergreifenden Wettbewerbs in ihren wirtschaftlichen Auswirkungen eng miteinander verknüpft sind. Verhalten, Marktstruktur oder finanzielle Unterstützung in dem einen Hafen können – und werden – sich regelmäßig auch auf die anderen Häfen auswirken, in denen das betroffene Unternehmen aktiv ist[2]. Denn entstehen in einem Hafen Kostenersparnisse durch Größenvorteile oder staatliche Unterstützung, können frei werdende Mittel für Investitionen in anderen Häfen genutzt werden.
Umgekehrt kann sich die Veränderung der hafenübergreifenden Marktstruktur durch Zusammenschlüsse auf den hafeninternen Wettbewerb auswirken, da Reeder als Kunden der Terminalbetreiber in verschiedenen Häfen bevorzugt die Terminals ein und desselben Betreibers anlaufen, weil die Häufigkeit ihres Anlaufens regelmäßig Einfluss auf die Höhe des berechneten Entgeltes hat.

---

[2] Wechselwirkungen zwischen inter- und intra-port competition erkennt auch die Europäische Kommission, Vademecum on State (Fn. II.514), S. 9.

VII.) Bedarf eines gemeinschaftlichen Regelungsrahmens für den Seehafenwettbewerb

A. Die Ansicht der Kommission

Nach Auffassung der Kommission setzte sich in der Europäischen Union in den vergangenen Jahren „die Erkenntnis durch, dass Seehäfen eine Schlüsselrolle für das Funktionieren der intermodalen Verkehrsketten von Haus zu Haus spielen, für den inner- und den außergemeinschaftlichen Handel gleichermaßen von entscheidender Bedeutung sind, und dass der scheinbar unaufhörliche Anstieg der Verkehrsnachfrage die Verlagerung eines immer größeren Teils der Belastung der Verkehrsinfrastruktur auf den Seeverkehr und somit die Seehäfen unumgänglich machen wird.“[1] Folge dieser Erkenntnis sei das zentrale Anliegen eines systematischen Ansatzes für die Regelung des Zugangs zum Markt für Hafendienste. Insbesondere zwei Argumente sprechen nach Auffassung der Kommission für die Verwirklichung dieses Anliegens:

- Die Erhaltung der Funktionsfähigkeit des Verkehrssektors der EU angesichts eines stetig wachsenden Beförderungsbedarfs sowie die Errichtung des Binnenmarktes mit der Schaffung gleicher Rahmenbedingungen in den Häfen.
- Im Übrigen ginge mit der Öffnung die Schaffung von Arbeitsplätzen unter uneingeschränkter Beachtung des gemeinschaftlichen Besitzstands in den Bereichen Soziales und Beschäftigung einher[2].

Das erste Argument unterstützt die Kommission mit allgemeinen Angaben hinsichtlich des Beförderungswachstums insbesondere im Kurzstrecken- und im Hochgeschwindigkeitsseeverkehr. Das zweite Argument wird durch den Umstand untermauert, dass die Organisations-, Eigentums- und Finanzierungsverhältnisse der Seehäfen in den verschiedenen Mitgliedstaaten aber auch innerhalb der einzelnen Mitgliedstaaten teilweise sehr unterschiedlich sind. Die Kommission geht davon aus, *„dass*

---

[1] Europäische Kommission, Mitteilung zur Verbesserung der Dienstequalität in Seehäfen (Fn. I.32).

[2] Europäische Kommission, Richtlinienvorschlag über den Marktzugang für Hafendienste (Fn. I.33).

die Festlegung eines gemeinschaftlichen Rechtsrahmens, der die wichtigsten in diesen EU-Häfen geltenden Regeln festschreibt, gewährleisten [wird], *dass für den Wettbewerb in und zwischen Häfen gleiche Ausgangsbedingungen gelten.*"[3]
Die Europäische Kommission konstatiert in ihrer Mitteilung über die Dienstequalität in Seehäfen[4], dass in den europäischen Seehäfen vielfach rechtliche oder tatsächliche Monopole zugunsten bestimmter Hafendienstleister bestehen. Seien diese Strukturen im Bereich des Hafenumschlags bereits teilweise aufgebrochen, blieben sie im Bereich der technisch-nautischen Dienstleistungen noch immer bestehen[5]. Aus diesem Grund sei hinsichtlich des Zugangs zum Markt für Hafendienste ein spezieller gemeinschaftlicher Regelungsrahmen zu schaffen. Dieser solle zu einer Verbesserung der Dienstequalität in den Seehäfen beitragen.
Aspekte des auf die Zulassung folgenden, hafeninternen Wettbewerbs greift die Kommission nicht auf. Bezüglich des hafenübergreifenden Wettbewerbs stellt sie jedoch fest, dass sich die Finanzierung der Seehäfen erheblich von einander unterscheide. Angesichts der großen Bedeutung der Finanzströme zwischen öffentlicher Hand und Privatwirtschaft für den Wettbewerb, sei eine gemeinschaftliche Regelung hinsichtlich der Transparenz dieser Finanzströme als Voraussetzung einer effektiven Beihilfekontrolle erforderlich[6]. Die Erstellung von Leitlinien über die Vereinbarkeit von Beihilfen auf dem Seehafensektor mit dem Gemeinsamen Markt lehnte die Kommission zunächst mit der Begründung ab, dass bislang keine ausreichende Entscheidungspraxis in diesem Bereich bestünde, auf der die Erstellung von Leitlinien aufbauen könne[7]. Später schloss sie sich jedoch dem Europäischen Parlament und dem Rates an und stellte eine Verabschiedung solcher Leitlinien in Aussicht[8].
Zum Zweck der Angleichung der Wettbewerbsbedingung der europäischen Seehäfen ist von der Kommission auch ein einheitlicher Gebühren-

---

[3] Europäische Kommission, Richtlinienvorschlag über den Marktzugang für Hafendienste (Fn. I.33), S. 3.
[4] Europäische Kommission, Mitteilung zur Verbesserung der Dienstequalität in Seehäfen (Fn. I.32).
[5] Europäische Kommission, Mitteilung zur Verbesserung der Dienstequalität in Seehäfen (Fn. I.32), S. 3 f.
[6] Europäische Kommission, Mitteilung zur Verbesserung der Dienstequalität in Seehäfen (Fn. I.32), S. 6 ff.
[7] Europäische Kommission, Mitteilung zur Verbesserung der Dienstequalität in Seehäfen (Fn. I.32), S. 11 ff.
[8] Europäische Kommission, Richtlinienvorschlag über den Marktzugang für Hafendienste (Fn. I.33), S. 4.

rahmen für alle europäischen Seehäfen vorgeschlagen worden[9]. Ein solcher, dem das Prinzip der Kostenanlastung bei den Nutzern zugrunde liege, mache es den Hafenbetreibern unmöglich, die Gebühren wettbewerbsrelevant zu senken und die entstandenen Kosten durch staatliche Subventionen zu decken[10].

B. Stellungnahme

Die Kommission hat zwei Aspekte des Seehafenwettbewerbs identifiziert, für welche sie einen Bedarf nach einem gemeinschaftlichen Regelungsrahmen sieht: den Zugang zum Seehafen als Tätigkeitsgebiet sowie die Finanzierung der verschiedenen europäischen Seehäfen. Dieser Feststellung ist insoweit zuzustimmen, als die Kommission im Umkehrschluss derzeit keinen Regelungsbedarf hinsichtlich der kartellrechtlichen Aspekte der *intra port-competition* und der *inter port-competition* im weiteren Sinn sieht. Wie an anderer Stelle gezeigt, bieten Missbrauchskontrolle, Kartellverbot und Zusammenschlusskontrolle als allgemeine Instrumente des Kartellrechts auch auf dem Seehafensektor hinreichenden Rechtsschutz zugunsten von Wettbewerbern und Eingriffsmöglichkeiten der Kartellbehörden. Besondere Umstände des Seehafens, die eine Sonderregelung von kartellrechtlicher Verhaltens- und Strukturkontrolle für den Seehafensektor rechtfertigen könnten, sind nicht ersichtlich.

1. Gemeinschaftsrechtliche Regelung des Zugangs

Strebt ein Unternehmen die Aufnahme der Tätigkeit als Hafendienstleister in einem bestimmten Hafen an, so kann es sich zunächst mit zwei verschiedenen Situationen konfrontiert sehen: Entweder es sind freie Hafenflächen für die Aufnahme der Tätigkeit vorhanden oder es ist keine Fläche vorhanden und das Unternehmen wird faktisch vom Markt der Hafendienstleistungen in dem betreffenden Hafen ausgeschlossen.
Da die Schaffung weiterer Flächen regelmäßig keine Handlungsmöglichkeit darstellt, kann der Zugang nur durch eine andere Allokation der vorhandenen Flächen bewirkt werden. Dazu bieten sich wiederum zwei Möglichkeiten: Die eine Möglichkeit betrifft das eingangs diskutierte Auswahlverfahren mit anschließender Befristung der abgeschlossenen

---

[9] Europäische Kommission, Grünbuch über Seehäfen (Fn. II.540), Ziff. 54 ff; Weißbuch: Die Europäische Verkehrspolitik bis 2010: Weichenstellung für die Zukunft, KOM (2001) 370, S. 88.
[10] Vgl. Europäische Kommission, Grünbuch über Seehäfen (Fn. II.540), Ziff. 57.

Miet- oder Pachtverträge. Das ausgeschlossene Unternehmen kann also den Auslauf eines solchen Vertrages abwarten und sich an dem dann durchzuführenden Auswahlverfahren beteiligen. Die andere Möglichkeit erfordert eine strukturelle Unternehmensentscheidung: Das ausgeschlossene Unternehmen kann in der Weise Zugang zum Hafen und die Möglichkeit zur Nutzung einer Hafenfläche erlangen, dass es sich mit einem anderen, im Hafen bereits tätigen Unternehmen zusammenschließt. Diese Möglichkeit besteht allerdings in solchen Fällen nicht, in denen die an einem solchen Zusammenschluss möglicherweise beteiligten Unternehmen in den Anwendungsbereich der Zusammenschlusskontrolle fallen und eine marktbeherrschende Stellung des neuen Unternehmens oder sonst eine Wettbewerbsbeeinträchtigung zu erwarten ist. Da jedoch eine Vielzahl der in den europäischen Seehäfen tätigen Unternehmen die Umsatz-Schwellenwerte nicht überschreitet und die umsatzstärkeren Umschlagunternehmen regelmäßig auf einem hafenübergreifenden Markt mit einer Vielzahl von Wettbewerbern tätig sind, wird die Zugangsmöglichkeit durch strukturelle Unternehmensentscheidungen durch das Kartellrecht insgesamt nicht erheblich eingeschränkt.
Diese bestehenden Möglichkeiten sind von der Europäischen Kommission weder in ihrem Grünbuch noch in der Mitteilung über die Verbesserung der Dienstequalität in Seehäfen erörtert worden. Insbesondere die erstgenannte bietet im Falle der Durchführung eines offenen und transparenten Auswahlverfahrens aber die Möglichkeit, die wettbewerblichen Interessen der Bewerber-Unternehmen zu wahren und allen Bewerber in regelmäßigen Zeit-Abständen eine Chance auf den Zugang zu ermöglichen. Rechtsgrundlage dieses Auswahlverfahrens ist im nationalen Recht das kartellrechtliche Diskriminierungsverbot. Voraussetzung für dessen Anwendung ist allerdings, dass der Einrichtungsinhaber, also der Eigentümer der Hafenfläche, eine marktbeherrschenden Stellung auf diesem Angebotsmarkt besitzt. Auf der gemeinschaftsrechtlichen Ebene ist eine entsprechende Interpretation des Artikels 82 EG bislang nicht erfolgt. Nach der hier vertetenen Ansicht stellt aber auch die Verweigerung einer Hafenfläche durch einen marktbeherrschenden Anbieter von Hafenflächen aus Mangel an Kapazität nur dann keinen Verstoß gegen das allgemeine Diskriminierungsverbot des Artikels 82 EG dar, wenn zuvor ein offenes, transparentes und nicht-diskriminierenden Auswahlverfahren durchgeführt worden ist. Darüber hinaus ist die öffentliche Hand nach dem Gemeinschaftsrecht verpflichtet, Flächen nur nach Wertermittlung im Rahmens der Durchführung eines Auswahlverfahrens oder der Erstellung eines Wertgutachtens zu vermieten.
Die genannten Zugangsmöglichkeiten weisen damit jedoch einige Lücken auf: Für die Anwendung der Norm müssten private Anbieter von Flächen eine marktbeherrschende Stellung einnehmen, das Verbot richtet sich al-

lein gegen eine Nicht-Zulassung aus Kapazitätsgründen und auch die nicht-marktbeherrschende öffentliche Hand kann sich der Durchführung eines Auswahlverfahrens entziehen, indem sie die Erstellung eines Wertgutachtens veranlasst.

a) Umfang einer Zugangsregelung

Die Kommission hat es sich zum Ziel gesetzt, den Zugang zum Markt für Hafendienstleistungen aus wettbewerblichen Gründen zu erleichtern. Es stellt sich in Anbetracht der aufgezeigten Lücken daher die Frage, ob es einer umfassenden Zugangsregelung, welche die aufgezeigten Lücken schließt, zur Öffnung des Hafendienstleistungsmarktes für den Wettbewerb bedarf und ob dieses der Erhaltung der Funktionsfähigkeit des Seeverkehrs sowie der Errichtung des Binnenmarktes gerecht würde. Dabei ist zu beachten, dass jede gemeinschaftliche Regelung den Geboten der Verhältnismäßigkeit und Subsidiarität des Artikels 5 EG genügen muss.

(1) Einbeziehung anderer als Marktbeherrscher

Ziel jeder Zugangs-Regelung muss die Schaffung und Gewährleistung eines offenen und fairen Wettbewerbs auf dem betreffenden (Sekundär-)Markt sein. In einem solchen System freien Wettbewerbs kann aber auch die Freiheit des auf dem Primärmarkt tätigen Unternehmens darüber zu entscheiden, mit welchen Partnern es Verträge abschließen will, nur unter besonderen Voraussetzungen eingeschränkt werden. Zu diesen Voraussetzungen gehört im europäischen wie deutschen Kartellrecht die marktbeherrschende Stellung. Beide kartellrechtlichen Systeme verbieten nicht die Entstehung einer marktbeherrschenden Stellung durch internes Wachstum, also durch wirtschaftliche oder technische Erfolge. Statt dessen knüpfen sie an das Verhalten dieser marktmächtigen Unternehmen an. Gerechtfertigt wird dieses System durch den besonders großen Einfluss, den ein marktbeherrschendes Unternehmen auf den Wettbewerb ausüben kann und durch den Umstand, dass ein derart starkes Unternehmen nicht mehr hinreichend durch den Wettbewerb kontrolliert wird[11]. Legen auf vollkommen wettbewerblich strukturierten Märkten die Wettbewerber untereinander sich gegenseitig Verhaltensbindungen auf, entfällt diese Bindung auf einem Markt, auf dem ein Unternehmen eine herausragende Position einnimmt.

[11] Vgl. Wiedemann-*Wiedemann*, § 23 Rn. 1 ff., 16 ff.

Rechtfertigen lässt sich ein Eingriff in die Verfügungsbefugnis und unternehmerische Freiheit von Unternehmen der Marktgegenseite aus Gründen des Wettbewerbs dementsprechend nur dann, wenn diese strukturell eine den Wettbewerb potentiell behindernde Position einnehmen und sich tatsächlich behindernd verhalten[12]. Denn dann ist die Marktwirtschaft nicht mehr in der Lage, aus sich selbst heraus für eine optimierte Allokation der Ressourcen zu sorgen, die Marktordnungsfunktion des Wettbewerbs wird nicht mehr erfüllt[13]. Marktbeherrschende Unternehmen verfügen im Gegensatz zu anderen Unternehmen über ein erhöhtes Potential, wettbewerbliche Prozesse zu stören, und sind daher in der Lage, die Handlungsfreiheit von Unternehmen der gleichen, vor- oder nachgelagerten Marktstufe einzuschränken. Dieses rechtfertigt eine Verhaltenskontrolle der marktbeherrschenden Unternehmen[14].

Die Einbeziehung anderer als marktbeherrschender Unternehmen in die Zulassungs- bzw. Öffnungspflicht aus wettbewerblichen Gründen ist nicht erforderlich: Besitzt ein Unternehmen keine marktbeherrschende Stellung auf dem Primärmarkt, kann es allein regelmäßig auch keine anderen Unternehmen vom Zugang zum nachgelagerten Markt absolut ausschließen. Diese Bewerber würden den Zugang über andere Unternehmen des Primärmarktes erreichen können. Im Übrigen würde ein der Zugangsverweigerung vergleichbare Verhalten eines nicht-marktbeherrschenden Unternehmens nur dann erfolgen, wenn dieses im Wettbewerb auf dem Primärmarkt opportun wäre: Denn besteht Wettbewerb auf einem Markt, werden die nicht-marktbeherrschenden Marktteilnehmer durch das Verhalten ihrer Wettbewerber diszipliniert. Die Verweigerung des Zugangs durch ein einzelnes nicht-marktbeherrschendes Unternehmen stellt daher in der Regel keine Beeinträchtigung des Wettbewerbs dar. Eine Regelung, die auch andere als marktbeherrschende Unternehmen zur Gewährung des Zugangs verpflichtete, widerspräche damit dem Verhältnismäßigkeitsgebot des Artikels 5 Abs. 3 EG, welchem aber jede gemeinschaftliche Maßnahme genügen muss.

Eine Situation der Marktbeherrschung besteht u. a. dann, wenn ein Unternehmen eine so genannte *gatekeeper*-Funktion einnimmt, also faktisch den Zugang zu einem nachgelagerten Markt kontrolliert. Eine solche Kontrolle kann nur in den Fällen bestehen, in denen ein Unternehmen als einziges oder jedenfalls als mit großem Abstand stärkstes Unternehmen auf dem primären Markt tätig ist. Dieser Grundannahme folgt auch die

---

[12] Grabitz/Hilf-*Jung* (2001), Art. 82 Rn. 1.

[13] Vgl. nur Lange-*Hübschle* Kap. 7 § 1 Rn. 831; zur besonderen Verantwortung marktbeherrschender Unternehmen *Mestmäcker/Schweitzer*, § 15 Rn. 39 ff.

[14] Vgl. Wiedemann-*Lübbert*, § 24 Rn. 1.

essential facilities-Doktrin als Ausprägung des Artikels 82 EG, wenn sie voraussetzt, dass Zugang zu einer Einrichtung nur dann mit Erfolg begehrt werden kann, wenn diese Einrichtung für den Zugang wesentlich ist. Wesentlich ist die Einrichtung aber eben nur dann, wenn die Einrichtung nicht auch anderweitig dupliziert werden kann, d. h. der Zugang nicht auch über andere (potentielle) Anbieter oder auch aus eigener Kraft erreicht werden könnte.
Sinn und Zweck des Sekundärrechts und insbesondere des Instruments der Richtlinie ist es, die Ziele des Vertrages durch Harmonisierung mitgliedstaatlicher Vorschriften durchzusetzen. Das Primärrecht gibt als Vertragsziel ein System unverfälschten Wettbewerbs vor. In diesem Rahmen hat sich auch jede wettbewerbliche Kontrolle zu halten, die daher nur unter bestimmten Bedingungen erfolgt. Zu diesen Bedingungen zählt das Bestehen einer marktbeherrschenden Stellung, welches daher auch im Rahmen der Schaffung eines sekundärrechtlichen Wettbewerbsrahmens beachtet werden muss. Denn letztlich dient die Schaffung eines solchen Wettbewerbsrahmens der Vermeidung einer Vielzahl von Einzelfallentscheidungen anhand des Primärrechts und muss sich daher an den gleichen Grundsätzen orientieren.

(2) Zugangsverweigerung aus anderen als Kapazitätsgründen

Die zweite „Lücke“ des bestehenden Primärrechts betrifft den Fall einer Zugangsverweigerung aus anderen als Kapazitätsgründen. Als solche Gründe kommen insbesondere in Betracht: wirtschaftliche Gründe, weil die Zahlungsfähigkeit des Petenten in Frage steht oder dieser nicht bereit ist, das geforderte Entgelt zu zahlen, persönliche Gründe, allokative Gründe, weil das *gatekeeper*-Unternehmen eine bestimmte Mischung von Unternehmen als Mieter haben möchte, oder Gründe, welche Technik oder Umweltschutz betreffen, so wenn etwa bestimmte Anlagen auf bestimmten Grundstücken nicht errichtet werden können oder bestimmte Tätigkeiten dort nicht ausgeübt werden dürfen.
Verweigert der Marktbeherrscher den Zugang aus einem dieser Gründe, stellt sich regelmäßig die Frage, ob dieses eine Ungleichbehandlung wesentlich Gleichens darstellt. Denn die Frage der rechtmäßigen Zugangsverweigerung ist gleichzeitig die Frage der gerechtfertigten Ungleichbehandlung und knüpft an das in Artikel 82 EG enthaltene Diskriminierungsverbot an. Daraus folgt, dass der Marktbeherrscher zunächst prüfen kann, ob auf Seiten eines Petenten objektiv Gründe vorliegen, die ihn „ungleich“ machen und damit ein Ausschluss von der Zulassung schon tatbestandlich keine Diskriminierung darstellt. Ein solcher Grund wäre etwa die drohende Zahlungsunfähigkeit des Petenten, da

auch der Marktbeherrscher kein wirtschaftliches Risiko eingehen muss. Ebenso steht es dem marktbeherrschenden Hafenbetreiber grundsätzlich frei, eine wirtschaftliche Entscheidung für den Hafen zu treffen und eine bestimmte Mischung von Fachbetrieben im Hafengebiet vorzusehen. Soweit diese Entscheidung überhaupt tatbestandlich als Diskriminierung gewertet werden könnte, wäre sie im Fall ihrer wirtschaftlichen Berechtigung aber Rechtfertigungsgrund für eine Ungleichbehandlung bzw. würde als berechtigtes Interesse in die Interessenabwägung eingestellt. Ist die Gruppe der Petenten so weit reduziert, dass sie sich alle im Hinblick auf objektive Kriterien im Wesentlichen entsprechen, kann eine Ungleichbehandlung nur noch mit der fehlenden Kapazität begründet werden. Fehlende Kapazität ist danach also der letzte mögliche Rechtfertigungsgrund, welcher aber gleichzeitig die Durchführung eines besonderen Verfahrens erfordert.

Kapazitätsgründe sind Gründe, welche natürlich oder technisch bedingt sind und welche den Beurteilungsspielraum des Marktbeherrschers von vornherein determinieren. Diesem wird gleichsam „von außen" vorgegeben, dass er nur eine begrenzte Anzahl von Anbietern zulassen kann. Andere objektive Gründe wie technische Voraussetzungen oder Anforderungen des Umweltschutzes determinieren zwar auch den Beurteilungsspielraum des Marktbeherrschers, aber sie bieten gleichzeitig einen Anknüpfungspunkt bei den Petenten, der diese Anforderungen erfüllen müsste. Je nachdem wie viele an einer Fläche interessierte Petenten aus diesen Gründen abzulehnen sind, desto größer oder kleiner ist der Kreis der nach objektiven Kriterien im Wesentlichen gleichen Petenten. Der Beurteilungsspielraum des Marktbeherrschers wird in einem solchen Fall aus dem Bewerbungsverfahren selbst determiniert. Da alle anderen Gründe als die Kapazitätsgründe einen Anknüpfungspunkt bei den Petenten selbst bieten und daher anhand dieser Kriterien bereits eine Auswahl getroffen werden kann, ist die Ausdehnung der Pflicht zur Durchführung eines Auswahlverfahrens auf andere als Kapazitätsgründe nicht notwendig.

Trifft der Marktbeherrscher eine Vorauswahl anhand anderer als Kapazitäts-Kriterien, ist es möglich, dass er seiner Auswahl nicht nur objektive Kriterien zu grunde legt und die Vorauswahl daher jedenfalls in Teilen nicht sachgerecht ist. Ein solches Fehlverhalten des Marktbeherrschers hat zur Folge, dass ein Unternehmen ungleich behandelt und zu Unrecht nicht in die letzte Auswahl-„Runde" aufgenommen wird. Ebenso wie im Fall des gänzlich unterlassenen Auswahlverfahrens sind die betroffenen Unternehmen durch den Marktbeherrscher im Wettbewerb mit ihren (zugelassenen) Konkurrenten diskriminiert und behindert und können je nach Stadium der Auswahl im Wege des zivilrechtlichen Rechtsschutzes Unterlassung oder Schadensersatz geltend machen.

Soweit die öffentliche Hand als Adressat der Grundfreiheiten die Zulassung verweigert, kann dieses allerdings eine diskriminierende Beschränkung der Dienstleistungs- oder Niederlassungsfreiheit des Bewerbers darstellen und insoweit mit den im Rahmen des Artikels 82 EG anerkannten Verweigerungsgründen kollidieren. Eine solche diskriminierende Beschränkung wäre nur aus zwingenden Gründen des Allgemeinwohls gerechtfertigt. Zu diesen Gründen zählen jedoch auch die Kapazitätserwägungen: Das Tätigwerden einer übermäßig großen Anzahl von Dienstleistern im Seehafen könnte zum einen die Sicherheit des Hafenverkehrs, zum anderen die Umwelt oder die zum Wohl der Verbraucher zu gewährleistenden Funktionsfähigkeit des zum Verkehrssektor zählenden Umschlagplatzes Seehafen gefährden. Mithin korrespondieren die anerkannten Beschränkungsgründe im Rahmen des Diskriminierungsverbots der Grundfreiheiten mit den anerkannten Verweigerungsgründen im Rahmen des Wettbewerbsrechts. Die kartellrechtlich gerechtfertigte Zugangsverweigerung ist daher regelmäßig auch im Rahmen der Grundfreiheiten gerechtfertigt. Die marktbeherrschende öffentliche Hand unterliegt insoweit keinen weitergehenden Beschränkungen als die marktbeherrschenden privaten Hafenbetreiber.

(3) Fazit

Es bedarf zur wettbewerblichen Öffnung der Häfen weder einer Ausdehnung des geltenden Rechts im Hinblick auf andere als marktbeherrschende Unternehmen, noch bedarf es der Durchführung eines Auswahlverfahrens, wenn andere als Kapazitätsgründe zum Ausschluss eines Bewerbers führen. Sowohl das europäische Gemeinschaftsrecht als auch das deutsche Kartellrecht bieten Instrumente und Möglichkeiten, den Zugang zum Hafen als Infrastruktur und Basis für die Erbringung einer Dienstleistung zu gewährleisten.

b) Regelung auf sekundärrechtlicher Ebene

Mit dem Erlass von Sekundärrecht erfüllen das Europäische Parlament und der Rat gemäß Artikel 249 EG einen Teil ihrer Aufgaben nach dem EG-Vertrag. Dabei dient das Sekundärrecht regelmäßig dazu, mitgliedstaatliches Recht zu harmonisieren und gleichzeitig die Ziele des EG-Vertrages auf mitgliedstaatlicher Ebene zu verwirklichen. Das gemeinschaftsrechtliche Ziel des Schutzes eines Systems des unverfälschten Wettbewerbs nach Artikel 3 Abs. 1 lit. g EG wird neben den unmittelbar geltenden Wettbewerbsregeln der Artikel 81 und 82 EG durch Sekundärrecht verwirklicht, welches der Ausgestaltung und Ergänzung der primärrechtlichen Normen dient[15].

Die Artikel 81 und 82 EG zählen zu den wenigen Normen des EG-Vertrages, welche auf Unternehmen unmittelbare Anwendung finden, ohne dass es einer Ausgestaltung in Form einer Verordnung oder Richtlinie mit nachfolgender mitgliedstaatlicher Umsetzung bedarf. Es stellt sich daher die Frage, ob eine sekundärrechtliche Regelung, welche sachlich sowohl das Gebiet des Verkehrs als auch das Gebiet des Wettbewerbs betrifft, in wettbewerbsrechtlicher Hinsicht notwendig ist, wenn der wesentliche Regelungsinhalt – Marktöffnung – bereits durch unmittelbar anwendbares Primärrecht gewährleistet ist.

(1) Kompetenz und Rechtsgrundlage

Zur Regulierung der Seeschifffahrt besteht nach Artikel 80 Abs. 2 EG eine spezielle[16] Kompetenz des Rates, „*geeignete Vorschriften*" zu erlassen. Es wurde an anderer Stelle bereits gezeigt, dass auch Seehäfen in den Anwendungsbereich des Artikels 80 Abs. 2 EG fallen können und insoweit zur Seeschifffahrt zählen[17]. Bei Artikel 80 Abs. 2 EG handelt es sich um eine umfassende Kompetenznorm, welche allein den allgemeinen Grenzen der Verhältnismäßigkeit und Subsidiarität nach Artikel 5 EG unterliegt. Nach Letzterer darf die Gemeinschaft nur dann tätig werden, wenn die von ihr verfolgten Ziele auf der mitgliedstaatlichen Ebene nicht in dem erforderlichen Maß und daher besser auf Gemeinschaftsebene erreicht werden können[18].

Voraussetzung der Anwendbarkeit des Artikels 80 Abs. 2 EG ist zunächst, dass die Hafendienste von der Zugangsregelung in ihrer Funktion als notwendiger Annex des Seeverkehrs betroffen sind. Denn wie an anderer Stelle bereits gezeigt, fällt die Hafenwirtschaft nur insoweit in den Anwendungsbereich der Norm, wie sie als Nebengewerbe das Hauptgewerbe des Seeverkehrs, der Seeschifffahrt, zu vervollständigen dient[19].

---

[15] Vgl. nur *Mestmäcker/Schweitzer*, § 1 Rn. 1 ff.

[16] Vgl. Schwarze-*Herrnfeld*, Art. 95 Rn. 9; GS-*Pipkorn/Bardenhewer/Taschner*, Art. 95 Rn. 48.

[17] Vgl. oben II.)C.1.

[18] Dazu an anderer Stelle unter VII.)B.1.

[19] Auf Grundlage des Art. 80 Abs. 2 EG wurden u. a. hafenbezogene Vorschriften zur Gefahrenabwehr (VO (EG) 725/2004, ABl. (EG) 2004 L-129/6), zum Umweltschutz (RL 2000/59/EG, ABl. (EG) 2000 L-332/81) und zur Hafenstaatkontrolle (RL 95/21/EG, ABl. (EG) 1995 L-157/1 und RL 2001/106/EG, ABl. (EG) 2002 L-19/17) erlassen.

Das Nebengewerbe an sich ist von Artikel 80 Abs. 2 EG gerade nicht erfasst. Daher kann eine gemeinschaftliche und vom Seeverkehr unabhängige Seehafenpolitik grundsätzlich nicht auf die Ausnahmevorschrift des Artikels 80 Abs. 2 EG gestützt werden[20].

Eine Öffnung des Marktes für Hafendienstleistungen auf Grundlage des Artikels 80 Abs. 2 EG diente dem Seeverkehr, wenn dessen Leistungsfähigkeit, seine Effizienz, durch eine solche Öffnung gesteigert würde. Effizienzsteigerungen treten regelmäßig im Rahmen der Einführung von Wettbewerb ein. Besteht aber bereits (potentieller) Wettbewerb auf einem Markt, stellt sich die Frage nach den positiven Wirkungen einer Regulierung zur Marktöffnung. Dieses ist insbesondere der Fall im Hinblick auf die Umschlagsdienste, welche in einem hafenübergreifenden Wettbewerb zueinander stehen. Anders als auf dem Markt für Bodenabfertigungsdienste auf Flughäfen[21] werden aber auch die technisch-nautischen Hafendienstleistungen regelmäßig nicht vom (öffentlich-rechtlichen) Betreiber selbst verrichtet, sondern sind vielfach liberalisiert und werden von privaten Anbietern wahrgenommen. Auf diesen Märkten besteht nur zum Teil aktueller Wettbewerb, da das Volumen der Märkte im Einzelfall nicht mehr als einen Anbieter einer Dienstleistung unter betriebswirtschaftlichen Gesichtspunkten erfolgreich arbeiten lässt oder vereinzelte administrative Beschränkungen bestehen. Grundsätzlich sind aber auch diese Märkte unter wirtschaftlichen Gesichtspunkten angreifbar und die Akteure daher potentiellem Wettbewerb ausgesetzt. In tatsächlicher Hinsicht mag diese Angreifbarkeit im Einzelfall äußerst beschränkt erscheinen, da Anbieter und Nachfrager auf den Einzelmärkten derart „eingespielt" sind, dass ein Neueintritt auf einen solchen Markt nicht attraktiv erscheint. Das Beispiel der niederländischen Schlepper im Hamburger Hafen zeigt jedoch, dass auch derartige Strukturen durch wettbewerbsfähige Angebote aufgebrochen werden können.

Ein Anknüpfungspunkt für Maßnahmen zur Marktöffnung auf allen Hafendienstleistungs-Sektoren besteht daher vor dem Hintergrund vorwiegend existierenden Wettbewerbs bzw. weitgehender Angreifbarkeit der Märkte nicht[22]. Eine Steigerung der Effizienz des Seeverkehrs ist nicht von jeder der beabsichtigten „Öffnungen" der unterschiedlichen Hafenmärkte zu erwarten. Der Ansatz einer Zugangsregelung ist zwar ein wettbewerblicher, er zielt jedoch auf die Funktionsfähigkeit des Dienstleistungsmarktes und nur mittelbar auf die Verkehrsfunktion der betroffenen Dienste. Damit wären die Hafendienste von der Regelung über ihre Funk-

---

[20] So bereits *Erdmenger* (1962), S. 142 ff.
[21] Vgl. *Fichert*, S. 242 ff.
[22] So auch *Lechner* (2001), S. 149.

tion als notwendiges Nebengewerbe hinaus betroffen. Insoweit ließe sich die Regelung des Marktzugangs aber nicht auf Artikel 80 Abs. 2 EG stützen.
Artikel 86 Abs. 3 EG, welcher u. a. im Rahmen der Öffnung der Telekommunikationsmärkte[23] zur Anwendung gekommen ist, kann kaum als alleinige Rechtsgrundlage der beabsichtigten Regelungen herangezogen werden. Denn Artikel 86 EG richtet sich nur an öffentliche Unternehmen und solche Unternehmen mit besonderen oder ausschließlichen Rechten und kann daher insbesondere zur Entflechtung hoheitlicher und unternehmerischer Funktionen herangezogen werden[24]. Gerade diese Situation einer notwendigen Entflechtung besteht aber auf den Märkten für Dienstleistungen in Seehäfen nur vereinzelt. Die Dienstleistungen werden in der Regel von privaten Unternehmen erbracht, welche teilweise von der zuständigen Behörde mit besonderen oder ausschließlichen Befugnissen ausgestattet wurden. Der Ansatz der Kommission zielt weniger auf eine Entflechtung durch Aufhebung ausschließlicher Rechte[25], als auf die Harmonisierung der Marktzugangs- und damit eines Teils der Wettbewerbsbedingungen auf den Märkten für Hafendienstleistungen.
Es kommt vielmehr Artikel 95 Abs. 1 EG als Rechtsgrundlage in Betracht. Danach kann der Rat nach Durchführung des Mitentscheidungsverfahrens Maßnahmen zur Angleichung der Rechts- und Verwaltungsvorschriften der Mitgliedstaaten erlassen, welche die Errichtung und das Funktionieren des Binnenmarktes zum Gegenstand haben. Dazu zählen auch Regelungen über die Gewährleistung unverfälschter Wettbewerbsbedingungen und die Beseitigung bestehender Wettbewerbsverzerrungen[26]. Die Regelungen müssen ferner geeignet, erforderlich und angemessen sein, die Vorschriften der Mitgliedstaaten mit dem Ziel der Errichtung oder des Funktionierens des Binnenmarktes anzugleichen[27]. Es stellt sich daher die Frage, ob eine sekundärrechtliche Regelung überhaupt zur Erreichung der verfolgten Ziele geeignet und erforderlich ist. Dieses könnte sowohl angesichts bestehender primärrechtlicher Regelungen als auch angesichts faktisch herrschenden Wettbewerbs ohne spürba-

---

[23] Zum Beispiel die Richtlinie über den Wettbewerb auf dem Markt für Telekommunikations-Endgeräte 88/301/EWG, ABl. (EG) 1988 L-131/73; die Transparenzrichtlinie (Fn. IV.163).
[24] Vgl. I/M-*Mestmäcker-Schweitzer*, Art. 31, 86 Abs. 3 Rn. 23, 28.
[25] So aber Artikel 2 der Richtlinie 88/301/EWG.
[26] Vgl. Grabitz/Hilf-*Tietje* (2003), Art. 95 Rn. 12 ff., 55 f.; GS-*Pipkorn/Bardenhewer-Rating/Taschner*, Art. 95 Rn. 17 ff.
[27] Calliess/Ruffert-*Kahl*, Art. 95 Rn. 11.

re produkt- oder standortbezogene Wettbewerbsbeeinträchtigungen nicht der Fall sein.

(2) Eigener Regelungsgehalt gegenüber unmittelbar geltendem Primärrecht

Die bereits erörterten primärrechtlichen Regelungen, welche einen Zugang zum Hafendienstleistungsmarkt gewähren, finden auf alle europäischen Seehäfen Anwendung, welche einen wesentlichen Teil des Gemeinsamen Marktes darstellen und in denen ein marktbeherrschender Hafenbetreiber den Zugang kontrolliert. Allerdings treffen diese Regelungen keine Aussage über Verfahren der Zulassung und Art bzw. Inhalt der wechselseitigen Ansprüche der beteiligten Parteien. Dieses könnte vielmehr Gegenstand einer sekundärrechtlichen Regelung sein. Eine solche hätte insbesondere aus Gründen der Rechtssicherheit und der Harmonisierung der Wettbewerbsbedingungen eine eigene Bedeutung.

(3) Verhältnismäßigkeit

Weiterhin stellt sich die Frage, ob das mit der Regelung verfolgte Ziel nicht bereits erreicht worden ist, sodass die entsprechende Regelung zur Zielerreichung weder geeignet noch erforderlich wäre. Das mit einer Zugangsregelung verfolgte Ziel der Kommission ist die Schaffung von mehr Wettbewerb in und zwischen den Seehäfen Europas, um so die Qualität der Seehafendienstleistungen zu steigern. Der Wettbewerb zwischen den Seehäfen wird allerdings nur mittelbar durch den hafeninternen Wettbewerb von einer Zugangsregelung beeinflusst, sodass sich im Wesentlichen die Frage stellt, ob die europäischen Seehäfen für hafeninternen Wettbewerb bereits geöffnet sind. Eine pauschale Antwort auf diese Frage ist schon aufgrund der höchst unterschiedlichen Organisationsstrukturen der Seehäfen nicht möglich. Abgesehen von integrierten Häfen in privater Hand, dürfen in einigen europäischen Seehäfen in öffentlicher Hand bestimmte Dienstleistungen nur durch die Hafenverwaltung, also den Hafenbetreiber, selbst vorgenommen werden, in anderen Häfen ist der Zugang hingegen offen und werden alle Dienstleistungen von privaten Unternehmen angeboten. Eine einheitliche Wettbewerbssituation innerhalb der verschiedenen Seehäfen besteht somit nicht. In einigen europäischen Seehäfen kann eine Zugangsregelung daher die Öffnung des Dienstleis-

tungsmarktes für einzelne Branchen und somit die Schaffung oder Intensivierung von Wettbewerb zur Folge haben[28].
Es ist weithin anerkannt, dass die Schaffung oder Intensivierung von Wettbewerb grundsätzlich geeignet ist, das Preis-Leistungs-Verhältnis bestimmter Produkte oder Dienstleistungen zugunsten der Verbraucher zu verbessern. Dieses kann durch eine Senkung der Preise, eine Steigerung der Qualität oder durch eine Kombination beider Kriterien erfolgen[29]. Das Ziel der Kommission auf der zweiten Stufe, die Verbesserung der Dienstleistungsqualität in den europäischen Seehäfen, könnte daher grundsätzlich durch die Schaffung oder Intensivierung von Wettbewerb erreicht werden. An diesem Punkt könnte allerdings entscheidend sein, auf welcher Ebene der Wettbewerb stattfindet: Steht ein Dienstleister im Wettbewerb nicht nur mit Dienstleistern im gleichen Hafen, sondern auch oder vornehmlich mit Dienstleistern in anderen Häfen, so hat eine Regelung über den Zugang zum hafeninternen Wettbewerb möglicherweise nur geringen Einfluss auf Preis und Qualität der Leistung des betreffenden Dienstleisters. Allerdings setzt auch der hafenübergreifende Wettbewerb notwendig voraus, dass Zugang zu einem Hafen gewährt wird, sodass eine Zugangsregelung immer auch den hafenübergreifenden Wettbewerb betrifft.
Eine verhältnismäßige europäische Zugangsregelung setzt daher voraus, dass auf der hafeninternen als auch auf der hafenübergreifenden Wettbewerbsebene noch Spielraum für eine Verbesserung des Preis-Leistungsverhältnisses besteht. Dieses ist jedenfalls für die Branche der im Containerumschlag tätigen Unternehmen verneint worden[30]. Preise, Leistungsqualität und Investitionsverhalten der Anbieter zeigten, dass umfassender Wettbewerb der Container-Umschlagunternehmen der North Range erreicht sei.
Lotsentätigkeit, aber teilweise auch Festmacherdienste oder Schlepperei unterliegen hingegen teilweise Zugangsbeschränkungen. Für technisch-nautische Dienstleistungen ist daher festzustellen, dass im Einzelfall eine Intensivierung des hafeninternen Wettbewerbs durchaus erforderlich scheint und diese über eine Zugangsregelung zu erreichen wäre.

---

[28] So hat nach Erkenntnissen der Kommission die für den Flughafensektor vergleichbare Bodenabfertigungsrichtlinie (Fn. II.61) zu einer Intensivierung des Wettbewerbs der Bodenabfertiger geführt, Report from the Commission on the application of Council Directive 96/67/EC of 15 October 1996, Ziff. 12.

[29] Auf dem Markt der Bodenabfertiger hat die Intensivierung des Wettbewerbs zu einer Senkung der Preise, nicht aber zu einer Steigerung der Qualität geführt, Kommissionsbericht (Fn. VII.28), Ziff. 8 f.

[30] Vgl. ISL, Folgenabschätzung (Fn. Einl 5), S. 22 f.

Ein Regelungsbedürfnis besteht jedoch nur hinsichtlich des Verfahrens, in welchem der Zugang erreicht werden kann. Ein solches Auswahlverfahren unter Artikel 82 EG kann bislang nur aus den Grundfreiheiten und den allgemeinen Grundsätzen des EG-Vertrages, Gleichbehandlung und Transparenz gefolgert werden. Ein systematisiertes Auswahlverfahren nach dem Vorbild des Vergabeverfahrens könnte aufgrund der dadurch gewährten Rechtssicherheit zu einer größeren Beteiligung von Interessenten und damit zu mehr Wettbewerb um den Zugang führen[31]. Eine aufgrund des Primärrechts durchzuführende *ex post* Kontrolle kann den effektiven Zugang zu den Seehafen-Märkten nicht ebenso gut gewährleisten. Denn im Rahmen dieser *ex post* Kontrolle ist es bislang nicht möglich gewesen, Grundsätze des Zugangs zu Hafenanlagen für Dienstleister zu entwickeln[32].

Zuletzt beschränkt das zuvor angeführte Subsidiaritätsprinzip des Artikels 5 Abs. 2 EG die konkurrierende oder parallele Kompetenz der Gemeinschaft dann, wenn die verfolgten Ziele ebenso gut auf mitgliedstaatlicher Ebene erreicht werden können. Allein auf dem Gebiet ausschließlicher Kompetenz findet das Subsidiaritätsprinzip naturgemäß keine Anwendung. Auf dem Gebiet des Wettbewerbs- bzw. Kartellrechts besitzt die Gemeinschaft eine Kompetenz parallel zu den Mitgliedstaaten. Selbst wenn sie in Umsetzung primären Gemeinschaftsrechts handelt, hat sie daher das Subsidiaritätsprinzip zu beachten. Das Beispiel der Container-Umschlagunternehmen zeigt zwar, dass intensiver Wettbewerb auch ohne eine gemeinschaftliche Regelung entstehen kann[33]. Allerdings sind dabei zwei Besonderheiten dieser Branche zu beachten: Die Unternehmen stehen in einem hafenübergreifenden Wettbewerb, da die Entscheidung ihrer Kunden für einen Hafen ganz maßgeblich von dem Angebot der dort ansässigen Umschlagunternehmen abhängig ist, soweit die Hin

---

[31] *Basedow*, ZHR 170 (2006), 178, 181 hält eine *ex ante* Regulierung im Fall des Zugangs zu Hafeneinrichtungen für nicht erforderlich, da dort im Gegensatz zu Telekommunikations-, Gas-, Strom- und Eisenbahnwirtschaft aktuell kein Massengeschäft bestehe.

[32] Die drei Hafen-Entscheidungen der Kommission betrafen die Nutzung eines Hafens durch Anbieter von Fährverbindungen aber nicht die dauerhafte Zurverfügungstellung von Hafenflächen zugunsten von (potentiellen) Hafendienstleistern.

[33] Dafür spricht auch das Preisgefälle zwischen den asiatischen, nordamerikanischen und nord-europäischen Seehäfen im Containerumschlag von durchschnittlich US $ 255,77 in Asien auf US $ 238, 29 in Nord-Amerika auf US $ 120,10 in Nord-Europa; OSC, The proposed directive on market access to port services and container terminal operations in Northern Europe – a critical review, S. 8.

terlandanbindung mehrerer Häfen vergleichbar ist. Bei der Marktgegenseite der Umschlagunternehmen handelt es sich zumeist um große Container-Reedereien, welche auf einem recht stark konzentrierten Markt tätig sind[34]. Das führt zu der Annahme, dass insbesondere die Nachfragemacht dieser Reedereien ursächlich für den Wettbewerb der Umschlagbetriebe untereinander ist. Für die technisch-nautischen Dienste gilt hingegen anderes: Ihnen gegenüber ist die Nachfragemacht der Reedereien nicht ebenso groß, da die Entscheidung für einen bestimmten Hafen regelmäßig nicht von der Leistung dieser Dienstleister abhängig gemacht wird, Ausweichmöglichkeiten der Reedereien bei der Inanspruchnahme der jeweiligen Leistung sind daher begrenzt – in einigen Seehäfen durch gesetzliche Regelung oder Verwaltungspraxis sogar auf einen einzigen Dienstleister. Aus diesem Grund ist das Beispiel der Container-Umschlagsbetriebe nicht verallgemeinerungsfähig.
Das zweite Ziel der Kommission ist es, im Sinne der Integration des Binnenmarktes einheitliche Wettbewerbsbedingungen in den Seehäfen zu schaffen und auf diese Weise auch Dienst- und Niederlassungsfreiheit zu gleichmäßiger Geltung zu verhelfen. Eben dieses ist aber nur möglich, wenn bereits der Zugang zum Dienstleistungsmarkt in allen europäischen Seehäfen nach vergleichbaren Standards geregelt ist. Wiederum ist an dieser Stelle darauf zu verweisen, dass durch die Regelungen des primären Gemeinschaftsrechts der Anspruch auf den Zugang selbst bereits hinreichend geregelt ist, ein sekundärrechtliches Regelungsbedürfnis insoweit also nicht besteht.

2. Gemeinschaftsrechtliche Regelung der Finanzierung

Der zweite wesentliche Bereich, für den die Kommission einen Handlungsbedarf identifiziert hat, betrifft die Finanzierung der einzelnen Seehäfen. Diese Finanzierung setzt sich im Wesentlichen aus zwei Komponenten zusammen: Die staatliche Finanzierung spielt dabei eine besonders große Rolle in denjenigen Häfen, in welchen die Hafenverwaltung öffentlich-rechtlich organisiert ist. Die Finanzierung des Hafens aus Hafengebühren ist dagegen in den privatwirtschaftlich operierenden Häfen ausgeprägter.

---

[34] Der Konzentrationsprozess auf diesem Markt ist nach Ansicht von Prognos (Fn. Einl 4), S. 175 noch nicht abgeschlossen.

a) Finanzierung aus staatlichen Mitteln

Wie zuvor gezeigt, verbietet das Primärrecht die Gewährung unzulässiger Beihilfen der Mitgliedstaaten an einzelne Unternehmen oder Produktionszweige. Aufgrund der sehr unterschiedlichen Organisationsstruktur der europäischen Seehäfen gewährleistet allein die Anwendung der Beihilfevorschriften aber keine vergleichbare Art der Finanzierung bzw. kein vergleichbares Maß mitgliedstaatlicher Unterstützung. So sind in einem Fall private Unternehmen für die Finanzierung eines Seehafens als ihrem Unternehmensgegenstand allein zuständig, in einem anderen Fall finanziert die Kommune die Infrastruktur des örtlichen Hafens im Rahmen staatlicher Infrastrukturverantwortung aus dem allgemeinen Kommunalhaushalt.
Angesichts des ausgeprägten Wettbewerbs zwischen den europäischen Seehäfen und mitgliedstaatlichen Interessen an der Förderung einzelner Standorte, wird der Aspekt der Hafenfinanzierung von diesen als Wettbewerbsinstrument eingesetzt[35] und erscheint eine harmonisierte Anwendung des sachlichen Gehalts der Beihilfevorschriften erforderlich, um einen fairen Wettbewerb zwischen den Seehäfen zu ermöglichen.
Als ersten Schritt zu einer solchen effektiven Kontrolle mitgliedstaatlicher Finanzierung der Seehäfen ist es erforderlich, die Finanzströme zwischen der öffentlichen Hand und den verschiedenen Stellen in den Seehäfen zu erfassen. Zu diesem Zweck erscheint eine Anwendung der Vorschriften der Transparenzrichtlinie – wie die Kommission sie vorschlägt – auf den Seehafensektor geboten. Dabei sollte auf dem Seehafensektor jedoch keine Ausnahme für Unternehmen mit einem Jahresnettoumsatz von unter 40 Millionen Euro gelten[36]. Denn Sinn und Zweck der Anwendung der Transparenzvorschriften ist es, die Finanzströme zwischen öffentlicher Hand und Privatwirtschaft im Hafen sichtbar zu machen. Da aber gerade in einzelnen Seehäfen der Gemeinschaft vielfältige Verbindungen und Verflechtungen zwischen diesen beiden Seiten bestehen, ohne dass die betroffenen Unternehmen einen Jahresnettoumsatz in entsprechender Höhe aufweisen, liefe eine Anwendung der Ausnahmevorschrift dem eigentlichen Regelungsziel der Schaffung von Transparenz hinsichtlich der Finanzströme zwischen öffentlicher Hand und Pri-

---

[35] Vgl. ISL, Public Financing and Charging Practices of Seaports in the EU, S. 1.
[36] Dieses erkennt nunmehr auch die Kommission an und hat recht vage entsprechende „Maßnahmen" angekündigt, Europäische Kommission, Mitteilung über eine europäische Hafenpolitik (Fn. I.12), Ziffer 4.2.

vatwirtschaft – im vorliegenden Fall auf dem Seehafensektor – in erheblichem Maß zuwider[37].

Des Weiteren bedarf es aber als Voraussetzung der Transparenz der einheitlichen Definition insbesondere der Begriffe „Seehafen“, „Hafenunternehmen“ sowie „Hafensuprastruktur“ und „Hafeninfrastruktur“. Eine solche Konkretisierung der Anwendung der Beihilfevorschriften auf den Hafensektor würde zu ihrer effektiveren Anwendung und mehr Rechtssicherheit beitragen: Unklare Regelungen und eine eindeutige Interessenlage würden sonst dazu führen, dass bei der Kommission nur ein geringer Teil aller Beihilfen angemeldet würde[38] und sie in der Mehrheit der Fälle auf Hinweise Dritter auf rechtswidrige Beihilfen angewiesen wäre oder gar nicht tätig werden könnte. Die Frage der Definition betrifft insbesondere auch die Abgrenzung des mit dem eigentlichen Hafenumschlag verbundenen Verkehrs vom Hafen-Hinterlandverkehr. Angesichts der großen Bedeutung des Hinterlandverkehrs für den einzelnen Seehafen und seiner Stellung im Wettbewerb stellt sich weiterhin die Frage, ob, wann und in welchem Ausmaß staatliche Investitionen zugunsten des Hinterlandverkehrs als finanzielle Unterstützung der Seehäfen bewertet werden können[39]. Auch für diesen Bereich der Finanzierung bedürfte es dann eindeutiger Regelungen.

In Anbetracht des Umstandes, dass Artikel 295 EG ausdrücklich festhält, dass die Eigentumsordnung der Mitgliedstaaten durch das Gemeinschaftsrecht unberührt bleibt, ist eine einheitliche Anwendung der Beihilfevorschriften zur Durchsetzung gleicher und fairer Finanzierungsver-

---

[37] Eine hafenspezifische Absenkung der Umsatzschwellen an anderer Stelle – etwa im Rahmen der Zusammenschlusskontrolle – kommt jedoch nicht in Betracht: Den Umsatzschwellen liegt regelmäßig die Annahme zugrunde, dass im Falle ihres Unterschreitens keine erhebliche Wirkung auf den Wettbewerb eintreten wird. An dieser Annahme ist auch für den Hafensektor festzuhalten, selbst wenn dort verhältnismäßig viele Unternehmen tätig sind, welche die Umsatzschwellen unterschreiten, der Markt an sich aber eine erhebliche Bedeutung für den Handel und Verkehr im Binnenmarkt hat. Gemeinschafts- und nationaler Gesetzgeber haben sich im Interesse eines eindeutig definierten Anwendungsbereichs für absolute Umsatzgrößen in der jeweiligen Höhe entschieden und dabei in Kauf genommen, dass einzelne nicht erfasste Zusammenschlüsse wettbewerbliche strukturelle Bedeutung haben mögen und andere erfasste Zusammenschlüsse trotz der Größe der beteiligten Unternehmen und Anwendbarkeit der Zusammenschlusskontrolle nicht (vgl. L/B-*Ruppelt*, § 35 Rn. 18).

[38] Dieses ist nach *Heitmann* (2001), S. 117 bereits der Fall.

[39] Dieses Problem erkennt auch die Kommission, macht aber keine Vorschläge zu seiner Lösung, vgl. Europäische Kommission, Arbeitsdokument zur Finanzierung und Gebührenerhebung im Hafensektor (Fn. V.212), S. 9.

hältnisse in den europäischen Seehäfen jedoch nicht ausreichend. Infrastrukturanlagen, welche beispielsweise im Hamburger Hafen allgemein zugänglich sind und deren Finanzierung daher keine staatliche Beihilfe darstellt, sind im Hafen von Felixstowe eben gerade zugunsten eines einzigen privaten Unternehmens, des Hafenbetreibers, und dessen Kunden reserviert, sodass im Fall staatlicher Finanzierung eine selektive Begünstigung und damit auch eine staatliche Beihilfe vorliegt. Ungeachtet der Tatsache, dass diese Beihilfe mit dem Gemeinsamen Markt vereinbar sein könnte, lässt dieser Unterschied auf tatbestandlicher Ebene erkennen, dass die unterschiedlichen Eigentumsordnungen der Mitgliedstaaten eine Nivellierung der Wettbewerbsbedingungen ausschließen. Ziel einer wettbewerbsorientierten gemeinschaftlichen Regelung der Hafenfinanzierung kann es daher nur sein, diese möglichst weitgehend zu harmonisieren.

b) Gemeinschaftsrechtlich vorgegebener Gebührenrahmen

Einen solchen Harmonisierungsansatz verfolgt die Kommission mit der Idee eines einheitlichen Gebührenrahmens für alle europäischen Seehäfen. Dabei kann eine gemeinschaftsrechtliche Gebührenregelung nicht über eine Rahmenregelung hinausgehen, da die unterschiedlichen Organisations- und Eigentumsverhältnisse in den europäischen Seehäfen eine auch im Detail einheitliche Anwendung unmöglich machen. Möglich ist es jedoch, bestimmte Prinzipien der Gebührenberechnung in den Seehäfen festzulegen. Dazu zählt im Wesentlichen das Prinzip, die Grenzkosten des allgemeinen Hafenbetriebes, also der Infrastrukturschaffung und -erhaltung, der Sicherung des Hafenverkehrs etc. durch die Hafennutzer decken zu lassen. Insoweit folgt der Kommissionsvorschlag dem Verursacherprinzip: Der Hafen und alle in ihm tätigen Dienstleister dienen der Befriedigung der unmittelbaren Nachfrage der Reeder, die in der Folge anfallenden Kosten sollen daher auch durch diese Nachfrager gedeckt werden. Es handelt sich dabei um eine Internalisierung auch der externen Kosten, wie das Weißbuch der Kommission zur Erhebung fairer Infrastrukturnutzungsgebühren[40] sie vorsieht. Von einer solchen Kostenanlastung wird im Allgemeinen eine gewisse Lenkung des Nachfrageverhaltens erwartet. Dieses betrifft im vorliegenden Fall die Entscheidung zugunsten eines bestimmten Hafens, die Entscheidung zwischen mehreren möglichen Verkehrsträgern, aber auch die Entscheidung, im Einzelfall überhaupt am Verkehr teilzunehmen. Die Kommission beabsichtigt

[40] Europäische Kommission, Weißbuch Infrastrukturbenutzung (Fn. V.144).

daher eine generelle Reform der Gebührenerhebung im Verkehr: „*Eine solche Reform setzt eine Gleichbehandlung der Betreiber und Verkehrsträger voraus. Ob es sich um Flughäfen, Häfen, Straßen, Schienenwege oder Wasserstraßen handelt: Der Preis für die Nutzung dieser Infrastruktur müsste nach demselben Prinzip je nach benutzter Infrastruktur, Tageszeit, Entfernung, Größe und Gewicht des Fahrzeugs und jedem anderen Faktor, der einen Einfluss auf die Überlastung oder die Beeinträchtigung der Infrastruktur oder der Umwelt hat, variieren*“[41]. In der Praxis stellen sich jedoch Probleme im Rahmen der Berechnung jener Kosten, welche die einzelnen Hafennutzer verursacht haben. Dieses gilt sogar für die im Vergleich zu sozialen und Umweltkosten relativ leicht abzugrenzenden Infrastrukturkosten. Denn wie bei der öffentlichen Finanzierung stellt sich hier die Frage nach der Berücksichtigungsfähigkeit der Hafenzugangs- und der Hinterland-Infrastruktur[42].

Problematisch erscheint der Ansatz der Kommission auch, soweit sie beabsichtigt, die sozialen Grenzkosten durch die Hafengebühren zu decken. Zu diesen zu deckenden externen Kosten zählt die Kommission umweltbezogene, staubezogene und unfallbezogene Kosten, die generell als Externalitäten beschrieben werden, da sie denen, die sie verursachen, extern und deshalb nicht Teil der Preise sind, die Transportunternehmen zahlen[43]. Obwohl die Kommission selbst darauf verweist, dass die europäischen Seehäfen sich in ihren Organisationsstrukturen erheblich unterschieden[44], scheint sie ihrem Vorschlag für einen einheitlichen Gebührenrahmen einen Seehafen in der Organisationsform eines Landlord-Hafens, jedenfalls aber einen öffentlich-rechtlichen Hafenbetreiber zugrunde zu legen. Denn die Hafengebühren werden regelmäßig je nach Organisationsstruktur des Hafens vom privat- oder öffentlich-rechtlichen Hafenbetreiber erhoben. Wenn nun auch externe Kosten wie umweltbezogene Kosten erhoben werden, stellt sich die Frage, mit welchem Recht ein privater Hafenbetreiber oder auch ein ausgegliederter öffentlich-rechtlicher Betreiber diese Kosten vereinnahmt, wenn doch gerade umweltbezogene Kosten vielfach nicht eindeutig einem bestimmten (Hafen-)

---

[41] Europäische Kommission, Weißbuch: Die Europäische Verkehrspolitik bis 2010 (Fn. VII.9) S. 89.

[42] Vgl. auch Europäische Kommission, Arbeitsdokument zur Finanzierung und Gebührenerhebung im Hafensektor (Fn. V.212), S. 17.

[43] Europäische Kommission, Grünbuch über Seehäfen (Fn. II.540), Ziff. 61 (dort Fn. 38).

[44] Europäische Kommission, Grünbuch über Seehäfen (Fn. II.540), Ziff. 54.

Gebiet zuzuordnen sind[45], sich im Übrigen die Frage nach der umweltrechtlichen Verantwortlichkeit des Hafenbetreibers stellt und danach, ob dieser die vereinnahmten Gebühren auch tatsächlich in Umweltmaßnahmen, also zur Kostendeckung, investiert. Unter Umständen müsste hier ein Erstattungsanspruch des Staates als demjenigen, welcher tatsächlich die Kosten bestimmter Umweltmaßnahmen zu tragen hat, eingeführt werden.

Für die Berechnung der Gebühren schlägt die Kommission vor[46], das gemeinschaftliche Gebührensystem an den langfristigen Grenzkosten auszurichten und dabei neben den Betriebskosten und externen Kosten auch die Neuinvestitionen abzudecken[47]. Als eine praktikable Möglichkeit der Berechnung der Gebühren sieht die Kommission ein Modell, welches die prozentuale Bewertung der Transportstückkosten anhand des in einem Hafen erwarteten Anstiegs des Umschlagsvolumens vorsieht. Dieses Modell zieht jedoch die Problematik der Bewertung des erwarteten Umschlagsvolumens und die Festlegung eines bestimmten Bewertungszeitraumes nach sich und birgt darüber hinaus das ständige Risiko nicht erfüllter oder übererfüllter Prognosen. Dieses Risiko kann sich wiederum in einer mangelhaften Kostendeckung niederschlagen. Des Weiteren bedürfte es für jeden Hafen einer gesonderten, aber objektiven Bewertung des erwarteten Zuwachses. Im Übrigen folgt aus diesem Modell keine Lösung für die Berechnung der individuellen Kostenlast des einzelnen Hafennutzers. Eine andere Möglichkeit sieht die Kommission darin, zu verlangen, dass die Hafengebühren sämtliche Betriebskosten und Kapitalkosten für Investitionen decken müssen, die nach einem bestimmten Zeitpunkt durchgeführt wurden. Grundlage der Berechnung wären dann Informationen über den Abschreibungsaufwand der Investitionen. Wiederum stellt sich hier die Frage der Berechnung der individuellen Kostenanlastung.

Der Ansatz der Kostenanlastung bei den Nutzern ist zwar grundsätzlich zu begrüßen, da auf diese Weise die tatsächlich entstehenden Kosten auch in die Preisbildung einbezogen werden und so der Verbrauch einer Ware ihren Kosten angepasst wird, mithin ein Mehr an „Marktwirklichkeit" entsteht. In den Seehäfen wird durch eine solche Kostenanlastung aller-

---

[45] So können sich Emissionen regelmäßig auch auf andere Gebiete als den geographisch begrenzten Hafen auswirken.

[46] Zu den Berechnungsmodellen der Kommission: Europäische Kommission, Grünbuch über Seehäfen (Fn. II.540), Anhang III.

[47] Im Rahmen des § 19 Abs. 4 Nr. 4 GWB wurde hingegen diskutiert, nicht nur die Grenzkosten, sondern die Gesamtkosten der Einrichtung durch die Entgelte zu decken, *Klimisch/Lange*, WuW 1998, 15, 24.

dings eine Verdopplung der Umschlagpreise prognostiziert[48]. Ein solches System ist daher zur Vermeidung von Wettbewerbsverzerrungen nur für alle konkurrierenden (Verkehrs-) Marktteilnehmer gleichzeitig einführbar. Ohne einen derartigen umfassenden Rahmen für die Anlastung der Infrastrukturnutzungskosten bei den tatsächlichen Nutzern bedarf es aber zur Vermeidung von Wettbewerbsverzerrungen zwischen den Seehäfen der gleichmäßigen Unterbindung nicht wettbewerbskonformen Handelns, also der Konkretisierung des Beihilfeverbots für den Hafensektor[49].
Auf den zuvor erwähnten Umstand, dass die Kommission ihrem Vorschlag das Landlord-Modell zugrunde legt und ihr Ansatz daher nicht für eine flächendeckende Umsetzung tauglich ist, deutet auch hin, dass sie allen Hafenbetreibern ein Gebührensystem nach dem Prinzip der Kostendeckung vorschreiben möchte. Hintergrund des Kommissionsvorschlags sind jedoch vor allem die unerwünschten Querfinanzierungen der öffentlich-rechtlichen Hafenbetreiber, mithin der Einfluss staatlicher Mittel auf den Wettbewerb zwischen den Häfen, sowie eine nur begrenzte Verfügbarkeit staatlicher Mittel zur Finanzierung von Infrastrukturprojekten[50]. Die privatwirtschaftlichen Anbieter arbeiten regelmäßig bereits nach dem System der vollen Kostendeckung[51]. Ihnen generell mögliche Quersubventionen zwischen verschiedenen privatrechtlichen und privat finanzierten Tätigkeitsbereichen auch außerhalb des Anwendungsbereichs des kartellrechtlichen Missbrauchsverbots zu untersagen, widerspräche der im freien Wettbewerb grundsätzlich gewährten unternehmerischen Freiheit der Betroffenen. Die Pflicht zur kostendeckenden Gebührenerhebung ist im Ansatz der Kommission letztlich eine Vermeidung öffentlicher Hafenfinanzierung und sollte daher konsequenterweise umgekehrt als ein konkret definiertes Verbot der Hafenfinanzierung aus staatlichen Mitteln konstruiert sein. In einigen Mitgliedstaaten stellt sich dann jedoch die staatstheoretische Frage nach der Infrastrukturverantwortung der Allgemeinheit, des Staates.

---

[48] *Zachcial/Hautau*, S. 133.

[49] Ein solcher alle Verkehrsträger erfassender Rahmen ist in den nächsten Jahren jedoch nicht zu erwarten. Angekündigt ist zunächst für das Jahr 2008 ein Modell für die Bewertung externer Kosten, Europäische Kommission, Mitteilung an das Europäische Parlament und den Rat: Für ein mobiles Europa – Nachhaltige Mobilität für unseren Kontinent, Halbzeitbilanz zum Verkehrsweißbuch der Europäischen Kommission von 2001, KOM (2006) 314, S. 20 f.

[50] Zu letzterem vgl. Europäische Kommission, Weißbuch: Die Europäische Verkehrspolitik bis 2010 (Fn. VII.9), S. 66 ff.

[51] Vgl. Europäische Kommission, Arbeitsdokument zur Finanzierung und Gebührenerhebung im Hafensektor (Fn. V.212), S. 7.

c) Fazit

Der Ansatz der Kommission, Wettbewerbsverzerrungen zwischen den Seehäfen aufgrund finanzieller Unterstützung der Mitgliedstaaten zu unterbinden, ist zu begrüßen. Das geltende Gemeinschaftsrecht liefert für dieses Vorhaben bislang nicht die notwendigen Mittel. Daher erscheint es richtig, die Beihilfekontrolle auf dem Seehafensektor durch eine umfassende Anwendung der Transparenzrichtlinie – exklusive der Ausnahme für Unternehmen mit weniger als 40 Millionen Euro Jahresnettoumsatz – zu effektivieren. Die Einführung eines gemeinschaftsweit einheitlichen Gebührenrahmens begegnet hingegen Bedenken: So sehr der Ansatz einer kostendeckenden Finanzierung durch die Nutzer zu begrüßen ist, bestehen Probleme hinsichtlich der praktischen Durchführbarkeit sowie der Kompetenzabgrenzung und -zuweisung.

C. Die – gescheiterten – Vorschläge für eine Richtlinie über den Zugang zum Markt für Hafendienstleistungen

Im Gegensatz zu dem Bereich des Seeverkehrs hat der Gemeinschaftsgesetzgeber bislang keine Regelungen für den Markt der Hafendienste erlassen. Die als Annex zum Luftverkehr den Hafendiensten vergleichbaren Bodenabfertigungsdienste auf Flughäfen sind hingegen Gegenstand einer Richtlinie aus dem Jahr 1996 über den Zugang zum Markt für Abfertigungsdienste auf Gemeinschaftsflughäfen[52].

Im Zuge eines sich entwickelnden Seehafenwettbewerbs beabsichtigt die Europäische Kommission, durch die Liberalisierung des Marktes für Hafendienste die Kosten für den Umschlag von Gütern und andere Hafendienste zu senken. Sie verfolgt das Ziel, leistungsfähige Häfen zu schaffen, vollkommen eingebunden in intermodale Netze und beabsichtigt, einen fairen und gleichberechtigten Zugang für alle Anbieter von Hafendiensten zu gewährleisten[53]. Neben dem gewünschten Wettbewerbseffekt sollen sinkende Kosten einen Anreiz zur Verlagerung der Verkehrsströme auf den umweltfreundlicheren Seeverkehr bieten[54].

---

[52] Richtlinie 96/67/EG (Fn. II.61).

[53] Ebd.

[54] Europäische Kommission, GD Energie und Verkehr, Broschüre „Seehäfen – Tor zum Wachstum im Seeverkehr", veröffentlicht 2002 unter www.europa.eu.int/dgs/energy_transport/index_de.html.

Ausgangspunkt eines gemeinschaftsrechtlichen Regelungsrahmens war das Grünbuch zur Seehafeninfrastruktur von 1997[55]. Durch seine Veröffentlichung wollte die Kommission eine „*Diskussion über die Effizienz der Häfen und der Seeverkehrsinfrastruktur, über die Integration der Häfen in ein multimodales transeuropäisches Verkehrsnetz und über die Anwendung der Wettbewerbsregeln auf diesen Sektor*“[56] anregen.
Bereits in diesem Grünbuch befasste sich die Kommission mit den Hafendiensten, ihrer Organisationsstruktur und dem Zugang zum Markt für Hafendienstleistungen. Danach sollten die Hafendienste als Bestandteil des Seeverkehrssystems betrachtet werden und die Vertragsbestimmungen, insbesondere die Wettbewerbsregeln, systematischer angewandt werden[57]. Im Übrigen wird im Grünbuch ausgeführt, dass Maßnahmen der Gemeinschaft zur Aufstellung eines ordnungspolitischen Rahmens auf Unionsebene ergriffen werden könnten, um ausgewogene Wettbewerbsbedingungen zu schaffen und die Einhaltung der Sicherheitsnormen im Hafen- und Seeverkehrssektor zu gewährleisten[58].

1. Der Vorschlag aus 2001

Auf Grundlage des Artikels 80 Abs. 2 EG, hat die Europäische Kommission am 13. Februar 2001 im Rahmen der Mitteilung „*Verbesserung der Dienstequalität in Seehäfen: Ein zentraler Aspekt für den europäischen Verkehr*“ einen ersten Richtlinienvorschlag über den Marktzugang für Hafendienste vorgelegt[59]. Diese „*Hafenpaket*“ oder „*Port Package*“ genannte Mitteilung befasste sich mit drei Aspekten: der Integration der Seehäfen in das Transeuropäische Verkehrsnetz (TEN), dem Zugang zum Markt für Hafendienste und der Rolle der öffentlichen Finanzierung in den Seehäfen. Allein zum zweiten Aspekt wurde im Rahmen des Hafenpakets ein konkreter Rechtssetzungsvorschlag gemacht. Die Regulierung des Sektors der Hafendienste soll dabei der Herstellung eines „*level playing field*“ dienen und in der Konsequenz weniger verkehrstypische als wettbewerbliche Auswirkungen auf den Markt der Hafendienstleistungen haben. Bemerkenswert ist, dass dieser Richtlinien-Entwurf trotz dieses

---

[55] Europäische Kommission, Grünbuch über Seehäfen (Fn. II.540).
[56] Scadplus-Zusammenfassung unter http://europa.eu.int/scadplus/leg/de/lvb/l24163.htm (zuletzt 04.01.2008).
[57] Europäische Kommission, Grünbuch über Seehäfen (Fn. II.540), Zusammenfassung, Ziff. 19 ff.
[58] Europäische Kommission, Grünbuch über Seehäfen (Fn. II.540), Ziff. 99 ff.
[59] Europäische Kommission, Mitteilung zur Verbesserung der Dienstequalität in Seehäfen (Fn. II.32).

Ansatzes nicht durch die Generaldirektion Wettbewerb, sondern Verkehr vorgelegt wurde.
Zur Begründung des Richtlinien-Entwurfs wurden u. a. der sich nur schleppend entwickelnde Wettbewerb im Umschlagssektor, die vorherrschende Monopolstruktur im Bereich der Dienste für Schiffe sowie die Annäherung der unterschiedlichen materiellen und formellen Regelungen in den europäischen Häfen angeführt. Hafenspezifische Besonderheiten wie begrenzte Flächen, gemeinschaftliches Zollverfahren und besondere Anforderungen an die Sicherheit auf See rechtfertigten eine Regulierung des Marktzugangs und damit eine besondere Richtlinie[60]. Über das Instrument der Richtlinie könnte dabei unter Beachtung des Subsidiaritätsprinzips auch besonderen regionalen Belangen einzelner Häfen Rechnung getragen werden, den Mitgliedstaaten würde lediglich ein Rahmen als Flankierung und Orientierung einzelstaatlicher Maßnahmen an die Hand gegeben[61].
Die so genannten „Schlüsselprinzipien“ dieses Vorschlags waren zusammengefasst folgende[62]:

- Mehr Wettbewerb im Bereich <u>aller</u> Hafendienste[63], Qualitätssteigerung und Kostensenkung;
- Für die Mitgliedstaaten fakultatives Auswahlverfahren zur Zugangsgewährung;
- Zugangsbeschränkungen nur aufgrund Kapazitätsbegrenzungen sowie aus Sicherheitsgründen und nach Auswahlverfahren;
- Selbstabfertigung möglich durch seeseitiges Personal;
- Genehmigung nach Art und Maß der Investitionen auf maximal fünf, zehn oder 25 Jahre befristet;
- Trennung der Funktionen integrierter Hafenbetreiber;
- Übergangsmaßnahmen zum Bestandsschutz;
- Geltung von Sicherheits- und Umweltschutzbestimmungen.

Wesentliche Streitpunkte im Rechtsetzungsverfahren war der fehlende Ausschluss der Lotsendienste, die Genehmigungspflicht, die Möglichkeit

---

[60] Europäische Kommission, Mitteilung zur Verbesserung der Dienstequalität in Seehäfen (Fn. I.32), S. 4.
[61] Europäische Kommission, Mitteilung zur Verbesserung der Dienstequalität in Seehäfen (Fn. I.32), S. 4.
[62] Europäische Kommission, Mitteilung zur Verbesserung der Dienstequalität in Seehäfen (Fn. I.32), Begr. 3.
[63] Europäische Kommission, Mitteilung zur Verbesserung der Dienstequalität in Seehäfen (Fn. I.32), S. 38.

zur Selbstabfertigung sowie die Befristung der Genehmigungen[64]. Der Kommissionsvorschlag wurde nach Durchführung eines Vermittlungsverfahrens mit knapper Mehrheit vom Europäischen Parlament in dritter Lesung abgelehnt und in der Folge von der Kommission zurückgenommen[65].

2. Der Vorschlag aus 2004

Kurz vor Ende ihrer Amtszeit legte die anfänglich befasste Kommission am 13. Oktober 2004 einen neuen Vorschlag für eine Richtlinie über den Zugang zum Markt für Hafendienste vor[66], der in Teilen dem vom Vermittlungsausschuss angenommenen Kompromiss zum ersten Vorschlag aus 2001 entsprach, jedoch einen wesentlich dogmatischeren Ansatz verfolgte. Auch dieser Vorschlag stammte aus dem Ressort Verkehr und nicht Wettbewerb.

In der Auseinandersetzung mit diesem neuen Vorschlag wurde festgehalten, dass grundsätzlich die Grundfreiheiten und Wettbewerbsregeln des EG-Vertrages auch auf dem Hafensektor Anwendung fänden, jedoch könne die Dienstleistungsfreiheit „*aufgrund von objektiven Gründen wie etwa von Kapazitätsproblemen im einzelnen Hafen oder aus Sicherheitsgründen* [...] *eingeschränkt werden. Doch bedarf es hierfür gemeinschaftlicher angemessener objektiver, transparenter und nicht diskriminierender gesetzlicher Regelungen*“[67]. Auch die Erweiterung der Europäischen Union um zehn Staaten, von denen sieben Seehäfen besäßen, unterstreiche die Notwendigkeit einer gemeinschaftlichen Regelung.

Den wesentlichen Kritikpunkten an ihrem ersten Vorschlag begegnete die Kommission mit ihrer zweiten Version wie folgt: Die Lotsen fielen in den Anwendungsbereich des Richtlinienvorschlags (Artikel 3 Abs. 6), so wie es die Kommission immer vertreten hatte. Auch Selbstabfertigung war in diesem Bereich nach Erteilung einer Ausnahme-Bescheinigung möglich (Artikel 14 Abs. 2). Die Selbstabfertigung wurde unter einen grundsätzlichen Genehmigungsvorbehalt gestellt (Artikel 13 Abs. 2) und nach Arti-

---

[64] Vgl. nur FEPORT, Position on the directive proposal on market access to port services, 13.6.2001; Ver.di, Report Schiffahrt 4/2003, S. 4.

[65] Europäische Kommission, KOM (2004) 542.

[66] Europäische Kommission, Richtlinienvorschlag über den Marktzugang für Hafendienste (Fn. I.33).

[67] Arbeitsdokument des Europäischen Parlamentes, Ausschuss für Verkehr und Fremdenverkehr über den Marktzugang für Hafendienste vom 31.03.2005, Ziff. B I 1.

kel 3 Abs. 9 und 10 auf das landseitige Personal eines Reeders beschränkt[68].
Was die Genehmigungserteilung und die Genehmigungsdauer betraf, wurde eingefügt, dass die Genehmigungen auch wiederholt für eine begrenzte Zeit vergeben werden könnten. Die Genehmigungsdauer wurde gegenüber dem ersten Kommissions-Vorschlag zwar erhöht, erreichte aber nicht das Maß, das Parlament und Rat ursprünglich vertreten hatten: Bei unbedeutenden Investitionen galt eine Frist von acht Jahren, bei bedeutenden Investitionen in bewegliche Güter von 12 Jahren und bei bedeutenden Investitionen in Immobilien und vergleichbare Güter wie Containerbrücken galt eine Frist von 30 Jahren. Die Verlängerungsoption um weitere 10 Jahre, die der Vermittlungsausschuss noch vorgesehen hatte (Artikel 15 Abs. 2 lit. b), fiel fort. Es blieb die Möglichkeit der Mitgliedstaaten, ein System zu etablieren, nach dem im Falle besonderer Investitionen die Hafenbehörde um eine vorzeitige Neu-Erteilung der Genehmigung angerufen werden konnte (Artikel 12 Abs. 3). Neu war die Verpflichtung der Hafenbehörde, auslaufende Genehmigungen mindestens sechs Monate vor Fristablauf zu veröffentlichen (Artikel 12 Abs. 4). Die Regelungen zum Übergang einer Genehmigung auf einen anderen Diensteanbieter wurden präzisiert und eine Klausel zur Sicherung der Sozialstandards eingefügt worden (Artikel 8 Abs. 8). Präzisiert wurden waren auch die Regelungen für die Phase des Übergangs hinsichtlich bestehender Rechte aus Eigentum (Artikel 10 Abs. 3). Eine Regelung über die Entschädigung für verlorene Investitionen nach Genehmigungsablauf fand auch in den zweiten Vorschlag der Kommission keine Aufnahme.
An anderer Stelle fügte die Kommission jedoch eine Entschädigungsregel bei Genehmigungsübergang ein: Für den Fall, dass nach dem erfolglosen Versuch einer Genehmigungsvergabe die Hafenbehörde selbst den betreffenden Dienst für eine Dauer von maximal fünf Jahren übernähme und sich nach Beendigung dieses Zeitraums Investitionen nicht vollständig amortisierten, hätte der nachfolgende (private) Dienstleister Kompensationszahlungen an die Behörde zu leisten (Artikel 8 Abs. 6).

---

[68] Eine Ausnahme betraf nach Artikel 13 Abs. 2 diejenigen Fracht- und Passagierdienste, die als zugelassener Linienverkehr im Kurzstreckenseeverkehr oder auf Hochgeschwindigkeitsseewegen verkehren. Diese Dienste durften auch ihr eigenes festes seemännisches Personal zur Selbstabfertigung einsetzen.

3. Bewertung der Vorschläge

a) Kompetenz für den Erlass einer Richtlinie

Grundlage jeder Bewertung der Richtlinienvorschläge der Kommission muss deren Kompetenz zum Richtlinienvorschlag sein. Der erste wie der zweite Vorschlag der Kommission wurden auf Artikel 80 Abs. 2 EG gestützt. Damit hat die Kommission eine besondere Kompetenznorm für den Seeverkehr herangezogen. Wie an anderer Stelle bereits dargestellt, handelt es sich bei Artikel 80 Abs. 2 EG jedoch nicht um eine taugliche Kompetenznorm für den Erlass einer Richtlinie über den Zugang zum Hafendienstleistungsmarkt. Die Vorschläge der Kommission waren daher bereits aus formalen Gründen nicht gemeinschaftsrechtskonform.

b) Bewertung im Hinblick auf den identifizierten Handlungsbedarf – Verhältnismäßigkeit

Zwei Bereiche des Seehafenwettbewerbs wurden von der Europäischen Kommission identifiziert, auf denen in wettbewerbsrechtlicher Hinsicht Handlungsbedarf bestehe. Es handelt sich dabei im Wesentlichen um die Finanzierung der Seehäfen und um eine Regelung des Zugangs zum Markt für Hafendienste.

(1) Seehafenzugang

Nach beiden Vorschlägen der Kommission wurde der Zugang zum Dienstleistungsmarkt in Seehäfen einheitlich reglementiert.

(2) Geeignetheit: Zielerreichung

Es stellt sich die Frage, ob die vorgeschlagene Regelung zur Erreichung des angestrebten Ziels, der Verbesserung der Dienstleistungsqualität durch mehr Wettbewerb, überhaupt geeignet war.

(i) Die Zulassung

Der vorgeschlagene Regelungsrahmen sah vor, dass Dienstleister nur mit Genehmigung für einen bestimmten Zeitraum im Hafen tätig werden durften. Dieser Genehmigungsvorbehalt hätte dazu geführt, dass der Hafendienstleistungsmarkt nach Vergabe aller verfügbaren Genehmigungen ein geschlossener, unangreifbarer Markt gewesen wäre. Wesentliches Element des Wettbewerbs ist aber u. a. gerade die Angreifbarkeit von Märkten, der potentielle Wettbewerb, welcher die auf diesem Markt tätigen Unternehmen neben dem aktuellen Wettbewerb zusätzlich diszipliniert. Durch die Einführung des Genehmigungsvorbehalts mit einem vorgeschalteten Auswahlverfahren hätte sich die Situation ergeben, dass ein offener Wettbewerb *um* den Markt bestanden hätte und ein eingeschränkter, da nur aktueller Wettbewerb *auf* dem Markt. Eine Qualitätssteigerung oder Preissenkung durch mehr Wettbewerb erscheint vor diesem Hintergrund fraglich. In Fällen, in denen Zutritt wie Tätigkeit auf diesem Markt mit Investitionen mit versunkenen Kosten verbunden sind, ist ein Markt allerdings typischerweise nicht voll funktionsfähig und die Schließung des betroffenen Marktes für einen renditesichernden Zeitraum gerechtfertigt. In diesen Fällen entsteht ein Wettbewerb um den Markt und ist grundsätzlich die Durchführung eines Auswahlverfahrens erforderlich[69]. Das geschilderte Phänomen ist einem Markt mit begrenzten Kapazitäten, der einem *bottleneck* nachgelagert ist, immanent. In diesem Fall wird der begrenzte Wettbewerb im Markt durch einen vorgeschalteten Wettbewerb um den Markt teilweise kompensiert[70]. Auf dieser Ebene ist – abhängig von den angewandten objektiven Auswahlkriterien – die Dienstleistungsqualität einzelner Anbieter zu berücksichtigen. Da die Genehmigungen nach Ablauf eines festen Zeitrahmens wieder neu auszuschreiben sind und ein im ersten Verfahren erfolgreicher Anbieter regelmäßig ein Interesse daran hat, auch im zweiten Verfahren erfolgreich zu sein, wird der Anbieter trotz des garantierten Zeitrahmens der ersten Genehmigung bestrebt sein, durch Innovation seine Dienstleistungsqualität zu steigern. Der Hafendienstleister steht daher unter dem immer wiederkehrenden Druck potentieller Konkurrenten, welche bestrebt sind, ihn in der nächsten Ausschreibungsrunde zu verdrängen[71]. Je nach der Größe eines Hafens sind dort im Übrigen mehrere Anbieter einer Branche tätig, welche zueinander im Wettbewerb stehen. Da die Laufzeiten der ihnen gewährten Genehmigungen zu unterschiedlichen Zeitpunkten enden können, sind diese Unternehmen jeweils unterschiedlich stark an Qualitätssteigerung und Innovation interessiert. Da sie aber untereinander im Wettbewerb stehen, sind alle Unternehmen dieser Branche faktisch gezwungen, ihr Angebot im Hinblick auf die Qualität bzw. das Preis-Leistungsverhältnis an den leistungsorientiertesten Anbieter anzupassen. Allein das Wissen um die Ausweichmöglichkeit des Nachfragers auf

[69] Vgl. *Kunz*, ZVerkehrsw. 1999, 206, 224 f.
[70] Für den Markt der Bodenabfertigungsdienste auf Flughäfen vgl. *v. Einem*, S. 216; *Fichert*, S. 248.
[71] *Fichert*, S. 248.

(den) einen anderen Dienstleister oder auf die Selbstabfertigung sorgt nach Ansicht *v. Einems*[72] auf dem Markt für Bodenabfertigungsdienste auf Flughäfen für so viel Wettbewerbsdruck, dass die Dienstleister zu einem marktgerechten Verhalten veranlasst und die beabsichtigten Veränderungen in der Preis- und Qualitätsgestaltung eintreten würden.
Angesichts des teilweise bereits bestehenden potentiellen Wettbewerbs sind derart positive Effekte für den Seehafensektor jedoch nur in begrenztem Umfang zu erwarten: Im Gegenteil wurden von der vorgeschlagenen Richtlinien negative Auswirkungen auf den Wettbewerb in und zwischen Häfen erwartet[73]. Insbesondere wurde darauf hingewiesen, dass in den einzelnen Seehäfen enge Oligopole jeder Branche entstünden. Typischerweise führt aber das Verhalten im Oligopol dazu, dass kein Unternehmen den (Preis-) Wettbewerb gegenüber den Rivalen eröffnet: Das Eigeninteresse eines jeden Unternehmens führt dazu, das für alle Beteiligten optimale Monopolpreisniveau zu suchen. Schert ein Unternehmen aus diesem Verhalten aus, kann es davon ausgehen, dass die anderen Unternehmen des Oligopols folgen werden und so letztlich das Preisniveau für alle Beteiligten gesenkt wird[74]. In der Konsequenz werden die Oligopolisten einen solchen Wettbewerb daher unterlassen[75].
Wettbewerb auf einem geschlossenen Markt für Hafendienstleistungen ist daher im Hinblick auf die aktuellen Konkurrenten im Hafen nur begrenzt zu erwarten. Die wettbewerbliche Orientierung der auf diesem Markt tätigen Unternehmen zielt im Wesentlichen auf das Auswahlverfahren. Im Hinblick auf einen – hier unterstellten – Willen, auch weiterhin auf diesem Markt tätig zu sein, müssen die Unternehmen in Bezug auf Preise, Innovationen und Investitionsverhalten zum Zeitpunkt des sie betreffenden Verfahrens wettbewerbsfähig sein. Die wettbewerbliche Messlatte wird daher auch von Anbietern der gleichen Branche im gleichen Hafen, in anderen Häfen und anderen potentiellen Bewerbern gesetzt. Allein der Umstand, dass die vergebenen Genehmigungen zu unterschiedlichen Zeitpunkten auslaufen, kann dazu führen, dass stetig eine Orientierung am leistungsstärksten Wettbewerber besteht und auf diese Weise eine

---

[72] *v. Einem*, S. 213.
[73] Vgl. ISL, Folgenabschätzung (Fn. 5), S. 38 f.
[74] Vgl. dazu ausführlich *Mestmäcker/Schweitzer*, § 25 Rn. 104 f.
[75] Dass enge Oligopole nicht notwendig negative Auswirkungen auf die Wettbewerbsentwicklung, sondern im Gegenteil sogar positive Wirkungen auf einen Markt aufweisen können, welche letztlich den Konsumenten zugute kommen, hat u. a. *Walter* (S. 151 ff.) gezeigt, unter Beschränkung auf einzelne Branchen, in denen die Reputation einer Marke erhöhte Bedeutung hat.

Dynamik im Markt entsteht und die typischen Effekte des Oligopols vermieden werden.
Je nachdem, wie stark die einzelnen Märkte bisher dem Wettbewerb zugänglich oder von monopolistischen Strukturen geprägt sind, ist von einer Zugangsregelung daher eine Verschiebung des Wettbewerbs in ein Auswahlverfahren oder eine Etablierung bzw. Intensivierung von Wettbewerb zu erwarten und insoweit eine Qualitätssteigerung wahrscheinlich.

(ii) Das vorgeschlagene Auswahlverfahren

Die Zugangsregelungen des Kommissionsvorschlages sahen ein Verfahren vor, welches auf die Genehmigungserteilung angewandt werden sollte. Wie zuvor bereits dargestellt, kann ein solches Auswahlverfahren unter Artikel 82 EG bislang nur aus den allgemeinen Grundsätzen des EG-Vertrages, Gleichbehandlung und Transparenz gefolgert werden. Ein systematisiertes Auswahlverfahren wie es in den Vorschlägen der Kommission vorgesehen war, gewährleistet zunächst eine einheitliche Informationspolitik der Hafenbetreiber im Hinblick auf neu auszuschreibende Genehmigungen. Interessenten für solche Genehmigungen ist es so unter vereinfachten Bedingungen möglich, rechtzeitig von dieser Neuausschreibung Kenntnis zu erlangen, da sie nicht mehr alle Möglichkeiten in Betracht ziehen müssen, wann und wo eine Neuausschreibung unter Artikel 82 EG ansteht.
Eine festgelegte Verfahrensordnung bietet allen Interessenten ein gewisses Maß an Verlässlichkeit hinsichtlich des Aufwandes einer Bewerbung, der Verfahrensdauer und der angewandten Auswahlkriterien. Im Übrigen bietet eine solche Regelung auch die Möglichkeit einer vereinfachten Nachprüfung: Feste Kriterien für ein Auswahlverfahren unter Artikel 82 EG sind von der Rechtsprechung bislang nicht entwickelt worden, sodass ein Angriff der Genehmigungsvergabe durch einen unterlegenen Bewerber voraussetzt, dass dieser eine umfassende Prüfung der rechtlichen Situation durchführen muss, um festzustellen, ob möglicherweise ein Missbrauch der marktbeherrschenden Stellung des Hafenbetreibers vorliegt. Derart hohe Voraussetzungen der Wahrnehmung von Rechtsschutz wirken aber potentiell abschreckend auf Interessenten. Daher ist davon auszugehen, dass jedenfalls die Möglichkeit besteht, dass durch die Einführung eines geregelten Zulassungsverfahrens der Kreis der Interessenten für eine Genehmigung erhöht wird. Dieses wiederum erhöht den Wettbewerb um die Genehmigung und damit um den Markt. Eine Rege-

lung des Auswahlverfahrens wäre daher potentiell geeignet, den Wettbewerb und so auch die Dienstleistungsqualität zu steigern[76].
Der Vorschlag aus dem Jahr 2004 stellte die Hafendienstleister unter einen umfassenden Genehmigungsvorbehalt, Artikel 7 Abs. 1. Für den Fall, dass nur eine begrenzte Anzahl von Genehmigungen zur Verfügung stünden, war für die Vergabe der Genehmigungen ein transparentes und objektives Auswahlverfahren anhand verhältnismäßiger, nicht diskriminierender und sachgerechter Kriterien durchzuführen, Artikel 8 Abs. 1. Bei dieser Regelung handelte es sich um das „Kernstück“[77] der Richtlinie. Die Verfahrensgrundsätze entsprachen zwar denjenigen, welche an anderer Stelle im Rahmen der Anwendung des Artikels 82 EG erörtert wurden. Einen konkreter Kriterienkatalog für die Auswahl eines Anbieters enthielt der Richtlinienvorschlag jedoch nicht. Die Definition der einzelnen auszuschreibenden Leistungen, die Gewichtung von Preis und Qualität und anderen Leistungsmerkmalen waren nicht weiter geregelt. Die Festlegung dieser Kriterien blieb vielmehr den Mitgliedstaaten oder gar den jeweils zuständigen Hafenbehörden überlassen, sodass in jedem Seehafen andere Kriterien bei der Durchführung des Auswahlverfahrens hätten relevant werden können. Damit wurde aber eines der Ziele der Richtlinie, eine einheitliche Verfahrensregelung zu schaffen und auf diese Weise gleiche Wettbewerbsbedingungen in und zwischen den Seehäfen herzustellen[78], verfehlt. Der Richtlinienvorschlag war in seiner konkreten Gestalt daher nicht zur Erreichung dieses Ziels geeignet und insoweit unverhältnismäßig.

(a) Erforderlichkeit: Unternehmen des Seehafenumschlags

Wirtschaftlich betrachtet handelt es sich bei dem Markt des Containerumschlags um einen Markt, auf dem versunkene Kosten, *sunk costs*, entstehen: Dabei handelt es sich um Leistungen, die nicht mit mobilem Kapital erbracht werden, das nach Ablauf der Genehmigungsdauer leicht anderweitig einzusetzen ist und daher die Genehmigungsdauer vergleichsweise kurz sein kann. Es handelt sich bei den Leistungen der Umschlagunternehmen um solche, für die teilweise feste, nicht rückholbare Investitionen

[76] Vgl. jedoch bereits oben VII.)B.1.b).
[77] *Jarzembowski* (2004), S. 5.
[78] „Daher würde die Festlegung eines gemeinschaftlichen Rechtsrahmens, der die wichtigsten in diesen EU-Häfen geltenden Regeln festschreibt, gewährleisten, dass für den Wettbewerb in und zwischen Häfen gleiche Ausgangsbedingungen gelten.“ Europäische Kommission, Richtlinienvorschlag über den Marktzugang für Hafendienste (Fn. I.33), S. 3.

notwendig sind und die Genehmigungsdauer daher notwendig länger und die ergänzende Regulierung strenger sein muss. Nicht rückholbar sind Investitionen in Güter, für die kein Markt besteht. Dieses ist etwa für Containerbrücken, für welche kein Gebrauchtwaren-Markt besteht, der Fall[79]. Eine Marktschließung wirkt in einem solchen Fall grundsätzlich investitionsfördernd. Allerdings stellt die Perspektive versunkener Kosten gleichzeitig eine „natürliche" Marktzutrittsbarriere dar, sodass die Akteure bereits aus diesem Grund vor einem Teil des potentiellen Wettbewerbs geschützt sind. Wenn trotz Bestehens einer solchen Marktzutrittsbarriere aber intensiver Wettbewerb auf einem Markt herrscht[80] und die Tendenz von *sunk costs* zur Etablierung monopolistischer Strukturen sich nicht realisiert, ist eine Marktschließung zum Investitionsschutz der Akteure nicht erforderlich.

(b) Erforderlichkeit: Unternehmen, welche technisch-nautische Dienstleistungen erbringen

Das Problem der *sunk costs* stellt sich für die meisten der technisch-nautischen Dienste zwar nicht, da Investitionen in die benötigten Güter auf einem Gebrauchtwaren-Markt realisiert werden können[81]. Anknüpfungspunkt für die Erforderlichkeit eines Auswahlverfahrens könnte aber die tatsächliche Situation auf den betroffenen Märkten sein, welche das „Aufbrechen" mono- oder oligopolistischer Strukturen erfordert. Denn die Einführung eines Wettbewerbs um die Infrastruktur kann regelmäßig als Instrument zur Marktöffnung dienen[82]. Ohne Einführung eines Zulassungsverfahrens, d. h. ohne Regulierung des Zugangs zu einem bislang mono- oder oligopolistisch organisierten Markt, würde sich an den bestehenden Marktstrukturen in der Regel nichts ändern, da die etablierten Akteure auch weiterhin über erhebliche Marktmacht verfügen und sich im Gegensatz zu jedem potentiellen Wettbewerber keinen Marktzutrittskos-

[79] ISL, Folgenabschätzung (Fn. Einf 5), S. 26.

[80] Dieses ist wie bereits gezeigt auf dem Markt für Containerumschlag der Fall. Zurückgeführt werden könnte dieses Phänomen u. a. auf die besondere Situation der Seehäfen als punktueller, ortsgebundener Infrastruktur, sodass an den verschiedenen Orten jeweils vergleichbare (versunkene) Investitionen notwendig sind, aufgrund des Ausbaus ihrer Hinterlandanbindungen diese Seehäfen – und damit auch die Umschlagunternehmen – aber zueinander im Wettbewerb stehen.

[81] So stellt auch *Kessides* fest, dass es einen Markt für gebrauchte Hafen-Schlepper gibt, *Kessides*, S. 208.

[82] Vgl. *Theobald*, NJW 2003, 324, 326.

ten gegenüber sehen[83]. Die Einführung eines Auswahlverfahrens kann dabei garantieren, dass der Zugang unter fairen, transparenten und gleichen Bedingungen gewährt wird. Es ist an anderer Stelle gezeigt worden, dass sich der Markt der technisch-nautischen Dienstleister regelmäßig auf das Gebiet eines Seehafens beschränkt. In diesem Hafen besteht teilweise gar kein, teilweise nur geringer Wettbewerb[84].

Die primärrechtliche Regelung des Missbrauchs einer marktbeherrschenden Stellung zur Schaffung von Wettbewerb ermöglicht nur eine nachträgliche Missbilligung des Verhaltens. Durch eine Regelung, die ein Verhalten innerhalb eines bestimmten Rahmens vorschreibt, wird gewährleistet, dass ein Missbrauch von vornherein vermieden wird. Das System der nachträglichen Korrektur entspricht dem wettbewerbspolitischen Ansatz, dass eine Marktwirtschaft grundsätzlich dann am Besten wettbewerblich funktioniert, wenn sie sich selbst reguliert. Es setzt also voraus, dass bereits ein System der Marktwirtschaft besteht. Im Fall der Öffnung monopolistisch geprägter Strukturen für den Wettbewerb muss aber eine Marktwirtschaft und damit Wettbewerb erst noch geschaffen werden. Dazu wird die nachträgliche Missbrauchskontrolle jedoch regelmäßig nicht ausreichen, sondern es werden positiv gestaltende Eingriffe notwendig sein, um die speziellen Funktionsvoraussetzungen zu schaffen, damit im Übrigen freie Marktprozesse entstehen können[85]. Beispiel eines solchen Eingriffs ist die Richtlinie betreffend gemeinsame Vorschriften für den Elektrizitätsbinnenmarkt[86].

Im Unterschied zu der geschilderten Sachlage, der Öffnung monopolistisch geprägter Märkte für den Wettbewerb, besteht in einigen Seehäfen neben dem Infrastrukturnutzungsmarkt bereits ein aktueller Markt für das Angebot von Dienstleistungen. In diesen Häfen war eine Richtlinie für die Herstellung von Wettbewerb zunächst nicht erforderlich. Vor dem Hintergrund, dass es eines der Ziele der Kommission war, ein *level playing field* herzustellen[87], also vergleichbare Wettbewerbsbedingungen in allen europäischen Seehäfen zu schaffen, erscheint eine gemeinschaftli-

[83] Vgl. bereits oben I.)D.

[84] Die Lotstätigkeit ist in Dänemark, Finnland, Schweden, den flämischen Häfen und Portugal der Hafenbehörde vorbehalten, u. a. in Finnland sind die Festmacherdienste Aufgabe der Hafenverwaltung, ein Schleppmonopol besteht in einigen belgischen und finnischen Seehäfen.

[85] Vgl. *Paulweber/Weinand*, EuZW 2001, 232, 234.

[86] Richtlinie 96/92/EG des Europäischen Parlaments und des Rates, ABl. (EG) 1996 L-27/20.

[87] Europäische Kommission, Richtlinienvorschlag über den Marktzugang für Hafendienste (Fn. I.33), Erwägungsgrund 6.

che Regelung, welche diese Bedingungen festlegt allerdings durchaus erforderlich. Dieses Ziel kann anderweitig nicht erreicht werden. Die Vorschläge der Kommission sahen solche Bedingungen jedoch nicht vor, so dass sie zur Zielerreichung weder geeignet noch erforderlich waren.

(3) Seehafenfinanzierung

(a) Getrennte Buchführung

Der zweite Vorschlag der Kommission enthielt nach Durchführung des Vermittlungsverfahrens in Artikel 16 eine Pflicht der Seehäfen und Hafensysteme zur Transparenz, indem diese Häfen und Hafensysteme zur Offenlegung ihrer finanziellen Beziehungen zu den Mitgliedstaaten verpflichtet wurden. Gleiches galt auch für die einzelnen Hafendiensteanbieter. Dieses sollte dazu dienen, nicht genehmigte staatliche Beihilfen als solche zu identifizieren und gegebenenfalls ein Verfahren gegen den betreffenden Mitgliedstaat einzuleiten. Artikel 18 des zweiten Vorschlags sah vor, dass alle Unternehmen, welche Dienstleistungen im Hafen erbrachten und dafür eine „Genehmigung" besaßen, zur getrennten Buchführung für jeden Dienstleistungsbereich verpflichtet waren.
Soweit die Kommission in Artikel 18 ihres zweiten Richtlinienvorschlags eine getrennte Buchführung für alle Hafendienstleister vorschrieb, ist zunächst zu begrüßen, dass auch Unternehmen mit einem Jahresnettoumsatz von weniger als 40 Millionen Euro von dieser Pflicht erfasst werden sollten. Denn die wettbewerbsverzerrende Wirkung öffentlicher Mittel kann auch auf einem Markt, auf welchem geringe finanzielle Umsätze gemacht werden, erheblich sein. Dieses gilt insbesondere für Märkte, auf welchen allein Unternehmen dieser Größenordnung tätig sind und diese sachlichen Märkte von erheblicher Bedeutung für das Funktionieren des Binnenmarktes sind. Die technisch-nautischen Hafendienste garantieren die Funktionsfähigkeit eines Hafens, welcher seinerseits wichtiger Knotenpunkt im Verkehrssystem der Gemeinschaft ist. Auf einem Markt mit geringen Umsätzen kann auch ein Unternehmen mit einem Jahresnettoumsatz von weniger als 40 Millionen Euro eine starke Stellung einnehmen und ist möglicherweise in der Lage, andere Wettbewerber zu verdrängen. Die wettbewerblichen Auswirkungen wären dann nicht gering, insbesondere nicht vor dem Hintergrund, dass der von den geringen Umsätzen betroffene Markt einen wesentlichen Teil des Gemeinsamen Marktes ausmacht. Werden in einem Hafen einzelne Unternehmen mit öffentlichen Mitteln unterstützt, kann sich dieses durch Quersubventionen auf den hafeninternen Wettbewerb erheblich auswirken und Wettbewerber ohne staatliche Unterstützung vom Markt verdrängen.

Es stellt sich aber die Frage nach dem weiteren Sinn und Zweck dieser Regelung. Ausgangspunkt des Gebots getrennter Buchführung im Rahmen der Transparenzrichtlinie ist es, Quersubventionierungen zwischen Unternehmensbereichen zu unterbinden, von denen einer aufgrund der Wahrnehmung gemeinwirtschaftlicher Verpflichtungen durch staatliche Mittel gefördert wird oder von öffentlich-rechtlichen Privilegien profitiert, der andere aber im Wettbewerb mit anderen privaten Anbietern steht. Derartige Quersubventionierungen zwischen einem nichtwettbewerblich und einem wettbewerblich arbeitenden Unternehmensteil können zu erheblichen Wettbewerbsverzerrungen führen. Wenn die Europäische Kommission über die von ihr vorgeschlagene Richtlinie alle Hafendienstleistungs-Unternehmen zur getrennten Buchführung verpflichten wollte, wich sie von diesem Ausgangspunkt der Transparenzrichtlinie ab. Zum einen erfasste sie damit auch Unternehmen, welche allein eine Hafendienstleistung erbringen; insoweit war die Regelung schlichtweg überflüssig, da eine Trennung faktisch nicht möglich ist. Zum anderen erfasste die Regelung aber auch Unternehmen, welche keine staatliche Unterstützung irgendeiner Art erhalten. Denn nach der Rechtsprechung des EuGH[88] kann keineswegs davon ausgegangen werden, dass alle Hafendienstleistungsunternehmen gemeinwirtschaftliche Verpflichtungen wahrnehmen und für diese eventuelle Ausgleichszahlungen erhalten. Dann ist aber auch eine Quersubventionierung nicht in jedem Hafendienstleistungsunternehmen möglich, sodass der Sinn und Zweck der Pflicht zur getrennten Buchführung gar nicht in jedem Unternehmen erreicht werden kann. Unternehmen neben den gesellschafts- und steuerrechtlichen Buchführungsvorschriften auch beihilferechtlichen Buchführungsvorschriften zu unterwerfen, wenn keinerlei Anhaltspunkt für das Vorliegen einer Beihilfe besteht, erscheint aber nicht geeignet, mehr Transparenz zu schaffen, geht jedenfalls aber über das Maß des Erforderlichen hinaus. Wenn aber eine Maßnahme der Gemeinschaft nicht zur Erreichung der Ziele des Vertrages geeignet oder erforderlich ist, widerspricht sie dem Verhältnismäßigkeitsgrundsatz des Artikels 5 Abs. 3 EG.

(b) Konkretisierung der Beihilfevorschriften für den Hafensektor

Die Kommission hat in Artikel 17 ihres zweiten Entwurfs die Aufstellung von Leitlinien zur Konkretisierung der Beihilfevorschriften angekündigt

[88] Vgl. EuGH, Slg. 1991 I-5889, 5931 Tz. 27 - *Merci.*

und sich selbst zur Vorlage dieser Leitlinien innerhalb eines Jahres nach Inkrafttreten der vorgeschlagenen Richtlinie verpflichten wollen[89]. Fraglich ist jedoch, ob Leitlinien das richtige Instrument darstellen.

Die Aufstellung der Beihilfekriterien für den Hafensektor in der Richtlinie selbst entspräche schon nicht dem Zweck des Regelungsinstruments der Richtlinie: Diese dient der Harmonisierung mitgliedstaatlichen Rechts, indem sie lediglich einen Rahmen vorgibt, innerhalb dessen die Mitgliedstaaten frei sind, die betroffene Materie zu regeln. Die Aufstellung konkreter Kriterien für die unmittelbare Anwendung des Primärrechts selbst geht aber über das Setzen eines solchen Rahmens deutlich hinaus.

Der Erlass einer Verordnung des Rates auf Grundlage des Artikels 89 EG nach dem Beispiel der Verordnung über die Anwendung der Beihilfevorschriften auf dem Schiffbausektor[90] wäre hingegen grundsätzlich möglich. In einer solchen Verordnung könnten – ähnlich dem Beispiel für den Schiffbausektor – mögliche Beihilfen nach ihrer Zielsetzung in Gruppen sortiert und Kriterien aufgestellt werden, anhand derer die jeweilige Beihilfe mit dem Gemeinsamen Markt vereinbar ist. Es könnten danach bestimmte Kriterien für Beihilfen aufgestellt werden, welche beispielsweise dem Umweltschutz oder der Verkehrssicherheit im Hafen zugute kommen. Eine solche Vorgehensweise würde zu einer effektiveren Durchsetzung der Beihilfevorschriften und einer Steigerung der Rechtssicherheit führen.

Leitlinien, wie sie die Kommission angekündigt hat, werden von dieser zwar quasi-gesetzlich angewandt, dieses geschieht jedoch ohne dass die Kommission selbst die Legitimation und Kompetenz besäße, gesetzliche Vorschriften zu erlassen und ohne dass auf diese bezogene Zuständigkeits- oder Verfahrensregeln existierten[91]. Der Rahmen konkretisierender Leitlinien würde überschritten, wenn ein umfassender Katalog vereinbarer und unvereinbarer Beihilfen erstellt würde, in dessen Rahmen Ziele des Umweltschutzes oder der Verkehrssicherheit berücksichtigt würden.

[89] Nach Rücknahme des zweiten Entwurfes kündigte die Kommission Leitlinien für staatliche Beihilfen für Häfen für das Jahr 2008 an, Europäische Kommission, Mitteilung über eine europäische Hafenpolitik (Fn. I.12), Ziffer 4.2; die Europäische Kommission ist auf Grundlage der VO (EG) 994/98 des Rates zwar auch zum Erlass von Verordnungen ermächtigt, allerdings nur zum Zwecke der Vereinbarkeitserklärung oder der Gruppenfreistellung. Vorliegend steht jedoch lediglich eine möglichst einheitliche und gerechte Anwendung der im Wesentlichen primärrechtlichen Regelungen in Frage.

[90] VO (EG) 1540/98, ABl. (EG) 1998 L-202/1.

[91] Vgl. zur Kritik an der Praxis der Kommission, Leitlinien zu erlassen *Immenga*, EuZW 2006, 481.

Das hat zur Folge, dass die Kommission entweder keine verbindliche umfassende Konkretisierung der Beihilfevorschriften für den Hafensektor nach dem Vorbild des Schiffbausektors vornehmen wird und damit nicht die bestmögliche Konkretisierung mit dem Ziel der Herstellung eines *level playing field* im hafenübergreifenden Wettbewerb erreicht wird oder aber die Kommission ihre Kompetenz überschreitet. Vor diesem Hintergrund und im Interesse einer umfassenden Konkretisierung der Beihilfevorschriften für den Hafensektor erscheint eine Ratsverordnung als einzig geeignetes Instrument.

(4) Fazit

Die von der Kommission vorgelegten Vorschläge waren auf eine Rechtsgrundlage gestützt, welche auf die vorgeschlagene Maßnahme nicht anwendbar ist. Aber auch materiell standen die Vorschläge zu weiten Teilen nicht im Einklang mit dem europäischen Primärrecht:
Sie sollten der Harmonisierung der Bedingungen im Wettbewerb zwischen den Seehäfen dienen. Die im Hinblick auf die Seehafenfinanzierung vorgeschlagenen Regelungen wurden aber den Anforderungen des Artikels 5 Abs. 2 und 3 EG nicht gerecht.
Sie sollten der Öffnung des Marktes für Hafendienste dienen und das Preis-Leistungs-Verhältnis dieser Dienste verbessern. Auch dieses Ziel zu erreichen waren die Vorschläge nur teilweise geeignet.
Darüber hinaus waren die Vorschläge für die Zielerreichung im Bereich des Hafenumschlags nicht erforderlich, da in diesem Bereich ein hafenübergreifender Wettbewerb herrscht, welcher die beabsichtigten Effekte bereits hervorruft.

c) Bewertung der Vorschläge im Übrigen[92]

Abgesehen von der Frage, ob die Vorschläge der Kommission den identifizierten wettbewerblichen Handlungsbedarf auf dem Seehafensektor deckten, waren diese Vorschläge teils heftiger Kritik der unterschiedlichen Interessengruppen ausgesetzt. Vor dem Hintergrund der Ankündigung weiterer Vorschläge der Kommission zu sekundärrechtlichen Maß-

[92] Bezugnahmen auf Artikel betreffen im Folgenden die Artikel des Kommissions-Vorschlags aus dem Jahr 2004, soweit nicht anders angegeben.

nahmen auf dem Hafensektor[93] erscheint eine Auseinandersetzung mit den wesentlichen Punkten dieser Kritik notwendig. Dabei muss sich das Vorhaben der Kommission, eine Richtlinie über den Zugang zum Markt für Hafendienste zu erlassen, an der folgenden Aussage *Fehlings* messen lassen: *„Die Regulierung des Zugangs zur Infrastruktur soll im Bereich der Dienstleistungen Marktstrukturen etablieren helfen* [...]. *Diese Regulierung darf aber nicht so weit gehen, dass unternehmerische Initiative, insbesondere die Investitionsbereitschaft gelähmt wird und so letztlich auch das Dienstleistungsangebot in den Sog staatlicher Lenkung gerät.*“[94]

(1) Räumlicher Geltungsbereich

Der Geltungsbereich der im Jahr 2004 vorgeschlagenen Richtlinie erfasste alle Seehäfen der Rats-Entscheidung 1692/96/EG[95] etablierten Kategorie A, also alle Seehäfen mit einem Frachtaufkommen von 1,5 Millionen Tonnen und einem Passagieraufkommen von 200.000 jährlich. Damit beschränkte sich der Geltungsbereich auf diejenigen Seehäfen, in welchen nach Auffassung der Kommission[96] auch das europäische Wettbewerbsrecht zur Anwendung käme, da ein wesentlicher Teil des Gemeinsamen Marktes betroffen sei. Nach der Rechtsprechung des EuGH ist die Frage nach der Wesentlichkeit eines bestimmten Teils des Gemeinsamen Marktes jedoch nicht nur anhand absoluter Zahlen zu ermitteln, sondern anhand der Bedeutung dieses Teils für den jeweiligen Mitgliedstaat. Insofern besteht eine Diskrepanz zwischen dem Primärrecht und der vorgeschlagenen sekundärrechtlichen Maßnahme.
In Anbetracht der dargestellten Konzeption des primärrechtlichen europäischen Wettbewerbsrechts, welches nur dann Anwendung findet, wenn ein materieller Verstoß einen wesentlichen Teil des Gemeinsamen Marktes betrifft, sollte auch eine Richtlinie über den Marktzugang als wettbewerbliches Element nicht über den Geltungsbereich des gemeinschaftlichen Wettbewerbsrechts hinausgehen. Ansonsten wäre das Sekundärrecht nicht mehr vom Inhalt des Primärrechts gedeckt. Entsprechend sollte der Geltungsbereich einer Marktzugangs-Richtlinie auf Seehäfen beschränkt bleiben, welche von erheblicher Bedeutung für den Umschlag von zur

---

93 DVZ vom 7.06.2006, abrufbar unter http://www.dvz.de/index.php?id=329&tx_ttnews%5Btt_news%5D=914&tx_ttnews%5BbackPid%5D=327&cHash=c63ede03e3 (zuletzt 24.05.2007).
94 *Fehling*, AöR 121 (1996), 59, 74.
95 Vgl. oben Fn. II.529.
96 Vgl. KomE, ABl. (EG) 1995 L-216/8 Rz. 10 – *Rabattsystem am Flughafen Brüssel.*

See transportieren Gütern oder den Passagierverkehr zur See eines Mitgliedstaates sind.
Der Richtlinienvorschlag bezog alle Seehäfen der Kategorie A ein, ohne Rücksicht auf die Eigentumsverhältnisse in den verschiedenen Seehäfen. Integrierte Privathafenbetreiber würden durch die vorgesehenen Regelungen langfristig vom alleinigen Diensteangebot in ihrem Hafen ausgeschlossen und müssten sich gegebenenfalls selbst einem Auswahlverfahren durch einen Dritten stellen, Artikel 9 Abs. 3. Nach geltendem Primärrecht wären sie lediglich zur Mitzulassung verpflichtet. Unter verfassungsrechtlichen Gesichtspunkten, insbesondere der Eigentumsgarantie, erscheint der Vorschlag insoweit bedenklich. Da dieses Problem jedoch im Wesentlichen die britischen Seehäfen betrifft, soll an dieser Stelle auf eine Erörterung vor dem Hintergrund nationalen Verfassungsrechts verzichtet werden.

(2) Sachlicher Anwendungsbereich

Teilweise wurde empfohlen, die Umschlagdienste aufgrund des existierenden Wettbewerbs auf diesem Sektor aus dem Anwendungsbereich herauszunehmen, es seien keine ernsthaften Fälle von Behinderung des Marktzugangs bei Containerterminals bekannt[97]. Dem kann vor dem Hintergrund der Zielsetzung einer Marktzugangsrichtlinie jedoch nur gefolgt werden, soweit tatsächlich Wettbewerb besteht. Insofern könnte eine entsprechende Richtlinie „negative Tatbestandsmerkmale" vorsehen, dass in einem Fall, in dem ein Hafen im Wettbewerb mit anderen Häfen steht und daher auch die (Umschlag-) Unternehmen dieser Häfen im Wettbewerb zueinander stehen, die Richtlinie keine Anwendung findet. Positiv ausgedrückt wäre die Richtlinie dann nur auf tatsächlich geschlossene Märkte anzuwenden.
Teilweise wurde empfohlen, die Lotsendienste aufgrund der dort geltenden besonderen Sicherheitsanforderungen aus dem Anwendungsbereich herauszunehmen[98]. Da aber im Bereich der Lotsendienste Mono- und Oligopolstrukturen vorherrschen[99], sollten vor dem Hintergrund der Zielsetzung der Richtlinie gerade diese vom Anwendungsbereich einer

---

[97] *Jarzembowski* (2004), S. 4; *ders.* in HANSA 10/2002, S. 14 f.
[98] Legislativvorschlag des EP, A5-2001/354, http://www2.europarl.eu.int/omk/sipade2?PUBREF=-//EP//NONSGML+REPORT+A5-2001-0354+0+DOC+PDF+V0//EN&L=EN&LEVEL=2&NAV= S&LSTDOC=Y (zuletzt 04.01.2008).
[99] Vgl. auch *Jarzembowski* (2004), S. 6.

Marktzugangsrichtlinie erfasst werden[100]. Allerdings stellt sich auch hier die Frage nach der Systemkonformität einer solchen Regelung: Soweit es sich bei diesen Diensten im Einzelfall um Dienstleistungen im allgemeinen wirtschaftlichen Interesse nach Artikel 86 Abs. 2 EG handelt und die Dienstleister mit diesen Diensten als Aufgabe betraut wurden, sollte auch eine Richtlinie über den Marktzugang nur insoweit Anwendung finden, wie dieses die Dienstleister nicht an der Erfüllung ihrer Aufgaben tatsächlich oder rechtlich hindert.
Die Richtlinienvorschläge sahen zum Zwecke der Marktöffnung ein Zugangsverfahren vor, welches einen Wettbewerb um den Markt etablieren sollte. Im Rahmen dieses Wettbewerbs sollten von der zugangsgewährenden Stelle die Kriterien bestimmt werden, welche Voraussetzung für eine Marktteilnahme sein sollten. Im Rahmen der Aufstellung dieser Kriterien sollten Anforderungen an die Sicherheit, den Umweltschutz und die Versorgungssicherheit berücksichtigt werden können. Dieses war in Artikel 7 Abs. 3 und speziell für Lotsendienste in Artikel 14 des Entwurfes aus 2004 vorgesehen. Artikel 7 Abs. 7 bestimmte, dass die zuständige Stelle die Zulassung wieder aufheben konnte, wenn die im Auswahlverfahren aufgestellten Kriterien im Verlauf der Marktteilnahme nicht mehr eingehalten wurden. Da der Richtlinienvorschlag aus dem Jahr 2004 dem Versorgungs- und Sicherheitsgedanken des Artikels 86 Abs. 2 EG demnach Rechnung getragen hat, waren Einwände auf dieser Grundlage gegen den Anwendungsbereich des Richtlinienentwurfes nicht gerechtfertigt.

(3) Genehmigung

Wie zuvor dargestellt, ist das Verfahren der Zulassung von Diensteanbietern zum Seehafen bislang nicht ausdrücklich durch das Primärrecht geregelt. Eine solche Regelung wäre im Hinblick auf die Harmonisierung der Wettbewerbsbedingungen jedenfalls für den Sektor der technisch-nautischen Hafendienstleistungen jedoch zu begrüßen. Die vorgeschlagene sekundärrechtliche Regelung hätte allerdings nicht nur zu positiven Effekten geführt.

(a) Genehmigungskonzentration

Öffentlich-rechtliche Hafenbetreiber müssen bereits aufgrund ihrer haushaltsrechtlichen Verpflichtung zur Sparsamkeit das wirtschaftlichste Ge-

[100] So auch *Behrendt* (2004), S. 14.

bot unter allen Bewerbungen aussuchen und annehmen. Hafenbetreiber, welche privat-wirtschaftliche Unternehmen sind, werden in der Regel im Interesse des Unternehmens ebenso handeln. Avanciert die Wirtschaftlichkeit eines Gebots zum wichtigsten allgemeinen Auswahlkriterium in dem nach dem Richtlinienvorschlag vorgesehenen Verfahren, so kann dieses regelmäßig am besten durch Unternehmen mit besonderer Wirtschaftskraft abgegeben werden. Der Richtlinienvorschlag sah keine Beschränkung in der Weise vor, dass ein Unternehmen nicht in einer beliebig großen Anzahl von Seehäfen tätig werden könnte. Das Fehlen einer solchen Regelung könnte zur Folge haben, dass es zu einer erheblichen Machtkonzentration kommt und lediglich einige wenige, besonders wirtschaftsstarke Unternehmen auf den Hafendienstleistungsmärkten tätig sind. Weder die im Richtlinienentwurf vorgesehen Kriterien noch das Instrument der Zusammenschlusskontrolle hätten einer solchen Konzentration wirksam begegnen können.
Fraglich ist jedoch, ob eine solche Konzentration tatsächlich zu einer Wettbewerbsminderung führt. Zu unterscheiden ist dabei wiederum zwischen den unterschiedlichen Hafenmärkten. Im Bereich der technisch-nautischen Dienstleistungen, deren Markt sich regelmäßig nur auf das Gebiet eines Hafens erstreckt, könnte die Vergabe einer Genehmigung an einen Anbieter, welcher bereits im Besitz einer solchen Genehmigung im selben Hafen ist, je nach der Marktstruktur in dem betreffenden Hafen zu einer erheblichen Machtkonzentration führen und ihm unter Umständen eine Monopolstellung verschaffen. In einem solchen Fall führte die Genehmigungsvergabe durch ein Auswahlverfahren letztlich zu einer Minderung des Wettbewerbs. Erhält ein Umschlagsunternehmen im gleichen Hafen mehrere Genehmigungen, ist zu beachten, dass der Markt sich regelmäßig über mehrere Häfen erstreckt und daher eine derartige Machtkonzentration im Einzelfall geringere Auswirkungen haben kann als im Bereich der technisch-nautischen Dienste.
Für die letzt genannten weniger relevant, für die Umschlagsunternehmen aber um so bedeutender ist der Fall, dass ein Unternehmen in mehreren Häfen über eine Genehmigung verfügt. Auf dieses Art und Weise können sich wirtschaftlich besonders starke Umschlagunternehmen in jedem Hafen etablieren. Da es sich bei dem Markt der Umschlagdienstleistungen um einen hafenübergreifenden Markt handelt, kommt es auf diese Weise zu einer Machtkonzentration.
Sowohl für die technisch-nautischen als auch für die Umschlagsdienstleister wäre es im Rahmen des vorgeschlagenen Systems von Interesse, sich in mehreren Häfen um die Genehmigungen zu bewerben. Auf diese Weise könnte der Bestand eines Unternehmens auf Dauer gesichert werden. Dieser setzt aber eine gewisse Flexibilität der Produktionsmittel und eine zentrale, ortsunabhängige Planung voraus. Eben diese Kriterien

können am besten die wirtschaftlich leistungsfähigsten Unternehmen erbringen. In einer solchen prognostizierten Entwicklung ist für Newcomer kaum Raum: Wie das Vergabeverfahren wird auch das vorgeschlagene Auswahlverfahren mit erheblichen Kosten für den Interessenten verbunden sein, sodass das Auswahlverfahren selbst zu einer Marktzutrittsschranke wird und einen „Entmutigungseffekt" für den potentiellen Newcomer mit sich bringt.

(b) Genehmigungsdauer

Nach Artikel 12 waren alle Genehmigungen zu befristen. Die Laufzeit der Genehmigung wurde von der Bedeutung der zu tätigenden Investitionen abhängig gemacht. Danach konnte die Laufzeit acht, zwölf oder 30 Jahre betragen[101]. Erwägungsgrund 31 des Richtlinienvorschlags sah vor, dass die Genehmigungen zwar zeitlich begrenzt sein sollten, ihre Geltungsdauer sollte jedoch eine normale Abschreibung und Investitionsrendite ermöglichen. Zu eben diesem Zweck scheint die Regelung des Artikels 12 jedoch nicht geeignet gewesen zu sein: Abschreibungsdauer und Zeitpunkt einer ersten Investitionsrendite können sich auch bei gleich hohen Investitionen je nach der Art der Investition und ihrer „Annahme" am Markt unterscheiden, sodass die Anwendung starrer Fristen nicht sachgerecht ist.
Nach Artikel 8 Abs. 3 lit. e sollte die Dauer der Genehmigung in den Unterlagen als Mindestangabe gegenüber den potenziellen Diensteanbietern enthalten sein. Wenn aber die Dauer im Voraus festgelegt würde, bedeutet das, dass die zuständige Hafenverwaltung auch bereits über den erforderlichen Investitionsumfang entschieden hätte. Ohne Rücksicht auf die Kompetenz der Hafenverwaltung – welche im Regelfall eine Stelle der öffentlichen Verwaltung sein wird – das notwendige Investitionsvolumen zu bemessen, führte diese Regelung zu einer Einschränkung der unternehmerischen Entscheidungsfreiheit und damit auch zu einer Minderung des Wettbewerbs: Je enger der Rahmen des unternehmerischen Verhaltens gesteckt ist, desto weniger Möglichkeiten verbleiben den Unternehmen, sich im Wettbewerb von den Konkurrenten abzuheben. Die pauschal und ohne Rücksicht auf die Umstände des Einzelfalls beschränkte Genehmigungsdauer barg die Gefahr, dass die Unternehmen abgesehen von den von Beginn an eingeplanten Investitionen, keine weiteren Investitionen mehr tätigen. Denn sie hätten nicht mehr mit einer vollständigen

---

[101] Eine Abstufung nach Investitionsvolumen nehmen auch *Troujillo/Nombela*, S. 26 vor.

Abschreibung rechnen können, sodass die Investition für sie nicht mehr wirtschaftlich attraktiv ist. Im Hinblick auf den technischen Fortschritt und seine Bedeutung für die Qualität der Leistungen sind Investitionen gerade in Innovation aber erwünscht. Sie sind Teil des Wettbewerbs zwischen den Unternehmen, bestimmen maßgeblich den Preis und die Qualität der erbrachten Dienstleistung und können im Ergebnis effizienzsteigernd wirken[102]. Eine Möglichkeit zur Nachverhandlung der Zulassungsbedingungen und damit zur Verlängerung der Genehmigung war in dem Vorschlag nicht vorgesehen[103]. Artikel 12 Abs. 3 des Richtlinienvorschlags sah zwar die Möglichkeit eines Verfahrens vor, in dem der Dienstleister wegen einer beabsichtigten bedeutenden Investition ein vorgezogenes Auswahlverfahren beantragen konnte. Große praktische Bedeutung wäre von dieser vorgeschlagenen Norm aber wohl nicht zu erwarten gewesen: In einem solchen vorgezogenen Auswahlverfahren liefe der bisherige Anbieter Gefahr, seine bestehende Genehmigung bereits vorzeitig zu verlieren – und damit auch die Möglichkeit zur weiteren Abschreibung bereits getätigter Investitionen.
Der Kritik, dass die vorgesehenen Fristen insgesamt viel zu kurz für eine Abschreibung seien, wurde teilweise entgegen gesetzt, dass durch lange Genehmigungsfristen das Ziel der Richtlinie *ad absurdum* geführt würde[104]. Es ist zutreffend, dass eine geringere Fluktuation der Diensteanbieter in einem Hafen bestünde, wenn diese längeren Genehmigungsfristen unterlägen. Für die besonders investionsintensiven Dienste wie Umschlagdienste ist eine erhöhte Fluktuation jedoch nicht für eine Marktöffnung wesentlich und unter Umständen auch nicht zielführend. In einem nicht regulierten Markt der Umschlagdienste bestünde schon keine hohe Fluktuation, weil der notwendige Investitionsaufwand eine „natürliche" Marktzutrittsbarriere darstellte. Diese bliebe auch im Fall der Zugangsregulierung erhalten. Die vermeintliche Öffnung darf daher die Funktionsfähigkeit der Märkte nicht gefährden und auf diese Weise letztlich die Dienstequalität beeinträchtigen.
Daran anknüpfend wird ein weiterer Kritikpunkt an Artikel 12 aktuell: Die starren Befristungslaufzeiten des Artikels 12 des Richtlinienvorschlags werden ohne Rücksicht auf die tatsächliche Amortisation einer

---

[102] Stellungnahme des EP-Ausschusses für Binnenmarkt und Verbraucherschutz: „Mit dieser Richtlinie riskieren wir ein ungünstiges Investitionsklima, das katastrophal für europäische Häfen und schließlich für deren Kunden wäre.", Bericht des EP-Ausschusses für Verkehr und Fremdenverkehr vom 15.12.2005.
[103] Auf die Notwendigkeit einer Möglichkeit zur Nachverhandlung weisen auch hin *Troujillo/Nombela*, S. 31.
[104] Vgl. *Jarzembowski*, HANSA 10/2002, S. 14, 15.

Investition nicht dem Umstand gerecht, dass die Dauer der steuerlichen Abschreibungen in den verschiedenen Mitgliedstaaten auch unterschiedlich lang ist. Gerade die steuerlichen Abschreibungsmöglichkeiten spielen für das Investitionsverhalten der Unternehmen aber eine erhebliche Rolle.
In betriebswirtschaftlicher Hinsicht bedeutete eine im Einzelfall unangemessene Befristung der Genehmigung höhere Preise. Zudem kann eine von Beginn an beschränkte Amortisationsdauer aus Sicht der Finanzwirtschaft dazu führen, dass das betreffende Unternehmen weniger kreditwürdig ist. Schlechtere Kreditkonditionen führen wiederum zu höheren Preisen. In volkswirtschaftlicher Hinsicht haben höhere Preise eine Abwanderung zur Folge. Dieses schließt auch eine Abwanderung auf andere Verkehrsträger ein, sodass die teilweise unangemessene Befristung der Genehmigungen im Hafen zu einer Stärkung des Land- und Luftverkehrs führen könnte.
Im Hinblick auf die Dauer bestehender Genehmigungen sah der Richtlinienvorschlag vor, dass solche Genehmigungen, welche in einem dem Artikel 8 entsprechenden Verfahren erteilt worden waren, Bestand haben sollten, Artikel 10 Abs. 1. Jüngeres Beispiel einer solchen Genehmigung, die in einem Auswahlverfahren – und wohl auch mit Blick auf den Richtlinienvorschlag – erteilt wurde, ist die Genehmigung für den Betrieb des Containerterminals im JadeWeserPort. Dieses Verfahren zeigt eine der wesentlichen Schwächen des vorgesehenen Systems: Das Verfahren dauerte über 16 Monate an, bevor eine Entscheidung erging.

(c) Übergangsregelung

Der Genehmigungsvorbehalt sollte dem Vorschlag entsprechend ohne Rücksicht auf eventuelle Restlaufzeiten von Konzessionen, Miet- oder Pachtverträgen durchgesetzt werden. Angesichts der aufgezeigten teils entschädigungslos hinzunehmenden Folgen erscheint dieses unverhältnismäßig: Eine Marktöffnung könnte auch unter Berücksichtigung dieser Restlaufzeiten oder jedenfalls unter Gewährung einer auch in betriebswirtschaftlicher Hinsicht adäquaten Übergangszeit erfolgen.

(4) Eigentumsrechte von Alt-Anbietern

Für die Alt-Anbieter auf dem Hafendienstleistungsmarkt bedeutete die vorgeschlagene Regelung, dass sie sich möglicherweise auf eine wesentlich kürzere Betriebslaufzeit hätten einrichten müssen als sie diese in ihrer wirtschaftlichen Planung zugrunde gelegt hatten. Es stellt sich daher

die Frage, ob diese Anbieter möglicherweise in grundrechtlichen geschützten Rechtspositionen beeinträchtigt worden wären.
Artikel 10 Abs. 3 des Richtlinienvorschlags sah vor, dass bestehende Genehmigungen, *„einschließlich der Rechtspositionen, die sich aus Eigentumsrechten* [...] *ergeben“*, zwar erhalten bleiben sollten, im Falle einer Begrenzung der Anzahl der Anbieter im Hafen allerdings mit einer Befristung versehen würden. Artikel 7 Abs. 1 i. V. m. Artikel 22 der Richtlinie bestimmte hingegen, dass jeder Diensteanbieter innerhalb von drei Jahren nach Inkrafttreten der Richtlinie eine Genehmigung besitzen sollte. Diese Genehmigung wurde im Fall der Begrenzung der Anbieterzahl – etwa aufgrund nur beschränkt verfügbarer Hafenflächen – ausgeschrieben. Zunächst bedarf es einer Klarstellung des Norminhalts des Artikel 10 Abs. 3, ob nur Genehmigungen aus eigentumsrechtlichen Positionen oder alle bei Inkrafttreten der Richtlinie bestehenden Genehmigungen erfasst werden sollten. Dabei kann weder die englische[105] noch die französische[106] Textfassung helfen. Allerdings kommentiert die Kommission den Artikel 10 selbst wie folgt: *„Weiter wird geregelt, wie Genehmigungen zu behandeln sind, die Eigentumsrechte in oder an einem Hafen umfassen.“*[107] Aus dieser Kommentierung der Verfasserin des Vorschlags selbst ergibt sich, dass die Formulierung *„einschließlich der Rechtspositionen, die sich aus Eigentumsrechten* [...] *ergeben“* nicht in der Weise zu verstehen war, dass obligatorische Genehmigungen und Genehmigungen, welche aus dinglichen Eigentumsrechten folgen, gemeint waren, sondern eben nur die letztgenannten Genehmigungen. Dieses Verständnis wird auch durch die weiteren Ausführungen der Kommission selbst zu Artikel 10 gedeckt, wonach im Falle der Begrenzung der Anbieterzahl eine Genehmigung aufgehoben werden müsste, die nicht im Rahmen eines Auswahlverfahrens erteilt wurde[108].
Von der Eigentumsgarantie erfasst wird auch das Recht am eingerichteten und ausgeübten Gewerbebetrieb als Sach- und Rechtsgesamtheit[109]. Zu

---

[105] „...existing authorisations ..., which include rights deriving from ownership of a port or of property in a port...“.
[106] „...les autorisations existantes..., y compris les droits qui découlent de droits de propriété sur ou dans un port...“.
[107] Europäische Kommission, Richtlinienvorschlag über den Marktzugang für Hafendienste (Fn. I.33), S. 10.
[108] Europäische Kommission, Richtlinienvorschlag über den Marktzugang für Hafendienste (Fn. I.33), S. 8.
[109] Tettinger/Stern-*Depenheuer*, Art. 17 Rn. 31; der EuGH spricht ein solches Recht nur am Rande an, Slg. 1984, 4057, 4079 Tz. 21 ff. – *Biovilac*; Slg. 1979, 2749, 2768 Tz. 20 ff. – *Eridania*; zur Eigentumsgarantie nach der EMRK ausdrücklich anerkennend: EGMR, Serie A Nr. 101 S. 13 § 41 – *v. Marle u.a.*; für

den hiervon erfassten Rechten zählen allerdings nicht öffentlich-rechtliche Genehmigungen, sodass aus der Eigentumsgarantie kein Recht auf Bestandsschutz einer solchen Genehmigung hergeleitet werden kann[110]. Alt-Anbieter sind jedoch in der Regel nicht Inhaber öffentlich-rechtlicher Genehmigungen, sondern Mieter oder Pächter bestimmter Hafenflächen.

Geschützt wird im Rahmen der Eigentumsgarantie das Recht auf Fortsetzung des Betriebes im bisherigen Umfang nach den schon getroffenen betrieblichen Maßnahmen[111]. Die Fortsetzung des Betriebes betrifft dabei jedoch nicht die Ausübung der gewerblichen Tätigkeit als solcher, sondern vielmehr die bereits ins Werk gesetzte Gewerbe- oder Unternehmenstätigkeit, welche auf einer vorhandenen Organisation sachlicher, persönlicher und sonstiger Mittel gründet[112]. Für den Fall, dass ein Betrieb erlaubnispflichtig ist oder sonst öffentlich-rechtlichen Genehmigungen oder Konzessionen unterliegt, ist der Bestand des Betriebes nur soweit geschützt, wie diese Erlaubnis reicht[113], d. h. in der Regel auch mit einem Widerrufsrecht der Behörde oder einer Befristung „belastet".

Von dem oben geschilderten Fall des erlaubnispflichtigen Betriebes zu unterscheiden ist der Fall, dass eine Behörde eine unbedingte, unwiderrufliche oder unbefristete Erlaubnis erteilt hat und dieser nachträglich über die Einführung derartiger Bedingungen oder Befristungen „Labilität" verleiht[114]. In einem solchen Fall geht der Inhaber einer Erlaubnis von einer stabilen Rechtsposition aus, die ihm nachträglich entzogen wird. Ähnlich liegt der Fall, dass eine betriebliche Tätigkeit keinerlei Erlaubnissen oder Genehmigungen unterlag, nachträglich aber eine solche Pflicht zur befristeten Genehmigung eingeführt wird. Auch in einem solchen Fall besteht zunächst eine stabile Rechtsposition des Betriebsinhabers, die nachträglich abgeschwächt wird. Für den erst genannten Fall der „relativierten Erlaubnis" geht *Papier* im Rahmen des Artikels 14 GG davon aus, dass dieses grundsätzlich von den Inhalts- und Schrankenbestimmungen des Eigentumsschutzes gedeckt sein könne, der Grundsatz der Verhältnismäßigkeit und das Abwägungsgebot es jedoch geböten, eine „*schonende Überleitung*" der Betroffenen in das neue Recht zu ermöglichen.

---

das deutsche Recht: v. Mangoldt/Klein/Starck-*Depenheuer*, Art. 14 Rn. 132; v. Münch/Kunig-*Bryde*, Art. 14 Rn. 18; Jarass/Pieroth-*Jarass*, Art. 14 Rn. 10.

[110] v. Mangoldt/Klein/Starck-*Depenheuer*, Art. 14 Rn. 134.

[111] BGHZ 98, 341, 351; Jarass/Pieroth-*Jarass*, Art. 14 Rn. 25.

[112] Vgl. Maunz/Dürig-*Papier* (2002), Art. 14 Rn. 100.

[113] Maunz/Dürig-*Papier* (2002), Art. 14 Rn. 105 f.

[114] Maunz/Dürig-*Papier* (2002), Art. 14 Rn. 105 f.

Dementsprechend könnten auch die vorgeschlagene Richtlinie und ihre Umsetzung als Inhalts- und Schrankenbestimmung keinen Eingriff in das von der Eigentumsgarantie geschützte Recht am eingerichteten und ausgeübten Gewerbebetrieb darstellen. Im Unterschied zu der von *Papier* beschriebenen nachträglich labileren Genehmigung wird im vorliegenden Fall aber ein Genehmigungserfordernis eingeführt, welches es Betrieben ohne Genehmigung unmöglich macht, weiterhin auf dem Markt tätig zu sein. Dabei war keine automatische Genehmigungserteilung an die bereits tätigen Dienstleister vorgesehen, die verfügbaren Genehmigungen sollten vielmehr in einem Auswahlverfahren an die Bewerber verteilt werden. Wäre ein Hafendienstleister, der vor Umsetzung der Richtlinie in einem europäischen Seehafen tätig war, durch die Umsetzung der Richtlinie und Einführung des Genehmigungsvorbehalts nach Artikel 7 Abs. 1 des Richtlinienvorschlags von der Teilnahme am Markt ausgeschlossen worden, wäre in sein eigentumsähnliches Recht am eingerichteten und ausgeübten Gewerbebetrieb eingegriffen worden. Denn durch die Nichterteilung der Genehmigung wäre dem Dienstleister jede Möglichkeit zur Fortführung seines Betriebes entzogen worden[115]. Die Regelung wirkt daher *de facto* wie eine Enteignung, für welche die Gemeinschaft keine Kompetenz besitzt und welche nur im öffentlichen Interesse, verhältnismäßig und im Zusammenhang mit einer Entschädigungsregelung erfolgen darf[116]. Ob tatsächlich ein öffentliches Interesse an der Einführung des Genehmigungsvorbehalts besteht, ist angesichts der wettbewerblichen Auswirkungen zweifelhaft. Jedenfalls war aber in dem Richtlinienvorschlag keine umfassende Entschädigungsregelung vorgesehen.

(5) Entschädigung zugunsten von Alt-Anbietern

In Artikel 10 Abs. 2 des Richtlinienvorschlags aus 2004 war vorgesehen, dass ein bereits bei Inkrafttreten einer entsprechenden mitgliedstaatlichen Regelung tätiger Diensteanbieter, der in einem wegen Eintretens einer Knappheitssituation durchzuführenden Auswahlverfahrens nicht ausgewählt wurde, von dem neu ausgewählten Diensteanbieter für alle von ihm

---

[115] Vgl. EGMR, Serie A Nr. 101 S. 13 § 42 – *v. Marle u.a.*; für Hafendiensteanbieter, die ihre Tätigkeit von Hafenflächen aus anbieten, welche in ihrem Eigentum stehen, gilt mit Art. 10 Abs. 3 des Vorschlags eine Sonderregelung: Diese „Genehmigungen" bleiben bestehen – im Falle einer Begrenzung der Anzahl der Anbieter jedoch nur in den Grenzen der Befristung nach Artikel 12.

[116] Vgl. EuGH, Slg. 1989, 2609, 2639 Tz. 19 – *Wachauf*; vgl. Schlussanträge des GA *Slynn* in Slg. 1984, 4057, 4091 – *Biovilac*; Tettinger/Stern-*Depenheuer*, Art. 17 Rn. 69.

getätigten, noch nicht vollständig amortisierten Investitionen, die der neu ausgewählte Diensteanbieter übernähme, unter Berücksichtigung der wirtschaftlichen Ergebnisse der in der Vergangenheit erbrachten Dienstleistung nach klaren, im Voraus festgelegten Regeln für nicht amortisierte Investitionen entschädigt werden sollte.

Zunächst ist festzuhalten, dass sich die Entschädigung auf die „*nicht amortisierten Investitionen*" beschränkt und keineswegs den Wert des Gewerbebetriebes ausgleichen soll. Diese Entschädigung soll im Übrigen durch den nachfolgenden Anlagennutzer geleistet werden, in dessen Interesse die Entziehung des Eigentums zwar auch aber nicht vorwiegend liegt. Die Entziehung darf nur im öffentlichen Interesse erfolgen, die Entschädigung ist daher von den Trägern dieses Interesses, dem Gemeinwesen, aufzubringen.

Im Falle der Übernahme von Anlagen stellt sich die Frage, wann sich eine Investition im Sinne der Richtlinie „*amortisiert*" hat. Eine Investition wird grundsätzlich dann als amortisiert betrachtet, wenn ihre Kosten aus den durch sie erwirtschafteten Beträgen finanziert werden, wenn also die Posten auf der Passivseite der Unternehmensbilanz durch den Gewinn des Unternehmens abgedeckt werden. Demnach wäre die Amortisation im Einzelfall danach zu berechnen, welchen Ertrag sie dem Unternehmen beschert hat. Komplizierter wäre die Berechnung, wenn es auf die Frage der Abschreibung einer Investition ankäme. Die englische, französische und spanische Textfassung des Richtlinienvorschlags verwenden die Begriffe „*fully amortised*", „*totalement amortis*" und „*amoritzadas plenamente*". Alle diese Begriffe entsprechen sowohl dem deutschen Begriff „amortisiert" als auch „abgeschrieben" und sind aus deutscher Sicht mithin unbestimmt. Eine vollständige Abschreibung ist unabhängig davon, ob die Investitionskosten durch die Erträge der betreffenden Investition ausgeglichen sind, sondern bezieht sich auf die betriebsindividuelle Nutzungsdauer eines Anlagegegenstandes. Bilanziell betrifft die Abschreibung daher die Aktiva eines Unternehmens, nicht die Abdeckung bestimmter Passivposten. Im Falle des Verständnisses als Abschreibung kommt sowohl eine steuerliche als auch eine handels-bilanzielle Abschreibung in Betracht. Im Rahmen der handels-bilanziellen Abschreibung stellt sich die Frage nach der Abschreibungsmethode – linear, progressiv oder degressiv.

Die Konkretisierung insoweit den Mitgliedstaaten zu überlassen, widerspricht dem Ansatz des Richtlinienvorschlags, ein *level playing field* zu schaffen und führt zunächst zu erheblicher Rechtsunsicherheit. Diese hat eine verminderte Investitionsbereitschaft insbesondere in all jenen Seehäfen zur Folge, in denen noch keine Knappheits-Situation besteht. Insoweit ist daher auch Artikel 10 Abs. 2 des Vorschlags nicht geeignet, das Ziel der Richtlinie, den Wettbewerb und damit die Qualität der Dienstleistungen in den Seehäfen zu steigern, zu erreichen.

(6) Übernahme von Personal

Der Richtlinienvorschlag der Kommission aus dem Jahr 2004 sah in Artikel 7 Abs. 6 vor, dass der Diensteanbieter zur Erbringung der unter die Genehmigung fallenden Dienstleistung das Recht habe, Personal seiner Wahl zu beschäftigen, sofern er die Kriterien nach Artikel 7 Abs. 3 erfülle und die Rechtsvorschriften des Mitgliedstaats einhalte, in dem er die betreffenden Dienstleistungen erbringe, vorausgesetzt, diese Rechtsvorschriften seien mit dem Gemeinschaftsrecht vereinbar. Zu dieser Regelung schien Artikel 8 Abs. 8, welcher erstmals in dem Vorschlag aus 2004 enthalten war, in Widerspruch zu stehen: Dort hieß es „*Wird eine Genehmigung nach einem Auswahlverfahren von einem anderen Diensteanbieter übernommen, bleiben die einschlägigen Beschäftigungsbedingungen für das Personal des vorherigen Diensteanbieters hiervon unberührt. Die Sozialschutzstandards dürfen nicht hinter dem Niveau zurückbleiben, das in den geltenden Rechtsvorschriften der Gemeinschaft festgelegt ist.*“ Diese Formulierung der Norm ist missverständlich: Einerseits könnte sie als gänzlich überflüssig verstanden werden, da es sich von selbst verstehe, dass die Beschäftigungsbedingungen sich nicht durch den Verlust der Genehmigung veränderten. Andererseits könnte sie aber auch so verstanden werden, dass sie einen Übergang des Personals auf den Genehmigungs-Nachfolger vorschreibt[117]. So sah auch der Gemeinsame Standpunkt des Rates zum ersten Richtlinienvorschlag eine Weiterbeschäftigung des Personals durch den neuen Diensteanbieter vor[118]. Im Fall dieses letzt genannten Verständnisses besteht der genannte Widerspruch.
In welche Richtung die Missverständlichkeit und der daraus resultierende Widerspruch möglicherweise aufzulösen sind, kann nur vor dem Hintergrund der zuvor in anderem Zusammenhang bereits angesprochenen Betriebsübergangsrichtlinie[119] und der dazu ergangenen Rechtsprechung geklärt werden. Wenn nämlich in dem Übergang einer Genehmigung nach dem Richtlinienvorschlag gleichzeitig ein Betriebsübergang zu sehen wä-

[117] So der ZDS, Stellungnahme zum Arbeitsdokument des MdEP Dr. Georg Jarzembowski über den Marktzugang für Hafendienste, 25.05.2005, S. 10; eine Übernahme des Personals befürwortet *Heitmann* (2003a), S. 27.
[118] Rat, Gemeinsamer Standpunkt 61/2002, ABl. (EG) 2002 C-299 E/1, Art. 19.
[119] Richtlinie 2001/23/EG; ABl. (EG) 2001 L-82/16.

re, wäre der Übergang der Arbeitsverhältnisse auf den neu eintretenden Anbieter bereits nach der Betriebsübergangsrichtlinie zwingend.

(a) Betriebsübergang[120]

Für das Kriterium des rechtsgeschäftlichen Übergangs eines Betriebes lässt der EuGH es genügen, wenn das Rechtsgeschäft nicht zwischen dem ehemaligen und dem neuen Betreiber besteht, sondern ein Betreibervertrag des ehemaligen Betreibers mit einem Dritten abgelaufen und letzterer einen Vertrag mit dem neuen Betreiber über die gleiche Leistung geschlossen hat, wie es etwa bei einem Pächterwechsel der Fall ist[121]. Genauso hat der EuGH auch einen Betriebsübergang im Fall der Neuvergabe eines Dienstleistungsauftrags angenommen[122]. Zur Begründung hat er ausgeführt, dass das Vergaberecht den Sozialschutz nicht verdrängen sollte, sondern dazu diene, allen Wirtschaftsteilnehmern die gleichen Chancen im Hinblick auf die Dienstleistungs- und Niederlassungsfreiheit zu verschaffen. Dem Fehlen eines Vertrages zwischen dem ehemaligen und dem neuen Betreiber komme nur eine Indizwirkung für das Nichtvorliegen eines Betriebsübergangs zu, entscheidend sei aber die tatsächliche Fortführung des Betriebes[123].

(b) Betriebsübergang im Fall der Neuvergabe von Genehmigungen im Hafen

In Anbetracht der EuGH-Rechtsprechung zum Betriebsübergang im Falle einer Auftrags-Neuvergabe, kann auch die Neuvergabe der Genehmigungen nach dem Vorschlag für eine Richtlinie über den Zugang zum Markt für Hafendienste grundsätzlich in den Anwendungsbereich der Betriebsübergangsrichtlinie fallen. In einem solchen Fall wäre die Übernahme des Personals durch den neuen Betreiber zwingend – sofern die betroffenen Arbeitnehmer der Übernahme nicht widersprechen.
Zum Vergleich sei die Richtlinie über den Zugang zu Bodenabfertigungsdiensten auf Flughäfen[124] herangezogen. Sie enthält keine dem Vorschlag vergleichbare Regelung. Sie lässt aber nach ihrem Artikel 18

[120] Zu den Voraussetzungen eines Betriebsübergangs vgl. oben III.)B.2.
[121] EuGH, Slg. 1988, 739, 752 Tz. 7 ff. – *Tellerup/Daddy's Dancehall.*
[122] EuGH, Slg. 2001 I-745 – *Liikenne*; EuGH, Slg. 2003 I-14023 – *Abler*; vgl. auch EuGH, Slg. 1994 I-1311 – *Christel Schmidt*; EuGH, Slg. 1997 I-1259 – *Ayse Süzen.*
[123] EuGH, Slg. 2001 I-745, 771 Tz. 27 f. – *Liikenne.*
[124] Richtlinie 96/67/EG (Fn. II.61).

das Recht der Mitgliedstaaten unberührt, alle erforderlichen Maßnahmen zum Schutz der Arbeitnehmer zu treffen. Italien hatte daraufhin im Rahmen der Richtlinienumsetzung eine Regelung getroffen, nach der im Fall des vollständigen Übergangs der Tätigkeit auf den Neu-Anbieter auch das Personal auf diesen übergehen sollte[125]. Nach dem entsprechenden deutschen Gesetz über Bodenabfertigungsdienste auf Flughäfen[126] konnte der Flughafenbetreiber Neu-Anbieter verpflichten, mit der Übernahme einer Bodenabfertigungsdienstleistung auch entsprechendes Personal zu übernehmen. Beide mitgliedstaatlichen Regelungen wurden durch den EuGH als ein Verstoß gegen die Pflicht der Mitgliedstaaten zur Umsetzung der Richtlinie angesehen[127]. Zur Begründung führte der EuGH aus, dass die entsprechenden Regelungen die praktische Wirksamkeit und die Ziele der Richtlinie beeinträchtigten. Denn der Zugang neuer Dienstleister würde übermäßig erschwert, wenn diese verpflichtet würden, das vom vorherigen Dienstleister beschäftigte Personal zu übernehmen. Die rationelle Nutzung der Einrichtungen und die Verringerung der Kosten für die Dienste werde dadurch in Frage gestellt[128].
Die italienische Regierung hatte sich in dem Verfahren vor dem EuGH darauf berufen, dass die nationale Regelung nicht über den Begriff des „Unternehmensübergangs“ hinaus gehe, da mit der Übertragung einer Tätigkeit regelmäßig auch die Übertragung von Gegenständen und Einrichtungen verbunden sei[129]. Dieses hätte zur Folge gehabt, dass die italienische Regelung sich im Rahmen der Betriebsübergangsrichtlinie bewegt hätte und damit zulässig gewesen wäre. Der EuGH hat jedoch festgestellt, dass ein „Übergang von Tätigkeiten“, wie ihn die italienische Regelung zugrunde legte, pauschal noch keinen Betriebsübergang darstellte[130]. Es sei vielmehr anhand des jeweiligen Einzelfalls zu beurteilen, ob die Übertragung einer Tätigkeit, die Bodenabfertigungsdienste betrifft, einen Vorgang im Sinne der Betriebsübergangsrichtlinie darstelle[131].

---

[125] Decreto legislativo Nr. 18/99 vom 13. Januar 1999 betreffend die Durchführung der Richtlinie 96/67/EG.

[126] BGBl. 1997 I, S. 2694.

[127] EuGH, Slg. 2004 I-11547 – *Kommission/Italien*; EuGH, Urteil vom 14.07.2005 Rs. 386/04 – *Kommission/Deutschland* (noch nicht in der Sammlung veröffentlicht).

[128] EuGH, Slg. 2004 I-11547, 11576 Tz. 32 ff – *Kommission/Italien*; EuGH, Urteil vom 14.07.2005 Rs. 386/04 Tz. 28 f. – *Kommission/Deutschland* (noch nicht in der Sammlung veröffentlicht).

[129] EuGH, Slg. 2004 I-11547, 11575 Tz. 26 ff – *Kommission/Italien.*

[130] EuGH, Slg. 2004 I-11547, 11578 Tz. 37 ff – *Kommission/Italien.*

[131] EuGH, Slg. 2004 I-11547, 11579 Tz. 41 – *Kommission/Italien.*

Daraus ergibt sich, dass allein die Neuvergabe der Genehmigung einer bestimmten Tätigkeit auf dem Flughafen keinen Betriebsübergang darstellt. Gleiches muss aufgrund der vergleichbaren Situation dann auch für Tätigkeiten im Seehafen gelten. Denn aus den Bestimmungen des Richtlinienvorschlags folgte keineswegs, dass mit der Genehmigung einer bestimmten Tätigkeit auch die Nutzungserlaubnis für ein bestimmtes Grundstück einhergehen sollte, sodass jedenfalls ein Teil der Betriebsmittel notwendig übergegangen wäre. Vielmehr hätte der Genehmigungs-Nachfolger auf einem gänzlich anderen Grundstück seine Tätigkeit aufnehmen und entsprechend gänzlich andere Anlagen als die des Genehmigungs-Vorgängers verwenden können, sodass keine Übertragung von Betriebsmitteln stattgefunden hätte[132]. Demnach ist im jeweiligen Einzelfall ein Betriebsübergang zu prüfen und von der bloßen Funktionsnachfolge zu unterscheiden. Dabei kann es insbesondere auf die Frage ankommen, ob die auszuübende Tätigkeit betriebsmittelarm oder betriebsmittelgeprägt ist. Im ersten Fall ist wesentlicher Anknüpfungspunkt für einen Betriebsübergang die Übernahme eines Großteils des Personals, welche dann gegebenenfalls die Pflicht zur Übernahme des gesamten Personals begründet.

Die genannten Entscheidungen des EuGH ergingen nach Vorlage des Richtlinienvorschlags aus 2004. Der Kommission, welche die italienische Regelung beanstandet hatte, war der Konflikt zwischen einem verpflichtenden Personalübergang und dem Ziel der Bodenabfertigungsdienste-Richtlinie, der Öffnung der Märkte für den Wettbewerb aber bekannt, sie hat im Verfahren gegen Italien selbst darauf hingewiesen[133]. Wenn aber die praktische Wirksamkeit einer Richtlinie durch die sie umsetzenden Normen beeinträchtigt werden kann, kann dieses erst recht durch sich widersprechende Normen innerhalb der Richtlinie geschehen. Dementsprechend muss im Interesse der praktischen Wirksamkeit der vorgeschlagenen Richtlinie davon ausgegangen werden, dass Artikel 8 Abs. 8 des Vorschlags keinen eigenen Regelungsinhalt besaß und insbesondere nicht die Übernahme von Personal des vorgehenden Genehmigungsinhabers vorschrieb. Artikel 7 Abs. 6, welcher die freie Wahl von Personal vorsah, hätte damit vorbehaltlich eines möglichen Betriebsübergangs seine volle

---

[132] Anders lag der Fall, in dem ein Catering-Unternehmen den Auftrag zur Versorgung eines Krankenhauses übernahm und wie der Vorgänger die dort vorhandenen Betriebsmittel Küche, Geschirr etc. nutzte und notgedrungen den gleichen Kunden versorgte; der EuGH ging hier von einem Betriebsübergang aus, EuGH, Slg. 2003 I-14023 – *Abler*.

[133] EuGH, Slg. 2004 I-11547, 11572 Tz. 16-22 – *Kommission/Italien*.

Wirkung entfalten können. Artikel 8 Abs. 8 wäre in der Konsequenz zu streichen gewesen.

(7) Selbstabfertigung

(a) Begriffsbestimmung

Mit dem Begriff der Selbstabfertigung war die Vornahme von Leistungen, welche regelmäßig durch Hafendienstleister erbracht werden, durch reedereieigenes Personal gemeint. Es handelt sich um einen der umstrittensten Punkte beider Richtlinienvorschläge. Insbesondere die etablierten Anbieter von Hafendiensten haben in Anhörungen und in der Öffentlichkeit die Zulassung von Selbstabfertigung heftig kritisiert. Dabei hat der Gegenstand des Streits, die Selbstabfertigung, selbst in ihrer Definition im Verlauf der Diskussion des Richtlinienvorschlags eine grundlegende Veränderung erfahren: War zunächst land- wie seeseitiges[134] Personal zur Selbstabfertigung einsetzbar, reduzierte sich dieses zuerst auf allein seeseitiges[135], zuletzt auf allein landseitiges[136] Personal.
In ihrer Begründung des letzten Vorschlags führte die Kommission an, dass der Einsatz des Landpersonals für die Selbstabfertigung zu einer Erhöhung des Beschäftigungsangebots in den Häfen führen werde. Da die Selbstabfertigung nun grundsätzlich einer Genehmigung bedürfe, die nach den gleichen Kriterien erteilt werde wie sie für Anbieter gleicher oder vergleichbarer Hafendienste gelten, sei gewährleistet, dass die geltenden Beschäftigungs- und Sozialvorschriften des Mitgliedstaates und der Gemeinschaft eingehalten würden[137]. Die Genehmigung der Selbstabfertigung bleibe solange gültig, wie der Selbstabfertiger die Kriterien für ihre Erteilung erfülle[138].
Selbstabfertigung ist in den meisten europäischen Seehäfen lediglich in eingeschränkten Bereichen des Ladungsumschlags und unter unterschied-

---

[134] Europäische Kommission, Mitteilung zur Verbesserung der Dienstequalität in Seehäfen (Fn. I.32), Art. 4.

[135] Änderungsantrag 13 zu Artikel 4 (9), Plenarsitzungsdokument des Europäischen Parlaments vom 20.02.2003, A5 0050/2003.

[136] Europäische Kommission, Richtlinienvorschlag über den Marktzugang für Hafendienste (Fn. I.33), Art. 3.

[137] Europäische Kommission, Richtlinienvorschlag über den Marktzugang für Hafendienste (Fn. I.33), S. 7.

[138] Europäische Kommission, Richtlinienvorschlag über den Marktzugang für Hafendienste (Fn. I.33), Art. 13 Abs. 3.

lichen Voraussetzungen möglich[139]. Davon betroffen sind im Wesentlichen der RoRo-Verkehr, Auto-Carrier und selbstentladende Massegutschiffe. Der Bereich, in dem die Selbstabfertigung am Stärksten verbreitet ist, ist derjenige der Fährdienste.

(b) Abgrenzung Selbst-/Drittabfertigung

Es stellt sich die Frage nach der Unterscheidung zwischen Dritt- und Selbstabfertigung, wenn in beiden Fällen landseitiges Personal tätig wird. Die Frage also, wann es sich um ein und dasselbe und wann um ein drittes Unternehmen handelt.
In der Bodenabfertigungsrichtlinie[140] wird die Selbstabfertigung in der Weise definiert, dass der Selbstabfertiger Dienste für sich selbst erbringt *„ohne hierfür mit einem Dritten einen wie auch immer gearteten Vertrag über die Erbringung solcher Dienste zu schließen“*[141]. Dabei wird im Weiteren auch die Person des Dritten im Umkehrschluss näher bestimmt. Denn es *„... gelten nicht als Dritte in ihrem Verhältnis zueinander Nutzer,*

a. von denen einer an dem anderen eine Mehrheitsbeteiligung hält;
b. bei denen ein und dieselbe Körperschaft an jedem von ihnen eine Mehrheitsbeteiligung hält.“[142]

Eine derartige Klarstellung fehlte in dem Vorschlag für eine Richtlinie über den Zugang zum Markt für Hafendienste. Da der Richtlinienvorschlag die Förderung des Wettbewerbs bezweckte, ist der im europäi-

---

[139] Vgl. zu den einzelnen Regelungen: ESPO, Factual Report (Fn. I.26), S. 116 ff.: Während in Belgien, den Niederlanden und Irland die Selbstabfertigung grundsätzlich nicht erlaubt ist, treffen die italienischen Hafenbehörden bei Ankunft eines Schiffes eine gerichtlich überprüfbare Einzelfallentscheidung, ob der jeweilige Reeder die Umschlagstätigkeiten selbst vornehmen kann. In Frankreich hängt die Möglichkeit der Selbstabfertigung von der Etablierung einer Art Gesamthafenbetrieb ab; soweit ein solcher besteht, können nur ihm angehörige Hafenarbeiter Umschlagstätigkeiten wahrnehmen, ausgenommen davon sind regelmäßig Schiffe im RoRo-Verkehr. In den stark vom Fährverkehr betroffenen Ländern Dänemark, Schweden und Finnland hingegen bestehen keine Beschränkungen der Selbstabfertigung. In Finnland haben einige Reedereien sogar eigene (Passagier-)Terminals aufgebaut; der größte Bereich der Selbstabfertigung in Finnland besteht jedoch bei Umschlag von Kohle.
[140] Richtlinie 96/67/EG (Fn. II.61).
[141] Artikel 2 f.
[142] Artikel 2 f a.E.

schen Wettbewerbsrecht geltende funktionale Unternehmensbegriff der Abgrenzung zugrunde zu legen. Soweit Unternehmen, die einem Konzern angehören, betroffen sind, bleibt festzuhalten, dass sie allein durch die Eingliederung in einen Konzern nicht ihre Unternehmenseigenschaft verlieren. Die bloße Zugehörigkeit zu einer Unternehmensgruppe soll auch nach in der Literatur verbreiteter Ansicht nicht ausschlaggebend für die Annahme eines einzigen Unternehmens sein. Vielmehr soll die Art der Beziehungen zwischen den Unternehmen entscheidend sein, insbesondere der Umstand, ob einem Unternehmen ein Weisungs- oder ähnliches Recht zusteht bzw. das andere Unternehmen umgekehrt vollkommen unabhängige Entscheidungen treffen kann[143]. Da ein die Selbständigkeit eines Unternehmens einschränkendes Weisungsrecht regelmäßig dann besteht, wenn eine Mehrheitsbeteiligung eines anderen Unternehmens vorliegt und nicht bereits bei einer Sperrminorität[144], führt die Verwendung des Unternehmensbegriffs im Vorschlag für eine Richtlinie über den Zugang zum Markt für Hafendienste letztlich zu einem dem Artikel 2 f der Bodenabfertigungsrichtlinie vergleichbaren Verständnis der Selbstabfertigung.

(c) Sozialstandards

Wenn Artikel 13 Abs. 4 vorschrieb, dass die Sozialvorschriften der Mitgliedstaaten in ihrer Anwendung auch auf die Selbstabfertiger nicht berührt würden, soweit sie im Einklang mit dem Gemeinschaftsrecht stünden, stellt sich die Frage, welche Konsequenzen dieses für die Selbstabfertigung durch landseitiges Personal gehabt hätte.
Die Begünstigung der Selbstabfertigung durch den Richtlinienentwurf könnte in der Praxis die Auswirkung haben, dass große Reedereien „eigene“ Umschlagbetriebe führen, die mit Niederlassungen, landseitigem Personal und eigenem Gerät in den einzelnen Häfen präsent sind. Dabei ist nach dem vorgenannten Verständnis bereits eine Mehrheitsbeteiligung zur Anwendbarkeit der Vorschriften über die Selbstabfertigung ausreichend. Eine solche könnte durch Erhöhung der Anteile der Reeder an einzelnen *dedicated terminals* schnell hergestellt werden. Diese Betrieb(steil)e sind dann in einem Hafen fest ansässig und beschäftigen regelmäßig auch dauerhaft Personal, und zwar zu den sozialrechtlichen Bestimmungen des betreffenden Mitgliedstaates. In Deutschland dürfte das Unternehmen als „Betrieb eines Hafens“ im Sinne des GHB-Gesetzes

---

[143] Ebd., sowie S/J/M-*Schröter*, Art. 81 Rn. 123; *Ritter/Braun/Rawlinson*, S. 40 ff.
[144] Ebd.

gelten, sodass eventuell die Sozialvorschriften des zuständigen GHB einschlägig wären.

(d) Eigentumsrechtliche Relevanz

Der Einsatz eigenen landseitigen Personals der Reeder erfordert die Nutzung bestimmter Infra- und Suprastrukturen im Hafen. Artikel 1 Abs. 3 des Richtlinienentwurfs lautete: „*Hafendiensteanbieter und Selbstabfertiger haben diskriminierungsfreien Zugang zu allgemein zugänglichen Hafeninfrastruktureinrichtungen, soweit dies für ihre Tätigkeit erforderlich ist.*“ Daraus ergibt sich die Frage, welche Hafeninfrastruktureinrichtungen als „*allgemein zugänglich*“ im Sinne der Richtlinie angesehen werden können. Die Kommentierung der Kommission schweigt zu diesem Punkt. Zur allgemein zugänglichen Infrastruktur zählen unter Beihilfegesichtspunkten alle öffentlich zugänglichen Verkehrswege, samt der dazugehörigen Befestigungen, Wellenbrecher, Fahrrinnen, Schleusen, Tonnen, Zeichen, andere Navigationshilfen etc. Allgemein zugängliche Umschlaganlagen sind bislang kaum etabliert. Da alle anderen Umschlagsanlagen Exklusivitätsrechten Dritter unterstehen, sind die Selbstabfertiger räumlich auf die von der Hafenbehörde zur Verfügung gestellten nicht vermieteten oder verpachteten Flächen angewiesen. Es ist kritisiert worden, dass es dabei zu erheblichen Organisationsproblemen kommen kann, welcher Selbstabfertiger wann und wie lange welche allgemein zugänglichen Infrastrukturanlagen nutzen darf[145]. Diese Probleme bestehen aber auch bisher in denjenigen Seehäfen, in denen Selbstabfertigung bereits zulässig ist und können daher offensichtlich durch entsprechende mitgliedstaatliche Regelungen bewältigt werden[146].
Hinsichtlich der zu verwendenden Suprastruktur schreibt Artikel 3 Abs. 9 des Vorschlags vor, dass der Selbstabfertiger nur eigenes Gerät verwenden könne. Die Verwendung anderen Geräts sollte demnach nicht mehr von seiner Genehmigung gedeckt sein. Ausgenommen davon dürfte allerdings die allgemein zugängliche Suprastruktur sein, da andernfalls be-

---

[145] Stellungnahme des EP-Ausschusses für Binnenmarkt und Verbraucherschutz: „Bei einer uneingeschränkten Zulassung der Selbstabfertigung wäre das Risiko des Ausbruchs eines Betriebschaos sehr hoch. Es ist nicht möglich zu regeln, wer das Vorrecht auf die Nutzung gemeinsamer Flächen, gemeinsamer Kräne und Kaianlagen, auf die Güterwagenbeladung usw. hat.“, Bericht des EP-Ausschusses für Verkehr und Fremdenverkehr vom 15.12.2005.

[146] Zulässig ist die Selbstabfertigung u. a. in Dänemark und Finnland, begrenzt in Frankeich und dem Vereinigten Königreich, ESPO Factual Report (Fn. I.26), S. 122, 130, 155, 168.

stimmte Dienste, die landseitiges Gerät wie Kräne oder Containerbrücken erfordern, von vornherein von der Selbstabfertigung ausgeschlossen wären. Der Richtlinienvorschlag soll nach dem Willen der Kommission aber die Selbstabfertigung für alle Dienste vorsehen[147].

(8) Keine Entgeltregelung

Die Vorschläge aus den Jahren 2001 und 2004 enthielten keine Regelung über ein Entgelt, welches die Hafendienstleister an den Hafenbetreiber zu zahlen hätten. Die Kommission hat zwar einen einheitlichen Rahmen für Hafengebühren angekündigt, durch welchen die Kosten der Infrastruktur ihren Nutzern angelastet werden sollen und damit auch die Dienstleister zur Zahlung für die Nutzung der Infrastruktur Hafenfläche verpflichtet wären[148], dieser Gebührenrahmen lag aber nicht gleichzeitig mit den Richtlinienvorschlägen der Kommission im Entwurf vor. Die Kommission lässt es dabei unberücksichtigt, dass nach dem Primärrecht – wie auch nach nationalem deutschen Recht – Zugang zu einer wesentlichen Einrichtung nur gegen Zahlung eines angemessenen Entgeltes zu gewähren ist. Insbesondere die integrierten privaten Hafenbetreiber, welcher eine marktbeherrschende Stellung auf dem Infrastrukturmarkt einnehmen und auf dem nachgelagerten Dienstleistungsmarkt tätig sind und daher nach Artikel 82 EG zur Zugangsgewährung verpflichtet sein können, würden durch die Richtlinie gegenüber der Anwendung des Primärrechts benachteiligt, da sie in Anwendung der Richtlinie nach Ablauf der Übergangsfrist des Artikels 10 Abs. 3 jedem Genehmigungs-Nachfolger Zugang zu ihrem Hafen zu gewähren hätten, ohne ein Entgelt dafür zu erhalten..
Ein Zugangsentgelt ist angemessen, wenn es mindestens die Grenzkosten abdeckt (zuzüglich der notwendigen Kapitalausstattung für Netzausbau etc), aber nicht dermaßen hoch bemessen ist, dass es eine Marktzutrittsschranke darstellt und das Ziel der Marktöffnung faktisch unterläuft[149].

---

[147] Zugang zu exklusiven Hafenanlagen kann der Selbstabfertiger im Rahmen der Artikel 82 EG verlangen. Ein solcher Anspruch wäre auf die Fälle begrenzt, in denen ein Umschlagunternehmen eines Hafens mit eigenen Hafenanlagen auf dem Markt des Angebots dieser Anlagen eine beherrschende Stellung einnimmt und dem Selbstabfertiger keine andere Anlage zur Nutzung potentiell zur Verfügung steht.

[148] Vgl. Europäische Kommission, Grünbuch über Seehäfen (Fn. II.540), Ziff. 59, wonach auch Mieten etc. eine der im Hafen anfallenden Zahlungen sind, welche von einem einheitlichen Gebührenrahmen erfasst werden sollten.

[149] *Theobald*, NJW 2003, 324, 329.

Ist Eigentümer der genutzten Hafenflächen die öffentliche Hand und erhielte der Dienstleister eine Hafenfläche auf Grundlage der die Richtlinie umsetzenden Norm kostenlos zur Verfügung gestellt, handelte es sich darüber hinaus möglicherweise um eine verbotene staatliche Beihilfe, da Wettbewerber gegebenenfalls Mietzinsen o. ä. an einen privaten Flächeneigentümer zu entrichten hätten.

(9) Keine Regelung hafenübergreifenden Wettbewerbs

Das Parlament wollte die Schaffung eines fairen und transparenten hafenübergreifenden Wettbewerbs als Richtlinienziel aufnehmen, der Rat hat sich diesem Vorhaben jedoch nicht angeschlossen, sondern die Kommission aufgefordert, anderweitig Vorschläge zur Regulierung des Wettbewerbs zwischen den Seehäfen zu machen[150].
In ihren Richtlinienvorschlag aus dem Jahr 2004 hat die Kommission nicht die Förderung des hafenübergreifenden Wettbewerbs aufgenommen. Die Zielbestimmungen des Artikels 1 beziehen sich vielmehr alle auf den Zugang zum Markt für Hafendienste. In Erwägungsgrund 5 wird dieser Zugang als eine der Maßnahmen zur Verbesserung des hafenübergreifenden Wettbewerbs genannt. Indem die Kommission den Zugang zum Markt ohne Rücksicht auf eventuell bestehenden Wettbewerb auf einem hafenübergreifenden Markt allein auf den einzelnen Hafen bezogen regelt, umgeht sie, was das Primärrecht ihr vorgibt: Sie vermeidet eine genaue und damit eventuell auch hafenübergreifende Marktabgrenzung[151].

(10) Keine Regelung der Hafenfinanzierung

Mit ihrem zweiten Richtlinienvorschlag hat die Kommission auf die Kritik des Europäischen Parlaments an der Nichtberücksichtigung des Wettbewerbs zwischen den Seehäfen, den Seehafenbetreibern, reagiert. Es handelt sich dabei nicht um den Wettbewerb unter Dienstleistern verschiedener Seehäfen, sondern um den Wettbewerb der Seehäfen an sich, mithin den Wettbewerb der Infrastrukturanbieter.
Neben der Herstellung von Transparenz setzt eine wirksame Bekämpfung der Gewährung unzulässiger Beihilfen klare Anwendungsmaßstäbe und

---

[150] Europäisches Parlament, Plenarsitzungsdokument A5-0050/2003, Änderungsantrag 10; Europäisches Parlament, Plenarsitzungsdokument A5-0364/2003, S. 6; vgl. *Jarzembowski* (2004), S. 9.
[151] Vgl. auch *Behrendt* (2004), S. 13.

Begriffsbestimmungen des geltenden Rechts voraus. Eben daran fehlt es aber. Denn in einem Seehafen ist die Abgrenzung von allgemein zugänglicher Infrastruktur und benutzerspezifischer Suprastruktur teilweise fließend und bedarf einer genauen allgemeingültigen Spezifikation. Andernfalls erlangt die Kommission mangels Notifizierung in vielen Fällen keine Kenntnis von der Gewährung unzulässiger Beihilfen. Ein Verzicht auf Spezifikation könnte allenfalls durch eine umfassende Vorlagepflicht für alle staatlich finanzierten Vorhaben in einem Seehafen kompensiert werden. Allerdings führte eine solche Vorlagepflicht zu einem Übermaß an Bürokratie und dürfte wohl einen unverhältnismäßigen Eingriff in die unternehmerische Freiheit des Einzelnen darstellen.

(11) Das Hafenmodell der Richtlinienvorschläge

Die Kommission ging in ihren Richtlinienentwürfen davon aus, dass die „*zuständige Behörde*" im Hafen grundsätzlich nicht selbst Hafendienstleistungen erbringt. Sie sah dieses vielmehr als Ausnahmefall an, wie sich aus Artikel 8 Abs. 6 und 7 des Vorschlages aus 2004 ergibt. Das Leitbild der Kommission, welches ihren Vorschlägen zugrunde lag, war ein Hafen, in dem Hafendienstleistungen durch private Unternehmen erbracht würden, der Betrieb des Hafens selbst, sein „Management", hingegen von einer unabhängigen „*zuständigen Behörde*"; dieses sollte regelmäßig die öffentliche Hand sein, wie bereits aus der Wortwahl „Behörde" hervorgeht. Insoweit entspricht die Vorstellung, welche die Kommission ihren Vorschlägen zugrunde legte, derjenigen eines Landlord- oder eines Tool-Ports[152].
Beabsichtigtes Ziel der Kommission ist es, Wettbewerb unter den Dienstleistern zu schaffen bzw. zu intensivieren. Wettbewerb der Hafendienstleister ist überhaupt nur in zwei der insgesamt vier typischen Hafenmodelle möglich[153]: Nur das Landlord- sowie das Tool-Port-Modell bieten die Möglichkeit der hafeninternen Dienstleister-Vielfalt und damit des hafeninternen Wettbewerbs. Damit wird die Kommission den tatsächlichen Verhältnissen in allen jenen europäischen Seehäfen nicht gerecht, in denen auch die Infrastruktur von privaten Unternehmen bereitgestellt wird. Mit ihrem Regelungsziel, jede Hafen-Infrastruktur den Dienstleistern zugänglich zu machen, ohne Rücksicht darauf, ob es sich

---

[152] So auch *Behrendt* (2004), S. 12.
[153] Dieses sind das britische Modell des integrierten Privathafens, das sog. „schwedische Modell" des integrierten öffentlichen Hafens (Service-Port), das Landlord-Modell sowie das Tool-Port-Modell, in welchem auch die nutzerspezifischen Anlagen im Eigentum der öffentlichen Hand liegen.

bei dem Eigentümer um ein marktbeherrschendes Unternehmen und bei der Einrichtung um eine nicht duplizierbare handelt, geht die Kommission weit über das hinaus, was nach europäischem Wettbewerbsrecht geboten ist.
Der Konflikt zwischen den Eigentumsrechten des Betreibers und der Herstellung von Dienstleister-Wettbewerb ließe sich durch die Umstrukturierung dieser Seehäfen lösen. Eben dieses vorzuschreiben, besitzt die Kommission jedoch keine Kompetenz: Artikel 295 EG schreibt vor, dass die Eigentumsordnung in den Mitgliedstaaten unberührt bleibt[154].

4. Fazit

„Wenn es in den Häfen tatsächlich zu Wettbewerbsbehinderungen kommt, dann gibt es überhaupt keine Rechtfertigung dafür, dass der EU-Wettbewerbskommissar nicht schon lange eingegriffen hat; dazu hat er die Möglichkeit. Auch vor diesem Hintergrund muss man sehr deutlich sagen: Wir brauchen die Port-Package-II-Richtlinie nicht."[155]
Dieser Aussage des FDP-Abgeordneten im Deutschen Bundestag Hans-Michael Goldmann kann trotz aller Kritik an den Vorschlägen der Kommission für eine Richtlinie über den Zugang zum Markt für Hafendienste nicht im Hinblick auf jegliche sekundärrechtliche Regelung der Zugangsproblematik zugestimmt werden: Denn im Falle einer ausschließlichen Anwendung des Primärrechts bliebe es nicht bei der Feststellung der Kommission, dass Zugang zu gewähren sei. Die Kommission hätte auch die materiellen und formellen Bedingungen des Zugangs einschließlich der Höhe eines angemessenen Entgelts zu bestimmen sowie über die Berechtigung eventueller Verweigerungsgründe zu entscheiden[156]. Angesichts der zahlreichen Seehäfen in der Europäischen Union und der vielfältigen Möglichkeiten einer Zugangsgewährung unter Artikel 82 EG, könnte deren effektive Durchsetzung gerade unter Berücksichtigung der notwendigen Sicherheitsanforderungen durch eine sekundärrechtliche *ex ante* Regelung gewährleistet werden. Eine solche Regelung müsste so-

---

[154] Zwischenzeitlich hat die Kommission erklärt, nicht zu beabsichtigen, die heterogenen Strukturen durch äußere Eingriffe zu vereinheitlichen, Europäische Kommission, Mitteilung über eine euorpäische Hafenpolitik (Fn. I.12), Ziffer 4.1.
[155] So der FDP-Abgeordnete Hans-Michael Goldmann in der 157. Sitzung des 15. Deutschen Bundestages am 17.2.2005.
[156] Zur Problematik der Festsetzung der Zugangsbedingungen duch Gerichte oder Behörden im Rahmen des § 19 Abs. 4 Nr. 4 GWB vgl. FK-*Weyer* (2005), § 19 Rn. 1064 ff.

wohl das Verfahren der Zugangsgewährung als auch Maßstäbe der Berechnung eines angemessenen Entgelts bestimmen. Gerade die Berechnung dessen, was im Einzelfall angemessen ist, würde im Falle einer *ex post* Kontrolle in jeder einzelnen Entscheidung der Kommission konkrete Erwägungen zur betriebswirtschaftlichen Situation des Eigentümers erfordern. Des Weiteren könnten im Rahmen von Einzelfallentscheidungen zu Artikel 82 EG mögliche Kollisionen mit anderen Politiken der Gemeinschaft möglicherweise nicht hinreichend berücksichtigt werden. Gerade die Sicherheit und der Umweltschutz bedürfen aber im Rahmen der Zulassung von Diensteanbietern im Hafen einer gesteigerten Berücksichtigung. Eine Regelung auf sekundärrechtlicher Ebene oder durch Leitlinien („*soft law*") der Europäischen Kommission würde daher nicht nur zur effektiveren Anwendung des Primärrechts führen, sondern neben einer Entlastung der Kommission auch zur Vermeidung von „Rosinenpicken" und einer effektiveren Implementierung der verschiedenen Politiken auf dem Seehafensektor[157].

Dass bislang keine Vielzahl von Fällen eines Missbrauchs marktbeherrschender Stellungen durch Verweigerung des Zugangs zum Dienstleistungsmarkt in Seehäfen der Kommission zur Entscheidung vorlag, kann nur auf drei verschiedene Arten erklärt werden: Entweder der Zugang wird regelmäßig gewährt, es gibt kaum Zugangsbegehren oder abgewiesene Bewerber nehmen die Absage ohne den Einsatz rechtlicher Mittel hin. Ersteres ist angesichts der teilweise langen Konzessionslaufzeiten einzelner Diensteanbieter und der regelmäßig begrenzten Anzahl von Hafenflächen unwahrscheinlich. In den beiden anderen Fällen jedoch ist eine *ex ante* Regulierung eines Zulassungsverfahrens zu wesentlichen Einrichtungen eines marktbeherrschenden Unternehmens geeignet und erforderlich, (potentiellen) Bewerbern ein gewisses Maß an Rechtssicherheit zu verschaffen und so die Nachfrage nach Zugang zum Hafendienstleistungsmarkt bzw. die Durchsetzung eines solchen Zugangsanspruchs zu steigern.

Insofern ist der von der Europäischen Kommission zuletzt angekündigte Ansatz[158], für die Regulierung des Zugangs zum Markt für Hafendienstleistungen auf die Anwendung des Primärrechts, konkretisiert durch nicht bindendes „*soft law*" zu rekurrieren, grundsätzlich zu begrüßen. Aufgrund des Scheiterns der Richtlinienvorschläge besteht weiterhin kein

---

[157] So im Ergebnis wohl auch *Carbone/Munari* (1996), S. 69 f., die einen Kompromiss zwischen Wettbewerb und Sicherheitserwägungen sowie zwischen freiem Marktzugang und Gemeinwohlverpflichtung anregen.

[158] Europäische Kommission, Mitteilung über eine europäische Hafenpolitik (Fn. Einf 1), Ziff. II.4.1.5, 4.3.5.

Maßstab, an welchem sich die Marktakteure orientieren könnten. Die Europäische Kommission wird in jedem Einzelfall entscheiden. Dieses hat neben einem hohen Maß an Rechtsunsicherheit auch den Nachteil, dass ein solches Verfahren aller Wahrscheinlichkeit nach mehr Zeit beanspruchen wird als ein reguliertes Zulassungsverfahren. Eine gefestigte Rechtsprechung, welche zu mehr Rechtssicherheit führen könnte, dürfte in den nächsten Jahren kaum zu erwarten sein. Für eine weitergehende Lösung, nämlich den Erlass bindender sekundärrechtlicher Vorschriften spricht jedoch, dass im Rahmen eines Rechtssetzungsverfahrens für alle Betroffenen regelmäßig in der Praxis weitaus größere Möglichkeiten bestehen, auf den Inhalt eines Rechtsaktes Einfluss zu nehmen, als im Rahmen einer Kommissionsentscheidung oder des Erlasses von Leitlinien. Im Rahmen von Anhörungen aber auch durch den öffentlichen Diskurs können Interessen und Bedenken geltend gemacht werden. Im Rahmen der Entscheidungsfindung in wettbewerbsrechtlichen Verfahren wird hingegen nur eingeschränkt von der Möglichkeit der Anhörung Dritter nach Artikel 27 Abs. 3 VO (EG) 1/2003 Gebrauch gemacht. Jedenfalls sind aber die Möglichkeiten des „Lobbyismus" beschränkter und Grundsätze des Zulassungsverfahrens oder der Entgeltbemessung werden in einem solchen Rahmen kaum Gegenstand öffentlicher Diskussion sein.

Jede Regelung dürfte jedoch nicht außer Acht lassen, dass sich Artikel 82 EG nur an marktbeherrschende Unternehmen richtet, seine Anwendung mithin die Abgrenzung des jeweils relevanten Marktes voraussetzt. Eben solches wäre auch im Rahmen einer Richtlinie erforderlich. Dabei könnte eine Vermutung dafür sprechen, dass die Märkte für technisch-nautische Dienste regelmäßig auf das Gebiet eines Hafens beschränkt sind, während der Markt für Umschlagdienste sich in der Regel auf alle Häfen mit vergleichbarer Hinterlandanbindung erstreckt. Nur unter Voraussetzung einer solchen Unterscheidung kann vermieden werden, dass Diensteanbieter mit stark unterschiedlichen wettbewerblichen Problemen anhand ein und desselben – und damit teilweise inadäquaten – Maßstabes gemessen werden[159].

Neben einem gemeinschaftlichen Rahmen für die Anwendung des Artikels 82 EG auf dem Seehafensektor wäre auch ein gemeinschaftlicher Rahmen für die Anwendung der Beihilfevorschriften auf diesen Sektor zu begrüßen: Darüber, dass eine Notwendigkeit besteht, faire Bedingungen für den Wettbewerb zwischen den Seehäfen zu schaffen, besteht weitgehend Einigkeit[160]. Ob dazu aber eine Abwendung von der reinen Beihilfekontrolle und eine Hinwendung zur Schaffung eines einheitlichen Ge-

---

[159] Vgl. auch *Mester*, S. 143.

[160] Vgl. *Heitmann* (2001), S. 113.

bührenrahmens geeignet und erforderlich ist, ist umstritten. Jedenfalls würde eine Konkretisierung der Beihilfevorschriften vor Einführung eines allgemeinen Verkehrskostenrahmens aber zu mehr Gerechtigkeit im Wettbewerb zwischen den Seehäfen beitragen.

VIII.) Ergebnis

1. Sowohl im deutschen Recht als auch im europäischen Primärrecht stehen mit dem Verbot des Missbrauchs einer marktbeherrschenden Stellung Instrumente zur Verfügung, welche das Begehren eines potentiellen Hafendienstleisters, Zugang zur begrenzt zur Verfügung stehenden Einrichtung Seehafen zu erlangen, stützen.

2. Das europäische Wettbewerbsrecht der Artikel 81 und 82 EG greift ein, wenn der betroffene Seehafen von erheblicher Bedeutung für den Seehandel bzw. den Personen-Seeverkehr seines Mitgliedstaates ist. Andernfalls ist kein wesentlicher Teil des Gemeinsamen Marktes betroffen und ein Verhalten regelmäßig nicht geeignet, den Handel zwischen den Mitgliedstaaten zu beeinträchtigen. In einem solchen Fall und falls das nationale Kartellrecht strengere Regeln für einseitiges Verhalten vorsieht, bleibt es bei der Anwendung nationalen Kartellrechts.

3. Bei der Bestimmung der marktbeherrschenden Stellung ist nach einzelnen Diensteanbietern zu unterscheiden, da für einige ein hafeninterner, für andere ein hafenübergreifender Markt besteht.

4. Sowohl im Rahmen der Anwendung europäischen als auch deutschen Rechts hat der marktbeherrschende Hafenbetreiber zur Vermeidung kartellrechtswidrigen Verhaltens bei der Vermietung von Hafenflächen ein Auswahlverfahren unter allen Bewerbern nach objektiven und transparenten Kriterien durchzuführen. Dieses Verfahren hat sich an den Grundsätzen des (Kartell-) Vergabeverfahrens zu orientieren. Die Zulassung der ausgewählten Bewerber zum Seehafen ist zu befristen. Transparente und überprüfbare Kriterien können zur Rechtssicherheit beitragen und somit mittelbar zu einer Intensivierung des Wettbewerbs führen.

5. Bei der Verweigerung der Zulassung zum Seehafen hat ein öffentlich-rechtlicher Hafenbetreiber als Teil der mitgliedstaatlichen Verwaltung nicht nur die Pflicht, den Anforderungen des Kartellrechts zu entsprechen, sondern auch die Diskriminierungs- und Beschränkungsverbote der Dienstleistungs- und Niederlassungsfreiheit zugunsten von Unternehmern aus anderen Mitgliedstaaten zu beachten. Dabei besteht jedoch eine Kongruenz der anerkannten Verweigerungsgründe nach Kartellrecht und Grundfreiheiten.

6. Der Wettbewerb innerhalb der Seehäfen ist geprägt von vielfältigen Kooperationen der Hafendienstleister, welche insbesondere dann unbedenklich sind, wenn sie den Charakter einer Arbeitsgemeinschaft

haben und der Sicherung der Versorgung dienen. Darüber hinaus beeinflussen Zusammenschlüsse den hafeninternen Wettbewerb. Diese erfolgen auch in horizontaler Richtung, treten jedoch zunehmend in vertikaler Richtung oder konglomerat auf.

7. Die Ausnahmevorschrift des Artikel 86 Abs. 2 EG kommt auf den Wettbewerb der Seehafendienstleister nur eingeschränkt zur Anwendung, da es sich bei der Mehrheit der Hafendienstleistungen nicht um Dienste von allgemeinem wirtschaftlichen Interesse handelt. Jedenfalls wird aber ihre Ausführung durch Anwendung der Wettbewerbsvorschriften des EG-Vertrages nicht verhindert.

8. An dem über das Gebiet eines Hafens hinausgehenden Wettbewerb nehmen sowohl die Hafenbetreiber selbst, als auch die in den Seehäfen tätigen Umschlagdienstleister teil.

Der seehafenübergreifende Wettbewerb der Hafendienstleister wird insbesondere durch marktstrukturverändernde Unternehmenszusammenschlüsse beeinflusst. Dabei wird das Instrument des Zusammenschlusses von Unternehmen auch genutzt, um Zugang zu einzelnen Seehäfen zu erlangen und die eigene Marktstellung auszubauen. Zunehmend treten Zusammenschlüsse von Unternehmen, welche verschiedene Glieder ein und derselben Transportkette repräsentieren auf.

9. Der Wettbewerb der Hafenbetreiber wird insbesondere durch die in den verschiedenen Mitgliedstaaten existierenden, teils höchst unterschiedlichen Organisations- und Finanzierungsstrukturen der Seehäfen beeinträchtigt. Zur Herstellung fairer Wettbewerbsbedingungen ist u. a. die Einführung einer effizienteren Beihilfekontrolle geboten. Dazu sollte die Transparenzrichtlinie unabhängig von Umsatzschwellenwerten auf alle Seehafendienstleister angewandt werden. Ferner sollte eine für das Beihilferegime gemeinschaftsweit gültige Abgrenzung der Hafenwirtschaft vom See- und Hinterlandverkehr erfolgen.

10. Die von der Europäischen Kommission vorgelegten Entwürfe für eine Richtlinie über den Zugang zum Markt für Hafendienste waren abzulehnen: Sie gingen in Teilen über die Grenzen des europäischen Wettbewerbsrechts hinaus, waren im Einzelnen unverhältnismäßig und mangels Regelungen, welche die Wechselwirkungen von hafenübergreifendem Wettbewerb und hafeninternem Wettbewerb hinreichend berücksichtigen, zur Erreichung des Ziels der Herstellung eines *level playing field* ungeeignet. Vor diesem Hintergrund ist das Vorhaben der Europäischen Kommission, zunächst das bestehende Recht darauf zu überprüfen,

inwieweit es bereits zur Intensivierung des Wettbewerbs der Seehafendienstleister und zur Herstellung gleichwertiger Wettbewerbsbedingungen geeignet ist, zu begrüßen. Nach der hier vertretenen Auffassung bietet das geltende Primärrecht mit Artikel 82 EG bereits die Möglichkeit, einen nach objektiven und transparenten Kriterien geführten Wettbewerb um den Zugang zum Seehafendienstleistungsmarkt zu eröffnen und auf diese Weise zur Intensivierung des Wettbewerbs beizutragen.

Literaturverzeichnis

Aufsätze, Kommentare und Monographien

Ann, Christoph — Deregulierung in der Luft, Monopole auf dem Boden
BB Beilage 16 zu Heft 23/1993, S. 1-12

Bach, Albrecht — Der Marktbeherrschungsbegriff in der EG-Fusionskontrolle, auch im Vergleich zum deutschen Kartellrecht
WuW 1993, 805-817

Bartosch, Andreas — Schnittstellen zwischen öffentlicher Auftragsvergabe und europäischem Beihilferecht
WuW 2001, 673-686

Basedow, Jürgen — Wettbewerb auf den Verkehrsmärkten
Eine rechtsvergleichende Untersuchung zur Verkehrspolitik
Heidelberg 1989

Die Nutzung fremder Infrastrukturen im Privatrecht
ZHR 170 (2006), 178-198

Bauer, Stefan — Rechtssicherheit bei der Finanzierung gemeinwirtschaftlicher Leistungen? – Zum Verhältnis zwischen Art. 87 I EG und Art. 86 II EG nach der Altmark-Entscheidung des EuGH
EuZW 2006, 7-11

Bauermeister, Ulrich
Die Organisation der Hafenverwaltung in Rostock
in: Lagoni, Rainer/Erbguth, Wilfried (Hrsg.), Deutsche Seehäfen: Privatisierung und Gefahrenabwehr, S. 19-32
Münster 2005

Baumbach, Adolf/
Hopt, Klaus
Handelsgesetzbuch
Kommentar
33. Auflage
München 2008
Zitiert: „B/H-*Bearbeiter*, § … Rn. …“

Behrendt, Dirk Kersten
Der Begriff und die Funktion des „Seehafens“, in: Lagoni (Hrsg.), Beiträge zum deutschen und europäischen Seehafenrecht, S. 105-112
Hamburg 2001
Zitiert: „*Behrendt* (2001), S. …“

Der Richtlinienvorschlag aus der Sicht einer Hafenbehörde
in: Lagoni (Hrsg.), Deutsche Seehäfen: Hafenwettbewerb Hafensicherheit – Schiffsentsorgung, S. 11-22
Münster 2004
Zitiert: „*Behrendt* (2004), S. …“

Beukert, Lutz
Bremer BLG wächst durch Kooperation und Kontraktlogistik
Handelsblatt (online-Ausgabe) vom 1.6.2006
Abrufbar unter:
http://www.handelsblatt.com/news/Unternehmen/Unternehmen/_pv/_p/300046/_t/ft/_b/1087069/default.aspx/bremer-blg-

waechst-durch-kooperationen-und-kontraktlogistik.html (zuletzt: 24.05.2007)

Bitterich, Klaus — Kündigung vergaberechtswidrig zu Stande gekommener Verträge durch öffentliche Auftraggeber
NJW 2006, 1845-1850

Bittner, Carsten — Die Verweigerung der Drittzulassung zu Infrastruktureinrichtungen unter dem Aspekt des Missbrauchsverbotes aus Art. 86 EG-Vertrag
Hamburg 1998

Bechtold, Rainer — GWB Kartellgesetz, Gesetz gegen Wettbewerbsbeschränkungen
Kommentar
4. Auflage, München 2006
Zitiert: „*Bechtold* § ... Rn. ...“

v. Bechtolsheim, Sebastian Frhr./
Bruder, Florian — Die Essential-Facilities-Doktrin und § 19 (4) Nr. 4 GWB
WRP 2002, 55-63

Bunte, Hermann-Josef — 6. GWB-Novelle und Missbrauch wegen Verweigerung des Zugangs zu einer „wesentlichen Einrichtung“
WuW 1997, 302-318

Kartellrecht mit neuem Vergaberecht
München 2003
Zitiert: „*Bunte*, S. ...“

Burgi, Martin — Verwalten durch öffentliche Unternehmen im europäischen Institutionenwettbewerb
VA 2002, 255-277

Calliess, Christian/
Ruffert, Matthias
Kommentar zu EU-Vertrag und EG-Vertrag
2. Auflage, Neuwied 2002
Zitiert: „Calliess/Ruffert-*Bearbeiter*, Art. … Rn. …"

Carbone, Sergio M./
Munari, Francesco
The regime of technical-nautical services (pilotage, towage, mooringmen) under European law
in: van Hooydonk, Eric (Hrsg.), European Seaports Law – EU Law of Ports and Port Services and the Ports Package,
S. 187-206
Antwerpen 2003
Zitiert: „*Carbone/Munari* (2003), S. ... "

Port services ancillary to navigation between market and safety requirements
Lloyd's Maritime and Commercial Law Quarterly 1996, 67-92
Zitiert: „*Carbone/Munari* (1996), S. ... "

Caspar, Ute
Wettbewerbliche Gesamtwürdigung von Vereinbarungen im Rahmen von Art. 81 Abs. 1 EGV
FIW Heft 183, Köln 2001

Casper, Matthias
Die wettbewerbsrechtliche Begründung von Zwangslizenzen
ZHR 2002, 685-707

Clark, Ximena/
Dollar, David/
Micco, Alejandro
Maritime Transport Costs and Port efficiency

Research and Working Paper 2781
Worldbank 2002

De Langen, Peter W./
Pallis, Anthanasios A. — Analysis of the benefits of intra-port competition
International Journal of Transport Economics
XXXIII/3,2006
Auch abrufbar unter:
http://129.3.20.41/eps/io/papers/0510/0510003.pdf
(zuletzt 04.01.2008)

Deselaers, Wolfgang — Die „Essential Facilities“-Doktrin im Lichte des Magill-Urteils des EuGH
EuZW 1995, 563-569

Dietlein, Johannes — Anteils- und Grundstücksveräußerungen als Herausforderung für das Vergaberecht
NZBau 2004, 472-479

Dittmann, Kerstin — Öffnung von Märkten durch kartellrechtlichen Kontrahierungszwang
Frankfurt/Main 2003, zugleich Diss. Hamburg 2004

Dohms, Rüdiger — Die Vorstellungen der Kommission zur Daseinsvorsorge
in: Schwarze, Jürgen (Hrsg.), Daseinsvorsorge im Lichte des Wettbewerbsrechts, S. 41-72

Dolfen, Michael — Der Verkehr im europäischen Wettbewerbsrecht
Heidelberg 1991

Douglas, Richard/
Lane, Peter/

Peto, Monica	On the law of harbours, coasts and pilotage 5th Edition, London 1997
Dreher, Meinrad	Die Verweigerung des Zugangs zu einer wesentlichen Einrichtung als Mißbrauch der Marktbeherrschung DB 1999, 833-839
	Vergaberechtsschutz unterhalb der Schwellenwerte NZBau 2002, 419-430
Dreier, Horst (Hrsg.)	Grundgesetz Kommentar Band 1 2. Auflage, Tübingen 2004 Zitiert: „ Dreier-*Bearbeiter*, Art. ... Rn. ...“
Ebel, Hans Rudolf	Kartellrecht, GWB und EG-Vertrag; Loseblattsammlung, Unterschleißheim/München Zitiert: „*Ebel* (Jahr) § … Rn. …“
Eggers, Carsten R./ Malmendier, Bertrand	Strukturierte Bieterverfahren der öffentlichen Hand Rechtliche Grundlagen, Vorgaben an Verfahren und Zuschlag, Rechtsschutz NJW 2003, 780-787
Ehlers, Dirk (Hrsg.)	Die Grundfreiheiten des europäischen Gemeinschaftsrechts (Teil II) Jura 2001, 482-489
	Europäische Grundrechte und Grundfreiheiten 2., vollständig überarbeitete Auflage, Berlin 2005

Zitiert: „Ehlers-*Bearbeiter*, § ... Rn. ...“

Ehricke, Ulrich — Zur Konzeption von Art. 37 I und Art. 90 II EGV
EuZW 1998, 741-747

v. Einem, Axel — Die Liberalisierung des Marktes für Bodenabfertigungsdienste auf den Flughäfen in Europa
Frankfurt/Main 2000

Emmerich, Volker — Kartellrecht;
10. Auflage, München 2006
Zitiert: „*Emmerich* § ... Rn. ...“

Kartellrecht – ein Studienbuch
9. Auflage, München 2001
Zitiert: „*Emmerich* (2001), S. ...“

Verweigerung des Zugangs zu wesentlichen Einrichtungen; in: Köbler, Heinze, Hromadka (Hrsg.), Europas universale rechtsordnungspolitische Aufgabe im Recht des dritten Jahrtausends, Festschrift für Alfred Söllner; S. 273-285
München, 2000
Zitiert: „*Emmerich*, FS Söllner, S. ...“

Kartellrecht, Art. 81 und 82 EGV in: Dauses, Manfred A. (Hrsg.), Handbuch des EU-Wirtschaftsrechts;
Loseblattsammlung, München
Zitiert: „*Emmerich*, in: Dauses (EL Jahr), Kapitel, Rn. ...“

Epiney, Astrid
Verkehrsrecht, in: Dauses, Manfred A. (Hrsg.), Handbuch des EU-Wirtschaftsrechts;
Loseblattsammlung, München
Zitiert: „*Epiney*, in: Dauses (EL Jahr), Kapitel, Rn. ...“

Epiney, Astrid/
Gruber, Reto
Verkehrsrecht in der EU
Zu den Gestaltungsspielräumen der EU-Mitgliedstaaten im Bereich des Landverkehrs
Baden-Baden 2001

Erdmenger, Jürgen
Die Anwendung des Vertrages zur Gründung der Europäischen Wirtschaftsgemeinschaft auf Seeschiffahrt und Luftfahrt – Zur Auslegung von Art. 84 Abs. 2 des Vertrages
Hamburg 1962
Zitiert: „*Erdmenger* (1962), S. …“

EG unterwegs – Wege zur Gemeinsamen Verkehrspolitik
Baden-Baden 1981
Zitiert: „*Erdmenger* (1981), S. …“

Everling, Ulrich
Einzelheiten der Regelung der selbständigen beruflichen Tätigkeit im Gemeinsamen Markt
BB 1958, 857-864

Das Niederlassungsrecht in der EG als Beschränkungsverbot – Tragweite und Grenzen
in: Schön (Hrsg.), Gedächtnisschrift für Brigitte Knobbe-Keuck;
S. 607-625; Köln 1997

Fehling, Michael
Mitbenutzungsrechte Dritter bei Schienenwegen, Energieversor-

gungs- und Telekommunikationsleitungen vor dem Hintergrund staatlicher Infrastrukturverantwortung
AöR 121 (1996), 59-95

Fichert, Frank — Flughafenmärkte in Europa: Potentiale wettbewerblicher Selbststeuerung und Anforderungen an einen geeigneten staatlichen Ordnungsrahmen
ZVerkehrsw. 1999, 233-255

Frenz, Walter — Handbuch Europarecht

Band 1: Europäische Grundfreiheiten
Berlin 2004
Zitiert: „*Frenz* Bd. I, Rn. ..."

Band 2: Europäisches Kartellrecht
Berlin 2006
Zitiert: „*Frenz* Bd. II, Rn. …"

Frerich, Johannes/
Müller, Gernot — Europäische Verkehrspolitik
Von den Anfängen bis zur Osterweiterung der Europäischen Union
Band 1: Politisch-ökonomische Rahmenbedingungen, Verkehrsinfrastrukturpolitik
München 2004

v. Gamm, Otto-Friedrich Frhr. — Kartellrecht
Kommentar zum Gesetz gegen Wettbewerbsbeschränkungen und zu Art. 85, 86 EWGV
2. Auflage, Köln 1990
Zitiert:„*v. Gamm*, §... Rn. ..."

Geiger, Rudolf — EUV/EGV – Vertrag über die Europäische Union und Vertrag zur

Gründung der Europäischen Gemeinschaft
4. Auflage, München 2004
Zitiert: „*Geiger*, Art. ... Rn. ...“

Gern, Alfons — Deutsches Kommunalrecht, 2. neubearb. Auflage, Baden-Baden 1997

Görres, Steffen — Grenzüberschreitende Arbeitnehmerentsendung in der EU
Berlin 2003

Grabitz, Eberhard/
Hilf, Meinhard (Hrsg.) — Das Recht der Europäischen Union, Kommentar;
Loseblattsammlung, München;
Zitiert: „Grabitz/Hilf-*Bearbeiter* (Jahr) Art. ... Rn. ...“

Grobecker, Kurt — Schlepperkrieg mit harten Bandagen
in: Hafen Hamburg – Sechs Jahrzehnte Erfolgsgeschichte,
S. 200-203
2. überarbeitete und erweiterte Auflage, Hamburg 2004

von der Groeben, Hans/
Thiesing, Jochen/
Ehlermann, Claus-Dieter — Kommentar zum EU-/EG-Vertrag
5. neubearbeitete Auflage, Baden-Baden 1997
Zitiert: „GTE-*Bearbeiter*, Art. ... Rn. ...“

von der Groeben, Hans/
Schwarze, Jürgen — Kommentar zum Vertrag über die Europäische Union und zur Gründung der Europäischen Gemeinschaft
6. Auflage, Baden-Baden 2003

Zitiert: „GS-*Bearbeiter* Art. ... Rn. ...“

Haus, Florian

Zugang zu Netzen und Infrastruktureinrichtungen;
Köln 2002

Heidenhain, Martin

Handbuch des europäischen Beihilferechts
München 2003
Zitiert: „Heidenhain-*Bearbeiter*, § … Rn. …”

Heitmann, Klaus

Staatliche Beihilfen für Seehäfen und Seeverkehrs-Infrastruktur
in: Lagoni (Hrsg.), Beiträge zum deutschen und europäischen Seehafenrecht, S. 112-122
Hamburg 2001
Zitiert: „*Heitmann* (2001), S. …“

Welche Auswirkungen erwarten die deutschen Seehafenbetriebe von einer Marktzugangsrichtlinie für Hafendienste?,
Vortrag vom 19.03.2003 vor der Deutschen Verkehrswissenschaftlichen Gesellschaft – Bezirk Hamburg
Abrufbar unter: http://www.zds-seehaefen.de/pdf/2003_03_19_vortrag.pdf (zuletzt: 24.05.2007)
Zitiert: „*Heitmann* (2003), S. …“

Richtlinienvorschlag über den Marktzugang für Hafendienste – Welche Auswirkungen erwarten die Seehafenbetriebe?
in: Lagoni (Hrsg.), Deutsche Seehäfen: Hafenwettbewerb – Hafen-

sicherheit – Schiffsentsorgung, S. 23-32
Münster 2004
Zitiert: „*Heitmann* (2003a), S. …“

Henssler, Martin/ Kilian, Matthias — Die Ausübung hoheitlicher Gewalt im Sinne des Art. 45 EG
EuR 2005, 192-212

Herber, Rolf — Nochmals: Multimodalvertrag, Güterumschlag und anwendbares Recht
TranspR 2005, 59-62

Hermes, Georg — Staatliche Infrastrukturverantwortung: rechtliche Grundstrukturen netzgebundener Transport- und Übertragungssysteme zwischen Daseinsvorsorge und Wettbewerbsregulierung am Beispiel der leitungsgebundenen Energieversorgung in Europa
Tübingen 1998
Zitiert: „*Hermes*, S. ...“

Herrlinger, Justus — Das „Netz“ in § 19 Abs. 4 Nr. 4 GWB
Köln 2003

Hirsch, Günter/ Montag, Frank/ Säcker, Franz-Jürgen — Münchener Kommentar Europäisches und Deutsches Wettbewerbsrecht (Kartellrecht)

Band 1: Europäisches Wettbewerbsrecht
München 2007
Zitiert: „MünchKommEuWettbR-*Bearbeiter*, Einl/Art. ... Rn. ...“

Holocher, Klaus H. — Wahl und Änderung der Rechtsform – Eine Analyse am Beispiel von Hafenverwaltungen und Umschlagbetrieben
In: Lagoni (Hrsg.), Beiträge zum deutschen und europäischen Seehafenrecht, S. 13-29
Hamburg 2001
Zitiert: „*Holocher* (2001), S. …"

Seehafenpolitik in Deutschland, Vortragsmanuskript Elsfleth, 20.05.2003;
abrufbar unter:
http://www.dmkn.de/1779/seeverkehr.nsf/0F8F749508EC7E3EC1256F880043AED8/$File/profholocher_vortrag200503.pdf
(zuletzt 04.01.2008)
Zitiert: „*Holocher* (2003), S. …"

Holtermann, Jürgen — Bremen in einer Vorreiterrolle: Mit moderner Hafenverwaltung produktiver, kostengünstiger und kundennäher wirtschaften, in: Lagoni, Rainer/Erbguth, Wilfried (Hrsg.), Deutsche Seehäfen: Privatisierung und Gefahrenabwehr, S. 33-39
Münster 2005

Höppner, Thomas — Missbräuchliche Verhinderung „neuer" Produkte durch Immaterialgüterrechte – Zur Anwendung von Art. 82 EG auf Lizenzverweigerungen
GRURInt 2005, 457

v. Hooydonk, Eric — The regime of port authorities under European law including an analysis of the port services directive; in: van Hooydonk, Eric

(Hrsg.), European Seaports Law – EU Law of Ports and Port Services and the Ports Package, S. 79-185
Antwerpen 2003

Immenga, Ulrich Wettbewerbsrechtliche Grenzen von Standortvorteilen der öffentlichen Hand – Dargestellt anhand der Abgabe von Kfz-Kennzeichen durch Gebietskörperschaften
NJW 1995, 1921-1927

Grenzen des Wettbewerbs auf deregulierten Märkten – Generalbericht; in: Uwe Blaurock (Hrsg.), Grenzen des Wettbewerbs auf deregulierten Märkten, Tagungsband Graz 1997, S. 73 – 95;
Baden-Baden 1999
Zitiert: „*Immenga* (1999), S. ...“

Relevante Märkte und Marktbeherrschung in der Regulierungspraxis
MMR 2000, 196-201

Grenzen der Rechtsauslegung – Das Diskussionspapier der EG-Kommission zu Art. 82 EG
EuZW 2006, 481

Immenga, Ulrich/ Mestmäcker, Ernst-Joachim
Wettbewerbsrecht
EG – Kommentar zum Europäischen Wettbewerbsrecht
4. Auflage, München 2007
Zitiert: „I/M-*Bearbeiter*, Art. ... Rn. ...“
Wettbewerbsrecht
GWB – Kommentar zum Deutschen Wettbewerbsrecht

4. Auflage, München 2007
Zitiert: „I/M-*Bearbeiter*, § ... Rn. ...“

Ipsen, Hans-Peter — EWG über See
in: Ipsen, Hans-Peter/Necker, Karl-Hartmann (Hrsg.) Recht über See, Rolf Stödter zum 70. Geburtstag
Hamburg, 1979

Jacobi, Philipp — Third-Party-Access im Europäischen Wettbewerbsrecht, Artikel 82 EG-Vertrag als Grundlage eines Zugangsanspruchs Dritter zu fremden Infrastruktureinrichtungen
Baden-Baden, 2002
Zitiert: „*Jacobi*, S. ...“

Jaeger, Wolfgang/ Pohlmann, Petra/ Rieger, Harald/ Schroeder, Dirk (Hrsg.) — Frankfurter Kommentar zum Kartellrecht
Mit Kommentierung des GWB, des EG-Kartellrechts und einer Darstellung ausländischer Kartellrechtsordnungen
Loseblattsammlung, Köln
Zitiert: „FK-*Bearbeiter* (Jahr), § ... Rn. ...“

Jansen, Nicola — Wettbewerbsbeschränkende Abreden im Vergabeverfahren
WuW 2005, 502-513

Jarass, Hans
Pieroth, Bodo — Grundgesetz für die Bundesrepublik Deutschland
Kommentar
9. Auflage, München 2007

Jarzembowski, Georg | Europäische Regeln für Seehäfen
HANSA 10/2002, S. 14-16

Der Richtlinienvorschlag über den Marktzugang für Hafendienste – Entwicklungsstand und Perspektiven; in: Lagoni (Hrsg.), Deutsche Seehäfen: Hafenwettbewerb – Hafensicherheit – Schiffsentsorgung, S. 1-10
Münster 2004
Zitiert: „*Jarzembowski* (2004), S. …"

Jones, Alison/ Sufrin, Brenda | EC Competition Law
Text, Cases and Materials
2nd. Edition, Oxford 2004

Kassow, Jörn | Die Beihilfe im Sinne des Art. 87 I EG als staatliche oder aus staatlichen Mitteln gewährte Begünstigung – Zugleich eine dogmatische Bestätigung der Rechtsprechung des Europäischen Gerichtshofs zur Notwendigkeit der staatlichen Mittelherkunft
Göttingen 2004

Keppenne, Jean-Paul | Les aides d'etat dans le secteur portuaire
in: van Hooydonk, Eric (Hsg.), European Seaports Law – EU Law of Ports and Port Services and the Ports Package, S. 251-273
Antwerpen 2003

Kessides, Ioannis | Reforming Infrastructure – Privatization, Regulation and Competition

	Worldbank Policy Research Report 28985 Washington D.C./USA 2004
Kiethe, Kurt	Nachträgliche Korrektur von Vertragsklauseln in Treuhandmusterverträgen BB 1994, 7-16
Klaue, Siegfried	Zum sogenannten Netzzugang Dritter in der Gas- und Elektrizitätswirtschaft BB 1992, 1937-1940
Klimisch, Annette/ Lange, Markus	Zugang zu Netzen und anderen wesentlichen Einrichtungen als Bestandteil der kartellrechtlichen Missbrauchsaufsicht WuW 1998, 15-26
Koenig, Christian	Daseinsvorsorge durch Wettbewerb! EuZW 2001, 481
	Weichenstellungen im EG-Beihilfentatbestand: „Market Economy Investor"-Test und Marktabgrenzung, in: Koenig, Christian/Roth, Wulf-Henning/ Schön, Wolfgang (Hrsg.), Aktuelle Fragen des Beihilfenrechts, ZHR-Beiheft 69, S. 9-28 Heidelberg 2001 Zitiert: „*Koenig*, ZHR-Beiheft 69, S. 9, …"

Koenig, Christian/
Kühling, Jürgen
EG-beihilfenrechtliche Beurteilung mitgliedstaatlicher Infrastrukturförderung im Zeichen zunehmender Privatisierung
DÖV 2001, 881-890

„Totgesagte Vorschriften leben länger“: Bedeutung und Auslegung der Ausnahmeklausel des Art. 86 Abs. 2 EG
ZHR 2002, 656-684

Koenig, Christian/
Kühling, Jürgen/
Müller, Christoph
Marktfähigkeit, Arbeitsgemeinschaften und das Kartellverbot
WuW 2005, 126-136

Koenig, Christian/
Kühling, Jürgen/
Ritter, Nicolai
EG-Beihilfenrecht
2. Auflage, Frankfurt 2005

Koenig, Christian/
Loetz, Sascha
Bedeutung der Essential facilities-Doktrin für den Zugang zu Netzinfrastrukturen im europäischen Telekommunikationsrecht
EWS 2000, S. 277-384

König, Klaus/
Theobald, Christian
Liberalisierung und Regulierung netzgebundener Güter und Dienste; in: Grupp, Klaus/Ronellenfitsch, Michael (Hrsg.), Planung – Recht – Rechtsschutz, Festschrift für Willi Blümel,
S. 277 – 308.
Berlin 1999
Zitiert: „*König/Theobald*, S. ...“

Kraemer, Iven — Kooperation statt Konkurrenz? – Neuere Tendenzen der deutschen Hafenentwicklung und ihrer Planung am Beispiel des Container-Tiefwasserhafenprojektes in Wilhelmshaven
Leipzig 2002

Krebber, Sebastian — Die Vereinbarkeit von Entsenderichtlinie und Arbeitnehmer-Entsendegesetz mit der Dienstleistungsfreiheit und Freizügigkeit des EGV, in: Weber, Christoph u. a., Europäisierung des Privatrechts – Zwischenbilanz und Perspektiven; S. 129-156
Jahrbuch Junger Zivilrechtswissenschaftler 1997; Stuttgart 1998

Kühne, Gunther — Der Netzzugang und seine Verweigerung im Spannungsfeld zwischen Zivilrecht, Energierecht und Kartellrecht;
RdE 2000, 1-7

Kunz, Martin — Entbündelter Zugang zu Flughäfen: Zur Liberalisierung der Bodenverkehrsdienste auf europäischen Flughäfen
ZVerkehrsw. 1999, 206-232

Lackhoff, Klaus — Die Niederlassungsfreiheit des EGV – nur ein Gleichheits- oder auch ein Freiheitsrecht?
Berlin 2000

Lagoni, Rainer — Hafenrecht
in: Hoffmann-Riem, Wolfgang/Koch, Hans-Joachim, Hamburgisches Staats- und Verwaltungsrecht, S. 445-463

3. Auflage, Baden-Baden 2006
Zitiert: „*Lagoni*, S. …“

Dienstleistungsfreiheit und Beihilfen für Schlepper im Hamburger Hafen: Eine Fallstudie
in: Hilf, Meinhard/Bruha, Thomas (Hrsg.) Perspektiven für Europa: Verfassung und Binnenmarkt;
EuR Beiheft 3/2002, S. 97-107

Lampert, Thomas — Der Begriff der Marktbeherrschung als geeignetes Kriterium zur Bestimmung der Normadressaten für das sektorspezifische Kartellrecht nach dem TKG?
WuW 1998, 27 – 38

Der EuGH und die essential facilities-Lehre;
NJW 1999, 2235

Lampert, Thomas/ Niejahr, Nina/ Kübler, Johanna/ Weidenbach, Georg — EG-KartellVO
Praxiskommentar zur Verordnung (EG) Nr. 1/2003
Heidelberg 2004

Lange, Knut Werner — (Hrsg.) Handbuch zum deutschen und europäischen Kartellrecht
2. Auflage
Frankfurt/Main 2006
Zitiert:„ Lange-*Bearbeiter*, Kap. ... § ... Rn. ...“

Langen, Eugen/ Bunte, Hermann Josef (Hrsg.) — Kommentar zum deutschen und europäischen Kartellrecht

Band 1: Kommentar zum deutschen Kartellrecht
10. Auflage, München 2006
Zitiert: „L/B-*Bearbeiter,* § …Rn. …"

Band 2: Kommentar zum europäischen Kartellrecht
10. Auflage, München 2006
Zitiert: „L/B-*Bearbeiter,* Art. …Rn. …"

Lechner, Tonio — Die Seehäfen im Recht der EU
Berlin 1997

Wettbewerb und EG-Freiheiten im Bereich der technisch-nautischen Dienste, in: Lagoni (Hrsg.), Beiträge zum deutschen und europäischen Seehafenrecht, S. 147-154
Hamburg 2001
Zitiert: „*Lechner* (2001), S. …"

Lengauer, Alina Drittwirkung von Grundfreiheiten – Eine Besprechung der Rs C-281/98, *Angonese*
ZfRV 2001, 57-65

Lettl, Tobias — Kartellrecht
München 2005

Linder, Christian — Daseinsvorsorge in der Verfassungsordnung der Europäischen Union – Primärrechtliche Grundzüge eines Rechts der Dienste von allgemeinem wirtschaftlichem Interesse
Frankfurt/Main 2004

Lipka, Ron — Beihilferechtliche Anforderungen an Vergabeverfahren – Zur Einordnung staatlicher Aufträge als

Beihilfen und zu den Rechtsschutzmöglichkeiten der Konkurrenten
Baden-Baden 2005
Zitiert: „*Lipka*, S. ...“

Lipsky, Abbott B./
Sidak, J. Gregory
Essential Facilities
Stanford Law Review Vol. 51 (1997) 1187-1248

Loewenheim, Ulrich/
Meessen, Karl/
Riesenkampff, Alexander
Kartellrecht

Band 1: Europäisches Recht
Kommentar
München 2005
Zitiert: „L/M/R-*Bearbeiter*, Art. ... Rn. ...“

Band 2: GWB
Kommentar
München 2006
Zitiert: „L/M/R-*Bearbeiter*, § ... Rn. ...“

Lottes, Ralf
Das erweiterte Zeitmoment beim Begriff Dienstleistung
EuZW 2004, 112-114

Lutz, Helmut
„Angemessenheit“ von Nutzungsentgelten für Stromnetze nach § 19 Abs. 4 Nr. 4 GWB und Kosten des Netzbetriebs, in: Büdenbender, Ulrich/Kühne, Gunther (Hrsg.), Das neue Energierecht in der Bewährung, Festschrift zum 65. Geburtstag von Professor Dr. Jürgen F. Baur
S. 507-526

v. Mangoldt, Hermann/
Klein, Friedrich/
Starck, Christian
Kommentar zum Grundgesetz
Band 1
5. Auflage, München 2005
Zitiert: „v. Mangoldt/Klein/Starck-*Bearbeiter*, Art. … Rn. …"

Markert, Kurt
Die Anwendung des US-amerikanischen Monopolisierungsverbots auf Verweigerungen des Zugangs zu „wesentlichen Einrichtungen"
in: Immenga, Ulrich/ Möschel, Wernhard/Reuter, Dieter (Hrsg.), Festschrift für Ernst-Joachim Mestmäcker zum siebzigsten Geburtstag; S. 661-671
Baden-Baden, 1996
Zitiert: „*Markert*, FS Mestmäcker, S. ..."

Durchleitung von Strom und Gas: Allgemeines Kartellrecht oder Sonderregelung?
BB 1997, 1421-1426

Martens, Klaus-Peter
Hafenbetrieb und Hafenarbeit nach dem Gesamthafenbetriebsgesetz
NZA 2000, 449-453

Kompetenzrechtliche Probleme des Gesamthafenbetriebes
in: Selmer, Peter/von Münch, Ingo, Gedächtnisschrift für Wolfgang Martens, S. 637-661
Berlin 1987

Maunz, Theodor/
Dürig, Günter — Grundgesetz – Kommentar
Loseblattsammlung, München
Zitiert: „Maunz/Dürig-*Bearbeiter* (Jahr), Art. ... Rn. ...“

Mester, Bernt — Wettbewerb und EG-Freiheiten im Bereich der ladungsbezogenen Dienste, in: Lagoni (Hrsg.), Beiträge zum deutschen und europäischen Seehafenrecht, S. 139-145
Hamburg 2001

Mestmäcker, Ernst-Joachim/
Schweitzer, Heike — Europäisches Wettbewerbsrecht
2. Auflage, München 2004
Zitiert: „*Mestmäcker/Schweitzer*, § ... Rn. ...“

Modlich, Joachim — Nationale Infrastrukturmaßnahmen und Artikel 92 Abs. 1 EGV
Köln 1996

Möschel, Wernhard — Privatisierung, Deregulierung und Wettbewerbsordnung;
JZ 1988, S. 885

Montag, Frank — Gewerbliche Schutzrechte, wesentliche Einrichtungen und Normung im Spannungsfeld
EuZW 1997, S. 71-78

Montangie, Yves — European Competition Law Aspects of Mergers and Joint Ventures in the Port Sector, in: van Hooydonk, Eric (Hsg.), European Seaports Law – EU Law of Ports and Port Services and the Ports Package, S. 229-250
Antwerpen 2003

v. Münch, Ingo/
Kunig, Philip

Grundgesetz-Kommentar

Band 1 (Präambel bis Art. 19)
5. neubearbeitete Auflage, München 2000
Zitiert:„v.Münch/Kunig-*Bearbeiter*, Art. ... Rn. ..."

Band 3 (Art. 70 bis Art. 146)
4./5. neubearbeitete Auflage, München 2003
Zitiert:„v.Münch/Kunig-*Bearbeiter*, Art. ... Rn. ..."

Neukirchen, Mathias

Transparenz-Richtlinie und Transparenzrichtlinien-Gesetz: Ein Leitfaden für die Praxis
EuR 2005, 112-123

Neumann, Holger

Freier Zugang zu Bodenabfertigungsdiensten auf europäischen Flughäfen
NVwZ 2004, 60-62

Ninnemann, Jan

Seehafenwettbewerb in Europa – Eine empirische Analyse der Wettbewerbsdeterminanten am Beispiel ausgewählter Containerhäfen der Nordrange und im Mittelmeer
Hamburg, 2006

Notteboom, Theo

Is more competition needed?
Vortrag anlässlich der Konferenz "The second EU ports package: the good or the last try?"
Antwerpen, 20.05.2005

Oechsler, Jürgen — Netzzugang und Durchleitung auf der Grundlage des kartellrechtlichen Diskriminierungsverbots; ZHR 2000, 480 ff.

Ong, Burton — Building Brick Barricades and other Barriers to entry: Abusing a dominant position by refusing to licence intellectual property rights E.C.L.R. 2005, 26 (4), 215-224

Oppermann, Thomas — Europarecht – Ein Studienbuch 3. Auflage, München 2005

Papier, Hans-Jürgen — Durchleitung und Eigentum BB 1997, 1213-1220

Verfassungsfragen der Durchleitung; in: Büdenbender, Ulrich/Kühne, Gunther (Hrsg.), Das neue Energierecht in der Bewährung, Festschrift zum 65. Geburtstag von Professor Dr. Jürgen F. Baur; S. 209-223

Paulweber, Michael/ Weinand, Armin — Europäische Wettbewerbspolitik und liberalisierte Märkte EuZW 2001, 232-241

Paschke, Marian — Die räumliche Marktabgrenzung in der GWB-Fusionskontrolle nach dem Backofenmarkt-Beschluss des BGH vom 24.10.1995 ZHR 160 (1996) 673-682

Pieroth, Bodo/ Schlink, Bernhard — Grundrechte, Staatsrecht II 23. neu bearbeitete Auflage Heidelberg 2007 Zitiert: „*Pieroth/Schlink*, Rn. …“

Polley, Romina/
Grave, Carsten — Die Erweiterung eines bestehenden Gemeinschaftsunternehmens als Zusammenschluss
WuW 2003, 1010-1021

Power, Vincent J. G. — European Union Seaports Law: The General Principles of European Union Law; in: van Hooydonk, Eric (Hsg.), European Seaports Law – EU Law of Ports and Port Services and the Ports Package, S. 17-78
Antwerpen 2003

Prieß, Hans-Joachim/
Gabriel, Marc — Beendigung des Dogmas durch Kündigung: Keine Bestandsgarantie für vergaberechtswidrige Verträge
NZBau 2006, 219-222

Quardt, Gabriele — Zur Abschaffung von Anstaltslast und Gewährträgerhaftung
EuZW 2002, 424-428

Rabe, Hans-Jürgen — Seehäfen in der Gemeinschaft
in: Due, Ole/Lutter, Marcus/Schwarze, Jürgen (Hrsg.), Festschrift für Ulrich Everling, Bd. II, S. 1157-1167
Baden-Baden 1995

EU-Kompetenzen im Gebiet der Seehäfen und Seeverkehrs-Infrastruktur im Überblick, in: Lagoni (Hrsg.), Beiträge zum deutschen und europäischen Seehafenrecht, S. 95-104
Hamburg 2001
Zitiert: „*Rabe* (2001), S. ...“

Ramming, Klaus — Umschlag von Gut als Beförderung im Sinne des § 407 Abs. 1 HGB
TranspR 2004, 56-61

Rißmann, Karin — Kartellverbot und Kooperation zwischen kleinen und mittleren Unternehmen nach der 7. GWB-Novelle
WuW 2006, 881-890

Ritter, Lennart/
Braun, W. David/
Rawlinson, Francis — EC Competition Law – A Practitioner's Guide
2. Auflage, Den Haag 2000
Zitiert: „Ritter/Braun/Rawlinson, S. ..."

Reuter, Manfred — Die geplante Hamburg Port Authority (HPA), in: Lagoni, Rainer/Erbguth, Wilfried (Hrsg.), Deutsche Seehäfen: Privatisierung und Gefahrenabwehr, S. 41-46
Münster 2005

Rittner, Fritz — Wettbewerbs- und Kartellrecht – Eine systematische Darstellung des deutschen und europäischen Rechts für Studium und Praxis
6. völlig neubearbeitete Auflage, Heidelberg 1999
Zitiert: „*Rittner*, § ... Rn. ..."

Roller, Gerhard — Enteignung, ausgleichspflichtige Inhaltsbestimmung und salvatorische Klauseln
NJW 2001, 1003-1009

Rösler, Patrick — Der relevante Markt in der europäischen Fusionskontrolle
NZG 2000, 761-770

Satzky, Horst
Die Beurteilung vertikaler und konglomerater Zusammenschlüsse nach dem GWB
WuW 2006, 870-880

Schäfer-Kunz, Jan
Strategische Allianzen im deutschen und europäischen Kartellrecht
Frankfurt/Main 1995

Scharpf, Christian
Art. 86 Abs. 2 EG als Ausnahmebestimmung von den Wettbewerbsvorschriften des EG-Vertrages für kommunale Unternehmen
EuR 2005, 605-624

Schnelle, Ulrich
Die Öffnung von leistungsnotwendigen Einrichtungen für Dritte und der Schutz des Eigentums
EuZW 1994, 556-562

Schnelle, Ulrich/
Bartosch, Andreas/
Hübner, Alexander
Das neue EU-Kartellverfahrensrecht
Auswirkungen der Verordnung (EG) Nr. 1/2003 auf die Kartellrechtspraxis
Stuttgart 2004

Schnichels, Dominik
Reichweite der Niederlassungsfreiheit
Dargestellt am Beispiel des deutschen Internationalen Gesellschaftsrechts
Baden-Baden 1995

Schockenhoff, Martin
Der sachlich gerechtfertigte Grund –rechtsmethodische Anmerkungen zu § 20 Abs. 1 GWB

in: Brinker, Ingo, Scheuing, Dieter, Stockmann, Kurt (Hrsg.): Recht und Wettbewerb, Festschrift für Rainer Bechtold zum 65. Geburtstag, S. 419-435
München 2006
Zitiert: „*Schockenhoff*, S. …“

Scholz, Rupert/
Langer, Stefan
Europäischer Binnenmarkt und Energiepolitik
Berlin 1992

Schröter, Helmuth
Die Deregulierung als europarechtlich determinierter Prozess; in: Blaurock, Uwe (Hrsg.), Grenzen des Wettbewerbs auf deregulierten Märkten, Tagungsband Graz 1997, S. ???
Baden-Baden 1999
Zitiert: „*Schröter*, S. ...“

System der Artikel 81 und 82 des EG-Vertrages:
Praxis von Kommission und Gerichten;
in: *Carl Baudenbacher* (Hrsg.), Internationales und Europäisches Wirtschaftsrecht, Bd. II
St. Gallen, 2004
Zitiert: „*Schröter* (2004), S. ...“

Schröter, Helmuth/
Jakob, Thinam/
Mederer, Wolfgang
Kommentar zum Europäischen Wettbewerbsrecht
Baden-Baden 2003
Zitiert: „S/J/M-*Bearbeiter*, § ..., Rn. ...“

Schwarz van Berk, Philip — Der Zugang zu wesentlichen Einrichtungen nach europäischem und deutschem Kartellrecht – Eine rechtsvergleichende Untersuchung der Essential Facility-Doktrin im Rahmen von Art. 82 EGV und § 19 Abs. 4 Nr. 4 GWB
Berlin 2003

Schwarze, Jürgen — EU-Kommentar
Baden-Baden 2000
Zitiert: „Schwarze-*Bearbeiter*, Art. … Rn. …“

Daseinsvorsorge im Lichte des europäischen Wettbewerbsrechts
EuZW 2001, S. 334-339

Schwarze, Jürgen/ Weitbrecht, Andreas — Grundzüge des europäischen Kartellverfahrensrechts – Die Verordnung (EG) Nr. 1/2003
Baden-Baden 2004

Schwintowski, Hans Peter — Zur wettbewerbsrechtlichen Bedeutung konzerninterner Vorgänge im Rahmen des § 26 Abs. 2 GWB
BB 1988, 1763-1767

Nochmals – Verletzen konzerninterne Vorgänge § 26 Abs. 2 GWB?
DB 1989, 1453-1454

Der Zugang zu wesentlichen Einrichtungen – Einige kritische Bemerkungen zu § 19 Abs. 4 Nr. 4 GWB unter Berücksichtigung der amerikanischen und europäischen Kartellrechtspraxis;
WuW 1999, 842-853

Sichelschmidt, Henning — Ökonomische Überlegungen zur Anerkennung von Seehafenlasten im Länderfinanzausgleich
Kieler Arbeitspapiere Nr. 980, Mai 2000

Soames, Trevor — EC Maritime Policy: An Overview
A Lawyer's Reaction
European Transport Law 1995, 747-808

Soltész, Ulrich — Die „Belastung des Staatshaushalts" als Tatbestandsmerkmal einer Beihilfe i. S. des Art. 92 I EGV
EuZW 1998, 747-753

Soma, John T./
Forkner, David A./
Jumps, Brian P. — The essential facilities doctrine in the deregulated telecommunications industry
Berkely Technology Law Journal Vol. 13 (1998), 565-614
Zitiert: „*Soma/Forkner/Jumps*, S. 565, ..."

Stabenow, Wolfgang — Die Seehäfen in der gemeinsamen Verkehrs- und Regionalpolitik
Beitrag zum wissenschaftlichen Kolloquium am 1. und 2. April 1971 in Bad Ems; in: Carstens, Karl/Börner, Bodo (Hrsg.), Verkehr und Gemeinschaftsrecht, Kölner Schriften zum Europarecht; Bd. 18, S. 63-79
Köln, 1972

Steiner, Jo/
Woods, Lorna/
Twigg-Flesner, Christian — Textbook on EC Law
8. Auflage, Oxford 2003

Stern, Klaus	Das Staatsrecht der Bundesrepublik Deutschland München 1988 Zitiert: „*Stern*, StaatsR [Bd.] § …“
Stober, Rolf	Allgemeines Wirtschaftsverwaltungsrecht 15. völlig neu bearbeitete Auflage, Stuttgart 2006 Zitiert: „*Stober*, § ...“
Sullivan, Lawrence A.	Handbook of the Law of Antitrust St. Paul/Minnesota 1977
Temple Lang, John	Defining Legitimate Competition: Companies' Duties to supply competitors and access to essential facilities Fordham International Law Journal Vol. 18 (1994), 437-524
Tettinger, Peter Stern, Klaus	Europäische Grundrechte Charta Kölner Gemeinschafts-Kommentar München 2006 Zitiert: „Tettinger/Stern-*Bearbeiter*, Artikel … Rn. …“
Theobald, Christian	Aktuelle Entwicklungen des Infrastrukturrechts NJW 2003, 324-331
Thyri, Peter	Immaterialgüterrechte und Zugang zur wesentlichen Einrichtung – Der Fall Microsoft im Licht von IMS-Health WuW 2005, 388-399

Tietjen, Maik — Die europäische Beihilfekontrolle im Vergaberecht und bei der Privatisierung
Bern 2004

Troujillo, Lourdes/
Nombela, Gustavo — Privatization and Regulation of the Seaport Industry
Policy Research Working Paper 2181
Worldbank 1999

Voigt, Fritz — Verkehr; Band 1, Halbband 1
Berlin 1973

v. Wallenberg, Gabriele — Diskriminierungsfreier Zugang zu Netzen und anderen Infrastruktureinrichtungen;
KuR 1999, 152-157

Wallrabenstein, Tilo — Privatisierung von Seehafenverwaltungen – Gegenwart und Zukunft: Zusammenfassung und Ausblick, in: Lagoni, Rainer/Erbguth, Wilfried (Hrsg.), Deutsche Seehäfen: Privatisierung und Gefahrenabwehr, S. 101-108
Münster 2005

Walter, Michael — Enge Oligopole und Wettbewerbspolitik
Gesetzmäßigkeiten des Videospiel- und des Mobilfunkmarktes
Wiesbaden 2001

Weber, Wolfgang/
Oppel, Jens-Albert — Die niedersächsische Hafenverwaltung auf dem Weg von einer Behörde zu einem modernen Dienstleistungsunternehmen, in: Lagoni, Rainer/Erbguth, Wilfried (Hrsg.), Deutsche Seehäfen: Priva-

tisierung und Gefahrenabwehr, S. 47-54
Münster 2005

Weitbrecht, Andreas
Das neue EG-Kartellverfahrensrecht
EuZW 2003, 69-73

Weiß, Wolfgang
Privatisierung und Staatsaufgaben: Privatisierungsentscheidungen im Lichter einer grundrechtlichen Staatsaufgabenlehre unter dem Grundgesetz
Tübingen 2002
Zitiert: „*Weiß*, S. ...“

v. Weizsäcker, Carl Christian
Wettbewerb in Netzen
WuW 1997, 572-579

Einführung in die Thematik; in: Peter Oberender (Hrsg.)
Wettbewerb in der Versorgungswirtschaft
Berlin 2004

Werner, Jan
Die Verantwortung der öffentlichen Hand für das Verkehrsleistungsangebot im ÖPNV
ZUR 1997, 12-17

Wiedemann, Gerhard
Handbuch des Kartellrechts; (Hrsg.) München 1999
Zitiert: „Wiedemann-*Bearbeiter*, § ... Rn. ...“

Wiedemann, Jörg
Die Bietergemeinschaft im Vergaberecht
ZfBR 2003, 240-243

Zachcial, Manfred/
Hautau, Ulrich

Das „user cost"-Prinzip als Basis der Preisbildung in den europäischen Seehäfen, in: Lagoni (Hrsg.), Beiträge zum deutschen und europäischen Seehafenrecht, S. 123-134
Hamburg 2001

Positionspapiere, Studien

Bundeskartellamt

Merkblatt über die Kooperationsmöglichkeiten für kleinere und mittlere Unternehmen nach dem Kartellgesetz
16.12.1998
http://www.ec-net.de/EC-Net/Redaktion/Pdf/Beschaffung-Maerkte/kooperationsmoeglichkeiten,property=pdf,bereich=ec__net,sprache=de,rwb=true.pdf
(zuletzt 24.05.2007)

Diskussionspapier des Arbeitskreises Kartellrecht: Konglomerate Zusammenschlüsse in der Fusionskontrolle
21.09.2006
www.bundeskartellamt.de

Bundesministerium für Wirtschaft und Technologie:

Vernetzungspotenziale innerhalb der maritimen Wertschöpfungsketten am Schiffbau-, Seeschiffahrts- und Hafenstandort Deutschland
Endbericht 30.11.2001
http://www.bmwi.de/BMWi/Redaktion/PDF/__Archiv/Vernetzungspotenziale.pdf,property=pdf,

bereich=bmwi,sprache=de, rwb=true.pdf (zuletzt 24.05.2007)

Bundesministerium für Verkehr, Bau und Stadtentwicklung:

Privatisierungsvarianten der Deutschen Bahn AG „mit und ohne Netz“
Januar 2006

Bundesministerium für Verkehr, Bau und Wohnungswesen

Entwicklungstendenzen der deutschen Nordseehäfen bis zum Jahre 2015
Oktober 2000
In der Zusammenfassung: http://www.bmvbs.de/Anlage/original_2479/Zusammenfassung-Entwicklungsten-denzen.pdf (zuletzt 24.05.2007)

Department for Transport, British Government

Initial Regulatory Impact Assessment: Market Access to Port Services Directive
Abrufbar unter: http://www.dft.gov.uk/pgr/shippingports/ports/ecdirective/initialregulatoryimpactasses4925 (zuletzt 24.05.2007)

Europäische Kommission

XXV. Bericht über die Wettbewerbspolitik 1995
Brüssel 1996

XXIX. Bericht über die Wettbewerbspolitik 1999
Brüssel 2000

	XXXI. Bericht über die Wettbewerbspolitik 2001 Brüssel 2002
European Sea Port Organisation	Response to the Green Paper on Services of General Interest Brüssel, 30.9.2003
	Seehafenpolitik – Ein praxisorientierter Führer für politische Entscheidungsträger der EU Brüssel, 24.11.2004
	Factual Report on the European Port Sector 2004-2005 Brüssel 2005
Europäisches Parlament	Empfehlung für die zweite Lesung betreffend den Gemeinsamen Standpunkt des Rates im Hinblick auf den Erlass der Richtlinie des Europäischen Parlaments und des Rates über den Marktzugang für Hafendienste Ausschuss für Regionalpolitik, Verkehr und Fremdenverkehr A5-0050/2003
	Bericht über den vom Vermittlungsausschuss gebilligten gemeinsamen Entwurf einer Richtlinie des Europäischen Parlaments und des Rates über den Marktzugang für Hafendienste Delegation des Europäischen Parlaments im Vermittlungsausschuss A5-0364/2003
	Bericht über den Vorschlag für eine Richtlinie über den Zugang zum Markt für Hafendienste

Ausschuss für Verkehr und Fremdenverkehr
A6-0410/2005

Arbeitsdokument des Europäischen Parlamentes, Ausschuss für Verkehr und Fremdenverkehr über den Marktzugang für Hafendienste
31.03.2005
http://www.europarl.eu.int/meetdocs/2004_2009/documents/DT/561/561841/561841de.pdf (zuletzt 24.05.2007)

FEPORT

Position on the directive proposal on market access to port services
13.6.2001

Freie und Hansestadt Hamburg

5. Beteiligungsbericht 2004: Die Hamburger öffentlichen Unternehmen
31.10.2004
http://fhh.hamburg.de/stadt/Aktuell/behoerden/finanzbehoerde/oeffentliche-unternehmen/BetBericht-Hafen,property=source.pdf (zuletzt 04.01.2008)

Institut für Seeverkehrswirtschaft und Logistik (ISL)

Folgenabschätzung des Vorschlags für eine Richtlinie des Europäischen Parlaments und des Rates über Marktzugang für Hafendienste (Port Package II)
Kurzberichtsband einer Studie im Auftrag des Bundeministeriums für Verkehr, Bau- und Wohnungswesen
Bremen, September 2005

Zitiert: „ISL, Folgenabschätzung, S. …"

Public Financing and Charging Practices of Seaport in the EU
Abschlussbericht einer Studie im Auftrag der Europäischen Kommission
Bremen, Juni 2006

Ocean Shipping Consultants — The proposed directive on market access to port services and container terminal operations in Northern Europe – a critical review
Mai 2005
Zitiert: „OSC, S. …"

Prognos/ProgTrans — Nachhaltigkeitsaspekte der nationalen Seehafenkonzeption
Schlussbericht
Im Auftrag des Bundesministerium für Umwelt, Gesundheit und Reaktorsicherheit
15.6.2006
Zitiert: „Prognos, S. …"

Ver.di — Report Schiffahrt 4/2003

WWF — Ausbau- und Unterhaltungskosten für die deutschen Seehäfen
Hamburg 2006
Abrufbar unter:
http://www.wwf.de/fileadmin/fm-wwf/pdf_neu/wwf_studie_kosten_dt_seehaefen_bc_22_nov_2006_endfassung_internetfassung.pdf
(zuletzt 24.05.2007)

Forderungen zur Seehafenpolitik
Hamburg 2006

http://www.wwf.de/fileadmin/fm-wwf/pdf_neu/Forderungen_Seehafenpolitik_06.pdf (zuletzt 24.05.2007)

ZDS

Häfen zwischen Konkurrenz und Kooperation
Statement auf der bündnisgrünen norddeutschen Hafenkonferenz, Vortrag von Klaus Heitmann
10.5.2004

Stellungnahme des ZDS zum Arbeitsdokument von Herrn Dr. Georg Jarzembowski, MdEP, über den Zugang zum Markt für Hafendienste
25.05.2005

Hafenpolitik aus Sicht der Hafenwirtschaft
Hafenpolitisches Symposium in Berlin, Kick-off Vortrag von Präsident Detthold Aden
28.06.2006